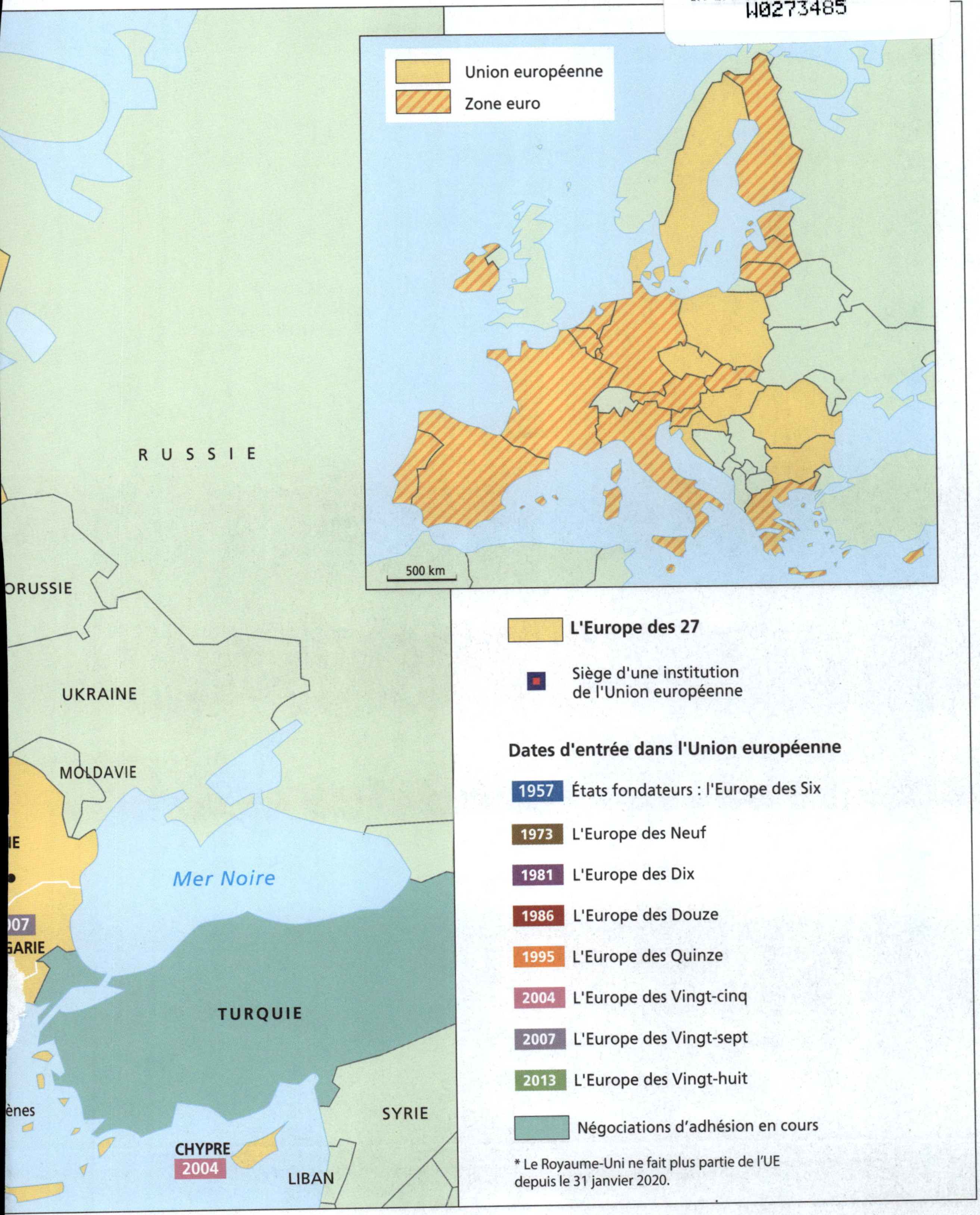
Union européenne
Zone euro
500 km
RUSSIE
ORUSSIE
UKRAINE
MOLDAVIE
IE
07
GARIE
Mer Noire
TURQUIE
ènes
CHYPRE
2004
SYRIE
LIBAN
L'Europe des 27
Siège d'une institution de l'Union européenne
Dates d'entrée dans l'Union européenne
1957 États fondateurs : l'Europe des Six
1973 L'Europe des Neuf
1981 L'Europe des Dix
1986 L'Europe des Douze
1995 L'Europe des Quinze
2004 L'Europe des Vingt-cinq
2007 L'Europe des Vingt-sept
2013 L'Europe des Vingt-huit
Négociations d'adhésion en cours
* Le Royaume-Uni ne fait plus partie de l'UE depuis le 31 janvier 2020.

MON COACH

3e

Français
Céline Mimouni
Maria-Antonia Pinto

Mathématiques
Emmanuelle Lafont

Histoire – Géographie
Jimmy Biche

Enseignement moral et civique
Dominique Delmas

Physique – Chimie
Claire Maumy
Hélène Richoux

SVT
Joëlle Cognie

Anglais
Michael Lawson

Technologie
Guillaume Buard

Conseils du coach
Marie-Pierre Saulze

Carnet coaching
Karine Hebert
Clémence Roux

Cet ouvrage est conforme à la nouvelle orthographe
www.orthographe-recommandee.info

MIXTE
Papier issu de sources responsables
FSC® C022030
www.fsc.org

Nathan est un éditeur qui s'engage pour la préservation de l'environnement et qui utilise du papier fabriqué à partir de bois provenant de forêts gérées de manière responsable.

Nathan

Sommaire

FRANÇAIS

GRAMMAIRE-ORTHOGRAPHE

CONJUGAISON

VOCABULAIRE

EXPRESSION

MATHÉMATIQUES

NOMBRES ET CALCULS

ORGANISATION ET GESTION DE DONNÉES – FONCTIONS

GRANDEURS ET MESURES

ESPACE ET GÉOMÉTRIE

ALGORITHMIQUE ET PROGRAMMATION

HISTOIRE - GÉOGRAPHIE - EMC

HISTOIRE

 ISBN : 978-209-193374-0

Corrigés des exercices et des bilans p. 277

1 La classe grammaticale des mots

GRAMMAIRE – ORTHOGRAPHE

JE RETIENS

Selon leur **classe**, les mots sont rangés dans deux grandes catégories.

Les mots variables :

- **Le nom** (propre, commun) : il désigne un être, un objet, une idée ;
- **L'adjectif** : il apporte une information sur le nom avec lequel il s'accorde ;
- **Le déterminant** (article défini : *le*... ; article indéfini : *un*... ; article partitif : *du*... ; possessif : *mon, ta*... ; démonstratif : *cet(te), ce*... ; indéfini : *aucun, certains*... ; interrogatif : *quel ?*... ; exclamatif : *quel !*... ; numéral : *un, mille*...) : il introduit le nom dans la phrase. Il marque le genre et le nombre du nom ;
- **Le pronom** (personnel sujet et objet : *je, me, se, leur*... ; possessif : *le mien*... ; interrogatif : *qui ?, lequel ?*... ; démonstratif : *celui-ci ; ceci*... ; relatif : *qui, dont*... ; indéfini : *tout*... ; adverbial : *en, y*) : il représente un nom déjà employé ou désigne directement une personne, un objet, une idée ;
- **Le verbe :** il exprime un état ou une action accompli(e) ou subi(e) par le sujet.

Les mots invariables :

- **La préposition** (*à, dans, par, pour, en, avec, de*...) et **la locution prépositive** (composée de plusieurs prépositions : *à moins de*...) : elles introduisent un complément ;
- **La conjonction de coordination** (*mais, ou, et, donc, or, ni, car*) : elle relie deux mots, groupes de mots ou propositions ;
- **La conjonction de subordination** (*que* et ses composés, *quand, si, comme*...) : elle introduit une proposition subordonnée ;
- **L'adverbe** (*ici, puis, gentiment*...) : il informe sur le lieu, le temps, la manière..., relie les propositions, organise les idées ;
- **L'interjection** (*Ah !, Hélas !*...) : elle exprime un sentiment.

COMMENT FAIRE

Comment reconnaitre la classe grammaticale d'un mot

- **Si *le* (*la, les, l'*) se trouve devant un verbe**, il s'agit d'un pronom personnel.
- **Si un adverbe d'intensité (*très, assez, peu*...) peut être placé devant un mot**, ce mot est un adjectif ou un autre adverbe.

*Les **jeux** (très) **violents** ne **les** intéressent pas.*
(jeux : nom ; violents : adj. ; les : pr. pers.)

Astuce Un mot peut changer de fonction d'une phrase à l'autre selon son rôle dans l'énoncé ; il ne change en revanche jamais de classe.

*Après les cours, **jouer** détend.* — classe : verbe – fonction : sujet de *détend*

*Il aime **jouer** après les cours.* — classe : verbe – fonction : COD

LE CONSEIL DU COACH

Démarrer par le plus facile

Pas évident de commencer ! Débutez toujours par un exercice facile ✪ pour vous donner confiance. Dans les deux premiers exercices, vous pouvez vous référer à la leçon si vous ne vous rappelez plus la signification de mots comme : *nom*, *verbe*, *adjectif*, *conjonction de coordination*. Ne restez pas bloqué(e) par un problème de vocabulaire, la partie leçon est toujours là pour vous aider.

S'ENTRAINER

1 ✪ Complétez avec une conjonction de coordination.

a. Ils causaient seuls dans les coins du salon .... assis sur le talus au fond du bosquet devant la lande sauvage.

b. Une fois la chose décidée, on voulut hâter le dénouement ; il fut .... convenu que la cérémonie aurait lieu dans six semaines.

c. La cérémonie finissait. On passa dans la sacristie presque vide .... on n'avait invité personne ; puis on ressortit.

D'après Guy de Maupassant, *Une vie*, 1883.

2 ✪✪ Précisez pour chaque mot en gras si c'est un déterminant (D) ou un pronom (P) ; dans ce cas, indiquez le nom ou GN qu'il représente.

Ma mère avait bien à Marseille de vagues parents mais ils étaient trop riches et ne **la** (...... ; ....) recevaient que pour **lui** (...... ; ....) faire ingurgiter **leur** (...... ; ....) **luxe, lui parler** de **leurs** (...... ; ....) hautes relations et **l'**(...... ; ....) interroger avec bienveillance sur **le** (...... ; ....) modeste commerce de **son** (...... ; ....) mari [...].

D'après Albert Cohen, *Le Livre de ma mère*, © Gallimard, 1954.

3 ✪✪ Indiquez la classe des mots soulignés : préposition (P), conjonction de subordination (CS) ou adverbe (A).

Comprit-il, devina-t-il, fut-il comme elle envahi <u>par</u> (..........) une sorte d'ivresse d'amour ? Ou bien, savait-il seulement par expérience <u>qu'</u> (..........) aucune femme ne lui résistait ? Elle s'aperçut <u>soudain</u> (..........) qu'il pressait sa main, <u>doucement</u> (..........) d'abord, <u>puis</u> (..........) plus fort.

Guy de Maupassant, *Une vie*, 1883.

4 ✪✪✪ Précisez la classe des mots soulignés.

<u>Tout</u> (..) irait pour le mieux si Séguret ne devenait de plus en plus <u>agaçant</u> (..). Pour d'obscures raisons <u>de</u> (..) planning et de <u>coût</u> (..............................), il <u>nous</u> (..) fait changer des passages entiers. <u>Cet</u> (..) homme ne zappe pas <u>avec</u> (..) une télécommande <u>mais</u> (...) avec une calculette. Comme <u>hier</u> (..), où un comédien a quitté la saga sans prévenir [...].

D'après Tonino Benacquista, *Saga*, © Gallimard, 1997.

DICTÉE

J'aurais voulu prolonger cette conversation, car il y avait là peut-être une amitié en train de naître, à cause de l'incompréhension réciproque entre les gens, qui sentent ainsi qu'ils ont quelque chose en commun. Mais le commissaire paraissait épuisé et il me regardait avec une sorte de peur, ce qui nous rapprochait encore, parce que moi aussi j'avais une peur bleue de lui.

Émile Ajar, *Gros-Câlin*, © Mercure de France, 1974.

Corrigés p. 278

AVEZ-VOUS RÉUSSI ?

2 Les fonctions autour du nom

GRAMMAIRE – ORTHOGRAPHE

JE RETIENS

Le nom est le mot noyau d'un groupe nominal (GN). Les mots qui enrichissent le nom ont pour fonction : épithète, complément du nom ou apposition.

L'épithète

Elle peut précéder ou suivre directement le nom. Elle peut être séparée du nom par une virgule ou un tiret. Peuvent remplir la fonction épithète :

– l'adjectif ou le participe, passé ou présent, employé comme adjectif ;

Les ***nombreuses*** (adj., épithète) publicités, ***affichées*** (part. passé, épithète) le long des quais, vantaient les vacances au soleil.

– la proposition subordonnée relative ;

Les affiches, ***qui pourtant faisaient rêver les Parisiens*** (prop. sub. relative, épithète), avaient été interdites.

Le complément du nom

C'est un groupe prépositionnel, c'est-à-dire un GN, un pronom, un verbe à l'infinitif ou un adverbe introduit par une préposition. Il précise le nom.

Le cinéma ***de mon quartier*** (GN prépositionnel compl. du nom *cinéma*) propose des films indépendants.

L'apposition

Elle désigne la même réalité que le nom noyau dont elle dépend.

C'est un nom ou un GN encadré par des virgules. Elle suit ou précède le nom.

Notre professeur d'arts plastiques, ***homme passionné*** (GN en apposition), nous initie à l'art abstrait.

COMMENT FAIRE

Distinguer apposition et épithète

- **La fonction apposition ne peut être remplie que par un nom, un adjectif ou un GN.**

La rose, ***fleur romantique*** (groupe nominal)*, inspire le poète.*

- **La fonction épithète n'est jamais remplie par un nom ou un GN.**

La rose, ***qui est une fleur romantique*** (prop. sub. relative)*, inspire le poète. La rose,* ***fragile*** (adj.) *et* ***romantique*** (adj.)*, l'inspire.*

Astuce

- Entre le groupe nominal et son apposition, on peut mettre le signe =.
- L'adjectif, lui aussi, peut être suivi d'un complément.

Homme ***féru*** (adj.) ***d'art abstrait*** (compl. de l'adj.)*, notre professeur nous emmène à Beaubourg.*

S'ENTRAINER

1 ✪ **Indiquez la classe grammaticale des épithètes soulignées.**

a. Concentrés (...), les élèves écoutaient les explications subtiles (...) du professeur.

b. Le paysage, vallonné (..................................) et verdoyant (..................................), s'étendait devant mes yeux émerveillés (............................).

c. Les vaches, que j'ai sorties à l'aube, (............ ....) ruminent tranquillement au fond du pré.

2 ✪ **Soulignez les groupes de mots en fonction complément du nom.**

À l'une des extrémités de cet appartement, on fit voir au nouveau prisonnier une chapelle de la plus grande magnificence ; les murs et la voûte sont entièrement revêtus de marbre noir ; des colonnes noires aussi et de la plus noble proportion sont placées en ligne le long des murs noirs.

Stendhal, *La Chartreuse de Parme*, 1839.

3 ✪✪ **Relevez les mots en fonction apposition ou épithète.**

a. La publication du recueil *Les Fleurs du mal* fit scandale et valut à Baudelaire, poète maudit, un procès retentissant.

b. Après avoir unifié la Résistance, Jean Moulin, arrêté et torturé, meurt dans le train qui le transportait en Allemagne.

c. Gandhi, figure charismatique, fut le principal artisan de l'indépendance de l'Inde.

d. Les médias se sont peu étendus sur la disparition en 2007 d'Ingmar Bergman, réalisateur suédois, dont les films continuent d'émouvoir les cinéphiles.

Épithètes : ....

....

Appositions : ....

....

LE CONSEIL DU COACH

Pensez à lire attentivement la consigne et repérez bien le ou les verbes pour savoir ce que l'on vous demande de faire.

4 ✪✪✪ **Réécrivez les phrases suivantes en remplaçant les groupes de mots soulignés par des appositions.**

a. Sa belle-mère était une femme acariâtre et colérique semant la discorde autour d'elle.

....

....

....

b. Martin, qui fournit un travail acharné, réussira certainement à entrer dans une grande école.

....

....

....

c. Les plus anciennes traces d'écriture ont été découvertes dans la ville d'Uruk, au sud de l'Irak.

....

....

....

EXO BREVET

Sur une feuille à part, précisez la classe grammaticale et la fonction des mots ou groupes de mots soulignés.

Mme de Sévigné aurait sans doute apprécié les Fêtes nocturnes données au château de Grignan, où résidait sa fille. Un château perché sur un piton rocheux dominant le village, qui a connu bien des vicissitudes mais qui, aujourd'hui restauré, prête sa façade d'honneur au théâtre.

D'après Martine Silber, © *Le Monde*, 14 aout 2007.

Corrigés p. 278

AVEZ-VOUS RÉUSSI ?

3 Les fonctions autour du verbe

GRAMMAIRE – ORTHOGRAPHE

JE RETIENS

- **Le sujet** précise qui accomplit l'action ou qui se trouve dans l'état que le verbe exprime.
- **Le complément d'objet direct (COD)** se place après un verbe à construction directe, c'est-à-dire sans préposition. Les classes grammaticales qui ont cette fonction sont :
  – le groupe nominal (GN) : *L'homme reconnait **ses erreurs**.*
  – le pronom : *L'homme **les** reconnait.*
  – le verbe à l'infinitif : *L'homme aime **se surpasser**.*
  – la proposition subordonnée conjonctive : *Il souhaite **que ses efforts soient reconnus**.*
- **Le complément d'objet indirect (COI)** se place après un verbe qui se construit avec une préposition (*à*, *de*...). Les classes grammaticales qui ont cette fonction sont :
  – le GN : *Il contribue **à la protection de la nature**.*
  – le pronom : *Il **y** contribue.*
  – le verbe à l'infinitif : *Il songe **à préserver la nature**.*
  – la proposition subordonnée conjonctive : *Il parle **de ce qu'il ne connait pas**.*
- **L'attribut du sujet indique une caractéristique du sujet.** Il est introduit par un verbe d'état ou un verbe attributif (*naitre*, *se nommer*...). Il peut être principalement :
  – un GN : *Il passe pour **un grand stratège**.*
  – un adjectif : *Ce chemin parait **difficile**.*
  – un pronom : ***Qui** est le guide ?*
  – un infinitif : *Se promener n'est pas **se dépenser**.*
- **L'attribut du COD indique une caractéristique du COD**. Il est placé après un verbe exprimant un jugement (*estimer*), une perception (*sentir*), une désignation (*nommer*). L'adjectif, le GN ou le verbe à l'infinitif ont cette fonction. *Je trouve **ton travail** (COD) **remarquable** (attribut du COD).*
- **Certains compléments (temps, lieu...) sont dits « essentiels » :** ils ne peuvent être ni déplacés ni supprimés. *Il va **à Paris*** (compl. ess. de lieu).
- **Dans une phrase de forme passive, le complément d'agent précise qui accomplit l'action.** Il est introduit par une préposition : *Ce livre a été écrit **par un collectif de collégiens**.*

COMMENT FAIRE

Trouver le sujet et les compléments

- **Le présentatif « c'est ... qui » permet d'isoler le sujet.**
  *Que **pleurent** dans la nuit **nos cœurs** à l'unisson.* (Louis Aragon) : c'est « nos cœurs » qui « pleurent », « nos cœurs » est sujet de « pleurent ».
- **Le présentatif « c'est ... que » permet d'isoler un complément.**
  *Et ceux-là sans savoir **nous regardent** passer.* (Louis Aragon) : c'est « nous » que « ceux-là regardent passer », « nous » est COD du verbe « regardent ».

Astuce Le pronom complément d'objet se place avant le verbe. Le pronom COD se place avant le pronom COI. *Je soumets ma proposition à mes interlocuteurs. Je **la** (COD) **leur** (COI) soumets.*

LE CONSEIL DU COACH

S'aider d'une carte mentale

Les fonctions autour du verbe sont nombreuses... Si vous êtes un peu perdu(e), essayez de construire une carte mentale pour bien organiser tout ce qu'il faut savoir (voir Carnet p. 4). Ce travail vous permettra d'organiser vos connaissances avant de débuter les exercices.

S'ENTRAINER

1 ✪ **Entourez les sujets et soulignez les COD.**

a. Parvenus dans une pièce où règne une bonne chaleur, la femme lui désigne une place.

b. Les enfants le regardent et souvent se moquent de lui, mais sans oser le faire à haute voix.

c. Les frottements d'ailes de criquets, les cris de singes, les chants d'oiseaux les précèdent, les enveloppent et les suivent.

D'après Philippe Claudel, *La petite fille de Monsieur Linh*, Stock, 2005.

2 ✪✪ **Le groupe de mots souligné est-il attribut du sujet, attribut du COD ou complément d'objet (COD ou COI) ?**

a. Dès les grilles franchies, c'est <u>la débandade joyeuse</u>, la ruée.

....

b. Les yeux noirs d'Éva scrutent de plus en plus vite <u>toutes les directions</u>.

....

c. Les feux des voitures font <u>de grandes étoiles rouges</u> dans ses yeux inondés de larmes.

....

d. Les yeux de l'enfant, après s'être plusieurs fois refermés, restaient longuement <u>ouverts</u>.

....

D'après Pierre Péju, *La petite Chartreuse*, Gallimard, 2002.

e. Nous élisons Constance <u>porte-parole de notre groupe</u>.

....

f. Le vendeur s'est conformé sans peine <u>aux décisions qui ont été prises</u>.

....

3 ✪✪ **Encadrez les COD et soulignez les COI.**

a. Il l'examinait de ses yeux clairs, avec une sorte de maussaderie, fixement.

b. Elle rêvait aux palmiers droits et flexibles et à la jeune fille qu'elle avait été.

c. Elle leur trouvait, même lorsqu'ils portaient des loques, un air de fierté que n'avaient pas les Arabes de sa ville.

D'après Albert Camus, « La femme adultère », *L'exil et le royaume*, Gallimard, 1957.

4 ✪✪✪ **Sur une feuille à part, relevez les compléments d'objet ou attributs des verbes en gras et précisez leur fonction.**

– Eh ! bien, monsieur de Rastignac, traitez ce monde comme il **mérite** de l'être. Vous voulez parvenir, je vous **aiderai**. Vous ne serez rien sans une femme qui **s'intéresse** à vous. Mais si vous avez un sentiment vrai, ne le laissez jamais soupçonner, vous **seriez** perdu.

D'après Honoré de Balzac, *Le Père Goriot*, 1835.

DICTÉE

Il soutenait la jeune fille, à l'aide de la corde, qu'il avait enroulée autour de son propre cou ; et il la portait ainsi, à demi jetée sur son épaule droite. Ce poids écrasant l'enfonçait par moments ; pourtant, il avançait, nageant avec une force surhumaine. Je ne doutais plus, il avait déjà parcouru un tiers de la distance, lorsqu'il se heurta à quelque mur caché sous l'eau. Le choc fut terrible. Tous deux disparurent. Puis, je le vis reparaître seul ; la corde devait s'être rompue.

Émile Zola, *L'Inondation*, 1875.

Corrigés p. 278

AVEZ-VOUS RÉUSSI ?

4 Les compléments circonstanciels

GRAMMAIRE – ORTHOGRAPHE

JE RETIENS

Sens des compléments circonstanciels

Les compléments circonstanciels expriment le lieu, le temps, la manière, le moyen, le but, la cause, la conséquence… toute circonstance d'une action ou d'un état. Il s'agit d'une fonction grammaticale.

*Il prend la parole **pour exposer son point de vue**.*
(pour exposer son point de vue : complément circonstanciel de but)

Place des compléments circonstanciels

- Lorsqu'un complément circonstanciel est déplacé au début ou au milieu d'une phrase, il est obligatoirement suivi d'une virgule ou encadré par des virgules.
- **Ils peuvent être déplacés ou supprimés** sans nuire au sens.

Ils ne sont donc **pas essentiels**.

Devant n'importe quelle assemblée, elle s'exprime avec aisance.
Elle s'exprime ~~avec aisance~~ devant n'importe quelle assemblée.

Classe grammaticale des compléments circonstanciels

Ils sont le plus souvent introduits par une préposition suivie d'un groupe nominal ou d'un verbe à l'infinitif : **ce sont des groupes prépositionnels.**

Mais un GN seul, un adverbe, une proposition subordonnée conjonctive peuvent avoir aussi cette fonction.

***Demain**, dès l'aube, à l'heure où blanchit la campagne (Victor Hugo)*
(Demain : adverbe, CC de temps)

COMMENT FAIRE

Distinguer certains compléments circonstanciels

- **Le CC de but** répond à la question « pour quoi faire ? ».
  *J'ouvre les bras **pour t'accueillir**.*
- **Le CC de moyen** répond à la question « à l'aide de quoi ? ». Les mots qui l'expriment sont concrets.
  *Elle coupe des roses (à l'aide de quoi ?) **avec un sécateur**.*
- **Le CC de manière** répond à la question « comment ? ». Les mots qui l'expriment sont abstraits.
  *Elle me regarde (comment ?) **avec douceur**.*

Astuce Les mêmes prépositions peuvent introduire des compléments circonstanciels différents :
*Elle travaillait **avec obstination**.* (manière)
***Avec ses mains**, il accomplissait des merveilles.* (moyen)

S'ENTRAINER

1 ✪ **Cochez les cases lorsque vous repérez un complément circonstanciel.**

a. ☐ Dès ton retour, préviens-moi.

b. ☐ Patient, le loup attendait sa proie.

c. ☐ Léo n'a pas remarqué sa cousine au milieu de la foule.

d. ☐ Afin de se retrouver sur la même place, ils synchronisèrent leurs montres.

2 ✪✪ **Quelle est la circonstance exprimée par les groupes de mots soulignés ?**

a. Je trouve que tu te comportes avec beaucoup de nonchalance.

....

b. Tu marches pour oublier tes ennuis.

....

c. Vous vous êtes investis jusqu'à épuisement.

....

d. Arrête de t'amuser avec ton compas.

....

e. Sans dire le moindre mot, il a claqué la porte.

....

3 ✪✪✪ **Soulignez les deux compléments circonstanciels dans chaque phrase, puis indiquez la circonstance.**

a. Un matin d'été, sur le chemin du village, Marie rencontra une vieille connaissance.

Complément circonstanciel 1 : ....

Complément circonstanciel 2 : ....

b. Manon et ses cousines avaient voyagé en train pendant deux jours.

Complément circonstanciel 1 : ....

Complément circonstanciel 2 : ....

c. Quentin fut puni hier soir en raison de son insolence.

Complément circonstanciel 1 : ....

Complément circonstanciel 2 : ....

d. La vieille dame marchait péniblement sur le sable fin.

Complément circonstanciel 1 : ....

Complément circonstanciel 2 : ....

LE CONSEIL DU COACH

Avez-vous pensé à surligner les mots importants dans l'exercice ? C'est un moyen efficace pour repérer les mots-clés de la consigne.

EXO BREVET

Précisez la classe grammaticale et la fonction des mots ou groupes de mots soulignés.

Bataille, tout en déjeunant, indiquait son opinion, prenait parfois le crayon, traçait un projet, citait des exemples, décrivait toutes les voitures seigneuriales de la contrée, semblait apporter avec lui, dans son esprit, dans sa voix même, une sorte d'atmosphère de noblesse. [...]

Malgré le froid, la baronne fit apporter un siège afin de le regarder travailler; puis elle demanda une chaufferette pour ses pieds qui se glaçaient : et elle se mit tranquillement à causer avec le peintre, l'interrogeant sur des alliances qu'elle ignorait, sur les morts et les naissances nouvelles, complétant par ses renseignements l'arbre des généalogies qu'elle portait en sa mémoire.

Guy de Maupassant, *Une vie*, 1883.

....

....

....

....

....

....

Corrigés p. 279

AVEZ-VOUS RÉUSSI ?

5 Les paroles rapportées

GRAMMAIRE – ORTHOGRAPHE

JE RETIENS

Le discours direct

Il rapporte les paroles telles qu'elles ont été **prononcées par le locuteur**. Il rend une scène plus vivante :
– les pronoms personnels de la 1re personne désignent le locuteur, ceux de la 2e personne désignent le destinataire ;
– les repères spatio-temporels correspondent au moment et au lieu de l'énonciation : *hier, aujourd'hui, demain, ici*… ;
– le temps des verbes renvoie au moment de l'énonciation.

« Je te retrouve ici demain. »

Le discours indirect

Il rapporte des paroles ou des pensées **en les intégrant au récit**.
Il est introduit par un verbe de parole :
– les temps des verbes sont ceux d'un récit au passé ou au présent ;
– le choix des pronoms dépend du narrateur ;
– les repères spatio-temporels ne se réfèrent ni au lieu ni au moment de l'énonciation : *la veille, ce jour-là, le lendemain, là*…

*J'ai **dit qu'il fallait partir**.* (qu'il fallait partir : prop. sub. conjonctive) *Il a **demandé s'il venait**.* (s'il venait : prop. sub. inter. indirecte) *Il lui **ordonne de venir**.* (de venir : infinitif)

Le discours indirect libre

Il rapporte les paroles **à la manière du discours indirect mais sans verbe de parole** ni mot subordonnant. Il garde du discours direct les types de phrases, les marques du langage oral et le niveau de langue.

*Le temps se gâtait. **Il fallait partir !***

COMMENT FAIRE

Passer d'un discours à l'autre

Lors du passage du discours direct au discours indirect :

- **les pronoms changent** en fonction du locuteur et du destinataire ;
- **la concordance des temps se fait à partir du temps du verbe de parole :**

– si le récit est au présent, aucun changement n'a lieu ;
– si le récit est écrit aux temps du passé, on utilise l'imparfait et le plus-que-parfait du mode indicatif et le présent ou passé du mode conditionnel.

*« **Je te** souhait**e** bon courage. **J**'esp**ère** que tu réussi**ras** », répondit **le jeune homme**.*
*→ **Le jeune homme** répondit qu'**il lui** souhait**ait** bon courage et qu'**il** espér**ait** qu'**il** réussi**rait**.*

Astuce Dans un récit, le discours direct est indiqué par la présence de guillemets, de retours à la ligne, de tirets qui marquent le changement de locuteur et de verbes de parole placés avant (suivis de deux points) ou en incise (au milieu – encadrés par des virgules – ou à la fin des paroles).

S'ENTRAINER

1 ✪ Les phrases sont-elles au discours direct (DD), indirect (DI) ou indirect libre (DIL) ?

a. Il devait s'échapper de cette prison dorée. Mais où aller ensuite ? ....

b. « De quelle région provient cette plante ? », demanda le garçon. ....

c. Le paysan souligne combien il lui est difficile de gagner sa vie. ....

d. Il déclara qu'il ne voulait pas signer ce contrat abusif. ....

2 ✪✪ Soulignez les mots qui changeront lors du passage au discours direct.

a. Il lui déclara qu'il n'y comprenait rien.

b. Le chef cuisinier demanda à son client si l'entrecôte avait été à son gout.

c. Le service météo annonça que la température baisserait de plusieurs degrés le lendemain et que les automobilistes devraient se méfier du gel.

3 ✪✪ À quels temps seront les verbes une fois la phrase transposée au discours indirect ?

a. « Quoi ! Tu as osé mentir à tes parents ! Tu leur as dit que tu restais ici ? », hurla Paolo.

as osé → ....

restais → ....

b. « Comprenez-vous le calembour, mademoiselle ? », demande le présentateur.

Comprenez → ....

c. Il annonça : « Demain, nous saurons la vérité. »

saurons → ....

4 ✪✪ Transposez au discours indirect libre.

Cette manière d'agir de Gabin ne plaisait pas à Ernesto. Il se dit : « Zut ! Après tout, il n'a qu'à se débrouiller tout seul ! »

....

....

Corrigés p. 279

LE CONSEIL DU COACH

Peu inspiré(e) ? Repensez à ce qu'a dit votre professeur sur ce thème. Réactiver sa mémoire de cette façon peut donner de bons résultats.

5 ✪✪✪ Transformez les passages au discours direct en discours indirect et inversement.

Je le remis[1] aussitôt. « Il faut, dis-je au marquis, que nous abordions ce jeune homme. »

Sa joie fut plus vive que toute expression, lorsqu'il m'eut remis à son tour. « Ah ! monsieur, s'écria-t-il en me baisant la main, je puis donc encore une fois vous marquer mon éternelle reconnaissance ! » Je lui demandai d'où il venait. Il me répondit qu'il arrivait, par mer, du Havre-de-Grâce où il était revenu de l'Amérique auparavant.

L'abbé Prévost, *Histoire du chevalier des Grieux et de Manon Lescaut*, 1731.

1. Reconnus.

....

....

....

....

....

....

DICTÉE

Cette observation, qui, pour la première fois peut-être dans ma vie de jeunesse, me fut faite sans colère, mais avec dignité, me pénétra jusqu'au fond de l'âme ; et j'ai eu le respect du pain depuis lors.

Les moissons m'ont été sacrées, je n'ai jamais écrasé une gerbe, pour aller cueillir un coquelicot ou un bleuet ; jamais je n'ai tué sur sa tige la fleur du pain !

Ce qu'il me dit des pauvres me saisit aussi et je dois peut-être à ces paroles prononcées simplement ce jour-là, d'avoir toujours eu le respect et toujours pris la défense de ceux qui ont faim.

Jules Vallès, *L'Enfant*, 1879.

AVEZ-VOUS RÉUSSI ? ○ ○ ○

6 La phrase complexe

GRAMMAIRE – ORTHOGRAPHE

JE RETIENS

Propositions, phrase simple et phrase complexe

- **la phrase simple** ne contient qu'un verbe conjugué et donc qu'une seule proposition :
  [Je ne vous permets pas de me contredire].
- **la phrase complexe** comporte au moins deux verbes conjugués et donc deux propositions :
  [Je pense] [que vous avez raison].

Juxtaposition et coordination

Dans la phrase complexe, des propositions indépendantes peuvent être reliées :

- **par juxtaposition :** elles sont séparées par une virgule, un point-virgule ou deux points :
  [Je suis sûr du contraire] : [je vais te le prouver].
- **par coordination :** elles sont séparées par une conjonction de coordination (*mais*, *ou*, *et*, *donc*, *or*, *ni*, *car*) ou un adverbe de liaison (*cependant*, *puis*, *alors*, *pourtant*...) :
  [Je pense] ***donc*** *[je suis]. (René Descartes)*

Subordination

Une proposition subordonnée dépend d'une proposition principale (appelée ainsi car on ne peut pas la supprimer).
Elle est reliée à cette dernière par un mot subordonnant qui est :

- soit un **pronom relatif** (*qui*, *que*, *quoi*, *dont*, *où*, *lequel* et ses composés) ;
  [Vous vous fiez à des rumeurs] [qui racontent n'importe quoi].
  (*[Vous vous fiez à des rumeurs]* : proposition principale ; *[qui racontent n'importe quoi]* : proposition subordonnée)
- soit une **conjonction de subordination** (*que*, *parce que*, *lorsque*, *quand*, *comme*, *si*, *puisque*...) :
  [Je pense] [que tu devrais réfléchir davantage].

COMMENT FAIRE

Délimiter les propositions

Dans une phrase, il y a autant de propositions que de verbes conjugués. Il faut donc :

- **repérer le(s) verbe(s) conjugué(s) ;**
- **pour chaque verbe conjugué, repérer son sujet et ses compléments ;**
- **repérer le mot qui introduit la proposition subordonnée ;**
  la proposition subordonnée contient le mot qui l'introduit.

[Certains élèves envoient leurs dossiers aux professeurs] [quand ils les demandent].

(*Certains élèves* : sujet ; *leurs dossiers* : COD ; *aux professeurs* : COI ; *[Certains élèves envoient leurs dossiers aux professeurs]* : proposition principale ; *ils* : sujet ; *les* : COD ; *[quand ils les demandent]* : proposition subordonnée)

Astuce Lorsque deux propositions sont coordonnées ou juxtaposées et qu'elles possèdent le même sujet ou le même verbe, celui-ci peut ne pas être répété.
Les passants traversent *imprudemment et* ***exaspèrent*** *les conducteurs.*

LE CONSEIL DU COACH

Gérer son stress

Aïe, le titre du chapitre peut générer du stress car vous vous attendez à un travail compliqué. Ne laissez pas le stress vous envahir, prenez le temps de pratiquer quelques respirations abdominales pour faire retomber la pression (voir Carnet p. 16). Lisez ensuite par étape la partie « Je retiens ». Il y a trois parties, et pour chacune d'elle un ou deux exemples. Pour vous permettre de vérifier rapidement que vous avez compris, essayez d'inventer un nouvel exemple pour illustrer chacune des trois parties.

S'ENTRAINER

1 ✪ **Les propositions des phrases suivantes sont-elles coordonnées, juxtaposées ou subordonnées ?**

a. Bientôt il se releva et se remit à marcher.

....

b. L'horizon était tout noir ; ce n'était pas seulement l'obscurité de la nuit.

....

c. D'incessants malheurs s'abattaient sur eux qui n'avaient plus la force de les combattre.

....

b. Elle entendit un bruit assourdissant. Son cœur se mit à battre très fort.

....

....

c. Ils ne s'expliquaient pas son mécontentement. Ils décidèrent de lui en parler.

....

....

d. Je n'ai pas envie d'aller à cette soirée. Je m'y rendrai par politesse.

....

....

2 ✪✪ **Reliez les deux propositions à l'aide d'une conjonction de subordination ou d'un pronom relatif.**

a. La mère chantonne une berceuse .... l'enfant s'endorme paisiblement.

b. Ils raffolent d'histoires .... les héros traversent de multiples épreuves.

c. Les habitants détestent .... les caméras de télévision les suivent dans leur quotidien.

3 ✪✪✪ **Coordonnez les phrases simples de manière à obtenir une phrase complexe.**

a. J'ai trouvé cette statuette égyptienne pour toi. Tu aimes les objets antiques.

....

....

EXO BREVET

Lisez le texte et répondez aux questions sur une feuille à part.

Jacques, son maître et les autres voyageurs qui s'étaient arrêtés au même gîte crurent que le ciel s'éclairait sur le midi ; il n'en fut rien, et la pluie de l'orage ayant gonflé le ruisseau qui séparait le faubourg de la ville au point qu'il eût été dangereux de le passer, tous ceux dont la route conduisait de ce côté prirent le parti de perdre une journée et d'attendre. Les uns se mirent à causer ; d'autres à aller et venir, à mettre le nez à la porte, à regarder le ciel et à rentrer en jurant et frappant du pied.

Denis Diderot, *Jacques le Fataliste*, 1796.

a. Quelles sont les propositions les plus utilisées au début de l'extrait ci-dessus ? Et à la fin ?

b. Qu'a voulu montrer le narrateur par cette utilisation ?

Corrigés p. 279

AVEZ-VOUS RÉUSSI ?

7 La proposition subordonnée relative

GRAMMAIRE – ORTHOGRAPHE

JE RETIENS

Pronoms relatifs

La proposition subordonnée relative (PSR) est introduite par un pronom relatif simple (*qui, que, quoi, dont, où*) ou composé (*lequel, duquel, auquel*…). Ce pronom peut avoir toutes les fonctions d'un nom au sein de la subordonnée, par exemple :

– sujet : *Je reconnais l'homme* ***qui*** *est venu hier.*

– complément du nom : *Le voisin* ***dont*** *l'appartement jouxte le nôtre joue du piano.*

Avec antécédent

Une proposition subordonnée relative complète un nom, un groupe nominal ou un pronom, appelé antécédent.

[J'adore le ***bouquet de violettes****] [****que*** *tu m'as offert].*

GN antécédent — prop. sub. rel., compl. de l'antécédent

- Une proposition subordonnée relative qui peut être supprimée sans ôter son sens à la phrase est **explicative**. Elle est souvent entre virgules. *Mon voisin,* ***qui vient d'avoir des jumeaux****, dort peu.*
- Une proposition subordonnée relative qui est essentielle à la compréhension de la phrase est **déterminative**. *Cet explorateur était un homme* ***qui n'avait peur de rien****.*

Sans antécédent

Une proposition subordonnée relative peut ne pas avoir d'antécédent. Elle peut être :

– sujet : ***Qui dort*** *dine.* (proverbe)

– attribut du sujet : *Il deviendra* ***qui il voudra****.*

– COD : *Tu aimeras* ***qui tu veux****.*

COMMENT FAIRE

Trouver la fonction du pronom relatif

- **On transforme la phrase complexe en deux phrases simples.** Chaque phrase a donc son verbe conjugué.
- **Le pronom relatif prend la fonction de son antécédent,** mot auquel il se substitue pour éviter une répétition.

  La dame ***que*** *tu as rencontrée est une amie.* (*que* = COD de « as rencontrée »)

  La dame est une amie. Tu as rencontré ***la dame****.* (*la dame* = COD de « as rencontré »)
- **On vérifie s'il y a lieu d'accorder le participe passé avec le pronom relatif sujet ou complément d'objet** lorsque le verbe de la proposition subordonnée relative est conjugué à un temps composé.

  La dame ***que*** *tu* ***as*** *rencontré****e*** *est une amie.* (auxiliaire *avoir*, COD placé avant le verbe, donc accord avec le COD)

Astuce

La subordonnée conjonctive dépend d'un verbe. *Je* ***veux*** *[que tu manges].*
La subordonnée relative ne dépend jamais d'un verbe. *J'aime* ***le pull*** *[que tu portes].*

S'ENTRAINER

1 ✪ **Soulignez les propositions subordonnées relatives et encadrez leur antécédent.**

a. La rue à laquelle je pense est en sens interdit.

b. Le meuble que tu veux acheter coute une fortune.

c. Je ne me rendrai pas dans un pays où règne la dictature.

d. Je souhaiterais que tu me prêtes le livre qui t'a tant plu.

2 ✪ **Cochez les phrases qui contiennent une proposition subordonnée relative.**

a. ☐ Je ne savais pas à qui m'adresser pour trouver une lampe à huile.

b. ☐ Je ne comprends pas que tu puisses te montrer aussi entêté.

c. ☐ Porter le parfum que tu m'as offert me comble de joie.

d. ☐ Je me souviens de l'époque où nous rêvions de voyages.

3 ✪✪ **Indiquez la fonction du pronom relatif en gras : sujet, COD, COI ou complément du nom.**

a. Il reconnait subitement dans la rue l'acteur **qu**'il admire le plus. ....

b. Veux-tu me donner le feutre **qui** se trouve dans le tiroir de gauche ? ....

c. Les activités **auxquelles** tu t'adonnes me semblent étonnantes. ....

d. L'album du groupe **dont** tu me parles ne sortira que le mois prochain. ....

e. Le chapeau **dont** les rubans colorés se croisent avec élégance est peu apprécié. ....

Corrigés p. 279

LE CONSEIL DU COACH Vous avez du mal à vous concentrer ? Y a-t-il du bruit, de la musique ? N'hésitez pas à changer de pièce pour être au calme.

4 ✪✪ **Transformez les deux phrases simples en une phrase complexe. Attention à l'accord du participe passé !**

a. Les fleurs égaient la pièce et diffusent un parfum délicat. Tu as cueilli les fleurs.

....

....

b. Je reviens fatiguée de cette randonnée. Tu as tenu à m'emmener à cette randonnée.

....

....

5 ✪✪✪ **Soulignez les propositions subordonnées relatives. Relevez les pronoms relatifs et indiquez leur fonction.**

Il s'était levé un vent chaud très souple qui attisait les étoiles [...]. Un tintement aussi qu'il avait installé en plein ciel fit lever les yeux à Angelo qui distingua dans la nuit [...] la cage de fer d'un clocher, puis l'enchevêtrement anguleux des toits de tuile dont certains revers avaient tant de poli que le simple clignotement des étoiles le faisait luire.

Jean Giono, *Le Hussard sur le toit*, © Gallimard, 1951.

DICTÉE

On nous affecta à la construction des radeaux qu'ils utilisaient pour naviguer et sur lesquels ils empilaient les pièces de tourbe arrachées au fond à l'aide de longues perches [...]. Nous nous vidions de dysenterie, la vermine courait sur notre corps mais pour rien au monde nous n'aurions échangé notre place contre celle de ces pauvres hères sur lesquels les nazis lâchaient les chiens, s'acharnaient à la matraque...

Didier Daeninckx, *La mort n'oublie personne*, © Denoël, 1989.

AVEZ-VOUS RÉUSSI ? ◯ ◯ ◯

8 Les propositions subordonnées complétives

GRAMMAIRE – ORTHOGRAPHE

JE RETIENS

Les propositions subordonnées complétives complètent le plus souvent un verbe.
Elles ne peuvent être **ni déplacées ni supprimées** : la phrase perdrait alors son sens ou le verbe changerait de signification.

*Les parents veillent **[à ce que l'enfant ne prenne pas froid]**.* Avec la proposition, « veillent » signifie « font attention ». Sans la proposition, « veillent » signifie « restent éveillés ».

La proposition subordonnée conjonctive

- Elle est introduite par la conjonction de subordination *que*. Elle a pour fonction :

– COD ou COI : *Je trouve **que tu exagères**. Je ne m'attendais pas **à ce que tu me trouves drôle**.*
– sujet : ***Que tu viennes avec nous** me fait plaisir.*
– attribut du sujet : *L'essentiel est **que tu sois heureux**.*

- **Le mode du verbe de cette proposition varie** selon le sens du verbe de la principale :

– **l'indicatif** s'emploie notamment après les verbes de parole et d'opinion ;
*Il **dit qu'**il **partira** à 22 heures.* (parole) *Il **croit que** la réussite **est** proche.* (opinion)

– **le subjonctif** s'emploie après les verbes exprimant un souhait, un regret, un sentiment, un doute, une volonté ou un ordre : *Je **voudrais qu'**il **vienne**.*

La proposition subordonnée interrogative indirecte

Elle est introduite par *si* ou un mot interrogatif (*qui, que, pourquoi, quand*...). Elle complète un verbe exprimant une interrogation (*se demander, savoir, ignorer*...). Elle est toujours COD du verbe de la proposition principale : *Je me demande **où tu iras demain**.*

La proposition subordonnée infinitive

Elle a un verbe à l'infinitif pour noyau et un sujet propre (différent de celui de la principale). Elle est introduite par un verbe de perception ou les présentatifs *voici* et *voilà*. Elle est toujours COD du verbe de la proposition principale.

*[Le vieil homme, rêveur, **regarda**] [**l'oiseau voler** dans le ciel].*

COMMENT FAIRE

Construire des subordonnées complétives

Pour construire une conjonctive, on repère le mot qui exprime l'opinion.
*Tu viendras. Tu m'aideras. Je le **sais**.* → *Je sais **que tu viendras et que tu m'aideras**.*

Pour construire une infinitive, on repère le verbe de perception.
*Je **regarde** les étoiles. Elles brillent.* → *Je regarde **les étoiles briller**.*

Pour construire une interrogative indirecte, on repère le verbe qui exprime l'interrogation.
*Que pensait-elle ? Je l'**ignorais**.* → *J'ignorais **ce qu'elle pensait**.*

Astuce La proposition subordonnée conjonctive introduite par *que* et l'interrogative indirecte introduite par *qui* dépendent d'un verbe ; la proposition subordonnée relative introduite par les pronoms *qui* ou *que* complète un nom ou un pronom.

LE CONSEIL DU COACH

Avoir le droit à l'erreur

Cette leçon est un peu dense mais faites-vous confiance, l'important est de penser positivement. Vous avez le droit à l'erreur en faisant les exercices. C'est en vous trompant, en corrigeant ensuite que vous allez progresser. Vous êtes en train d'apprendre ! Ce qu'il faut retenir d'essentiel dans cette leçon, c'est que les propositions complétives ne peuvent être ni supprimées, ni déplacées sinon la phrase n'a plus de sens. Donc gardez bien en tête cette idée pour faire les exercices.

S'ENTRAINER

1 ✪✪ **Indiquez la classe grammaticale des propositions subordonnées en gras : conjonctive, interrogative indirecte ou infinitive.**

a. J'ignore **quand les graines semées en avril se transformeront en pousses.**

....

b. Je sais **que tu choisiras l'étoffe pourpre**.

....

c. Il a senti **la chance tourner**.

....

2 ✪✪ **Transformez ces phrases simples en phrases complexes avec proposition principale et proposition subordonnée complétive.**

a. Où ai-je bien pu voir son visage ? Je ne sais pas. ....

....

b. Il pouvait se tromper. Cette idée l'obsédait.

....

....

c. Tu regardes le soleil. Tu y passes de longs instants. Il se couche derrière un ruban de feu.

....

....

3 ✪✪✪ **Indiquez la fonction des conjonctives : COD, COI, sujet ou attribut du sujet.**

a. Que vous soyez riche ou misérable m'importe peu, seul votre sourire compte.

....

b. L'important est que tu comprennes, sinon tu commettras la même erreur.

....

c. Il s'attend à ce que le courriel de son ami arrive dans la semaine.

....

d. Au bout du compte, tu as fini par obtenir ce que tu voulais.

....

EXO BREVET

Quelle proposition subordonnée est le plus souvent utilisée dans l'extrait suivant ? Quel effet produit cette accumulation ?

Irène se rend au temple d'Esculape[1] et le consulte sur tous ses maux.

D'abord elle se plaint qu'elle est lasse et recrue de fatigue ; et le dieu prononce que cela lui arrive par la longueur du chemin qu'elle vient de faire. Elle dit qu'elle est le soir sans appétit ; l'oracle lui ordonne de dîner peu. Elle ajoute qu'elle est sujette à des insomnies ; et il lui prescrit de n'être au lit que pendant la nuit. Elle lui demande pourquoi elle devient pesante, et quel remède ; l'oracle répond qu'elle doit se lever avant midi, et quelquefois se servir de ses jambes pour marcher.

Jean de La Bruyère, *Les Caractères*, 1668.

1. Dieu de la médecine, dans l'Antiquité grecque.

....

....

....

Corrigés p. 280

AVEZ-VOUS RÉUSSI ?

9 Les propositions subordonnées circonstancielles

GRAMMAIRE – ORTHOGRAPHE

JE RETIENS

Une proposition subordonnée circonstancielle (PSC) peut être déplacée ou supprimée. Elle a pour fonction complément circonstanciel du verbe de la proposition principale.

La PSC de temps

Elle situe le déroulement de l'action dans le temps. Elle exprime :
- l'antériorité : *Je partirai* ***quand tu seras arrivé****.* (mode indicatif)
- la simultanéité : *Il lit* ***pendant qu'elle travaille****.* (mode indicatif)
- la postériorité : *Je resterai* ***jusqu'à ce que tu aies fini****.* (mode subjonctif)

La PSC de cause

Elle indique la raison pour laquelle se fait l'action. Elle est introduite par les conjonctions *parce que, puisque, comme, vu que…*

Je rentre ***parce qu'il pleut****.* (mode indicatif)

La PSC de conséquence

Elle indique le résultat de l'action. Elle est introduite notamment par les conjonctions *si bien que, de sorte que, au point que…*

Il mange trop vite ***si bien qu'il finit par s'étouffer****.* (mode indicatif le plus souvent)

La PSC de but

Elle indique un résultat recherché ou non désiré. Elle est introduite par les conjonctions *pour que, afin que, de crainte que, de peur que.*

Ils insistent ***pour qu'elle reste****.* (mode subjonctif)

La proposition subordonnée participiale

Elle contient un verbe au présent ou au passé du mode participe. Le sujet de ce verbe est différent de celui de la proposition principale. Elle n'est pas introduite par une conjonction de subordination. Elle exprime essentiellement le **temps** et la **cause**.

Leur travail achevé*, ils sourirent.*

COMMENT FAIRE

Subordonner deux indépendantes

Il faut repérer le lien logique qui unit implicitement les deux indépendantes.

Il pleure. Il est déçu. (à cause de sa déception.) → *Il pleure* ***parce qu'il est déçu****.*

Astuce Pour savoir quelle circonstance la conjonction *comme* introduit, on la remplace par *parce que* (cause), *quand* (temps) ou *ainsi que* (comparaison).

S'ENTRAINER

1 ✪ **Indiquez ce qu'exprime la subordonnée circonstancielle de temps : l'antériorité (ANT), la simultanéité (SIM) ou la postériorité (POS).**

a. Nous regardions la télévision quand un bruissement nous fit frémir. ....

b. Je me sentais de plus en plus inquiète au fur et à mesure que je progressais dans cette ruelle. ....

c. Je me tenais immobile jusqu'à ce qu'une ombre vienne me sortir de ma torpeur. ....

d. Comme je m'avançais, les bras tendus, elle me tourna le dos. ....

2 ✪✪ **Complétez les phrases suivantes avec le mot subordonnant qui convient et précisez la circonstance exprimée.**

a. Tu as persisté dans ton entêtement .... tu as provoqué leur colère.

....

b. Tu t'es montré .... attentionné .... je ne sais comment te remercier.

....

c. Je ne t'accompagnerai pas, non que je sois triste mais .... tu m'ennuies.

....

d. Je t'implore non .... tu restes là les bras ballants mais .... tu m'aides.

....

e. .... tu désires inspirer confiance, tu cesseras de mentir.

....

3 ✪✪ **Quelle circonstance la proposition subordonnée participiale exprime-t-elle ?**

a. L'automne arrivant, je n'ai plus envie de parcourir les collines. ....

b. Elle chanta à tue-tête, aussitôt la porte fermée.

....

LE CONSEIL DU COACH Rappelez-vous votre profil d'apprenant et utilisez les bons outils (voir Carnet p. 3).

c. Le brouhaha ayant cessé, l'intervenant prit la parole sans tarder. ....

d. Le temps aidant, tu y penseras moins. ....

....

4 ✪✪✪ **Précisez quel lien logique unit les deux propositions indépendantes. Transformez-les en une phrase complexe à l'aide du mot subordonnant correspondant.**

a. Le temps me rendait mélancolique. Je décidai de lire des poèmes.

Lien : ....

....

....

....

b. Je m'enferme dans un silence digne ! Tu refuses de m'écouter sous prétexte que je te déconcentre.

Lien : ....

....

....

....

DICTÉE

Mais il s'aperçut bientôt que sa vue faiblissait, comme si toutes les larmes qu'il avait versées sur ses fragiles amantes lui avaient brûlé les yeux, et il lui fallut se rendre compte que les ténèbres pour lui commenceraient avant la mort. De temps à autre, un courrier transi arrivait de la capitale, [...], et lui présentait respectueusement des messages de parents ou d'amis qui désiraient lui rendre encore une fois visite dans ce monde [...].

Marguerite Yourcenar, « Le Dernier Amour du prince Genghi », *in Nouvelles Orientales*, © Gallimard, Imaginaire, 1978.

Corrigés p. 280

AVEZ-VOUS RÉUSSI ?

10 Les formes active et passive

GRAMMAIRE – ORTHOGRAPHE

JE RETIENS

Le rôle du sujet

- **À la forme active**, le sujet accomplit l'action que le verbe exprime.
  Je hurle. (« Je » accomplit l'action de « hurler ».)
- **À la forme passive**, le sujet subit l'action que le verbe exprime.
  Les devoirs sont faits. (Les « devoirs » ne peuvent pas « faire ».)

COD et complément d'agent

Pour transformer une phrase à la forme active en phrase à la forme passive, le verbe doit obligatoirement se construire avec un COD.

Alphonse a glissé ***la bague*** *au doigt de la statue.*
(la bague : COD)

La bague a été glissée ***par Alphonse*** *au doigt de la statue.*
(par Alphonse : compl. d'agent)

À la forme passive, le complément du verbe, annoncé par les prépositions ***par*** et ***de*** est appelé **complément d'agent**.

Conjugaison avec l'auxiliaire *être*

C'est toujours l'auxiliaire *être*, conjugué au même temps que le verbe de la phrase à la forme active, qu'on emploie à la forme passive. Il est suivi du verbe au participe passé.

Les couleurs ***influencent*** *nos comportements. Nos comportements* ***sont influencés*** *par les couleurs.*
(influencent : présent ; sont influencés : présent / participe passé)

COMMENT FAIRE

Comment passer d'une forme à une autre ?

Le sujet de la phrase à la forme active devient le complément d'agent à la forme passive.
Le COD de la phrase à la forme active devient le sujet à la forme passive.

La couleur rouge apporte une sensation de chaleur.

Une sensation de chaleur est apportée par la couleur rouge.

Astuce

- Le complément d'agent peut ne pas être exprimé quand on ignore son identité, qu'on ne veut pas la dévoiler, quand il s'agit d'un pronom personnel.
  Vous signerez le document. Le document sera signé.
- Comme il s'agit toujours de l'auxiliaire ***être***, le participe passé s'accorde toujours avec le sujet. ***Les documents*** *seront* ***signés****.*
- Lorsque le verbe est conjugué à un temps composé dans une phrase à la forme passive, il suffit de retirer « été » pour retrouver le temps correspondant à la forme active.
  La nouvelle ***avait été annoncée****. On* ***avait annoncé*** *la nouvelle.*

S'ENTRAINER

1 ✪ **Précisez si les phrases sont de forme active (FA) ou de forme passive (FP).**

a. Tu n'as pas reçu le bulletin du 1er trimestre. FA ☐ FP ☐
b. N'éprouvez jamais de peur inutilement. FA ☐ FP ☐
c. Le contrôle de grammaire était redouté de tous. FA ☐ FP ☐
d. Le dossier vous sera expédié demain. FA ☐ FP ☐

2 ✪ **Les phrases suivantes peuvent-elles passer à la forme passive ?**

a. Les élèves rencontreront l'écrivain Emmanuel Adely. OUI ☐ NON ☐
b. Ils participeraient à un atelier d'écriture. OUI ☐ NON ☐
c. Les exercices avaient été vraiment trop faciles. OUI ☐ NON ☐
d. La cueillette des champignons passionne beaucoup de gens. OUI ☐ NON ☐

3 ✪✪ **Conjuguez les verbes au temps indiqué de la voix passive.**

a. Une biche et ses deux faons (*apercevoir*, passé composé) .... au lever du soleil.

b. Le désir de manger sainement (*ne plus ignorer*, futur) .... par les industriels.

c. Les guerres (*créer*, présent) .... par l'inégalité d'accès à la terre.

d. La question (*régler*, présent du conditionnel) .... rapidement, selon ses dires.

4 ✪✪✪ **Transformez les phrases à la forme active en phrases à la forme passive et inversement. Attention à l'accord des participes passés !**

a. Les technologies d'hier ont radicalement simplifié nos vies.

....

....

LE CONSEIL DU COACH N'hésitez pas à vous dire plusieurs fois que vous pouvez y arriver et que vous allez y arriver. Il faut penser positivement.

b. George Orwell avait anticipé le contrôle des individus.

....

....

c. Le rapport de police aurait été remplacé par un nouveau rapport mensonger.

....

....

d. La pollution, le bruit, la foule sont fuis par les habitants du quartier.

....

....

EXO BREVET

Soulignez les phrases qui ne peuvent pas être transposées à la forme passive. Entourez la phrase qui se trouve à la forme passive. Changez la forme de la phrase soulignée.

Antonio allait nu-tête. Peu à peu, ses cheveux qui étaient un peu frisés s'aplatirent et ils se déroulèrent devant ses yeux. Il regardait les pieds de Matelot. Il réglait son effort sur le sien. Il fouilla sa musette et sortit ses quatre cartouches. Il les regarda sous l'abri de sa main. Elles étaient encore sèches. Il les mit au chaud dans la poche de son pantalon.

C'était une large pluie d'automne, sans faiblesse. Au bas du plateau, de l'autre côté, la route était coupée par un torrent qui commençait à rouler ses eaux grasses [...].

Jean Giono, *Le chant du monde*, 1934.

....

....

....

....

Corrigés p. 280

AVEZ-VOUS RÉUSSI ? ◯ ◯ ◯

11 Les connecteurs logiques et spatio-temporels

GRAMMAIRE – ORTHOGRAPHE

JE RETIENS

Différents types de connecteurs

Les connecteurs sont des mots qui relient des propositions, des phrases ou des paragraphes. Ils permettent d'organiser la cohérence d'un texte :

- **les connecteurs temporels** soulignent la progression des évènements dans le temps ; ils mettent en évidence la chronologie ;
- **les connecteurs spatiaux** soulignent la disposition dans l'espace ; ils organisent par exemple une description ;
- **les connecteurs logiques** établissent entre les idées des relations logiques :

Sens de la relation logique	Connecteurs logiques
la cause	*car, parce que, puisque, en effet, étant donné que, par, grâce à...*
la conséquence	*donc, si bien que, par conséquent, c'est pourquoi, aussi, ainsi...*
le but	*afin que, pour que, pour, dans ce dessein, dans ce but...*
la condition	*si, à condition que, pourvu que, au cas où, dans cette hypothèse...*
l'opposition	*mais, or, alors que, en revanche, cependant, pourtant, malgré...*
l'addition	*et, ni... ni..., en outre, de plus, or, d'ailleurs, de surcroit...*
l'alternative	*ou, ou... ou, soit... soit, soit que... soit que...*
l'ordre	*d'abord, puis, d'une part... d'autre part, enfin...*

Classe grammaticale des connecteurs

Les connecteurs sont toujours invariables. Ce sont :
– des conjonctions de coordination (*mais*, *ou*, *et*, *donc*, *or*, *ni*, *car*) ;
– des prépositions (*avec*, *sans*, *sauf*, *malgré*, *pour*...) qui introduisent un complément circonstanciel de cause, de conséquence... ;
– des conjonctions de subordination (*puisque*, *parce que*, *quoique*, *si*...) qui introduisent les propositions subordonnées circonstancielles ;
– des locutions adverbiales et des adverbes de liaison (*ainsi*, *cependant*, *en effet*, *c'est pourquoi*...).

COMMENT FAIRE

Distinguer les différents connecteurs

Un connecteur temporel marque la chronologie entre deux actions.
Il le saisit par le bras ***puis*** *l'entraina avec lui.*

Un connecteur logique marque l'enchainement des idées.
D'abord je ne crois pas à ton histoire, ***puis*** *je sais que tu mens tout le temps.*

Astuce Une relation logique peut être exprimée par juxtaposition.
Je suis furieuse : ils ont perdu mon chat.
= car

S'ENTRAINER

1 ✪ Soulignez les connecteurs logiques.

a. Il déposa ses enfants à l'école puis se rendit à son travail.

b. Enfin, on peut dire que chacun fait comme il peut.

c. Il cuisine mais ne dresse jamais la table.

d. D'un côté il l'aimait, de l'autre il ne pouvait la supporter.

2 ✪✪ Quel est le sens des connecteurs logiques soulignés ?

a. Est-ce donc une monnaie que votre amour pour qu'il puisse passer de mains en mains jusqu'à la mort ? Non, ce n'est pas même une monnaie, car la plus mince pièce d'or vaut mieux que vous [...].

donc : .... pour qu' : ....

car : ....

b. On est souvent trompé en amour, souvent blessé et souvent malheureux ; mais on aime et quand on est sur le bord de sa tombe, on se retourne pour regarder en arrière et on se dit : J'ai souffert souvent [...] mais j'ai aimé.

mais : .... pour : ....

et : .... mais : ....

Alfred de Musset, *On ne badine pas avec l'amour*, 1834.

3 ✪✪ Relevez les trois connecteurs logiques qui organisent les idées d'une phrase à l'autre. Indiquez leur classe grammaticale.

Outre ses effets sur le cœur, le stress aigu active le système immunitaire. C'est pourquoi vous n'attraperez probablement pas de rhume pendant ce moment d'urgence. Pas le temps ! Mais si le stress s'installe sur la durée, il diminue votre immunité qui devient moins efficace. Et cela ne s'arrête pas là.

Dossier « Ne laissez pas le stress vous rendre malade », Sens & santé, *Le Monde*, Hiver 2019.

a. ....

b. ....

c. ....

Corrigés p. 281

LE CONSEIL DU COACH

Ne vous laissez pas distraire !
Poursuivez vos exercices.
Une courte pause de 5 minutes avant l'exo brevet, pourquoi pas ?

4 ✪✪✪ Complétez le texte suivant avec les connecteurs logiques : *pour (2 fois) – par conséquent – tant... que – alors.*

J'ai entendu .... de raisonnements qui ont failli me tourner la tête, et qui ont tourné suffisamment d'autres têtes .... les faire consentir à l'assassinat, ... j'ai compris que tout le malheur des hommes venait de ce qu'ils ne tenaient pas un langage clair. J'ai pris le parti .... de parler et d'agir clairement, ... me mettre sur le bon chemin. .... , je dis qu'il y a les fléaux et les victimes, et rien de plus.

Albert Camus, *La Peste*, © Gallimard, 1947.

EXO BREVET

Quel lien logique implique la ponctuation en couleur dans les phrases suivantes ? Proposez un connecteur logique équivalent.

a. Il faut chercher seulement à penser et à parler juste, sans vouloir amener les autres à notre goût et à nos sentiments ; c'est une trop grande entreprise.

....

b. La gloire ou le mérite de certains hommes est de bien écrire ; et de quelques autres, c'est de n'écrire point.

....

c. Ces peuples d'ailleurs ont leur Dieu et leur roi : les grands de la nation s'assemblent tous les jours, à certaine heure, dans un temple qu'ils nomment église.

....

Extraits de La Bruyère, *Les Caractères*, 1668.

AVEZ-VOUS RÉUSSI ?

12 L'énonciation

GRAMMAIRE – ORTHOGRAPHE

JE RETIENS

L'énonciation consiste à adresser un énoncé (dit ou écrit) à quelqu'un.

Identifier la situation d'énonciation

Pour connaitre la situation d'énonciation, il faut identifier :
– l'énonciateur ;
– le destinataire ;
– l'intention de l'énonciateur (convaincre, raconter, émouvoir, informer...).
– le lieu et le moment ;
– le niveau de langue employé ;

Deux types d'énoncé

• **Les énoncés qui ont besoin de la situation d'énonciation pour être compris** sont les textes théâtraux, les lettres, les journaux intimes, les articles, les conversations...

« ***Demain***, ***tu*** *dois* ***me*** *rejoindre* ***ici***. »
(Pour comprendre cet énoncé, il faut savoir ce à quoi se rapportent les mots en gras.)

• **Les énoncés qui n'ont pas besoin de la situation d'énonciation parce qu'ils contiennent en eux-mêmes les informations indispensables à sa compréhension** sont les textes narratifs : romans, contes, autobiographies, fables...

Il *alla le rejoindre* ***le lendemain près du moulin***.

COMMENT FAIRE

Repérer les indices de l'énonciation

Indices d'un énoncé ayant besoin de la situation d'énonciation :

Repères spatio-temporels relatifs à l'énonciateur	Les pronoms et les déterminants	Les temps verbaux
ici, là-bas, demain, hier, aujourd'hui, la semaine prochaine...	– Pr. personnels et dét. possessifs des 1re et 2e personnes (*je, tu* ; *mon, tes...*) – Pr. et dét. démonstratifs (*ce, celui-là...*) – Pr. et dét. possessifs (*ma, la mienne...*)	– Passé composé et imparfait pour l'antériorité – Présent pour le moment de l'énonciation – Futur pour la postériorité

Indices d'un énoncé n'ayant pas besoin de la situation d'énonciation :

Repères spatio-temporels précis	Les pronoms et les déterminants	Les temps verbaux
– *le 18 aout, ce jour-là, le lendemain, la veille...* – *à Paris, rue Condorcet, près de la rivière*	Pronoms personnels et déterminants possessifs de la 3e personne (*il, elle* ; *son, ses* ; *leur...*)	– Passé antérieur et plus-que-parfait pour l'antériorité – Imparfait et passé simple comme temps du récit – Présent de narration

Astuce
- Les **paroles** prononcées par les personnages dans un récit ont besoin de la situation d'énonciation.
- Tout ce qui est **récit** (très souvent au passé simple) n'a pas besoin de la situation d'énonciation.

LE CONSEIL DU COACH

Visualiser le cours avec son corps

Pour retenir des connaissances, vous pouvez associer des parties de votre corps dans un ordre précis avec des informations à mémoriser. Pour la situation d'énonciation, vous pouvez associer la main gauche avec l'énonciateur et la bouche avec le niveau de langue employé. Ici, vous devez retenir 5 éléments, il vous faut donc 5 parties du corps. Ensuite, il faudra vous souvenir de ces parties et visualiser les éléments associés.

S'ENTRAINER

1 ✪ Classez les mots qui renvoient à la situation d'énonciation.

Lundi 28 septembre 1942

Chère Kitty,

J'étais loin d'avoir fini ma lettre quand j'ai dû cesser d'écrire. Je ne résiste pas à l'envie de te raconter un autre conflit, mais avant de commencer, juste un mot : je trouve incroyable que des adultes puissent se quereller si vite, si souvent et à propos des détails les plus futiles ; jusqu'à présent, j'étais persuadée que les chamailleries étaient réservées aux enfants et s'atténuaient par la suite.

Journal d'Anne Frank, 1992, 2001, Calmann-Lévy, Paris pour la traduction française, par Philippe Noble et Isabelle Rosselin-Bobulesco.

Énonciateur : ....

Destinataire : ....

Lieu : ....

Moment : ....

Temps des verbes : ....

2 ✪✪ Les mots en gras renvoient-ils ou non à la situation d'énonciation ?

a. Au pays, on n'entend plus parler de lui et sa femme **reste** quatorze ans sans avoir de ses nouvelles. Et tout à coup son nom est prononcé avec étonnement dans le monde entier.

C'est ici que commence la merveilleuse histoire du général Johann August Suter.

C'est **un dimanche**.

Blaise Cendrars, *L'Or/Rhum/L'argent*, Éd. Denoël, 1960, 2001.

reste : ☐ oui ☐ non

un dimanche : ☐ oui ☐ non

b. LADY HURF

Nous allons faire une entrée magnifique.

DUPONT-DUFORT PÈRE

Ces Messieurs sont prêts.

LADY HURF

Sont-ils bien ?

DUPONT-DUFORT PÈRE

C'est une affaire de goût.

DUPONT-DUFORT FILS

D'ailleurs, les **voici**.

Jean Anouilh, *Le Bal des voleurs*, Table Ronde, 1958.

Ces : ☐ oui ☐ non   voici : ☐ oui ☐ non

EXO BREVET

Indiquez pour chaque énoncé s'il a besoin ou non de la situation d'énonciation. Soulignez les éléments qui vous ont permis de répondre.

a. Le quatrième jour fut un des plus froids de cet hiver-là. De grand matin les premiers arrivés dans la cour se réchauffaient en glissant autour du puits.

Alain-Fournier, *Le Grand Meaulnes*, 1913.

....

b. Tu seras gentille de venir demain matin [...] il faut que j'aille chercher du travail, et je ne veux pas la laisser toute seule avant d'avoir revu le docteur.

Boris Vian, *L'Écume des jours*, © Pauvert, 1966.

....

Corrigés p. 281

AVEZ-VOUS RÉUSSI ?

13 Quelques homophones

GRAMMAIRE – ORTHOGRAPHE

JE RETIENS

Quoique / Quoi que

- ***Quoique* est une conjonction de subordination.** Elle est suivie d'un verbe aux modes subjonctif ou participe (présent ou passé). *Quoique le temps press**ât**, il voulut finir son travail.*
- ***Quoi que* est un pronom relatif indéfini** suivi d'un verbe au mode subjonctif.
  *Quoi que j'ai**e** pu faire, je ne regrette rien.*

Tout / tous / toute(s)

- ***Tout / tous / toute(s)*** peut être :

– **déterminant** indéfini : *Tout**es** **ses chemises** sont vertes.*
– **pronom** indéfini : *Tous/Toutes m'énervent. Tout me dérange.*

- ***Tout*** (ou *toute(s)* devant un adjectif féminin commençant par une consonne ou un *h*- aspiré) **est aussi adverbe.** Il a le sens de *tout à fait*.
  *des fleurs tout abimées – des fleurs tout**es** **f**raiches*

Quelque / Quel que / Quelque ... que

- ***Quelque* peut être un déterminant indéfini.** Devant un nom,

– au singulier, il signifie *un(e) quelconque* : *Il viendra quelque matin.*
– au pluriel, il exprime la quantité : *Il m'a apporté quelque**s** fleurs.*

- ***Quel que* est un déterminant indéfini toujours suivi du verbe *être* au mode subjonctif.** Il s'accorde avec le sujet de ce verbe : ***Quelle que** soit **la réponse**, je serais ravie.*
- ***Quelque ... que* peut être :**

– **adverbe :** ***Quelque hardie que** tu sois, tu ne peux vaincre ta peur.*
– **déterminant** indéfini : ***Quelques qualités que** tu aies, tu n'y parviens pas.*

Même(s)

– **déterminant** indéfini : *Nous avions les **mêmes** soucis.*
– **pronom** indéfini : *Quelles chaussures magnifiques ! Je veux **les mêmes**.*
– **adverbe** précisant un verbe (*Ils aimaient **même se promener**.*), un adjectif ou un participe (***Même fatigués**, ils couraient.*), un GN (***Même leurs maillots** étaient en laine !*).

COMMENT FAIRE

Distinguer les homophones

- ***Quoique*** peut être remplacé par son synonyme ***bien que.***
- ***Quoi que*** peut être remplacé par ***quelle que soit la chose que....***
- **Placé après un ou des noms, *même*,** selon son sens :

– est déterminant et s'accorde : *Ses amis mêmes (= eux-mêmes) le critiquent.*
– ou bien est adverbe et reste invariable : *Ses amis même (= aussi) le critiquent.*

Astuce *Quel que* (quand il est attribut du sujet), *quoique* et *quoi que* expriment l'opposition.

S'ENTRAINER

1 ✪ **Entourez la forme qui convient.**

a. J'ai prévenu *tous* / *tout* mes amis : je ne saurais l'accepter.

b. Il buvait son chocolat à petites gorgées, *tout* / *toute* / *tous* en l'observant à la dérobée.

c. Elle restait bouche bée, *toute* / *tout* étonnée de sa réponse.

2 ✪✪ **Complétez les phrases suivantes par *quelque(s)* ou *quel(les) que*.**

a. .... aient été tes intentions, elles étaient tout, sauf louables.

b. Jamais je ne me débarrasserai de ces .... précieuses babioles.

c. .... ambitieuses qu'elles se soient montrées, elles ne sont pas parvenues à leurs fins.

d. Ai-je commis .... impair ?

3 ✪✪ **Précisez la classe grammaticale de *même* dans les phrases suivantes.**

a. J'effectue tous les jours le même trajet. Quelle monotonie ! ....

b. Tout me paraissait insurmontable, même la plus petite contrariété. ....

c. Les peines même s'estompaient. ....

d. Nous le ferons nous-mêmes. ....

e. C'est toujours pareil ! Quand j'achète un pull, tu veux le même ! ....

4 ✪✪✪ **Complétez les phrases avec les formes évoquées dans la page ci-contre.**

a. Elle surveilla désormais sa voix et crut y reconnaître, glissant sous les mots de .... les jours, des accents de violon et .... un *mi* bémol ou un *fa* dièse, ou .... autre impertinence...

Jules Supervielle, « La Jeune Fille à la voix de violon », in *L'Enfant de la haute mer*, © Gallimard, Folio, 1972 (1re éd. 1930).

» Corrigés p. 281

LE CONSEIL DU COACH Résistez ! N'allez pas regarder les corrigés. Essayez encore une fois de trouver la solution par vous-même.

b. .... le mot « bonheur », chaque fois qu'il était .... près, si près, prêt à se poser, tu cherchais à l'écarter...

Nathalie Sarraute, *Enfance*, © Gallimard, Folio, 1983.

c. Il n'avait pas pu, en effet, avant le lever de la lune, distinguer .... ce soit sous la frondaison épaisse des micocouliers.

Pierre Magnan, *Le Secret des Andrônes*, © Gallimard, Folio Policier, 1987.

d. .... le village le contemplait maintenant. Les buveurs étaient debout. Mais l'étranger ne leur jeta .... pas un regard.

Blaise Cendrars, *L'Or*, © Denoël, 1981 (1re éd. 1925).

DICTÉE

Ce qu'il aimait avant tout dans l'édifice maternel, ce qui réveillait son âme et lui faisait ouvrir ses pauvres ailes qu'elle tenait si misérablement reployées dans sa caverne, ce qui le rendait parfois heureux, c'étaient les cloches. Il les aimait, les caressait, leur parlait, les comprenait. [...] Le clocher de la croisée, les deux tours, étaient pour lui comme trois grandes cages dont les oiseaux, élevés par lui, ne chantaient que pour lui. C'étaient pourtant ces mêmes cloches qui l'avaient rendu sourd.

Victor Hugo, *Notre-Dame de Paris*, 1831.

AVEZ-VOUS RÉUSSI ? ○ ○ ○

14 L'accord du participe passé

GRAMMAIRE – ORTHOGRAPHE

JE RETIENS

Le participe passé employé seul

Il s'accorde comme un adjectif qu'il soit en fonction épithète ou en fonction apposition, c'est-à-dire détaché du nom (ou du GN) par une virgule.

*Elle retira du vase les fleurs **fanées**.*

***Déçue** par l'attitude de son fils, la mère s'effondra sur le canapé.*

Le participe passé employé avec *être*

Il s'accorde en genre et en nombre avec le sujet du verbe.

***Ils** sont parti**s** très tôt. **Elles** sont parti**es** hier.*

Le participe passé employé avec *avoir*

Il s'accorde avec le COD quand celui-ci est placé avant la forme verbale. Le COD peut être :

– un pronom personnel : *Cette actrice, je **l'**ai admir**ée**.*
– le pronom relatif *que* : *Il prit **les journaux que** tu avais lu**s**.*
– un pronom interrogatif : ***Lesquelles** avez-vous vu**es** ?*
– un nom précédé d'un déterminant interrogatif ou exclamatif. ***Quelles** fleurs avez-vous choisies ?*

• **Employé avec *avoir* et suivi d'un verbe à l'infinitif, il ne s'accorde avec le COD que si celui-ci accomplit l'action exprimée par l'infinitif.**

*Les menuisiers que j'ai vu**s** travailler sont talentueux.* (Ce sont les menuisiers qui ont travaillé.)
*La table que j'ai v**u** poncer est réussie.* (Ce n'est pas la table qui a poncé.)

• **Le participe passé d'un verbe impersonnel ou employé à la forme impersonnelle reste invariable quel que soit l'auxiliaire.**

*La force qu'il a manqu**é** aux candidats leur fut préjudiciable.*
(Il n'y a pas d'accord avec *qu'* COD qui reprend *la force*.)

COMMENT FAIRE

Accorder le participe passé dans la proposition subordonnée relative

- **Le pronom relatif *qui*** est toujours sujet du verbe contenu dans la proposition. Selon l'auxiliaire, le participe passé s'accorde ou non avec le sujet.
  *Ceux qui ont particip**é** sourient. Ceux qui sont interven**us** sourient.*
- **Le pronom relatif *que*** est toujours COD du verbe contenu dans la proposition. Comme il se trouve avant, il faut chercher le (ou les) mot(s) qu'il reprend pour accorder le participe passé.
  *Les mots que tu as prononc**és** sont malvenus. (Tu as prononcé les mots.)* [les mots : COD]
- **Lorsque la phrase est à la forme passive**, c'est toujours l'auxiliaire *être* qui est employé : le participe passé s'accorde donc avec le sujet du verbe.
  *Des paroles outrageuses ont été prononc**ées**.*

Astuce Les participes passés *fait* et *laissé* sont invariables quand ils sont suivis d'un infinitif.
*Cette robe, elle l'a fait **faire**.*

S'ENTRAINER

1 ✪ **Entourez la terminaison correcte des participes passés employés comme adjectifs.**

a. Elle descendit des marches mouill *é / ée / és / ées*.

b. Les deux hommes, un instant, observèrent la jeune femme immobile, serr *é / ée / és / ées* dans son manteau.

c. Elle fermait les yeux au souffle de la terre endorm *i / ie / it / is / ies*, herbeuse et mouill *ée / é / és / er*.

D'après François Mauriac, *Thérèse Desqueyroux*, © Grasset, 1927.

2 ✪ **Complétez les phrases suivantes avec le participe passé des verbes entre parenthèses.**

a. Il interrogeait l'avocat Duros qui répondait à mi-voix, comme s'ils eussent été (*épier*) ....

b. Thérèse n'entendit pas la réponse de Duros, car ils avaient (*allonger*) .... le pas.

c. Les chiens de garde que la voiture a (*réveiller*) .... aboient encore, puis se taisent.

d. Le destin, à toutes les étapes, peut encore surgir, la délivrer ; Thérèse cède à cette imagination qui l'eût (*posséder*) ...., la veille du jugement, si l'inculpation avait été (*maintenir*) .... : l'attente du tremblement de terre.

D'après François Mauriac, *op. cit.*

3 ✪✪ **Complétez la terminaison des participes passés.**

a. Son père l'avait fai............ attendre sur la route de Budos, en dehors de la ville.

b. Ils traversèrent la place : des feuilles de platane étaient coll............ au banc tremp............ de pluie. Heureusement, les jours avaient bien diminu............ .

c. Elle s'était laiss............ marier docilement à un vieillard, l'avait sub............ sans révolte.

d. Thérèse imagine qu'elle aurait p............ être ainsi effac............, anéant............, et que plus tard il n'eût même pas été perm............ à sa fille, de retrouver dans un album la figure de celle qui l'a m............ au monde.

D'après François Mauriac, *op. cit.*

LE CONSEIL DU COACH Un verre d'eau ou une pomme et quelques étirements sont peut-être nécessaires (voir Carnet p. 19).

4 ✪✪✪ **Justifiez l'accord des participes passés dans les phrases suivantes.**

a. Elle me parlait de sa mère qu'elle avait à peine connue.

....

b. Je vis briller ses yeux, à peine éclairés par le reflet de la lune sur l'eau.

....

c. La mort de Manu était venue secouer tout cela.

....

d. Peur de réveiller la douleur qui était là, tapie dans l'estomac.

....

Jean-Claude Izzo, *Total Khéops*, © Ed. Gallimard, 1995.

DICTÉE

[Les femmes] portaient aux bras de larges paniers d'où sortaient des têtes de poulets par-ci, des têtes de canards par-là. Et elles marchaient d'un pas plus court et plus vif que leurs hommes, la taille sèche droite et drapée dans un petit châle étriqué, épinglé sur leur poitrine plate, la tête enveloppée d'un linge blanc collé sur les cheveux et surmontée d'un bonnet.

Guy de Maupassant, « La Ficelle », 1884.

Corrigés p. 282

AVEZ-VOUS RÉUSSI ?

15 La valeur des temps du mode indicatif

CONJUGAISON

JE RETIENS

Les temps	Les valeurs	Caractéristiques
Présent	Présent d'énonciation	Désigne le moment où l'on parle ou celui de l'écriture. *Tu exagères.*
	Futur et passé proches	– Le moment est très proche de celui de l'énonciation. – Présence de compléments circonstanciels de temps. *Le film commence dans cinq minutes.* (futur proche) *Il s'achève à l'instant.* (passé proche)
	Présent de vérité générale	Désigne un fait toujours vrai. *Un triangle isocèle possède deux côtés égaux.*
	Présent de narration	Utilisé dans un récit au passé à la place du passé simple, tend à rendre le récit plus vivant. *Un loup survient à jeun, qui cherchait aventure. (La Fontaine)*
Imparfait	Durée	Dans un récit au passé, indique que l'action, non bornée (on connait le début mais pas la fin), est en cours de réalisation. *Il lisait depuis le matin.*
	Habitude ou répétition	Indique, avec l'aide d'un complément circonstanciel, que l'action se produit fréquemment. *Il pêchait tous les dimanches.*
	Description	*L'onde était transparente ainsi qu'aux plus beaux jours. (La Fontaine)*
Passé simple	Actions achevées et bornées	Indique que l'action est terminée. *Les loups firent la paix avec les brebis. (La Fontaine)*

Chaque temps composé (passé composé, plus-que-parfait, futur antérieur, passé antérieur) exprime **l'antériorité** lorsqu'il est associé à un temps simple.

COMMENT FAIRE

Utiliser la valeur d'un temps verbal

- **L'imparfait** est employé pour l'**arrière-plan** et le **passé simple** pour le **premier plan** du récit.
  Le voilier parcourait les flots quand une baleine surgit.
- **Plusieurs actions** à l'**imparfait** sont **simultanées**.
- **Plusieurs actions** au **passé simple** sont **successives**.
- Un temps composé employé seul présente une action comme **accomplie**, c'est-à-dire terminée au moment où on l'évoque. *Elle avait eu très froid ce soir-là.*

Astuce

- **Dans un récit au présent**, on emploie le présent, le passé composé ou l'imparfait, et le futur.
- **Dans un récit aux temps du passé**, on emploie principalement le passé simple (actions principales), l'imparfait (actions secondaires), le plus-que-parfait (antériorité) du mode indicatif et le présent et passé du mode conditionnel pour exprimer le futur.

LE CONSEIL DU COACH

Reformuler avec ses propres mots
Pour vous aider à apprendre cette leçon de manière active, résumez avec vos propres mots les valeurs du présent, de l'imparfait et du passé simple. Reformuler avec vos mots permet de vérifier si vous avez bien compris les informations. Pour vous, que signifie le présent de vérité générale ?

S'ENTRAINER

1 ✪ **Les temps soulignés sont-ils correctement employés ? Corrigez quand ce n'est pas le cas.**

a. Son regard se tourna vers la fenêtre, vit le temps maussade et cela l'a rendu mélancolique.

....

b. Tandis qu'il réfléchit, une voix se fit entendre.

....

c. Il se rappela que bien souvent, il avait paressé dans son lit. ....

d. Il avait ouvert les yeux, s'était étiré. Le réveil indiquait six heures. ....

2 ✪✪ **Quelle est la valeur du présent ?**

a. C'est Véra, pensa-t-il.
À ce nom, prononcé tout bas, il tressaillit en homme qui s'éveille ; puis, se dressant, regarda autour de lui.

Villiers de L'Isle-Adam, *Contes cruels*, 1883.

....

b. On m'interroge : je nie d'avoir touché le peigne. M. et Melle Lambercier se réunissent, m'exhortent, me pressent, me menacent ; je persiste avec opiniâtreté ; mais la conviction était trop forte, elle l'emporta sur toutes mes protestations […].

Jean-Jacques Rousseau, *Les Confessions*, 1782.

....

3 ✪✪ **Indiquez les valeurs de l'imparfait.**

a. Au-devant d'eux marchait un enfant, aussi en livrée de deuil, et ce page agitait, une fois par minute, le court battement d'une cloche […].

....

b. Souvent, en effet, vers cette heure-là même, dans les détours de l'allée qui descendait vers l'Océan, un gentleman, enveloppé d'un manteau, […] s'acheminait, la lueur d'un cigare à la main longuement gantée, vers la plage.

....

Villiers de L'Isle-Adam, *op. cit.*

4 ✪✪✪ **Qu'expriment les temps composés ?**

a. J'avais travaillé mais j'avais échoué.

....

b. J'ai trouvé une solution à mon problème.

....

c. Quand elle se sera excusée, son amie sera soulagée.

....

d. Lorsqu'il eût fini de parler, elle retira son chapeau et pleura.

....

DICTÉE

Quand je retrouvai Jacques le lendemain, il me sembla vraiment que je le regardais pour la première fois. Il m'apparut tout à coup que mon fils n'était plus un enfant, mais un jeune homme ; tant que je le considérais comme un enfant, cet amour que j'avais surpris pouvait me sembler monstrueux. J'avais passé la nuit à me persuader qu'il était tout naturel et normal au contraire. D'où venait que mon insatisfaction n'en était que plus vive ?

André Gide, *La Symphonie pastorale*,
© Gallimard, Folio, 1972 (1re éd. 1919).

Corrigés p. 282

AVEZ-VOUS RÉUSSI ?

16 Les modes personnels et impersonnels

CONJUGAISON

JE RETIENS

Aux modes personnels, le verbe varie en personne.

Les temps simples se forment selon le modèle : radical du verbe + terminaisons.
Les **temps composés** selon le modèle : auxiliaire conjugué au temps simple correspondant + participe passé du verbe.

- **Le mode indicatif** est composé de quatre temps simples (présent, futur, imparfait et passé simple) et de quatre composés (passé composé, futur antérieur, plus-que-parfait et passé antérieur).
- **Le mode impératif** est composé d'un temps simple (présent) et d'un temps composé (passé).
- **Le mode conditionnel** est composé d'un temps simple (présent) et d'un temps composé (passé).
- **Le mode subjonctif** est composé de deux temps simples (présent et imparfait) et de deux temps composés (passé et plus-que-parfait).

Aux modes impersonnels, le verbe ne varie pas en personne.

- **Le mode infinitif** est composé d'un temps simple (présent : *entendre*) et d'un temps composé (passé : *avoir entendu*).
- **Le mode participe** est composé d'un temps simple (présent : *prenant*) et d'un temps composé (passé : *ayant pris*).
- **Le participe présent est invariable.** Lorsqu'il caractérise un nom, il devient un adjectif verbal et s'accorde en genre et en nombre : *Elle est **épuisante***.
- **Le participe passé possède les terminaisons suivantes :**
-é (*provoqué*) ; *-i* (*suivi*) ; *-is* (*mis*) ; *-t* (*fait*) ; *-u* (*pu*).
Il forme un temps composé lorsqu'il est précédé d'un auxiliaire.

COMMENT FAIRE

Distinguer participe présent et adjectif verbal

Le participe présent garde le radical du verbe. Il est invariable.
*Fatig**u**ant ses parents, elle est envoyée au lit.* → participe présent

L'adjectif verbal s'accorde en genre et en nombre.
*Sa tâche est fatig**ante**.* → adjectif verbal

Astuce L'adjectif verbal peut être remplacé par un autre adjectif.

S'ENTRAINER

1 ✪ **Précisez le mode des verbes soulignés.**

a. Après avoir longtemps hésité, j'optai pour la solution la plus pratique.

....

b. Il serait bon que tu en parles à quelqu'un.

....

c. – Comment as-tu réussi ?
– J'avoue avoir pris exemple sur ma sœur.

....

d. Si tu avais vu sa chambre ! Quel capharnaüm !

....

e. Souviens-toi que *Guernica* a été peint par Pablo Picasso.

....

2 ✪✪ **Soulignez en rouge les verbes conjugués à un temps simple et en vert à un temps composé.**

Monsieur Hamil voulut monter la voir quand il a appris que Madame Rosa était malade, mais avec ses quatre-vingt-cinq ans sans ascenseur, c'était hors la loi. Ils s'étaient bien connus trente ans auparavant quand Monsieur Hamil vendait ses tapis et Madame Rosa vendait le sien et c'était injuste de les voir maintenant séparés par un ascenseur. Il voulait lui écrire un poème de Victor Hugo mais il n'avait plus les yeux et j'ai dû l'apprendre par cœur de la part de Monsieur Hamil.

Romain Gary, *La vie devant soi*, 1975.

3 ✪✪✪ **Complétez les mots selon qu'ils sont adjectif verbal ou participe présent.**

a. Les personnes adhér............ à ce projet sont priées de se faire connaitre.

b. Il eut beau s'égosiller, utiliser des mots compliqués, il ne se montra guère convain............

c. Néglig............ ses devoirs de père de famille, il répandit la tristesse autour de lui.

d. Pour des résultats équival............, l'un se fatigue moins que l'autre.

e. Suffo............ de rage, il quitta la pièce en claquant la porte.

f. Leurs points de vue étaient diverg............, ce qui les contrariait.

LE CONSEIL DU COACH Vous bloquez ? Faites-vous aider par un camarade, vos parents, votre professeur.

EXO BREVET

Lisez le texte et répondez aux questions.

Drance veut passer pour gouverner son maître, qui n'en croit rien, non plus que le public : parler sans cesse à un grand que l'on sert, en des lieux et en des temps où il convient le moins, lui parler à l'oreille en des termes mystérieux, rire jusqu'à éclater en sa présence, lui couper la parole, se mettre entre lui et ceux qui lui parlent [...], le tirer par son habit, lui marcher sur les talons, faire le familier, prendre des libertés, marquent mieux un fat qu'un favori.

Jean de La Bruyère, *Les Caractères*, 1668.

a. Quel est le mode impersonnel utilisé dans cet extrait ?

....

b. Quel effet produit son accumulation ?

....

....

....

....

Corrigés p. 282

AVEZ-VOUS RÉUSSI ?

17 La concordance des temps

CONJUGAISON

JE RETIENS

La concordance des temps permet de situer l'action de la proposition principale par rapport à celle de la proposition subordonnée.

Au mode indicatif, lorsque le verbe de la principale est au présent ou au futur :

La subordonnée marque	si son verbe est conjugué	Exemples
l'antériorité	au passé composé ou à l'imparfait	*Il annonce **qu'il s'est marié/se mariait.***
la simultanéité	au présent	*Il annonce **qu'il se marie.***
la postériorité	au futur ou au présent	*Il annonce(ra) **qu'il se mariera/marie.***

Au mode indicatif, lorsque le verbe de la principale est à un temps du passé :

La subordonnée marque	si son verbe est conjugué	Exemples
l'antériorité	au plus-que-parfait	*Il annonça **qu'il s'était marié.***
la simultanéité	à l'imparfait	*Il a annoncé **qu'il se mariait.***
la postériorité	au présent du conditionnel	*Il annonçait **qu'il se marierait**.*

Au mode subjonctif, quel que soit le temps du verbe de la principale :

La subordonnée marque	si son verbe est conjugué	Exemples
l'antériorité	au passé	*J'apprécie **qu'il soit parti.***
la simultanéité	au présent	*J'apprécie **qu'il parte.***
la postériorité	au présent	*J'ai apprécié **qu'il parte.***

Pour exprimer la condition, la subordonnée est au mode indicatif :

Subordonnée	Principale	Exemples
si + présent	Futur	*Si tu travailles, **tu réussiras.***
si + imparfait	présent du conditionnel	*Si tu travaillais, **tu réussirais.***
si + plus-que-parfait	passé du conditionnel	*Si tu avais travaillé, **tu aurais réussi.***

COMMENT FAIRE

Marquer l'antériorité et la postériorité

- **Si l'action de la principale se déroule en premier,** celle de la subordonnée est postérieure : on utilise le futur de l'indicatif ou le présent du conditionnel.
  [Elle gémissait] [1] *[qu'elle échoue**rait**]* [2].
- **Si l'action de la subordonnée se déroule en premier,** elle est antérieure : on utilise des temps composés. [2] *[Elle gémit]* [1] *[qu'elle **avait** échoué]*.

Astuce En langage soutenu, l'imparfait du subjonctif est utilisé quand le verbe de la principale est conjugué à un temps du passé ou au mode conditionnel. *Je trouvais inadmissible qu'il attendît.*

S'ENTRAINER

1 ✪ **Soulignez les subordonnées et indiquez si leur action est antérieure, simultanée ou postérieure à celle de la principale.**

a. Comme j'ai aimé qu'elle prenne ma défense !

....

b. Comment ont-ils pu croire qu'ils parviendraient à les convaincre ?

....

c. Elle lui affirma qu'elle avait vu juste.

....

2 ✪ **Entourez la bonne forme verbale.**

a. Il prétendit qu'il *était rentré / est rentré / rentra* avant vingt-deux heures.

b. Si tu avais, comme lui, traversé autant d'épreuves, tu ne te *comporterais pas / comporteras pas / serais pas comporté* comme tu l'as fait.

c. Nous *avons apprécié / appréciions / apprécions* que tu te sois montré compréhensif.

3 ✪✪ **Conjuguez les verbes en respectant la concordance des temps.**

a. Il m'a été difficile d'admettre que tu (*provoquer*, antériorité) .... sa colère.

b. Nous parvînmes à lui faire croire qu'elle (*briller*, postériorité) .... par son intelligence.

c. Tu as répondu que tu (*ne pas savoir*, simultanéité) .... reconnaitre les arbres.

4 ✪✪ **Précisez les temps utilisés et si la subordonnée marque l'antériorité, la simultanéité ou la postériorité.**

a. Elle aurait aimé qu'il fût efficace malgré sa nonchalance.

Temps de la princ. : ....

Temps de la sub. : ....

Marque la ....

Corrigés p. 283

LE CONSEIL DU COACH Avez-vous pensé à faire un schéma ? Si vous avez une mémoire visuelle, le schéma peut vous permettre de mieux comprendre.

b. Il avoue qu'il laissera tomber la jeune fille le lendemain de ses fiançailles.

Temps de la princ. : ....

Temps de la sub. : ....

Marque la ....

c. Il redoutait qu'elle ne s'enfuie comme un animal aux abois.

Temps de la princ. : ....

Temps de la sub. : ....

Marque la ....

5 ✪✪✪ **Conjuguez le verbe de la principale au temps indiqué puis appliquez la concordance des temps.**

a. Si les évènements le (*permettre*) .... elles (*voyager*, présent du conditionnel) .... sans plus se soucier de rien.

b. Si tu (*ne pas le remarquer*) ...., je te le (*présenter*, passé du conditionnel) .... moi-même.

c. Tu (*devoir*, futur) .... te montrer courageux si tu (*songer*) .... à changer de voie.

DICTÉE

Si encore sa vie avait été remplie ! S'il avait fait quelque chose ; s'il avait eu des aventures, de grands plaisirs, des succès, des satisfactions de toutes sortes. Mais non, rien. Il n'avait rien fait, jamais rien que se lever, manger aux mêmes heures et se coucher. Et il était arrivé comme cela à l'âge de soixante-deux ans.

Guy de Maupassant, *Regret*, 1884.

AVEZ-VOUS RÉUSSI ?

18
CONJUGAISON

Les temps du mode conditionnel

JE RETIENS

- **Le présent du conditionnel se forme en ajoutant à l'infinitif du verbe les terminaisons de l'imparfait :** *-ais, -ais, -ait, -ions, -iez, -aient.* Pour les verbes dont l'infinitif se termine en *-re*, il faut retirer le -e avant d'ajouter les terminaisons.

Infinitif	Présent	
	Actif	Passif
transformer	*je transformer**ais***	*je **serais** transformé**(e)***
noircir	*tu noircir**ais***	*tu **serais** noirci**(e)***
lire	*nous lir**ions***	*nous **serions** lu**(e)** s*
prendre	*vous prendr**iez***	*vous **seriez** pris**(es)***

- **Les verbes irréguliers au présent du conditionnel sont les mêmes que ceux du futur de l'indicatif :**
  aller → *j'irais* ; *voir* → *je verrais* ; *savoir* → *je saurais* ; *être* → *je serais* ; *dire* → *je dirais* ; *vouloir* → *je voudrais* ; *falloir* → *il faudrait* ; *avoir* → *j'aurais* ; *venir* → *je viendrais* ; *prendre* → *je prendrais* ; *valoir* → *il vaudrait* ; *faire* → *je ferais* ; *pouvoir* → *je pourrais*

- **Le passé du conditionnel est un temps composé.** L'auxiliaire, conjugué au présent, est suivi du participe passé du verbe. *Nous aurions dû réfléchir.*

COMMENT FAIRE

Utiliser le conditionnel

- **Ses valeurs temporelles**
  - Le présent du conditionnel situe un fait dans le futur dans un récit aux temps du passé.
    Il pensa qu'elle lui tournerait le dos.
  - Le passé du conditionnel situe un fait avant un autre fait au présent.
    Elle l'informa qu'elle lui tendrait la main quand elle aurait traversé le gué.
- **Ses valeurs modales**
  - Dans une proposition indépendante :
    – il atténue ce qui est dit : *Pourrais-tu m'aider ?*
    – il exprime un souhait, un regret : *J'aimerais vivre à l'étranger.*
    – il exprime l'incertitude d'une information : *L'homme aurait crié son innocence.*
  - Dans l'expression de l'hypothèse, le présent du conditionnel exprime :
    – le potentiel (l'hypothèse est réalisable) ; *Si elle parvenait à pleurer, elle **évacuerait** sa douleur.*
    – l'irréel du présent (l'hypothèse n'est pas réalisable). *Si tu n'étais pas amoureux, tu **affronterais** la réalité.*

    Le passé du conditionnel exprime l'irréel du passé (l'hypothèse n'a pas été réalisable).
    *Si j'avais réfléchi aux conséquences, je ne me **serais** pas **engagée** dans cette aventure.*

Astuce À la 1re personne du singulier, futur et conditionnel se prononcent de la même manière. Pour les distinguer, on peut les remplacer par la 3e personne du singulier.

***Je m'impliquerai** davantage.*
→ *Il s'impliqu**era*** (futur)

***Je m'impliquerais**, si je le voulais.*
→ *Il s'impliqu**erait*** (conditionnel)

LE CONSEIL DU COACH

Faire des pauses

Le présent du conditionnel n'est pas toujours facile à distinguer du futur. Les exercices vont vous aider à mieux le maitriser. Vous pouvez vous fixer comme objectif de réaliser les trois premiers exercices, puis faites une pause de 10 minutes pour ensuite les terminer. Vous pouvez également reprendre les exercices le lendemain, ce qui vous permettra de revenir sur la leçon et mieux mémoriser les terminaisons de l'imparfait pour conjuguer le présent du conditionnel.

S'ENTRAINER

1 ✪ Entourez la bonne terminaison verbale.

a. Même si tu me le disais avec le sourire, je ne comprendr *ai / ais* pas.

b. Je voudr *ais / ai* avoir ta patience.

c. J'admirer *ai / ais* ta composition florale demain soir.

d. Je tiendr *ai / ais* ma promesse, ne t'en fais pas.

2 ✪ Indiquez la forme (active ou passive) et le temps des verbes en gras.

a. Je ne **pourrais** pas venir, hélas, à ta remise de diplôme.

....

b. Ces avertissements **auraient été envoyés** pour vous faire peur.

....

c. Le conteur avait précisé que la meute des loups **serait pourchassée** si d'autres bêtes étaient tuées.

....

d. Il n'**aurait** jamais **accepté** sans l'intervention de son ami.

....

3 ✪✪ Conjuguez les verbes au passé du conditionnel. Attention aux accords du participe passé !

a. Il (*comprendre*) .... tout de suite !

b. Vous (*devoir*) .... y penser.

c. Si j'étais allée dans cette grotte, je (*mourir*) .... de peur !

d. « Je (*partir*) .... depuis longtemps », déclara-t-elle.

4 ✪✪✪ Qu'exprime le mode conditionnel dans les extraits suivants ?

a. ANTIGONE

Et puis, au fond, tu aimes bien frotter aussi.

Tu serais très malheureuse si tout restait propre toujours.

....

b. LE GARDE

Leurs sales mains ? Vous pourriez être polie, Mademoiselle… Moi je suis poli.

....

Jean Anouilh, *Antigone*, 1946.

EXO BREVET

Sur une feuille à part, transposez au discours indirect les passages au discours direct.

Au bout d'un silence, elle reprit :

– Vous connaissez mes conditions ?

– Non, madame, dit Nantas, qui conservait un calme parfait. Veuillez me les dicter, et je m'y soumets d'avance.

Alors, elle s'exprima nettement, sans une hésitation ni une rougeur.

– Vous ne serez jamais que mon mari de nom. Nos vies resteront complètement distinctes et séparées. Vous abandonnerez tous vos droits sur moi, et je n'aurai aucun devoir envers vous.

Émile Zola, *Nantas*, 1878.

Corrigés p. 283

AVEZ-VOUS RÉUSSI ? ○ ○ ○

19
CONJUGAISON

Les temps du mode subjonctif

JE RETIENS

- **Les terminaisons du présent du subjonctif pour l'ensemble des verbes sont :** ***-e, -es, -e, -ions, -iez, -ent.*** Elles sont ajoutées au radical du verbe ou à celui du participe présent. *que j'avou**e** – que j'éclairciss**e** – que j'entend**e***

Certains verbes sont irréguliers : *être* → *que je sois* *avoir* → *que j'aie*
aller → *que j'aille* *dire* → *que je dise* *faire* → *que je fasse*
venir → *que je vienne* *pouvoir* → *que je puisse* *voir* → *que je voie*
vouloir → *que je veuille* *prendre* → *que je prenne* *savoir* → *que je sache*
falloir → *qu'il faille* *valoir* → *qu'il vaille*

- **Le passé du subjonctif est un temps composé.** L'auxiliaire, conjugué au présent du subjonctif, est suivi du participe passé du verbe. *que j'**aie** suggéré – qu'il **soit** venu*
- **Les terminaisons de l'imparfait du subjonctif sont pour l'ensemble des verbes :** ***-sse, -sses, -^t (-înt), -ssions, -ssiez, -ssent.*** Elles sont ajoutées à la base verbale du passé simple (-a, -i, -u, -in) : *marcher : qu'il march**ât** ; bondir : qu'il bond**ît** ; pouvoir : qu'il p**ût**.*
- **Le plus-que-parfait du subjonctif est un temps composé.** L'auxiliaire, conjugué à l'imparfait du subjonctif, est suivi du participe passé du verbe. *qu'il **eût** aimé – qu'ils **fussent** sortis*

COMMENT FAIRE

Utiliser le mode subjonctif

- Dans la **proposition indépendante** pour exprimer le souhait, l'ordre ou des sentiments ;
  ***Que sa guérison ne se fasse pas** attendre ! **Que tout soit rangé** à mon retour.*
- Dans la **proposition subordonnée conjonctive** :
  – quand le verbe de la principale exprime un souhait, un doute, une crainte, un regret ;
  ***Je souhaite que tu cueilles** les roses de la vie.*
  – quand elle a pour fonction sujet ou attribut du sujet. ***Que tu ne l'entendes pas** me surprend.*
- Dans la **proposition subordonnée circonstancielle** :
  – après certaines conjonctions comme *avant que, jusqu'à ce que* (temps), *non que* (cause rejetée), *assez, suffisamment… pour que* (conséquence), *à condition que…* ;
  – de but et de concession (*pour que, bien que*).
- Dans la **proposition subordonnée relative** quand elle exprime une idée de but, de conséquence, d'hypothèse ou quand elle est précédée d'un superlatif ou d'une restriction.
  *Elle est la seule **qui sache** l'amadouer.* (restriction)

Astuce L'accent circonflexe de la terminaison de la 3e personne du singulier de l'imparfait du subjonctif permet de la distinguer de celle du passé simple.
Il ne m'aima plus. (passé simple) *Je ne voulais pas qu'il ne m'aimât plus.* (subj. imp.)

S'ENTRAINER

1 ✪ **Relevez les verbes au subjonctif. Précisez leur temps.**

a. J'étais, pour ma part, décidé à faire tout ce qui était en mon pouvoir pour qu'elle devînt, par mon truchement, une artiste célèbre et acclamée [...].

....

b. [...] Ce fut moi-même, cette fois, qui tentai de découvrir en moi quelque talent caché qui eût permis aux aspirations artistiques de ma mère de se réaliser.

....

c. Je ne dis pas qu'il faille empêcher les mères d'aimer leurs petits [mais] qu'il vaut mieux que les mères aient encore quelqu'un d'autre à aimer.

....

Romain Gary, *La Promesse de l'aube*, © Gallimard, 1960.

2 ✪ **Conjuguez les verbes entre parenthèses au temps du subjonctif qui convient.**

a. Que tu (*savoir*) .... t'en sortir, c'est tout ce que je veux.

b. Avant que tu (*avoir*) .... le temps de réagir, ils s'étaient éclipsés.

c. Pourvu qu'elle ne (*voir*) .... pas ma déception !

d. Je regrettai qu'ils (*ne pas pouvoir*) .... vous disculper.

e. Quelque plaisanterie que je (*dire*) ...., ne reste pas fâchée.

3 ✪✪ **Justifiez l'emploi du subjonctif.**

a. Que tu ne prennes pas de décision m'inquiète.

....

b. L'odeur des fleurs de cognassier est la plus suave que je connaisse.

....

Corrigés p. 283

LE CONSEIL DU COACH

Formulez à voix haute ce que vous ressentez en ce moment. Ou bien tout va pour le mieux et poursuivez sans fléchir.

c. Que les plus audacieux encouragent les autres !

....

d. Elle était trop exigeante pour que quelqu'un s'installât chez elle.

....

e. J'aspire à ce que l'avenir soit plus doux.

....

4 ✪✪✪ **Conjuguez les verbes à l'imparfait ou au plus-que-parfait du subjonctif.**

a. Il paraissait à ma mère tout naturel que les grands hommes (*faire*) .... souffrir les femmes.

b. Je dois dire que la ruse que ma mère imagina était singulièrement osée et (*pouvoir* fort bien) .... nous expédier une fois de plus sur la grand-route.

c. [...] j'étais conduit à la fenêtre et invité à lever les yeux au ciel, pour que la clientèle (*pouvoir*) .... admirer comme il convenait leur couleur bleue.

d. J'ai toujours été très heureux que Guy de Maupassant (*ne pas rencontrer*) .... ma mère avant ma naissance.

D'après Romain Gary, *La Promesse de l'aube*, *op. cit.*

DICTÉE

La présence de cet être extraordinaire faisait circuler dans toute la cathédrale je ne sais quel souffle de vie. Il semblait qu'il s'échappât de lui une émanation mystérieuse qui faisait palpiter les profondes entrailles de la vieille église. Il suffisait qu'on le sût là pour que l'on crût voir vivre et remuer les mille statues des galeries et des portails.

D'après Victor Hugo, *Notre-Dame de Paris*, 1831.

AVEZ-VOUS RÉUSSI ?

20 Les temps du mode impératif

CONJUGAISON

JE RETIENS

Valeurs de l'impératif

L'impératif est le mode utilisé pour exprimer un ordre, un conseil ou un souhait. Lorque la phrase est de forme négative, il exprime l'interdiction.

Conjugaison de l'impératif

- **Au mode impératif, le verbe n'a pas de sujet exprimé.** Seule la terminaison permet de savoir à qui l'on s'adresse. Il ne se conjugue qu'à la 2e personne du singulier et aux 1re et 2e personnes du pluriel.
- **Le présent de l'impératif a généralement les formes du présent de l'indicatif.**
  Choisis, permets.
- **Cependant, les verbes du premier groupe ne se terminent pas par « -s » à la 2e personne du singulier,** contrairement au présent du mode indicatif.
  *Parl**e** sans crainte.* (impératif) / *Tu parl**es** sans crainte.* (indicatif)

– Il existe quelques **cas particuliers** : les verbes *cueillir*, *offrir*, *ouvrir* et *souffrir* se terminent par un -e à la 2e personne du singulier *(cueill**e**, off**re**, ouv**re**, souff**re**)* ;
– Attention aux **verbes irréguliers** :

être : sois, soyons, soyez ;
avoir : aie, ayons, ayez ;
aller : va, allons, allez ;
dire : dis, disons, dites ;
faire : fais, faisons, faites ;
venir : viens, venons, venez ;
voir : vois, voyons, voyez ;
vouloir : veuille, veuillons, veuillez ;
prendre : prends, prenons, prenez ;
savoir : sache, sachons, sachez.

- **Le passé de l'impératif** est un temps composé. L'auxiliaire *être* ou *avoir*, conjugué au présent de l'impératif, est suivi du participe passé du verbe.
  jeter : ***aie** jeté*, ***ayons** jeté*, ***ayez** jeté*
  choisir : ***aie** choisi*, ***ayons** choisi*, ***ayez** choisi*
  partir : ***sois** parti**(e)***, ***soyons** parti**(e)s***, ***soyez** parti**(e)s***
  savoir : ***aie** su*, ***ayons** su*, ***ayez** su*

COMMENT FAIRE

Utiliser l'impératif avec les pronoms

- **Employé avec des pronoms personnels en fonction COD et COI**, le verbe à l'impératif se place :
  – en première position si la phrase est à la forme affirmative ; *Donne-**les-lui**.* (tirets obligatoires)
  – après les pronoms si la phrase est à la forme négative. *Ne **les lui** donne pas.*
- **Le présent de l'impératif suivi des pronoms adverbiaux *en* et *y* prend un *s*.** *Parle**s-en**. Va**s-y**.*

Astuce Les verbes *pouvoir*, *devoir* et *faillir* ne peuvent être conjugués à l'impératif.

S'ENTRAINER

1 ✪ **Conjuguez au présent de l'impératif.**

a. Vous avez soif de connaissance.

....

b. Nous sommes heureux que tout ceci se termine pour le mieux.

....

c. Tu sais qu'agir est important.

....

d. Veux-tu résumer la situation ?

....

2 ✪✪ **Complétez en conjuguant le verbe au passé de l'impératif à la personne indiquée.**

a. *1re pers. pl. masculin.* .... part.............. avant qu'il ne soit trop tard.

b. *2e pers. sing.* .... repr............. ton sang-froid avant de le voir !

c. *2e pers. pl. féminin.* Ne .... pas sort................ pour nous.

d. *2e pers. sing. masculin.* .... reven............. avant dix heures.

3 ✪✪ **Transformez les phrases suivantes en phrases impératives en employant l'impératif. Attention à la place des pronoms !**

a. Tu me dis ce qui ne va pas !

....

b. Tu y vas sans rechigner, s'il te plait.

....

c. Nous le leur transmettons aussitôt.

....

d. Vous vous en délectez d'avance.

....

e. Nous nous y mettrons quand nous aurons le courage.

....

» Corrigés p. 284

LE CONSEIL DU COACH Un coup de fatigue ? Posez-vous les bonnes questions sur une alimentation équilibrée et un bon sommeil (voir Carnet p. 20).

4 ✪✪✪ **Remplacez chaque groupe souligné par un pronom et mettez les phrases à la 2e personne du singulier du présent de l'impératif.**

a. Ils sèment la discorde et ils se plaignent du résultat.

....

b. Vous ne maitrisez pas vos réactions et vous souffrez de la situation !

....

c. Tu parles de sujets graves avec les gens en qui tu as confiance.

....

d. Elles accueillent très modestement les joies de l'existence.

....

e. Nous obtenons de nos proches une compréhension sans égale.

....

EXO BREVET

Sur une feuille à part, récrivez le texte suivant à la 2e personne du singulier du présent de l'impératif et à la forme négative.

TARTUFFE

Ah ! Laissez-le parler ; vous l'accusez à tort,
Et vous ferez bien mieux de croire à son rapport.
Pourquoi sur un tel fait m'être si favorable ?
Savez-vous, après tout, de quoi je suis capable ?
Vous fiez-vous, mon frère, à mon extérieur ?
Et, pour tout ce qu'on voit, me croyez-vous
[meilleur ?

Molière, *Le Tartuffe*, 1669.

AVEZ-VOUS RÉUSSI ?

21 La formation des mots

VOCABULAIRE

JE RETIENS

Composition

- **Un mot composé peut être formé de mots simples :** juxtaposés (*chaise longue*), accolés (*portefeuille*), liés par un trait d'union (*porte-savon*).
- **Un mot composé peut être formé de mots latins ou grecs.** Les mots issus du grec se reconnaissent à la présence de lettres comme *ph / th / y : télé (loin) / phone (son) ; démo (peuple) / cratie (pouvoir) ; chrono (temps) / phage (qui mange).*

Dérivation

- **Un mot dérivé se construit à partir d'un radical.**

– On ajoute devant le radical un (ou plusieurs) préfixe(s). Le mot ainsi formé change de sens.

Contraire – Privation	Intensité – Dessus – Dessous	Dans – Hors de – À travers
amoral – **dés**espoir – **il**légal	**hyper**glycémie – **sus**pendre – **sou**terrain	**im**ploser – **é**tendre – **entre**voir

– On ajoute après le radical un (ou plusieurs) suffixe(s). Le mot ainsi formé appartient généralement à une autre classe grammaticale.

nom → adjectif *: un calcul → calculateur ;* verbe → nom *: mentir → menteur.*

Cependant, certains suffixes ne changent pas la classe du mot. C'est le cas :
– des suffixes apportant une valeur péjorative : *gratter → grat**ouiller**.*
– des suffixes permettant de former des diminutifs : *maigre → maigr**ichon**.*

- **La construction par dérivation peut entrainer des modifications orthographiques.**

a**t/t**endre (doublement de consonne) – *langue → lan**g**age* (modification du radical)
*gentil → genti**ment**, énorme → énorm**ément**, différ**ent** → différ**emment**, gal**ant** → gal**amment**.*

- **L'ensemble des mots qui ont le même radical forme une famille de mots.**

COMMENT FAIRE

Décomposer un mot dérivé

- **Il faut d'abord chercher le radical :** *ina**mov**ible*
- **Il faut ensuite détacher**, à l'aide de barres verticales, radical, préfixe(s) et (ou) suffixe(s) :
  in / a / mov / ible
- Savoir décomposer un mot permet d'en connaitre le sens. *in- → ne pas, -mov- → mettre en mouvement, -ible → qui peut ; d'où inamovible : qui ne peut être déplacé.*

Astuce

Dans *un dé à coudre*, retirer « à coudre » modifie le sens du mot « dé ». « Dé à coudre » est donc un **mot composé**. Mais dans *un champ d'oliviers*, retirer « d'oliviers » ne modifie pas le sens de « champ » : « d'oliviers » est donc un **groupe nominal prépositionnel ayant pour fonction complément du nom**.

S'ENTRAINER

1 ✪ **Classez les mots suivants :**

peut-être – metteur en scène – subordination – biographie – point de vue – narration – avant-propos – omniscient – lorsque – paratexte.

Mots dérivés : ....

....

Mots composés : ....

....

....

2 ✪ **Reliez chaque préfixe au mot qui convient. Attention aux intrus !**

a. pré •	• mener
b. co •	• semblable
c. sub •	• juger
d. dis •	• jet
e. mal •	• position
f. pro •	
g. an •	
h. dé •	

3 ✪✪ **Transformez les noms suivants en adjectifs. Attention aux modifications orthographiques !**

a. raison : ....

b. tragédie : ....

c. paresse : ....

d. tradition : ....

e. faute : ....

f. drame : ....

4 ✪✪ **Décomposez par des barres verticales les mots dérivés suivants.**

a. i n s u b o r d i n a t i o n

b. c o q u e t t e r i e

c. i n s a l u b r e

d. c o n d a m n e r

Corrigés p. 284

5 ✪✪ **Remplacez les groupes soulignés par un adjectif dérivé formé d'un préfixe et d'un suffixe.**

a. un homme que l'on ne peut corrompre

....

b. un enfant qui manque d'attention

....

c. une mémoire qui ne peut pas faire défaut

....

d. un homme qui n'a aucune culture

....

6 ✪✪✪ **Complétez les définitions à l'aide des mots grecs suivants, dont le sens vous est donné entre parenthèses : *phil* (qui aime) – *démo* (peuple) – *pathos* (souffrance).**

a. qui aime le cinéma : ....

b. qui aime les livres : ....

c. science qui étudie les souffrances, les maladies :

....

d. qui est contraire aux intérêts du peuple :

....

EXO BREVET

Relevez deux mots composés et quatre mots dérivés. Précisez leur formation.

C'était un vieux café de mineurs dissimulé dans un recoin, près de la place du marché, sur la route de Barclin. Raymond avait passé une bonne partie de sa vie à la fosse 5. Il avait laissé une jambe au fond, le déraillement d'un wagonnet, ce qui lui avait payé une prothèse et son troquet[1] en prime. [...] La femme du patron annexait la moitié de l'arrière-salle avec son linge, ses fers et ses pattemouilles.

Didier Daeninckx, *La mort n'oublie personne*,
© Denoël, 1989.

1. Café, en argot.

....

....

AVEZ-VOUS RÉUSSI ?

22 Synonymie, antonymie, paronymie et homonymie

VOCABULAIRE

JE RETIENS

Les synonymes

Les synonymes sont des mots de sens proche. Ils ont la même classe grammaticale.

surpris (adjectif) → *étonné, stupéfait, ébahi* (adjectifs)

Des synonymes peuvent avoir une intensité différente.

appréhension, crainte, peur, effroi, panique, épouvante →

sentiment de plus en plus intense

Les antonymes

Les antonymes sont des mots de sens contraire. Ils ont la même classe grammaticale :

monter (verbe) ≠ *descendre* (verbe)

Les paronymes

Les paronymes sont des mots dont la prononciation est presque identique mais dont le sens est différent : *spectre/sceptre*

Les homonymes

Les homonymes sont des mots qui se prononcent et/ou s'écrivent de la même manière.

On distingue :

– ceux qui s'écrivent pareil mais ne se prononcent pas de la même manière (les homographes) : *(être) fier/se fier à*

– ceux qui se prononcent de la même manière, sont de même classe grammaticale et :
  - s'écrivent différemment (les homophones) : *le compte/le conte/le comte*
  - s'écrivent de la même manière : *le mousse/la mousse*

– ceux qui ne possèdent pas la même classe grammaticale : *sang/s'en – à/a/ah !*

COMMENT FAIRE

Trouver des synonymes et des antonymes

Un synonyme ou un antonyme peut se trouver dans les différents niveaux de langue.

Niveau	Le verbe *manger* a pour synonymes	L'adjectif *beau* a pour antonymes
courant	déjeuner, diner, souper	laid, affreux
soutenu	se restaurer, absorber	hideux, disgracieux
familier	bouffer, becqueter, grailler	moche

Pour former des antonymes, on utilise généralement des préfixes privatifs ou négatifs comme *il-, dis-, dé-, in-*. *légitime* → *illégitime – symétrique* → *dissymétrique*

Astuce

- L'emploi de synonymes permet d'éviter les répétitions, de nuancer, de préciser une idée ou de marquer l'intensité.
- L'emploi d'antonymes permet de marquer des oppositions, de souligner des contrastes.

LE CONSEIL DU COACH

Rester concentré(e)

Voilà une leçon qui mérite toute votre concentration. Être attentif(ve), c'est comme être sur une poutre, il ne faut pas se laisser distraire ! Évitez donc les sources de distraction : éteignez vos écrans (téléphone, ordinateur, tablette...) et débarrassez votre bureau pour ne garder que le matériel pour travailler. Une fois que vous êtes concentré(e), vous comprendrez plus facilement les notions de synonymie, antonymie, paronymie et homonymie.

S'ENTRAINER

1 ✪ **Entourez le synonyme du mot en gras dans chacune des listes suivantes.**

a. **épargne** – gageure – malversation – économie – larcin – controverse.

b. **mutisme** – révolte – silence – éloquence – muet – soulèvement.

c. **prohiber** – désenchanter – ordonner – interdire – prohibition – hiberner.

2 ✪✪ **Complétez avec un synonyme du mot en gras choisi dans la liste suivante : *tracasserie, désillusion, embardée, broncha, frappa, se sauva, incontestables, inconvenants, passionnants, suffisantes, accablantes, prétentieux.***

a. **déconvenue**. Après cette ...., il avait perdu espoir et craignait de ne plus trouver l'amour.

b. **cilla.** Devant la colère et les insultes de l'automobiliste, il ne .... pas.

c. **scabreux.** Dès qu'il buvait, il abordait des sujets .... qui mettaient ses amis mal à l'aise.

d. **tangibles.** L'inspecteur trouva des preuves .... qui le conduisirent à arrêter le voisin de la vieille dame.

3 ✪✪ **Précisez le niveau de langue : soutenu (S), courant (C) ou familier (F).**

a. Antonymes de *humble* :

vantard (.....), prétentieux (.....), fat (.....).

b. Synonymes d'*obstination* :

opiniâtreté (.....), entêtement (.....), ténacité (.....).

4 ✪✪✪ **Écrivez le paronyme du mot entre parenthèses afin d'obtenir une phrase correcte.**

a. (*immerger*) Il .... de son sommeil, l'œil hagard, et décoiffé.

b. (*éruption*) Le tigre fit .... sur la piste de cirque, provoquant l'effroi des spectateurs.

c. (*allusion*) Ce livre regorge d'images qui provoquent des .... d'optique.

EXO BREVET

Lisez le texte puis répondez aux questions sur une feuille à part.

Ses vêtements simples, peu coûteux, trahissaient des formes jeunes. Elle était jolie par juxtaposition. Heureuse, elle eût été ravissante : le bonheur est la poésie des femmes, comme la toilette en est le fard. Si la joie d'un bal eût reflété ses teintes rosées sur ce visage pâle ; si les douceurs d'une vie élégante eussent rempli, eussent vermillonné ses joues déjà légèrement creusées ; si l'amour eût ranimé ses yeux tristes, Victorine aurait pu lutter avec les plus belles jeunes filles.

Honoré de Balzac, *Le Père Goriot*, 1835.

a. Relevez deux synonymes de *jolie*.
Quelle nuance constatez-vous ?

b. Relevez les antonymes sur lesquels repose le portrait du personnage.

c. Quel effet le narrateur cherche-t-il à produire ?

Corrigés p. 284

AVEZ-VOUS RÉUSSI ?

23 Dénotation et connotation

VOCABULAIRE

JE RETIENS

Dénotation, sens propre et sens figuré

- **La dénotation d'un mot est son sens objectif, qui ne varie pas, fourni par le dictionnaire. Un mot qui possède plusieurs sens est polysémique.**

  Hérisson : 1. Petit mammifère insectivore, au corps recouvert de piquants.
  2. Tige garnie de chevilles où l'on place les bouteilles à égoutter…
  3. Personne d'un caractère et d'un abord difficiles.

- **Le sens propre d'un mot désigne une réalité.** Un mot possède un ou plusieurs sens propres.

  Le mot hérisson *a pour sens propres les sens 1 et 2 ci-dessus.*

- **Le sens figuré d'un mot établit une image,** par comparaison avec le sens propre.

  Le mot hérisson *a pour sens figuré le sens 3 ci-dessus.*

Connotation

La connotation ajoute des informations subjectives au sens premier du mot.
Ces informations ne sont pas toujours indiquées dans un dictionnaire ; elles varient avec le contexte. La connotation peut ainsi être liée :
– à l'affectif : Feu *renvoie à la chaleur d'un foyer mais aussi à la destruction.*
– à la situation d'énonciation : un mot peut avoir une connotation méliorative (positive) ou péjorative (négative) ;
– au culturel.

La couleur blanc renvoie au deuil dans certains pays, au mariage dans d'autres.

Les sens connotés et **dénotés** d'un mot constituent son **champ sémantique**.

COMMENT FAIRE

Analyser la connotation

- **Chercher dans le dictionnaire** le sens dénoté du mot et ses connotations.
- **Chercher dans le texte** les rapports que ce mot entretient avec les autres mots.
- **Analyser la situation d'énonciation :** les informations fournies par le paratexte et celles présentes dans le texte.
- **Mobiliser ses connaissances générales.**

  Les sanglots longs / Des violons / De l'automne / Blessent mon cœur / D'une langueur / Monotone. (Verlaine, *Chanson d'automne,* 1866)

  L'automne, saison caractérisée par le déclin des jours, est associé à *sanglots, blessent, langueur* et *monotone*. Sa connotation est péjorative et renvoie à l'idée de mélancolie.

Astuce Description, portrait, poésie et argumentation font appel à la connotation.

S'ENTRAINER

1 ✪ **Dans quelles phrases les mots en gras sont-ils employés au sens figuré ?**

a. J'**ai dévoré** ce roman policier en une soirée.

b. Son honnêteté fait **contrepoids** à sa sévérité.

c. Il **s'éteignit** au petit matin, sans un soupir.

d. La **charpente** de la bergerie menaçait de s'écrouler.

Sens figuré dans les phrases : ....

2 ✪ **Précisez si les expressions en gras sont employées avec une connotation méliorative (M) ou péjorative (P).**

Le **vieux bahut** (........) a traversé **des bleds et des bleds** (........), déchargeant peu à peu tous ceux qui avaient pris le même *Palatino*[1] que moi, pour prendre des paysans, des femmes avec d'énormes paniers, des gosses rentrant de l'école. Une femme, juste derrière moi, riait aux éclats en racontant quelque **anecdote de basse-cour** (........) qui a mobilisé l'attention quasi générale durant les dix derniers kilomètres. Ma mère aurait pu être cette femme au **cou cuivré** (........), au **geste débordant** (........) et au **rire contagieux** (........). Et moi j'aurais pu être ce jeune gars en **maillot de corps jaunâtre** (........) qui lit *Le Corriere dello sport* en faisant tournoyer un cure-dents dans sa bouche.

D'après Tonino Benacquista, *La Commedia des ratés*, © Gallimard, Folio, 1991.

1. Nom de l'autocar.

3 ✪✪ **Donnez le double sens des mots indiqués, sur lequel les auteurs jouent.**

a. Qui prête à rire n'est jamais sûr d'être remboursé. (Raymond Devos)

Prête : 1) ....

2) ....

b. Un accusé est cuit quand son avocat n'est pas cru. (Pierre Dac)

Cuit : 1) ....

2) ....

Cru : 1) ....

2) ....

c. Les miroirs feraient bien de réfléchir avant de renvoyer les images. (Jean Cocteau)

Réfléchir : 1) ....

2) ....

LE CONSEIL DU COACH Difficile de se concentrer ? Changez de pièce pour travailler. Mais évitez de prendre trop de temps à installer vos affaires.

4 ✪✪✪ **Quelle est la connotation de ce portrait ? Soulignez les mots qui justifient votre réponse.**

J'étais en train de me demander où j'avais lu ça quand le géant a fait irruption dans mon bureau [...]. Un squelette immense avec une forme approximative autour. Des os comme des massues et le taillis des cheveux planté au ras du pif.

– Benjamin Malaussène, c'est vous ?

Courbé comme un arc par-dessus ma table de travail, il me maintenait prisonnier dans mon fauteuil, ses mains énormes étranglant les accoudoirs. La préhistoire en personne.

Daniel Pennac, *La Petite Marchande de prose*, © Gallimard, Folio, 1990.

Connotation : ....

DICTÉE

Ling n'était pas né pour courir les routes au côté d'un vieil homme qui s'emparait de l'aurore et captait le crépuscule. Son père était changeur d'or ; sa mère était l'unique enfant d'un marchand de jade qui lui avait légué ses biens en la maudissant parce qu'elle n'était pas un fils. Ling avait grandi dans une maison d'où la richesse éliminait les hasards. Cette existence soigneusement calfeutrée l'avait rendu timide.

Marguerite Yourcenar, « Comment Wang-Fô fut sauvé », in *Nouvelles Orientales*, © Gallimard, L'Imaginaire, 1938.

Corrigés p. 284

AVEZ-VOUS RÉUSSI ?

24 Champ lexical et champ sémantique

VOCABULAIRE

JE RETIENS

Le champ lexical

Un champ lexical est un ensemble de mots ou d'expressions se rapportant à une même idée, un même thème. Ces mots peuvent être de classe grammaticale différente.

*Montag […] sentit **ses narines se dilater** et se rendit compte qu'il essayait de **se flairer** lui-même, qu'il avait soudain **le nez assez fin** pour percevoir la trace qu'il avait laissée dans l'air de la pièce, **l'odeur de sa transpiration** sur la poignée de la porte […]. Il vit Faber **retenir sa respiration** de peur d'attirer ce spectre à l'intérieur de son propre corps, d'être contaminé par **les exhalaisons** et **les odeurs fantomatiques** d'un homme en fuite.*

Ray Bradbury, *Fahrenheit 451*, 1995.

Les mots en **gras** appartiennent au champ lexical de l'**odeur**.

Le champ sémantique

- Le **champ sémantique** est l'ensemble des significations d'un mot.
  Il habitait dans une impasse. (petite rue sans issue)
  Il ne voyait pas comment se sortir de l'impasse. (situation sans issue favorable)
  – **Le sens propre** est concret, c'est celui qui apparait en premier dans le dictionnaire.
  – **Le sens figuré** découle du sens de base, pour créer une image.

La signification d'un mot dépend du **contexte** dans lequel il est employé.

- **Certains mots n'ont qu'un sens** : par exemple *cagette* (petit cageot).

COMMENT FAIRE

Utiliser un champ lexical

Un champ lexical permet :

- **de construire un cadre au récit :** Si une action se déroule dans une ville, il faudra utiliser les mots qui s'y rapportent : *trottoir, immeuble, façades, vitrines*…
- **de créer une atmosphère :** S'il s'agit de construire un récit fantastique, les mots employés insisteront sur la peur : *crainte, effrayer, épouvantable, frémir, angoisse*…
- **de décrire avec cohérence un personnage :** Si celui-ci possède une caractéristique particulière, par exemple la maigreur, les mots devront la souligner : *squelette, joues creuses, mâchoire saillante*…
- **d'apporter de l'unité à une description :** Si le lieu doit dégager l'idée d'harmonie, les mots ou expressions insisteront sur des formes et des matières identiques, des couleurs qui s'accordent…
- **de susciter une émotion :** Si un personnage souffre, développer ce sentiment provoque la compassion et la compréhension du lecteur.

Astuce Il ne faut pas confondre :
– champ lexical : ensemble de mots autour d'une même idée ;
– champ sémantique : ensemble de sens autour d'un même mot.

LE CONSEIL DU COACH

Délimiter dans le temps la séance de travail

Il y a beaucoup de textes à lire dans la leçon et les exercices proposés. Prévoyez environ 40 minutes de travail et programmez la fin de votre séance avec une alarme, cela va vous motiver. Passé le temps imparti, faites une pause, même si vous n'avez pas terminé vos exercices. Faire des pauses permet à votre cerveau de traiter les informations et donc de mieux comprendre.

S'ENTRAINER

1 ✪ **Soulignez l'intrus dans chaque liste composant un champ lexical.**

a. inimitié – détestée – abhorrer – exécré – haineusement – protagoniste – avoir en horreur.

b. exhalaison – olfactif – relent – parfumer – essence – flagrant – poivrée.

c. acte – rideau – planches – balcon – chapitres – décors – jardin.

2 ✪✪ **Les phrases suivantes peuvent être complétées par un même mot. Trouvez-le.**

a. Relevez des éléments permettant de déduire la .... sociale du protagoniste.

b. Nous pouvons parfois voyager en première .... en payant le tarif de la seconde.

c. Son père ne comprenait pas l'intérêt de partir en .... verte.

d. Ne pas avoir remarqué qu'elle te suivait et ne pas lui avoir tenu la porte n'est pas très ....

3 ✪✪✪ **Relevez le champ lexical du corps humain et celui de la nature.**

On le voyait tout entier comme un insecte : le menton en osselet, sec et dur, un immense front mou, lourd, penché sur la droite. Il avait d'énormes yeux en globes hors des orbites comme si on lui avait mis le pied sur le ventre. Son regard avait l'effleurement chaud et vert d'une branche au soleil. « Encore un mot, Matelot, dit-il, appelle-moi Toussaint. [...] » Il s'arrêta de parler et se lécha les lèvres. La maison se mit à craquer doucement comme une pomme sur la paille. Antonio et Matelot se sentaient hors du monde. Ils étaient touchés par cette voix d'enfant savant, par ce regard plein de sève [...].

Jean Giono, *Le Chant du monde*, © Gallimard, Folio, 1972 (1re éd. 1934).

Champ lexical du *corps humain* : ....

....

....

Champ lexical de la *nature* : ....

....

....

EXO BREVET

Nommez le champ lexical dominant et relevez tous les mots qui le composent.

Ils remontèrent la rue. Matelot avait repris sa force patiente et il marchait dans le pas d'Antonio. Le clocher sonna six heures. Le bruit des foulons[1] s'arrêta. Il y eut comme un grand silence puis on entendit ce grignotement que faisaient les maisons de la ville, les mille et mille pas des ménagères qui préparaient le repas du soir, les pas des jeunes filles qui descendaient les escaliers pour aller chercher de l'eau aux fontaines et rencontrer les amoureux, les galopades des petits enfants dans les couloirs. [...] Dans l'autre coin une vieille maison bourgeoise sifflotait un air de violon aigre par le joint doré de ses volets.

Jean Giono, *Le Chant du monde*, *op. cit.*

1. Machine servant à fouler, presser (du tissu).

Le champ lexical de .... :

....

....

Corrigés p. 285

AVEZ-VOUS RÉUSSI ?

25 La modalisation

EXPRESSION

JE RETIENS

- **La modalisation consiste, pour l'énonciateur, à manifester sa présence** par une appréciation ou un jugement.
  – Un énoncé qui contient une forme de modalisation est dit **subjectif**.
  Peut-être *le train aura-t-il du retard.*
  – Un énoncé qui ne contient pas de forme de modalisation est dit **objectif** : le locuteur donne juste une information. *Le train a du retard.*
- **La modalisation répond à une intention de l'énonciateur.** Elle peut exprimer :
  – un sentiment (déception, indignation, admiration...) ou une opinion ;
  Quelle honte *d'adopter une telle attitude en public !*
  – une hypothèse, un doute, un ordre, un reproche ou une certitude.
  Je suppose *que tu manifesteras encore ta désapprobation.*

COMMENT FAIRE

Utiliser et reconnaitre les procédés de modalisation

- **L'énonciateur intervient de façon méliorative ou péjorative.**

	Pour exprimer un sentiment	Pour exprimer une opinion
Mélioratif	– Exclamations : *Quelle surprise !* – Adjectifs : *splendide, extraordinaire...* – Locutions : *Il est agréable de...* – Hyperbole (exagération) : *Je l'adore.*	– Adjectifs : *bon, la plus honnête...* – Adverbes : *très...* – Locutions : *Il est bon/judicieux de...* – Hyperbole : *Ce repas est divin.*
Péjoratif	– Adjectifs : *horrible, douloureux...* – Adverbes : *péniblement, atrocement...* – Verbes : *regretter, détester...* – Locutions : *Il est désagréable de...* – Interrogation : *Penses-tu ce que tu dis ?*	– Adjectifs : *mauvais, regrettable...* – Adverbes : *trop, tant pis, vainement...* – Verbes : *critiquer, juger inutile...* – Hyperbole : *mortellement ennuyeux*

- **L'énonciateur dispose de différents outils pour exprimer son degré de certitude.**

	Expression du doute	Expression de la certitude
Temps des verbes	Présent du conditionnel, futur ou futur antérieur de l'indicatif	Tous les autres temps de l'indicatif.
Adverbes et groupes prépositionnels	*peut-être, surement, selon moi, à mon avis...*	*vraiment, incontestablement, sans aucun doute...*
Adjectifs	*possible, incertain, douteux...*	*sûr, clair, certain...*
Verbes (d'opinion et d'état)	*croire, penser, supposer, sembler, paraitre...*	*affirmer, être persuadé, certifier, être sûr...*

Astuce La modalisation n'implique pas la présence d'un *je* ou d'une adresse au lecteur.

LE CONSEIL DU COACH

Se mettre en condition

Si vous commencez ces exercices après votre journée de cours, vous devez préparer votre cerveau pour qu'il puisse continuer à fonctionner efficacement. Faites les exercices de *brain gym* pour vous mettre dans de bonnes conditions mentales (voir Carnet p. 13). Si vous manquez de temps, prenez juste un verre d'eau pour éliminer les toxines de votre corps. Vous êtes prêt(e) maintenant pour attaquer les procédés de modalisation !

S'ENTRAINER

1 ✪ **Précisez si les énoncés suivants sont péjoratifs, mélioratifs ou neutres.**

a. Je trouve son ensemble mauve d'une élégance incomparable. ....

b. Le huitième tome des aventures d'Harry Potter est sorti en France en 2016. ....

c. L'odeur pestilentielle des égouts envahit la ville et dérangea fortement les habitants. ....

d. Rien n'est plus agréable que de déjeuner, le matin, face à la mer. ....

2 ✪✪ **Indiquez la modalisation exprimée : indignation, doute, déception, reproche, certitude ou hypothèse.**

a. Comment ! Vous n'avez pas assisté à sa dernière représentation ! ....

b. Elle a peut-être eu tort de lui faire confiance. ....

c. J'avais pourtant fait de mon mieux pour la rendre heureuse. ....

d. Dire qu'il était innocent et qu'il a passé des années en prison ! ....

e. Les chiffres auraient été falsifiés, ce qui expliquerait une telle augmentation. ....

f. Il travaille du mieux qu'il peut et donne le meilleur de lui-même. ....

3 ✪✪✪ **Nommez le procédé de modalisation pour chaque énoncé.**

a. Selon moi, toute personne doit être concernée par l'état de la planète. ....

b. Cette réception était divinement organisée par nos hôtes. ....

c. Continue à dormir toute la journée et tu iras loin ! ....

d. Crois-tu vraiment que je vais accepter une telle proposition ? ....

EXO BREVET

Relevez et classez les expressions par lesquelles l'énonciatrice exprime son jugement, ses sentiments et le doute.

« […] Quoi ! parce qu'un homme a le menton couvert d'un vilain poil rude, qu'il est obligé de tondre de fort près, et que mon menton est né rasé, il faudra que je lui obéisse très humblement ? Je sais bien qu'en général les hommes ont les muscles plus forts que les nôtres, et qu'ils peuvent donner un coup de poing mieux appliqué : j'ai bien peur que ce ne soit là l'origine de leur supériorité. Ils prétendent avoir aussi la tête mieux organisée, et, en conséquence, ils se vantent d'être capables de mieux gouverner […]. »

Voltaire, *Mélanges, pamphlets et œuvres polémiques*, 1759-1768.

Jugement : ....

....

Sentiments : ....

....

Doute : ....

....

Corrigés p. 285

AVEZ-VOUS RÉUSSI ?

26 Explicite et implicite

EXPRESSION

JE RETIENS

L'explicite

Un énoncé explicite transmet des informations exprimées clairement, et dont le sens est précis. Il ne comporte aucune ambiguïté.

L'implicite

- **Un énoncé implicite** transmet des informations sans les exprimer.

  *Cette tarte est vraiment **délicieuse**…* (L'implicite peut être : j'en reprendrais bien une part.)

L'implicite repose sur :

– **le présupposé** : l'énoncé contient un ou plusieurs mots qui permettent d'en déduire une information qui n'est pas clairement exprimée ;

*Elles **aussi** sont arrivées.* (présupposé : d'autres personnes étaient déjà arrivées)

– **le sous-entendu** : c'est au destinataire de déduire ce que l'énoncé n'exprime pas.

Tu souris ?! (sous-entendu possible : il n'y a vraiment pas de quoi sourire)

- **L'implicite peut être utilisé :**

– **dans une description ou un portrait** ;

*une femme **jeune aux cheveux blancs*** (le lecteur peut penser que ce personnage a souffert)

– **pour provoquer le rire**, car il conduit à des malentendus.

HARPAGON. – *De quel crime je veux parler, infâme ! […] C'est en vain que tu prétendrais de le déguiser : […] l'on vient de m'apprendre **tout**. […].*

VALÈRE. – *Monsieur, puisqu'on vous a découvert **tout**, je ne veux point chercher de détour et vous nier la chose.* Molière, L'Avare, 1668, Acte V, scène 3.

(Harpagon parle du vol de sa cassette et Valère, de son amour pour la fille d'Harpagon.)

COMMENT FAIRE

Comprendre l'implicite d'un énoncé

Pour comprendre l'implicite d'un énoncé, il faut :

identifier la situation d'énonciation : qui parle ? à qui ? où ? quand ? dans quelle intention ?

« C'est bien, continue ainsi, tu iras loin. » peut être compris :

– comme un énoncé explicite : un père complimente son fils ;

– comme un énoncé implicite utilisant l'antiphrase : un père s'adresse à son fils qui lui montre une mauvaise note.

identifier le type de la phrase. En effet, quand il est détourné de son emploi, chaque type de phrase peut traduire l'implicite.

Tu crois vraiment que je vais accepter ta proposition ? (phrase de type interrogatif qui n'attend pas de réponse mais qui sous-entend un refus)

Astuce L'antiphrase (dire le contraire de ce que l'on pense) et la litote (dire moins que ce que l'on pense) sont des figures de style qui utilisent l'implicite.

S'ENTRAINER

1 ✪ **Cochez la case si l'énoncé est explicite.**

a. ☐ Même Léo a été surpris de sa réaction.

b. ☐ Elle prétend que les taupes sont nuisibles.

c. ☐ Ses enfants se couchent plus tard pendant les vacances.

d. ☐ Son père lui parle toujours durement.

e. ☐ Ce collectif œuvre au respect des droits définis par l'Organisation internationale du travail.

2 ✪ **Précisez pour chaque énoncé si l'implicite repose sur le présupposé ou le sous-entendu.**

a. Auparavant, ces deux personnes étaient très liées. ……………

b. Quelle belle preuve d'originalité ! ……………

c. Tu as réussi à merveille le mariage des couleurs.

……………

d. Votre teint est frais, ce matin. ……………

3 ✪✪ **Rédigez explicitement ce qui est implicite dans les énoncés suivants.**

a. Sa meilleure amie avait encore oublié de lui souhaiter son anniversaire.

……………

……………

b. Il y avait des jours où il se montrait insupportable.

……………

……………

c. Son amabilité faisait plaisir à voir.

……………

……………

d. On trouve toujours ce qu'on cherche dans ta bibliothèque !

……………

……………

LE CONSEIL DU COACH Souriez ! Et exprimez des pensées positives. Tout devrait bien aller maintenant.

e. La brume s'était enfin dissipée.

……………

4 ✪✪ **Identifiez le détournement du type de phrase et dites ce qu'il exprime.**

a. Il faudrait que tu fasses un effort.

……………

b. Pourrais-tu me parler sur un autre ton ?

……………

c. Comme tu te montres ironique !

……………

5 ✪✪✪ **Trouvez les présupposés suscités par les éléments en gras.**

Monsieur Jourdain. – Je vous ai fait **un peu attendre** (a), mais c'est que je me fais habiller **aujourd'hui comme les gens de qualité** (b), et mon tailleur m'a envoyé des **bas de soie** (c) que j'ai pensé ne mettre jamais.

Molière, *Le Bourgeois gentilhomme*, Acte I, scène 2, 1670.

a. ……………

b. ……………

c. ……………

DICTÉE

Après le tremblement de terre qui avait détruit les trois quarts de Lisbonne, les sages du pays n'avaient pas trouvé un moyen plus efficace pour prévenir une ruine totale que de donner au peuple un bel autodafé ; il était décidé par l'université de Coïmbre que le spectacle de quelques personnes brûlées à petit feu, en grande cérémonie, est un secret infaillible pour empêcher la terre de trembler.

Voltaire, *Candide ou l'optimisme*, 1759.

Corrigés p. 285

AVEZ-VOUS RÉUSSI ? ◯ ◯ ◯

27 Les figures de style

EXPRESSION

JE RETIENS

Une figure de style est une manière d'écrire qui permet de rendre l'énoncé plus expressif.

Figure	Exemple
Les figures de ressemblance ou d'analogie	
La comparaison met en relation un comparé et un comparant grâce à un outil de comparaison.	***Ses yeux*** *étincèlent* ***comme des saphirs****.* (point commun : la brillance du bleu)
La métaphore met en relation un comparé et un comparant sans outil de comparaison.	***Ses saphirs*** *me fixent.* (ici, le comparé n'est pas exprimé)
La personnification donne des caractéristiques humaines à ce qui n'en a pas (objet, idée…).	*Le vent* ***hurlait****.*
Les figures de substitution	
La métonymie substitue à l'expression attendue une autre expression, que la logique lui associe.	*Je finis* ***mon assiette****.* (son contenu)
La périphrase remplace un mot par une expression.	*l'or noir = le pétrole*
Les figures d'atténuation et d'amplification	
L'euphémisme modère une parole.	*Il est parti. = Il est mort.*
La litote fait comprendre plus en disant le moins.	*Ce n'est pas mal. = C'est bien.*
L'hyperbole met en relief une idée en l'exagérant.	*Cette soirée est* ***divine****.*
Les figures d'opposition	
L'oxymore associe deux termes opposés.	*un silence éloquent*
L'antiphrase consiste à exprimer le contraire de ce qu'on veut dire. Le destinataire est supposé la comprendre.	*Bravo, tu as gagné ! = Tu as échoué.*

COMMENT FAIRE

Expliquer une figure de style

Pour expliquer une figure de style, il faut :

- **repérer à quelle catégorie elle appartient :** figure d'analogie, de substitution… ;
- **mettre en évidence les éléments de la figure :** comparé, outil…, mots opposés… ;
- **chercher dans le contexte l'intention poursuivie par l'énonciateur**.

  « Va, je ne te hais point ! » (Corneille, *Le Cid*, 1636) → Chimène ne peut, autrement que par cette litote, déclarer au meurtrier de son père qu'elle l'aime.

Astuce Les figures d'analogie se trouvent dans les poèmes ou dans les descriptions ; les figures d'atténuation et d'amplification renforcent l'expression des sentiments ; les figures d'opposition renforcent l'argumentation.

S'ENTRAINER

1 ✪ Faites correspondre chaque périphrase à l'élément qu'elle représente.

a. la planète bleue •	• 1. le Japon
b. la cité des doges •	• 2. l'Himalaya
c. la mer de sable •	• 3. la Terre
d. l'empire du Soleil-Levant •	• 4. Venise
e. le toit du monde •	• 5. le désert

2 ✪✪ Pour chacun des extraits suivants, indiquez la figure d'analogie utilisée.

a. Tels ils marchaient dans les avoines folles
Et la nuit seule entendit leurs paroles.

Paul Verlaine, « Colloque sentimental », *Les Fêtes galantes*, 1869.

....

b. Là se découvre une vallée qui commence à Monbazon, finit à la Loire [...] ; une magnifique coupe d'émeraude au fond de laquelle l'Indre se roule par des mouvements de serpent.

Honoré de Balzac, *Le Lys dans la vallée*, 1835.

....

c. Il est des parfums frais comme des chairs d'enfants, / Doux comme les hautbois, verts comme les prairies [...]

Charles Baudelaire, « Correspondances », in *Les Fleurs du mal*, 1857.

....

3 ✪✪ Soulignez les métonymies et précisez quel mot a été substitué.

a. Je ne regarderai ni l'or du soir qui tombe,
Ni les voiles au loin descendant vers Harfleur

Victor Hugo, « Demain, dès l'aube... », in *Les Contemplations*, 1856.

....

b. Et ce fer que mon bras ne peut plus soutenir,
Je le remets au tien pour venger et punir.

Pierre Corneille, *Le Cid*, 1637.

....

c. Je vous ordonne de vous taire !
Et j'adresse un défi collectif au parterre !

Edmond Rostand, *Cyrano de Bergerac*, 1897.

....

4 ✪✪✪ La figure de style indiquée est présente dans l'extrait : vrai ou faux ? Justifiez votre réponse.

a. ROXANE
J'étais jolie, alors ?

CYRANO
Vous n'étiez pas vilaine.

Edmond Rostand, *op. cit.*

Antiphrase : ☐ Vrai ☐ Faux

....

....

b. La rue assourdissante autour de moi hurlait.

Charles Baudelaire, « À une passante », in *Les Fleurs du mal*, 1861.

Personnification : ☐ Vrai ☐ Faux

....

....

EXO BREVET

Sur une feuille à part, nommez et expliquez la figure de style présente dans ce passage. Quel effet produit-elle ?

– La Garonne ! La Garonne !

Sur le chemin, les deux hommes et les trois femmes couraient toujours. Ils entendaient le terrible galop gagner le leur. Maintenant, les vagues arrivaient en une seule ligne, roulantes, s'écroulant avec le tonnerre d'un bataillon qui charge [...]. Mais les eaux semblaient toujours poursuivre les fuyards. Au coude de la route, très en pente à cet endroit, elles tombèrent brusquement en une nappe immense et leur coupèrent toute retraite.

Émile Zola, *L'Inondation*, 1875.

Corrigés p. 285

AVEZ-VOUS RÉUSSI ?

28 Discours narratif, descriptif et explicatif

EXPRESSION

JE RETIENS

Le discours narratif

Il raconte des évènements, réels ou fictifs qui s'enchainent. Ses caractéristiques sont :

Le narrateur	Il peut avoir deux statuts : – personnage ou témoin ; il mène le récit à la 1re personne ; – absent ; le récit est à la 3e personne. Il peut faire des commentaires.
L'ordre	– Chronologique : les faits sont racontés dans l'ordre où ils ont eu lieu. – Retour en arrière (retour sur le passé). – Anticipation : révélation à l'avance d'un fait.
Le rythme	– Une scène donne l'impression de se dérouler en temps réel. – Un sommaire résume un épisode. – Une ellipse passe sous silence une période plus ou moins longue.
Les indications de temps	Elles permettent de situer les actions dans le temps et les unes par rapport aux autres.
Les temps verbaux	Les faits s'enchainent au passé simple ou bien au présent.

Le discours descriptif

Il permet au lecteur de se représenter des scènes ou des personnages (portraits).
– La description peut être objective ou subjective.
– Toute description s'organise à partir du regard de l'observateur ; elle peut être fixe ou en mouvement.

Le discours explicatif

Il fournit des informations et des explications à un destinataire.
– Informations et explications s'organisent à l'aide de connecteurs logiques.
– Le vocabulaire utilisé est neutre, objectif, spécialisé (technique ou scientifique).
– Le présent de vérité générale est le plus souvent employé.

COMMENT FAIRE

Reconnaitre le discours descriptif

- **Le discours descriptif constitue une pause** dans le récit.
- **Il présente des actions de second plan**, à l'imparfait ou au présent, qui ne font pas progresser le récit.
- **Il développe des champs lexicaux** : formes, couleurs, qualités...
- **Il utilise des verbes de localisation et des adverbes de lieu** : *se situer, se déployer, là-bas, au loin...*
- **Il précise**, grâce aux expansions du nom.
- **Il vise à produire un effet** : peur, émerveillement, suspense...

Astuce Le récit peut contenir toutes les formes de discours.

LE CONSEIL DU COACH

Mémoriser de manière active

Essayez de vous poser des questions pour mémoriser de manière active, cela permet de mieux retenir les informations. Exemples : Quelles sont les caractéristiques du discours narratif ? Quels éléments fournit le discours explicatif au lecteur ? Ensuite, interrogez-vous à partir du tableau sur le discours narratif en cachant la colonne de droite. Vous pouvez ainsi vérifier rapidement vos réponses.

S'ENTRAINER

1 ✪✪ **Quel discours est utilisé ? Relevez les indices qui vous ont permis de répondre.**

Dès la naissance, le système nerveux de chaque être humain est doté d'environ 100 milliards de neurones. Ce sont ceux-ci ainsi que leurs connexions qui captent, traitent et stockent l'information. Chaque neurone établit en permanence des connexions de natures électriques. Chacun est doté de plusieurs dendrites (récepteurs) et axones (transmetteurs). L'axone est gainé d'une substance blanche, la myéline, qui facilite la transmission de l'information.

Carine Doutreloux, *Parcours HP*, Éditions Érasme, 2017.

Discours ....

Indices : ....

....

....

....

....

2 ✪✪✪ **Lisez le texte et répondez aux questions.**

Mais Estelle fut surtout ravie par le costume riche d'une jeune fille. La coiffe la serrait aux tempes et se terminait en pointe. Sur son corset rouge, garni de larges manches à revers, s'appliquait un plastron de soie broché de fleurs voyantes. Et une ceinture, aux broderies d'or et d'argent, serrait ses trois jupes de drap bleu superposées, plissées à plis serrés ; tandis qu'un long tablier de soie orange descendait, en laissant à découvert ses bas de laine rouges et ses pieds chaussés de petites mules jaunes.

Émile Zola, *Les Coquillages de M. Chabre*, 1876.

a. Qui regarde ? ....

b. Quel mouvement suit le regard ?

....

c. Quels détails montrent la richesse du costume ?

....

....

d. La description est : méliorative ☐ péjorative ☐.

EXO BREVET

Lisez le texte et répondez aux questions sur une feuille à part.

La pendule sonna une heure ; ils s'arrêtèrent. Je vis quelque chose qui m'était échappé : une femme qui ne dansait pas. [...]

Jamais, même en rêve, rien d'aussi parfait ne s'était présenté à mes yeux ; une peau d'une blancheur éblouissante, des cheveux d'un blond cendré, de longs cils et des prunelles bleues, si claires et si transparentes que je voyais son âme à travers [...].

Et je sentis que, si jamais il m'arrivait d'aimer quelqu'un, ce serait elle.

Théophile Gautier, *La Cafetière*, 1831.

a. Quel est le statut du narrateur ?

b. Quels sont les discours utilisés ? Indiquez le début et la fin du ou des passages pour chaque discours.

c. Quel type d'expansion du nom est le plus utilisé ?

Corrigés p. 286

29
EXPRESSION

Le discours argumentatif

JE RETIENS

Les caractéristiques du discours argumentatif

Le discours argumentatif vise à convaincre un destinataire ou à le faire adhérer à une opinion. Il se caractérise par :
– **le thème** : c'est ce dont on parle ;
– **la thèse** : c'est l'idée directrice que l'énonciateur va défendre ou critiquer ;
– **les arguments** : ce sont les raisons avancées par l'énonciateur pour prouver sa thèse ;
– **les exemples** illustrent les arguments pour les rendre encore plus percutants.

Les connecteurs logiques

Le discours argumentatif est organisé à l'aide de connecteurs logiques qui créent, entre les arguments, des liens : de **cause** (relation entre l'argument et la thèse), d'**opposition** (confrontation des thèses en présence), d'**addition** (ajout d'arguments), de **comparaison** (illustration des arguments) ou de **concession** (les arguments opposés sont acceptés mais jugés insuffisants).

L'énonciateur

L'énonciateur du discours argumentatif est très impliqué. Son discours est donc subjectif et cherche à s'adapter au destinataire. Il exprime son opinion et utilise :
– la 1re personne ;
– un vocabulaire appréciatif ;
– des questions rhétoriques (qui n'attendent pas de réponse) ;
– l'apostrophe ;
– des modalisateurs ;
– des figures de style (pour surprendre ou séduire).

COMMENT FAIRE

Repérer la thèse, l'argument et l'exemple

- **La thèse** est généralement présentée en premier lieu. Elle est formulée de manière concise et à l'aide d'un vocabulaire abstrait. *La pratique régulière d'un sport est nécessaire.*
- **L'argument** est introduit par un connecteur logique qui le relie à la thèse ; reste abstrait et constitue une preuve qui valide la thèse de l'énonciateur. ***En effet**, le sport est bon pour la santé.*
- **L'exemple** est concret, tiré de l'actualité, de l'histoire, de la littérature, il est introduit par un mot de liaison (*ainsi, par exemple, comme*).
  ***Ainsi**, la marche favorise une meilleure circulation cardio-vasculaire.*

Astuce

- Lorsque l'énonciateur cherche à **convaincre** (amener à reconnaitre une vérité), il fait appel à la raison, à la logique.
- En revanche, lorsqu'il cherche à **persuader** (amener à partager une idée pour faire faire quelque chose par exemple), il s'adresse au cœur et à la sensibilité.

S'ENTRAINER

1 ✪ **Indiquez quel élément du discours argumentatif représente chacune des phrases suivantes : thèse, argument ou exemple.**

a. Si les règles structurent l'adolescent dans cette période mouvante, celles-ci ne doivent être ni arbitraires ni rigides.

b. (...) si tu reprends ton portable, tu ne l'auras pas le lendemain ; si tu rentres à 4 heures au lieu de 1 heure comme convenu, tu seras privé de la prochaine sortie.

c. La capacité d'agir seul, de faire des choix et de les assumer s'acquiert au terme d'un long apprentissage.

d. Impliquer l'ado dans la recherche de solutions lui permet d'acquérir les compétences essentielles pour l'autonomie, comme le respect de l'engagement ou la résolution de problèmes.

D'après le Dossier Aider nos enfants à grandir, « Conquérir leur autonomie » par Marie Le Marois, *Psychologies*, n° 384, avril 2018.

....

2 ✪ **Placez correctement les connecteurs logiques : *d'abord – or – mais – pour – car*.**

[...] J'écrivais depuis longtemps, ... c'était différent, ... je n'écrivais qu'avec ma tête. ...., écrire est .... une expérience physique. Chez moi, du moins. Je compare cela à une grossesse. Le processus est toujours le même : un jour, l'histoire m'envahit, j'en tombe enceinte en quelques minutes, les personnages m'arrivent, comme des « forces ». .... les identifier, je leur trouve un nom. Et j'ai l'impression que, dès que j'ai son nom, je possède sa clé : j'entends sa voix et son mode de pensée avant même de connaître son physique. C'est un processus très instinctif. Physique.

D'après « Le divan, Amélie Nothomb », Propos recueillis par Anne Laure Gannac, *Psychologies*, n° 384, avril 2018.

Corrigés p. 286

LE CONSEIL DU COACH

Bravo ! Continuez sur votre lancée. N'hésitez pas à faire une petite pause de 5 minutes avant la dictée.

3 ✪✪✪ **Lisez le texte suivant et répondez aux questions.**

Monsieur le directeur, dit Claude avec une voix qui eût attendri le Démon, je vous en supplie, remettez Albin avec moi, vous verrez comme je travaillerai bien. Vous qui êtes libre, cela vous est égal, vous ne savez pas ce que c'est qu'un ami ; mais, moi, je n'ai que les quatre murs de la prison. Vous pouvez aller et venir, vous ; moi, je n'ai qu'Albin. Rendez-le-moi. Albin me nourrissait, vous le savez bien. Cela ne vous coûterait que la peine de dire oui. Qu'est-ce que cela vous fait qu'il y ait dans la même salle un homme qui s'appelle Claude Gueux et un autre qui s'appelle Albin ? Car ce n'est pas plus compliqué que cela. Monsieur le directeur, mon bon monsieur D., je vous supplie vraiment, au nom du Ciel !

Victor Hugo, *Claude Gueux*, 1834.

a. Soulignez en bleu la thèse, en rouge les arguments.

b. Quels moyens Claude Gueux utilise-t-il pour persuader le lecteur ?

....

....

....

DICTÉE

Si l'amour est une comédie, cette comédie, vieille comme le monde, sifflée ou non, est, au bout du compte, ce qu'on a encore trouvé de moins mauvais. Les rôles sont rebattus, j'y consens ; mais, si la pièce ne valait rien, tout l'univers ne la saurait pas par cœur ; – et je me trompe en disant qu'elle est vieille. Est-ce être vieux que d'être immortel ?

Alfred de Musset, *Il faut qu'une porte soit ouverte ou fermée*, 1845.

AVEZ-VOUS RÉUSSI ?

30 Les genres littéraires

EXPRESSION

JE RETIENS

Les œuvres littéraires sont classées en genres. Ce classement tient compte de la forme, du contenu, de l'effet, du style…

Les genres narratifs

- **Le roman** (policier, de science-fiction, d'aventures, épistolaire, historique…) : récit fictif en prose, à épisodes, centré autour d'un ou plusieurs personnages ;
- **la nouvelle :** récit bref en prose, généralement ancré dans le réel. Elle présente une tranche de vie d'un personnage. Son dénouement est surprenant ;
- **le conte :** récit bref, sans ancrage dans le réel. Les personnages, stéréotypés, traversent des épreuves. Le dénouement est, très souvent, heureux ;
- **l'autobiographie** (les mémoires, le journal intime, les récits autobiographiques) : récit par l'auteur, qui est aussi narrateur et personnage, de sa propre vie.

Les genres poétiques

- **La poésie lyrique :** le poète dit « *je* » et exprime des sentiments personnels ;
- **la poésie épique :** le poète évoque des évènements historiques ;
- **la poésie didactique :** le poète propose un enseignement moral (la fable), philosophique…

Il existe le poème en vers réguliers (rimes, vers de même longueur, strophes, forme fixe ou non), en vers libres et en prose.

Les genres théâtraux

Ce sont **la farce, la tragédie, la comédie, la tragicomédie et le drame.** Des personnages qui dialoguent, la division en actes et scènes et la présence de didascalies sont les caractéristiques du genre.

Le genre épistolaire

Il s'agit d'**une correspondance** ou échange de lettres.

COMMENT FAIRE

Distinguer autobiographie et roman à la 1re personne

Pour identifier un texte autobiographique, on s'appuie sur :

- **le paratexte :** le nom de l'auteur (qui peut être aussi celui du personnage principal), le titre de l'œuvre, qui peut renvoyer au genre ;
- **les indices du texte :** le nom du personnage principal, le récit rétrospectif d'un évènement, l'intervention du narrateur au présent d'énonciation pour commenter ses actes…

Si ces éléments ne sont pas réunis, il s'agit d'un roman à la 1re personne.

Astuce Certains auteurs sont associés au genre qu'ils ont le plus souvent pratiqué : Maupassant est associé à la nouvelle ; Racine, à la tragédie ; La Fontaine, à la fable ; Balzac, au roman…

S'ENTRAINER

1 ✪ **Indiquez à quel genre littéraire appartiennent les extraits suivants.**

a. Le marchand se jeta à ses genoux, et dit à la bête, en joignant les mains : « Monseigneur, pardonnez-moi, je ne croyais pas vous offenser en cueillant une rose pour une de mes filles qui m'en avait demandé. »

Madame Leprince de Beaumont, 1757.

....

b. Lorsque Michael Richardson se tourna vers Lol et qu'il l'invita à danser pour la dernière fois de leur vie, Tatiana Karl l'avait trouvé pâli et sous le coup d'une préoccupation subite si envahissante qu'elle sut qu'il avait bien regardé, lui aussi, la femme qui venait d'entrer.

Marguerite Duras, *Le Ravissement de Lol V. Stein*, © Gallimard, 1964.

....

c. À Paris, ce lundi 15 décembre 1670.

Je m'en vais vous mander la chose la plus étonnante, la plus surprenante, la plus merveilleuse, la plus miraculeuse, la plus triomphante, la plus étourdissante, la plus inouïe, la plus singulière, [...], la plus digne d'envie : enfin une chose dont on ne trouve qu'un exemple dans les siècles passés [...].

Madame de Sévigné.

....

2 ✪✪ **De quel genre poétique s'agit-il ? Soulignez l'indice qui a guidé votre réponse.**

a. Il pleure dans mon cœur
Comme il pleut sur la ville
Quelle est cette langueur
Qui pénètre mon cœur ?

Paul Verlaine, *Romances sans paroles*, 1874.

....

b. Il faut aussi que tu n'ailles point
Choisir tes mots sans quelque méprise :
Rien de plus cher que la chanson grise
Où l'Indécis au Précis se joint.

Paul Verlaine, *Jadis et Naguère*, 1881.

....

Corrigés p. 286

LE CONSEIL DU COACH Avez-vous pensé à faire une carte mentale ? C'est un bon outil pour bien comprendre (voir Carnet p. 4)

3 ✪✪✪ **Lequel de ces deux extraits appartient au genre autobiographique ? Quels indices vous ont permis de répondre ?**

a. Ce billet, signé « Sidonie Colette, née Landoy », fut écrit par ma mère à l'un de mes maris, le second. Au cours des heures où je me sens inférieure à tout ce qui m'entoure, je puis pourtant me redresser et me dire : « Je suis la fille de celle qui écrivit cette lettre. »

D'après Colette, *La Naissance du jour*, © Flammarion, 1928.

b. Quand je songe que c'est après quarante-cinq années qu'il m'est donné de m'expliquer là-dessus ! Mais liras-tu seulement ma lettre ? Tout cela t'intéresse si peu !

François Mauriac, *Le Nœud de vipères*, © Grasset, 1933.

....

....

....

EXO BREVET

Cet extrait appartient au genre théâtral. Sur une feuille à part, relevez les caractéristiques qui le prouvent et nommez-les.

BÉRENGER

On a souvent l'impression qu'on s'est cogné, quand on a mal à la tête. *(S'approchant de Jean.)* Si vous vous étiez cogné, vous devriez avoir une bosse. *(Regardant Jean.)* Si, tiens, vous en avez une, vous avez une bosse en effet.

JEAN

Une bosse ?

BÉRENGER

Une toute petite.

Eugène Ionesco, *Rhinocéros*, Acte II, tableau II, © Gallimard, Folio, 1972 (1re éd. 1959).

AVEZ-VOUS RÉUSSI ? ◯ ◯ ◯

Bilan

GRAMMAIRE

1 Quelle est la fonction du mot ou groupe de mots soulignés ?

a. La protection de la planète dépend aussi de gestes simples.

de la planète : ....

simples : ....

b. Interpréter des textes littéraires me demande beaucoup d'efforts.

Interpréter des textes littéraires : ....

me : .... /4

2 Cochez la réponse correcte.

a. J'ignore si vous avez compris ce récit.
Il s'agit d'une proposition subordonnée interrogative indirecte. ☐ V ☐ F

b. Que tu passes ton temps à rêver me plait.
Il s'agit d'une proposition subordonnée conjonctive sujet de « plait ». ☐ V ☐ F .... /2

3 Transposez au discours indirect.

« Choisis-tu tes fréquentations ? » lui demanda-t-elle. .... /4

....

4 Comment sont reliées les propositions dans la phrase suivante :

J'éteignis la lumière ; j'écoutai gémir le vent et me pris à rêver.

a. La 1re et la 2e proposition sont ....

b. La 2e et la 3e proposition sont .... /2

5 Précisez la fonction des groupes prépositionnels soulignés.

a. Elle avait rompu afin de ne plus souffrir de ses sentiments.

....

b. Elle a renoncé à son régime par gourmandise. .... /2

....

6 Quelle est la circonstance exprimée par la subordonnée dans la phrase suivante ?

Elle finit par céder, si bien qu'elle en fut soulagée.

....

.... /2

7 Qu'indique la proposition subordonnée dans la phrase suivante ?

Nous reconnaissons qu'ils ont manqué de tact.

☐ l'antériorité ☐ la postériorité ☐ la simultanéité

.... /4

Total .... /20

VOCABULAIRE

1 Séparez le radical des préfixes et/ou suffixes.

a. i r r a t i o n n e l l e m e n t b. i n v i s i b l e

.... /4

2 Comment le mot « orthophonie » est-il formé ?

....

.... /4

3 Complétez à l'aide d'homonymes de « vingt ».

a. Quand tu .... me voir, ce fut une surprise.

b. Tu essayais de cacher ta tristesse, en ....

.... /4

4 Les mots soulignés sont-ils connotés ou dénotés ?

a. Le <u>rouge</u> de la honte lui monta aux joues. ....

b. Ses <u>hanches</u> se balançaient au rythme de la musique. ....

.... /2

5 Soulignez l'intrus dans cette liste de synonymes.

savourer – profiter – apprécier – jouir – jouer

.... /2

6 Cochez l'antonyme qui convient.

Joindre : ☐ isoler ☐ ajuster ☐ séparation

.... /2

7 Soulignez le mot qui convient.

Il a expédié son CV à l'*attention / intention* du directeur des ressources humaines.

.... /2

Total .... /20

Corrigés p. 287

Bilan

ORTHOGRAPHE

1 Entourez l'homophone qui convient.

a. Tes amis *mêmes* / *même* reconnaissent que tu as raison, à *tout* / *tous* égards.

b. *Quoique* / *Quoi que* tu entreprennes, *quelle que* / *quelque* soit ta démarche, nous ne te suivrons pas.

.... /4

2 Accordez les participes, si nécessaire.

Tous ceux qu'il avait trahi......... , tremblant......... de rage, floué......... avaient projeté......... de se venger.

.... /4

CONJUGAISON

1 Donnez la valeur des temps de l'indicatif.

Elle lui assénait sans cesse : « Je suis affreuse. »

a. assénait : .... b. suis : ....

.... /2

2 Conjuguez au présent du mode conditionnel.

a. Peut-être la pluie (*venir*) ....-elle ?

b. Vous (*se mettre*) .... à chanter.

.... /2

3 Cochez les verbes conjugués au passé du mode conditionnel.

☐ aurions pris ☐ seras puni ☐ aurait vu

☐ aurai su ☐ auront provoqué ☐ seriez joint

.... /3

4 Complétez au présent du mode subjonctif.

a. Il faut que vous (*savoir*) .... la vérité.

b. J'aimerais que tu (*prévenir*) .... ta famille.

c. Fais en sorte que je ne (*mourir*) .... pas d'ennui.

.... /3

5 **Conjuguez au présent du mode impératif.**

a. M'envoyer de l'argent. (2e pers. du pl.)

....

b. Ne pas se perdre en suppositions. (2e pers. du sing.)

.... /2

Total .... /20

EXPRESSION

1 **Quelle est la figure de style employée dans la phrase suivante ?**

La porte s'ouvrit avec indiscrétion.

☐ métonymie ☐ métaphore ☐ personnification .... /2

2 **Quel est l'implicite contenu dans la phrase suivante ?**

Il travaille avec acharnement depuis peu.

.... /2

3 **À quel type de discours appartiennent les phrases suivantes ?**

a. Le voyage dure des jours et des jours.
Discours ....

b. Son regard reflétait sa souffrance passée.
Discours ....

c. Faites un clic droit et appuyez sur « propriétés ».
Discours .... /6

4 **Soulignez les procédés de modalisation.**

a. Selon un témoin, le camion roulait vraisemblablement à plus de 50 km/h.

b. Je suis fou de joie et extrêmement flatté d'avoir été choisi. .... /4

5 **J'appartiens à un genre littéraire : qui suis-je ?**

a. Mon intrigue se déroule en l'an 2148. Je suis ....

b. On me met souvent en musique. Je suis ....

c. Mon lecteur reste bouche bée quand subitement je m'achève.
Je suis.......... .... /6

Total .... /20

Corrigés p. 287

1 Multiples, diviseurs et nombres premiers

NOMBRES ET CALCULS

JE RETIENS

Multiples et diviseurs

- Soient trois nombres *a*, *b* et *c* entiers non nuls tels que : $a = b \times c$. On dit que :
  a est un **multiple** de *b* ; *a* est un **multiple** de *c* ; *b* est un **diviseur** de *a* ; *c* est un **diviseur** de *a* ;
  a est **divisible** par *b* ; *a* est **divisible** par *c*.
- **Un diviseur commun à deux ou plusieurs nombres entiers** est un nombre qui divise chacun d'eux. 2 est un diviseur commun à 22 et 48, car $22 \div 2 = 11$ et $48 \div 2 = 24$.
- **Un nombre entier est divisible :**
  par 2 si son chiffre des unités est : 0, 2, 4, 6 ou 8.
  par 3 si la somme de ses chiffres est divisible par 3.
  par 5 si son chiffre des unités est : 0 ou 5.
  par 9 si la somme de ses chiffres est divisible par 9.
  par 10 si son chiffre des unités est : 0.
  18 est divisible par 2, par 3 ($1 + 8 = 9$ et $9 \div 3 = 3$) et par 9 ($1 + 8 = 9$ et $9 \div 9 = 1$).

Nombres premiers

- Un nombre entier supérieur ou égal à 2 est **premier** s'il admet uniquement deux diviseurs : 1 et lui-même.
  Les diviseurs de 3 sont : {1, 3}. Donc 3 est un nombre premier.
  Les diviseurs de 15 sont : {1, 3, 5, 15}. Donc 15 n'est pas un nombre premier.

COMMENT FAIRE

Savoir décomposer un nombre en facteurs premiers

Décomposer 120 en facteurs premiers avec la méthode des divisions successives

120 est divisible par 2 (car le chiffre des unités est 0)

$\frac{120}{2} = 60$ et 60 est divisible par 2

$\frac{60}{2} = 30$ et 30 est divisible par 2

$\frac{30}{2} = 15$ et 15 est divisible par 3

$\frac{15}{3} = 5$ et 5 est divisible par 5

$\frac{5}{5} = 1$

1. Utiliser les critères de divisibilité par 2, par 3 ou par 5, qui sont des nombres premiers.
2. Diviser le nombre de départ par un nombre premier.
3. Diviser le quotient obtenu par un nombre premier.
4. Et ainsi de suite jusqu'à obtenir 1.
5. Les facteurs premiers sont les diviseurs successifs du nombre de départ.

La décomposition de 120 en facteurs premiers s'écrit : $120 = 2 \times 2 \times 2 \times 3 \times 5$
$= 2^3 \times 3 \times 5$

Astuces
- *b* est un **diviseur** de *a* signifie que le résultat de la division $a \div b$ est un **entier**.
- *a* est un **multiple** de *b* signifie que le résultat de la division $a \div b$ est un **entier**.

LE CONSEIL DU COACH

Comprendre les mots

Si vous n'êtes pas très à l'aise en mathématiques, commencez par lire les exemples écrits en violet pour comprendre ce que sont un multiple et un diviseur. Prenez le temps de bien vous représenter ces deux mots clés sous la forme d'un schéma ou en proposant vos propres exemples. Vous ne pourrez pas faire les exercices si vous n'avez pas compris ces deux mots-clés : *multiple* et *diviseur*.

S'ENTRAINER

1 ✪ **Rangez les nombres suivants dans le tableau en fonction de leurs diviseurs.**

132, 548, 650, 405, 1 945, 261, 2 008

Nombres divisibles				
par 2	par 3	par 5	par 9	par 10

2 ✪ **Répondez et justifiez vos réponses.**

a. 20 est-il un multiple de 10 ?

....

b. 12 est-il un diviseur de 28 ?

....

c. 99 est-il divisible par 33 ?

....

3 ✪✪ **Les phrases sont-elles vraies ou fausses ? Et si la phrase est fausse, corrigez-la.**

a. 1 est un diviseur pour tous les nombres entiers non nuls. ....

b. Si *a* est un entier non nul, alors 1 et *a* sont des diviseurs de *a*. ....

c. Si *b* est un diviseur de *a* entier, alors il existe un entier *k* tel que $a = k \times b$. ....

d. 6 est un nombre premier. ....

e. 9 est un nombre premier. ....

4 ✪✪ **En utilisant la méthode des divisions successives, décomposez le nombre suivant en facteurs premiers.**

78..

5 ✪✪✪ **Critère de divisibilité par 3**

On considère un nombre à trois chiffres. Il s'écrit sous la forme « abc », où a, b et c sont des entiers compris entre 0 et 9 (a est le chiffre des centaines, b celui des dizaines, c celui des unités).

a. Complétez la décomposition de « abc » en puissances de 10, avec les lettres « a », « b » et « c ».

abc = 100 × .... + 10 × .... + ...

b. Sachant que : 100 = 99 + 1 et 10 = 9 + 1, complétez la décomposition du nombre « abc » avec les lettres a, b, c, puis développez-la.

abc = (99 + 1) × .... + (9 + 1) × .... + ...

= ....

c. 3 est-il un diviseur de 99*a* ? ....

3 est-il un diviseur de 9*b* ? ....

Que peut-on en déduire sur la divisibilité par 3 du nombre « abc » ? ....

....

MINI-CONTRÔLE

Problème d'engrenages

On considère deux engrenages, notés A et B.

Quand on multiplie le nombre de dents et le nombre de tours de l'engrenage A, on doit obtenir le même résultat qu'en multipliant le nombre de tours et le nombre de dents de l'engrenage B.

a. L'engrenage A possède 10 dents et fait 4 tours. L'engrenage B possède 20 dents, combien fait-il de tours ? ....

b. L'engrenage A possède 12 dents et fait 4 tours. L'engrenage B fait 8 tours, combien possède-t-il de dents ? ....

» Corrigés p. 288

AVEZ-VOUS RÉUSSI ?

2 Fractions irréductibles

NOMBRES ET CALCULS

JE RETIENS

Déterminer si une fraction est irréductible

Une fraction est irréductible si on ne peut pas la simplifier, c'est-à-dire si on ne peut pas diviser son numérateur et son dénominateur par un même nombre premier.

La fraction $\frac{14}{5}$ est-elle irréductible ?
On décompose 14 et 5 en facteurs premiers : $14 = 7 \times 2$ et 5 est premier.
Les diviseurs premiers de 14 et 5 sont différents, on ne peut donc pas simplifier cette fraction.
La fraction $\frac{14}{5}$ est donc irréductible.

Obtenir une fraction irréductible

Si on décompose le numérateur et le dénominateur d'une fraction en facteurs premiers et qu'on simplifie par les diviseurs premiers qu'ils ont en commun, on obtient une **fraction irréductible**.

Simplifiez la fraction $\frac{4}{6}$.
$4 = 2 \times 2$ et $6 = 2 \times 3$. On a : $\frac{4}{6} = \frac{2 \times 2}{2 \times 3} = \frac{2}{2} \times \frac{2}{3} = 1 \times \frac{2}{3} = \frac{2}{3}$. La fraction $\frac{2}{3}$ est irréductible.

COMMENT FAIRE

Simplifier une fraction

Effectuer le calcul et donner le résultat sous la forme d'une fraction irréductible : $A = \left(\frac{1}{2} + \frac{1}{3}\right) \div \frac{3}{4}$

$A = \left(\frac{1 \times 3}{2 \times 3} + \frac{1 \times 2}{3 \times 2}\right) \times \frac{4}{3}$ — 1. Pour diviser par une fraction, multiplier par son inverse.

$= \left(\frac{3}{6} + \frac{2}{6}\right) \times \frac{4}{3}$ — 2. Dans les parenthèses, réduire au même dénominateur.

$= \frac{5}{6} \times \frac{4}{3}$ — 3. Dans les parenthèses, ajouter les numérateurs.

$= \frac{5 \times 4}{6 \times 3}$ — 4. Multiplier les numérateurs entre eux et les dénominateurs entre eux.

$= \frac{5 \times 2 \times 2}{2 \times 3 \times 3}$ — 5. Décomposer le numérateur et le dénominateur en facteurs premiers.

$A = \frac{10}{9}$ — 6. Simplifier et effectuer les multiplications.

On obtient une fraction irréductible, car il n'existe pas de nombre premier qui divise à la fois 9 et 10.

Astuces

- On peut commencer par simplifier en utilisant les **critères de divisibilité** par 2, 3, 5, 9 et 10.
- Dans la fraction $\frac{10}{9}$, 10 est le **numérateur** et 9 est le **dénominateur**.

S'ENTRAINER

1 ✪ Simplifiez les fractions suivantes à l'aide des critères de divisibilité jusqu'à ce qu'elles soient irréductibles.

a. $\frac{10}{100} = \frac{\dots\times\dots}{\dots\times\dots} = \frac{\dots}{\dots}$

b. $\frac{270}{360} = \frac{\dots}{\dots} = \frac{\dots}{\dots}$

c. $\frac{30}{45} = \frac{\dots}{\dots} = \frac{\dots}{\dots}$

2 ✪ Dans chacune des égalités suivantes, entourez la fraction irréductible.

a. $\frac{21}{35} = \frac{3}{5} = \frac{6}{10} = \frac{9}{15}$

b. $\frac{63}{81} = \frac{14}{18} = \frac{2{,}1}{2{,}7} = \frac{7}{9}$

3 ✪ Soit la fraction $\frac{81}{171}$.

a. Décomposez 81 et 171 en facteurs premiers.

....

....

b. Simplifiez la fraction $\frac{81}{171}$ pour la rendre irréductible. ....

4 ✪✪ Calculez $B = \frac{3 \times 10^{-3} \times 0{,}4 \times 10^{2}}{5 \times 10^{-1}}$ en suivant les étapes, puis donnez son écriture sous forme de notation scientifique.

a. Calculez la puissance de 10.

$B = \frac{3 \times 0{,}4 \times 10^{\dots}}{5}$

b. Calculez $\frac{3 \times 0{,}4}{5}$. B = ...

c. Transformez l'écriture de B pour l'obtenir sous forme de notation scientifique.

$B = 2{,}4 \times 10^{\dots}$

5 ✪✪ On donne : $C = \frac{70}{24} - \frac{5}{6}$.

a. Si c'est possible, simplifiez $\frac{70}{24}$ et $\frac{5}{6}$.

....

Corrigés p. 288

LE CONSEIL DU COACH Aidez-vous de la partie « Je retiens » si vous avez des difficultés. Inutile de rester bloqué(e) trop longtemps.

b. Écrivez C sous la forme d'une fraction irréductible.

C = ... C = ...

C = ... C = ...

c. Le nombre C est-il décimal ? Est-il rationnel ? Justifiez votre réponse.

....

....

6 ✪✪✪ On donne : $D = \frac{126}{27}$ et $E = -\frac{4}{3}$.

a. La fraction D est-elle irréductible ? Pourquoi ?

....

....

b. Simplifiez cette fraction pour la rendre irréductible.

$D = \frac{\dots}{\dots} = \frac{\dots}{\dots}$

c. Montrez, en détaillant les calculs, que D – E est un nombre entier.

D – E = ... D – E = ...

= .... = ...

EXO BREVET

Effectuez les calculs suivants et donnez les résultats sous la forme de fractions irréductibles.

$F = \left(\frac{5}{4}\right)^2 - \frac{3}{4}$

F = ...

F = ...

F = ...

$G = \frac{24 \times 10^{-2}}{32 \times 10^{-3}}$

G = ...

G = ...

G = ...

$H = \frac{1}{14} + \frac{1}{21}$

H = ...

H = ...

$J = \frac{5}{7} - \frac{2}{3} \times 4$

J = ...

J = ...

J = ...

AVEZ-VOUS RÉUSSI ?

3 Racines carrées

NOMBRES ET CALCULS

JE RETIENS

Racine carrée

La racine carrée d'un nombre positif a est le nombre positif, noté $\sqrt{a}$, dont le carré vaut a.

Pour tout nombre positif a, on a : $\boldsymbol{(\sqrt{a})^2 = a}$ et $\boldsymbol{\sqrt{a^2} = a}$

$\sqrt{16} = (\sqrt{4})^2 = \sqrt{4^2} = 4$; $\sqrt{1} = 1$; $\sqrt{5^2} = 5$.

Équation du type $x^2 = a$

Cette équation n'a de solution que si a est positif ou nul.

1. Si $\boldsymbol{a > 0}$, l'équation $x^2 = a$ admet deux solutions : $\sqrt{a}$ et $-\sqrt{a}$.
2. Si $\boldsymbol{a = 0}$, l'équation $x^2 = 0$ admet une solution : 0.
3. Si $\boldsymbol{a < 0}$, l'équation $x^2 = a$ n'admet pas de solution.

$x^2 = 9$ admet deux solutions : $\sqrt{9}$ et $-\sqrt{9}$, c'est-à-dire 3 et -3.

$x^2 = 3$ admet deux solutions : $\sqrt{3}$ et $-\sqrt{3}$.

$x^2 = -3$ n'admet pas de solution.

Un carré parfait

C'est le carré d'un nombre entier.

$81 = 9^2$ ou $\sqrt{81} = 9$, on dit que 81 est un carré parfait.

Les 12 premiers carrés parfaits sont : 1, 4, 9, 16, 25, 36, 49, 64, 81, 100, 121, 144.

COMMENT FAIRE

Encadrer une racine carrée par des entiers

Encadrer $\sqrt{19}$ entre deux entiers.

$16 < 19 < 25$	1. Encadrer le nombre sous la racine par les deux carrés parfaits les plus proches.
Donc $\sqrt{16} < \sqrt{19} < \sqrt{25}$	2. Si $0 < a < b$, alors $\sqrt{a} < \sqrt{b}$. La racine carrée conserve l'ordre.
$4 < \sqrt{19} < 5$	3. Calculer les racines carrées des carrés parfaits.

Avec la calculatrice, calculer la valeur de $\sqrt{19}$ arrondie à 10^{-2}.

$\sqrt{19} = 4{,}358\,898\,943\,5$	1. La séquence à taper dépend de la calculatrice. Choisir celle qui convient parmi celles-ci : [*2nd*] [x^2] [1] [9] [=] ou [*Shift*] [x^2] [1] [9] [=] ou [1] [9] [*Shift*] [x^2] [=]
$\sqrt{19} \approx 4{,}36$	2. Observer le 3ᵉ chiffre après la virgule : c'est un **8**. Comme il est supérieur à 5, on arrondit au centième supérieur.

On a bien : $4 < \sqrt{19} < 5$, car $4 < 4{,}36 < 5$.

Astuces

- **Arrondir à 10^{-2}** (ou au centième), c'est arrondir à 2 chiffres après la virgule.
- On peut aussi l'utiliser pour **vérifier** le résultat.

S'ENTRAINER

1 ✪ **Complétez les phrases suivantes par « la racine carrée » ou « le carré ».**

a. 9 est .... de 3.
b. 3 est .... de 9.
c. 4 est .... de 16.
d. 4 est .... de 2.
e. 25 est .... de – 5.
f. 1 est .... de – 1.

2 ✪ **Complétez les pointillés.**

a. $\sqrt{169}$ = ...   b. $\sqrt{\ldots\ldots}$ = 12
c. $(\sqrt{\ldots\ldots})^2$ = 4   d. $\sqrt{\ldots\ldots^2}$ = 9
e. $\sqrt{0}$ = ...   f. $\sqrt{\ldots\ldots}$ = 1
g. $-\sqrt{\ldots\ldots}$ = – 5   h. $\sqrt{0{,}01}$ = ...

3 ✪✪ **Donnez la valeur arrondie à 10^{-2} de chacun des nombres suivants.**

$\sqrt{903}$ = ... $\sqrt{17}$ = ...
$\sqrt{453}$ = ... $\sqrt{67}$ = ...
$\sqrt{543}$ = ... $\sqrt{876}$ = ...

4 ✪✪ $\sqrt{13}$

a. Encadrez $\sqrt{13}$ par deux entiers.

.... $< \sqrt{13} <$ ....

b. Calculez la valeur, arrondie au centième, de $\sqrt{13}$.

....

5 ✪✪ **Dans la colonne du milieu, mettez le signe = si l'égalité est vraie, et le signe ≠ sinon.**

$\sqrt{100}$		10
$\sqrt{(-7)^2}$		–7
$-\sqrt{49}$		–7
100^2		200
$\sqrt{0{,}04}$		0,2
$\sqrt{0{,}9}$		0,3
$\sqrt{10\,000}$		100

Corrigés p. 288

LE CONSEIL DU COACH Vous perdez confiance ? Relisez les passages sur les pensées négatives (voir Carnet p. 17).

6 ✪✪ **Résolvez les équations suivantes.**

a. $x^2 = 100$. ....
b. $x^2 = 7$. ....
c. $x^2 = 0$. ....
d. $x^2 = 1$. ....

7 ✪✪✪ **Développez en utilisant les identités remarquables.**

$A = (\sqrt{2} - 1)(\sqrt{2} + 1)$ A = ...
= ....   A = ...

$B = (3 - \sqrt{3})^2$ B = ...
= ....   B = ...

$C = (1 + \sqrt{2})^2$ C = ...
= ....   C = ...

MINI-CONTRÔLE

Théorème de Pythagore

Soit ABC un triangle rectangle en A, avec : AB = 3 cm et AC = 4 cm.

a. Construisez le triangle ABC.

b. En utilisant le théorème de Pythagore, calculez la longueur BC.
Dans le triangle ABC rectangle en A, d'après le théorème de Pythagore, on a :

BC^2 = ...
BC^2 = ...

Donc BC = ... soit BC = ... cm.

AVEZ-VOUS RÉUSSI ?

4 Puissances

NOMBRES ET CALCULS

JE RETIENS

- **Le produit de n facteurs égaux à a** est noté a^n :
  $a^n = a \times .... \times a$ se lit : « a **puissance** n » ou « a **exposant** n »
  (n **facteurs**)
  $3^4 = 3 \times 3 \times 3 \times 3 = 81$; $(-0,1)^3 = (-0,1) \times (-0,1) \times (-0,1) = -0,001$.

- **Pour a non nul et m et n entiers relatifs,** on a :
  $3^5 \times 3^2 = 3^{5+2} = 3^7$; $\dfrac{4^7}{4^5} = 4^{7-5} = 4^2$;
  $(2^3)^2 = 2^{3 \times 2} = 2^6$.

  $a^m \times a^n = a^{m+n}$ — même nombre
  $\dfrac{a^m}{a^n} = a^{m-n}$ — même nombre
  $(a^m)^n = a^{m \times n}$

- **Pour a et b non nuls et m et n entiers relatifs,** on a :
  $(5 \times 3)^2 = 5^2 \times 3^2$; $\left(\dfrac{2}{3}\right)^4 = \dfrac{2^4}{3^4}$.

  $(ab)^n = a^n b^n$
  $\left(\dfrac{a}{b}\right)^n = \dfrac{a^n}{b^n}$ — même exposant

- **Tout nombre décimal peut s'écrire** sous la forme :
  $a \times 10^n$, avec $1 \leqslant a < 10$ et n entier relatif. Cette écriture est appelée **notation scientifique**.
  $32\,000 = 3,2 \times 10^4$ $\quad$ $0,045\,6 = 4,56 \times 10^{-2}$ $\quad$ $695,5 = 6,955 \times 10^2$

- Quand on utilise une unité, le **préfixe** correspond à une puissance de 10 :

Préfixe (symbole)	nano (n)	micro (µ)	milli (m)	centi (c)	déci (d)
Puissance de 10	10^{-9}	10^{-6}	10^{-3}	10^{-2}	10^{-1}
Préfixe (symbole)	déca (da)	hecto (h)	kilo (k)	méga (M)	giga (G)
Puissance de 10	$10^1 = 10$	10^2	10^3	10^6	10^9

L'ordre de grandeur du rayon d'un atome est de 0,1 nm = $0,1 \times 10^{-9}$ m.
Un disque dur a une capacité de stockage de 500 Go = 500×10^9 octets.

COMMENT FAIRE

Calculer une expression contenant des puissances

Calculer et donner la notation scientifique de l'expression : $A = \dfrac{6 \times 10^{-2} \times 4 \times 10^4}{150 \times 10^3}$.

$A = \dfrac{6 \times 4 \times 10^{4+(-2)}}{150 \times 10^3}$

1. Regrouper les puissances de 10 du numérateur en utilisant la propriété : $a^m \times a^n = a^{m+n}$ avec $a = 10$; $m = 4$; $n = -2$.

$= \dfrac{6 \times 4 \times 10^{2-3}}{150}$

2. Regrouper toutes les puissances de 10 au numérateur en utilisant la propriété : $\dfrac{a^m}{a^n} = a^{m-n}$ avec $a = 10$; $m = 2$; $n = 3$.

$= \dfrac{2 \times 4 \times 10^{-1}}{50}$

3. Simplifier la fraction, ici par 3.

$= 0,016$

4. Calculer la valeur décimale de l'expression.

$= 1,6 \times 10^{-2}$

5. Donner la notation scientifique du nombre décimal trouvé.

Astuce Certaines calculatrices affichent parfois un résultat sous la forme : 3.15^{-4}, il faut alors lire : $3,15 \times 10^{-4}$. C'est la **notation scientifique** de : 0,000 315.

LE CONSEIL DU COACH

Utiliser un carnet de notes

Vous pouvez utiliser un carnet de notes pour écrire tout ce que vous avez compris. Si vous avez déjà travaillé cette leçon en classe, rappelez-vous ce que vous avez fait comme activité, les paroles de votre professeur. Il s'agira ensuite d'identifier les éléments que vous ne comprenez pas encore pour les travailler à fond, inutile en effet de faire l'exercice 4 sur l'écriture scientifique des nombres si vous savez déjà le faire sans problème.

S'ENTRAINER

1 ✪ **Calculez en donnant le résultat sous la forme d'une puissance.**

a. $2^4 \times 2^3 =$ ....
= ....

b. $4^3 \times 4^{-1} =$ ....
= ....

c. $5^{-1} \times 5^{-3} =$ ....
= ....

d. $\dfrac{6^4}{6^2} =$ ....
= ....

2 ✪ **Calculez en utilisant les propriétés des puissances, puis donnez le résultat à 0,01 près.**

$A = \dfrac{4^5 \times 3^2}{4^3 \times 3}$
= ....
= ....

$B = \dfrac{6^4 \times 7}{6 \times 7^3}$
= ....
= ....

3 ✪ **Complétez le tableau suivant.**

Sans préfixe	Avec préfixe
4 000 000 W	.... MW
.... m	32 µm
24 000 €	.... k€

4 ✪✪ **Donnez l'écriture scientifique.**

a. 6 243,7 = ...
b. 0,004 3 = ...
c. $354 \times 10^{-4} =$ ....
= ....
d. $0{,}438 \times 10^2 =$ ....
= ....

5 ✪✪ **Complétez le tableau suivant.**

Écriture décimale	0,03	0,002	
Écriture fractionnaire	$\dfrac{3}{100}$		$\dfrac{5}{10}$
Notation scientifique	3×10^{-2}		

6 ✪✪ **Calculez les valeurs décimales de C et D puis donnez leurs notations scientifiques.**

$C = 3{,}2 \times 10^2 \times 5 \times 10^{-5}$
= ....
= ....
= ....

$D = \dfrac{6 \times 10^{-5} \times (10^2)^3}{3 \times 10^2}$
= ....
= ....
= ....

7 ✪✪✪ **La vitesse de la lumière**

La lumière se propage dans l'espace à la vitesse de 300 000 km/s. Une année-lumière est la distance parcourue par la lumière en une année.

a. Complétez le tableau suivant.
Exprimez les résultats en notation scientifique.

Durée	Distance parcourue (km)
1 seconde	
1 minute	
1 heure	
1 jour	
1 an	

b. Combien de temps la lumière met-elle pour nous parvenir de l'étoile Polaire située à 350 années-lumière de la Terre ? ....
....

EXO BREVET

Sur une feuille à part, calculez les expressions suivantes et exprimez les résultats sous forme de fractions irréductibles.

$F = \left(\dfrac{3}{5}\right)^2 - \dfrac{1}{5}$ $\qquad G = \dfrac{15 \times 10^{-2}}{24 \times 10^{-3}}$

Corrigés p. 289

AVEZ-VOUS RÉUSSI ?

5 Identités remarquables. Développement

NOMBRES ET CALCULS

JE RETIENS

Développement

Développer un produit, c'est le transformer en une somme.

Pour tous nombres a, b et k, on a : $k(a+b) = ka + kb$ et $k(a-b) = ka - kb$

$3(2+x) = 3 \times 2 + 3x = 6 + 3x$

$-2(y-1) = -2y - 2 \times (-1) = -2y + 2$

Pour tous nombres a, b, c et d, on a : $(a+b)(c+d) = ac + ad + bc + bd$

$(1+x)(y-4) = 1y - 1 \times 4 + xy - 4x = y - 4 + xy - 4x$

Réduction

Réduire une expression, c'est la simplifier en regroupant ses termes de même puissance (les x^2 avec les x^2, les x avec les x, les constantes avec les constantes).

$3x(2x+5) + x^2 - 12x + 36 = 6x^2 + 15x + x^2 - 12x + 36$

$= (6+1)x^2 + (15-12)x + 36$

$= 7x^2 + 3x + 36$

Identités remarquables

Les identités remarquables sont des égalités qui permettent des développements rapides.

Pour tous nombres a et b, on a :

$(a+b)(a-b) = a^2 - b^2$

$(a+b)^2 = a^2 + 2ab + b^2$

$(a-b)^2 = a^2 - 2ab + b^2$

COMMENT FAIRE

Développer des produits avec les identités remarquables

- $(x+4)(x-4) = x^2 - 4^2 = x^2 - 16$

  L'expression est du type $(a+b)(a-b)$ avec $a = x$ et $b = 4$. Effectuer les multiplications de l'expression $a^2 - b^2$.

- $(x+7)^2 = x^2 + 2 \times x \times 7 + 7^2 = x^2 + 14x + 49$

  L'expression est du type $(a+b)^2$ avec $a = x$ et $b = 7$. Effectuer les multiplications de l'expression $a^2 + 2ab + b^2$.

- $(x-3)^2 = x^2 - 2 \times x \times 3 + 3^2 = x^2 - 6x + 9$

  L'expression est du type $(a-b)^2$ avec $a = x$ et $b = 3$. Effectuer les multiplications de l'expression $a^2 - 2ab + b^2$.

Astuces

- **Développer** un produit, c'est faire disparaitre les parenthèses en effectuant des multiplications.
- Pour **vérifier** ses calculs, on peut remplacer x par un nombre dans chaque membre de l'égalité.

S'ENTRAINER

1 ✪ **Développez en utilisant les identités remarquables.**

a. $(x-1)(x+1) =$ ....
$=$ ....

b. $(x+1)^2 =$ ....
$=$ ....

c. $(x-1)^2 =$ ....
$=$ ....

2 ✪✪ **Complétez les pointillés.**

$A = (2x+3)(2x-3)$
$= (\ldots\ldots)^2 - \ldots\ldots^2$
$=$ ....

$B = (3x+4)^2$
$= (\ldots\ldots)^2 + 2 \times \ldots\ldots \times \ldots\ldots + \ldots\ldots^2$
$=$ ....

$C = (5x-2)^2$
$= (\ldots\ldots)^2 - 2 \times \ldots\ldots \times \ldots\ldots + \ldots\ldots^2$
$=$ ....

3 ✪✪ **Complétez les pointillés avec des nombres entiers.**

a. $(x+2)(x - \ldots\ldots) = x^2 - 4$

b. $(x - \ldots\ldots)^2 = x^2 - \ldots\ldots x + 49$

c. $(1 + \ldots\ldots a)^2 = \ldots\ldots + \ldots\ldots a + 16a^2$

4 ✪✪ **Développez, puis réduisez les expressions suivantes.**

$D = (3x+2)(3x-2) - 2x(x+1)$
$=$ ....
$=$ ....

$E = (x+2)^2 + (x-4)^2$
$=$ ....
$=$ ....

$F = (2x-1)(2x+1) + (2x-1)^2$
$=$ ....
$=$ ....

LE CONSEIL DU COACH

Avez-vous pensé à relire vos fiches si vous en avez fait ? Si ce n'est pas le cas, c'est peut-être une méthode que vous devriez essayer pour mieux mémoriser.

5 ✪✪ **Dans la colonne du milieu, mettez le signe = si l'égalité est vraie, et le signe ≠ sinon.**

$(x+5)^2$		$x^2 + 25 + 10x$
$(x+3)^2$		$x^2 + 9$
$(1-a)^2$		$1 - 2a - a^2$
$(x-4)^2$		$x^2 - 16$
$(3-x)^2$		$(x-3)^2$

6 ✪✪✪ **Complétez (sans calculatrice).**

$101^2 = (100 + \ldots\ldots)^2$
$= 100^2 + 2 \times 100 \times \ldots\ldots + \ldots\ldots^2$
$= 10\,000 + \ldots\ldots + \ldots\ldots$
$=$ ....

$21^2 =$ ....
$=$ ....

$19^2 = (20 - \ldots\ldots)^2$
$=$ ....

$198^2 =$ ....
$=$ ....

$98 \times 102 = (100 - \ldots\ldots)(100 + \ldots\ldots)$
$=$ ....

MINI-CONTRÔLE

Carrés d'entiers consécutifs

a. Montrez, en développant chaque membre séparément, que : $(x+1)^2 - x^2 = (x+1) + x$.

....

....

b. Sachant que $40^2 = 1\,600$, calculez mentalement le carré de 41. ....

....

....

Corrigés p. 289

AVEZ-VOUS RÉUSSI ?

6 Factorisation

NOMBRES ET CALCULS

JE RETIENS

Factorisation

Factoriser une expression littérale, c'est transformer une somme (ou une différence) en un produit de facteurs.

Pour tous nombres a, b et k, on a : $\boldsymbol{ka + kb = k(a + b)}$

$6 + 3x = 3 \times 2 + 3x = 3(2 + x)$
$-2y + 2 = -2y - 2 \times (-1) = -2(y - 1)$
$3(x-2) + 5x(x-2) = (x-2)(3 + 5x)$

On cherche le facteur commun, puis on factorise.

Identités remarquables

Les identités remarquables permettent également de factoriser des expressions littérales.

Pour tous nombres a et b, on a :

$$a^2 - b^2 = (a+b)(a-b)$$
$$a^2 + 2ab + b^2 = (a+b)^2$$
$$a^2 - 2ab + b^2 = (a-b)^2$$

COMMENT FAIRE

Factoriser une expression littérale

Utiliser un facteur commun.

Factoriser l'expression : A = $(x - 1)^2 + (x - 1)(3x + 2)$.

$A = (x - 1)[(x - 1) + (3x + 2)]$

1. Remarquer que : $(x - 1)^2 = (x - 1)(x - 1)$.
Choisir $(x - 1)$ comme facteur commun car il est présent dans les deux termes de la somme.

$= (x - 1)[x - 1 + 3x + 2]$

2. Enlever les parenthèses dans les crochets.

$= (x - 1)(4x + 1)$

3. Réduire l'expression.

Utiliser des identités remarquables.

Factoriser les expressions B, C et D.

B $= \boldsymbol{x^2 - 16}$
$= x^2 - 4^2$
$= (x + 4)(x - 4)$

L'expression est du type $a^2 - b^2$ avec $a = x$ et $b = 4$.
Utiliser l'identité remarquable $a^2 - b^2 = (a + b)(a - b)$.

C $= \boldsymbol{x^2 + 14x + 49}$
$= x^2 + 2 \times x \times 7 + 7^2$
$= (x + 7)^2$

L'expression est du type $a^2 + 2ab + b^2$ avec $a = x$ et $b = 7$.
Utiliser l'identité remarquable $a^2 + 2ab + b^2 = (a + b)^2$.

D $= \boldsymbol{x^2 - 6x + 9}$
$= x^2 - 2 \times x \times 3 + 3^2$
$= (x - 3)^2$

L'expression est du type $a^2 - 2ab + b^2$ avec $a = x$ et $b = 3$.
Utiliser l'identité remarquable $a^2 - 2ab + b^2 = (a - b)^2$.

Astuces

- Quand on **développe** un produit, on fait disparaitre les parenthèses.
- Quand on **factorise** une expression, on fait apparaitre des parenthèses.

LE CONSEIL DU COACH

Utiliser des cartes mémoires

Pour cette leçon, il n'y a pas le choix, il faut obligatoirement mémoriser les trois identités remarquables encadrées page de gauche. Vous pouvez les réciter, vous enregistrer, les écrire en gros sur une feuille A3 que vous afficherez près de votre bureau... Des cartes mémoires peuvent également être efficaces. Exemple : vous écrivez au recto « $a^2 - b^2$ » et au verso « $(a + b)(a - b)$ ». Bon courage !

S'ENTRAINER

1 ✪ **Factorisez les expressions suivantes.**

a. $3a - 3b =$ ....

b. $3ab + 5a =$ ....

c. $a^2 + 2a =$ ....

d. $15a + 20b =$ ....

2 ✪ **Complétez les factorisations suivantes.**

$A = 4x^2 - 25$

$= (\dots\dots)^2 - (\dots\dots)^2$

$= (\dots\dots + \dots\dots)(\dots\dots - \dots\dots)$

$B = 4x^2 + 4x + 1$

$= (\dots\dots)^2 + 2 \times \dots\dots x \times \dots\dots + \dots\dots^2$

$= (\dots\dots + \dots\dots)^2$

3 ✪✪ **Recherchez un facteur commun dans les expressions suivantes, puis factorisez-les.**

$D = (x - 1)(2x + 3) + (x - 1)(x + 2)$

$=$ ....

$=$ ....

$E = (x - 1)^2 - (x - 1)(3x + 2)$

$=$ ....

$=$ ....

4 ✪✪ **Complétez les factorisations suivantes en utilisant les identités remarquables.**

a. $x^2 - 36 = (\dots\dots + \dots\dots)(\dots\dots - 6)$

b. $9a^2 - 1 = (\dots\dots a + \dots\dots)(\dots\dots - 1)$

c. $a^2 + 2a + 1 = (\dots\dots + 1)^2$

d. $x^2 - 2x + 1 = (\dots\dots - \dots\dots)^2$

Corrigés p. 290

5 ✪✪ **Développez les produits suivants, puis complétez le tableau en associant l'expression factorisée à l'expression développée égale.**

$(2x + 1)(2x - 1) =$ ....

$(2x - 3)^2 =$ ....

$4x(x + 1) =$ ....

$(4x - 2)(x + 2) =$ ....

$=$ ....

$2x(2x - 3) =$ ....

Expression développée	=	Expression factorisée
$4x^2 - 6x$	=	
$4x^2 - 12x + 9$	=	
$4x^2 + 6x - 4$	=	
$4x^2 - 1$	=	
$4x^2 + 4x$	=	

6 ✪✪✪ **Factorisez les expressions suivantes.**

$G = x^2 + 6x + 9$

$=$ ....

$H = 9x^2 - 6x + 1$

$=$ ....

$J = (x + 3)^2 - 9$

$=$ ....

$=$ ....

$K = 9x^2 - 36$

$=$ ....

$=$ ....

EXO BREVET

Soit l'expression $M = (2x + 1)^2 + (2x + 1)(5x - 2)$.

a. Développez et réduisez M.

$M =$ ....

b. Factorisez M.

$M =$ ....

c. Calculez M pour $x = \frac{1}{7}$.

$M =$ ....

AVEZ-VOUS RÉUSSI ?

7 Équations du premier degré à une inconnue

NOMBRES ET CALCULS

JE RETIENS

- **On ne change pas les solutions** d'une équation si on **ajoute** ou si on **retranche** le même nombre à chaque membre de l'égalité.
  L'équation $7 + x = 10$ a les mêmes solutions que l'équation $7 + x - 7 = 10 - 7$; $x = 3$.
- **On ne change pas les solutions** d'une équation si on **multiplie** ou si on **divise** les deux membres de l'égalité par le même nombre non nul.
  L'équation $10x = 8$ a les mêmes solutions que l'équation $\frac{10x}{10} = \frac{8}{10}$; $x = 0{,}8$.
- Quand on a une équation du second degré, on peut factoriser l'expression en utilisant les **identités remarquables**, pour faire apparaitre un produit de facteurs du premier degré.
  L'équation : $x^2 - 1 = 0$ a les mêmes solutions que l'équation $(x - 1)(x + 1) = 0$
  car $(x - 1)(x + 1) = x^2 - 1$.
- **Un produit de facteurs est nul** si et seulement si l'un au moins des facteurs est nul.

$ab = 0$ si et seulement si $a = 0$ ou $b = 0$.

$x^2 - 1 = 0$ si et seulement si $x - 1 = 0$ ou $x + 1 = 0$. On trouve $x = 1$ ou $x = -1$.

COMMENT FAIRE

Résoudre une équation à une inconnue

Résoudre l'équation $-3(2x - 1) = 2(-x + 2) + 3$.

$-6x + 3 = -2x + 4 + 3$	1. Développer.
$-6x + 3 = -2x + 7$	2. Réduire.
$-6x + 3 - 3 = -2x + 7 - 3$	3. Retrancher 3 aux deux membres de l'égalité pour éliminer le terme ne contenant pas l'inconnue.
$-6x + 2x = -2x + 4 + 2x$	4. Ajouter $2x$ aux deux membres de l'égalité.
$\frac{-4x}{-4} = \frac{4}{-4}$	5. Diviser les deux membres de l'égalité par (-4).
$x = -1$	6. Effectuer la division.
Vérification : $-3(2 \times (-1) - 1) = 9$	7. Remplacer x par (-1).
et $2(-(-1) + 2) + 3 = 9$	8. Si on trouve le même résultat, l'égalité est vérifiée.
L'équation admet une solution : -1.	9. Conclure.

Résoudre l'équation $(x - 1)(x + 2) = 0$.

$x - 1 = 0$ ou $x + 2 = 0$	1. $ab = 0$ si et seulement si $a = 0$ ou $b = 0$.
$x - 1 + 1 = 0 + 1$ ou $x + 2 - 2 = 0 - 2$	2. Résoudre chaque équation séparément.
$x = 1$ ou $x = -2$	3. Il y a deux solutions.
$(1 - 1)(1 + 2) = 0$ et $(-2 - 1)(-2 + 2) = 0$.	4. Vérifier pour les deux solutions trouvées.
L'équation admet deux solutions : 1 et -2.	5. Conclure.

Astuces

- On isole **d'abord** les inconnues.
- Il faut toujours **vérifier** les résultats trouvés, même si ce n'est pas demandé.

S'ENTRAINER

1 ✪ **Résolvez les équations suivantes.**

a. $2x - 3 = x + 2$

b. $4x - 6 = 3x + 4$

c. $4x + 2 = 16 - 3x$

d. $6 - 3x = x + 8$

2 ✪ **Résolvez les équations suivantes.**

a. $2(3x + 2) = 5x + 2$

b. $5(3x - 4) = 2(6x - 5)$

3 ✪ **Résolvez les équations suivantes.**

a. $(2x - 1)(-x + 1) = 0$.

b. $(-3x + 9)(-x + 2) = 0$.

4 ✪✪ **Résolvez l'équation suivante en suivant les étapes :** $\frac{x}{3} + 5 = 4 - \frac{x}{2}$.

a. Réduisez tout au même dénominateur.

b. Multipliez tous les termes par le dénominateur commun pour le supprimer.

LE CONSEIL DU COACH Un peu de stress ? Fermez les yeux et pensez à quelque chose qui vous fait du bien.

c. Résolvez l'équation obtenue.

5 ✪✪✪ **On donne** $A = (2x - 3)(x + 4)$.

a. Développez et réduisez A.

A = ...

= ....

b. Résolvez l'équation $2x^2 + 5x - 12 = 0$.

6 ✪✪✪ **On donne** $B = 9x^2 + 6x + 1$.

a. Factorisez B.

b. Résolvez l'équation $9x^2 + 6x + 1 = 0$.

EXO BREVET

On considère l'expression suivante :
$C = (3x - 1)^2 - (2 - x)(3x - 1)$.

a. Factorisez C.

C = ...

= ....

b. Résolvez l'équation $(3x - 1)(4x - 3) = 0$.

Corrigés p. 290

AVEZ-VOUS RÉUSSI ?

8 Problèmes du premier degré à une inconnue

NOMBRES ET CALCULS

JE RETIENS

Problème : Mon voisin possède un champ carré. Si on augmente un côté du champ de 40 m et si on diminue le côté perpendiculaire de 30 m, l'aire du champ obtenu est nulle. Quelle est la longueur du côté de ce champ ?

Étapes pour résoudre un problème à l'aide d'une équation

1. **Choix de l'inconnue :** l'inconnue est ce que l'on cherche. On lui donne un nom.
   Soit x la longueur du côté du champ.
2. **Mise en équation :** on traduit l'énoncé en langage mathématique.
   $(x + 40)(x - 30) = 0$.
3. **Résolution de l'équation :** on trouve l'ensemble des solutions de l'équation.
   $x = -40$ ou $x = 30$.
4. **Vérification :** on choisit, parmi les solutions trouvées, celle qui correspond au problème posé (longueurs ou sommes positives, nombres entiers, etc.).
   $(-40 + 40)(-40 - 30) = 0$ et $(30 + 40)(30 - 30) = 0$. 30 est positif, donc c'est la solution.
5. **Conclusion :** on écrit une phrase pour répondre à la question posée.
   La longueur du côté du champ vaut 30 m.

COMMENT FAIRE

Mettre en équation et résoudre un problème à une inconnue

La somme d'un nombre et du tiers de ce nombre est égale à 240. Quel est ce nombre ?

Soit x le nombre cherché.
Le tiers de x s'écrit $\frac{x}{3}$.

1. Choisir l'inconnue.

$$x + \frac{x}{3} = 240$$

2. Traduire le texte en langage mathématique et mettre le problème en équation.

$$\frac{3 \times x}{3} + \frac{x}{3} = \frac{3 \times 240}{3}$$
$$3x + x = 720$$
$$4x = 720$$
$$\frac{4x}{4} = \frac{720}{4}$$
$$x = 180 \quad \text{et} \quad \frac{x}{3} = 60$$

3. Résoudre l'équation.

$180 + 60 = 240$

4. Vérifier.

Le nombre cherché est 180.

5. Rédiger une phrase pour répondre à la question.

Astuce L'**inconnue** correspond en général à la question posée.

LE CONSEIL DU COACH

Surligner les informations utiles

La difficulté ici est de bien repérer l'inconnue dans un problème ainsi que toutes les informations utiles. Commencez par surligner l'inconnue dans les énoncés des exercices. Dans l'exercice 1, vous surlignez donc « Soit x l'âge du fils ». Dans les exercices plus longs, comme l'exo brevet, mettez en évidence les informations importantes : les formules A et B dans l'énoncé et le nombre de jours dans le tableau.
Vous allez ainsi guider votre regard et faciliter la prise d'information.

S'ENTRAINER

1 ✪ Un père et son fils ont à eux deux 75 ans. Le père est deux fois plus âgé que son fils.

Quel est l'âge du fils ? Quel est l'âge du père ?

a. Soit x l'âge du fils. Quel est l'âge du père en fonction de x ? ....

b. Résolvez l'équation : $x + 2x = 75$.

....

c. Vérifiez : ....

d. Répondez à la question posée.

....

2 ✪✪ **Soient le rectangle et le triangle équilatéral ci-dessous. (x est positif)**

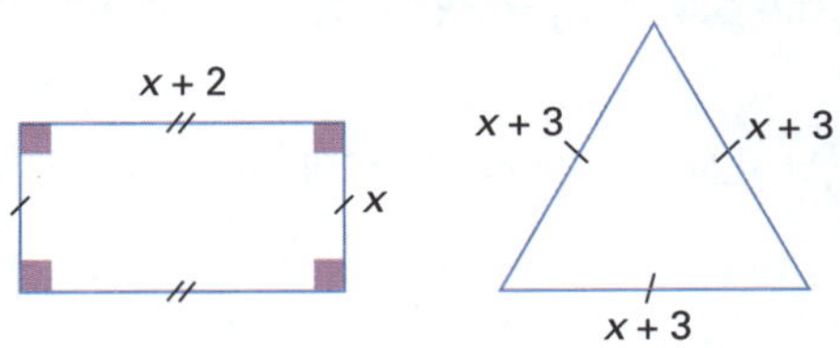

a. Exprimez le périmètre P_1 du rectangle en fonction de x.

P_1 = ... P_1 = ...

b. Exprimez le périmètre P_2 du triangle en fonction de x.

P_2 = ... P_2 = ...

c. Pour quelles valeurs de x le périmètre du triangle est-il égal au périmètre du rectangle ? ....

....

EXO BREVET

Dans un centre de loisirs, pour le paiement on propose deux formules :

Formule A : 25 € la carte d'adhérent pour l'année scolaire, puis 4 € par jour de présence.

Formule B : 9 € par jour pour les non-adhérents.

a. Complétez le tableau suivant :

Nombre de jours	1	10	20	40
Prix payé avec la formule A (€)				
Prix payé avec la formule B (€)				

b. On appelle x le nombre de jours de présence. On note y_A le prix payé avec la formule A et y_B le prix payé avec la formule B.
Exprimez y_A, puis y_B en fonction de x.

y_A = ... y_B = ...

c. Résolvez l'équation : $9x = 4x + 25$.

....

d. Pour quel nombre de jours les deux formules sont-elles équivalentes ? ....

e. On dispose d'un budget de 110 €.
Combien de jours pourra-t-on payer si l'on choisit la formule A ?

....

Corrigés p. 290

AVEZ-VOUS RÉUSSI ?

9 Notion de fonction

ORGANISATION ET GESTION DE DONNÉES. FONCTIONS

JE RETIENS

Définition

Une **fonction** est un processus qui, à un nombre, associe un nombre **unique**.

À un nombre, on associe son carré.

Nombre x	-3	-2	-1	0	1	2	3
Carré y	9	4	1	0	1	4	9

La relation qui associe le nombre à son carré est une fonction.

Antécédent et image

- À chaque élément x correspond **un seul** élément y.
  On appelle : x l'**antécédent**, y l'**image** de x par la fonction.
- Si on appelle f la fonction, on note : $f : x \mapsto f(x)$.
  9 est l'**image** de -3 par la fonction f : $f(-3) = 9$;
  3 est un **antécédent** de 9 par la fonction f : $f(3) = 9$.

Représentation d'une fonction

- **Une fonction peut être définie par** un tableau de données ou une formule (son expression) ou bien une représentation graphique.
- **Tout point M de la courbe représentative** $\mathscr{C}$ de la fonction f a pour coordonnées $M(x ; f(x))$.

COMMENT FAIRE

Déterminer l'image d'un nombre par une fonction

On considère sur l'intervalle $[-1 ; 1]$ la fonction f définie par : $f(x) = 2x^2 - 1$.

Déterminer l'image de -1 par la fonction f.

$f(-1) = 2 \times (-1)^2 - 1$ — **1.** Utiliser l'expression de $f(x)$, dans laquelle on remplace x par -1.

$f(-1) = 1$ — **2.** Calculer.

On considère la fonction g représentée ci-contre. Déterminer l'image de 2, puis les antécédents de 1 par la fonction g.

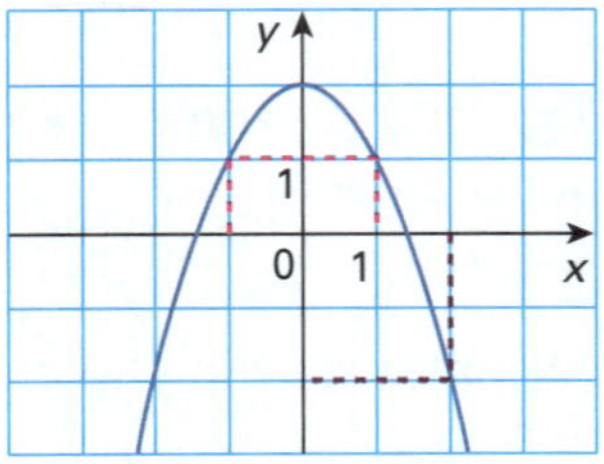

$g(2) = -2$ — **3.** Se placer sur $x = 2$, tracer des pointillés verticaux jusqu'à croiser la courbe, l'ordonnée du point obtenu est l'image du nombre 2.

$g(-1) = g(1) = 1$ — **4.** Se placer sur $y = 1$, tracer des pointillés horizontaux jusqu'à croiser la courbe, les abscisses des points obtenus sont les antécédents du nombre 1.

Astuces

- « $f(x)$ » se lit « f de x », ce qui signifie **« f en fonction de x »**.
- x est aussi appelé « variable » car cette lettre peut être remplacée par différentes valeurs.
- L'**image** est **unique**, mais il peut y avoir **plusieurs antécédents**.

S'ENTRAINER

1 ✪ **Cochez si les représentations graphiques suivantes sont celles de fonctions.**

☐ 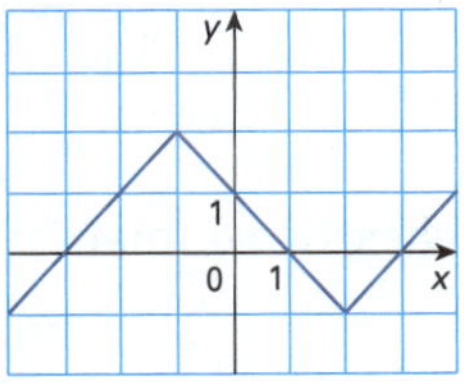

☐ 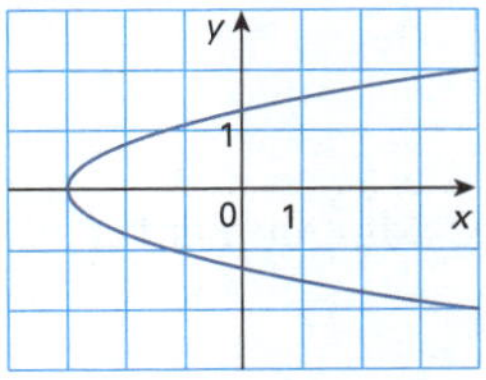

☐ 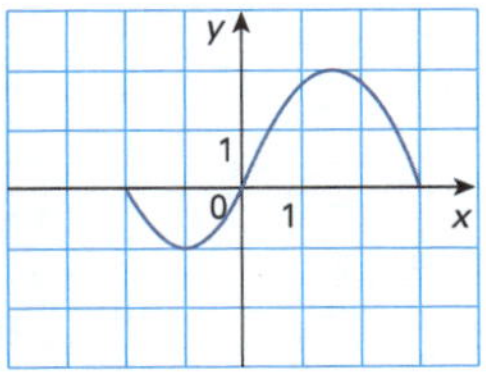

☐ 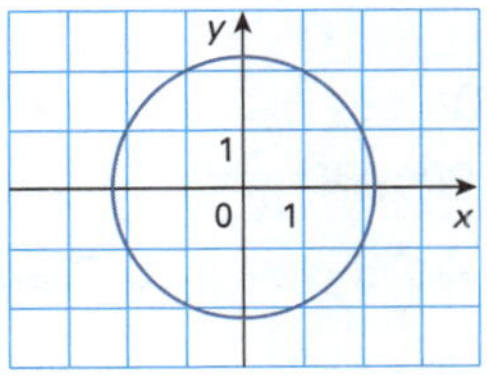

2 ✪ **Exprimez les énoncés suivants en utilisant les notations des fonctions.**

a. L'image de 2 par f est -3. ....

b. -2 est l'image de 4 par g. ....

c. 4 est un antécédent de 1 par h. ....

d. Les antécédents de 2 par v sont 1 et 3.

....

3 ✪ On considère la fonction f définie sur l'intervalle $[-2\,;2]$ par : $f(x) = 3x^4 + 2$.

Calculez l'image par la fonction f de : -2 ; 0 et 2.

....

....

4 ✪ **Soit la fonction g représentée ci-dessous.**

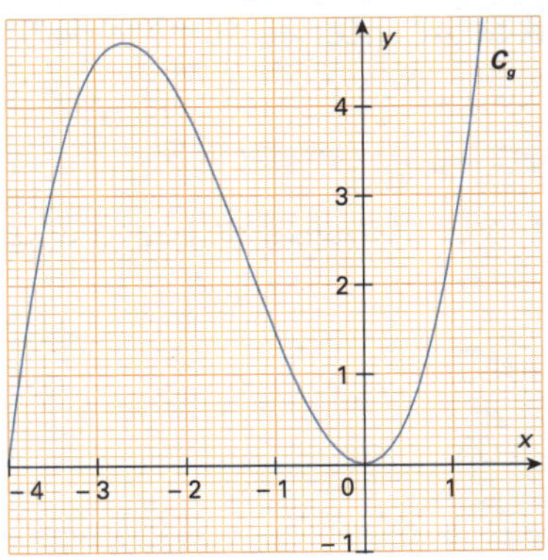

a. Déterminez l'image de 1 par g. ....

b. Déterminez les antécédents de 4,5 par g.

....

LE CONSEIL DU COACH

Relire votre cours n'est peut-être pas inutile. Faites de même avec la partie « Comment faire ». Vous n'avez peut-être pas encore tout assimilé.

5 ✪✪ **Soit g la fonction définie sur $\mathbb{R}$ par : $g(x) = -3x + 2$.**

a. Calculez les images par g de : -1 ; 2 et 3.

....

....

....

b. Déterminez l'antécédent de -4 par g.

....

MINI-CONTRÔLE

Soit f la fonction définie sur $[-2\,;2]$ par : $f(x) = -2x^2 + 4$.

a. Complétez le tableau de valeurs ci-dessous :

x	-2	-1	0	1	2
$f(x)$					

b. Dans le repère ci-dessous, placez les points de coordonnées $(x\,;f(x))$ obtenus dans le tableau, puis reliez-les à la main.

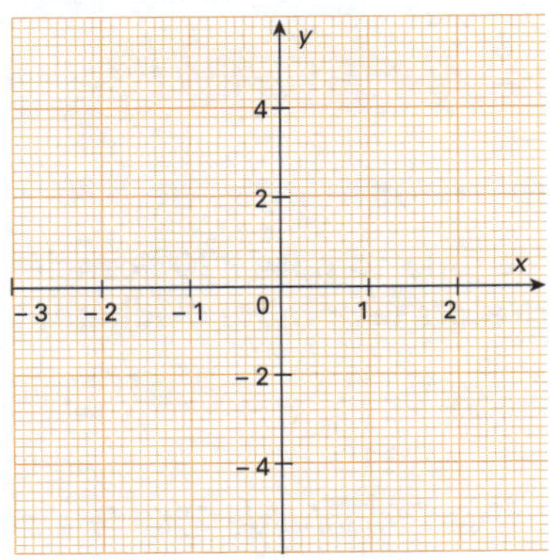

c. Déterminez, graphiquement et par le calcul, l'image par f des nombres : $-1{,}5$; 1,5.

....

....

d. Déterminez graphiquement les antécédents par f des nombres : 3 et -3.

....

Corrigés p. 291

AVEZ-VOUS RÉUSSI ? ◯ ◯ ◯

10 Proportionnalité

ORGANISATION ET GESTION DE DONNÉES, FONCTIONS

JE RETIENS

On peut utiliser la **proportionnalité** dans des calculs : de pourcentages, d'échelles, de géométrie (voir triangles semblables), etc.

Pourcentages

Un **pourcentage** est une proportion rapportée à 100.
Pour calculer ***t* %** d'un nombre, on multiplie ce nombre par $\frac{t}{100}$.

Jenna veut acheter un pantalon, dont le prix initial s'élevait à 50 €, soldé à 30 %.
$50 \times \frac{30}{100} = 15$. Jenna a donc économisé 15 €.

Échelles

- La longueur sur une carte ou un plan et la longueur réelle sont proportionnelles, l'**échelle** est égale au coefficient de proportionnalité qui permet d'obtenir la longueur sur le plan à partir de la longueur réelle :

$$\text{échelle} = \frac{\text{longueur sur le plan}}{\text{longueur réelle}}$$ avec les longueurs **dans la même unité**.

- Dans le cas d'une **réduction**, l'échelle $\frac{1}{a}$ signifie que 1 unité sur la carte représente *a* unités sur le terrain, ou que les longueurs sur la carte sont *a* fois plus petites que dans la réalité.
- Dans le cas d'un **agrandissement**, l'échelle *a* signifie que les longueurs sur le dessin sont *a* fois plus grandes que dans la réalité.
Une carte à l'échelle 1/100 000 signifie que : 1 cm sur la carte représente 100 000 cm sur le terrain. La distance représentée sur la carte est proportionnelle à la distance réelle.

COMMENT FAIRE

Pourquoi « augmenter de 5 %, c'est multiplier par 1,05 » ?

Un club de judo compte 220 licenciés. Le président voudrait augmenter ce nombre de 5 %. Quel sera alors le nombre d'adhérents ?

$220 \times \frac{5}{100} = 11$ — 1. Multiplier le nombre de départ par $\frac{t}{100}$ avec $t = 5$.

$220 + 11 = 231$ — 2. Additionner le nombre de départ et la valeur de l'augmentation.

Pourquoi « augmenter de 5 %, c'est multiplier par 1,05 » ?

$220 + 220 \times \frac{5}{100} = 220\left(1 + \frac{5}{100}\right)$ — 3. Factoriser par 220.

$= 220 \times 1,05$ — 4. $1 + \frac{5}{100} = 1,05$.

Astuces

- Prix TTC = Prix HT + montant de la TVA, et le montant de la TVA se calcule sur le prix HT.
- Pour diminuer de *t* %, on multiplie par $\left(1 - \frac{t}{100}\right)$.

S'ENTRAINER

1 ✪ **Le prix HT d'une moto est 5 000 €. La TVA représente 20 % du prix HT.**

a. Calculez le montant de la TVA.

b. Calculez le prix TTC de la moto.

2 ✪ **Le prix d'une robe est passé de 50 € à 40 €.**

a. Calculez le montant de la réduction.

b. Calculez le rapport de la réduction sur le montant initial, multiplié par 100.

3 ✪ **Jean possède une carte au 1/25 000.**

a. Complétez le tableau suivant :

Distance sur la carte (cm)	1		5
Distance sur le terrain (km)		12	

b. Jean souhaite marcher pendant 12 km. Quelle est, en centimètres, la longueur de la marche sur la carte ?

c. La distance entre deux villes de la carte est de 5 cm. Quelle est, en kilomètres, la distance réelle entre ces deux villes ?

4 ✪✪ **Deux villes sont distantes de 90 km. Sur une carte, la distance qui les sépare mesure 4,5 cm.**

a. Complétez le tableau ci-dessous :

Distance sur la carte (cm)		1
Distance sur le terrain (km)	90	

b. Déduisez alors l'échelle de la carte.

5 ✪✪ **Le premier tableau donne la distance parcourue pendant le temps de réaction d_R (en m) en fonction de la vitesse v (en km/h). Le deuxième tableau donne la distance d'arrêt d_A (en m) en fonction de la vitesse v (en km/h) sur route sèche.**

v	50	90	130
d_R	28	50	70

v	50	90	130
d_A	40	90	180

a. Placez les points des tableaux dans le repère.

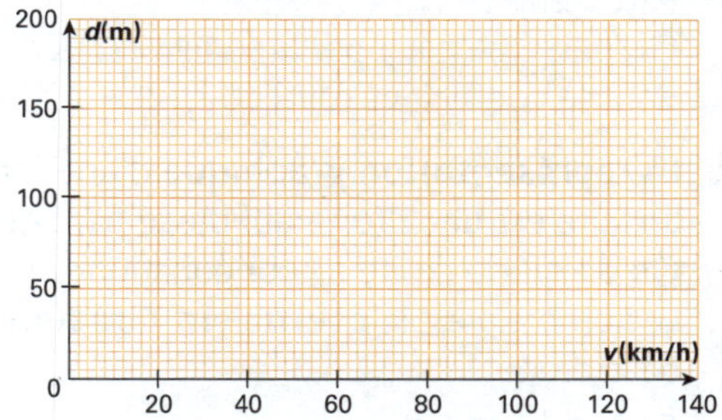

b. La distance pendant le temps de réaction est-elle proportionnelle à la vitesse ? Justifiez.

c. Quelle est la distance pendant le temps de réaction à 110 km/h ?

d. La distance d'arrêt est-elle proportionnelle à la vitesse ? Justifiez.

e. Quelle est la distance d'arrêt à 110 km/h ?

EXO BREVET

Une console de jeux vidéo coute 385 €.

Le vendeur accorde une remise de 10 %. Un mois plus tard, Léo achète la console avec une remise supplémentaire de 5 %. Il se vante d'avoir économisé 15 % du prix initial. A-t-il raison ?

Répondez sur une feuille à part.

a. Calculez le prix après la première remise.

b. Calculez le prix après les deux remises.

c. Calculez le prix final après 15 % de remise.

d. Léo a-t-il raison ?

e. Calculez le pourcentage de remise équivalant aux deux remises successives.

Corrigés p. 291

AVEZ-VOUS RÉUSSI ?

11 Fonction linéaire

ORGANISATION ET GESTION DE DONNÉES. FONCTIONS

JE RETIENS

- **Si deux grandeurs x et y sont proportionnelles**, il existe un nombre a, appelé coefficient de proportionnalité, tel que $y = ax$. (Je multiplie par a.)
Cette relation entre x et y s'appelle une **fonction linéaire**. On la note : $f(x) = ax$ ou $f : x \mapsto ax$.

La consommation en litres d'essence x est proportionnelle à la distance parcourue y.
On passe de x à y par la fonction linéaire dont le coefficient est 12,5 : $f(x) = 12{,}5x$.

Consommation x (en litres)	2	4	8	10
Distance y (en km)	25	50	100	125

× 12,5

- **La représentation graphique** d'une fonction linéaire est une droite qui passe par l'origine.
On dit que la droite a pour équation : $y = ax$.
Le nombre a est le **coefficient directeur** de la droite.
Ici $a = 12{,}5$.

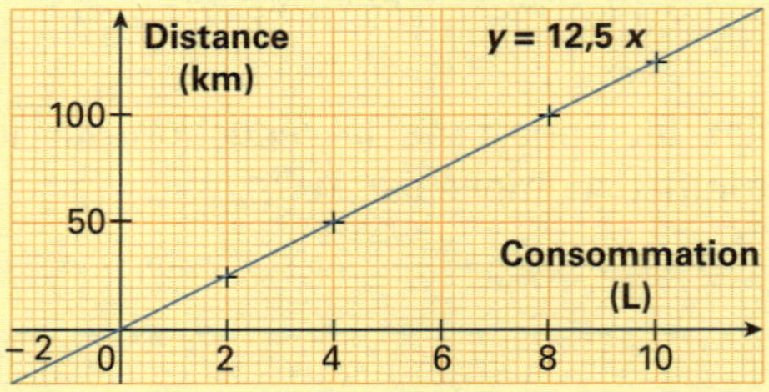

COMMENT FAIRE

Représenter graphiquement une fonction linéaire

Soit f la fonction linéaire définie par : $f(x) = 3x$.
Tracer la représentation graphique de f dans un repère orthogonal.

1. Choisir deux valeurs pour x et calculer les valeurs correspondantes de y.

x	0	2
$y = 3x$	$3 \times 0 = 0$	$3 \times 2 = 6$

2. Placer les points de coordonnées (0 ; 0) et (2 ; 6) dans le repère.
3. Joindre ces deux points à la règle pour obtenir la droite demandée.

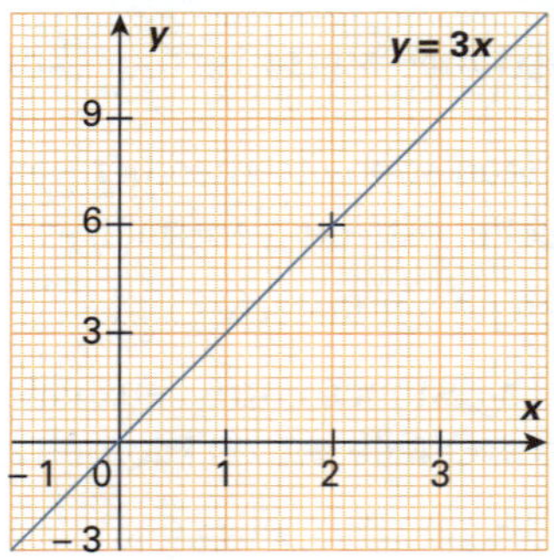

Déterminer l'expression algébrique d'une fonction linéaire

Déterminer l'expression algébrique de la fonction linéaire g telle que $g(3) = -6$.

$-6 = a \times 3$	1. Chercher a tel que $g(x) = ax$. On remplace : $x = 3$; $g(x) = -6$.
$\frac{-6}{3} = a$	2. Résoudre l'équation d'inconnue a.
$a = -2$, donc $g(x) = -2x$	3. Conclure.

Astuces

- Si a est **positif**, la fonction est **croissante**, la droite « monte ».
- Si a est **négatif**, la fonction est **décroissante**, la droite « descend ».

LE CONSEIL DU COACH

Repérer les éléments importants

Les représentations graphiques sont un langage comme un autre ! Il y a donc des codes à avoir en mémoire. Recopiez ou surlignez dans la partie « Je retiens » les éléments importants à connaitre par cœur : représentation graphique d'une fonction linaire = une droite ; cette droite passe par l'origine = elle passe par 0. Repérer les éléments importants vous aidera toujours pour organiser vos connaissances.

S'ENTRAINER

1 ✪ **Soit la fonction *f* définie par : $x \mapsto -2x$.**

a. Représentez graphiquement la fonction *f* dans le repère ci-dessous.

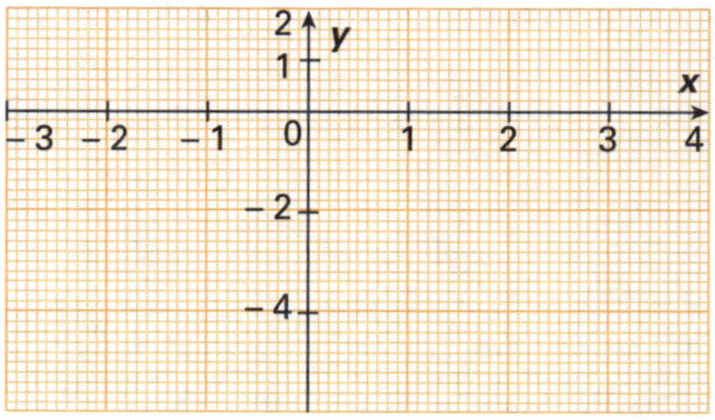

b. Lisez sur le graphique les images de – 1 et 3.

$f(-1)$ = ... $f(3)$ = ...

c. Vérifiez vos résultats par le calcul.

....

d. Lisez sur le graphique l'antécédent par *f* du nombre – 3 : f(........) = – 3.

2 ✪✪ **Soient les quatre fonctions définies par : $f(x) = -2x$; $g(x) = x$; $h(x) = -x$; $l(x) = 2x$.**
Inscrivez, pour chaque représentation graphique, l'expression de la fonction qui lui correspond.

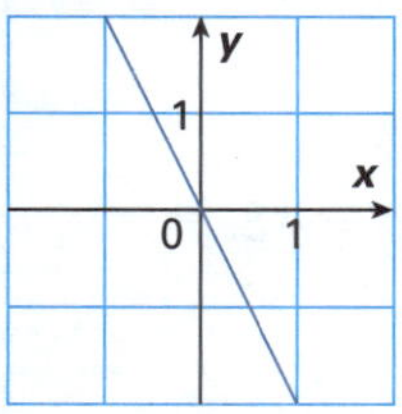

y = ...

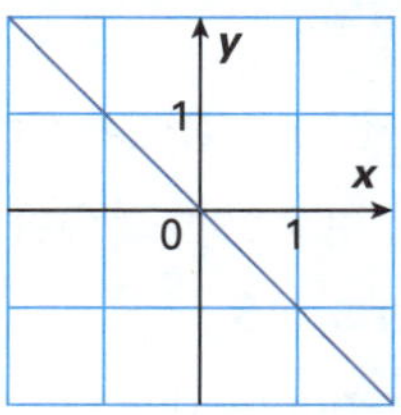

y = ...

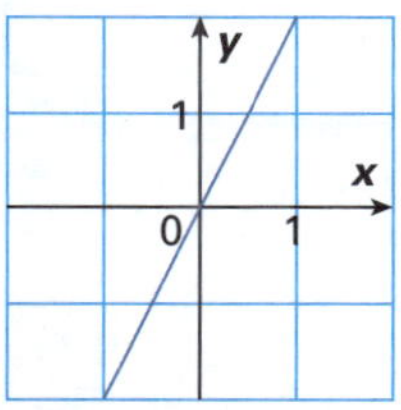

y = ...

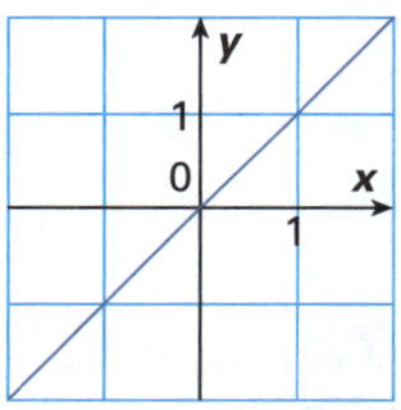

y = ...

MINI-CONTRÔLE

Pourcentages

Au moment des soldes, une boutique accorde une réduction de 40 % sur les prix affichés.

a. Complétez le tableau suivant :

Prix affiché (€)	100	50	20	10
Remise (€)				

b. Quel est le coefficient de proportionnalité ?

....

c. Déduisez-en l'expression algébrique de la fonction linéaire M qui associe au prix affiché le montant de la remise. $M(x)$ = ...

d. Complétez le tableau suivant :

Prix affiché (€)	100	50	20	10
Prix réduit (€)				

e. Déduisez-en l'expression algébrique de la fonction linéaire R qui associe au prix affiché le prix réduit. $R(x)$ = ...

f. Représentez graphiquement les fonctions M et R dans le repère ci-dessous :

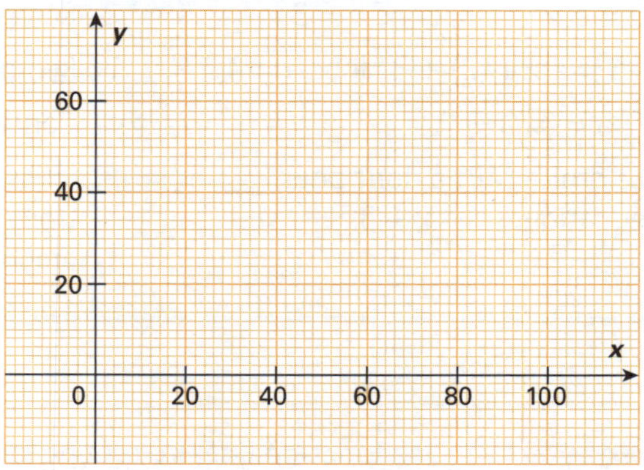

Corrigés p. 292

12 Fonction affine

ORGANISATION ET GESTION DE DONNÉES. FONCTIONS

JE RETIENS

Fonction affine

Pour tous nombres a et b, la fonction définie par : $x \mapsto ax + b$ est appelée **fonction affine**.

Soit la fonction f définie par : $f(x) = -3x + 2$.

On établit un tableau de valeurs :

x	0	1	-1	2
$y = -3x + 2$	$-3 \times 0 + 2 = 2$	$-3 \times 1 + 2 = -1$	$-3 \times (-1) + 2 = 5$	$-3 \times 2 + 2 = -4$

Représentation graphique

La représentation graphique d'une fonction affine est une droite d'équation : $y = ax + b$.

- le nombre a est le **coefficient directeur** de la droite ;
- le nombre b est l'**ordonnée à l'origine**.

On utilise deux points du tableau de valeurs.

On trouve : $b = 2$, car $f(0) = 2$ et $a = -3$.

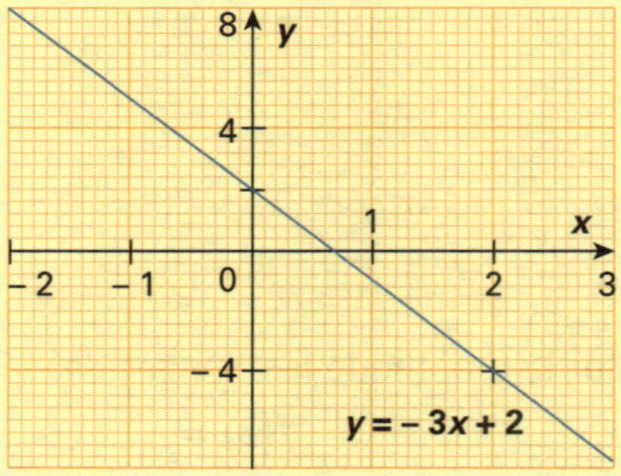

COMMENT FAIRE

Déterminer une équation d'une droite

Déterminer la fonction affine f telle que $f(0) = 3$ et $f(-2) = -5$.
En déduire une équation de la droite (AB), passant par les points A(1 ; 6) et B(–2 ; –3).

f a une expression de la forme $f(x) = ax + b$.	1. Chercher d'abord b, puis a.
$3 = a \times 0 + b$, donc $b = 3$	2. Remplacer : $f(x)$ par 3 et x par 0 ; car $f(0) = 3$.
$-5 = a \times (-2) + 3$, donc $a = 4$	3. Remplacer : $f(x)$ par -5 et x par -2 ; car $f(-2) = -5$.
$f(x) = 4x + 3$	4. Conclure avec : $a = 4$ et $b = 3$.
La droite (AB) a donc pour équation : $y = 4x + 3$.	5. Utiliser l'expression algébrique de la fonction affine pour trouver l'équation de la droite, qui est sa représentation graphique.

Astuces

- Une **fonction linéaire** est une fonction affine particulière ($b = 0$) ; une **fonction constante** est une fonction affine particulière ($a = 0$).
- L'**ordonnée à l'origine** est l'ordonnée du point de la droite qui a pour abscisse 0.

S'ENTRAINER

1 ✪ **Soit la fonction f telle que :**
$f(x) = -2x - 1$.

a. Représentez graphiquement la fonction f dans le repère ci-dessous :

x		
y		

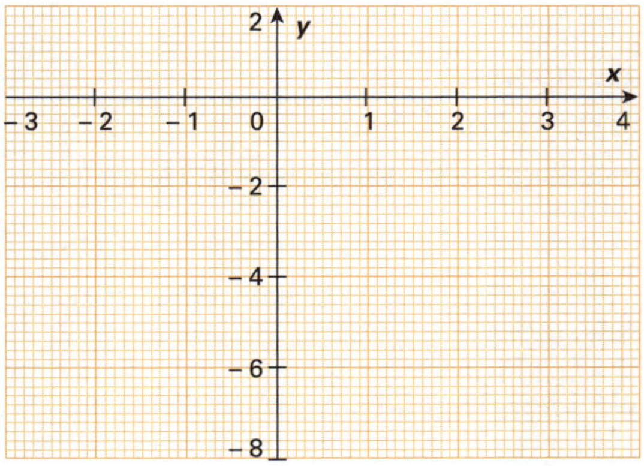

b. Lisez sur le graphique les images de – 1 et 2.

$f(-1)$ = ... $f(2)$ = ...

c. Vérifiez vos résultats par le calcul :

....

d. Lisez sur le graphique l'antécédent par f du nombre – 4 : f(........) = – 4.

2 ✪✪ **Soit f la fonction affine dont la représentation graphique est ci-contre.**

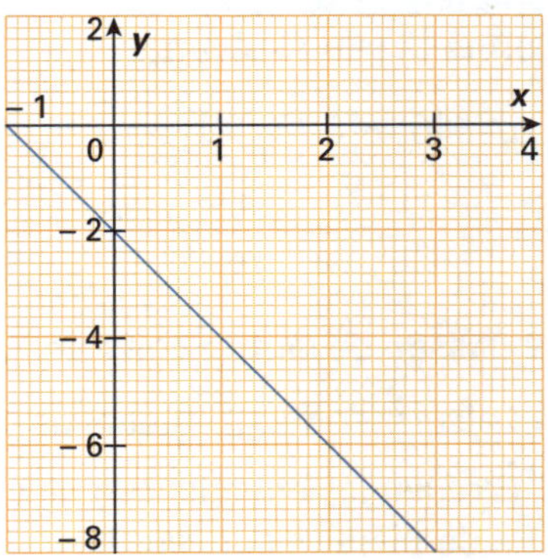

a. Lisez sur le graphique les images de 0 et de 2 :

$f(0)$ = ... $f(2)$ = ...

b. Déterminez l'expression algébrique de f.

....

....

....

LE CONSEIL DU COACH Vous pouvez relire la partie « Comment faire » si cela peut faciliter la résolution des exercices.

MINI-CONTRÔLE

Un opérateur de téléphonie mobile propose deux tarifs pour l'envoi de messages :

Tarif A : un abonnement mensuel de 3 € et 0,01 € l'envoi d'un message ;

Tarif B : 0,02 € l'envoi d'un message.

a. Complétez le tableau.

Nombre de messages envoyés	0	100	400	600
Montant de la facture tarif A (€)		4		
Montant de la facture tarif B (€)		2		

b. Soit P_A le montant de la facture avec le tarif A. Soit P_B le montant de la facture avec le tarif B. En notant x le nombre de messages envoyés, exprimez P_A et P_B en fonction de x.

....

c. Dans le repère ci-dessous, représentez les fonctions $f : x \mapsto 3 + 0{,}01x$ et $g : x \mapsto 0{,}02x$.

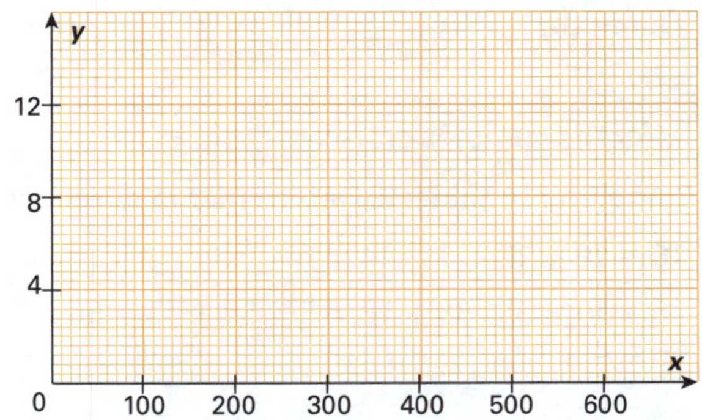

d. Quel est le tarif le plus avantageux pour 200 messages envoyés ? ....

e. À partir de combien de messages envoyés le tarif A est-il plus intéressant ? ....

Corrigés p. 292

AVEZ-VOUS RÉUSSI ?

13 Statistiques

ORGANISATION ET GESTION DE DONNÉES. FONCTIONS

JE RETIENS

La médiane d'une série statistique est la valeur qui partage cette série en deux parties de même effectif.

Nombre de valeurs impair

Voici les poids de 9 joueurs de rugby rangés par ordre croissant :

75 kg ; 96 kg ; 100 kg ; 104 kg ; 105 kg ; 108 kg ; 110 kg ; 112 kg ; 115 kg.

4 joueurs ont un poids inférieur à 105 kg et 4 joueurs ont un poids supérieur à 105 kg.
Le poids médian est donc 105 kg.

Nombre de valeurs pair

Voici les poids de 8 joueurs de rugby rangés par ordre croissant :
96 kg ; 100 kg ; 104 kg ; 105 kg ; 108 kg ; 110 kg ; 112 kg ; 115 kg.
4 joueurs ont un poids inférieur ou égal à 105 kg et 4 joueurs ont un poids supérieur ou égal à 108 kg.
Tout poids compris entre 105 et 108 kg peut être choisi comme poids médian.

En général, on choisit la moyenne des deux valeurs centrales : $\frac{105 + 108}{2} = 106{,}5$ kg.

COMMENT FAIRE

Déterminer la médiane en utilisant les effectifs cumulés

Dans un collège, on pose la question suivante : « Combien de temps passez-vous devant votre console de jeux par semaine ? » Les réponses ont donné la série suivante :

Durée (h)	[0 ; 2[	[2 ; 4[	[4 ; 6[	[6 ; 8[	[8 ; 10[	
Effectif n_i	16	19	18	13	4	70
Effectifs cumulés croissants	16	35	53	66	70	

Compléter le tableau. Déterminer la durée médiane passée devant la console.

$16 + 19 + 18 + 13 + 4 = 70$

1. Calculer l'effectif total N de la série.

$16 + 19 = 35$; $35 + 18 = 53$; $53 + 13 = 66$; $66 + 4 = 70$

2. Calculer les effectifs cumulés croissants, la dernière valeur vaut N.

$\frac{70}{2} = 35$

3. Calculer la moitié de l'effectif total.

Le 35e élève se trouve dans l'intervalle [2 ; 4[et le 36e élève se trouve dans l'intervalle [4 ; 6[.

4. Chercher où se trouvent le 35e et le 36e élève.

La durée médiane est donc de 4 heures.

5. En déduire la valeur de la médiane.

Astuces

- Si on précise « fréquences **en pourcentage** », leur somme vaut 100 ; sinon, elle vaut 1.
- La médiane est un **indicateur de position**.

S'ENTRAINER

1 ✪ **Une enquête sur le prix d'un article est réalisée auprès de 100 magasins.**
Les résultats obtenus sont donnés dans le tableau suivant.

Prix (en €)	Nombre de magasins	Effectif cumulé croissant
12	5	
13	13	
14	20	
15	21	
16	18	
17	9	
18	8	
19	6	

a. Calculez les effectifs cumulés croissants.

b. Déterminez la médiane. ....

....

c. Que représente ce prix médian ?

....

2 ✪✪ **Un centre de loisirs accueille 30 enfants.**
Les prix versés par les familles pour une journée varient entre 4 € et 16 € selon le revenu. L'histogramme suivant indique la répartition des prix versés par les familles.

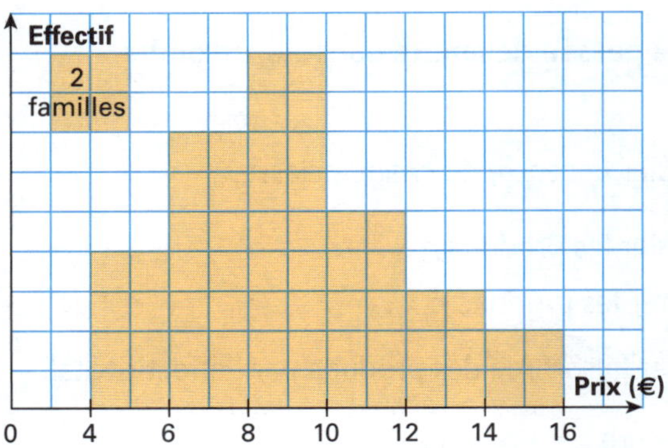

a. Complétez le tableau ci-après en arrondissant à 0,1.

b. Déterminez où se situe la médiane.

....

LE CONSEIL DU COACH Avant de changer de niveau d'exercice, pensez à faire quelques étirements.

Prix d'une journée	Effectif	Fréquence en %	Fréquence cumulée croissante
[4; 6[	4		

EXO BREVET

Ce diagramme à barres montre les notes obtenues par 25 élèves d'une classe à un contrôle noté sur 5.

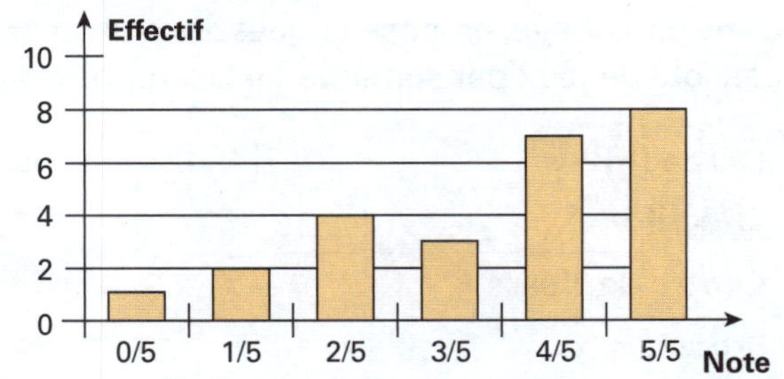

a. Complétez le tableau de notes.

Notes sur 5	0	1	2	3	4	5
Effectif						
Effectif cumulé croissant						

b. Quelle est la médiane des notes de la classe ?

....

....

c. Quel est le pourcentage des élèves ayant obtenu au moins 3/5 au contrôle ?

....

....

Corrigés p. 293

14 Comparaison de séries statistiques

ORGANISATION ET GESTION DE DONNÉES, FONCTIONS

JE RETIENS

Calcul d'une moyenne

Pour calculer la moyenne $\overline{x}$ des valeurs d'une série statistique, on divise la somme de toutes les valeurs par l'effectif total.

Voici les poids de 9 joueurs de rugby :
110 kg ; 96 kg ; 108 kg ; 112 kg ; 115 kg ; 100 kg ; 104 kg ; 105 kg ; 75 kg.

$$\overline{x} = \frac{110 + 96 + 108 + 112 + 115 + 100 + 104 + 105 + 75}{9} = \frac{925}{9} \approx 102{,}8 \text{ kg.}$$

Étendue d'une série statistique

L'**étendue d'une série statistique** est la différence entre la plus grande et la plus petite valeur de cette série.

Pour les 9 joueurs de rugby ci-dessus : la plus petite valeur de la série est 75 ; la plus grande valeur est 115.
115 – 75 = 40.
L'étendue de la série est : 40 kg.

COMMENT FAIRE

Calculer la moyenne d'une série statistique

Dans un collège, on pose la question suivante : « Combien de temps passez-vous devant votre console de jeux par semaine ? » Les réponses ont donné la série suivante :

Durée (h)	[0 ; 2[	[2 ; 4[	[4 ; 6[	[6 ; 8[	[8 ; 10[	
Effectif n_i	16	19	18	13	4	70
Centre de classe x_i	1	3	5	7	9	
Produit $n_i x_i$	16	57	90	91	36	290

Compléter le tableau. Déterminer la durée moyenne passée devant la console, arrondie à l'unité.

$\frac{0+2}{2} = 1 ; \frac{2+4}{2} = 3$; etc.

1. Calculer le centre de chaque classe.

$16 \times 1 = 16 ; 19 \times 3 = 57$; etc.

2. Calculer les produits $n_i x_i$.

$16 + 57 + 90 + 91 + 36 = 290$

3. Ajouter les produits $n_i x_i$.

$\frac{290}{70} \simeq 4$

4. Diviser la somme des produits par l'effectif total.

En moyenne, les élèves passent 4 heures par semaine devant leur console.

5. Répondre par une phrase.

Astuces
- Une **classe** est un intervalle.
- L'étendue est un **indicateur de dispersion**.

LE CONSEIL DU COACH

Savoir gérer les difficultés

Commencez en faisant les exercices qui vous semblent les plus faciles, sauf si vous avez tout compris dans cette leçon. Commencer par un exercice et s'apercevoir qu'on n'y arrive pas est souvent perçu comme un échec et cela active dans le cerveau les hormones du stress... Alors que si vous êtes en position de réussite au départ, vous rebondirez plus facilement en cas d'erreur ou de blocage.

S'ENTRAINER

1 ✪ **Une enquête sur le prix d'un article est réalisée auprès de 100 magasins.** Les résultats obtenus sont donnés dans le tableau suivant.

Prix (en €)	Nombre de magasins	Produit
12	5	
13	13	
14	20	
15	21	
16	18	
17	9	
18	8	
19	6	

a. Calculez le prix moyen de cet article.

....

b. Calculez l'étendue de cette série statistique.

....

2 ✪✪ **Un sondage portant sur le surplus des dépenses effectuées en vacances par un ensemble de familles a permis de dresser ce tableau.**

Dépenses (€)	Effectifs n_i	Centre de classe x_i	Produit n_ix_i
[240 ; 280[	70		
[280 ; 320[	100		
[320 ; 360[	180		
[360 ; 400[	120		
[400 ; 440[	130		
[440 ; 480[	100		
Total	700		

a. Tracez l'histogramme de cette série.

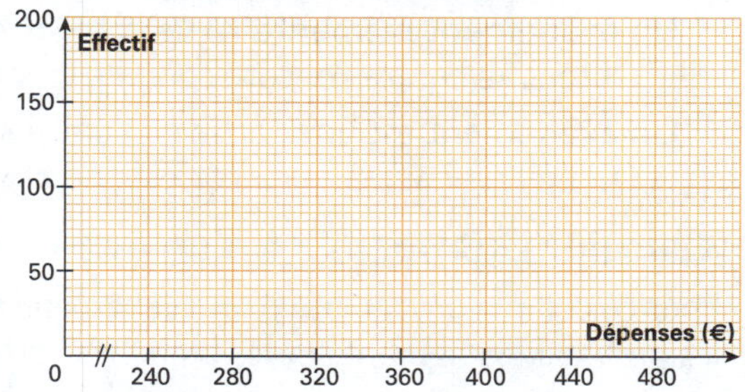

b. Calculez l'étendue de cette série.

....

c. Calculez la moyenne de cette série.

....

d. Déterminez la médiane de cette série.

....

e. Comparez la moyenne et la médiane.

....

EXO BREVET

Le contenu moyen d'une poubelle se répartit ainsi :

Type de déchet	Fréquence (%)	Angle (°)
Cartons	14	
Verre	7	
Plastiques		
Métaux	4	
Journaux	9	
Déchets organiques	16	
Divers	24	87
Total	100	

a. Complétez le tableau en arrondissant au degré.

b. Sur une feuille à part, représentez cette série statistique par un diagramme circulaire.

Corrigés p. 293

AVEZ-VOUS RÉUSSI ?

15 Probabilités : généralités

ORGANISATION ET GESTION DE DONNÉES, FONCTIONS

JE RETIENS

Définitions

- **L'univers** est l'ensemble de tous les résultats possibles.
  On lance un dé cubique. Les issues possibles sont : 1, 2, 3, 4, 5, 6.
- **Un évènement élémentaire** ne comporte qu'une seule possibilité.
  « Obtenir le chiffre 2 » correspond à l'issue : 2.
- **Un évènement** est une partie de l'univers.
  « Obtenir un chiffre pair » correspond aux issues : 2, 4, 6.

Calculer la probabilité d'un évènement

Pour calculer la probabilité d'un évènement à l'aide d'un arbre, on **additionne** les probabilités figurant sur les branches correspondantes.

On lance un dé équilibré. La probabilité d'obtenir un chiffre pair est :

$p(\text{obtenir un chiffre pair}) = p(\text{obtenir } 2) + p(\text{obtenir } 4) + p(\text{obtenir } 6)$

$= \frac{1}{6} + \frac{1}{6} + \frac{1}{6}$

$= \frac{3}{6}$

$= \frac{1}{2}$

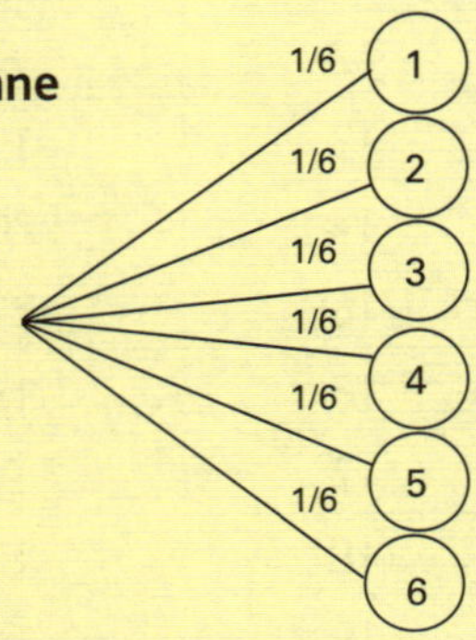

COMMENT FAIRE

Calculer la probabilité d'un évènement

On considère une urne contenant trois boules numérotées de 1 à 3.
La probabilité d'obtenir chaque boule vaut $\frac{1}{3}$.

1. Quels sont les évènements élémentaires que l'on peut rencontrer ?
   Les évènements élémentaires sont : obtenir 1, obtenir 2, obtenir 3.

   - Décrire les issues possibles.

2. Quelle est la probabilité d'obtenir la boule numéro 2 ?
   $p(\text{obtenir } 2) = \frac{1}{3}$

   - « obtenir 2 » est un évènement élémentaire, sa probabilité est donnée.

3. Quelle est la probabilité d'obtenir un chiffre impair ?
   $p(\text{obtenir un chiffre impair}) = \frac{1}{3} + \frac{1}{3}$
   $= \frac{2}{3}$

   - « obtenir un chiffre impair » correspond aux issues : obtenir 1, obtenir 3.
   Ajouter les probabilités des évènements élémentaires : « obtenir 1 » et « obtenir 3 ».

Astuces

- En probabilités, une **urne** est une boite.
- En général, on exprime une probabilité sous la forme d'une **fraction irréductible**.

S'ENTRAINER

1 ✪ **On considère le premier arrivé dans une course de huit chevaux, numérotés de 1 à 8.**

La probabilité de gagner, pour un cheval, est de $\frac{1}{8}$.

a. Construisez un arbre pondéré à huit branches décrivant les possibilités.

b. Quelle est la probabilité de trouver le numéro du gagnant ? ....

c. Quelle est la probabilité que le gagnant porte un numéro pair ? ....

....

2 ✪ **On considère une boite contenant cinq jetons marqués : j, e, t, o, n.**

La probabilité d'obtenir un jeton est : $\frac{1}{5}$.

a. Construisez un arbre pondéré à cinq branches décrivant les situations possibles.

b. Quelle est la probabilité de piocher une voyelle ?

....

c. Quelle est la probabilité de piocher une consonne ? ....

3 ✪✪ **Pour le gouter, on a le choix entre : un fruit, une barre de céréales, du pain avec du chocolat.**

En choisissant au hasard, la probabilité de prendre l'un des gouters est : $\frac{1}{3}$.

a. Construisez un arbre pondéré à trois branches décrivant les choix possibles.

LE CONSEIL DU COACH Rappelez-vous votre profil d'apprenant et utilisez les bons outils (voir Carnet p. 3).

b. Quelle est la probabilité de ne pas prendre de fruit ? ....

4 ✪✪✪ **Une urne contient : une boule rouge, deux boules jaunes, trois boules bleues et trois boules vertes.**

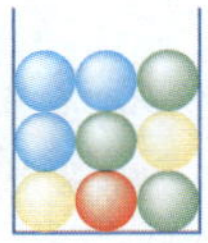

La probabilité d'obtenir une boule vaut : $\frac{1}{9}$.

a. Quelle est la probabilité d'obtenir une boule jaune ? .... verte ? .... bleue ? ....

b. Construisez un arbre pondéré à quatre branches décrivant les situations possibles.

MINI-CONTRÔLE

En 1946, la population française était constituée d'environ 52 % de femmes et 48 % d'hommes.

a. Simplifiez la fraction $\frac{52}{100}$ et donnez le résultat sous la forme d'une fraction irréductible.

....

b. Simplifiez la fraction $\frac{48}{100}$ et donnez le résultat sous la forme d'une fraction irréductible.

....

c. Construisez un arbre pondéré à deux branches décrivant les situations possibles.

Corrigés p. 294

AVEZ-VOUS RÉUSSI ?

16 Probabilités : langage et définitions

ORGANISATION ET GESTION DE DONNÉES. FONCTIONS

JE RETIENS

- **Deux évènements sont incompatibles** s'ils ne peuvent pas se produire en même temps. Lorsqu'on lance une pièce de monnaie, les évènements « obtenir le côté pile » et « obtenir le côté face » sont deux évènements incompatibles.
- **L'évènement contraire** d'un évènement est celui qui se réalise lorsque l'événement n'a pas lieu. Lorsqu'on lance un dé cubique, « ne pas obtenir le chiffre 2 » est l'évènement contraire de « obtenir le chiffre 2 ».
- **Un évènement et son contraire** sont incompatibles. La **somme** de leurs probabilités vaut 1. $p(2) + p(\text{non } 2) = 1$.

COMMENT FAIRE

Calculer la probabilité d'un évènement contraire

Une urne contient dix boules : une rouge, deux jaunes, trois bleues et quatre vertes.

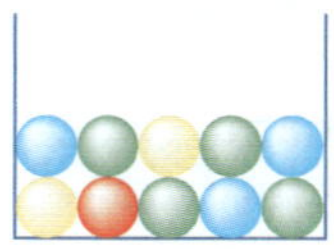

La probabilité de tirer chaque boule vaut : $\frac{1}{10}$.

L'arbre pondéré ci-contre décrit les situations possibles.

On tire une boule au hasard.

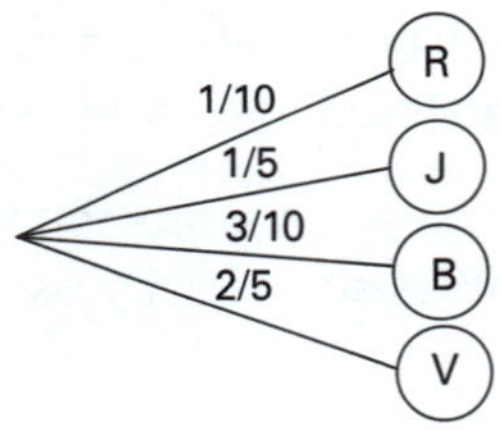

1. Quelle est la probabilité d'obtenir une boule ?

$p(\text{obtenir une boule}) = 1$

- L'évènement « obtenir une boule » est l'évènement certain.

2. Quelle est la probabilité de ne pas obtenir de boule ?

$p(\text{ne pas obtenir de boule}) = 0$

- L'évènement « ne pas obtenir de boule » est l'évènement impossible.

3. Quelle est la probabilité de ne pas tirer une boule jaune ?

$p(\text{non J}) = 1 - \frac{1}{5} = \frac{5}{5} - \frac{1}{5} = \frac{4}{5}$

- L'évènement « ne pas obtenir une boule jaune » est l'évènement contraire de l'événement « obtenir une boule jaune ». On peut aussi ajouter les probabilités des évènements « obtenir une boule rouge », « obtenir une boule bleue », « obtenir une boule verte ».

4. Quel est le pourcentage de chances de ne pas tirer une boule jaune ?

$p(\text{non J}) = \frac{4}{5} = 0{,}8 = 80\,\%$

- On a « 80 % de chances » ou « 4 chances sur 5 » de ne pas tirer une boule jaune.

Astuces

- La probabilité de l'**évènement certain** (celui qui se produit obligatoirement) vaut 1.
- La probabilité de l'**évènement impossible** (celui qui ne peut pas se produire) vaut 0.

LE CONSEIL DU COACH

Éviter le stress

Vous attaquez ici les bases des probabilités. Il faut que vous soyez le plus détendu(e) possible pour bien comprendre… pas toujours facile ! Ne débutez pas cette partie sans avoir pris de pause, bu un verre d'eau ou encore fait quelques respirations ou mouvements de gym (voir Carnet p. 13). Si vous avez mal au ventre ou si vous vous sentez stressé(e), vous activez les hormones du stress, ce qui vous rendra moins efficace dans votre travail.

S'ENTRAINER

1 ✪ **On considère une urne contenant trois boules numérotées de 1 à 5.** On tire une boule. On a une chance sur 5 de tirer chaque boule.

a. Quelle est la probabilité de ne pas obtenir de boule ? ....

b. Quelle est la probabilité d'obtenir une boule ?

....

c. Quelle est la probabilité de ne pas obtenir la boule n° 2 ? ....

2 ✪ **Une roue de loterie comporte dix cases, numérotées de 1 à 10.**

On a une chance sur 10 de tomber sur chaque case.
On fait tourner la roue.

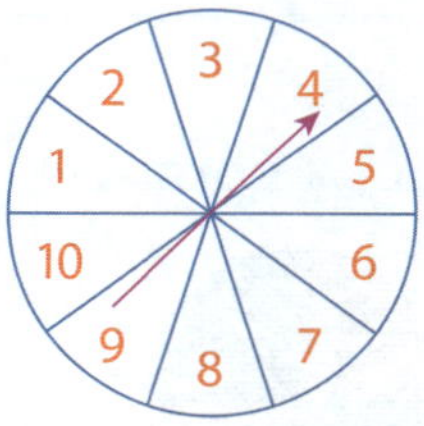

a. Quelle est la probabilité de tomber sur une case ? ....

b. Quelle est la probabilité de ne pas tomber sur une case ? ....

c. Quelle est la probabilité de ne pas tomber sur la case numéro 6 ? ....

....

3 ✪✪ **Une urne contient : deux boules rouges, trois boules vertes et quatre boules jaunes.**

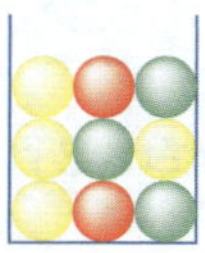

On a une chance sur 9 de tirer chaque boule. On tire une boule.

a. Quelle est la probabilité d'obtenir une boule rouge ? ....

b. Quelle est la probabilité d'obtenir une boule verte ? ....

c. Quelle est la probabilité d'obtenir une boule jaune ? ....

d. Construisez un arbre pondéré à trois branches décrivant les situations possibles.

e. Quelle est la probabilité de ne pas obtenir une boule rouge ? ....

....

f. Construisez un arbre pondéré à deux branches : « R » (obtenir une boule rouge) et « non R » (ne pas obtenir de boule rouge).

MINI-CONTRÔLE

Dans cette région, s'il fait beau aujourd'hui, on a 7 chances sur 12 pour qu'il fasse beau demain. S'il pleut aujourd'hui, on a 3 chances sur 4 pour qu'il pleuve demain.

a. S'il fait beau lundi, quelle est la probabilité qu'il fasse beau mardi ? ....

b. S'il fait beau samedi, quelle est la probabilité qu'il pleuve dimanche ? ....

....

c. S'il pleut mercredi, quelle est la probabilité qu'il pleuve jeudi ? ....

d. S'il pleut vendredi, quelle est la probabilité qu'il fasse beau samedi ? ....

....

Corrigés p. 294

AVEZ-VOUS RÉUSSI ?

17 Probabilités : expériences à une ou deux épreuves

ORGANISATION ET GESTION DE DONNÉES. FONCTIONS

JE RETIENS

Dans une expérience à plusieurs épreuves, la probabilité d'un évènement est égale au **produit** des probabilités rencontrées le long du chemin qui mène à cet évènement.

On lance une pièce de 1 € et une pièce de **2** €.
L'arbre ci-dessous décrit les situations possibles :
La probabilité d'obtenir le côté pile de la pièce de 1 €
et le côté face de la pièce de 2 € est : $p(\text{P, F}) = \frac{1}{2} \times \frac{1}{2}$,
d'où : $p(\text{P, F}) = \frac{1}{4}$

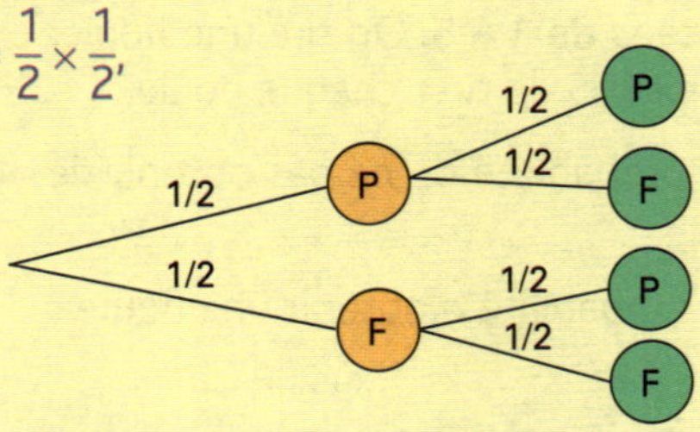

COMMENT FAIRE

Calculer la probabilité d'une expérience à deux épreuves

On considère les deux roues de loterie ci-contre :

On fait d'abord tourner la roue colorée, puis la roue numérotée.

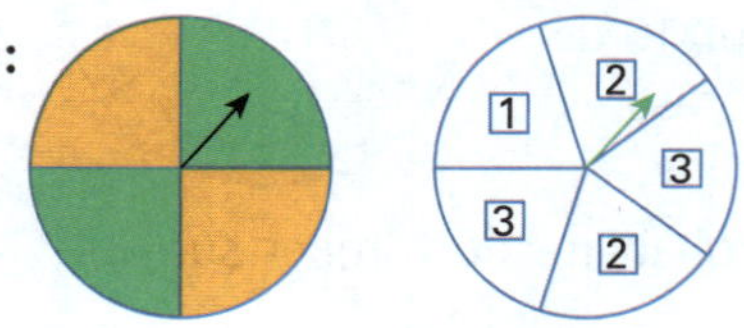

L'arbre pondéré ci-contre décrit les situations possibles :

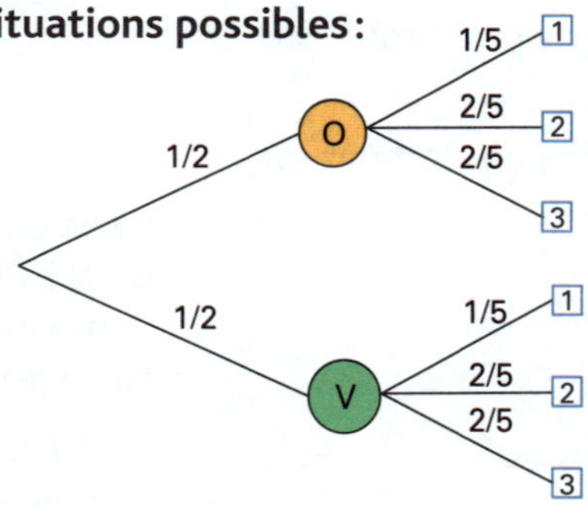

Quelle est la probabilité d'obtenir le vert et le numéro 2 ?

$p(\text{V}, 2) = \frac{1}{2} \times \frac{2}{5}$

$= \frac{1}{5}$

→ Multiplier les probabilités des branches qui mènent à « V » et à « 2 ».

Astuce Dans un arbre, un **chemin** est une succession de branches.

S'ENTRAINER

1 ✪ **Un dessinateur possède une boite de cinq tubes de peinture de couleurs différentes : bleu, jaune, rouge, blanc et noir.**

Il pioche successivement, au hasard, deux tubes. Lors du premier tirage, la probabilité de piocher un tube est de : $\frac{1}{5}$.

Lors du second tirage, la probabilité de piocher un tube est de : $\frac{1}{4}$.

a. Construisez un arbre pondéré décrivant les possibilités.

b. Quelle est la probabilité d'obtenir du bleu puis du jaune ? ....

c. Quelle est la probabilité d'obtenir du rouge et du jaune ? ....

2 ✪ **Soient six boules, indiscernables au toucher, numérotées de 0 à 5.**

On tire une boule, on note le chiffre obtenu, puis on remet la boule dans l'urne. On tire alors à nouveau une boule, dont on note aussi le chiffre. On obtient ainsi un nombre à deux chiffres.

La probabilité de tirer une boule est de : $\frac{1}{6}$.

a. Construisez, sur une feuille à part, un arbre pondéré décrivant les possibilités.

b. Quelle est la probabilité d'obtenir le nombre 12 ? ....

c. Quelle est la probabilité d'obtenir deux fois le même chiffre ? ....

....

d. Quelle est la probabilité d'obtenir deux chiffres différents ? ....

....

» Corrigés p. 295

LE CONSEIL DU COACH

Bravo ! Vous êtes sur la bonne voie ! N'hésitez pas à faire une pause de 5 minutes avant le mini-contrôle.

3 ✪✪ **Soit une boite contenant quatre jetons marqués : d, e, u, x.**

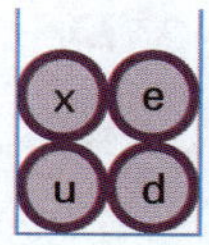

On tire un jeton, on note la lettre obtenue, puis on remet le jeton.

On tire alors à nouveau un jeton, pour lequel on note aussi la lettre inscrite. On obtient un mot de deux lettres, ayant un sens ou non.

La probabilité de tirer un jeton est : $\frac{1}{4}$.

a. Construisez, sur une feuille à part, un arbre pondéré décrivant les possibilités.

b. Quelle est la probabilité d'obtenir un mot comportant, dans l'ordre, une consonne et une voyelle ? ....

....

....

c. Quelle est la probabilité d'obtenir un mot de deux lettres identiques ? ....

....

d. Quelle est la probabilité d'obtenir un mot de deux lettres différentes ? ....

....

....

MINI-CONTRÔLE

Dans cette région, s'il fait beau aujourd'hui, la probabilité qu'il fasse beau demain est de : $\frac{7}{12}$. S'il pleut aujourd'hui, la probabilité qu'il pleuve demain est de : $\frac{3}{4}$.

Lundi, il pleut. On veut connaitre la probabilité qu'il fasse beau mercredi.

a. Sur une feuille à part, construisez un arbre pondéré décrivant les situations possibles.

b. Quelle est alors la probabilité qu'il fasse beau mercredi ? ....

....

....

AVEZ-VOUS RÉUSSI ? ○ ○ ○

18 Calculs d'aires et de volumes

GRANDEURS ET MESURES

JE RETIENS

Aire d'une sphère de rayon R $A = 4\pi R^2$

Soit une sphère de rayon 4 cm.
Son aire vaut : $A = 4\pi R^2$; donc $A = 4\pi \times 4^2$; $A = 64\pi$; $A \approx 201$ cm².

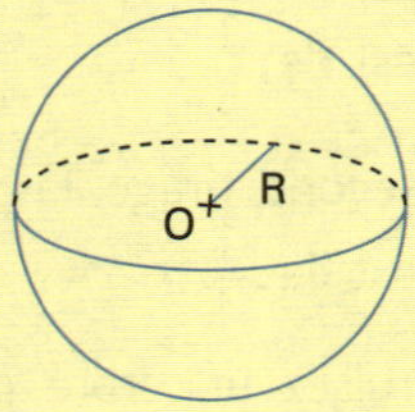

Volume d'une boule de rayon R $V = \frac{4}{3}\pi R^3$

Soit une boule de rayon 4 cm.
Son volume vaut : $V = \frac{4}{3}\pi R^3$; donc $V = \frac{4}{3}\pi 4^3$; $V = \frac{256}{3}\pi$; $V \approx 268$ cm³.

Volume V d'une pyramide ou d'un cône $V = \frac{1}{3}\mathcal{A} \times h$

(où $\mathcal{A}$ est l'aire de sa base.)

Soit ABCDE une pyramide à base carrée telle que : AB = 3 cm et hauteur = 4 cm.
$V(ABCDE) = \frac{1}{3} \times \mathcal{A}(ABCD) \times h = \frac{1}{3} \times 3^2 \times 4 = 12$ cm³.

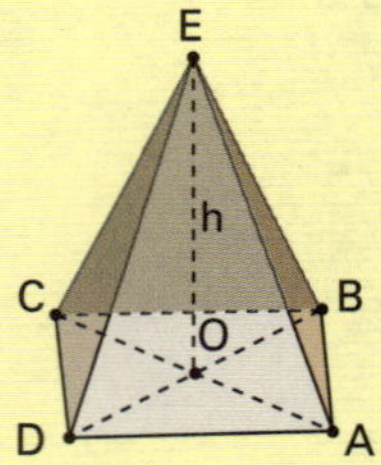

Volume d'un cylindre de rayon R et de hauteur *h* $V = \pi R^2 h$

Calculer, en cm³, le volume du cylindre de rayon R = 2 cm et de hauteur h = 3 cm, arrondi au dixième.
$V = \pi R^2 h = \pi \times 2^2 \times 3 = 12\pi$ cm³ $\approx 37,7$ cm³.

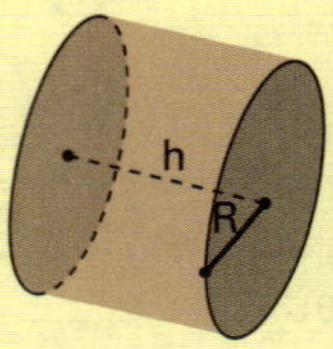

COMMENT FAIRE

Calculer l'aire d'une sphère et le volume d'une boule

Calculer l'aire d'une sphère de 10 m de rayon, arrondie au décimètre carré.

$A = 4\pi R^2$
$= 4\pi \times 10^2$
$= 400\pi$
$\approx 1\,256,64$
L'aire de la sphère vaut 1 256,64 m².

1. Utiliser la formule de l'aire d'une sphère.
2. Remplacer : R = 10 m.
3. Calculer 4×10^2, on obtient la valeur exacte de A.
4. Avec la calculatrice, on trouve : 1 256, 637…
5. Arrondir au centième car 1 m² = 100 dm².

Calculer le volume d'une boule de 10 m de rayon, arrondi au décimètre cube.

$V = \frac{4}{3}\pi R^3$
$= \frac{4}{3}\pi \times 10^3$
$= \frac{4\,000}{3}\pi$
$\approx 4\,188,790$
Le volume de la boule vaut 4 188,790 m³

1. Utiliser la formule du volume d'une boule.
2. Remplacer : R = 10 m.
3. Calculer $\frac{4}{3} \times 10^3$, on obtient la valeur exacte de V.
4. Avec la calculatrice, on trouve : 4 188,790 2…
5. Arrondir au millième car 1 m³ = 1 000 dm³.

Astuces

- m² et m³ sont des **grandeurs composées**, car : m² = m × m et m³ = m × m × m.
- Pour **convertir**, il faut utiliser le fait que : 1 L = 1 dm³ et 1 m³ = 10³ dm³ = 1000 L.

LE CONSEIL DU COACH

Créer des pense-bêtes

Entrainez-vous avec les premiers exercices pour automatiser les calculs d'aires et de volume. Si vous avez des difficultés aujourd'hui, ne paniquez pas et revenez sur la leçon un autre jour où vous pratiquerez juste avant un peu de relaxation pour vous détendre (voir Carnet p. 19). Vous pourrez également noter les formules sur un sous-main, des post-it… l'idée étant d'avoir à portée de vue les formules pour se les remémorer régulièrement.

S'ENTRAINER

1 ✪ **En précisant l'unité, calculez:**

a. l'aire d'une sphère de rayon 32 mm.

b. le volume d'une boule de rayon 2,4 cm.

2 ✪✪ **La Terre est approximativement une sphère de 6 370 km de rayon.**

a. Calculez son aire arrondie au million de km².

b. Calculez son volume arrondi au milliard de km³.

3 ✪✪ **On considère une balle de tennis de rayon 3,35 cm.**

a. Calculez son volume au cm³ près.

b. On veut ranger trois balles dans une boite cylindrique.

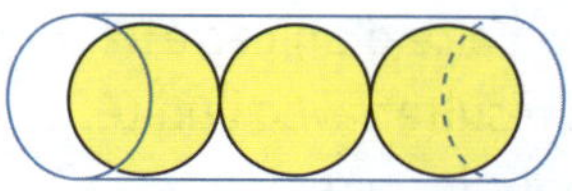

Ce cylindre a pour rayon 3,35 cm et pour hauteur 20,1 cm. Quel est son volume (au cm³ près) ?

c. Calculez le volume de trois balles de tennis.

d. Calculez le taux de remplissage de la boite, c'est-à-dire le pourcentage du volume des trois balles par rapport au volume du cylindre.

EXO BREVET

Le « bateau » est constitué d'une demi-boule surmontée d'une voile en forme de triangle rectangle.

Le segment [RT] est un diamètre de la demi-boule et le point O est le centre de cette boule.
SV = 35 mm
et UV = OT = 15 mm.

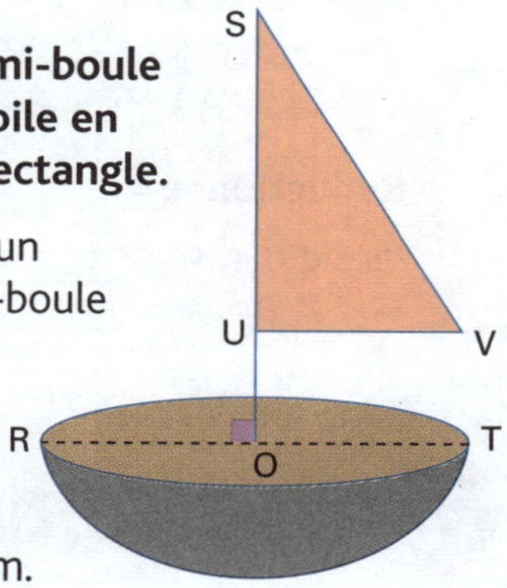

a. Calculez la valeur exacte de SU.

b. Calculez la mesure de l'angle $\widehat{USV}$ arrondie au degré.

c. Calculez l'aire exacte de la demi-boule.

d. Calculez l'aire exacte du triangle.

e. Calculez l'aire exacte du solide, puis sa valeur arrondie au mm².

Corrigés p. 295

AVEZ-VOUS RÉUSSI ?

19 Effets des déplacements, agrandissement et réduction

GRANDEURS ET MESURES

JE RETIENS

Effets d'une translation, d'une rotation, d'une symétrie (centrale ou axiale)

Les symétries (centrales et axiales), les translations, les rotations sont des **isométries**, c'est-à-dire des transformations du plan qui conservent les longueurs. Les isométries conservent aussi les mesures des angles, les aires et les volumes.

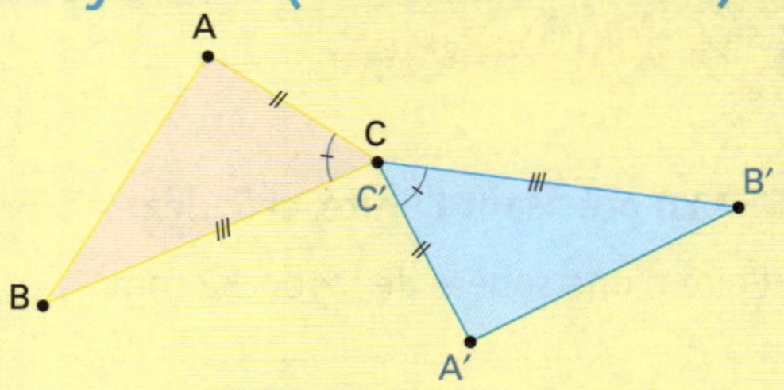

Le triangle A′B′C′ est l'image du triangle ABC par la rotation de centre C et d'angle 150° :
$A'B' = AB, A'C' = AC, B'C' = BC ; \widehat{A'} = \widehat{A}, \widehat{B'} = \widehat{B}, \widehat{C'} = \widehat{C}$; leurs aires sont égales.

Effets d'une homothétie : agrandissement et réduction d'une figure

Lorsqu'on agrandit ou lorsqu'on réduit une figure, toutes ses dimensions sont multipliées par un même nombre k, appelé **coefficient d'agrandissement ou de réduction.**
L'aire de la surface est multipliée par k^2, **le volume** du solide par k^3.

- **Agrandissement** : $k = 4$
  Les dimensions sont multipliées par 4.
  $A' = 4^2 \times A = 16 \times A$.
- **Réduction** : $k = \frac{1}{2}$
  Les dimensions sont multipliées par $\frac{1}{2}$.
  $V' = \left(\frac{1}{2}\right)^3 \times V = \frac{1}{8} \times V$.

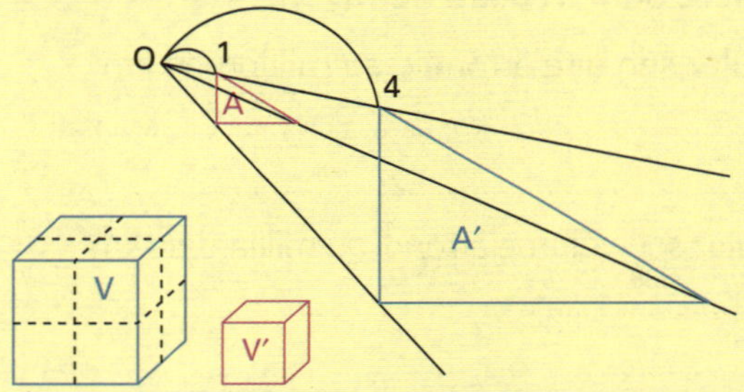

COMMENT FAIRE

Utiliser le coefficient d'agrandissement ou de réduction pour calculer une aire ou un volume

Soit le cube ABCDEFGH d'arête 4 cm. On multiplie les dimensions de ABCDEFGH par $k = \frac{1}{2}$. On obtient le cube A'B'C'D'E'F'G'H'. Calculez l'aire A d'une face de ABCDEFGH, et l'aire A' d'une face de A'B'C'D'E'F'G'H'.

$A = 4^2$ cm²	1. Utiliser la formule de l'aire d'un carré : $A = c^2$.
$A = 16$ cm²	2. Calculer 4^2, écrire le résultat avec l'unité.
$A' = k^2 \times A$	3. Utiliser la formule pour les aires.
$A' = \left(\frac{1}{2}\right)^2 \times 16$ cm²	4. Remplacer : $k = \frac{1}{2}$ et $A = 16$ cm².
$A' = 4$ cm²	5. Calculer, puis écrire le résultat avec l'unité.

Astuces

- Si $k > 1$, il s'agit d'un **agrandissement** de la figure.
- Si $k < 1$, il s'agit d'une **réduction**.

S'ENTRAINER

1 ✪ **Soit un triangle dont on multiplie toutes les dimensions par 1,5.**

a. Quel est le coefficient d'agrandissement ?

b. Par quel nombre est multipliée son aire ?

c. Par quel nombre est multiplié son périmètre ?

2 ✪ **Soit un disque dont on divise le rayon par 4.**

a. Quel est le coefficient de réduction ?

b. Par quel nombre est divisée son aire ?

3 ✪ **Soit un parallélépipède dont on multiplie toutes les dimensions par 10.**

a. Quel est le coefficient d'agrandissement ?

b. Par quel nombre est multiplié son volume ?

4 ✪✪ **Soit un disque dont on multiplie l'aire par 36.**

a. Quel est le coefficient d'agrandissement ?

b. Par quel nombre est multiplié son rayon ?

5 ✪✪ **Soit un cube dont on multiplie le volume par 27.**

a. Quel est le coefficient d'agrandissement ?

b. Par quel nombre est multipliée la longueur de chaque arête ? ....

c. Par quel nombre est multipliée l'aire d'une de ses faces ? ....

LE CONSEIL DU COACH

Avez-vous pensé à faire une pause entre deux exercices difficiles ? Cela peut vous permettre de reposer votre cerveau et de trouver de nouvelles forces.

6 ✪✪✪ **Un terrain agricole rectangulaire mesure 1 000 m de long sur 500 m de large.**

a. Quelle est l'aire de ce terrain ?

b. Quelle est l'aire de la représentation de ce terrain sur une carte à l'échelle 1/25 000 ?

c. Représentez ce terrain à l'échelle 1/25 000.

EXO BREVET

On considère deux cônes de révolution, opposés par le sommet.

Les droites (OO′) et (MM′) se coupent en S.

Les droites (OM) et (O′M′) sont parallèles.

OM = 3 cm ; OS = 6 cm ;
O′S = 9 cm.

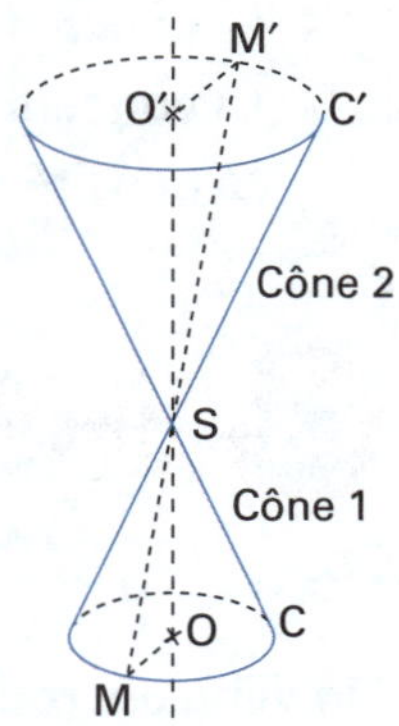

a. Calculez O′M′.

b. Calculez la valeur exacte du volume V_1 du cône 1, puis sa valeur à 0,1 cm^3 près.

Le cône 2 est un agrandissement du cône 1.

c. Quel est le coefficient d'agrandissement ?

d. Déduisez-en la valeur du volume V_2 du cône 2, arrondie au cm^3. ....

Corrigés p. 295

20 Grandeur produit, grandeur quotient

GRANDEURS ET MESURES

JE RETIENS

Grandeur produit

C'est une grandeur formée par le produit de plusieurs grandeurs.

- Une **aire** peut se mesurer en m^2 : $1\ m^2 = 1\ m \times 1\ m$.
- Un **volume** peut se mesurer en m^3 : $1\ m^3 = 1\ m \times 1\ m \times 1\ m$.
- L'**énergie** peut se mesurer en Wh : $E = P \times t$ avec P en Watt (W) et t en heures (h), donc $1\ Wh = 1\ W \times 1\ h$, 1 Wh est l'énergie consommée par un appareil de puissance 1 W qui fonctionne pendant 1 h.

Grandeur quotient

C'est une grandeur formée par le quotient de plusieurs grandeurs.

- La **vitesse** moyenne peut se mesurer en km/h ou en m/s : $v = \frac{d}{t}$.

  Si d est en kilomètres (km) et t en heures (h), alors v est en kilomètres **par** heure (km/h).
  Si d est en mètres (m) et t en secondes (s), alors v est en mètres **par** seconde (m/s).
- Le **débit** peut se mesurer en L/min, en m^3/s, etc.
- La **masse volumique** peut se mesurer en g/cm^3, en kg/m^3, etc.
- La **concentration molaire** peut se mesurer en mol/L, en mol/m^3, etc.
- La **concentration massique** peut se mesurer en g/L, en kg/m^3, etc.
- La **densité de population** peut se mesurer en hab/km^2 (nombre d'habitants **par** kilomètre carré).

COMMENT FAIRE

Convertir des km/h en m/s

Un véhicule roule à 50 km/h. Combien de temps mettra-t-il pour parcourir 150 mètres ?

Rouler à 50 km/h signifie parcourir 50 km en 1 heure.
1. Traduire par une phrase la signification de la vitesse donnée.

Soit 50 km en 3 600 secondes.
2. Convertir 1 h en secondes : 1 h = 60 min = 3 600 s.

Soit 50 000 m en 3 600 secondes.
3. Convertir 50 km en mètres.

$v = \frac{50\,000}{3\,600} \simeq 14$ m/s
4. Calculer, puis écrire le résultat avec l'unité.

$v = \frac{d}{t}$, donc $t = \frac{d}{v} = \frac{150}{14} \simeq 11$ s
5. Transformer la formule de la vitesse pour calculer le temps, puis conclure par une phrase.

Il faudra 11 secondes pour parcourir 150 mètres si on roule à 50 km/h.

Astuces

- 1 min = $\frac{t}{60}$ heure.
- $1\ m^3 = 1\ m \times 1\ m \times 1\ m = 10\ dm \times 10\ dm \times 10\ dm = 10^3\ dm^3 = 1\,000\ dm^3$.

S'ENTRAINER

1 ✪ **Calculez l'énergie consommée par :**

a. Une lampe de 11 W utilisée pendant 8 heures.

b. Une lampe de 42 W utilisée pendant 1 h 30.

c. Une lampe de 78 W utilisée pendant 2 h 10.

2 ✪ **En moyenne, il tombe 944 L/m² de pluie à Bordeaux en une année.**

a. Calculez la quantité moyenne d'eau reçue par un terrain de 5 000 m² en une année.

b. Convertissez ce volume d'eau en m^3.

3 ✪ **On veut savoir si un parallélépipède rectangle est en aluminium ou en zinc.**

Ses dimensions valent : 2 cm, 3 cm et 5 cm.
Sa masse est de 81 grammes.

a. Calculez le volume de ce parallélépipède rectangle.

La masse volumique du zinc est égale à 7,15 g/cm^3, celle de l'aluminium vaut 2,7 g/cm^3.

b. Déterminez de quel métal est fait le parallélépipède.

4 ✪✪ **Calculez la vitesse moyenne en km/h**

a. Pour parcourir 90 km en 45 min.

b. Pour parcourir 134 km en 1 h 20.

5 ✪✪✪ **Un bit est l'élément de base avec lequel travaille un ordinateur : sa valeur est 0 ou 1.**

Un fournisseur d'accès Internet propose une connexion avec un débit de 35 mégabits par seconde (Mb/s).

LE CONSEIL DU COACH Un coup de fatigue ? Posez-vous les bonnes questions sur une alimentation équilibrée et un bon sommeil (voir Carnet p. 20).

a. Sachant que 1 Mb = 1024 kb, convertissez ce débit maximal en kilobits par seconde (kb/s).

b. Sachant que 1 octet = 8 bits, convertissez ce débit maximal en méga-octets par seconde (Mo/s).

c. Calculez le temps qu'il faudra pour télécharger un fichier de 240 Mo avec le débit maximal.

En réalité, le temps de téléchargement de ce fichier est de 2 minutes. 1 Mo = 1 024 ko.

d. Calculez le débit effectif de téléchargement en Mo/s, puis en ko/s, en kb/s puis en Mb/s.

EXO BREVET

La vitesse d'un bateau se mesure en nœuds.

1 nœud correspond à un mille nautique par heure. 1 mille nautique est la longueur de l'arc terrestre dont l'angle au centre de la Terre mesure 1/60 degré. La circonférence de la Terre mesure environ 40 000 km.

a. Calculez la longueur d'un mille nautique, au mètre près.

b. Déterminez, en km/h, la vitesse correspondant à 1 nœud.

Le record de vitesse sur 500 mètres à la voile a été obtenu en 2012, il s'élève à 65,45 nœuds.

c. Calculez à quelle vitesse en km/h ce record correspond.

d. Combien de secondes le voilier a-t-il mis pour parcourir les 500 mètres à cette vitesse ?

Corrigés p. 296

AVEZ-VOUS RÉUSSI ?

21 Relations trigonométriques dans le triangle rectangle

ESPACE ET GÉOMÉTRIE

JE RETIENS

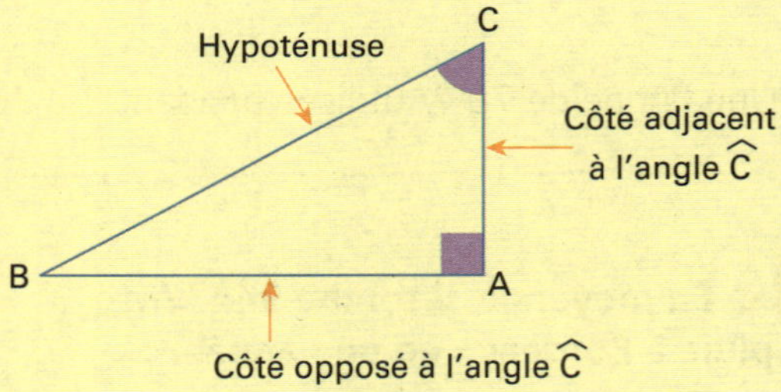

- **Dans le triangle ABC rectangle en A**, on a :

$$\cos \widehat{C} = \frac{\text{côté adjacent}}{\text{hypoténuse}} = \frac{CA}{CB}$$

$$\sin \widehat{C} = \frac{\text{côté opposé}}{\text{hypoténuse}} = \frac{BA}{BC}$$

$$\tan \widehat{C} = \frac{\text{côté opposé}}{\text{côté adjacent}} = \frac{AB}{AC}$$

Dans le triangle ABC rectangle en A, tel que AB = 4 cm, AC = 3 cm et BC = 5 cm :

$\cos \widehat{C} = \frac{CA}{CB} = \frac{3}{5} = 0{,}6$; $\sin \widehat{C} = \frac{BA}{BC} = \frac{4}{5} = 0{,}8$; $\tan \widehat{C} = \frac{AB}{AC} = \frac{4}{3} = 1{,}333$.

- Pour tout nombre x, on a : $\cos^2 x + \sin^2 x = 1$.

$\widehat{B}$ est un angle aigu. On donne : $\sin \widehat{B} = 0{,}28$. Calculez $\cos \widehat{B}$.

$\cos^2 \widehat{B} + \sin^2 \widehat{B} = 1$, donc $\cos^2 \widehat{B} = 1 - \sin^2 \widehat{B}$

$\cos^2 \widehat{B} = 1 - 0{,}28^2$ | $\cos \widehat{B} = \sqrt{0{,}9216}$

$\cos^2 \widehat{B} = 0{,}921\,6$ | $\cos \widehat{B} = 0{,}96$

- Pour tout nombre x avec $\cos x \neq 0$, on a : $\tan x = \frac{\sin x}{\cos x}$.

$\widehat{B}$ est un angle aigu. On donne : $\sin \widehat{B} = 0{,}28$. On a trouvé ci-dessus : $\cos \widehat{B} = 0{,}96$.

Donc $\tan \widehat{B} = \frac{\sin \widehat{B}}{\cos \widehat{B}} = \frac{0{,}28}{0{,}96} = 0{,}292$.

COMMENT FAIRE

Calculer la longueur d'un côté d'un triangle rectangle

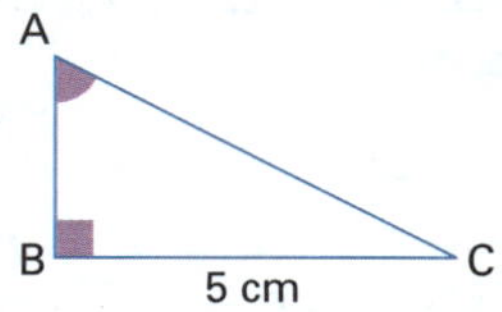

Soit ABC un triangle rectangle en B tel que mes($\widehat{A}$) = 53° et BC = 5 cm.
Calculer AC en arrondissant au mm.

$\sin \widehat{A} = \frac{BC}{AC}$ — **1.** On connait la longueur du côté opposé et on cherche la longueur de l'hypoténuse, on va donc utiliser la formule du sinus.

$AC = \frac{BC}{\sin(\widehat{A})}$ — **2.** Transformer la formule pour calculer AC.

$AC = \frac{5}{\sin(53°)}$ — **3.** Remplacer dans la formule : $\widehat{A}$ = 53° ; BC = 5 cm.

AC = 6,3 cm — **4.** Arrondir au dixième pour un résultat au mm près.

Astuces

- Penser à mettre la calculatrice en mode **degré**.
- On peut utiliser « CAHSOHTOA » pour retenir les formules (Cos, Sin, Tan, Adjacent, Opposé, Hypoténuse).

LE CONSEIL DU COACH

Être dans un état d'esprit positif

Les relations trigonométriques, c'est fantastique ! Non ? Même si vous n'êtes pas fan, il va tout de même falloir travailler cette leçon, alors autant le faire dans la bonne humeur. Si vous débutez le travail dans un état d'esprit négatif, cela va avoir également un impact négatif sur vous. Prenez le temps de vous rappeler tout ce que vous avez bien réussi aujourd'hui pour avoir des images positives en tête puis lancez-vous dans les exercices.

S'ENTRAINER

1 ✪ **Complétez les pointillés avec les rapports suivants pour que les égalités soient vraies :**

$\frac{BD}{BM}$; $\frac{MC}{MA}$; $\frac{AC}{AM}$; $\frac{MD}{MB}$.

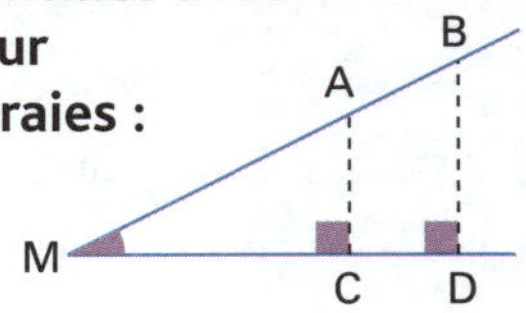

$\cos\widehat{M}$ = ... = ...

$\sin\widehat{M}$ = ... = ...

2 ✪ **Soit le triangle ABC rectangle en C. Entourez la bonne réponse, puis calculez sa valeur exacte.**

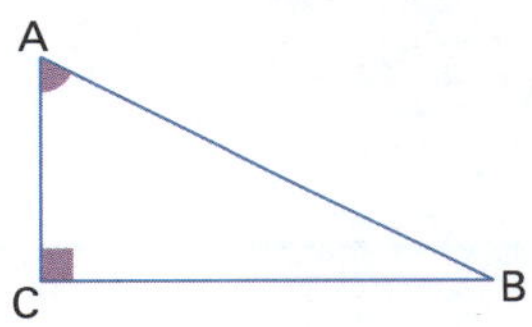

a. Si AB = 7 et AC = 3, peut-on calculer : $\cos\widehat{A}$, $\sin\widehat{A}$ ou $\tan\widehat{A}$? Et .... $\widehat{A}$ = ...

b. Si AB = 7 et BC = 4, peut-on calculer : $\cos\widehat{A}$, $\sin\widehat{A}$ ou $\tan\widehat{A}$? Et .... $\widehat{A}$ = ...

c. Si AC = 4 et BC = 9, peut-on calculer : $\cos\widehat{A}$, $\sin\widehat{A}$ ou $\tan\widehat{A}$? Et .... $\widehat{A}$ = ...

3 ✪ **Calculez les valeurs suivantes.**

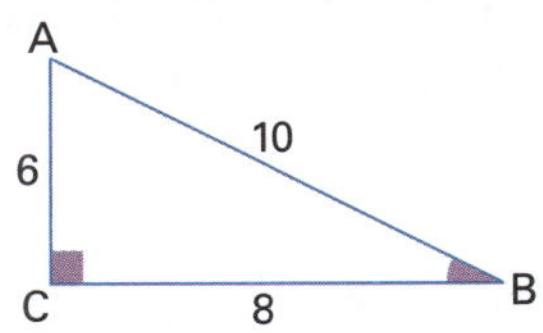

$\cos\widehat{B}$ = ... $\sin\widehat{B}$ = ... $\tan\widehat{B}$ = ...

4 ✪ **Calculez à 0,001 près.**

cos (60°) = ... sin (30°) = ...

tan (45°) = ... tan (0°) = ...

cos (33°) = ... sin (28°) = ...

sin (63°) = ... tan (85°) = ...

cos (54°) = ... sin (10°) = ...

5 ✪✪ **DRU est un triangle rectangle en D tel que : DR = 4,5 cm et mes($\widehat{DRU}$) = 40°. La hauteur issue de D coupe le côté [RU] en E.**

a. Construisez la figure sur une feuille à part.

b. Complétez l'égalité en utilisant les côtés du triangle DRU : $\tan\widehat{DRU} = \frac{\text{..........}}{\text{..........}}$

c. En déduire la longueur DU en cm (on donnera la valeur arrondie au dixième). DU = ...
DU = ... DU = ...

d. En utilisant le triangle RED, calculez la longueur DE en cm (on donnera la valeur arrondie au dixième).

....

EXO BREVET

a. Construisez un triangle ABC tel que : BC = 5 cm, mes($\widehat{BCA}$) = 33°, mes($\widehat{CBA}$) = 57°.

b. Prouvez que ce triangle est rectangle.

....

....

c. Calculez la longueur CA, puis donnez la valeur arrondie au mm.

....

....

Corrigés p. 296

AVEZ-VOUS RÉUSSI ?

22 Calculs d'angles

ESPACE ET GÉOMÉTRIE

JE RETIENS

Pour calculer la mesure d'un angle aigu dont on connait le cosinus, le sinus ou la tangente, on met la calculatrice en **mode degré**, puis on tape l'une des séquences suivantes :

Si on connait le cosinus

On tape : [2nd] [cos] ou [Shift] [cos] ou [SECONDE] [Acs] ou [INV] [cos]

Si $\cos \widehat{A} = 0{,}38$ alors $mes(\widehat{A}) \simeq 67{,}7°$ (valeur arrondie au dixième).

Si on connait le sinus

On tape : [2nd] [sin] ou [Shift] [sin] ou [SECONDE] [Asn] ou [INV] [sin]

Si $\sin \widehat{B} = 0{,}42$ alors $mes(\widehat{B}) \simeq 24{,}83°$ (valeur arrondie au centième).

Si on connait la tangente

On tape : [2nd] [tan] ou [Shift] [tan] ou [SECONDE] [Atn] ou [INV] [tan]

Si $\tan \widehat{C} = 1{,}2$ alors $mes(\widehat{C}) \simeq 50°$ (valeur arrondie à l'unité).

COMMENT FAIRE

Calculer la mesure d'un angle aigu

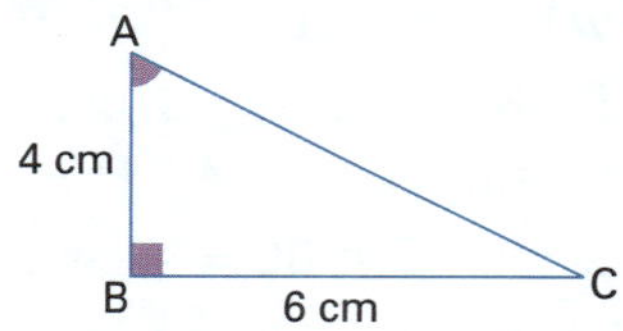

Soit ABC un triangle rectangle en B tel que AB = 4 cm et BC = 6 cm.
Calculer la mesure de l'angle $\widehat{A}$ arrondie au degré.

1. Par rapport à l'angle considéré, nommer les côtés du triangle, en commençant par l'hypoténuse.

[AC] est l'hypoténuse du triangle.
Par rapport à l'angle $\widehat{A}$,
[AB] est le côté adjacent
et [BC] le côté opposé.

2. On connait les longueurs du côté opposé et du côté adjacent à l'angle $\widehat{A}$, donc utiliser la formule de la tangente : $\text{tangente} = \dfrac{\text{côté opposé}}{\text{côté adjacent}}$.

$\tan \widehat{A} = \dfrac{BC}{BA}$

3. Remplacer : BC = 6 cm et BA = 4 cm.

$\tan \widehat{A} = \dfrac{6}{4}$

4. Calculer la valeur de la tangente.

$\tan \widehat{A} = 1{,}5$

5. Taper la séquence adaptée sur la calculatrice.

$\widehat{A} = 56{,}309\,9...°$

6. Arrondir à l'unité, comme demandé.

Donc $\widehat{A} = 56°$.

Astuces

- À part l'hypoténuse, les côtés changent de nom suivant l'angle considéré.
- Si le schéma est à l'échelle, on peut vérifier avec le **rapporteur**.

S'ENTRAINER

1 ✪ En utilisant la calculatrice, et en arrondissant au degré, complétez les tableaux.

sin Â	0,766	0,574
mes (Â)		

cos Â	0,988	0,454
mes (Â)		

tan Â	0,404	2,536
mes (Â)		

2 ✪ Complétez les pointillés.

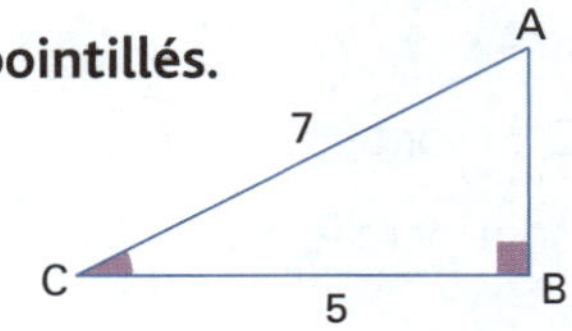

cos $\widehat{C}$ = ...

cos $\widehat{C}$ = ...

mes ($\widehat{C}$) = ... (arrondie au dixième).

Donc sin $\widehat{C}$ = ... (arrondi au millième).

et tan $\widehat{C}$ = ... (arrondie au centième).

3 ✪ Complétez les pointillés.

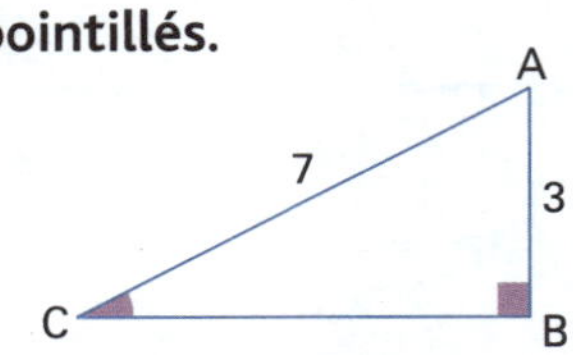

sin $\widehat{C}$ = ...

mes ($\widehat{C}$) = ...
(arrondie à l'unité).

Donc cos $\widehat{C}$ = ... (arrondi au dixième).

et tan $\widehat{C}$ = ... (arrondie au centième).

4 ✪✪ En utilisant la calculatrice, complétez le tableau. Vous arrondirez les angles au degré, les cosinus, sinus et tangentes au millième.

mes (B̂)	23°			
sin B̂		0,848		
cos B̂			0,848	
tan B̂				1,881

LE CONSEIL DU COACH Plus vite vous aurez terminé, plus vite vous pourrez aller vous détendre. Pour vous motiver, prenez 5 min pour penser à ce que vous ferez après.

5 ✪✪✪ Dans le repère orthonormé ci-dessous :

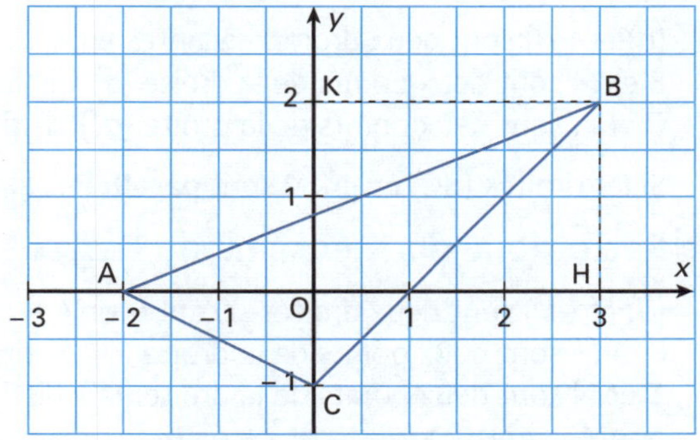

a. Calculez tan $\widehat{BAH}$ et déduisez-en la mesure de l'angle $\widehat{BAO}$ à 0,1° près. ....

....

b. Calculez tan $\widehat{CAO}$, et déduisez-en la mesure de l'angle $\widehat{CAO}$ à 0,1° près. ....

....

c. Déduisez la mesure de l'angle $\widehat{BAC}$ à 0,1° près.

....

EXO BREVET

a. Sur une feuille à part, construisez le triangle MNP rectangle en P tel que MN = 5 cm et MP = 2 cm.

b. Calculez la valeur arrondie au dixième de l'angle $\widehat{MNP}$. ....

c. Déduisez-en une valeur approchée au dixième de $\widehat{NMP}$. Justifiez votre réponse par un calcul.

....

....

Corrigés p. 297

AVEZ-VOUS RÉUSSI ?

23 Théorème de Thalès et sa réciproque

ESPACE ET GÉOMÉTRIE

JE RETIENS

Théorème de Thalès

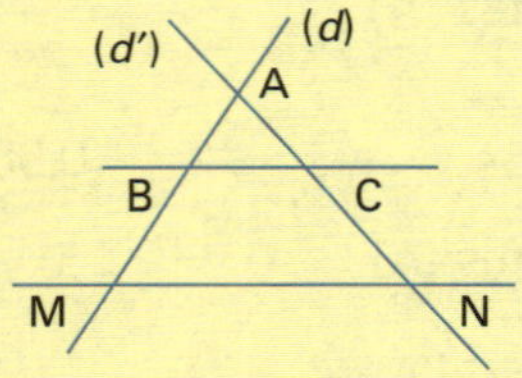

(*d*) et (*d'*) sont deux droites sécantes en A.
B et M sont deux points de la droite (*d*), distincts de A.
C et N sont deux points de la droite (*d'*), distincts de A.

Si les droites (BC) et (MN) sont **parallèles**, alors $\frac{AM}{AB} = \frac{AN}{AC} = \frac{MN}{BC}$.

Réciproque du théorème de Thalès

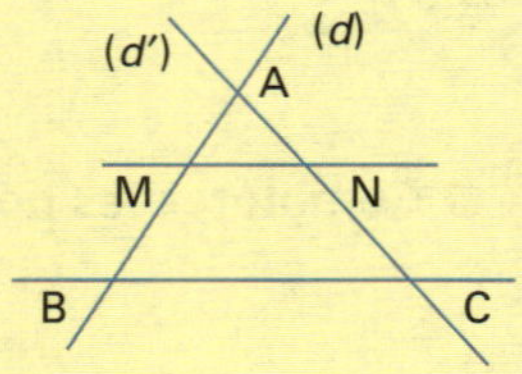

(*d*) et (*d'*) sont deux droites sécantes en A.
B et M sont deux points de la droite (*d*), distincts de A.
C et N sont deux points de la droite (*d'*), distincts de A.

Si $\frac{AM}{AB} = \frac{AN}{AC}$ **et si** les points A, B, M et les points A, C, N sont dans le même ordre, **alors** les droites (BC) et (MN) sont parallèles.

AM = 6 ; AB = 12 ; AN = 8 ; AC = 16.

$\frac{AM}{AB} = \frac{6}{12} = 0,5$
$\frac{AN}{AC} = \frac{8}{16} = 0,5$

Donc $\frac{AM}{AB} = \frac{AN}{AC}$. De plus, les points A, M, B sont dans le même ordre que les points A, N, C.

Donc les droites (MN) et (BC) sont parallèles.

COMMENT FAIRE

Calculer une longueur avec le théorème de Thalès

Les points A, B, D sont alignés.
Les points A, C, E sont alignés.
Les droites (BC) et (DE) sont parallèles.
AB = 3 ; AD = 9 ; AC = 4.
Calculez la longueur AE.

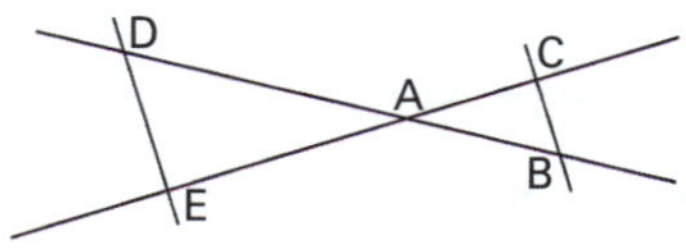

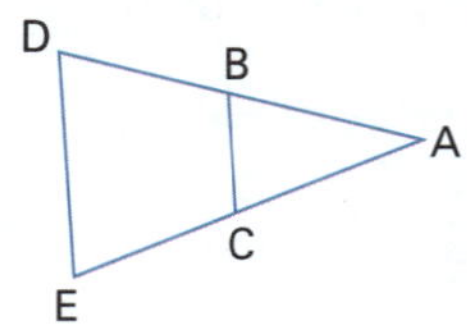

D'après le théorème de Thalès, on a : $\frac{AB}{AD} = \frac{AC}{AE}$

1. Écrire l'égalité des rapports qui font intervenir la longueur cherchée et **trois longueurs connues**.

$\frac{3}{9} = \frac{4}{AE}$

2. Remplacer les longueurs connues par leurs mesures.

$3 \times AE = 9 \times 4$

3. Écrire l'égalité des produits en croix. Si $\frac{a}{b} = \frac{c}{d}$ alors $a \times d = b \times c$.

$3 \times AE = 36$

4. Effectuer le produit.

$AE = 12$

5. Résoudre l'équation d'inconnue AE.

Astuce Si on a deux droites parallèles et des longueurs à calculer, vérifier si on a **toutes les hypothèses** pour utiliser le théorème de Thalès.

LE CONSEIL DU COACH

Apprendre de manière active

Pour bien comprendre ce théorème, vous pouvez refaire les figures pas à pas. Vous suivez le descriptif proposé dans la partie « Je retiens ». Vous commencez ainsi par tracer deux droites sécantes en A (= les droites se coupent en A). Puis vous suivez les autres étapes. L'intérêt est ici d'associer des informations à vos gestes. En construisant votre figure, vous découvrez de manière active les différentes étapes du théorème. Action !

S'ENTRAINER

1 ✪ **Pour la figure ci-dessous, complétez le texte et écrivez les rapports égaux.**

(FG) // (CD)

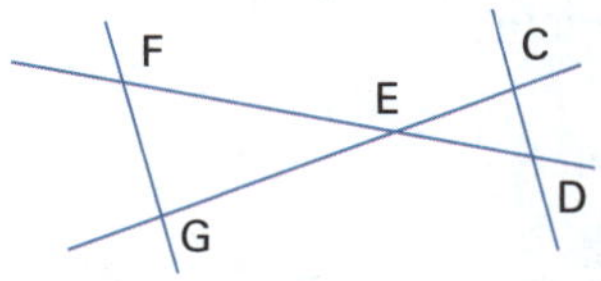

Les droites (........) et (........) sont sécantes en ....

Les droites (........) et (........) sont parallèles.

D'après le théorème de Thalès, on a :

$$\frac{\ldots\ldots}{\ldots\ldots} = \frac{\ldots\ldots}{\ldots\ldots} = \frac{\ldots\ldots}{\ldots\ldots}$$

2 ✪✪ **Dans le triangle ABC ci-dessous :**

A, M, B sont alignés ; A, N, C sont alignés.
(BC) // (MN). AM = 5 ; AN = 4 ;
AB = 8 ; BC = 4,8.

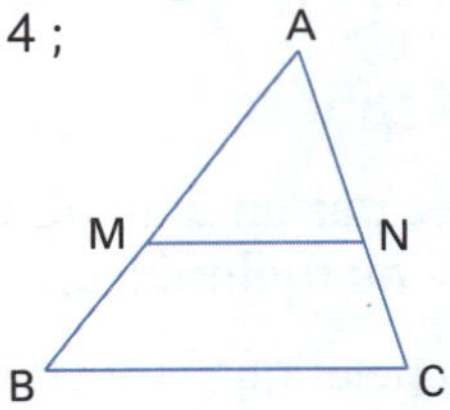

a. Calculez la longueur AC.

....

....

....

b. Calculez MN. ....

....

3 ✪✪✪ **On complètera la figure ci-dessous au fur et à mesure de l'exercice.**
(La figure est à l'échelle.)

ABCD est un parallélogramme.
AB = 4,5 cm et AD = 2 cm.

E est le point de la droite (AD) tel que AE = 1 cm et E n'est pas sur le segment [AD].

La droite (EC) coupe le segment [AB] en S.

a. Calculez AS. ....

....

b. Placez le point T sur le segment [DC] tel que $DT = \frac{2}{3}DC$; DT = ... ; DT = ...

c. Démontrez que les droites (AT) et (EC) sont parallèles. ....

....

EXO BREVET

Les points E, D, B et G sont alignés ainsi que les points F, D, A et H. Les droites (GH) et (EF) sont parallèles. On donne : DG = 6 cm, GH = 3,2 cm, DH = 6,8 cm et DE = 4,5 cm.

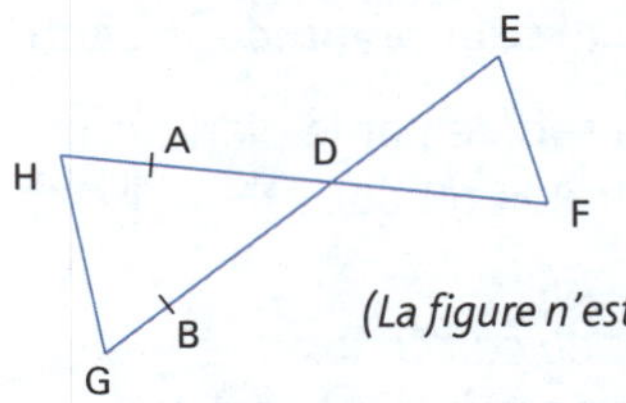

(La figure n'est pas à l'échelle.)

a. Démontrez que le triangle DGH est rectangle.

....

b. Calculez la mesure de l'angle $\widehat{DHG}$ arrondie au degré. ....

....

c. Calculez la longueur EF. ....

....

d. On considère le point A du segment [DH] tel que DA = 1,7 cm et le point B du segment [DG] tel que DB = 1,5 cm.
Les droites (HG) et (AB) sont-elles parallèles ?

....

Corrigés p. 297

AVEZ-VOUS RÉUSSI ?

24 Sphère

ESPACE ET GÉOMÉTRIE

JE RETIENS

Sphère

La sphère de centre O et de rayon R est la surface constituée des points de l'espace situés à la distance R du point O.

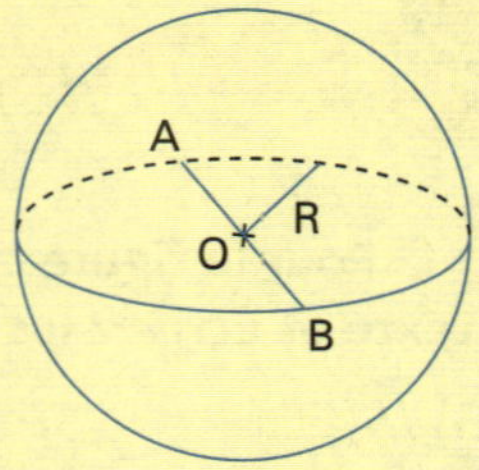

Boule

La boule de centre O et de rayon R est le solide constitué des points de l'espace situés à une distance du point O inférieure ou égale à R. C'est la sphère et son intérieur.

[AB] est un diamètre de la sphère de centre O et de rayon R.
Le cercle de diamètre [AB] est un grand cercle de la sphère.

La section d'une sphère par un plan est un cercle

Si le plan passe par le centre de la sphère, le cercle de section est appelé **grand cercle** de la sphère.

La section de la sphère de centre O et de rayon R par le plan (P) est le cercle de centre H et de rayon *r*.

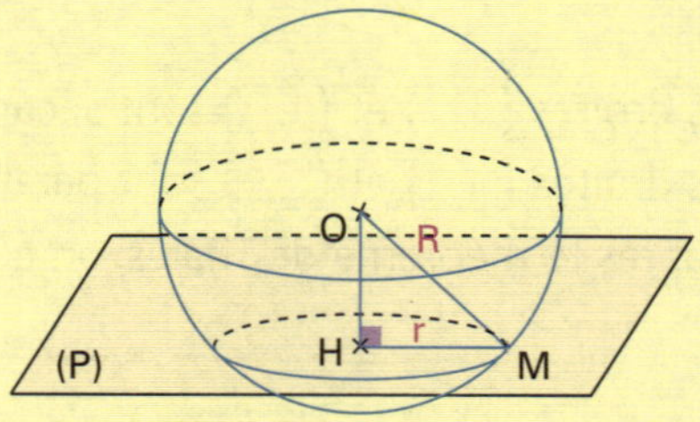

COMMENT FAIRE

Calculer le rayon d'une section plane d'une sphère

Une sphère de centre O et de rayon 3 cm est coupée par un plan distant de 1 cm du centre de la sphère. Calculez le rayon de la section, arrondi au millimètre.

La section de la sphère par le plan est un cercle $\mathcal{C}$ de centre H tel que OH = 1 cm.

1. Rappeler que la section d'une sphère par un plan est un cercle.
2. Faire un schéma (*cf.* ci-dessus).

Soit M un point de ce cercle.
OM = 3 car M appartient à la sphère.
On cherche HM.

3. Écrire l'inventaire de ce que l'on connait et de ce que l'on cherche.

Le triangle OHM est rectangle en H.
Donc, d'après le théorème de Pythagore :
$OM^2 = OH^2 + HM^2$

4. Appliquer le théorème de Pythagore.

$3^2 = 1^2 + HM^2$
$9 - 1 = HM^2$ donc $HM^2 = 8$
$HM = \sqrt{8}$ d'où HM = 2,828…

5. Remplacer : OM = 3 et OH = 1.

Le rayon du cercle $\mathcal{C}$ mesure 2,8 cm.

6. Arrondir au dixième, comme demandé.

Astuces

- La section d'une boule par un plan est un **disque**.
- Si le plan est **tangent** à la sphère (OH = R), alors la section est le point H.

S'ENTRAINER

1 ✪ **Soit une sphère de centre O et de rayon 3 cm. Soit A un point de la sphère.**

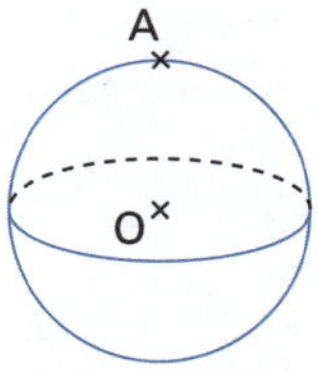

a. Représentez deux grands cercles de la sphère passant par A et tracez deux diamètres de la sphère.

b. La sphère est coupée par un plan distant de 1,2 cm de O. Quelle est la forme de la section de la sphère par ce plan ?

....

c. Calculez le rayon de cette section au mm près.

....

....

....

2 ✪✪ **Latitude**

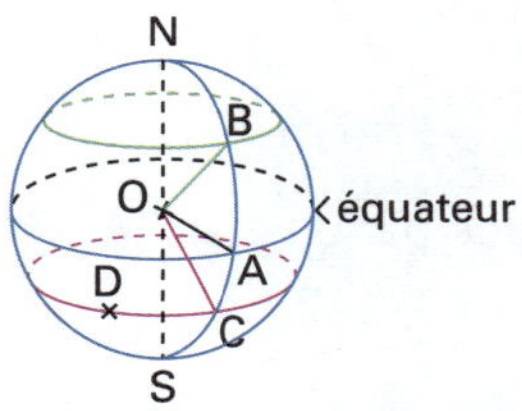

La Terre est assimilée à une sphère de rayon 6 370 km. On note (NS) l'axe des pôles. On considère des plans perpendiculaires à l'axe des pôles.

La section de la sphère terrestre par le plan perpendiculaire à l'axe des pôles (NS) et passant par O est un grand cercle, nommé équateur.

a. Calculez la longueur L de l'équateur, arrondie au km. ....

Un parallèle est la section de la sphère terrestre par un plan perpendiculaire à l'axe des pôles.

b. Tous les parallèles ont-ils la même longueur ?

....

Un parallèle est repéré par rapport à l'équateur.

La latitude de l'équateur est 0°.

Le parallèle vert a une latitude de 75° Nord car il est au nord de l'équateur et mes$(\widehat{AOB})$ = 75°.

Le parallèle rouge a une latitude de 27° Sud car il est au sud de l'équateur et mes$(\widehat{AOC})$ = 27°.

c. Quelle est la latitude du point D ? ....

d. Quelle est la latitude du point E, diamétralement opposé à B sur la sphère ? ....

3 ✪✪ **Longitude**

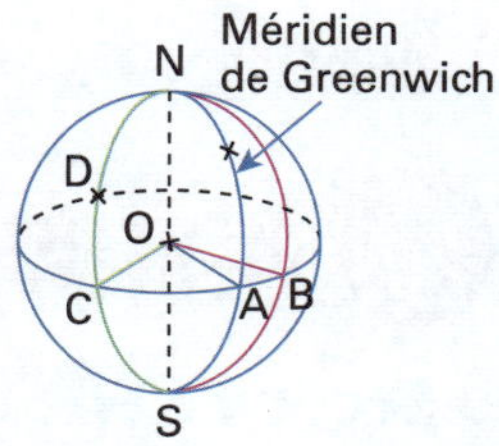

La Terre est assimilée à une sphère de rayon 6 370 km. On note (NS) l'axe des pôles.

a. Que représente le segment [NS] pour la sphère ? ....

Les demi-cercles de diamètre [NS] sont les méridiens terrestres.

b. Calculez la longueur l d'un méridien, arrondie au kilomètre. ....

La longitude du méridien de Greenwich est 0°. Les autres méridiens sont repérés par rapport à celui-ci. Le méridien rouge a une longitude de 25° Est car il est à l'Est de Greenwich et mes$(\widehat{AOB})$ = 25°.

Le méridien vert a une longitude de 118° Ouest car il est à l'Ouest de Greenwich et mes$(\widehat{AOC})$ = 118°.

c. Quelle est la longitude du point D ?

....

d. Quelle est la longitude du point E, diamétralement opposé à B sur la sphère ?

....

e. Quelle est la longitude du point F, diamétralement opposé à C sur la sphère ?

....

EXO BREVET

La section de la sphère de centre O par un plan est un cercle 𝒞 de centre H et de rayon 6 cm.

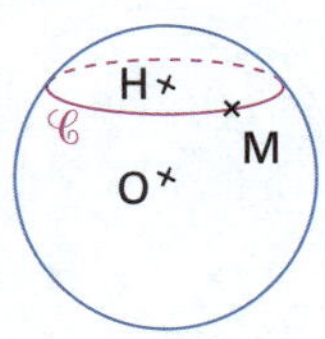

Soit M un point du cercle 𝒞.

Sachant que OH = 2,5 cm, dessinez le triangle OHM en vraie grandeur, sur une feuille et calculez OM à 1 mm près.

....

....

....

Corrigés p. 298

AVEZ-VOUS RÉUSSI ?

25 Sections planes de solides

ESPACE ET GÉOMÉTRIE

JE RETIENS

Section d'un parallélépipède rectangle

La section d'un cube ou d'un parallélépipède rectangle par un plan parallèle à une face ou à une arête est un **carré** ou un **rectangle**.

– La section du cube par un plan parallèle à une face est le carré ABCD, qui a les mêmes dimensions que la face du cube.
– La section du cube par un plan parallèle à une arête est le rectangle EFGH.

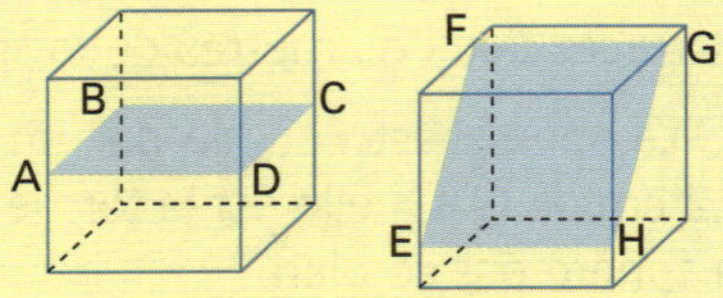

Section d'un cylindre de révolution

- La section d'un cylindre de révolution par un plan **perpendiculaire** à son axe est un **cercle** (ou un disque) de même rayon que sa base.
- La section d'un cylindre de révolution par un plan **parallèle** à son axe est un **rectangle**.

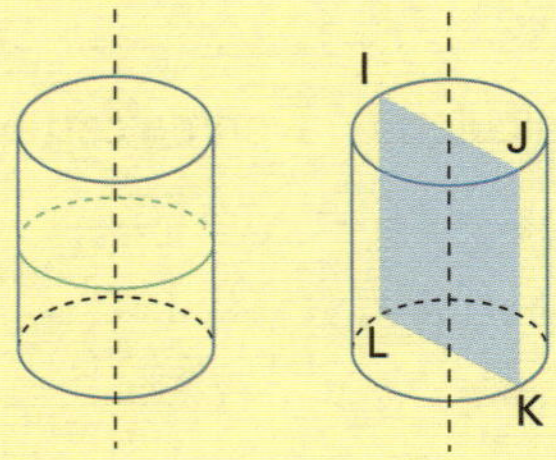

Section d'un cône de révolution ou d'une pyramide

La section d'un cône de révolution ou d'une pyramide par un plan parallèle à sa base est une réduction de cette base.

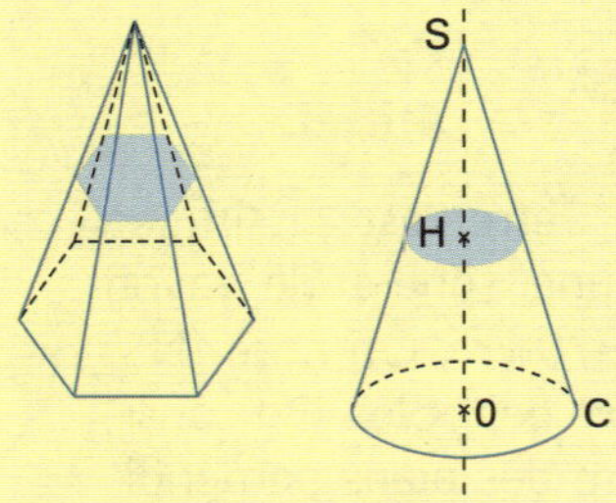

COMMENT FAIRE

Représenter la section d'un cône par un plan parallèle à sa base

Un cône de sommet S a pour hauteur OS = 10 cm. Le rayon de sa base vaut 3 cm. Soit H le point de OS tel que SH = 4 cm. On coupe le cône par un plan parallèle à sa base et passant par H. Représentez en vraie grandeur cette section.

La section est un cercle de centre H.

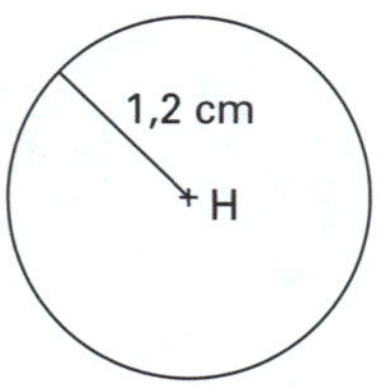

Soit r le rayon de ce cercle.

On a : $r = k \times 3$ avec $k = \frac{SH}{SO}$.

$r = \frac{4}{10} \times 3$

$r = 1,2$ cm.

1. Chercher la nature et les dimensions de la section.
2. Le rayon du cercle est proportionnel au rayon de la base. Le coefficient de réduction vaut $k = \frac{SH}{SO}$.
3. Remplacer : SH = 4 et SO = 10.
4. Tracer le cercle de rayon 1,2 cm.

Astuce Une **pyramide régulière** est un solide dont :
– la base est un polygone régulier,
– les faces latérales sont des triangles isocèles superposables ayant un sommet commun, appelé sommet de la pyramide,
– la hauteur passe par le centre du polygone de base.

S'ENTRAINER

1 ✪ **Le parallélépipède rectangle ABCDEFGH est tel que : AB = 4 cm, AD = 2 cm, AE = 3 cm.**

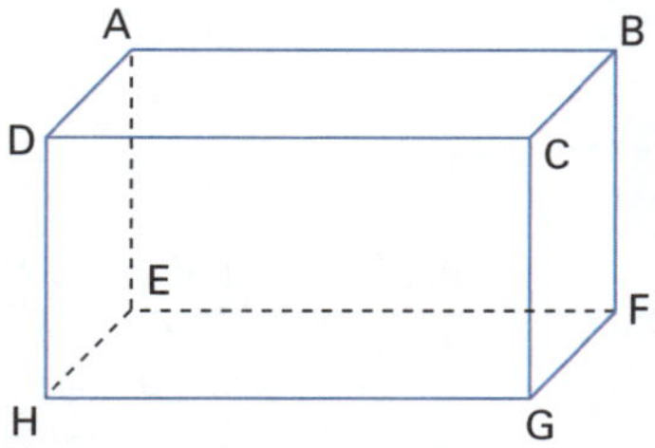

a. Tracez et coloriez la section du parallélépipède rectangle par un plan parallèle à la face ABFE.

b. Représentez en vraie grandeur cette section sur une feuille. Quelles sont ses dimensions ?

....

2 ✪ **Soit le cylindre de révolution de rayon 4 cm et de hauteur 9 cm, avec AB = 3 cm.**

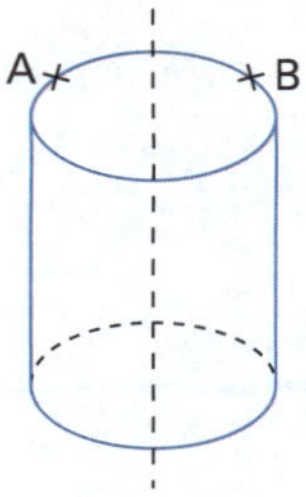

a. Tracez et coloriez la section du cylindre par le plan parallèle à l'axe et passant par A et B.

b. Quelle est la nature de cette section ?

....

c. Indiquez les dimensions de cette section.

....

....

3 ✪✪ **Soit le cône de révolution de hauteur 10 cm, avec OO′ = 4 cm. Le rayon de sa base vaut 2,5 cm.**

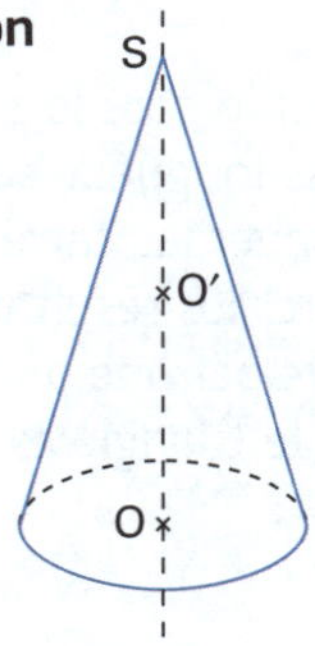

a. Tracez et coloriez la section du cône par le plan parallèle à la base et passant par O′.

b. Quelle est la nature de cette section ?

....

c. Calculez les dimensions de cette section.

....

....

LE CONSEIL DU COACH

Vérifiez le temps passé sur vos exercices. Ne dépassez pas le temps que vous avez prévu. Vous terminerez demain.

4 ✪✪✪ **ABCDEFGH est un cube d'arête 3 cm. On considère la pyramide AHDCG de sommet A.**

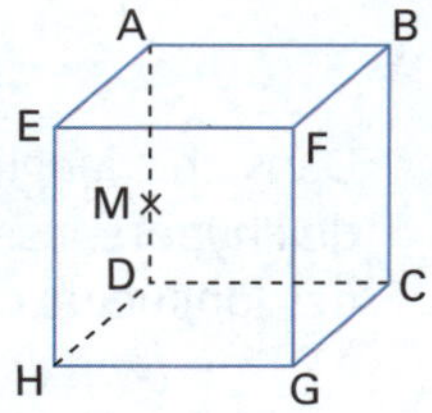

a. Quelle est la base de cette pyramide ?

....

b. Quelle est sa hauteur ? ....

c. Soit M le point de [AD] tel que AM = 2 cm.

Tracez et coloriez la section de cette pyramide par le plan parallèle à sa base et passant par M.

d. Quelle est la nature de cette section ?

....

e. Calculez les dimensions de cette section.

....

....

EXO BREVET

SABC est une pyramide de base ABC, triangle équilatéral de 4 cm de côté et de centre O.

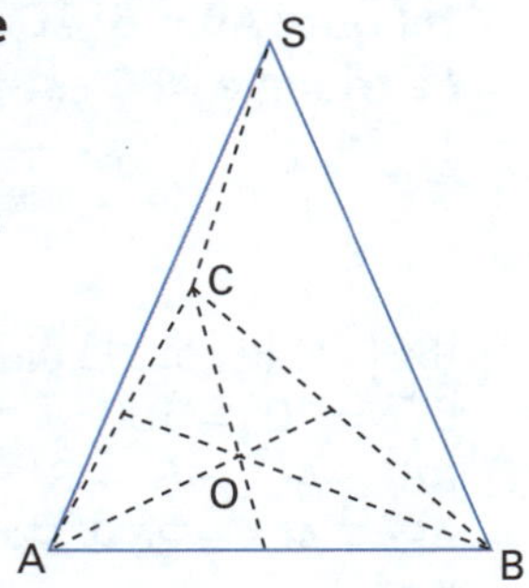

a. O′ est le milieu du segment [SO]. Tracez [SO]. Placez O′.

b. Tracez et coloriez la section de cette pyramide par le plan parallèle à sa base et passant par O′.

c. Quelle est la nature de cette section ?

....

d. Calculez les dimensions de cette section.

....

Corrigés p. 298

26 Théorème de Pythagore et sa réciproque

ESPACE ET GÉOMÉTRIE

JE RETIENS

Théorème de Pythagore

Dans un triangle rectangle, le carré de la longueur de l'hypoténuse est égal à la **somme** des carrés des longueurs des côtés de l'angle droit.

Si le triangle ABC est rectangle en A, alors :
$BC^2 = AB^2 + AC^2$

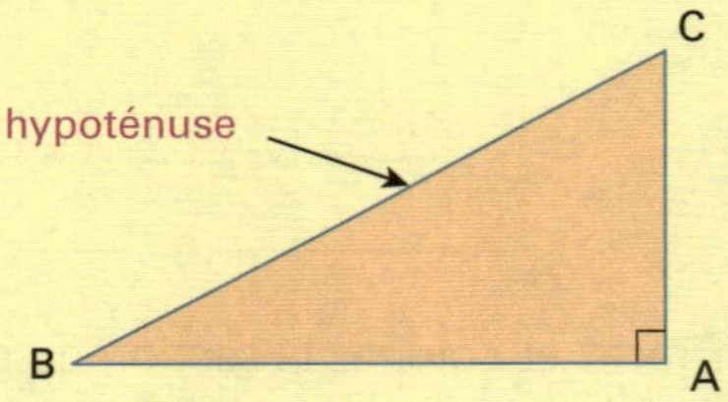

Réciproque du théorème de Pythagore

Si le carré d'un côté d'un triangle est égal à la somme des carrés des autres côtés, **alors** ce triangle est rectangle.

Si $TO^2 = MT^2 + MO^2$,
alors le triangle TOM est rectangle en M.

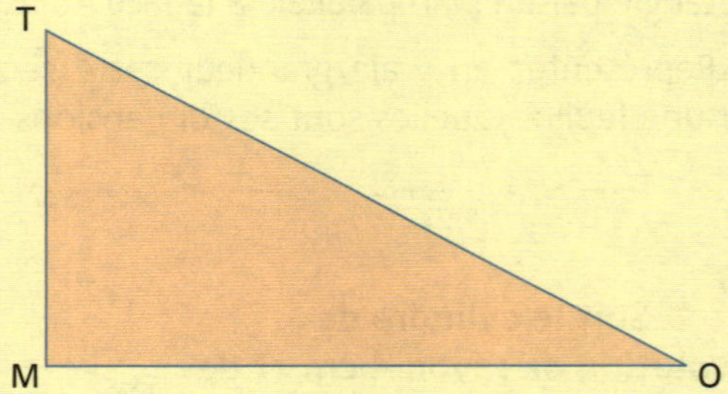

COMMENT FAIRE

Démontrer qu'un triangle est rectangle avec la réciproque du théorème de Pythagore

Les points A, B, C forment un triangle tel que : AB = 6 ; AC = 8 ; BC = 10. Le triangle ABC est-il rectangle ?

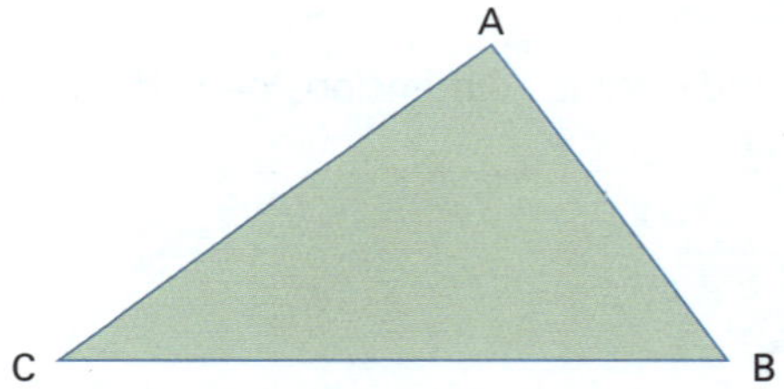

[BC] est le côté le plus long.
$BC^2 = 10^2 = 100$
$AB^2 + AC^2 = 6^2 + 8^2$
$AB^2 + AC^2 = 36 + 64 = 100$
$BC^2 = AB^2 + AC^2$
Le triangle ABC est donc rectangle en A, car la réciproque du théorème de Pythagore est vérifiée.

1. Identifier le côté le plus long.
2. Élever sa longueur au carré.
3. Additionner les carrés des deux autres côtés.
4. Comparer les résultats obtenus.
5. Conclure par une phrase, en précisant où est l'angle droit si le triangle est rectangle.

Astuce Dans un triangle rectangle, l'**hypoténuse** est le côté le plus long.

LE CONSEIL DU COACH

Mémoriser avec ses mains

Comme Thalès, le théorème de Pythagore est un incontournable en géométrie. Refaites les deux figures en grand sur une feuille A4. Puis suivez la figure avec votre doigt lorsque vous lisez la formule. Vous le ferez par la suite lorsque vous réciterez la définition du théorème. Vous allez mémoriser avec vos mains !
« Si le triangle ABC est rectangle en A… » avec un doigt, faites le tour du triangle et arrêtez-vous au point A. Vous pouvez d'ailleurs taper du doigt sur ce point pour vous souvenir que l'angle est rectangle.

S'ENTRAINER

1 ✪ **Calculez la longueur du côté [BC] du triangle ABC rectangle en A.**

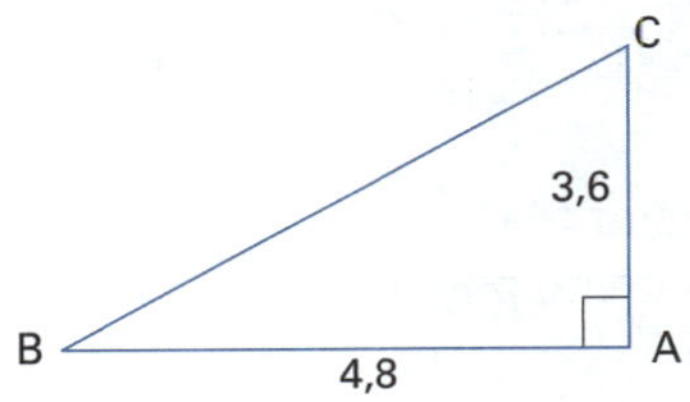

2 ✪✪ **Dans le triangle TOC, calculez la longueur du côté [OC]. Arrondissez au dixième.**

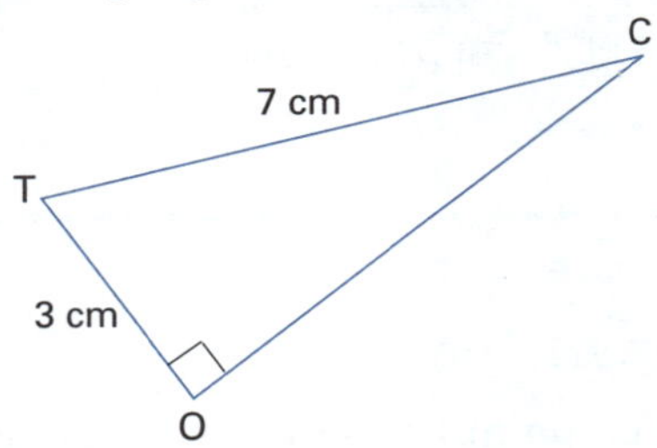

3 ✪✪ **Le triangle CAP est-il rectangle ?**

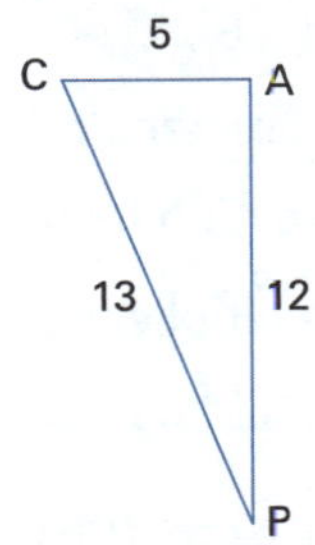

4 ✪✪✪ **Sachant que ce panneau est un losange dont chaque diagonale mesure 990 mm, calculez la longueur d'un côté, arrondie à l'unité.**

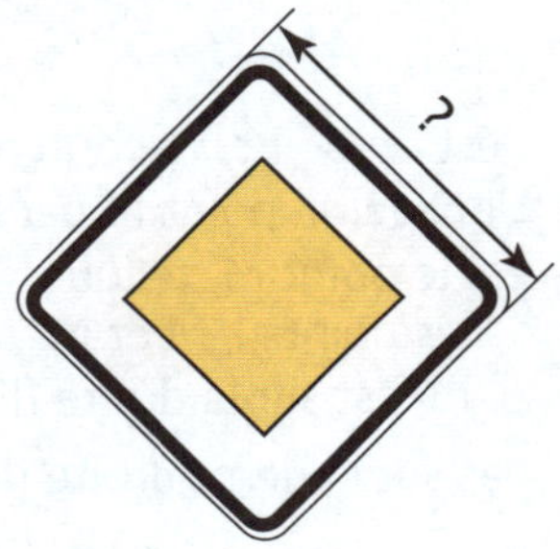

EXO BREVET

Une preuve du théorème de Pythagore

a. Calculez l'aire du grand carré.

b. Calculez l'aire du petit carré.

c. Calculez l'aire de chaque petit triangle.

d. En remarquant que l'aire du grand carré est égale à la somme des aires du petit carré et des 4 petits triangles, retrouvez le théorème de Pythagore pour le triangle de côtés a, b, c.

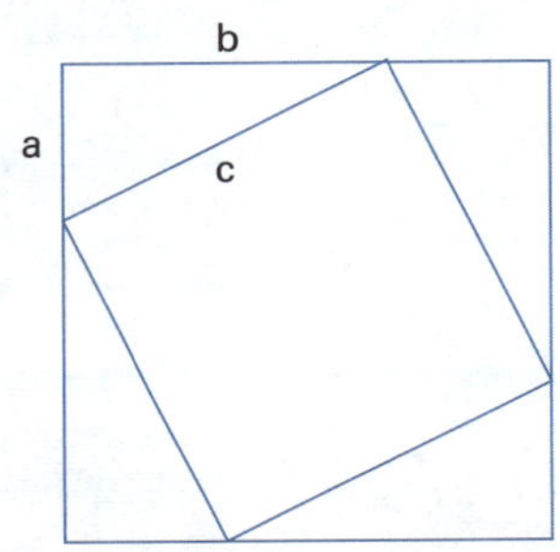

Corrigés p. 299

AVEZ-VOUS RÉUSSI ?

27 Symétries, rotations, translations, homothéties

ESPACE ET GÉOMÉTRIE

JE RETIENS

Translation

A et B sont deux points. On choisit un point M. L'image du point M par la **translation** qui transforme A en B, est le point M′ tel que le quadrilatère ABM′M est un **parallélogramme**.

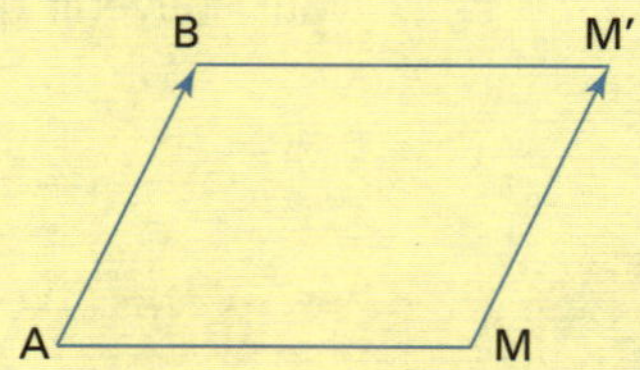

Rotation

O est un point, α est un angle. On choisit un point M. L'image du point M par la **rotation** de centre O, d'angle α, est le point M′ tel que :
M′ appartient au cercle de centre O et de rayon OM, $\widehat{MOM'} = \alpha$.

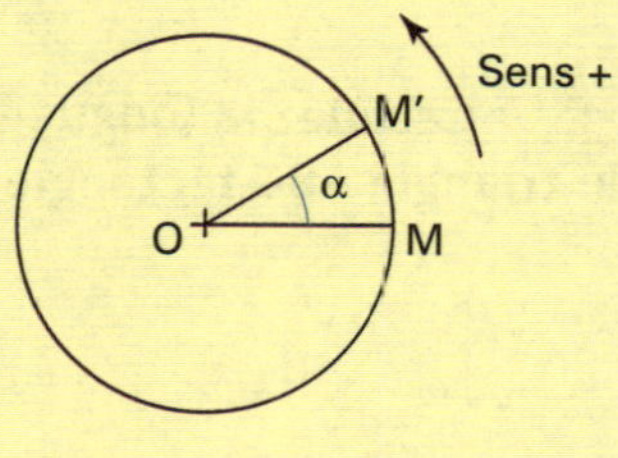

Homothétie

I est un point, k est un nombre réel. On choisit un point M.
L'image du point M par l'**homothétie** de centre I et de rapport k est le point M′ tel que :
- les points I, M et M′ sont alignés,
- M′ est sur la droite (IM) et : sur la demi-droite [IM) si $k > 0$,

pas sur la demi-droite [IM) si $k < 0$,

$IM' = |k|\ IM$ avec $|k| = \begin{cases} k \text{ si } k > 0 \\ -k \text{ si } k < 0 \end{cases}$

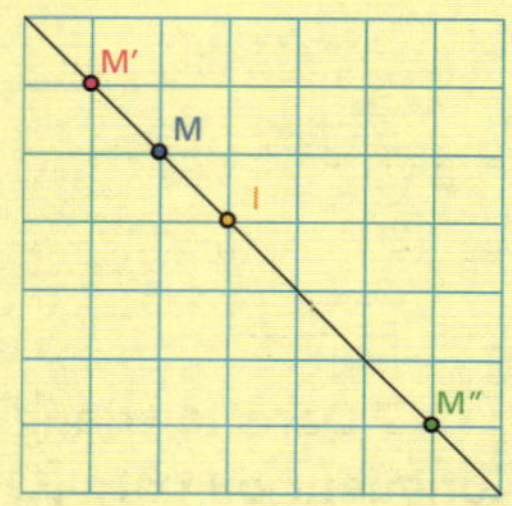

M′ est l'image de M par l'homothétie de centre I et de rapport $k = 2$;
M″ est l'image de M par l'homothétie de centre I et de rapport $k = -3$.

COMMENT FAIRE

Construire l'image d'une figure par une homothétie

- **On considère le rectangle ABCD ci-dessous et un point I extérieur à ce rectangle.**
- **Construisez l'image du rectangle par l'homothétie de centre I, de rapport $k = -\frac{1}{2}$.**

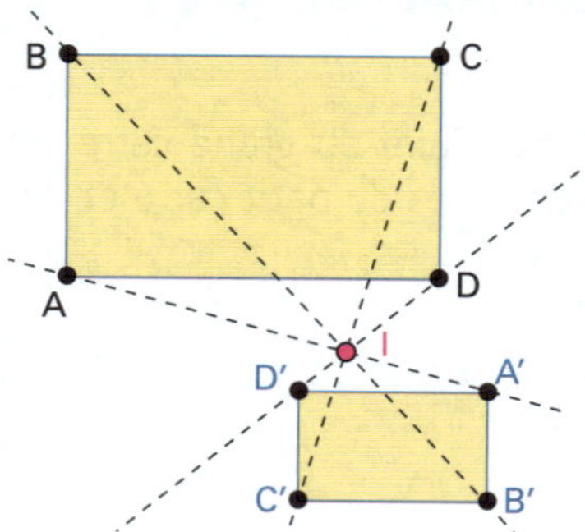

1. Tracer la droite (IA).

2. $k < 0$, donc A′ n'est pas sur la demi-droite [IA).
Placer le point A′ sur l'autre demi-droite, tel que $IA' = \frac{1}{2}\ IA$.

3. Construire les points B′, C′ et D′ de la même façon.

Remarque : l'image du rectangle ABCD par l'homothétie de centre I et de rapport $k = -\frac{1}{2}$ est un rectangle A′B′C′D′ dont les dimensions sont celles de ABCD multipliées par $\frac{1}{2}$.

Astuces

- Une **symétrie centrale** est une rotation d'angle 180° ou une homothétie de rapport $k = -1$.
- L'image d'une droite (AB) par une homothétie ou une translation est une **droite parallèle** à (AB).

S'ENTRAINER

1 ✪ **Construisez l'image du parallélogramme ABCD par la symétrie axiale d'axe (CD).**

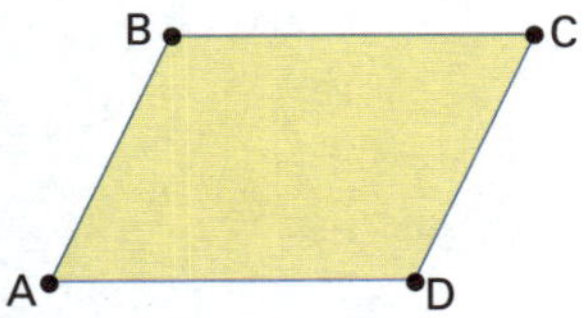

Que remarquez-vous au sujet de l'image de ABCD (forme, dimensions) ? ....

....

2 ✪ **Construisez l'image du parallélogramme ABCD par la symétrie centrale de centre D.**

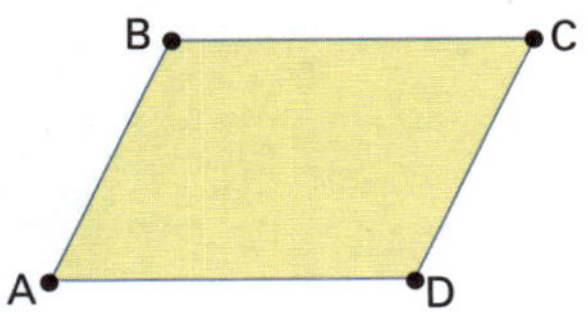

Que remarquez-vous au sujet de l'image de ABCD (forme, dimensions) ? ....

....

3 ✪ **Construisez l'image du parallélogramme ABCD par la translation qui transforme B en C.**

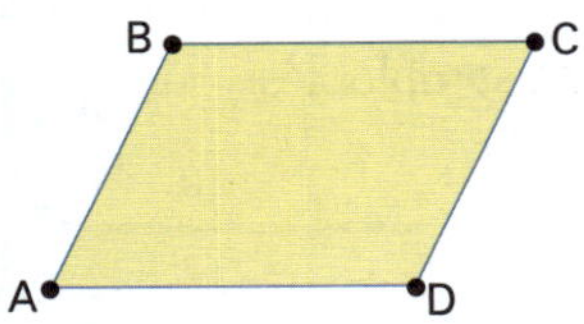

Que remarquez-vous au sujet de l'image de ABCD ?

....

....

4 ✪✪ **Construisez l'image du parallélogramme ABCD par la rotation de centre A et d'angle 30°.**

Que remarquez-vous au sujet de l'image de ABCD ?

....

....

....

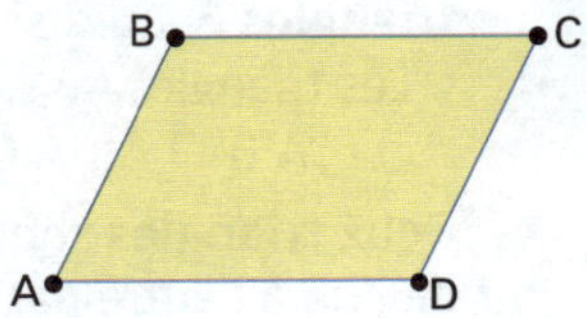

5 ✪✪✪ **Construisez l'image du parallélogramme ABCD par l'homothétie de centre I et de rapport $\frac{1}{2}$.**

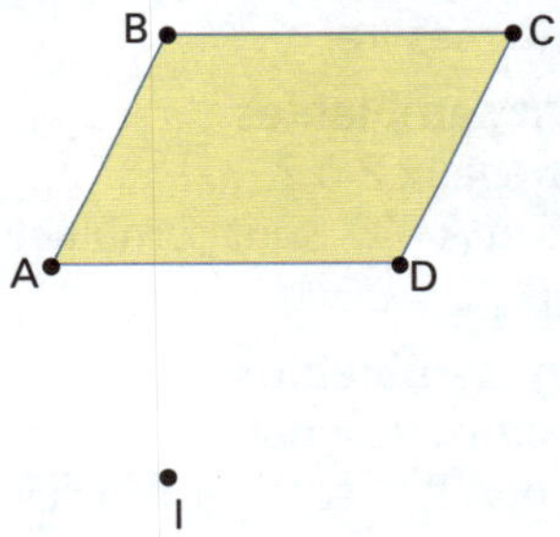

Que remarquez-vous au sujet de l'image de ABCD ?

....

....

....

....

MINI-CONTRÔLE

Le pavage ci-contre est constitué de parallélogrammes.

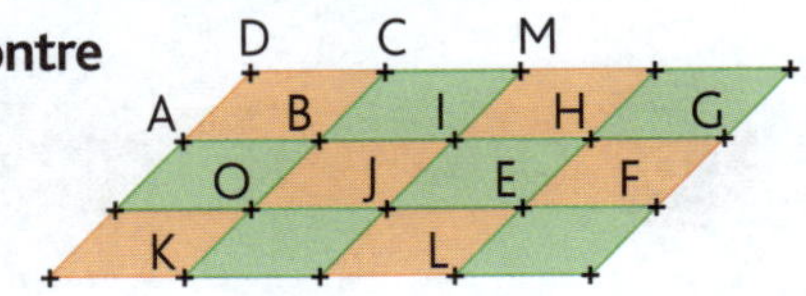

a. Donnez le nom et les caractéristiques d'une transformation qui permet de passer du parallélogramme ABCD au parallélogramme EFGH.

....

b. Donnez le nom et les caractéristiques d'une transformation qui permet de passer du parallélogramme ABCD au parallélogramme KBHL.

....

c. Construisez l'image du triangle ABD par la symétrie axiale de droite (AD).

d. Construisez l'image du triangle CIM par la rotation de centre C et d'angle 45° (dans le sens inverse des aiguilles d'une montre).

Corrigés p. 299

AVEZ-VOUS RÉUSSI ?

28 Triangles semblables, cas d'égalité des triangles

ESPACE ET GÉOMÉTRIE

JE RETIENS

- Deux **triangles** sont **isométriques** (on dit aussi **triangles égaux**) si leurs côtés sont égaux.
  Les triangles ABC et A'B'C' sont isométriques car : A'B' = AB, A'C' = AC et B'C' = BC.

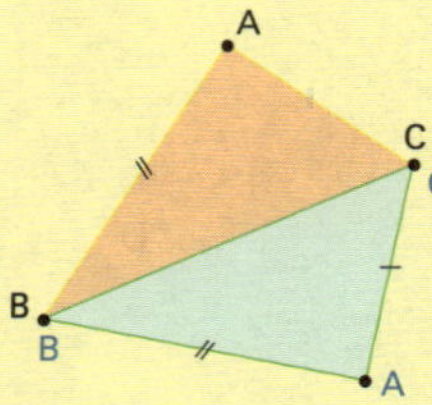

- Deux **triangles** sont **isométriques** si on peut passer de l'un à l'autre par une ou plusieurs isométries.
- Deux **triangles** sont **isométriques** s'ils ont deux côtés égaux et les angles entre ces deux côtés de même mesure.

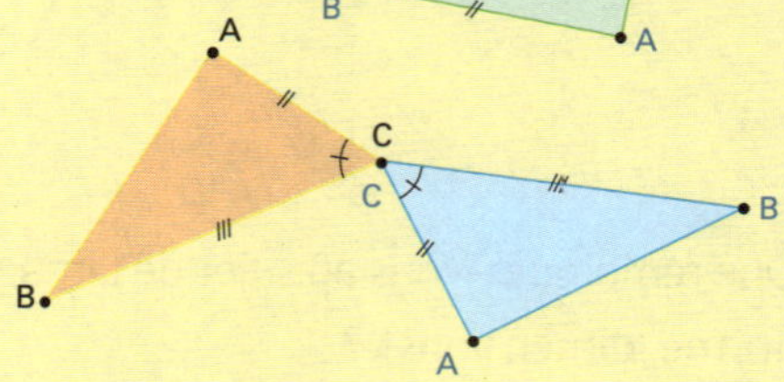

- Deux **triangles** sont **isométriques** s'ils ont deux angles égaux et les côtés entre ces angles de même mesure.
- Deux **triangles** sont **semblables** si leurs angles sont égaux 2 à 2.
  Les triangles ABC et A'B'C' sont semblables car : $\widehat{A} = \widehat{A'}$, $\widehat{B} = \widehat{B'}$, $\widehat{C} = \widehat{C'}$.

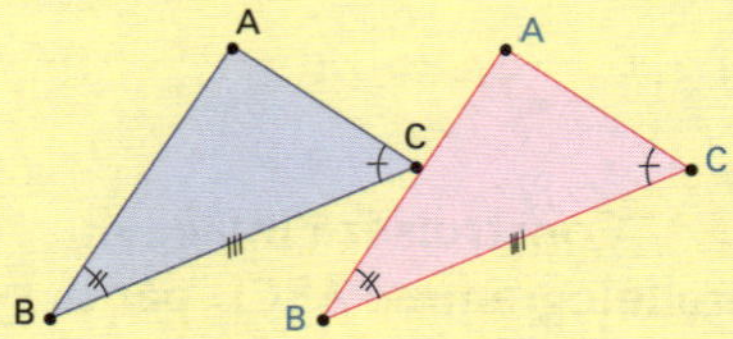

- Deux **triangles** sont **semblables** si leurs côtés sont proportionnels.
  Les triangles ABC et A'B'C' sont semblables car : $\frac{A'B'}{AB} = \frac{A'C'}{AC} = \frac{B'C'}{BC}$.

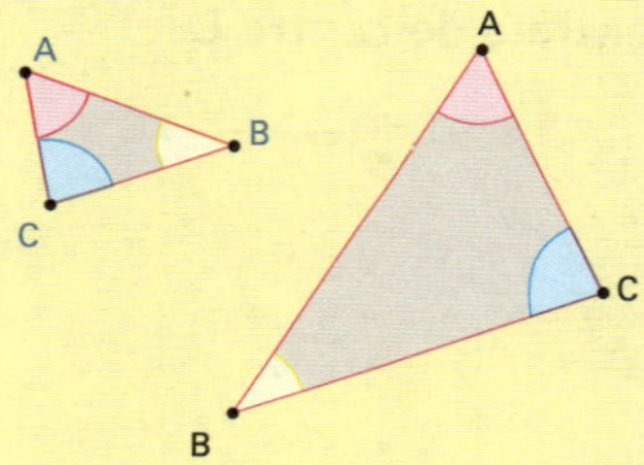

- Deux **triangles isométriques** sont semblables, mais deux triangles semblables ne sont pas nécessairement isométriques.

COMMENT FAIRE

Démontrer que deux triangles sont semblables

ABC est un triangle, M est sur le segment [AB], N est sur le segment [AC] et (MN) // (BC). Démontrez que les triangles ABC et AMN sont semblables.

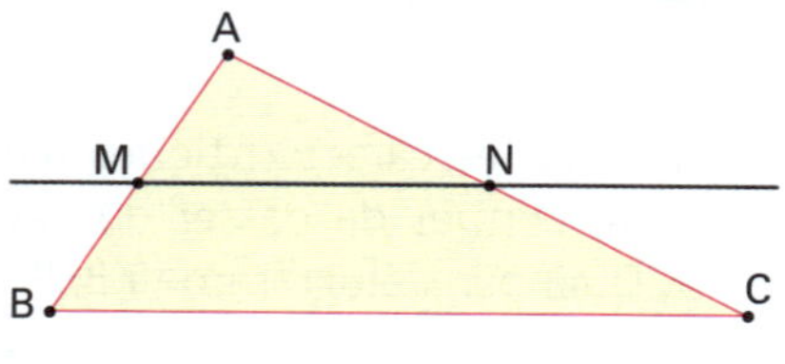

1. D'après le théorème de Thalès, on a :
   $\frac{AM}{AB} = \frac{AN}{AC} = \frac{MN}{BC}$.
2. Les triangles AMN et ABC sont donc semblables.

Astuces

- Les **isométries** sont : les rotations, les translations, les symétries.
- Les **triangles semblables** ont la même forme.

LE CONSEIL DU COACH

Mémoriser rapidement

Avant de débuter les exercices, prenez une feuille pour cacher la partie « Je retiens ». Descendez la feuille pour ne laisser apparaitre que la première ligne, « Deux triangles sont isométriques », et présentez les caractéristiques de ces triangles. Vous pouvez utiliser le même procédé pour les 6 autres triangles. Vous faites ainsi le point rapidement et de manière active sur vos connaissances.

S'ENTRAINER

1 ✪ **Démontrez que les triangles ABH et ACH sont isométriques.**

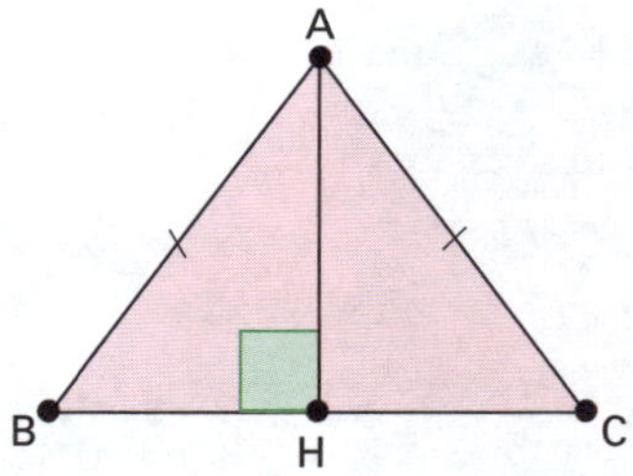

....

....

....

....

....

2 ✪ **ABC est un triangle rectangle en B tel que : AB = 4 cm, AC = 5 cm, BC = 3 cm. CA′C′ est l'image du triangle ABC par la translation qui transforme B en C.**

a. Sur une feuille à part, construisez les triangles ABC et CA′C′.

b. Expliquez pourquoi ces deux triangles sont isométriques.

....

....

c. Calculez l'aire du triangle ABC.

....

d. Calculez l'aire du triangle CA′C′.

....

e. Comparez les deux aires obtenues.

....

3 ✪✪ **Démontrez que deux triangles rectangles et isocèles sont semblables.**

....

....

....

4 ✪✪ **Démontrez que deux triangles équilatéraux sont semblables.**

....

....

....

5 ✪✪✪ **ABC est isocèle en A tel que : AB = AC = 2BC. I est le milieu de [AB], J le milieu de [AC]. Démontrez que :**

a. les triangles AJB et AIC sont isométriques.

....

....

b. les triangles JBC et IBC sont isométriques.

....

....

EXO BREVET

ABDE et BCFG sont deux carrés construits à l'extérieur du triangle ABC. Démontrez que : AG = DC.

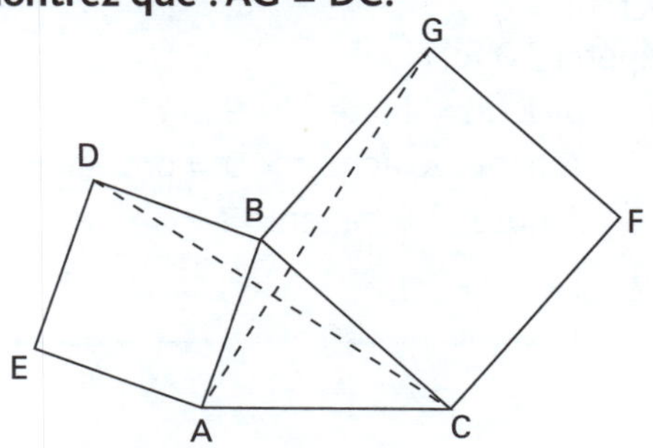

....

....

....

....

Corrigés p. 300

AVEZ-VOUS RÉUSSI ?

29 Boucles et variables

ALGORITHMIQUE ET PROGRAMMATION

JE RETIENS

- **La boucle « répéter *n* fois »** (aussi appelée boucle « pour ») permet de répéter une série d'actions un nombre *n* de fois.
  Afficher les 10 premiers nombres de la table de 9 (voir encadré « Comment faire »).
- **La boucle « répéter jusqu'à »** (aussi appelée boucle « tant que ») permet de répéter une série d'actions jusqu'à ce qu'une condition soit vérifiée. Si la condition n'est jamais vérifiée, l'algorithme ne s'arrête pas !
  Tant que je n'ai pas fait 6, je lance le dé.
- En algorithmique, une **variable** est un symbole qui associe un **nom** à une **valeur**. Dans Scratch, les variables sont souvent des nombres.
  « compteur » et « face du dé » sont des variables de type nombre.

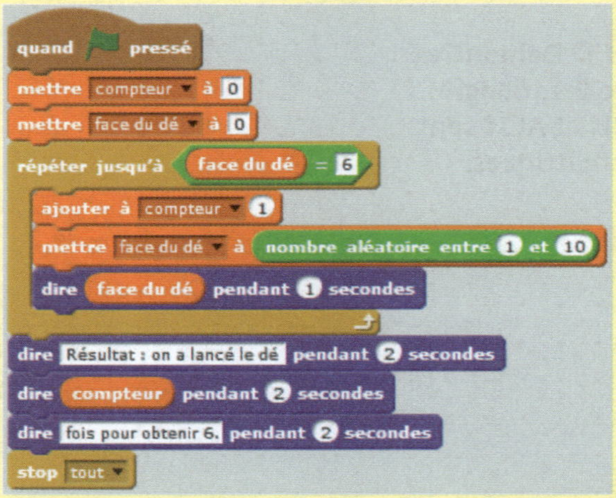

Scratch est développé par le groupe Lifelong Kindergarten auprès du MIT Media Lab. voir http://scratch.mit.edu

COMMENT FAIRE

Afficher la table de 9

Écrivez un algorithme permettant d'afficher successivement les résultats de la table de 9.

Variables : facteur, produit
Début
facteur = 0
Répéter 10 fois
1. produit = facteur × 9
2. Afficher « facteur × 9 = produit »
3. Ajouter 1 à facteur

Fin

1. Déclarer les variables.
2. Initialiser la variable « facteur ».
3. Commencer une boucle.
4. Donner les instructions à effectuer.
5. Afficher les résultats successifs.
6. Incrémenter « nombre » de 1 pour passer à la valeur suivante.

Astuces

- **Déclarer** une variable, c'est lui donner un nom.
- **Initialiser** une variable, c'est dire combien elle vaut au départ.
- **Incrémenter** un nombre, c'est augmenter sa valeur.

S'ENTRAINER

1 ✪ **Complétez l'algorithme permettant de transformer des dollars américains (USD) en euros (€), sachant que 1 € = 1,09 USD.**

Variables : USD, EUR

....

1 ....

2 ....

3 ....

4 ....

....

2 ✪✪ **À partir de l'algorithme proposé dans le « Comment faire », écrivez un algorithme permettant de réciter la table de multiplication choisie par l'utilisateur.**

Variables : ....

....

....

....

....

1 ....

2 ....

3 ....

....

3 ✪✪ **On donne un algorithme :**

Variables : *nombre*, *d*.
Début
Demander le *nombre* qu'on veut tester.
d = 1
Répéter autant de fois que la valeur de *nombre*.
1 Si $\frac{nombre}{d}$ est un nombre entier, alors afficher *d*.
2 Incrémenter *d* de 1.
Fin

a. Testez cet algorithme avec *nombre* = 3. Écrivez les résultats obtenus.

....

b. Testez cet algorithme avec *nombre* = 12. Écrivez les résultats obtenus.

....

c. Expliquez à quoi sert cet algorithme.

....

4 ✪✪✪ **Associez l'algorithme donné à la figure correspondante.**

Variable : *n*.
Début
Se placer en A.
n = 1.
Répéter 8 fois
1. Avancer de *n* case(s).
2. Tourner de 90°.
3. Incrémenter *n* de 1.
Fin

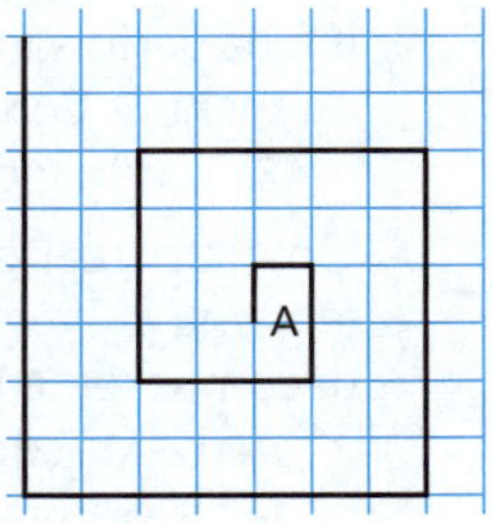

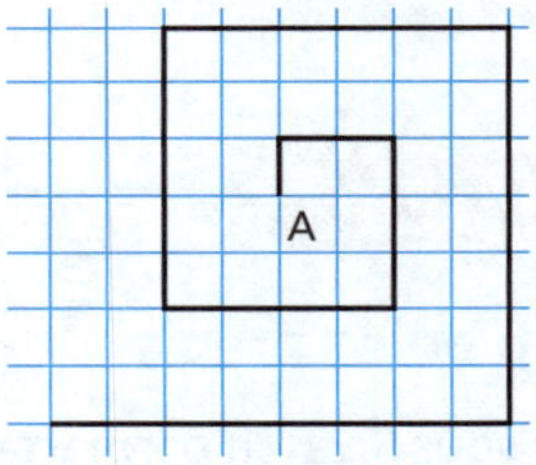

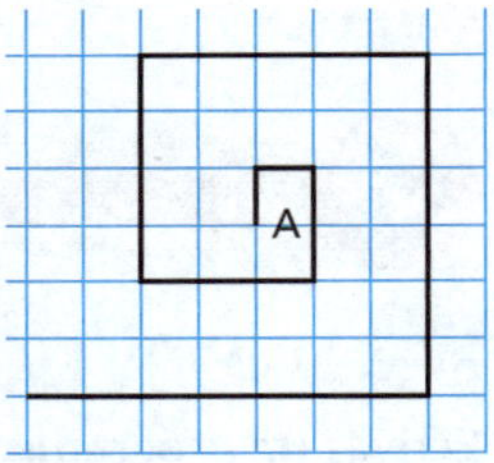

MINI-CONTRÔLE

Crible d'Ératosthène

a. Rayez les multiples de 2 sauf 2.
b. Rayez les multiples de 3 sauf 3.
c. Rayez les multiples de 5 sauf 5.
d. Rayez les multiples de 7 sauf 7.
e. Donnez un adjectif pour qualifier les nombres qui ne sont pas rayés : ....

1	2	3	4	5	6	7	8	9	10
11	12	13	14	15	16	17	18	19	20
21	22	23	24	25	26	27	28	29	30
31	32	33	34	35	36	37	38	39	40
41	42	43	44	45	46	47	48	49	50
51	52	53	54	55	56	57	58	59	60
61	62	63	64	65	66	67	68	69	70
71	72	73	74	75	76	77	78	79	80
81	82	83	84	85	86	87	88	89	90
91	92	93	94	95	96	97	98	99	100

Corrigés p. 301

AVEZ-VOUS RÉUSSI ?

30 Interactions

ALGORITHMIQUE ET PROGRAMMATION

JE RETIENS

- Avec Scratch, on peut faire agir un lutin en fonction : d'une saisie au clavier, des actions d'un autre lutin, etc., notamment avec les blocs du menu « **Capteurs** ».
  Se rendre en un point précis (voir encadré « Comment faire »).
- On utilise la boucle « **répéter indéfiniment** » quand on ne sait pas quand l'évènement aura lieu ou si on veut qu'il puisse se produire tout au long du programme.
  Il faut parfois lui associer le bloc « **stop tout** » du menu « Contrôle » pour arrêter le processus.

  Se rendre en un point précis (voir encadré « Comment faire »)
- On peut créer des blocs « **messages** » dans le menu « Évènements », qui permettent de décomposer le problème en sous-problèmes.
  Activer le sous-programme « déplacement » quand le programme commence (voir encadré « Comment faire »).

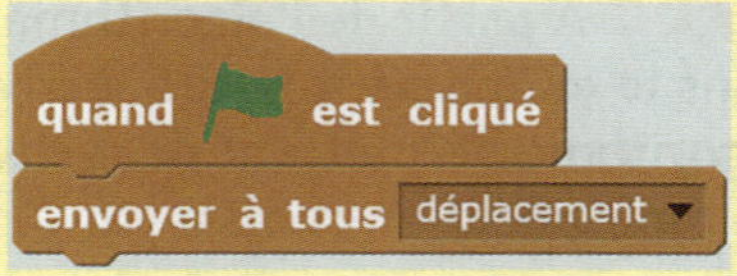

COMMENT FAIRE

Glisser jusqu'en un point précis

Écrivez un programme sous Scratch permettant de voir le lutin glisser jusqu'en haut ou à gauche de l'écran en fonction de la flèche pressée, et qui répond au message « déplacement »

1. Créer un « **costume2** » en effectuant un « **Retournement horizontal »** du « **costume1** ».
2. Centrer le lutin au début du programme.
3. Choisir la boucle « **répéter indéfiniment** » pour pouvoir réaliser ces déplacements tout au long du programme.
4. Choisir la boucle conditionnelle « **si... alors** » pour indiquer le mouvement à réaliser en fonction de chacune des flèches.
5. Choisir l'orientation du lutin et son costume en fonction du sens du déplacement.
6. Indiquer les coordonnées du point à atteindre.
7. Choisir le bloc « **glisser** » du menu « Mouvement » pour voir le lutin se déplacer jusqu'au point choisi.

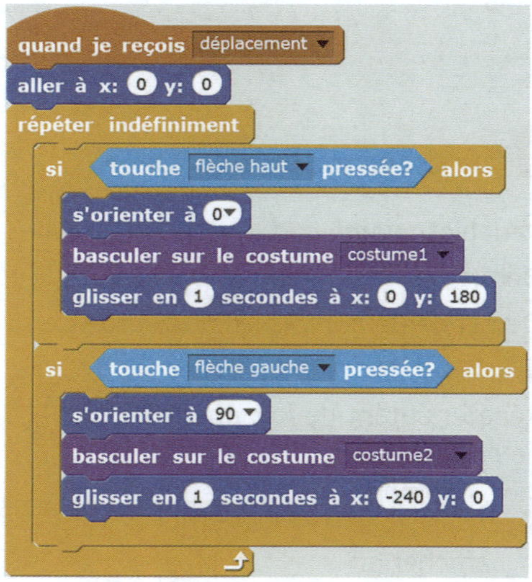

Astuces

- On peut **créer des listes** dans le menu « Données ».
- Dans le menu « opérateurs », la commande « modulo » donne le **reste de la division** du premier nombre entier par le deuxième.

LE CONSEIL DU COACH

Se donner une limite horaire

Pour rester bien concentré(e), n'ouvrez que la page Scratch sur votre ordinateur et fixez-vous un horaire précis de travail : 20 min, 30 min... mais n'excédez pas 1 heure. Il s'agit simplement de concevoir des programmes simples. Attention, il peut être tentant de développer des éléments qui ne sont pas demandés et de passer un temps important sur Scratch... au détriment des autres devoirs.

S'ENTRAINER

1 ✪ **En utilisant les blocs fournis, écrivez un programme sous Scratch permettant au lutin d'avancer, puis de dire « miaou » et de s'arrêter s'il rencontre le bord.**

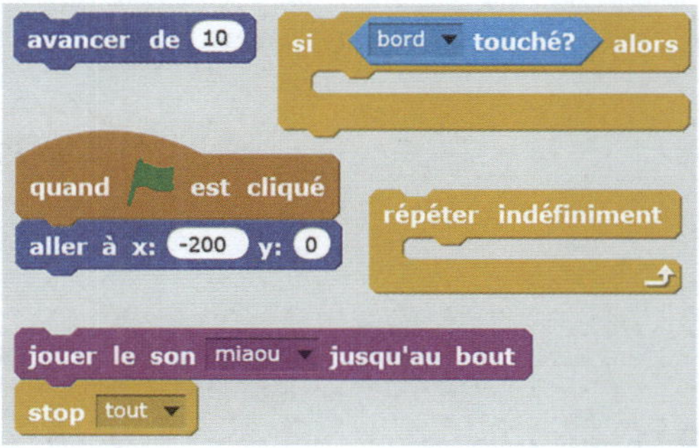

2 ✪✪ **On veut écrire un programme sous Scratch permettant au lutin de dire « bonjour » dans différentes langues.**

a. Créez un arrière-plan avec quatre drapeaux, correspondant chacun à un numéro :
1) français ; 2) espagnol ; 3) anglais ; 4) allemand.

b. Écrivez le programme permettant au lutin de :
– dire « Bonjour » si on clique sur « 1 »,
– dire « Buenos dias » si on clique sur « 2 »,
– dire « Hello » si on clique sur « 3 »,
– dire « Guten Tag » si on clique sur « 4 ».

3 ✪✪ **On donne le programme suivant :**

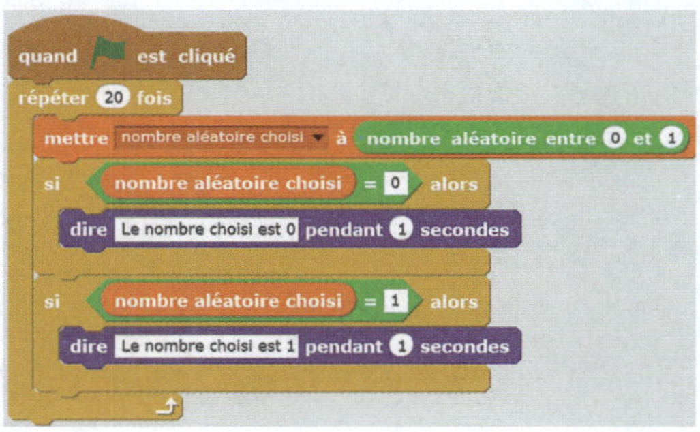

a. Expliquez ce que fait ce programme.

....

....

b. Modifiez ce programme pour que le lutin énonce 100 nombres aléatoires « 0 » ou « 1 » et pour qu'il compte le nombre de « 0 » et de « 1 ».

4 ✪✪✪ **Écrivez un programme sous Scratch permettant de réaliser la figure suivante :**

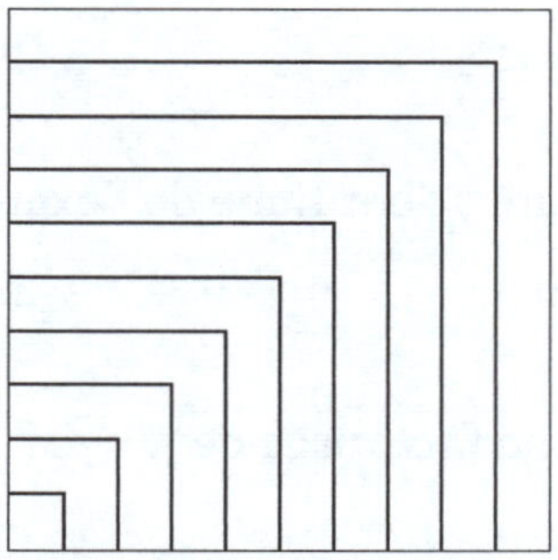

On peut créer un bloc message intitulé « carré » qui dessine un carré de côté « c », puis appeler ce message et le répéter en augmentant « c ».

MINI-CONTRÔLE

On veut écrire un programme permettant de faire la liste des diviseurs premiers d'un nombre entier.

a. En utilisant le crible d'Ératosthène (voir p. 125), donnez la liste des nombres premiers inférieurs à 100.

....

....

....

b. Écrivez un programme sous Scratch qui donne la liste des diviseurs premiers du nombre choisi.

Corrigés p. 301

AVEZ-VOUS RÉUSSI ?

Bilan

NOMBRES ET CALCULS

Entourez la ou les bonnes réponses.

1 **Une décomposition en facteurs premiers de 348 est :**

a. $4 \times 3 \times 29$ b. $2^2 \times 3 \times 29$ c. 12×29 .... /2

2 **La fraction irréductible égale à $\frac{3}{4} + \frac{1}{12}$ est :**

a. $\frac{10}{12}$ b. $\frac{5}{6}$ c. $\frac{4}{16}$ .... /2

3 **La racine carrée $\sqrt{8}$ peut être encadrée par :**

a. $7 < \sqrt{8} < 9$ b. $\sqrt{4} < \sqrt{8} < \sqrt{9}$ c. $2 < \sqrt{8} < 3$ .... /2

4 **La racine carrée $\sqrt{20}$ peut être encadrée par :**

a. $4 < \sqrt{20} < 5$ b. $19 < \sqrt{20} < 21$ c. $16 < \sqrt{20} < 25$ .... /2

5 **L'écriture scientifique de l'expression $D = \frac{1{,}2 \times 10^{-2} \times 4 \times 10^3}{3 \times 10^{-1}}$ est :**

a. $1{,}6 \times 10^2$ b. 160 c. $1{,}6 \times 10^{-2}$ .... /2

6 **La forme factorisée de $A = 4x^2 + 12x + 9$ est :**

a. $(2x - 3)^2$ b. $(2x + 3)(2x - 3)$ c. $(2x + 3)^2$ .... /2

7 **La forme factorisée de $B = 9x^2 - 12x + 4$ est :**

a. $(3x + 2)^2$ b. $(3x - 2)^2$ c. $(3x - 2)(3x + 2)$ .... /2

8 **La forme factorisée de $C = 16x^2 - 9$ est :**

a. $(4x + 3)^2$ b. $(4x + 3)(4x - 3)$ c. $(4x - 3)^2$ .... /2

9 **L'équation $(2x - 3)(4x + 5) = 0$ a pour solutions :**

a. 3 et -5 b. $-\frac{3}{2}$ et $\frac{5}{4}$ c. $\frac{3}{2}$ et $-\frac{5}{4}$ .... /2

10 **L'équation $-3x + 2 = 0$ a pour solution :**

a. $x = \frac{2}{3}$ b. $x = -\frac{2}{3}$ c. $x = 1$ .... /2

Total .... /20

ORGANISATION ET GESTION DE DONNÉES. FONCTIONS

Entourez la ou les bonnes réponses.

1 Soit la fonction f définie par le tableau suivant :

x	-3	-1	0	2
$f(x)$	-1	2	-3	0

L'**image** par f du nombre -3 est :

a. $f(-3) = 0$ b. $f(0) = -3$ c. $f(-3) = -1$ .... /2

L'**antécédent** par f du nombre -3 est :

a. $f(-3) = 0$ b. $f(0) = -3$ c. $f(-3) = -1$ .... /2

2 Sur une jupe à 60 €, le vendeur accorde une réduction de 40 %. Cette remise s'élève à :

a. 40 € b. 24 € c. 2 400 € .... /2

3 Sur une carte à l'échelle 1/25 000, 1 cm représente en réalité :

a. 25 000 cm b. 25 km c. 250 m .... /2

4 Soit f la fonction linéaire définie par : $f(x) = -3x$. Les points qui appartiennent à sa représentation graphique sont :

a. A $(0\ ;-3)$ b. B $(2\ ;-6)$ c. O $(0\ ;0)$ .... /2

5 Soit f la fonction affine définie par : $f(x) = 2x - 3$. Les points qui appartiennent à sa représentation graphique sont :

a. A $(0\ ;-3)$ b. B $(2\ ;-3)$ c. C $(3\ ;3)$ .... /2

6 Si les valeurs extrêmes d'une série statistique sont 30 € et 80 €, alors l'étendue de cette série vaut :

a. 50 € b. 55 € c. 110 € .... /2

7 On considère une urne contenant : trois boules rouges, deux boules vertes, deux boules bleues et une boule jaune.

La probabilité de tirer une boule vaut : $\frac{1}{8}$.

Quelle est la probabilité de tirer une boule bleue ?

a. $p(\text{bleue}) = \frac{1}{8}$ b. $p(\text{bleue}) = \frac{2}{8}$ c. $p(\text{bleue}) = \frac{1}{4}$ .... /2

Quelle est la probabilité de ne pas tirer de boule bleue ?

a. $p(\text{non bleue}) = \frac{3}{4}$ b. $p(\text{non bleue}) = \frac{6}{8}$ c. $p(\text{non bleue}) = \frac{7}{8}$ .... /2

Quel(s) arbre(s) décrit(vent) les situations possibles ?

a.

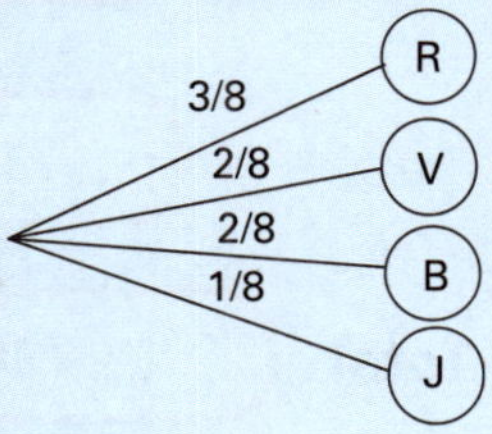

b.

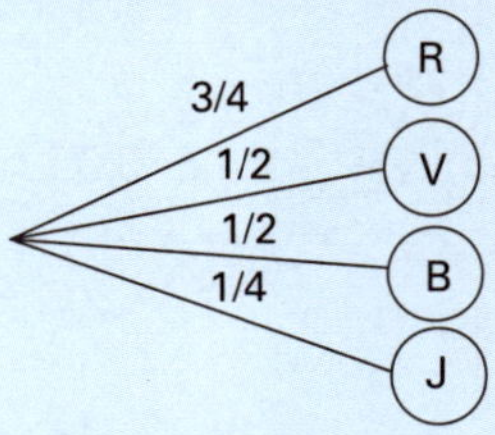

c.

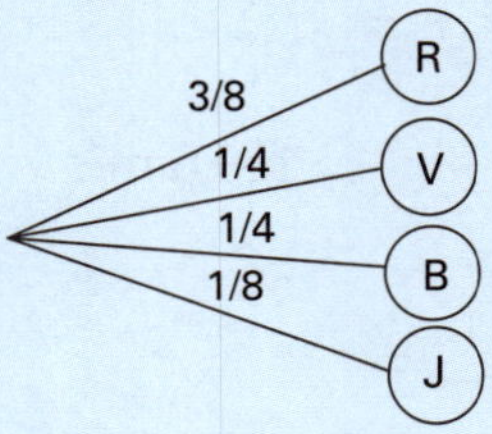

.... /2

Total .... /20

Bilan

GRANDEURS ET MESURES

Entourez la ou les bonnes réponses.

1 **Le volume d'un cylindre de révolution de rayon R = 3 cm et de hauteur h = 10 cm est égal à :**

a. 90π cm³ b. 60π cm³ c. environ 282,7 cm³ .... /2

2 **Le volume d'une pyramide de base carrée de côté 5 cm et de hauteur 6 cm est égal à :**

a. 150 cm³ b. 50 cm³ c. 180 cm³ .... /1

3 **Le volume d'une boule de rayon R = 6 cm est égal à :**

a. 288π cm³ b. environ 905 cm³ c. 216π cm³ .... /2

4 **L'aire d'une sphère de rayon R = 6 cm est égale à :**

a. 36π cm² b. 144π cm² c. environ 452 cm² .... /2

5 **Soit une figure d'aire 15 cm² dont on multiplie les dimensions par 3. L'aire de la figure obtenue vaut :**

a. $A = 15 \times 3^2$ cm² b. $A = 135$ cm² c. $A = \frac{15}{3^2}$ cm² .... /2

6 **Soit un solide de volume 250 cm³ dont on divise les dimensions par 5. Le volume du solide obtenu vaut :**

a. $V = 250 \times 5^3$ cm³ b. $V = 2$ cm³ c. $V = \frac{250}{5^3}$ cm³ .... /2

7 **Les isométries conservent :**

a. les longueurs b. les angles c. les aires .... /3

8 **Une symétrie :**

a. est une isométrie b. est une transformation du plan c. n'est pas une isométrie .... /2

9 **Une homothétie :**

a. est une isométrie b. est une transformation du plan c. n'est pas une isométrie .... /2

10 **1 m³ =**

a. 10 dm³ b. 100 dm³ c. 1 000 dm³ .... /1

11 **36 km/h =**

a. 10 m/s b. 129,6 m/s c. 0,01 m/s .... /1

Total .... /20

ESPACE ET GÉOMÉTRIE

Entourez la ou les bonnes réponses.

1 **Soit le triangle ABC rectangle en A tel que mes($\widehat{B}$) = 35° et BC = 6 cm. Pour calculer la longueur du côté AB, on utilise :**

a. sin $\widehat{B}$ b. cos $\widehat{B}$ c. tan $\widehat{B}$

.... /2

2 **Soit le triangle ABC rectangle en A tel que mes($\widehat{B}$) = 35° et AC = 6 cm. Pour calculer la longueur du côté AB, on utilise :**

a. sin $\widehat{B}$ b. cos $\widehat{B}$ c. tan $\widehat{B}$

.... /2

3 **Soit un angle $\widehat{A}$ tel que cos($\widehat{A}$) = 0,325. La mesure de l'angle $\widehat{A}$, arrondie au degré, vaut :**

a. 1° b. 71° c. 19°

.... /2

4 **Soient M, N, P trois points alignés tels que : MN = 2 cm et MP = 8 cm. Soient R et S deux points alignés avec le point M tels que : MR = 4 cm et les droites (NR) et (SP) sont parallèles. La longueur MS vaut :**

a. 10 cm b. 16 cm c. 1 cm.

.... /2

5 **Soient trois points A, B, C alignés dans cet ordre tels que : AB = 3 cm et BC = 6 cm. Soient les points D et E tels que : D, B, E sont alignés dans cet ordre, DB = 4 cm, BE = 8 cm. Alors :**

a. Les droites (AC) et (DE) sont parallèles.
b. Les droites (AD) et (EC) sont parallèles.
c. Les droites (AC) et (DE) sont sécantes.

.... /2

6 **Soit une pyramide régulière de base carrée de côté 4 cm. Soit un plan parallèle à cette base. Ce plan coupe la pyramide au milieu de sa hauteur. La section est :**

a. un carré de côté 2 cm.
b. un rectangle de largeur 2 cm et de longueur 4 cm.
c. un triangle isocèle de base 4 cm.

.... /2

7 **Soit un triangle ABC tel que : AB = 4 cm, AC = 5 cm et BC = 6 cm. Ce triangle :**

a. est rectangle en A b. n'est pas rectangle c. est équilatéral

.... /2

8 **L'image d'un parallélogramme par une translation est :**

a. un carré b. un rectangle c. un parallélogramme

.... /2

9 **L'image d'un carré de côté *c* par une homothétie de rapport *k* est :**

a. un carré de côté c b. un carré de côté $k \times c$ c. un carré de côté $\frac{c}{k}$

.... /2

10 **Soient deux triangles ABC et DEF tels que : $\frac{AB}{DE} = \frac{BC}{EF} = \frac{AC}{DF}$. Alors :**

a. ABC et DEF sont isométriques
b. ABC et DEF sont semblables
c. ABC et DEF sont égaux

.... /2

Total .... /20

Corrigés p. 302

1 La Première Guerre mondiale (1914-1918)

HISTOIRE

JE RETIENS

Les phases de la guerre

- Lorsque la guerre éclate en **aout 1914**, les pays d'Europe s'opposent dans deux systèmes d'alliances : la **Triple Entente** (France, Royaume-Uni, Russie) et la **Triple Alliance** formée par les puissances centrales (Allemagne, Autriche-Hongrie, Italie).
- À l'automne 1914, la **guerre de mouvement** donne l'avantage aux puissances centrales mais elle se transforme rapidement en une **guerre de positions** : entre 1915 et 1917, les armées s'enterrent dans des **tranchées** sans parvenir à percer le **front** malgré des offensives meurtrières. Ce n'est qu'au printemps 1918 que reprend la guerre de mouvement. L'**armistice** est signé le **11 novembre 1918**.

La vie des soldats au front

- Au front, les combats sont d'une extrême violence. L'utilisation d'armes nouvelles (grenades, mitrailleuses, gaz) et surtout les tirs incessants d'obus font des ravages. Les **poilus** vivent un véritable enfer : les assauts sont aussi fréquents qu'inutiles, la peur et la mort sont omniprésentes.
- Les **conditions de vie** dans les tranchées sont insoutenables : boue, rats, cadavres, manque d'hygiène, nourriture infecte, fatigue. Dès 1917, les soldats se révoltent : les premières **mutineries** éclatent.

L'implication des civils à l'arrière

- Le conflit a mobilisé les soldats mais aussi les civils : c'est pour cela qu'on parle de **guerre totale**. Les femmes ont dû travailler dans les usines et les champs pour remplacer les hommes partis combattre. Les civils ont subi la **pénurie**, la hausse des prix et des impôts. Ils ont aussi été invités à prêter leur argent à l'État. Enfin, ils ont été manipulés par la propagande et la censure tout au long du conflit.
- En **1915**, les Arméniens ont été victimes d'un **génocide** organisé par le gouvernement ottoman, lors duquel les deux tiers d'entre eux ont été déportés et massacrés.

COMMENT FAIRE

Lire et analyser un témoignage

La lettre d'un poilu

1. **Identifier le document :** cette lettre a été écrite le 15 juillet 1916 par Georges Gallois, soldat français, qui raconte à ses parents son expérience sur le front à Verdun.
2. **Sélectionner les informations :** relevez les armes utilisées, les conditions de combat et de vie dans les tranchées, les souffrances endurées.
3. **Analyser :** confrontez ce témoignage à d'autres sources pour en vérifier la fiabilité et montrez son intérêt en expliquant l'enfer vécu par les soldats durant cette guerre.

Verdun, 15 juillet 1916, 4h, soir

Mes chers parents,

Je suis encore vivant et en bonne santé, pas même blessé alors que tous mes camarades sont tombés morts ou blessés aux mains des Boches[1], qui nous ont fait souffrir les mille horreurs, liquides enflammés, gaz asphyxiants, attaques...

Je suis redescendu de première ligne ce matin. Je ne suis qu'un bloc de boue [...]. J'ai eu soif... J'ai connu l'horreur de l'attente de la mort sous un tir de barrage inouï... [...]. J'ai sommeil, je suis plein de poux, je pue la charogne des macchabées.

Je vous écrirai dès que je vais pouvoir. [...]. Bonne santé, et je vous embrasse bien affectueusement.

Georges.

Lettre du capitaine Georges Gallois, citée dans *Paroles de poilus*, Librio, 2001.

1. des Allemands (terme péjoratif)

DATES CLÉS Aout 1914, début de la Première Guerre mondiale ; 1915, génocide arménien ; 11 novembre 1918, armistice.

LE CONSEIL DU COACH

Instaurer des rituels

Pour travailler vos cours d'histoire, instaurez un rituel autour des mêmes questions. Quand a lieu l'évènement étudié ? Où ? Qui sont les acteurs ? Que s'est-il passé et pourquoi ? Soit vous avez déjà des connaissances qui vous permettent d'y répondre, soit vous utilisez la partie « Je retiens ». Vous serez ensuite prêt(e) pour faire les exercices.

S'ENTRAINER

1 ✪ L'Europe en 1914

Complétez la légende.

[vert] ....

[orange] ....

[ligne dentelée] ....

M : Monténégro

2 ✪✪ Une affiche de propagande, 1915

Affiche créée par F. Barbier, 1915, citée dans Paillard Rémy, *Affiches 14-18*, 1986.

a. Quel est le commanditaire de cette affiche ? À qui est-elle destinée ?

....

....

....

b. Décrivez la scène représentée.

....

....

....

c. Dans quel but cette affiche a-t-elle été réalisée ?

....

....

EXO BREVET

Les phases de la guerre

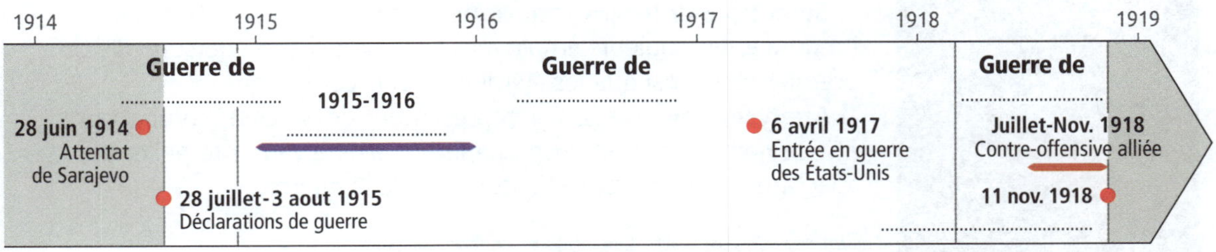

a. Placez sur la frise chronologique les évènements suivants : *armistice, génocide arménien.*

b. Situez et coloriez en bleu les phases de la guerre de mouvement et en vert la phase de la guerre de positions.

» Corrigés p. 303

AVEZ-VOUS RÉUSSI ?

2 Bilan et conséquences de la Première Guerre mondiale

HISTOIRE

JE RETIENS

Un bilan dramatique

- Le bilan humain de la guerre est très lourd : on compte **9 millions de morts** et 6 millions d'invalides, surnommés les **gueules cassées**. De nombreux soldats rentrent traumatisés et ne parviennent pas à reprendre le cours normal de leur vie.
- Sur le plan matériel, les **destructions** sont considérables : villes, villages, forêts et champs situés sur les fronts sont ravagés. Les États d'Europe sont affaiblis et endettés tandis que les **États-Unis** s'imposent comme une **grande puissance mondiale**.

Les révolutions russes

- En **février 1917**, les Russes manifestent leur mécontentement car ils ne supportent plus les défaites militaires et la hausse des prix. Le peuple se soulève et Nicolas II abdique : c'est la première **révolution russe**.
- En **octobre 1917** survient la deuxième révolution russe : **Lénine**, chef du parti bolchevique, s'empare du pouvoir avec l'aide des **soviets** par un coup d'État. Il prend alors les mesures réclamées par le peuple : le retrait de la guerre et la distribution des grandes propriétés aux paysans.

Les traités de paix

- Le **28 juin 1919**, le **traité de Versailles** est imposé par les pays vainqueurs à l'Allemagne. Celle-ci est jugée responsable de la guerre et est sévèrement condamnée : elle perd une partie importante de son territoire, est empêchée de se réarmer et doit verser des **réparations** aux vainqueurs. Ce **diktat** est vécu comme une humiliation par les Allemands.
- D'autres traités de paix aboutissent au **démantèlement des grands empires**, comme l'Autriche-Hongrie, pour permettre aux peuples qui étaient autrefois dominés d'accéder à l'indépendance. Malgré ces mesures et la création de la **SDN (Société des nations)**, la paix reste fragile et de nouvelles tensions apparaissent déjà au lendemain de la guerre.

COMMENT FAIRE

Décrire et analyser une œuvre d'art

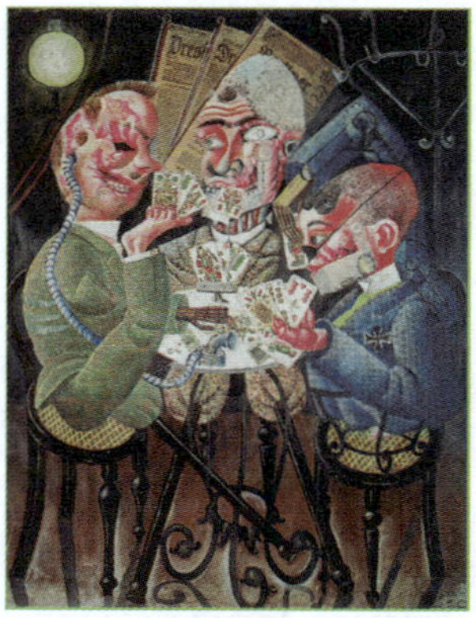

1. **Identifier le document :** cette œuvre est une huile sur toile avec collage (110 x 87 cm), réalisée par l'artiste allemand Otto Dix en 1920 et conservée à la Neue Nationalgalerie de Berlin.
2. **Sélectionner les informations :** repérez la composition de l'œuvre et les couleurs employées ; décrivez chaque personnage du premier plan ainsi que les éléments qui les entourent.
3. **Analyser :** montrez qu'en représentant des anciens combattants atrocement mutilés et déshumanisés, l'artiste veut interpeller le spectateur sur l'horreur et l'absurdité de la guerre.

Les Joueurs de skat, Otto Dix, huile et collage sur toile, 110 x 87 cm, 1920, Neue Nationalgalerie, Berlin.

DATES CLÉS Février et octobre 1917, révolutions russes ; 28 juin 1919, traité de Versailles.

S'ENTRAINER

1 ✪ La révolution de février 1917

Le nombre des grévistes, femmes et hommes, fut [le 23 février], d'environ 90 000. [...] Une foule de femmes, qui n'étaient pas toutes des ouvrières, se dirigea vers l'assemblée municipale pour réclamer du pain. [...] Dans divers quartiers, apparurent des drapeaux rouges dont les inscriptions attestaient que les travailleurs exigeaient du pain, et ne voulaient plus de l'autocratie[1] ni de la guerre.

Léon Trotski, *Histoire de la révolution russe*, 1930.

1. Régime autoritaire, dirigé en Russie par le tsar.

Quelles sont les raisons qui poussent le peuple russe à se soulever ?

....

....

....

2 ✪✪ Extraits du traité de Versailles

Art. 119 – L'Allemagne renonce à ses droits sur ses possessions d'outre-mer.

Art. 160 – L'armée allemande ne pourra dépasser 100 000 hommes.

Art. 171 – La fabrication de tanks lui est interdite.

Art. 198 – Les forces militaires allemandes ne devront comprendre aucune aviation.

Art. 231 – L'Allemagne reconnaît qu'elle et ses alliés sont responsables de toutes les pertes et de tous les dommages subis par les gouvernements alliés en conséquence de la guerre déclenchée par l'agression de l'Allemagne et de ses alliés.

Art. 232 – Les gouvernements alliés exigent, et l'Allemagne en prend l'engagement, que soient réparés tous les dommages causés à la population civile des Alliés et à leurs biens.

Traité de Versailles, 28 juin 1919.

a. Entourez les articles qui rendent impossible le réarmement de l'Allemagne.

b. Pourquoi les Allemands trouvent-ils ce traité sévère et humiliant ?

....

....

....

LE CONSEIL DU COACH

Des pensées négatives ? Prenez une grande inspiration et chassez-les en expirant longuement.

3 ✪✪✪ L'Europe suite aux traités de paix

a. Quel sort est réservé aux États vaincus ?

....

....

....

b. Quels sont les nouveaux États créés ?

....

....

....

EXO BREVET

Sur une feuille à part, rédigez un développement construit d'environ vingt lignes expliquant les bouleversements de l'Europe dans l'après-guerre.

» Corrigés p. 303

AVEZ-VOUS RÉUSSI ?

3 L'URSS totalitaire de Staline

HISTOIRE

JE RETIENS

Staline au pouvoir

- En **1924**, deux ans après avoir créé l'URSS, Lénine meurt sans avoir désigné de successeur. **Joseph Staline**, l'un des dirigeants du parti communiste, se présente alors comme le seul héritier légitime : après avoir écarté son principal concurrent, Trotski, il devient le maitre de l'URSS.
- Sa dictature s'appuie sur un **parti unique** et des **procès politiques** qui visent à éliminer tous les responsables communistes dont il se méfie. Un véritable **culte de la personnalité** est mis en place pour chanter ses louanges et contribuer ainsi à le maintenir seul au pouvoir.

Terreur et propagande

- L'**État totalitaire** cherche à encadrer étroitement la population : une **police politique** est chargée de surveiller et d'éliminer les opposants. La plupart d'entre eux sont **déportés** vers les **goulags**, des camps de concentration et de travaux forcés.
- La **propagande** permet aussi de contrôler la population : les médias vantent les mérites du régime stalinien, les œuvres d'art sont utilisées pour glorifier l'idéologie communiste, les enfants sont **embrigadés** à l'école et dans des organisations de jeunesse.

Une économie étatisée

- En 1929, Staline veut aller plus loin dans la mise en œuvre du communisme en plaçant entièrement l'économie sous le contrôle de l'État. La **collectivisation** oblige ainsi les paysans à mettre en commun leurs terres et à travailler ensemble dans des fermes collectives, les **kolkhozes**. Cette opération, menée par la force, entraine des famines meurtrières.
- Dans l'industrie, la **nationalisation des usines** permet à l'État de fixer des objectifs de production à atteindre au moyen de **plans quinquennaux**. En quelques années, la production augmente fortement et l'URSS devient la 3e puissance industrielle du monde. Cependant, l'industrie des biens de consommation a été négligée, provoquant de nombreuses pénuries.

COMMENT FAIRE

Décrire et analyser une photographie

1. **Identifier le document :** cette photo a été prise sur la place Rouge de Moscou en 1935, lors d'une parade sportive des organisations de jeunesses communistes.
2. **Sélectionner les informations :** repérez le cadrage et l'angle de la prise de vue ; décrivez la scène du premier plan et les éléments de décor du second plan.
3. **Analyser :** montrez que cette photographie témoigne d'un évènement mais qu'elle a surtout été prise pour servir la propagande du régime soviétique et glorifier Staline.

Parade sportive d'organisations communistes sur la place Rouge à Moscou, 1935.

MOTS-CLÉS

Collectivisation, culte de la personnalité, embrigadement, goulag, kolkhoze, nationalisation, plans quinquennaux, propagande, État totalitaire, terreur.

S'ENTRAINER

1 ✪ Le culte de la personnalité

Affiche de propagande soviétique de V. Govorkov, 1936.

a. Comment Staline est-il représenté sur cette affiche ? De qui est-il entouré ?

....

b. Quel est le message de propagande véhiculé par cette affiche ?

....

2 ✪✪ Les choix économiques de l'URSS

Productions (millions de t, de têtes ou milliards de kWh)	1928	1932	1937	1940
Céréales	73,3	69,8	96,0	110,7
Bovins	66,4	40,7	57,0	54,8
Terres collectivisées (en % du total)	3	53,0	93,0	97,0
Houille	36,4	64,4	127,3	166,0
Acier	4,3	6,0	17,5	18,3

a. Comment la production agricole a-t-elle évolué lors de la mise en place de la collectivisation des terres ?

....

....

b. Montrez que la priorité a été donnée à l'industrialisation du pays.

....

....

Corrigés p. 304

LE CONSEIL DU COACH

Avez-vous pensé à surligner les mots importants dans les exercices ? C'est un moyen efficace pour repérer les mots-clés de la consigne.

3 ✪✪✪ Le régime stalinien vu par un journaliste français

On se représente mal en Europe et en Amérique la besogne d'extermination accomplie par Staline à l'intérieur de l'URSS depuis quelque trois ans et en particulier l'année dernière. [...] On a eu connaissance de procès incompréhensibles, sanctionnés par l'exécution de personnalités de premier plan. [...] On s'est plus qu'étonné d'apprendre que les principaux chefs militaires ont été passés par les armes pour des motifs incroyables. [...] En outre, les opérations punitives ou préventives ne sont pas terminées. Il n'y a pas de « pause ». Chaque jour, des gens éminents ou obscurs disparaissent. Et disparaître, en URSS, peut signifier périr brusquement d'une balle dans la nuque ou dépérir lentement aux travaux forcés, voire même attendre sans rien faire des jours meilleurs dans les prisons, les isolateurs et les bagnes ou en exil dans les régions glaciales. Si le régime de Staline prenait fin, on verrait sans doute reparaître certains disparus que l'on croyait morts. En attendant, le régime dure et la « liquidation » entreprise par Staline continue, inexorable.

Extraits du témoignage de Boris Souvarine, paru dans *Le Figaro*, 29 octobre 1938.

a. Quelles sont les différentes méthodes utilisées pour se débarrasser des opposants ?

....

....

b. Soulignez les passages qui montrent que cette élimination est massive et continue.

c. Quelle caractéristique du régime totalitaire soviétique est mise en avant dans ce texte ?

....

....

EXO BREVET

Sur une feuille à part, rédigez un développement construit d'environ vingt lignes montrant que l'URSS de Staline est un régime totalitaire.

AVEZ-VOUS RÉUSSI ? ○ ○ ○

4 L'Allemagne totalitaire d'Hitler

HISTOIRE

JE RETIENS

De la crise à l'arrivée au pouvoir d'Hitler

• Au début des années 1930, l'Allemagne, déjà appauvrie par les réparations imposées par le traité de Versailles, est frappée par une **crise économique et sociale** sans précédent. De nombreux Allemands se retrouvent alors au **chômage** et vivent dans la pauvreté.

• Face à l'incapacité du gouvernement à enrayer cette crise, de plus en plus d'Allemands se tournent vers le **parti nazi** dirigé par **Adolf Hitler**. Malgré une **idéologie** raciste et **antisémite**, ce parti gagne les élections législatives de 1932. Hitler devient **chancelier** le **30 janvier 1933**.

La mise en place d'un régime totalitaire

• En quelques mois, Hitler renverse la démocratie et établit sa dictature : il élimine ses ennemis politiques, obtient les **pleins pouvoirs** puis interdit les partis et les syndicats non nazis. Un **culte du Führer** est mis en place lui assurant de rester le chef incontesté des Allemands.

• Tous les moyens de **propagande** sont utilisés pour que le peuple adhère à l'idéologie du régime. Les médias sont contrôlés et les enfants embrigadés. Une politique de **terreur** est mise en œuvre par la **Gestapo**, qui arrête et déporte les opposants dans des **camps de concentration**. Enfin, les nazis persécutent les Juifs et les privent de leurs droits suite aux **lois antisémites de Nuremberg de 1935**.

La marche à la guerre

• Pour les nazis, le peuple allemand doit se lancer à la conquête d'un **espace vital**. À partir de 1936, l'économie allemande est mise au service de la guerre. Le pays **se réarme** très rapidement et Hitler noue des alliances avec le Japon et l'Italie de Mussolini.

• L'annexion de l'Autriche est réalisée en mars 1938. Devant la passivité des démocraties européennes, Hitler s'empare des Sudètes puis de la Bohême-Moravie dans les mois qui suivent. Le **1er septembre 1939**, l'Allemagne envahit la **Pologne** : c'est le début de la Seconde Guerre mondiale.

COMMENT FAIRE

Décrire et analyser une affiche de propagande

Les élections législatives de 1932

1. **Identifier le document :** cette affiche a été commandée par le NSDAP (parti nazi) et a été diffusée dans toute l'Allemagne lors de la campagne électorale de 1932.
2. **Sélectionner les informations :** repérez la composition de l'affiche et le mouvement qui s'en dégage ; relevez le slogan ; décrivez la scène représentée du haut vers le bas.
3. **Analyser :** montrez que cette affiche est un document de propagande qui a contribué à l'arrivée au pouvoir des nazis en promettant la fin de la crise aux Allemands.

Affiche électorale pour le NSDAP, 1932. Le NSDAP promet « du travail et du pain » aux électeurs.

DATES CLÉS 1933, prise de pouvoir d'Hitler ; 1935, lois antisémites de Nuremberg.

LE CONSEIL DU COACH

Convoquer sa mémoire
Voici un cours qui nécessite de bien faire le lien avec ce que vous avez déjà appris. Prenez le temps de convoquer votre mémoire en vous aidant du titre du cours et de l'affiche. Que vous souvenez-vous au sujet d'Hitler ? Ce premier point vous permettra ensuite de relier vos anciennes connaissances aux nouvelles.

S'ENTRAINER

1 ✪ Chômage et nazisme

	1928	1930	1932
Nombre de chômeurs (en millions)	0,6	3,7	6
Voix obtenues par les nazis aux élections législatives (en %)	2,6	18,3	37,4

a. Comment le chômage évolue-t-il entre 1928 et 1932 ?

....

b. Comment le nombre de voix obtenues par les nazis évolue-t-il entre 1928 et 1932 ?

....

c. Quel lien peut-on faire entre ces deux évolutions ?

....

....

2 ✪✪ La marche à la guerre (1936-1939)

....

....

....

....

Complétez la légende.

Corrigés p. 304

MINI-CONTRÔLE

Les lois de Nuremberg, 1935

Une législation antisémite

Art. 1. Les mariages entre Juifs et sujets de sang allemand ou apparenté sont interdits. [...]

Art. 3. Il est interdit aux Juifs d'employer à des travaux de ménage chez eux des femmes de sang allemand ou assimilé âgées de moins de quarante-cinq ans.

Art. 4. Il est interdit aux Juifs de hisser le drapeau national du Reich [...].

Il leur est en revanche permis de pavoiser[1] aux couleurs juives [...].

Art. 5. Les infractions à l'article 1 seront punies de travaux forcés.

Lois pour la protection du sang et de l'honneur allemands, dites lois de Nuremberg, 15 septembre 1935.

1. Brandir un drapeau.

a. Quel aspect de l'idéologie nazie est visible dans ce document ?

....

....

b. Quel est le point commun de ces lois ?

....

....

....

c. À quelle peine s'exposent ceux qui ne les respecteraient pas ?

....

....

....

AVEZ-VOUS RÉUSSI ?

5 La France de l'entre-deux-guerres

HISTOIRE

JE RETIENS

La République en crise

• Comme les autres pays d'Europe au début des années 1930, la France est touchée par une grave crise économique et une forte montée du chômage. L'**instabilité ministérielle** qui en résulte fragilise la République qui devient la cible des **ligues** d'extrême droite : celles-ci tentent de s'emparer du pouvoir lors des **émeutes du 6 février 1934** mais leur tentative échoue.

• C'est dans ce contexte que les **partis de gauche**, unis lors d'une manifestation contre le fascisme en juillet 1935, décident de former une alliance.

Victoire et mesures du Front populaire

• Le **parti radical**, la **SFIO** (parti socialiste) et le **parti communiste** forment le **Front populaire**. Ils présentent un programme électoral commun, dont le slogan est « pour le pain, la paix, la liberté ». Aux **élections législatives de mai 1936**, le Front populaire arrive en tête : **Léon Blum** devient alors président du Conseil. Cette victoire redonne espoir aux Français les plus modestes.

• Le 7 juin 1936, les **accords de Matignon** sont signés. Ils prévoient des mesures sociales inédites : création de **délégués** dans les entreprises, **hausse des salaires**, pratique des **conventions collectives**. La semaine de travail est réduite à **40 heures** et l'instauration des **congés payés** permet à de nombreux Français de partir en vacances pour la première fois.

Critiques et fin du Front populaire

• Le gouvernement du Front populaire est vivement **critiqué par la droite** qui utilise la propagande pour décrédibiliser son action. En outre, malgré l'amélioration des conditions de vie et de travail des Français, la crise économique n'est pas résolue.

• Les membres du Front populaire sont **de plus en plus divisés**, surtout au sujet de l'intervention de la France dans la guerre civile espagnole. En **1938**, le parti radical quitte l'alliance et y met ainsi fin.

COMMENT FAIRE

Comprendre et analyser les paroles d'une chanson

Ah ! Qu'elle était longue la semaine
Sans débrayer, sans repos, sans espoir
Mais aujourd'hui, voici la vie meilleure
L'usine n'est plus la prison,
On peut rêver d'air pur et d'horizon
Et de bonheur dans la maison.
Hardi les gars, voici les quarante heures
À nous l'espace au cours du bel été
Hardi les gars ! car la vie est meilleure
Au bon vent de la liberté.

Paroles et musique de Jean Villard, citées dans Martin Pénet, *Été 36, sur la route des vacances en images et en chansons*, Omnibus, 2006.

La chanson des loisirs, 1936

1. **Identifier le document :** les paroles et la musique de cette chanson datent de 1936 et sont l'œuvre de Jean Villard, dit Gilles, auteur de textes satiriques dans l'entre-deux-guerres.
2. **Sélectionner les informations :** prêtez attention au ton employé ; relevez les paroles qui font écho à des faits historiques et distinguez-les de celles qui relèvent de la créativité de l'auteur.
3. **Analyser :** montrez que lors de l'été 1936 un air de fête souffle sur le pays suite aux mesures du Front populaire qui octroient plus de temps libre aux Français.

DATES CLÉS février 1934, manifestation des ligues ; mai 1936, victoire du Front populaire.

S'ENTRAINER

1 ✪ Les marcheurs de la faim, venus de Valenciennes jusqu'à Paris, le 2 décembre 1933

a. Par quel moyen ces Français manifestent-ils leur mécontentement ?

....

b. Que réclament-ils ?

....

2 ✪✪ Le résultat des élections législatives de 1936

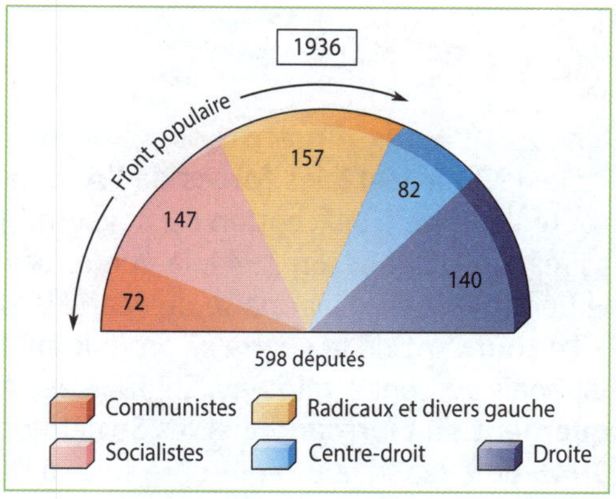

Pourquoi l'alliance du Front populaire a-t-elle permis la victoire des partis de gauche ?

....

....

3 ✪✪✪ Extraits des accords de Matignon

Art. 1er. La délégation patronale admet l'établissement immédiat de contrats collectifs de travail.

Art. 3. L'observation des lois s'imposant à tous les citoyens, les employeurs reconnaissent la liberté d'opinion ainsi que les droits pour les travailleurs [...] d'appartenir à un syndicat [...].

Art. 4. Les salaires réels pratiqués pour tous les ouvriers [...] seront, du jour de la reprise du travail, réajustés [...] à 15 % pour les salaires les moins élevés pour arriver à 7 % pour les salaires les plus élevés [...].

Art. 5. [...] Il sera institué deux titulaires ou plusieurs délégués ouvriers [...]. Ces délégués ont qualité pour présenter à la direction les réclamations individuelles [...] visant l'application des lois, décrets, règlements du Code du travail, des tarifs de salaire et des mesures d'hygiène et de sécurité [...].

Accords de Matignon, 7 juin 1936.

Soulignez en rouge les mesures qui visent à améliorer les conditions de travail des Français et en vert celle qui doit améliorer leurs conditions de vie.

MINI-CONTRÔLE

— Oh ! Horreur ! Impossible de rester ici ! Ils se baignent dans notre océan, ils respirent notre air et se font brunir par notre soleil !

Dessin de presse de Dubosc, paru dans *Le Canard enchaîné* du 12 aout 1936.

Une réaction aux mesures du Front populaire

a. À quelle mesure emblématique du Front populaire cette caricature fait-elle écho ? ....

b. À quelle classe sociale les personnages du premier plan semblent-ils appartenir ? ....

c. La caricature se moque-t-elle d'eux ou de la foule de l'arrière-plan ? Justifiez votre réponse.

....

Corrigés p. 304

AVEZ-VOUS RÉUSSI ? ○ ○ ○

6 La Seconde Guerre mondiale (1939-1945)

HISTOIRE

JE RETIENS

Une guerre aux dimensions planétaires

- De **1939 à 1942**, les **forces de l'Axe** ne remportent que des **victoires** : l'Allemagne domine toute l'Europe à l'exception du Royaume-Uni et le Japon contrôle la grande majorité des territoires du Pacifique. En 1941, la guerre devient mondiale avec l'**invasion de l'URSS** lancée par Hitler et l'attaque japonaise de Pearl Harbor qui entraine l'**entrée en guerre des États-Unis**.
- Le **tournant** de la guerre se produit en **1942** : l'armée allemande est défaite à **Stalingrad** et les Japonais perdent à **Midway**. En 1944, les Américains libèrent l'Europe de l'Ouest grâce au **débarquement en Normandie** et les Soviétiques progressent à l'Est. L'Allemagne **capitule le 8 mai 1945** et le Japon le 2 septembre suite à l'envoi par les Américains de deux **bombes nucléaires**.

Une guerre totale

- Dès le début du conflit, tous les moyens humains et matériels sont mobilisés pour remporter la victoire. La guerre se déroule **sur terre, sur mer et dans les airs**. La propagande est utilisée massivement comme instrument de **lutte idéologique**.
- L'ensemble des **économies** est mis **au service de la guerre**. Les colonies contribuent à fournir des hommes et des matières premières. Les recherches scientifiques permettent la mise au point d'armes nouvelles et toujours plus destructrices.

Une guerre d'anéantissement

- Les soldats se livrent des **combats sans merci** à l'image des Soviétiques et des Allemands sur le front Est ou des Américains et des Japonais dans le Pacifique. Les **bombardements massifs** visent à faire un maximum de victimes parmi les civils et à provoquer la capitulation de l'ennemi.
- Le bilan de la guerre est catastrophique. C'est le conflit le plus meurtrier de l'histoire avec **plus de 50 millions de morts**, dont 35 millions en Europe. Certains pays sont totalement dévastés.

COMMENT FAIRE

Lire et comprendre une frise chronologique

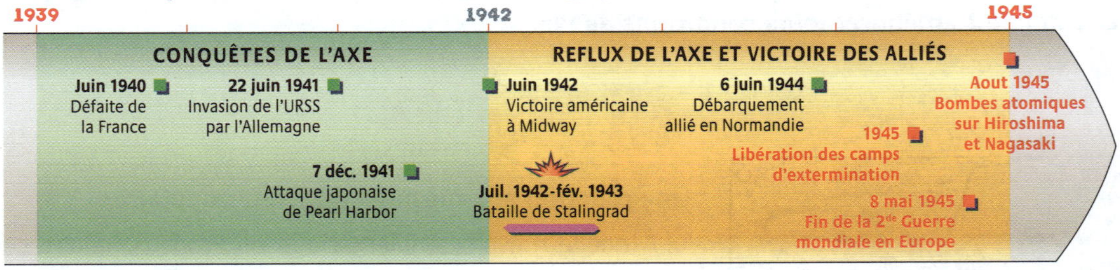

1. **Identifier le document :** cette frise chronologique permet de repérer les différentes phases et les évènements les plus marquants de la Seconde Guerre mondiale.
2. **Sélectionner les informations :** repérez l'échelle et les bornes chronologiques de la frise ; observez les couleurs et repères qui servent à distinguer les périodes et à placer les évènements.
3. **Analyser :** montrez que les évènements de l'année 1942 permettent aux Alliés de prendre l'avantage et constituent ainsi un tournant dans la guerre, après des années de victoires de l'Axe.

DATES CLÉS 1942, tournant de la guerre ; 1944 : débarquement en Normandie ; 8 mai 1945, capitulation allemande.

S'ENTRAINER

1 ✪ La bataille de Stalingrad

Doc. A. Le point de vue des Russes

Témoignage de KS Bogdanova, après le bombardement de la ville du 23 aout 1943, qui a tué 40 000 personnes et rasé 80 % de la ville.

Les rives étaient bondées d'enfants. Les gens essayaient de creuser des trous à l'aide de pelles ou à mains nues, pour se protéger des balles et des éclats d'obus. Dès qu'il faisait jour, les avions allemands tournaient au-dessus de la Volga. Ils piquaient sur le fleuve, laissant tomber des bombes et nous mitraillant. Les pilotes avaient remarqué que les rives étaient envahies de civils, mais ils agissaient comme des assassins professionnels. Ils ouvraient le feu sur des femmes et des enfants sans défense et choisissaient leurs cibles afin d'exterminer le maximum de personnes.

D'après J. Bastable, *Paroles de combattants, Stalingrad,* éditions Luc Pire, Liège, 2008.

Doc. B. Le point de vue des Allemands

18 septembre – Le combat se poursuit depuis trois jours à l'intérieur d'un silo à blé. Si toutes les maisons de Stalingrad sont défendues de cette façon, aucun soldat ne rentrera.

27 octobre – Nos troupes se sont enfin emparées de toute l'usine « Barricades ». Les Russes ne sont pas des hommes mais des automates métalliques.

14 décembre – Nous sommes tous torturés par la faim.

28 décembre – On a mangé tous les chevaux, je suis prêt à manger la viande de chat [...]. Les soldats sont devenus semblables à des cadavres ou à des fous.

On n'a plus la force de marcher, de se coucher.

Qu'elle soit maudite cette guerre !

D'après le journal d'un soldat allemand, 1942.

a. Quelle est la stratégie choisie par l'armée allemande à Stalingrad ? (doc. A)

....

b. De quelle manière les Soviétiques ripostent-ils ? (doc. B)

....

c. Quelles sont les souffrances endurées par les soldats allemands ? Pourquoi ? (doc. B)

....

....

Corrigés p. 304

LE CONSEIL DU COACH Une petite pause s'impose ? Mais pas plus de 10 minutes, sinon vous risquez de vous déconcentrer et ce sera plus difficile de s'y remettre.

d. Soulignez dans chaque extrait une expression qui désigne les combattants ennemis. Que nous apprennent-elles sur la manière dont Soviétiques et Allemands se sont affrontés ? (doc. A et B)

....

....

2 ✪✪ Le bilan humain de la guerre

	Civils*	Militaires*
URSS	16	8
Chine	11	3
Pologne	5,7	0,124
Yougoslavie	1,2	0,305
Allemagne	3,8	4,5
Japon	0,4	2,6
France	0,35	0,21
Grèce	0,325	0,09
Italie	0,15	0,24
Royaume-Uni	0,09	0,26
États-Unis		0,3
Total tous pays (en % du nombre de victimes)	62 %	38 %

* en millions

a. Surlignez le nom des pays qui ont subi les plus grandes pertes.

b. Quelles sont les principales victimes de la Seconde Guerre mondiale ?

....

EXO BREVET

Sur une feuille à part, rédigez un développement construit d'environ vingt lignes montrant le caractère impitoyable de la Seconde Guerre mondiale.

AVEZ-VOUS RÉUSSI ?

7
HISTOIRE

L'Europe sous domination nazie

JE RETIENS

Le pillage des ressources

• Durant la Seconde Guerre mondiale, de nombreux pays d'Europe sont **occupés** par l'armée allemande. Ces territoires sont le plus souvent dirigés par des gouverneurs nazis fidèles à Hitler qui organisent un véritable **pillage des matières premières** et des **produits alimentaires**.

• Les nazis utilisent également les **prisonniers de guerre** pour remplacer les travailleurs allemands partis au front. Enfin, ils se constituent une **main-d'œuvre** destinée à soutenir leur effort de guerre en obligeant les civils de l'Europe occupée à venir travailler en Allemagne.

Les persécutions

• Partout, les Allemands font régner la **terreur** : les opposants sont arrêtés, torturés ou exécutés par la Gestapo. D'autres sont déportés dans des **camps de concentration**. Certains civils sont pris en otage puis fusillés en représailles des actions commises par les résistants.

• Cette **violence de masse** s'exerce particulièrement sur les Slaves, que les nazis jugent inférieurs, mais aussi sur les homosexuels et les handicapés, vus comme une charge pour la société.

Le génocide des Juifs et des Tziganes

• Après la conquête de la Pologne, les Juifs sont regroupés dans des **ghettos**, quartiers fermés, dans lesquels ils subissent de nombreuses privations. En Europe de l'Est, ils sont systématiquement exécutés par des unités spéciales de l'armée allemande, les ***Einsatzgruppen***.

• À partir de 1942, les nazis mettent en place la « **solution finale** ». Ils organisent la déportation des Juifs et Tziganes de toute l'Europe vers des **camps d'extermination** : les victimes y sont tuées dans des **chambres à gaz** et leurs corps brulés dans des fours crématoires.

COMMENT FAIRE

Lire et commenter une carte historique

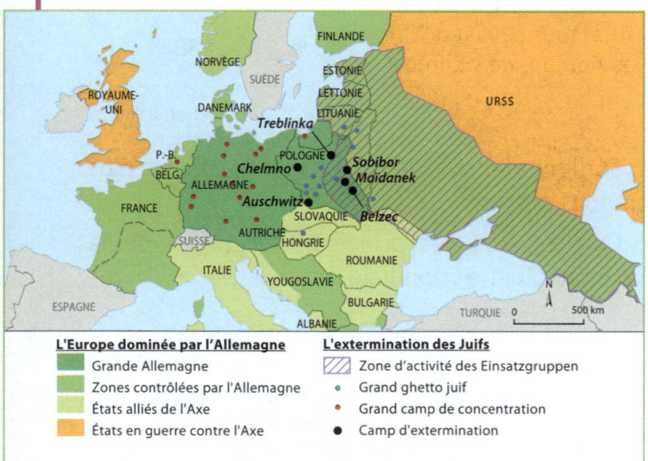

Le génocide des Juifs en Europe (1941-1945)

1. **Identifier le document :** cette carte montre où et comment s'est déroulé le génocide des Juifs organisé par les nazis durant la Seconde Guerre mondiale.
2. **Sélectionner les informations :** repérez l'organisation de la légende en deux rubriques ; localisez chaque information de la légende sur la carte pour comprendre à quel(s) espace(s) elle est liée.
3. **Analyser :** expliquez les différents moyens utilisés par les nazis pour exterminer les Juifs et montrez que le génocide est mis en œuvre à l'échelle européenne.

MOTS CLÉS

Camps d'extermination, chambres à gaz, *Einsatzgruppen*, génocide, ghettos, pillage, solution finale, violence de masse.

S'ENTRAINER

1 ✪ Une affiche de propagande allemande

a. Qui est désigné par la phrase « Ils donnent leur sang » ?

....

....

b. Où se dirigent les personnages représentés au bas de l'affiche ? Pourquoi ?

....

....

c. En quoi cette affiche est-elle un document de propagande ?

....

2 ✪✪ Les instructions du gouverneur nazi de Pologne

La seule manière d'administrer la Pologne consistera à exploiter ce pays sans aucun ménagement, en lui prenant tous les produits alimentaires, les matières premières, les machines, les installations industrielles, etc. nécessaires à l'économie de guerre allemande [...], à réduire l'ensemble de l'économie polonaise au minimum absolument indispensable à la simple survie de la population, à fermer toutes les institutions culturelles, en particulier les écoles et les collèges techniques, afin d'empêcher la formation d'une nouvelle élite polonaise. La Pologne sera traitée comme une colonie ; les Polonais deviendront les esclaves du Grand Reich.

Hans Frank, Instructions aux chefs militaires allemands, octobre 1939.

a. Entourez les biens polonais qui font l'objet d'une réquisition.

b. Comment les nazis veulent-ils empêcher la formation d'une nouvelle élite polonaise ?

....

c. Soulignez les passages qui montrent que c'est l'asservissement total des Polonais qui est voulu par les nazis.

3 ✪✪✪ Une rafle dans le ghetto de Varsovie, 1943

Rafle de familles juives dans le ghetto de Varsovie (Pologne), 1943.

a. Quels sont les deux groupes de personnes que l'on distingue sur cette photographie ?

....

b. Que représente la scène photographiée ?

....

c. D'après vos connaissances personnelles, quel sort les victimes ont-elles connu ?

....

....

EXO BREVET

Sur une feuille à part, rédigez un développement construit d'environ vingt lignes expliquant la mainmise de l'Allemagne nazie sur l'Europe durant la Seconde Guerre mondiale.

Corrigés p. 305

AVEZ-VOUS RÉUSSI ?

8 La France de 1940 à 1944

HISTOIRE

JE RETIENS

La défaite et la chute de la République

Suite à la défaite de la France face à l'Allemagne nazie, l'**armistice** est signé le **22 juin 1940**. Les Français sont condamnés à verser des indemnités de guerre, perdent l'Alsace-Moselle et voient leur pays divisé en deux parties. La **zone occupée** comprend le nord et l'ouest de la France, elle est directement administrée par les Allemands. Au sud, la **zone dite libre** est dirigée depuis Vichy par le **maréchal Pétain** qui prend les pleins pouvoirs et installe un **régime autoritaire**.

Le régime de Vichy et la collaboration d'État

- L'**État français** dirigé par Pétain, également appelé régime de Vichy, s'appuie sur des valeurs traditionnelles, résumées dans la devise « **travail, famille, patrie** ». Il supprime les libertés, contrôle les médias, utilise la propagande et l'embrigadement, **exclut les Juifs** de la société.
- Conseillé par le chef du gouvernement, Pierre Laval, Pétain engage la France dans une **collaboration d'État** avec l'Allemagne suite à son entrevue avec Hitler en octobre 1940. Dès lors, les Juifs de la zone libre sont livrés aux Allemands et les opposants sont pourchassés par la **milice**.

Le rôle de la Résistance française

- Dès la défaite de la France, le **général de Gaulle** lance un **appel** à la radio de Londres : le **18 juin 1940**, il invite les Français à résister et à le rejoindre en Angleterre. Il forme autour de lui une petite armée de volontaires, les **FFL** (Forces françaises libres).
- Parallèlement, des Français de l'intérieur choisissent d'entrer clandestinement dans la Résistance : ils publient des journaux hostiles à l'occupant ou au régime de Vichy, commettent des **sabotages** ou bien encore cachent ceux qui sont persécutés par les nazis. À partir de 1943, ils s'unissent dans le **CNR** (Conseil national de la Résistance) et reconnaissent de Gaulle comme chef unique.

COMMENT FAIRE

Lire et analyser un texte de loi

L'instauration d'un régime autoritaire

Acte constitutionnel n° 2 :

1. Le chef de l'État français a la plénitude du pouvoir gouvernemental, il nomme et révoque les ministres et secrétaires d'État, qui ne sont responsables que devant lui.

2. Il exerce le pouvoir législatif[1], en Conseil des ministres.

3. Il promulgue les lois et assure leur exécution.

5. Il dispose de la force armée.

6. Il a le droit de grâce et d'amnistie[2].

Acte constitutionnel n° 3 :

Le Sénat et la Chambre des députés sont ajournés[3] jusqu'à nouvel ordre.

Extraits des *Actes constitutionnels*, juillet 1940.

1. Pouvoir de créer des lois. **2.** Effacement des condamnations judiciaires. **3.** Suspendus.

1. **Identifier le document :** ces actes constitutionnels datent de juillet 1940 et organisent les pouvoirs au sein du régime de Vichy, créé après la défaite.
2. **Sélectionner les informations :** repérez pour chaque article les pouvoirs mentionnés et identifiez les personnes auxquelles ils sont attribués ou retirés.
3. **Analyser :** montrez comment les lois de Vichy confient tous les pouvoirs au maréchal Pétain et signent ainsi l'arrêt de mort de la démocratie.

DATES CLÉS 18 juin 1940, appel du général de Gaulle ; 22 juin 1940, armistice.

LE CONSEIL DU COACH

Organiser ses connaissances avec une carte mentale

Il y a de nombreuses informations et des mots-clés dans ce cours... Aidez-vous d'une carte mentale pour bien organiser tout ce qu'il faut savoir sur la France de 1940 à 1944 (voir Carnet p. 4). Cet outil visuel est très efficace pour bien mémoriser un cours.

S'ENTRAINER

1 ✪ La France suite à l'armistice de juin 1940

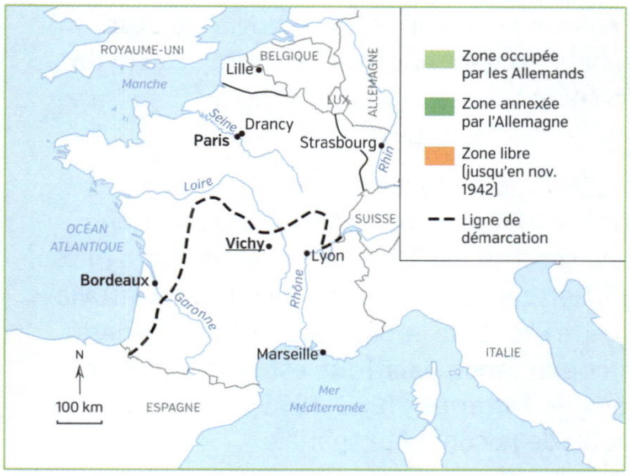

Coloriez la carte en suivant la légende.

2 ✪✪ L'appel du général de Gaulle, 18 juin 1940

a. À qui de Gaulle fait-il référence dans le premier paragraphe du document ?

....

b. Pour quelle raison la France doit-elle continuer à se battre d'après lui ?

....

....

....

....

c. Surlignez le passage qui incite les Français à résister.

MINI-CONTRÔLE

La déportation des enfants juifs de la zone libre

Le président Laval[1] a proposé, à l'occasion de la déportation des familles juives de la zone non occupée, de déporter également les enfants de moins de 16 ans. Le problème des enfants juifs restant en zone occupée ne l'intéressant pas. Je demande donc d'urgence une décision du Führer[2] permettant aussi la déportation des enfants âgés de moins de 16 ans [...].

Note du 6 juillet 1942 de Dannecker à Berlin, archives du Centre de documentation juive contemporaine.

1. Laval était chef du gouvernement. **2.** Hitler.

a. Quelle politique menée par le régime de Vichy est visible dans ce document ?

....

b. Qui est responsable de cette politique et quelle est sa fonction ?

....

c. Montrez que la déportation des enfants juifs de la zone libre est une initiative française.

....

....

Corrigés p. 305

AVEZ-VOUS RÉUSSI ? ○ ○ ○

9 HISTOIRE

Un monde bipolaire au temps de la Guerre froide

JE RETIENS

La division du monde en deux blocs

- Dès 1947, des tensions apparaissent entre les **États-Unis et l'URSS**. Alors que les Soviétiques imposent des régimes communistes en Europe de l'Est, les Américains proposent une aide financière, le **plan Marshall**, aux pays d'Europe de l'Ouest. Un « **rideau de fer** » divise alors l'Europe.
- Peu à peu, deux blocs antagonistes voient le jour, chacun défendant son idéologie : le **bloc occidental** dominé par les États-Unis, dont les membres s'organisent militairement au sein de l'**OTAN**, et le **bloc de l'Est** soudé par le **pacte de Varsovie** sous la tutelle de l'URSS.

Les crises de la Guerre froide

- En 1948, l'affrontement entre les deux blocs devient réel avec le **blocus de Berlin** voulu par Staline et contré par les Occidentaux. Au début des années 1950, le conflit prend une dimension mondiale avec la **guerre de Corée**. Le **mur de Berlin** est construit par les Soviétiques en 1961. Mais c'est à **Cuba** en **1962** que la crise la plus grave survient : lorsque les Américains découvrent l'installation de missiles soviétiques sur cette ile voisine, une guerre mondiale et nucléaire menace d'éclater.
- Les deux Grands prennent alors conscience que la **coexistence pacifique** est le seul moyen d'éviter leur destruction mutuelle. S'ouvre une période de **Détente** (1962-1975), durant laquelle leur rivalité se manifeste dans les domaines du sport ou de la conquête spatiale.

La fin de la Guerre froide

- Entre 1975 et 1985, des tensions réapparaissent : États-Unis et URSS se confrontent par **conflits locaux interposés**, au Vietnam, en Afghanistan et en Europe lors de la crise des euromissiles.
- En 1985, les Soviétiques, affaiblis économiquement, tentent d'apaiser les relations avec le bloc de l'Ouest. Les régimes communistes d'Europe de l'Est s'effondrent les uns après les autres. En **1989**, c'est la **chute du mur de Berlin** qui symbolise la fin de la Guerre froide. L'URSS disparait en 1991.

COMMENT FAIRE

L'AURORE

DRAMATIQUE SUSPENSE AU LARGE DE CUBA

CHARGÉ DE MISSILES LE CARGO RUSSE "POLOTOVIA" fait route VERS L'ILE

LA FLOTTE U.S. PRÊTE A L'ARRAISONNER

METRO ARRÊT TOTAL CE MATIN POUR LA JOURNÉE

LES PROVOCATEURS

Une du journal français *L'Aurore*, 26 octobre 1962.

Analyser la une d'un journal

La crise de Cuba

1. **Identifier le document :** cette une du journal français *L'Aurore* date du 26 octobre 1962. Elle relate les nouvelles du jour sur l'affrontement qui se déroule à Cuba entre les États-Unis et l'URSS.
2. **Sélectionner les informations :** repérez les choix de mise en page, la hiérarchisation des informations à travers la taille des titres, la sélection des illustrations.
3. **Analyser :** montrez que l'humanité entière retient son souffle lorsqu'Américains et Soviétiques sont sur le point de déclencher une guerre nucléaire suite à la crise de Cuba.

DATES CLÉS

1947, plan Marshall ; 1961, construction du mur de Berlin ; 1962, crise de Cuba ; 1989, chute du mur de Berlin.

S'ENTRAINER

1 ✪ La Guerre froide en Europe

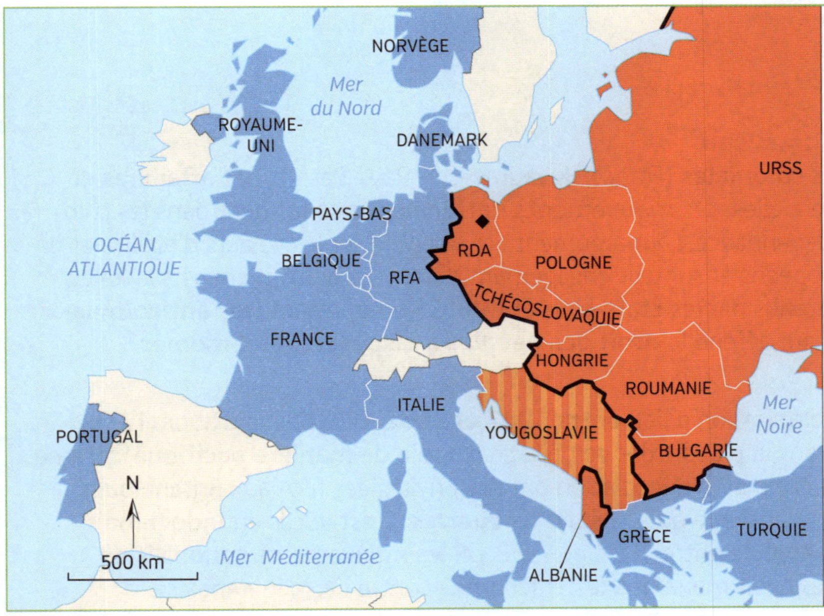

Le bloc de l'Ouest

▭ ....

Le bloc de l'Est

▭ ....

Les grandes crises

— ....

◆ ....

Complétez la légende.

2 ✪✪ Le blocus de Berlin, 1948

a. Quel personnage est représenté sur cette caricature ?

....

b. Que symbolise le vol des cigognes au-dessus de Berlin ?

....

c. Quel élément montre la tension extrême qui régnait lors de la crise de Berlin ?

....

Caricature d'Ernest Howard Shepard, parue dans *Punch*, 14 juillet 1948.

EXO BREVET

Les repères de la Guerre froide

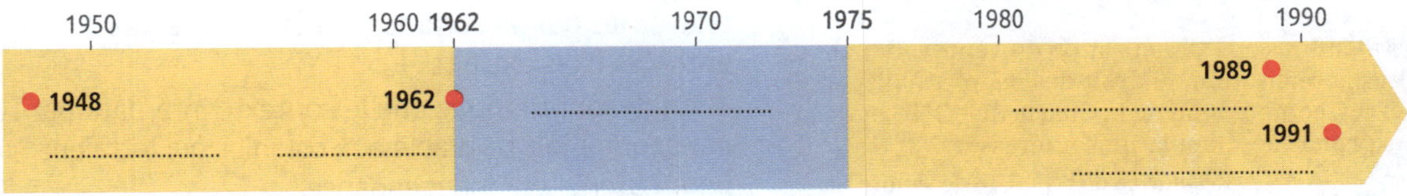

Placez sur la frise chronologique les évènements suivants : chute du mur de Berlin, crise de Cuba, Détente, blocus de Berlin, disparition de l'URSS.

Corrigés p. 305

AVEZ-VOUS RÉUSSI ?

10 Indépendances et construction de nouveaux États

HISTOIRE

JE RETIENS

La remise en cause du colonialisme

- Après 1945, les **puissances coloniales** (France, Royaume-Uni, Pays-Bas...) sont **affaiblies** et perdent de leur prestige. Face à elles, des **mouvements nationalistes** se forment dans les colonies et revendiquent leur indépendance. Leur argumentaire s'appuie sur les valeurs d'égalité et de liberté défendues par les Européens et sur leur engagement durant les deux guerres mondiales.
- Ces mouvements sont soutenus par les États-Unis et l'URSS qui affirment leur **anticolonialisme** mais aussi par l'**ONU** qui défend le **droit des peuples à disposer d'eux-mêmes.**

Le processus de décolonisation

- La principale phase de décolonisation a lieu **entre 1947 et 1962**. Elle touche d'abord l'Asie avant d'atteindre l'Afrique. Dans la plupart des cas, elle se déroule **de manière pacifique**, comme en **Inde**, où la désobéissance civile et la négociation ont été privilégiées face aux Britanniques.
- Parfois, l'indépendance n'est obtenue qu'à la suite de **guerres**. C'est le cas en **Indochine** entre 1945 et 1954, puis en **Algérie** entre 1954 et 1962, où les mouvements nationalistes n'atteignent leur but qu'après avoir mené une lutte acharnée contre l'armée française.

L'émergence du tiers-monde

- Devenus indépendants, les États décolonisés essaient de se faire entendre sur la scène internationale : ils se réunissent en **1955** lors de la **conférence de Bandung** où ils forment le **tiers-monde** et affichent leur solidarité envers les peuples encore colonisés.
- Lors de la **conférence de Belgrade** en **1961**, ils créent le mouvement des pays **non-alignés** et refusent ainsi d'être dominés par l'un des deux blocs dans le contexte de la Guerre froide. À partir de 1973, ils deviennent majoritaires à l'ONU et œuvrent pour une réduction des inégalités à l'échelle mondiale.

COMMENT FAIRE

Mettre en relation des documents

Nous n'avons pas oublié que nous fûmes la première colonie à arracher l'indépendance. Notre conviction est que la transition du statut colonial à l'autonomie doit être menée à une complète réalisation.

J.-F. Dulles, secrétaire d'État des États-Unis, 18 novembre 1953.

L'URSS est le seul vrai défenseur de la liberté et de l'indépendance de toutes les nations, un adversaire de l'exploitation coloniale sous toutes ses formes.

A. Jdanov, Rapport sur la situation internationale, septembre 1947.

Les États membres de l'Organisation doivent reconnaître et favoriser la réalisation du droit des peuples à disposer d'eux-mêmes, compte tenu de la Charte de l'ONU et de la volonté exprimée des populations intéressées.

Résolution de l'ONU, 16 décembre 1952.

Trois avis sur la décolonisation

1. **Identifier les documents :** ces extraits sont issus de déclarations datant du milieu du XXe siècle, émanant des États-Unis, de l'URSS et de l'ONU et portant sur un même sujet : la décolonisation.
2. **Sélectionner les informations :** repérez le point de vue et les arguments de chaque auteur ; relevez les points communs et les différences entre les trois extraits.
3. **Analyser :** montrez que le contexte international était tout à fait favorable aux colonies qui luttaient pour obtenir leur indépendance.

DATES CLÉS 1955, conférence de Bandung ; 1961, conférence de Belgrade.

S'ENTRAINER

1 ✪ La duchesse de Kent et le Premier ministre du Ghana lors de la fête de l'indépendance

a. Quels pays ces deux personnages représentent-ils ?

....

....

....

b. Que peut-on présager de la manière dont le Ghana a obtenu son indépendance ?

....

....

....

....

....

2 ✪✪ La proclamation du FLN en Algérie

> [...] Notre action est dirigée uniquement contre le colonialisme, seul ennemi obstiné et aveugle qui s'est toujours refusé à accorder la moindre liberté par les moyens de la lutte pacifique. Ce sont là des raisons suffisantes qui font que notre mouvement de rénovation se présente sous l'étiquette de :
>
> FRONT DE LIBÉRATION NATIONALE. [...]
>
> BUT : l'indépendance nationale par :
> – la restauration de l'État algérien souverain, démocratique et social dans le cadre des principes islamiques ;
> – le respect de toutes les libertés fondamentales sans distinction de races et de confessions. [...]
>
> Moyens de lutte : conformément aux principes révolutionnaires et compte tenu des situations intérieure et extérieure, la continuation de la lutte par tous les moyens jusqu'à la réalisation de notre but.
>
> Tract du FLN, 31 octobre 1954.

a. Soulignez les objectifs du FLN.

b. Comment ce mouvement compte-t-il atteindre ses objectifs ?

....

3 ✪✪ L'émergence du tiers-monde

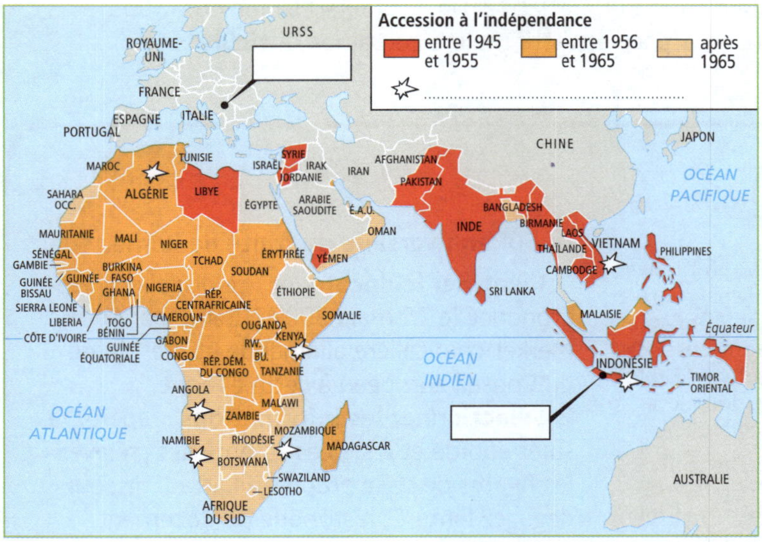

a. Coloriez en vert les principales puissances coloniales.

b. Nommez et localisez sur la carte les deux grandes conférences du tiers-monde en indiquant leurs dates.

c. Complétez la légende.

EXO BREVET

Sur une feuille à part, rédigez un développement construit d'environ vingt lignes expliquant comment et pourquoi les colonies prennent leur indépendance après 1945.

Corrigés p. 305

11 La construction européenne

HISTOIRE

JE RETIENS

Les débuts

- Au lendemain de la Seconde Guerre mondiale, les **États d'Europe de l'Ouest** qui bénéficient du plan Marshall se rapprochent et **décident de s'unir** pour éviter toute nouvelle guerre et se démarquer de l'influence soviétique. En **1951**, la France, l'Allemagne de l'Ouest, l'Italie et les pays du Benelux commencent à coopérer dans le domaine économique en créant la **CECA** (Communauté économique du charbon et de l'acier).

Le temps de la CEE

- En **1957**, les six mêmes États décident de renforcer leur coopération et signent ensemble le **traité de Rome** qui fonde la **CEE** (Communauté économique européenne). Celui-ci prévoit la suppression des droits de douane, la **libre circulation** des marchandises, des capitaux et des personnes, l'instauration de **politiques communes**, notamment dans les domaines de l'agriculture et des transports.
- Devant le succès de cette union économique, d'autres pays d'Europe rejoignent la CEE dans les années 1970-80, comme le Royaume-Uni, l'Espagne ou bien encore le Portugal.

L'Union européenne (UE)

- En **1992**, les 12 pays de la CEE décident d'approfondir leur union. En signant ensemble le **traité de Maastricht**, ils créent l'**Union européenne**. La coopération est toujours économique mais elle devient également politique (création d'une **citoyenneté européenne**), monétaire (projet d'une **monnaie commune**) et militaire (politique de sécurité commune). Dès 1995, les **accords de Schengen** suppriment les frontières entre les États membres signataires.
- L'**élargissement** se poursuit avec l'entrée dans l'UE de 3 nouveaux pays en 1995 puis de 13 pays d'Europe centrale et orientale entre 2004 et 2012. De nos jours, l'Union européenne compte **28 États membres** et reste un espace attractif malgré **certaines difficultés**.

COMMENT FAIRE

Lire et analyser un discours politique

Il y a un demi-siècle, quelques hommes politiques européens ont décidé de créer une œuvre de paix européenne sans précédent [...]. Il est vrai que le monde d'aujourd'hui n'est plus celui d'il y a cinquante ans. Des six membres fondateurs, on est passé à vingt-sept États membres. De l'exemption des droits de douane est née une monnaie commune. Le monde de deux blocs a laissé la place à un monde de différents centres de forces [...]. L'Union européenne continuera à se nourrir à la fois de son ouverture et de la volonté des États membres d'approfondir son développement interne.

Extrait du discours d'Angela Merkel, chancelière allemande et présidente du Conseil européen, prononcé à Berlin le 25 mars 2007, pour le 50e anniversaire du traité de Rome.

Le 50e anniversaire du traité de Rome

1. **Identifier le document :** ce discours a été prononcé le 25 mars 2007 à Berlin par Angela Merkel, chancelière allemande et présidente du Conseil européen à cette époque.
2. **Sélectionner les informations :** repérez le sujet abordé et les idées essentielles ; relevez les figures de style propres à l'art du discours ; dégagez l'intérêt historique du document.
3. **Analyser :** montrez que l'Union européenne s'est construite étape par étape, au gré de plusieurs élargissements et dans un contexte international qui a évolué.

DATES CLÉS 1957, traité de Rome, création de la CEE ; 1992, traité de Maastricht, création de l'UE ; 2002 : mise en place de l'euro.

LE CONSEIL DU COACH

Se donner comme objectif le brevet

La construction de l'Union européenne ne vous passionne peut-être pas. Pour vous motiver à apprendre le cours, rappelez-vous que vous avez une épreuve écrite à passer en fin d'année dans le cadre du brevet. Si vous parvenez à travailler efficacement maintenant, vos révisions seront plus faciles. Courage !

S'ENTRAINER

1 ✪ La création de la CEE, 1957

Affiche distribuée dans les écoles, 1957.

a. Que symbolise la ronde des enfants ?

....

....

b. Quels sont les grands principes de la CEE ?

....

....

....

2 ✪✪ Extraits du traité de Maastricht, 1992

Par le présent traité, les Hautes parties contractantes instituent entre elles une Union européenne.

Le présent traité marque une nouvelle étape dans le processus créant une union sans cesse plus étroite entre les peuples d'Europe [...]

L'Union se donne pour objectifs :
– de promouvoir un progrès économique et social équilibré et durable, notamment par la création d'un espace sans frontières intérieures, par le renforcement de la cohésion économique et sociale et par l'établissement d'une union économique et monétaire comportant à terme une monnaie unique ;
– d'affirmer son identité sur la scène internationale, notamment par la mise en œuvre d'une politique étrangère et de sécurité commune, y compris à terme une politique de défense commune [...].
– de renforcer la protection des droits et des intérêts des ressortissants de ses États membres par l'instauration d'une citoyenneté de l'Union ;
– de développer une coopération étroite dans le domaine de la justice et des affaires intérieures.

a. Soulignez le passage qui montre un approfondissement de la coopération économique entre les États membres.

b. Relevez les créations de l'Union européenne dans les domaines politique et monétaire.

....

c. Dans quels autres domaines une coopération est-elle envisagée ?

....

MINI-CONTRÔLE

L'Union européenne

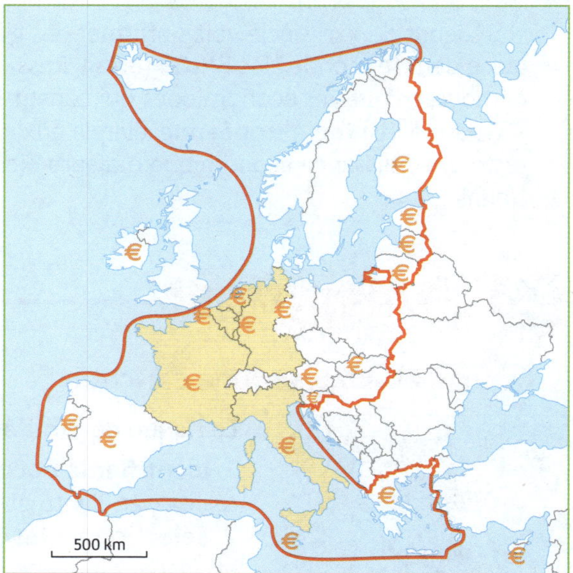

[jaune] ....

[contour rouge] ....

€ ....

a. Nommez et localisez les six pays fondateurs de l'UE. ....

....

b. Complétez la légende.

Corrigés p. 306

AVEZ-VOUS RÉUSSI ?

12 HISTOIRE

Enjeux et conflits dans le monde après 1989

JE RETIENS

La multiplication des conflits

- À l'issue de la Guerre froide, de nombreuses guerres éclatent. L'Europe n'est pas épargnée (ex-Yougoslavie) et l'Afrique est touchée par des **guerres civiles** aux causes multiples : économiques, politiques, ethniques (génocide au Rwanda). Quant au Moyen-Orient, il reste une zone sous tension permanente, comme le démontre le **conflit israélo-palestinien**.
- De **nouvelles menaces** fragilisent la sécurité commune. Le **risque de prolifération nucléaire** est de plus en plus élevé. Surtout, le **terrorisme islamiste** se développe (al-Qaida, État islamique) avec la volonté d'affaiblir les pays occidentaux en y organisant des attentats.

Le temps de la superpuissance américaine

- Dans les années 1990, les États-Unis sont devenus une superpuissance sans rivale, surnommée « **les gendarmes du monde** ». Ils défendent ainsi l'ordre mondial en accord avec l'ONU lors de leur intervention dans la **guerre du Golfe** en 1991.
- Cependant, les **attentats du 11 septembre 2001** font prendre conscience de leur vulnérabilité. L'armée américaine, qui riposte en Afghanistan en 2001 puis en Irak en 2003, s'enlise sans parvenir à pacifier les deux pays.

Vers un monde multipolaire

- Le début du XXIe siècle voit s'affirmer des géants économiques qui tentent de consolider leur place dans le monde : les **BRICS** (Brésil, Russie, Inde, Chine et Afrique du Sud) sont des forces démographiques et économiques qui constituent autant de nouveaux pôles.
- Quant à l'**Union européenne**, élargie aux pays d'Europe centrale et orientale depuis 2004, elle reste une puissance économique majeure bien que peu audible en matière de politique internationale.

COMMENT FAIRE

Décrire et analyser une caricature

Le risque de prolifération nucléaire

1. **Identifier le document :** cette caricature est un dessin de presse réalisé par Plantu et paru dans le journal *L'Express* le 21 octobre 1991.
2. **Sélectionner les informations :** repérez les différents personnages et décrivez la scène représentée ; recherchez le point de vue de l'auteur et les codes humoristiques employés.
3. **Analyser :** montrez que cette caricature dénonce le danger de la prolifération nucléaire mais aussi l'attitude hégémonique de la superpuissance américaine.

Caricature de Plantu, parue dans *L'Express*, 21 octobre 1991.
« Hep ! Vous deux ! C'est quoi ces bombes ? »

DATES CLÉS 1991, guerre du Golfe ; 11 septembre 2001, attentats aux États-Unis.

S'ENTRAINER

1 ✪ Le Moyen-Orient, une zone sous tension permanente

1. Une grande diversité de populations et de religions
Chrétiens — Juifs — Musulmans : sunnites — chiites
Persans Peuple non arabe

2. Un espace stratégique
Gisement de pétrole
Ressources en eau
Ormuz Passage pour le commerce mondial

3. Une zone de tensions
Foyer de tensions entre 1990 et 2019
IRAN Puissance régionale
▲ Mouvement islamiste armé
Intervention militaire des États-Unis avec mandat de l'ONU

a. Quels sont les différents motifs de conflits au Moyen-Orient ? ....

....

b. Entourez l'élément de la légende qui confirme le rôle de « gendarmes du monde » des États-Unis.

2 ✪✪ Cérémonie d'ouverture des Jeux olympiques de Beijing, 2008

Quelle image la Chine veut-elle donner d'elle-même lors de cette cérémonie ?

....

....

....

....

....

Corrigés p. 306

LE CONSEIL DU COACH
Difficile de se concentrer ? Changez de pièce pour travailler. Mais évitez de prendre trop de temps à installer vos affaires.

3 ✪✪✪ La lutte contre le terrorisme en Occident

Le développement de la coopération anti-terroriste peut sembler incontournable. En effet, aucun pays n'est aujourd'hui à l'abri, les attentats du 11 septembre ont ainsi cruellement montré que la plus grande puissance militaire pouvait également être touchée. De plus, le terrorisme n'est plus actuellement, comme dans les années 1970 ou 1980, un outil politique utilisé par certains États qui instrumentalisaient des groupes terroristes comme moyen de pression dans les relations internationales : l'ensemble de la communauté internationale est donc concerné par la lutte contre ce phénomène qui relève de la responsabilité internationale. Enfin, les réseaux terroristes se sont adaptés à la mondialisation beaucoup plus vite que les États, utilisant les nombreux domaines où les frontières se sont estompées (télécommunications, transports, transactions financières...) [...]

Rapport de la Commission des Affaires étrangères à l'Assemblée nationale, 6 juillet 2004.

a. Quelle est la grande puissance militaire désignée dans ce texte ?

....

b. Comment le terrorisme a-t-il évolué d'après l'auteur de ce rapport ?

....

....

c. Quels sont ses nouveaux moyens d'action ?

....

EXO BREVET

Sur une feuille à part, rédigez un développement construit d'environ vingt lignes expliquant les conflits et les menaces qui pèsent sur le monde depuis 1989.

AVEZ-VOUS RÉUSSI ?

FRANÇAIS
MATHS
HISTOIRE
PHYSIQUE-CHIMIE
SVT
ANGLAIS
TECHNOLOGIE
CORRIGÉS

13 La refondation de la République française (1944-1947)

HISTOIRE

JE RETIENS

Le retour à la démocratie

- Alors que la France est peu à peu **libérée par les Alliés** avec l'aide des résistants, le **général de Gaulle** prend la tête du **GPRF** (Gouvernement provisoire de la République française). Il fait annuler les lois de Vichy, reprend le contrôle des administrations et organise de nouvelles élections.
- Une **épuration** légale est mise en place et consiste à juger les Français qui ont collaboré avec l'ennemi durant la guerre. Laval et Pétain sont condamnés à mort mais ce dernier est gracié en raison de son âge.

Des réformes économiques et sociales

- Composé d'anciens résistants, le Gouvernement provisoire suit le **programme du CNR** (Conseil national de la Résistance) élaboré en mars 1944, qui propose de renforcer le rôle de l'État dans l'économie. Ainsi, des **nationalisations** sont décidées dans les secteurs clés de la banque, des transports et des énergies afin d'accélérer la modernisation de l'économie française.
- De **nouveaux droits** sont octroyés aux citoyens et viennent compléter ceux que le Front populaire avait institués avant la guerre. Les **femmes** obtiennent le **droit de vote** en **1944** et la **Sécurité sociale** est créée l'année suivante pour prendre en charge l'assurance maladie, les allocations familiales, les accidents du travail et former un système de retraites.

Une nouvelle République

- En octobre 1946, une nouvelle **Constitution** est approuvée par référendum. Celle-ci reconnait le droit au travail, à l'instruction et aux loisirs. Elle instaure la **IVe République**, régime parlementaire dans lequel l'Assemblée nationale investit le président du Conseil et peut le renverser.
- Partisan d'une autre organisation des pouvoirs, dans laquelle le président de la République aurait eu un rôle plus important, de Gaulle choisit de quitter le gouvernement.

COMMENT FAIRE

Décrire et analyser une affiche institutionnelle

La création de la Sécurité sociale

1. **Identifier le document :** cette affiche a été commandée par l'État pour célébrer la création de la Sécurité sociale, le 4 octobre 1945.
2. **Sélectionner les informations :** repérez la composition de l'affiche et le mouvement qui s'en dégage ; interprétez le texte ; décrivez pour chaque plan la scène représentée.
3. **Analyser :** montrez que la création de la Sécurité sociale a permis aux Français d'améliorer leurs conditions de vie au lendemain de la Seconde Guerre mondiale.

Affiche célébrant la création de la Sécurité sociale le 4 octobre 1945.

DATES CLÉS 1944, droit de vote des femmes ; 1945, création de la Sécurité sociale.

S'ENTRAINER

1 ✪ Les élections municipales de 1945

Pourquoi cette photographie présente-t-elle un intérêt historique ?

....

....

....

....

....

2 ✪✪ Les engagements de la Résistance

Mesures à appliquer à la libération du territoire.

Sur le plan économique :

– l'intensification de la production nationale selon les lignes d'un plan arrêté par l'État après consultation des représentants de tous les éléments de cette production ;

– le retour à la nation des grands moyens de production monopolisés, fruit du travail commun, des sources d'énergie, des richesses du sous-sol, des compagnies d'assurances et des grandes banques, [...]

– le droit d'accès, dans le cadre de l'entreprise, aux fonctions de direction et d'administration, pour les ouvriers possédant les qualifications nécessaires, et la participation des travailleurs à la direction de l'économie.

Extrait du programme du Conseil national de la Résistance, adopté le 15 mars 1944.

a. Soulignez les mesures qui favorisent l'intervention de l'État dans l'économie.

b. Relevez les secteurs économiques touchés par ces mesures.

....

....

c. Quel passage du texte montre que le CNR a le souci d'élargir la démocratie dans un sens social ? Justifiez votre réponse.

....

....

....

3 ✪✪✪ La constitution de 1946

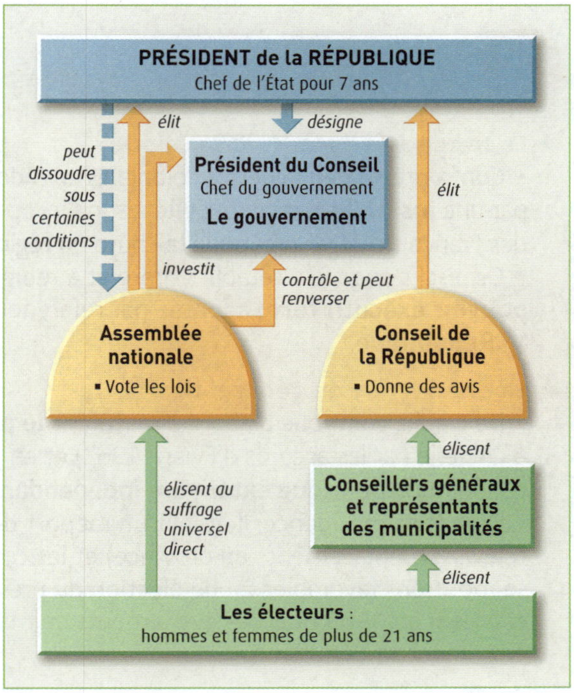

a. Quels sont les pouvoirs de l'Assemblée nationale ?

....

....

b. Pourquoi le gouvernement a-t-il peu de pouvoirs selon cette organisation ?

....

....

....

c. Comment appelle-t-on ce type de régime ?

....

EXO BREVET

Sur une feuille à part, rédigez un développement construit d'environ vingt lignes expliquant la refondation de la République française entre 1944 et 1947.

Corrigés p. 306

14 La Ve République

HISTOIRE

JE RETIENS

La fondation de la Ve République

• Confrontée à deux guerres coloniales en Indochine puis en Algérie, la IVe République est marquée par une **instabilité ministérielle** et une incapacité à gérer les crises. En mai 1958, le soulèvement des Français d'Alger provoque la chute du régime et le **retour au pouvoir du général de Gaulle.**

• Celui-ci s'engage à rétablir l'ordre et à rédiger une nouvelle **Constitution**, qui institue un **pouvoir exécutif fort** : adoptée par référendum le 4 septembre 1958, elle donne naissance à la **Ve République**.

La présidence du général de Gaulle

• De Gaulle contribue d'abord à **restaurer le prestige** de la France en accordant l'indépendance à l'Algérie par les accords d'Évian (1962) et en procédant à la décolonisation de l'Afrique noire. Il conduit une **politique extérieure indépendante** des États-Unis et dote le pays de l'arme nucléaire.

• Durant sa présidence, il établit un rapport direct avec les Français (bains de foule, discours télévisés, déplacements en province) et les consulte souvent par **référendum**. En 1962, ceux-ci se montrent favorables à une élection du président au **suffrage universel direct**. De Gaulle est réélu en 1965 mais les évènements de mai 68 et son désaveu lors du référendum de 1969 entrainent sa démission.

Continuité, alternance et cohabitation

• Les présidents Georges Pompidou (1969-1974) et Valéry Giscard d'Estaing (1974-1981) maintiennent les institutions de la Ve République et s'inscrivent ainsi dans la **continuité** du général de Gaulle.

• La victoire de **François Mitterrand** aux élections présidentielles de **1981** permet à la gauche d'accéder au pouvoir et marque ainsi la première **alternance** de la Ve République. La France se retrouve dans une situation inédite lorsque les élections législatives de 1986 donnent la victoire à la droite : le Président et le Premier ministre sont alors issus de partis politiques opposés lors de la première **cohabitation**. Désormais, la vie politique française est rythmée par l'alternance.

COMMENT FAIRE

Lire et interpréter des résultats électoraux

Les élections législatives dans les années 1980

1. **Identifier le document :** ces deux diagrammes semi-circulaires rendent compte du résultat des élections législatives de 1981 et 1986.
2. **Sélectionner les informations :** repérez la répartition des sièges entre les différentes forces politiques et la majorité qui en découle ; comparez les résultats des deux élections.
3. **Analyser :** montrez que les élections législatives de 1981 viennent conforter le pouvoir en place alors que celles de 1986 ont pour conséquence la première cohabitation.

Les forces politiques à l'Assemblée nationale

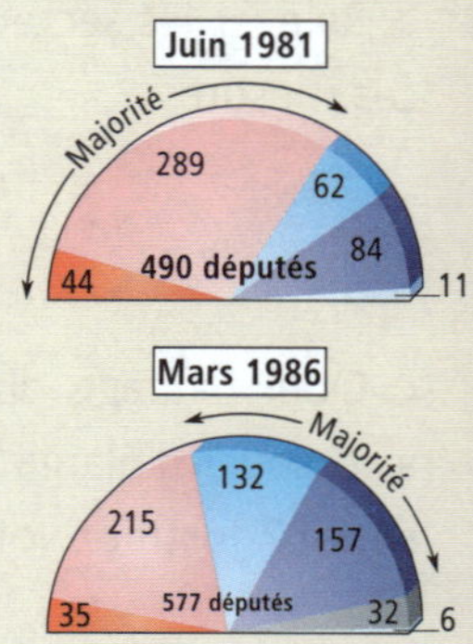

DATES CLÉS 1958, fondation de la Ve République ; 1958-1969, les années de Gaulle ; 1981, Mitterrand élu Président.

LE CONSEIL DU COACH

Se détendre avant de commencer à travailler

Écouter de la musique est un excellent moyen pour se détendre, évacuer le stress et refaire le plein d'énergie. Créez une playlist spéciale pour la mise au travail avec des musiques qui vous donneront de l'énergie et des chansons positives. Écoutez l'un de vos morceaux puis mettez-vous au travail sur la Vᵉ République. Mais sans musique !

S'ENTRAINER

1 ✪ La naissance de la Vᵉ République, 1958

Affiche pour le « oui » à la Constitution de la Vᵉ République, 1958.

a. Sur quel sujet et par quel moyen les Français sont-ils invités à se prononcer ?

....

....

b. Quels sont les arguments donnés en faveur du « oui » ?

....

....

c. Entourez l'expression qui remet en cause l'efficacité de la IVᵉ République.

2 ✪✪ Une allocution télévisée du général de Gaulle, 1965

Françaises, Français,

La décision que, par votre vote, vous allez prendre après-demain engagera le sort de notre pays. Cinq problèmes essentiels qu'on dissimulait jadis sont réglés. Les institutions étaient autrefois faites pour l'impuissance, alors qu'il y a aujourd'hui, avec un chef de l'État, un gouvernement qui dure et qui gouverne [...]. La décolonisation, qui divisait les Français et agitait notre armée, est réalisée. La paix, que depuis au moins un demi-siècle, nous n'avions, en somme, jamais connue, a été retrouvée. L'inflation, qui rongeait l'économie, est désormais maitrîsée. Enfin, l'indépendance est retrouvée.

Extrait de l'allocution télévisée prononcée par le général de Gaulle le 3 décembre 1965.

a. Dans quel contexte de Gaulle s'exprime-t-il ?

....

....

b. D'après lui, quels seraient les avantages des institutions de la Vᵉ République ?

....

....

c. Soulignez les problèmes qui auraient été réglés durant son premier mandat.

d. Expliquez la dernière phrase du texte.

....

....

....

MINI-CONTRÔLE

La une du journal *France soir*, 11 mai 1981

a. Entourez le résultat des élections présidentielles de 1981.

b. Expliquez le titre « la victoire historique ».

France-Soir — toute dernière

Mitterrand 52,06 %
Giscard 47,94 %

François Mitterrand, premier socialiste élu président au suffrage universel

La victoire historique

- Passation des pouvoirs sans doute le 25 mai
- Puis formation d'un gouvernement
- Législatives : 21 et 28 juin

« Les Français ont choisi le changement que je leur proposais »

Le message de Giscard

Les yeux ouverts

....

....

....

....

....

....

....

Corrigés p. 307

AVEZ-VOUS RÉUSSI ?

FRANÇAIS MATHS HISTOIRE PHYSIQUE-CHIMIE SVT ANGLAIS TECHNOLOGIE CORRIGÉS

15 Les transformations de la société française (1950–1990)

HISTOIRE

JE RETIENS

La France des Trente Glorieuses

• Dans les années 1950 à 1970, la France connait une période de **forte croissance économique** et de **plein emploi**. La société se transforme rapidement : le monde paysan recule, l'urbanisation s'accélère et le niveau de vie augmente. Avec l'essor de la **société de consommation**, les ménages s'équipent en biens nouveaux et consacrent davantage de temps aux **loisirs**.

• Ces mutations s'accompagnent d'une forte augmentation de la natalité (**babyboom**) et d'une **poussée de l'immigration**, en raison du besoin croissant de main-d'œuvre.

Récession et montée du chômage

• À partir de **1974**, le ralentissement de la croissance économique est net. Le choc pétrolier, la stagnation de la consommation et la concurrence des pays émergents mettent en difficulté l'industrie. Un **chômage massif** se développe et frappe particulièrement les jeunes et les immigrés.

• La France est également confrontée à de nouveaux défis, tels que le **vieillissement de sa population** et le **développement de la pauvreté**.

L'adaptation de la loi aux évolutions de la société

• En mai 1968, **les jeunes se révoltent** et réclament plus de libertés. Dans les années 1970, les femmes se mobilisent aussi et revendiquent l'**égalité des droits entre les sexes**. C'est notamment sous la présidence de Giscard d'Estaing que ces aspirations sont satisfaites : la majorité est abaissée à **18 ans**, la mixité devient obligatoire dans les écoles publiques et la loi Veil légalise l'avortement.

• Face à la montée du chômage et de la pauvreté, la gauche au pouvoir depuis 1981 cherche à **réduire les inégalités sociales** en prenant des mesures comme l'augmentation du salaire minimum, la création du **RMI** (revenu minimum d'insertion) ou de l'impôt sur les grandes fortunes.

COMMENT FAIRE

Analyser un tableau de données

	1950	1970	1990
Population totale (milliers)	41 647	50 528	56 577
0-19 ans (%)	30,1	33,1	27,8
20-64 ans (%)	58,5	54	58,3
65 ans et plus (%)	11,4	12,8	13,9

Source : INSEE

La population française de 1950 à 1990

1. **Identifier le document :** ce tableau présente des données statistiques qui permettent de mesurer l'évolution de la population française entre 1950 et 1990.
2. **Sélectionner les informations :** repérez les unités choisies ; relevez pour chaque ligne l'évolution concernée ; identifiez des ruptures ou des continuités ; comparez les données les unes aux autres.
3. **Analyser :** montrez que la population française n'a cessé d'augmenter au cours de la période sans omettre d'expliquer le babyboom et le vieillissement de la population.

DATES CLÉS mai 1968, révolte de la jeunesse ; 1974, début de la récession.

S'ENTRAINER

1 ✪ Sur la route des vacances, 1954

En quoi cette photographie est-elle révélatrice des Trente Glorieuses ?

....

....

....

2 ✪✪ Affiche de l'école des Beaux-Arts, 1968

a. Quels sont les personnages représentés sur cette affiche ?

....

b. Quelle critique de la société les étudiants adressent-ils au pouvoir en place ?

....

....

LE CONSEIL DU COACH Aidez-vous de la partie « Je retiens » si vous avez des difficultés. Inutile de rester bloqué(e) trop longtemps.

3 ✪✪✪ Giscard d'Estaing et la jeunesse

[...] La désignation de M. Jacques Chirac comme Premier ministre [...], quatre femmes à la tête de ministères ou de secrétariats d'État, les nouvelles dénominations ou responsabilités de plusieurs ministères — qualité de la vie, condition féminine, action sociale ou travailleurs immigrés —, tous ces choix expriment une volonté d'innovation, de rupture avec les vieilles habitudes. [...] Et voilà plus sérieux : la majorité non seulement électorale, mais civile, abaissée à 18 ans, la loi sur la contraception, la libéralisation de l'avortement votée grâce à l'obstination du ministre de la Santé, Mme Simone Veil.

Pierre Viansson-Ponté, *Le Monde*, 1er janvier 1975.

a. Comment Valéry Giscard d'Estaing répond-il aux revendications portées par les femmes dans les années 1970 ?

....

....

....

b. Soulignez les grandes lois votées sous sa présidence.

c. Sélectionnez la loi de votre choix et expliquez en quoi celle-ci a permis de satisfaire les aspirations de la jeunesse.

....

....

....

EXO BREVET

Sur une feuille à part, rédigez un développement construit d'environ vingt lignes expliquant les transformations économiques, sociales et démographiques de la France des années 1950 à la fin des années 1980.

Corrigés p. 307

AVEZ-VOUS RÉUSSI ? ○ ○ ○

16 GÉOGRAPHIE

Les aires urbaines et leurs dynamiques en France

JE RETIENS

Un territoire dominé par les aires urbaines

• La France compte 354 aires urbaines dans lesquelles vivent près de **85 % de la population** du pays. **Ville mondiale, Paris** fait figure d'exception avec ses 11 millions d'habitants. Derrière elle, les **métropoles régionales** concentrent la population, les lieux de pouvoir politique, économique et culturel.

• Les aires urbaines du sud et de l'ouest, telles Toulouse, Bordeaux ou Nantes, sont plus **attractives** que celles du nord et de l'est car elles offrent à leurs habitants une qualité de vie supérieure, l'ensoleillement et des emplois plus nombreux.

Les caractéristiques d'une aire urbaine

• Chaque aire urbaine est un espace composé d'une ville-centre, de banlieues et d'une couronne périurbaine. La **ville-centre** est la partie la plus densément peuplée, formée de quartiers majoritairement anciens et concentrant la plupart des activités.

• Les **banlieues** sont des espaces hétérogènes regroupant des lotissements, de grands ensembles et des zones industrielles. Urbanisée plus récemment, la **couronne périurbaine** englobe des communes plus éloignées et résidentielles dans lesquelles l'habitat pavillonnaire s'est développé.

La périurbanisation et ses conséquences

• Face au cout élevé des logements en centre-ville et à la recherche d'un cadre de vie moins stressant et plus proche de la nature, les Français sont nombreux à venir **s'installer à la périphérie des villes**. L'espace urbain s'agrandit et s'étend ainsi sur les campagnes.

• L'**étalement urbain**, qui se manifeste notamment le long des axes de communication, a des conséquences sociales et environnementales importantes : recul des milieux naturels, **augmentation des mobilités** et allongement des trajets quotidiens domicile-travail, utilisation accrue de la voiture, nécessité de développer de nouveaux transports en commun et durables.

COMMENT FAIRE

Étudier le plan d'une ville

Paris, ville mondiale

1. **Identifier le document :** ce plan permet de localiser les centres politiques, économiques et culturels de Paris.
2. **Sélectionner les informations :** localisez chaque information de la légende sur la carte pour comprendre à quel(s) espace(s) elle est liée ; repérez les grands axes et relevez les principaux pôles.
3. **Analyser** : montrez que Paris, en concentrant tous les centres de décision et lieux de pouvoir du pays, est une métropole de rang national et même mondial.

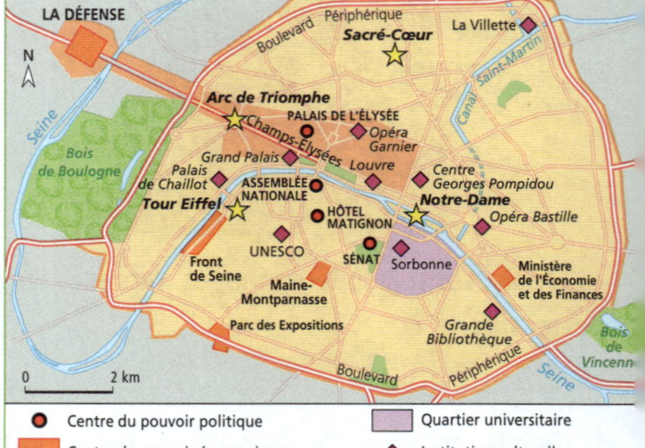

MOTS-CLÉS Aire urbaine, banlieue, couronne périurbaine, étalement urbain, métropole régionale, mobilités, périphérie, périurbanisation, ville-centre.

S'ENTRAINER

1 ✪ Schéma d'une aire urbaine

Complétez la légende du schéma avec les éléments suivants : déplacements quotidiens, banlieue, couronne périurbaine, étalement urbain, ville-centre.

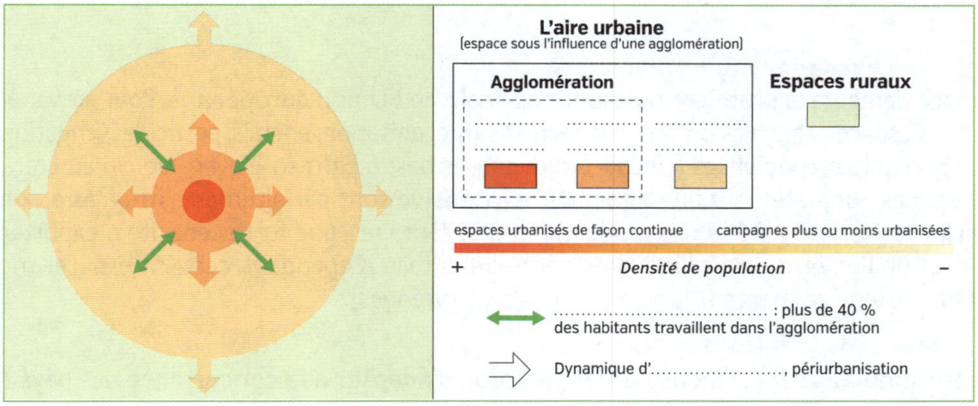

2 ✪✪ Savigny-le-Temple (Seine-et-Marne)

a. Comment appelle-t-on le phénomène visible sur cette photographie ?

....

b. Décrivez les nouveaux quartiers aménagés.

....

....

....

MINI-CONTRÔLE

Le témoignage d'un habitant de la couronne périurbaine de Paris

Comme plus de 70 % des Français, Frédéric a concrétisé le rêve de posséder une maison individuelle avec jardin. Il vient de la proche banlieue parisienne et habite maintenant avec sa femme et ses trois enfants dans un lotissement de Bray-sur-Seine, une commune située à 100 km à l'est de Paris. Comme sa femme, il travaille à Paris. « Je passe dans une journée quasiment 4 h dans les transports. Le matin, je me réveille à 2 h 45 et je quitte la maison vers 4 h 05. Je fais les 25 km pour aller à la gare et prendre le train vers 4 h 45. J'arrive à Paris vers 6 h 10 et je commence mon boulot à 7 h. »

Interview tirée du documentaire *La Vie rêvée des pavillons*, France Télévisions, 2010.

a. Pour quelle raison Frédéric s'est-il installé dans la couronne périurbaine de Paris ?

....

....

b. Soulignez les conséquences de ce choix.

Corrigés p. 307

AVEZ-VOUS RÉUSSI ?

17 Les transformations des espaces productifs français

GÉOGRAPHIE

JE RETIENS

Des espaces agricoles modernisés

- La France demeure la **première puissance agricole de l'Union européenne**. Pour arriver à ce résultat, les espaces agricoles ont été **modernisés** (mécanisation, engrais, pesticides, irrigation, cultures hors sol) et **spécialisés** (céréaliculture dans le bassin parisien, élevage porcin en Bretagne...).
- Les espaces qui pratiquent une **agriculture intensive** sont parfaitement **intégrés aux marchés internationaux** grâce à des productions excédentaires, une forte capacité à exporter leurs produits et un lien étroit avec l'industrie agro-alimentaire. Cependant, certains espaces moins productifs restent en marge (Massif central, Alpes, Pyrénées).

Des espaces industriels en mutation

- Avec la **mondialisation**, l'industrie française doit **s'adapter à la concurrence** des pays émergents. La **délocalisation** et la **robotisation** des usines expliquent principalement la baisse du nombre d'emplois dans le secteur ces dernières années. Cependant, la France reste la **8e puissance industrielle du monde**, notamment grâce à ses puissantes **firmes multinationales**.
- L'Ile-de-France et la région Rhône-Alpes sont les espaces les plus industrialisés du pays tandis que le Nord et la Lorraine sont en crise et en **reconversion**. Le sud et l'ouest, très dynamiques, regroupent les activités de haute technologie, implantées dans des **pôles de compétitivité** (ou technopôles).

Des espaces de services en expansion

- La part des services dans l'économie française est de plus en plus importante : 80 % de la richesse nationale provient du secteur tertiaire et 75 % de la population active y travaille. La France est le **4e exportateur de services** et la **première destination touristique du monde**.
- Les espaces de services se concentrent avant tout dans les **métropoles**. On retrouve ainsi les activités financières et de haut niveau intellectuel dans les quartiers d'affaires, les administrations dans les centres-villes, les zones commerciales en banlieue.

COMMENT FAIRE

Décrire et analyser un paysage

Blandy-les-Tours, un village de la Brie

1. **Identifier le document :** cette photographie, dont la prise de vue est aérienne et oblique, montre un paysage typique du bassin parisien, celui de Blandy-les-Tours et de ses environs.
2. **Sélectionner les informations :** identifiez la caractéristique générale du paysage (urbain, rural...), distinguez le premier plan de l'arrière-plan ; repérez les différents éléments de chaque plan.
3. **Analyser :** montrez que ce village appartient à un espace agricole spécialisé dans la céréaliculture mais qu'il est également un espace touristique grâce à la richesse de son patrimoine historique.

MOTS-CLÉS

Agriculture intensive, délocalisation, firme multinationale, mondialisation, pôle de compétitivité, reconversion, robotisation, services, technopôle.

S'ENTRAINER

1 ✪ Les technopôles de Bretagne

a. Quels objectifs les technopôles de Bretagne se sont-ils fixés ?

....

....

....

....

b. D'après les images, dans quelles activités innovantes sont-ils spécialisés ?

....

....

....

2 ✪✪ Un campus universitaire à Tulle (Corrèze)

Le quartier de Souilhac, 8 établissements, 650 étudiants, des apprentis, un restau U et des tiers lieux projetés

C'était hier la rentrée universitaire partout en France. Tulle Agglo a profité de cette date symbolique pour présenter officiellement son projet de campus [...]. Initié depuis deux ans, il consiste à réunir, en un seul site, plusieurs structures de formations dispersées en divers lieux de la ville. Ceci pour mutualiser les moyens, les services et les animations, et pérenniser sur la cité des implantations qui auraient pu partir ailleurs [...]. Le site choisi est celui du quartier de Souilhac, autour du bâtiment 419 de l'ancienne Manufacture d'armes. Composé de 3 plateaux de 1 000 m² chacun et d'un sous-sol, cet édifice [...] sera entièrement réaménagé pour abriter l'Institut de Formation en Soins Infirmiers (IFSI - 200 étudiants actuellement au centre hospitalier), l'École Supérieure du Professorat et de l'Éducation (ESPE - 90 étudiants, dans les locaux de l'ex-IUFM), et la bibliothèque, centre de ressources Canopé.

Article extrait du journal *La Montagne*, 19 septembre 2017.

a. Dans quelle activité économique le quartier de Souilhac était-il spécialisé ?

....

LE CONSEIL DU COACH Un peu de stress ? Fermez les yeux et pensez à quelque chose qui vous fait du bien.

b. Soulignez les structures qui vont être implantées dans ce quartier et indiquez l'activité économique concernée.

....

c. Comment appelle-t-on ce changement d'activité ?

....

3 ✪✪✪ Les espaces industriels français

Coloriez la carte en suivant la légende.

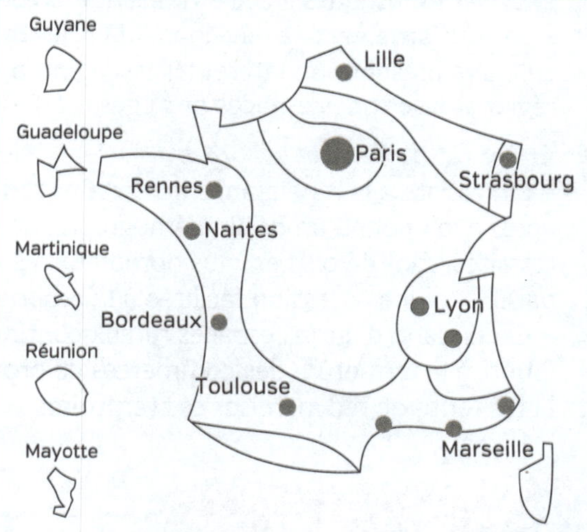

- métropole
- principales régions industrialisées
- régions industrielles en crise
- espaces industriels dynamiques des hautes technologies
- espaces peu industrialisés

EXO BREVET

Sur une feuille à part, rédigez un développement construit d'environ vingt lignes expliquant les mutations des espaces productifs français.

Corrigés p. 307

18 Les espaces de faible densité et leurs atouts en France

GÉOGRAPHIE

JE RETIENS

Des espaces peu peuplés

• Peu peuplés, les espaces de faible densité comptent **moins de 30 habitants au km²**. Ruraux ou de montagne, ils sont souvent marqués par l'**activité agricole**. La plupart du temps, ces espaces sont mal desservis par les transports et **peu intégrés à la mondialisation**.

• Les espaces de faible densité couvrent la majeure partie du territoire français. Ils se concentrent surtout dans une **diagonale qui traverse le pays des Ardennes jusqu'aux Pyrénées** en passant par le Massif central, à laquelle il faut ajouter les Alpes.

Des atouts à valoriser

• Certains espaces de faible densité sont des **espaces touristiques et de loisirs**. Les montagnes sont ainsi devenues des territoires attractifs grâce à l'aménagement de **stations de sports d'hiver** et au développement d'**activités de plein air**. Certains littoraux, autrefois peu peuplés, ont été transformés en zones touristiques grâce à l'implantation de **stations balnéaires** (Landes, Languedoc).

• Le **tourisme vert** se développe dans les campagnes dont le patrimoine culturel, naturel ou culinaire présente un intérêt (Massif central, Sud-Ouest). Enfin les **parcs naturels** nationaux ou régionaux sont des espaces protégés mais également parcourus par de nombreux randonneurs.

Entre renouveau et déprise

• On assiste à la renaissance de certains territoires ruraux qui accueillent de nouveaux habitants après avoir connu un déclin démographique. Ces **néoruraux**, jeunes couples avec enfants ou retraités, sont de plus en plus nombreux à s'y installer pour profiter d'un environnement plus paisible, d'une accession facilitée à la propriété et d'un recours possible au **télétravail**.

• Cependant, d'autres espaces ruraux continuent à décliner. Face au vieillissement de la population, à la fermeture des commerces de proximité et à l'abandon des activités économiques, l'État tente de redynamiser ces territoires en y développant des **pôles d'excellence rurale**.

COMMENT FAIRE

Analyser une affiche promotionnelle

Le département de l'Aisne

1. **Identifier le document :** cette affiche a été commandée par un département rural, celui de l'Aisne, dans le but de faire sa publicité auprès d'un large public.
2. **Sélectionner les informations :** identifiez les différents éléments qui composent l'affiche et recherchez leur signification ; interprétez le texte et le slogan en repérant les langues utilisées.
3. **Analyser :** montrez que le département de l'Aisne cherche à attirer de nouvelles populations en mettant en avant les atouts de ses paysages naturels et en se donnant une image moderne.

MOTS-CLÉS Activités de plein air, déprise, néoruraux, parc naturel, pôle d'excellence rurale, station balnéaire, station de sports d'hiver, télétravail, tourisme vert.

LE CONSEIL DU COACH

Effectuer une lecture active

Essayez d'avoir une vue d'ensemble du cours en repérant les trois grands thèmes abordés. Puis, pour chaque paragraphe, faites un court résumé à voix haute ou par écrit. Enfin, testez-vous en vous posant des questions avant de faire les exercices.

S'ENTRAINER

1 ✪ Les densités de population en France

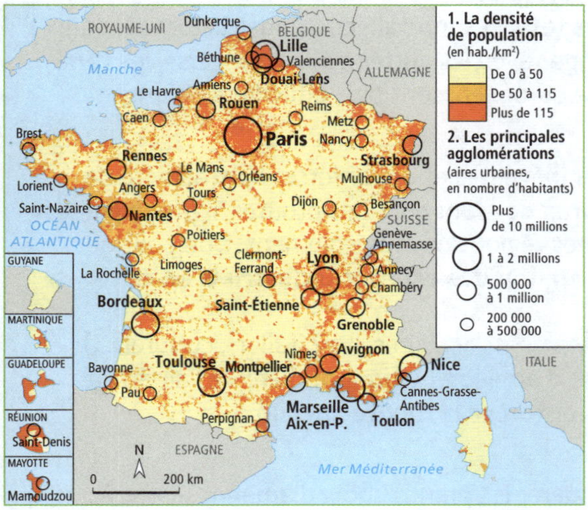

Où se situent les densités les plus faibles ?

....

2 ✪✪ Une station de sports d'hiver : La Plagne (Savoie)

a. Quel est le milieu naturel photographié ?

....

b. Dans quel but cet aménagement a-t-il été conçu ? ....

....

MINI-CONTRÔLE

Le parc national des Cévennes

Le parc national des Cévennes est un territoire dont le patrimoine (écologique, paysager, culturel...) doit être protégé de toute dégradation. La préservation du patrimoine naturel est assurée au sein de la zone centrale du parc, où les activités humaines sont strictement réglementées et surveillées. Une vaste zone périphérique fait tampon avec le monde extérieur. Le parc compte 52 communes et s'étend sur 91 000 ha, entièrement contrôlés : habitation, activités agricoles et forestières...

De tous les parcs nationaux français, celui des Cévennes est le seul situé en moyenne montagne. Il abrite de ce fait une population permanente (74 000 habitants) et un patrimoine culturel significatif. Cette particularité lui donne une mission que n'ont pas nécessairement les autres parcs nationaux : rechercher les conditions d'un écodéveloppement durable, soucieux de la protection du patrimoine, respectueux des grands équilibres, en assurant la pérennité des activités agropastorales nécessaires au maintien de la biodiversité et des paysages.

D'après le site www.cevennes.com, février 2012.

a. Pourquoi ce parc naturel a-t-il été créé ?

....

....

b. Comment s'organise ce type d'espace ?

....

....

c. Quelles activités économiques ont été développées dans ce parc ?

....

....

Corrigés p. 308

AVEZ-VOUS RÉUSSI ?

19 GÉOGRAPHIE

Aménager pour réduire les contrastes territoriaux en France

JE RETIENS

Des inégalités croissantes entre les territoires

• En France, certains espaces sont plus dynamiques que d'autres et ces inégalités se retrouvent à différentes échelles. Le contraste le plus marquant est celui qui existe entre **l'Ile-de-France et le reste du pays** : cette région à elle seule produit le tiers de la richesse nationale. De même, **les métropoles régionales** sont plus attractives car elles concentrent une grande partie des activités et des emplois.

• Avec la mondialisation, les **régions périphériques** (espaces frontaliers, façades littorales) sont des espaces dynamiques car ils favorisent les échanges avec les autres pays. À l'inverse, les **territoires de l'intérieur**, moins bien intégrés à l'espace européen, sont plus difficiles à valoriser.

La diversité des aménagements

• L'aménagement du territoire tente de corriger ces inégalités et de renforcer l'attractivité de chaque région. Ainsi, la construction d'**infrastructures de transport** (autoroutes, lignes à grande vitesse – LGV –, aéroports) permet de sortir certaines régions de leur isolement. Une politique de **revitalisation des espaces ruraux** et de **reconversion des espaces industriels en crise** vise à stopper le déclin de certains territoires.

• La **construction d'équipements publics** (établissements scolaires, hospitaliers, culturels…) a pour but de répondre aux besoins des habitants et d'améliorer leur quotidien. Des aménagements au sein des villes ont également vocation à **renforcer la mixité sociale**.

Les acteurs de l'aménagement

• Longtemps seul décisionnaire, **l'État** continue à opérer les grands choix d'aménagement à l'échelle nationale. Cependant, suite aux lois de **décentralisation**, il a délégué une grande partie de ses compétences aux **collectivités territoriales** (régions, départements, communes). **L'Union européenne** est un autre acteur majeur, qui finance une grande partie des aménagements.

• **Les habitants** peuvent également s'impliquer, notamment à l'échelle locale, en donnant leur avis et en participant à une démarche de **prospective**. Enfin, **les entreprises** jouent un rôle important puisque chargées de la construction des aménagements.

COMMENT FAIRE

Lire et comprendre un panneau d'information

La rénovation d'un quartier à Migennes (Yonne)

1. **Identifier le document :** ce panneau de chantier a été créé et implanté sur la voie publique à l'occasion de la réfection d'une avenue qui traverse le quartier des Mignottes à Migennes.
2. **Sélectionner les informations :** identifiez et décrivez l'aménagement concerné ; repérez les différents logos et définissez les acteurs qui participent au projet.
3. **Analyser :** montrez que ce projet d'aménagement s'inscrit dans le cadre d'une opération de rénovation urbaine, décidée et financée par le département et la région.

MOTS-CLÉS Collectivités territoriales, décentralisation, infrastructures de transport, mixité sociale, prospective, reconversion, revitalisation.

S'ENTRAINER

1 ✪ La reconstruction d'un collège

Dès le deuxième semestre 2019, le collège de la Mare aux Champs de Vaux-le-Pénil, qui accueille actuellement 670 élèves, va connaître d'importants travaux de réhabilitation et de reconstruction partielle. Le conseil départemental est le maître d'œuvre de l'opération [...]. Les travaux d'un montant de 21,2 millions d'euros concerneront la démolition du grand et du petit externat. Vétustes, ils ne répondent plus aux normes pédagogiques. Leur reconstruction devra répondre aux besoins de la capacité d'accueil du collège [...]. Par ailleurs, la cour de récréation va être agrandie et un parking d'une capacité de 55 places pour le personnel va être réalisé [...]. Enfin, le chantier concernera la mise en accessibilité pour les personnes à mobilité réduite. « Ces travaux d'envergure sont nécessaires afin de garantir un accueil dans des locaux sécurisés, modernes et agréables » précise le Département.

Article extrait du journal *La République de Seine-et-Marne*, 15 avril 2019.

a. Pourquoi cet aménagement est-il nécessaire ?

....

....

....

b. Quel acteur est en charge de ce projet ?

....

....

2 ✪✪ L'organisation du territoire français

Complétez la légende avec les éléments suivants :

- espaces ruraux revitalisés
- régions industrielles en reconversion
- cœur du territoire national
- espaces périphériques dynamiques

LE CONSEIL DU COACH Vous perdez confiance ? Relisez les passages sur les pensées négatives (voir Carnet p. 17).

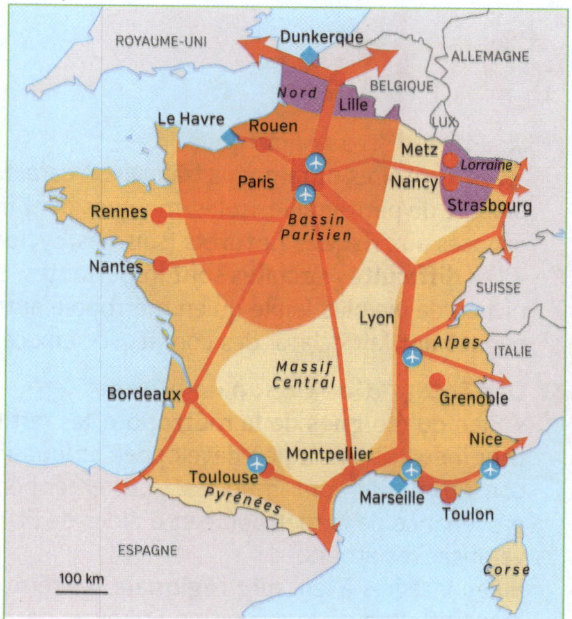

Métropole mondiale

Métropoles régionales

- - - - - - - - - - - - - - - - - - - -

- - - - - - - - - - - - - - - - - - - -

- - - - - - - - - - - - - - - - - - - -

- - - - - - - - - - - - - - - - - - - -

- - - - - - - - - - - - - - - - - - - -

- - - - - - - - - - - - - - - - - - - -

- - - - - - - - - - - - - - - - - - - -

- - - - - - - - - - - - - - - - - - - -

Axe majeur de communication

Axe important

Principaux ports

Aéroport international

EXO BREVET

Sur une feuille à part, rédigez un développement construit d'environ vingt lignes expliquant les buts, les mesures et les acteurs de l'aménagement du territoire en France.

Corrigés p. 308

AVEZ-VOUS RÉUSSI ?

20 Aménager les territoires ultramarins français

GÉOGRAPHIE

JE RETIENS

Des territoires spécifiques

- Les territoires ultramarins français se caractérisent par de **fortes contraintes**. Ils sont pour la plupart de petite taille, isolés, marqués par l'**insularité** (à l'exception de la Guyane) et souvent exposés aux **risques naturels** (séismes, cyclones, volcanisme).
- Les **difficultés sociales** sont importantes. La cherté de la vie, un taux de chômage élevé, un niveau de vie plus faible qu'en métropole ainsi que des inégalités croissantes entre villes et campagnes ont fait éclater des conflits sociaux ces dernières années.

Une intégration régionale limitée

- Bien qu'**éloignés de la métropole**, les territoires ultramarins en sont très **dépendants**. Leur industrie étant peu développée et leur agriculture en difficulté, la plupart des produits de consommation sont importés. L'outremer bénéficie également de **transferts financiers** en provenance de la métropole et d'aides de l'Union européenne pour compenser ses handicaps et valoriser ses atouts.
- Peu intégrés à leur **aire régionale**, les territoires ultramarins n'entretiennent des **contacts que très limités** avec leurs voisins. En revanche, ce sont des espaces attractifs pour de nombreux migrants originaires de pays proches dont le niveau de développement est bien inférieur.

La réduction des déséquilibres par l'aménagement

- En raison de leurs contraintes, les territoires ultramarins font l'objet d'un aménagement particulier. Des **infrastructures touristiques** sont construites sur les littoraux, très urbanisés, mais aussi dans les espaces intérieurs, peu peuplés, mais dont la richesse naturelle est exceptionnelle.
- L'État crée également des **zones franches** pour stimuler le développement économique. Enfin, les **aménagements de transport** (routes, ports, aéroports) sont privilégiés, notamment pour assurer la liaison permanente avec la métropole au nom de la **continuité territoriale**.

COMMENT FAIRE

Décrire et analyser une image satellite

Papeete, une ville de la Polynésie française

1. **Identifier le document :** cette photographie a été prise par un satellite et montre la ville de Papeete et ses alentours, sur l'ile de Tahiti, en Polynésie française.
2. **Sélectionner les informations :** identifiez les grands ensembles de relief ; distinguez les surfaces bâties et non bâties ; repérez les aménagements et les axes qui structurent l'espace urbain.
3. **Analyser :** montrez que la ville de Papeete s'est développée sur le littoral et que de grandes infrastructures de transport y ont été aménagées pour relier la Polynésie à la métropole.

MOTS-CLÉS Aire régionale, continuité territoriale, contrainte, infrastructures touristiques, insularité, métropole, risques naturels, transferts financiers, zone franche.

LE CONSEIL DU COACH

S'appuyer sur les exemples

Les exercices vous permettent de travailler sur des exemples de territoires ultramarins. Cela vous aide à comprendre l'organisation de ces territoires et leurs spécificités. Donc n'hésitez pas à croiser régulièrement les exercices avec le cours. C'est peut-être l'exercice sur la Martinique qui vous permettra de bien visualiser ce qu'est un territoire ultramarin.

S'ENTRAINER

1 ✪ La Guyane

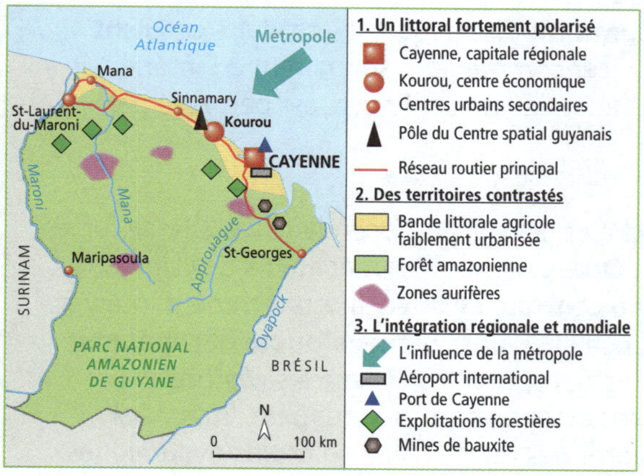

a. Quelles sont les activités économiques de la Guyane ? ....

....

b. Comment la Guyane est-elle reliée à la métropole ? ....

....

2 ✪✪ Les contraintes d'une ile tropicale : la Martinique

Située à 14°40' de latitude Nord, la Martinique fait partie de l'archipel des Petites Antilles. Bien que proche du continent américain, l'essentiel de ses échanges s'effectue avec l'Europe et la France métropolitaine, ce qui la rend fortement handicapée par son insularité et son éloignement.

Bordée à l'est par l'océan Atlantique et à l'ouest par la mer des Caraïbes, [...] distante de Paris et Bruxelles de 7 000 km, la performance de ses transports maritimes et aériens est donc vitale pour son économie [...]. Avec un relief varié, élevé au nord (la montagne Pelée, 1 397 m), alluvionnaire et marécageux au centre et parsemé de mornes[1] au sud, l'île offre une diversité de paysage dans un climat tropical chaud et humide marqué par la régularité des alizés[2] et l'irrégularité des pluies. Du fait de sa forte densité de population (356 habitants par km^2, contre 112 au niveau national) et de l'occupation de sites dangereux, la vulnérabilité aux séismes, éruptions volcaniques et phénomènes climatiques (période cyclonique de juin à novembre) est importante.

Agence pour le développement économique de la Martinique, 2010.

1. Petites montagnes.
2. Vents des régions intertropicales, soufflant régulièrement d'est en ouest.

a. De quoi dépend le développement de l'économie martiniquaise ? ....

....

b. Soulignez les risques naturels auxquels la Martinique est exposée.

MINI-CONTRÔLE

La Pointe-du-Bout (Martinique)

a. Décrivez cette photographie.

....

....

b. Quels sont les aménagements conçus pour le tourisme ?

....

....

Corrigés p. 308

AVEZ-VOUS RÉUSSI ?

21 L'Union européenne, un nouveau territoire de référence

GÉOGRAPHIE

JE RETIENS

Un territoire original

• L'Union européenne (UE) réunit aujourd'hui **28 pays** qui ont des traditions, des langues et des paysages différents. Pourtant, elle est devenue un territoire de référence et d'appartenance pour ses **513 millions d'habitants**. Espace unique au monde, dans lequel les frontières se sont effacées, l'UE est avant tout un immense **marché commun** dans lequel les produits circulent librement. Les hommes eux-mêmes peuvent se déplacer comme ils le souhaitent à l'intérieur de l'**espace Schengen** qui réunit 22 États. Enfin, la monnaie unique, **l'euro**, est partagée par 19 pays membres.

Des contrastes territoriaux

• Globalement, l'Union européenne est un espace riche et développé. Cependant, il existe de fortes inégalités entre les territoires. Les pays d'**Europe de l'Ouest** qui sont les fondateurs de l'Union sont bien plus riches et développés que ceux d'**Europe centrale et orientale**, récemment intégrés.

• Ces inégalités se font également sentir à d'autres échelles. Ainsi, la **mégalopole européenne** est la région la plus riche et la mieux desservie par les transports tandis que les **régions périphériques**, éloignées du cœur de l'UE, sont moins attractives et développées. Enfin, des contrastes existent **à l'intérieur même des États** entre des régions plus ou moins dynamiques.

La politique de cohésion

• Pour réduire ces inégalités, l'Union européenne met en œuvre une politique de **cohésion économique et sociale**, dont les principaux bénéficiaires sont les pays en retard de développement.

• Ainsi, avec le **FEDER** (Fonds européen de développement régional), elle contribue à financer de nombreux aménagements : équipements culturels, sportifs, touristiques ou bien encore axes de communication pour mieux relier les régions périphériques au centre.

COMMENT FAIRE

Lire et exploiter des graphiques

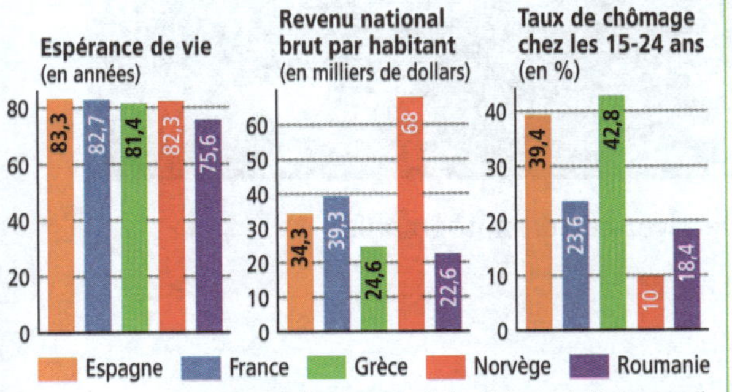

Source : PNUD (Programme des Nations-Unies pour le développement), Indices et indicateurs de développement humain, mise à jour statistique 2018.

Les inégalités de développement au sein de l'UE

1. **Identifier les documents :** ces trois graphiques (histogrammes) ont été construits à partir de données statistiques qui permettent de comparer le développement de plusieurs pays de l'UE.
2. **Sélectionner les informations :** repérez le thème de chaque graphique ; identifiez les unités utilisées ; comparez la hauteur des barres et établissez un classement entre pays pour chaque thème.
3. **Analyser :** montrez que les inégalités de richesse existent à l'intérieur de l'UE et que l'accès aux soins comme à l'emploi est plus ou moins facile selon les pays.

MOTS-CLÉS Cohésion économique et sociale, contrastes territoriaux, euro, espace Schengen, FEDER, marché commun, mégalopole européenne.

S'ENTRAINER

1 ✪ Affiche pour la journée de l'Europe

a. Que symbolisent la corde et les fils qui la tissent ?

....

....

b. En quoi ce dessin confirme-t-il le slogan de l'affiche ?

....

....

....

2 ✪✪ La politique de cohésion territoriale

La politique régionale de l'Union européenne (UE), désignée par le traité de Lisbonne[1] comme politique de cohésion économique, sociale et territoriale, vise à réduire les écarts de richesse entre les régions des pays membres de l'UE, qui se sont accentués avec les élargissements.

Pour 2014-2020, la majeure partie des dépenses bénéficie aux régions les plus pauvres. Ainsi, plus de la moitié (182 milliards d'euros) du budget de la politique de cohésion est destinée à 27 % de la population, celle des régions dont le PIB par habitant est inférieur à 75 % de la moyenne de l'UE. Par ailleurs, la concentration sur certains domaines (recherche et innovation, technologies de l'information et de la communication, compétitivité des petites et moyennes entreprises, transition énergétique) renforce l'efficacité de cette politique.

vie-publique.fr, mars 2016.

1. Le traité de Lisbonne est un traité signé en 2009 pour permettre à l'Europe des 28 de fonctionner de manière plus efficace et démocratique.

a. En quoi consiste la politique de cohésion menée par l'Union européenne ?

....

....

b. À quels pays cette politique s'adresse-t-elle en priorité ? Pourquoi ?

....

....

3 ✪✪✪ L'organisation du territoire européen

Complétez la légende avec les éléments suivants : régions développées et intégrées au centre, régions périphériques moins développées, mégalopole européenne (cœur de l'UE).

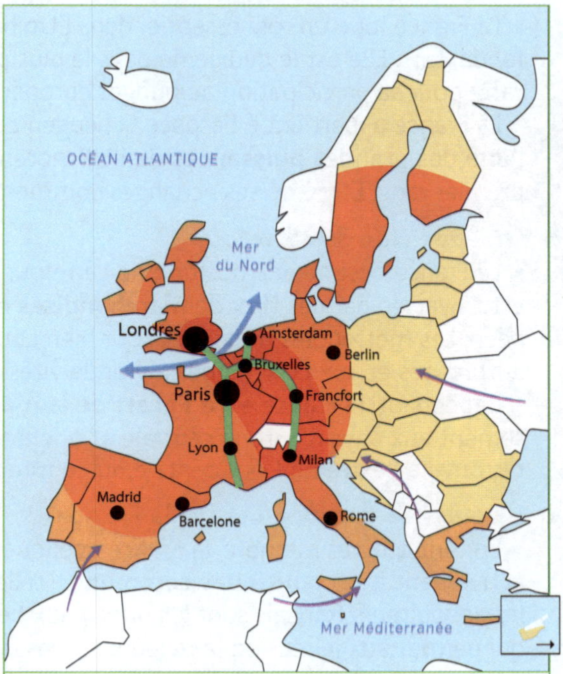

Les contrastes territoriaux

- ....
- ....
- ....

Les dynamiques

- Axes de communication majeurs
- Interface avec le reste du monde

EXO BREVET

Sur une feuille à part, rédigez un développement construit d'environ vingt lignes sur les inégalités à l'intérieur de l'Union européenne et les moyens employés pour y remédier.

Corrigés p. 309

AVEZ-VOUS RÉUSSI ?

22 La France, un État de l'Union européenne

GÉOGRAPHIE

JE RETIENS

Un des moteurs de l'Union européenne

• La France joue un rôle essentiel dans l'Union européenne (UE). C'est d'abord l'un de ses États fondateurs. Elle est le deuxième pays le plus peuplé de l'UE. Elle est également au **deuxième rang** pour sa participation au budget européen mais aussi pour les aides qu'elle reçoit.

• La France appartient à l'espace Schengen et à la zone euro. Sur le plan économique, elle est l'**une des grandes puissances de l'UE**, notamment dans le secteur agricole où elle occupe le premier rang. 60 % de ses échanges commerciaux sont réalisés au sein de l'UE.

Une position de carrefour

• La France occupe une position de carrefour entre Europe du Nord et Europe du Sud. Ainsi, elle est traversée par des **flux de marchandises et de touristes** de premier plan au niveau européen. Les métropoles françaises sont bien connectées à celles de l'UE, notamment grâce aux autoroutes et aux **LGV** (lignes à grande vitesse).

• Cependant, la France est **à l'écart de la mégalopole européenne**. Surtout, depuis l'élargissement aux pays d'Europe centrale et orientale, l'hexagone n'est plus au centre de l'UE et se retrouve à l'extrêmité occidentale du continent.

L'influence européenne sur la France

• En tant qu'État membre, la France applique les **directives** édictées par l'UE. Elle participe aussi activement à ses **politiques communes**, telles que la **PAC** (politique agricole commune) dont les agriculteurs français sont les principaux bénéficiaires ou bien encore le programme **Erasmus** qui permet aux jeunes de faire leurs études dans un autre pays européen.

• Les **régions transfrontalières** (ou eurorégions) favorisent l'intégration de la France dans l'UE. Ce sont des espaces d'échanges, comme en témoignent les **mobilités des travailleurs frontaliers**. De plus en plus d'aménagements sont construits pour relier les habitants des différents côtés de la frontière et répondre à leurs besoins communs.

COMMENT FAIRE

Étudier une brochure d'information

Se soigner au sein d'une région transfrontalière

1. **Identifier le document :** cette brochure est diffusée auprès des habitants des régions de Mons (Belgique) et de Maubeuge (France) pour les informer de nouvelles modalités d'accès aux soins.
2. **Sélectionner les informations :** trouvez le thème commun aux images utilisées ; repérez le slogan et relevez les arguments à destination du public ; identifiez les partenaires engagés.
3. **Analyser :** montrez que les habitants d'une région transfrontalière européenne peuvent se faire soigner dans les mêmes conditions des deux côtés de la frontière quelle que soit leur nationalité.

MOTS-CLÉS Directives, flux, LGV, mobilité, PAC, Erasmus, région transfrontalière.

LE CONSEIL DU COACH

Reformuler à voix haute

Espace Schengen, zone euro, régions transfrontalières... vous avez peut-être l'impression de tout mélanger. Si c'est le cas, commencez par lister et reformuler ce que vous avez compris à voix haute, cela va vous encourager à débuter les premiers exercices.

S'ENTRAINER

1 ✪ La France, carrefour européen

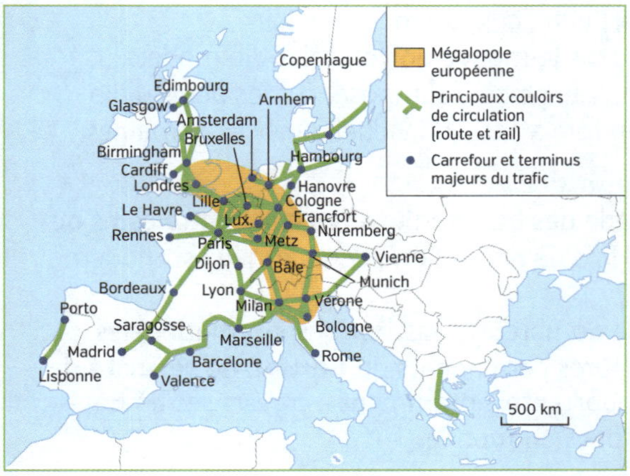

a. Quelles sont les métropoles françaises les mieux connectées au reste de l'Europe ?

b. La France est-elle au cœur des échanges européens ? Justifiez votre réponse.

2 ✪✪ Le programme Erasmus+

a. En quoi ce programme consiste-t-il ?

b Quels seraient les bienfaits de ce programme pour les Français qui y participeraient ?

EXO BREVET

Le Grand Est, une région transfrontalière performante

Avec plus de 500 kilomètres de frontières ouvertes sur l'Europe, le Grand Est espère rebondir en renforçant ses liens avec des économies en pleine ébullition. Cette région [...] compte déjà 158 000 travailleurs frontaliers, soit plus de 6 % des actifs. Quelque 67 300 d'entre eux travaillent au Luxembourg, 47 600 en Allemagne, 35 600 en Suisse et 8 600 en Belgique. Une mobilité professionnelle qui s'accompagne d'un apport de pouvoir d'achat important, sachant que, au Luxembourg ou dans les cantons bâlois, le PIB[1] par habitant est quasiment le double de celui de la France, et les niveaux de salaire à l'avenant.

En trois ans, près de 10 000 emplois ont été créés par des entreprises à capitaux étrangers. Elles concourent à la moitié du chiffre d'affaires de l'industrie : [...] à 60 % en Alsace, à 47 % en Lorraine et à 19 % en Champagne-Ardenne. [...] La forte internationalisation de l'économie du Grand Est explique ses performances à l'exportation, avec 38,4 % de son PIB réalisé hors de l'Hexagone, un record national. [...]

Christian Lienhardt, *Les Échos*, n° 22074, 26 novembre 2015.

1. PIB : Produit intérieur brut.

a. Soulignez le nombre de travailleurs frontaliers dans cette région ainsi que les pays dans lesquels ils se rendent chaque jour.

b. Quels sont les atouts de l'intégration européenne de la région Grand Est ?

Corrigés p. 309

AVEZ-VOUS RÉUSSI ?

23 La France et l'Europe dans le monde

GÉOGRAPHIE

JE RETIENS

L'Union européenne, puissance économique mondiale

• L'Union européenne est la **première puissance commerciale du monde**, devant les États-Unis et la Chine. Elle est compétitive dans tous les secteurs de l'économie et compte de multiples **firmes multinationales**. Elle est également la première région du monde à recevoir des **IDE** (investissements directs à l'étranger) et sa monnaie, l'euro, concurrence le dollar.

• L'UE exerce également une **influence culturelle** dans le monde en véhiculant le modèle démocratique et les droits de l'homme. En revanche, elle peine à s'imposer sur les plans diplomatique et militaire, chaque État membre jouant un rôle à titre individuel dans ces domaines.

La France, une grande puissance politique et militaire

• Grâce à ses territoires ultramarins, la France possède des **bases militaires** aux quatre coins de la planète. Elle est dotée de l'**arme nucléaire** à des fins de dissuasion et son armée est moderne et bien équipée.

• Dans le domaine politique, la France siège dans de nombreuses institutions internationales. Elle fait partie du **G7** et compte parmi les cinq membres permanents du **Conseil de sécurité de l'ONU**. Enfin, son **influence diplomatique** reste importante, notamment à travers ses ambassades et consulats implantés dans presque tous les pays du monde.

Le rayonnement culturel de la France

• On compte près de **deux millions d'expatriés français** dans le monde. Les lycées français ainsi que les alliances françaises contribuent à diffuser la culture française. Surtout, le français reste la langue officielle ou administrative de nombreux pays : ce sont les **espaces de la francophonie**.

• Malgré l'américanisation croissante de la planète, **la culture française continue à se diffuser** sur tous les continents grâce à la renommée de son patrimoine historique, sa gastronomie, sa littérature, son cinéma, sa mode et ses produits de luxe.

COMMENT FAIRE

Lire et comprendre un document cartographique

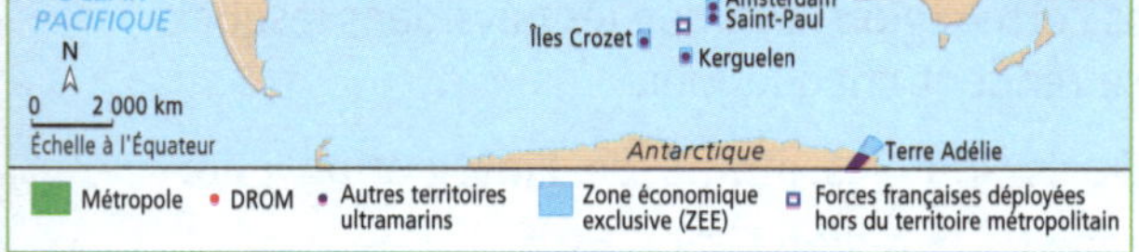

La France, une présence mondiale

1. **Identifier le document :** ce planisphère montre l'étendue et la dispersion des territoires français dans le monde.
2. **Sélectionner les informations :** localisez chaque information de la légende sur la carte pour comprendre à quel(s) espace(s) elle est liée ; repérez la diversité des territoires présentés.
3. **Analyser :** montrez que la France est une puissance militaire grâce à ses territoires ultramarins disséminés sur la planète et au déploiement de son armée dans de nombreux pays étrangers.

MOTS-CLÉS Bases militaires, Conseil de sécurité de l'ONU, expatriés, francophonie, G7, IDE, influence diplomatique.

S'ENTRAINER

1 ✪ La France, première destination touristique mondiale

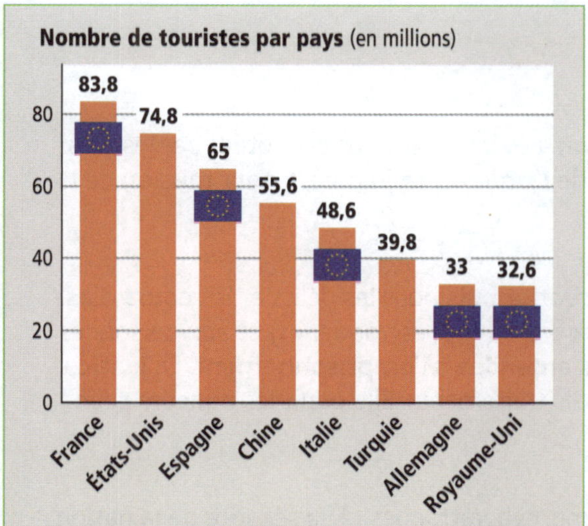

Source : Ministère de l'Économie, de l'Industrie et du Numérique, juillet 2015.

a. Combien de touristes la France a-t-elle accueillis en 2015 ?

....

b. L'Union européenne est-elle un pôle touristique mondial ? Justifiez votre réponse.

....

....

2 ✪✪ L'inauguration d'un centre d'innovation Airbus en Chine, 2019

Pourquoi l'implantation de ce centre renforce-t-elle l'économie européenne dans le monde ?

....

....

LE CONSEIL DU COACH Résistez ! N'allez pas regarder les corrigés. Essayez encore une fois de trouver la solution par vous-même.

3 ✪✪ Le succès du film *Taxi 5* à Taïwan

À quel aspect de la puissance française cette affiche fait-elle écho ?

....

....

....

....

....

MINI-CONTRÔLE

La francophonie

Deuxième ensemble géolinguistique mondial par le nombre de pays et de continents concernés, et quatrième par le nombre d'habitants, le monde francophone est aujourd'hui un vaste ensemble regroupant 33 pays et plus de 450 millions d'habitants, sur quatre continents [...].

Grâce à une histoire et une langue communes, les relations politiques, diplomatiques et militaires privilégiées qu'entretient naturellement la France avec les différents pays de ce vaste ensemble lui permettent d'être activement présente et incontournable sur différents théâtres d'opérations à travers le monde [...].

Grâce à sa croissance démographique et à ses performances économiques récentes, le monde francophone est désormais un espace de plus en plus attractif. Cette évolution joue également un rôle très important dans la diffusion de la langue française dans le monde, [...] et explique en grande partie la hausse de 43 % du nombre d'apprenants du français en Asie-Océanie entre 2010 et 2014, et de 44 % en Afrique subsaharienne non francophone sur la même période.

Ilyes Zouari, « Maîtriser son espace géolinguistique », Diplomatie n° 27, juin-juillet 2015.

a. Encadrez le nombre de pays et d'habitants francophones dans le monde.

b. Soulignez les atouts que représentent les espaces de la francophonie pour la France.

Corrigés p. 309

AVEZ-VOUS RÉUSSI ?

1 Le citoyen, la loi et la sécurité

EMC

JE RETIENS

Sécurité et citoyenneté

Le **droit à la sécurité** est garanti par la **Constitution**. Les lois, légitimes car votées par les élus du peuple, le défendent. L'État, à travers les **forces de l'ordre et la justice**, a pour mission de le mettre en œuvre en appliquant les lois.

Le rôle des tribunaux

Les différents tribunaux, comme les **tribunaux correctionnels** pour les délits et les **cours d'assises** pour les crimes, sanctionnent les atteintes aux biens (vols, escroqueries) et aux personnes (coups et blessures, homicides). Les peines vont des **amendes** à l'**emprisonnement**. La **justice des mineurs** protège les enfants victimes de mauvais traitements. Elle punit les mineurs délinquants mais privilégie les mesures éducatives.

La sécurité de la nation

Contre les **menaces extérieures** (invasion, terrorisme, cyberattaques...), la sécurité de la nation est assurée par les **forces de l'ordre** (armée, police, services secrets), placées sous l'autorité du président de la République et du gouvernement. Les citoyens sont également impliqués : l'armée organise une journée d'information **Défense et Citoyenneté** pour les jeunes de plus de 16 ans.

Défendre la sécurité partout dans le monde

Grande puissance militaire, la France contribue aussi à la **sécurité internationale**. À la demande de l'**ONU**, elle intervient, au Mali par exemple, pour protéger les populations civiles menacées par des conflits internes.

COMMENT FAIRE

Analyser un témoignage

Entretien avec Nadine Régereau-Lenier, juge des enfants

Quand le juge des enfants intervient, il suit les règles de l'ordonnance de 1945 qui dit que l'enfant est un adulte en devenir. Donc il ne le juge pas comme un adulte [...] et ne le considère pas comme quelqu'un qui ne pourra pas rentrer dans le droit chemin plus tard.

Le premier rôle du juge des enfants est de protéger les enfants en situation de danger [...]. Un enfant est en danger lorsque sa santé est en danger ou sa sécurité et sa moralité et lorsque ses conditions d'évolution sont largement compromises. [...]

Le second rôle est de s'occuper des enfants de manière pénale, c'est-à-dire de s'occuper des enfants qui ont commis des délits ou des crimes et qui doivent être jugés pour répondre de leurs actes.

1. **Identifier le document** : il s'agit d'un témoignage de Nadine Régereau-Lenier, juge des enfants.
2. **Cerner le thème :** le rôle du juge et de la justice des mineurs tels que les définit l'ordonnance de 1945.
3. **Dégager les informations principales :** ici, l'idée que la justice des mineurs a un double rôle. D'une part, elle protège les enfants en danger. D'autre part, elle sanctionne les enfants coupables en tenant compte du fait que ce sont des mineurs qui peuvent rentrer dans le droit chemin.
4. **Conclure sur l'intérêt du document :** on nous montre que la justice s'adapte aux mineurs et est différente de la justice des adultes.

Info-clé **Justice des mineurs :** créée par l'ordonnance de 1945, elle met en place des juges et des tribunaux spécialisés pour les mineurs.

S'ENTRAINER

1 Le plan Vigipirate

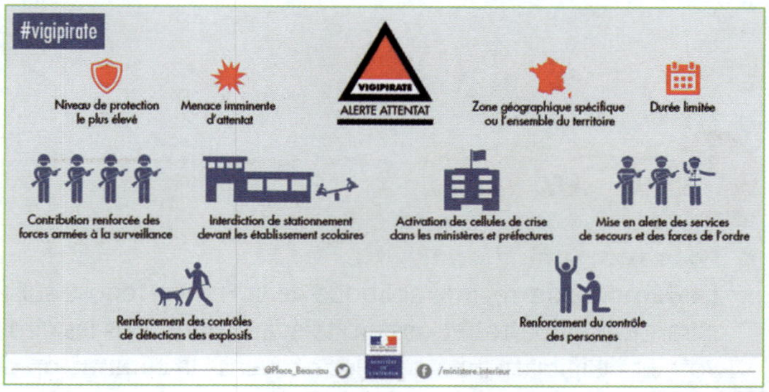

Ministère de l'Intérieur.

a. Quel est le nom du plan ?

....

b. Quand le plan est-il activé ?

....

c. Quelles mesures concernent les établissements scolaires ?

....

....

d. Quelles forces sont mobilisées ?

....

MINI-CONTRÔLE

Doc. A. Le déploiement des forces françaises de l'opération Barkhane, avec l'accord de l'ONU et de l'Union européenne

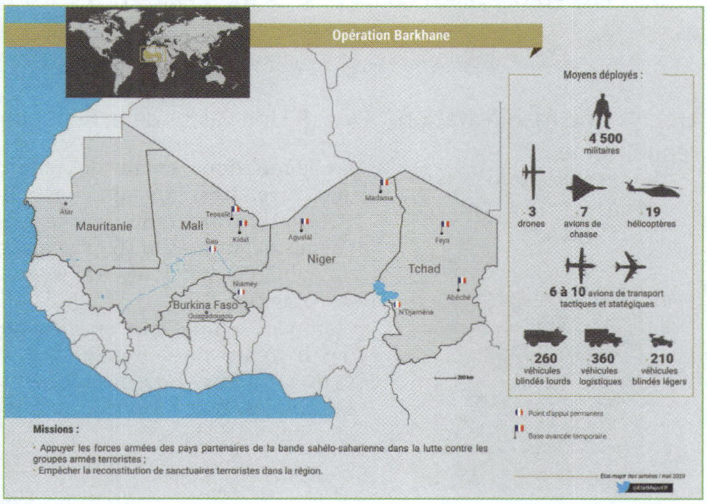

Doc. B. L'opération Barkhane et le droit à la sécurité internationale

Le 1er août 2014, la nouvelle force militaire française Barkhane [...] a été lancée. [...] Elle renforce la coopération militaire entre la France et les États africains afin d'éradiquer[1] la menace terroriste dans cinq pays. [...] (Mauritanie, Burkina Faso, Mali, Tchad et Niger). « C'est notre sécurité qui est en jeu, celle des pays africains et la nôtre en même temps. [...] », a déclaré Jean-Yves Le Drian, ministre de la Défense. Le but du nouveau dispositif est de permettre aux Africains de posséder, à terme, tous les outils nécessaires pour faire face aux terroristes.

Armées d'aujourd'hui, n° 392, septembre 2014, www.defense.gouv.fr.

1. éradiquer : éliminer, faire disparaitre.

a. Nommez le continent et trois pays où l'armée française est présente dans le cadre de l'opération Barkhane ? (Doc. A). ....

b. Quel est l'objectif de l'opération Barkhane ? (Doc. B)

....

c. Qui a donné son accord à l'intervention militaire française ? (Doc. A)

....

d. Quel droit la France défend-elle par son intervention ? (Doc. B)

....

Corrigés p. 309

AVEZ-VOUS RÉUSSI ?

2 La France, une démocratie

EMC

JE RETIENS

La France, une démocratie

La démocratie, régime politique de la France, repose sur trois grands piliers : une **Constitution** qui garantit des libertés et des droits égaux pour tous les citoyens ; le **suffrage universel**, le droit de vote et l'éligibilité pour tous les citoyens ; la **séparation des pouvoirs** exécutif, législatif et judiciaire.

La France, une République

La démocratie française est une République, avec ses **valeurs** (Liberté, Égalité, Fraternité) et ses **symboles** (Marianne, la *Marseillaise*, le drapeau tricolore). Ses principes assurent l'unité nationale et la cohésion sociale : la République est **indivisible**, **laïque**, **démocratique** et **sociale**.

Les citoyens et la République

Les citoyens (Françaises et Français de plus de 18 ans) sont tous électeurs et éligibles. Les **libertés individuelles et collectives** leur sont garanties, ainsi que le droit à la sécurité, à la protection sociale, etc. En contrepartie, ils ont des **devoirs** : respecter la loi, payer des impôts, défendre la nation.

Le rôle de l'État

Par ses **missions régaliennes** (justice, administration, défense), l'État met en œuvre les principes de la République, en collaboration avec les collectivités locales (communes, départements, régions) dans le cadre de la **décentralisation**. Il agit également dans le cadre de l'Union européenne, qui regroupe 28 pays, et dont fait partie la France, ainsi qu'à l'échelle mondiale en diffusant la culture et la langue françaises.

COMMENT FAIRE

Mettre en relation deux documents

1. **Identifier la nature des documents :** doc. A : une affiche de la mairie de Paris éditée à l'occasion du 14 juillet 2013. Doc. B : un extrait du *Guide républicain* écrit par A. Etchegoyen en 2004.
2. **Relever les informations :** sur le doc. A., l'affiche présente trois grands symboles de la République française, les trois couleurs bleu-blanc-rouge, la devise Liberté-Égalité-Fraternité et le 14 Juillet. Sur le doc. B, A. Etchegoyen explique le sens de la valeur « égalité ». Il la décrit comme un combat permanent pour défendre les pauvres, les discriminés, etc., comme le peuple l'a fait le 14 juillet 1789.
3. **Croiser les informations des deux documents :** les deux documents exposent les symboles de la République, ainsi que ses valeurs, pour lesquelles l'engagement des citoyens est nécessaire.

Doc. A Une manifestation républicaine

Affiche de la mairie de Paris, 2013.

Doc. B Une valeur de la République

La République essaie de réduire les inégalités. L'égalité est un idéal et un programme : elle n'est jamais acquise. Elle signifie que la République doit toujours progresser dans le sens de l'égalité. Elle doit par exemple faire en sorte que les hommes ne dominent pas les femmes, que les forts n'écrasent pas les faibles, que les dirigeants respectent les dirigés.

Alain Etchegoyen, *Guide républicain*, Delagrave/SCÉREN, 2004

Infos-clés

Éligibilité : droit de se présenter aux élections. **Libertés individuelles** : libertés accordées à chaque citoyen (liberté d'opinion, d'expression, de religion, de circulation, etc.).
Libertés collectives : libertés accordées à des groupes de citoyens (liberté d'expression, de réunion, de manifestation, droit de grève).

S'ENTRAINER

1 ✪ **Complétez la légende du croquis en résumant les trois piliers de la démocratie.**

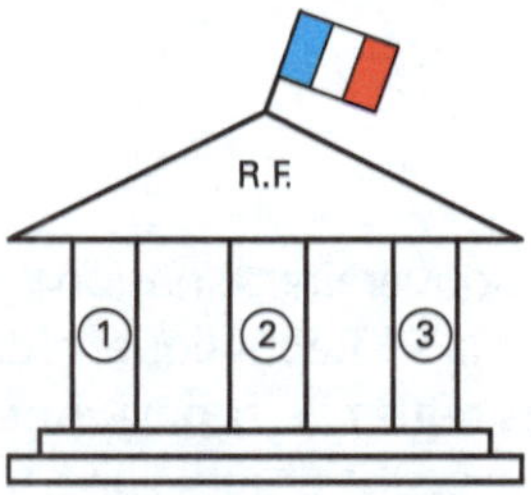

Légende :

① ....

② ....

③ ....

2 ✪✪ **Complétez le schéma pour proposer une définition de la décentralisation en utilisant les termes suivants :** *communes, État, régions, collectivités territoriales, départements.*

Ce qu'est la décentralisation :

L'..

collabore en matière d'action sociale, d'enseignement, de culture, de sport, etc.

avec les .... :

– les ....

– les ....

– les ....

MINI-CONTRÔLE

Droits et devoirs des citoyens dans la République

En république, il n'y a pas de droits sans devoirs correspondants, ni de libertés sans obligations. Ta liberté de conscience, le fait de n'avoir de comptes à rendre à personne de tes pensées ou de tes opinions, t'oblige à respecter les opinions d'autrui, politiques et religieuses. Si tu as le droit d'utiliser les équipements publics – le métro, les abribus, les trains –, tu as aussi le devoir de ne pas les endommager ni les dégrader. Si tu es accidenté, ou en danger, tu as le droit aux secours du SAMU ou des pompiers, mais tu as aussi l'obligation de porter assistance à une personne en danger. Tu es défendu par l'Armée de la République contre toute invasion étrangère, qui viendrait supprimer les libertés, mais en échange les garçons ont, ou plutôt avaient, l'obligation du service militaire (auquel pourrait succéder un service civil, ouvert, lui, aux jeunes filles) ; et, en cas de guerre, on devait verser l'« impôt du sang ».

Régis Debray, *La République expliquée à ma fille*, Éd. Seuil, 1998.

a. À l'aide de vos connaissances, rappelez les deux conditions nécessaires pour être citoyen français.

....

b. Complétez le tableau d'après le texte de R. Debray pour montrer que les citoyens ont des droits mais aussi des obligations.

Libertés ou droits	Devoirs ou obligations correspondants
Liberté de	....
Droit d'....................................	....
Droit aux	....
Droit d'être	....

Corrigés p. 309

3 Le fonctionnement des institutions

EMC

JE RETIENS

Une démocratie représentative

La République française est une **démocratie représentative** : la souveraineté nationale appartient aux citoyens qui élisent leurs dirigeants. La **Constitution** de la Ve République, rédigée en 1958, définit les **droits et libertés** des citoyens. Elle fixe aussi les règles de **fonctionnement des institutions**, en séparant strictement les pouvoirs législatif, exécutif et judiciaire.

Le pouvoir exécutif

Le pouvoir exécutif est le pouvoir de diriger l'État et la politique du pays. Il est exercé par le **président de la République** et le **gouvernement**. La Constitution donne au Président un rôle prépondérant. Il est **élu au suffrage universel** par les citoyens qu'il peut consulter par **référendum**. Il nomme le gouvernement, promulgue les lois votées par le Parlement, représente la France à l'étranger et il est le **chef des Armées**. Enfin, il peut dissoudre l'Assemblée.

Le pouvoir législatif

Le pouvoir législatif est le pouvoir de **discuter et de voter les lois**. Il est exercé par l'**Assemblée nationale** et le **Sénat** qui forment le **Parlement**. **Députés** et **sénateurs** sont élus. Une fois les lois votées, le **Conseil constitutionnel** vérifie qu'elles sont conformes à la Constitution, c'est-à-dire aux valeurs de la République et aux déclarations internationales adoptées par la France, telle la **Déclaration universelle des droits de l'homme**.

Le pouvoir judiciaire

Tribunaux et juges détiennent le pouvoir judiciaire. Leur rôle est de sanctionner le non-respect des lois. Ils arbitrent également les conflits entre citoyens.

COMMENT FAIRE

Lire et commenter un organigramme

Comment la Constitution de la Ve République organise-t-elle les pouvoirs ?

1. Lire le document : en vous aidant de la légende, nommez les différents éléments : les citoyens-électeurs, le pouvoir législatif (Assemblée nationale et Sénat), le pouvoir exécutif (président de la République et gouvernement).

2. Exploiter le document : montrez que la Ve République est bien une démocratie : le pouvoir appartient au peuple : les citoyens disposent du droit de vote et élisent le président de la République, les députés et les sénateurs. Les pouvoirs sont séparés, exécutif d'un part, législatif d'autre part.

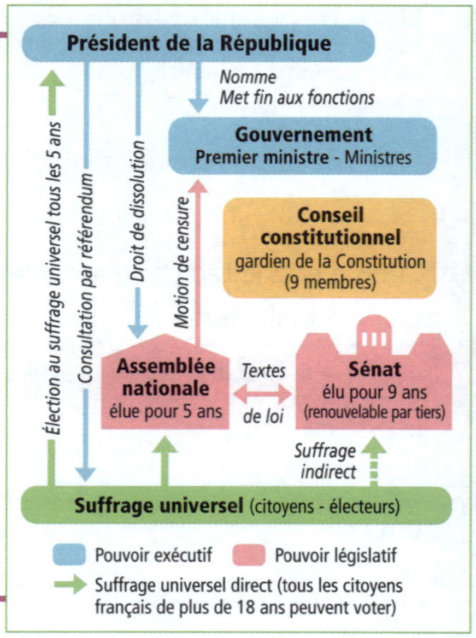

Infos-clés

Éligibilité : droit de se présenter aux élections. **Libertés individuelles** : libertés accordées à chaque citoyen (liberté d'opinion, d'expression, de religion, de circulation, etc.).
Libertés collectives : libertés accordées à des groupes de citoyens (liberté d'expression, de réunion, de manifestation, droit de grève).

S'ENTRAINER

Le conseil du coach Vérifiez bien que votre téléphone portable est éteint. Ne vous laissez pas distraire par des messages de vos ami(e)s, restez bien concentré(e).

1 ✪ **Associez les missions à ceux qui les accomplissent.**

a. J'élis le président de la République et les députés.
b. Je nomme le gouvernement.
c. Je discute et vote les lois.
d. Je sanctionne les atteintes aux lois.
e. Je dirige l'État avec le président de la République.

1. le juge
2. le président de la République
3. le Premier ministre
4. le député
5. le citoyen

....

2 ✪✪ **Complétez le schéma pour définir la souveraineté nationale, fondement de la démocratie.**

élisent – président de la République – citoyens – Assemblée nationale

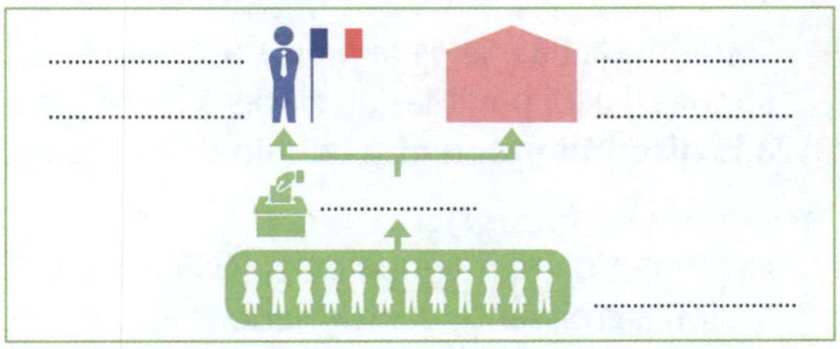

MINI-CONTRÔLE

Doc. A. Emmanuel Macron, président de la République, signe les lois sur la moralisation de la vie politique (Palais de l'Élysée, 15 septembre 2017).

Doc. B. Extraits de l'agenda du président de la République, juin-juillet 2019.

15 juin, 20 h 30 : finale du Top 14 de rugby au Stade de France.

17 juin matin : déplacement au Salon de l'aéronautique et de l'espace.

25 juin, 9 h : Conseil de Défense avec les forces terrestres, aériennes et marines.

25 juin, 10 h : Conseil des ministres à l'Élysée.

25 juin, 13 h : déjeuner avec le Premier ministre.

26 juin : voyage officiel au Japon.

a. Qui est le président de la République française ? Où exerce-t-il sa fonction ? (Doc. A)

....

b. D'après vos connaissances, comment est-il désigné ? ....

c. Complétez le tableau pour associer chaque pouvoir du Président à une activité inscrite à son agenda (Doc. A et B)

Pouvoir du président de la République	Activité inscrite à son agenda avec date
Représenter la France à l'étranger	....
Chef des Armées	....
Diriger l'État avec le gouvernement	....

Corrigés p. 310

AVEZ-VOUS RÉUSSI ?

4 La démocratie, les citoyens et les médias

EMC

JE RETIENS

La liberté de la presse, pilier de la démocratie

En démocratie, le droit de vote doit être complété par le **droit à l'information** afin que les citoyens soient pleinement responsables de leurs choix. Informer, c'est la mission des **médias** : presse écrite, radio, télévision, Internet. Le **pluralisme** des médias assure l'expression de toutes les opinions. Leur liberté est garantie par les lois sur la presse qui interdisent toute **censure**.

Médias et respect de la dignité humaine

Toutefois la liberté de la presse a des limites. Les médias doivent respecter la **dignité des personnes**. La loi punit les atteintes à la vie privée. Elle sanctionne aussi la **diffamation** et les **appels à la discrimination et à la haine** : le racisme, l'antisémitisme et la xénophobie.

Médias et numérique

La révolution numérique a bouleversé les médias. À travers les sites et les blogs, une masse toujours croissante d'informations et d'opinions circulent librement mais souvent sans contrôle ni vérification. Chacun doit faire preuve d'**esprit critique** pour rejeter les rumeurs et les fausses nouvelles (*fake news*). L'école y contribue en prenant en charge l'**éducation aux médias**.

Médias et débats citoyens

Les médias cherchent également à rendre compte de l'opinion publique : ils publient des **sondages** où s'expriment les Français. Il faut vérifier la rigueur des sondages car ils ne doivent pas être utilisés pour influencer les citoyens. Imparfaits, les médias n'en demeurent pas moins des animateurs indispensables du débat démocratique tout comme les **partis**, les **syndicats** et les **associations**.

COMMENT FAIRE

Lire un graphique en courbe

Confiance dans les médias, en % de sondés qui pensent que les faits se sont déroulés comme les ont restitués les médias

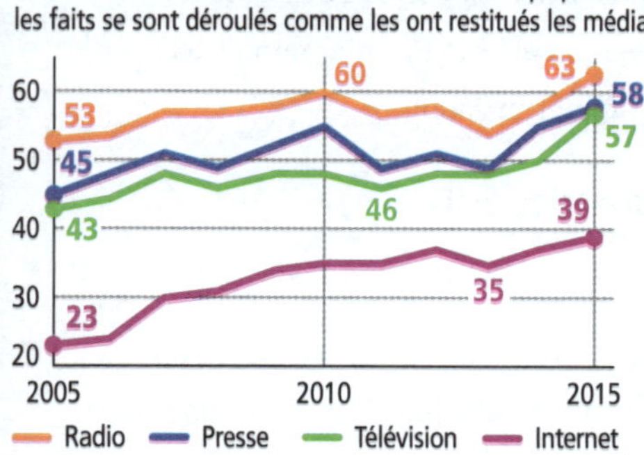

Source : LA Story - Overblog Baromètre 2015. Sondage TNS Sofres.

1. Identifier le document : il s'agit d'un graphique traduisant les résultats d'un sondage de TNS-Sofres de 2015 portant sur la confiance des Français dans les médias.

2. Lire le graphique : ici, combien de médias sont testés ? Y a-t-il une tendance commune qui se dégage ? Quatre grands médias (presse, radio, télévision et Internet) sont testés. La confiance augmente entre 2005 et 2015.

3. Interpréter le document : que révèle la comparaison des courbes ? Comment l'expliquer ? Ici, ce sont les trois médias traditionnels (presse, radio et télévision) qui inspirent davantage confiance. Internet vient en dernière position : c'est un média plus récent dont les informations sont moins contrôlées.

Infos-clés

Pluralisme : système où de nombreux médias expriment une grande variété d'opinions.
Diffamation : volonté de nuire à quelqu'un en diffusant de fausses informations à son sujet.
Discrimination : volonté de traiter en inférieure une catégorie de personnes.
Antisémitisme : haine des Juifs. **Xénophobie** : haine des étrangers.

S'ENTRAINER

1 ✪ Médias et démocratie

Associez chaque terme à sa définition.

a. Pluralisme   b. Discrimination
c. Diffamation   d. Sondage   e. Médias

1. Traiter en inférieure une catégorie de la population.
2. Système où toutes les opinions peuvent s'exprimer.
3. Consultation des citoyens.
4. Ensemble des moyens d'information.
5. Volonté de nuire par des attaques mensongères.

a. ...... – b. ...... – c. ...... – d. ...... – e. ......

2 ✪✪ La liberté d'information et ses limites

Doc. A Extrait de la Déclaration des droits de l'homme et du citoyen, 1789

> La libre communication des pensées et des opinions est un des droits les plus précieux de l'homme ; tout citoyen peut donc parler, écrire, imprimer librement, sauf à répondre de l'abus de cette liberté dans les cas déterminés par la loi.

Doc. B Extrait de « Liberté d'expression, a-t-on le droit de tout dire ? »

> La liberté d'expression est loin d'être absolue... Ainsi, il est interdit de :
> – porter atteinte à la vie privée d'autrui ;
> – tenir des propos interdits par la loi : incitation à la haine raciale, ethnique ou religieuse, les propos discriminatoires à propos d'orientations sexuelles ou d'un handicap, incitation à l'usage de produits stupéfiants ;
> – tenir des propos diffamatoires, c'est-à-dire qui portent atteinte à l'honneur et à la considération d'une personne.
>
> D. Schneidermann et E. Lécroart, Éd. La ville brûle, 2015.

a. Quel droit proclame la Déclaration des droits de l'homme et du citoyen de 1789 ? (doc. A)

....

b. Quels types de propos sont condamnés par la loi ? (doc. B)

....

....

3 ✪✪✪ Des avis différents sur les sondages

> Pour leurs défenseurs, les sondages sont indispensables au bon fonctionnement d'une démocratie moderne. En effet, ils permettent aux dirigeants politiques de prendre le pouls de l'opinion publique entre deux élections. Si les dirigeants réorientent leurs projets en fonction de l'opinion majoritaire, la démocratie ne peut que s'en trouver renforcée. Pour leurs détracteurs [...], les sondages ne servent qu'à manipuler les individus interrogés, qui n'ont pas forcément de compétences pour répondre aux questions.
>
> « Médias et opinion publique », Boite à docs n° 57, www.letudiant.fr, 2008.

a. Selon leurs partisans, pourquoi les sondages sont-ils nécessaires au bon fonctionnement de la démocratie ? ....

....

b. Que reprochent aux sondages leurs adversaires ? ....

MINI-CONTRÔLE

Après l'attentat contre *Charlie Hebdo* (janvier 2015), une liberté menacée

a. Selon le journal *La Croix*, quelle liberté a été frappée par les attentats meurtriers de janvier 2015 ?

....

....

b. Quels éléments du dessin rappellent que les victimes étaient des journalistes ?

....

c. Pourquoi, selon vous, la liberté de la presse est-elle indispensable en démocratie ?

....

FRANÇAIS
MATHS
EMC
PHYSIQUE-CHIMIE
SVT
ANGLAIS
TECHNOLOGIE
CORRIGÉS

Corrigés p. 310

Bilan

HISTOIRE

1 Cochez la bonne réponse parmi les propositions indiquées.

a. À la veille de la Première Guerre mondiale, la Triple Entente regroupe :
- ☐ la France, le Royaume-Uni et la Russie.
- ☐ la France, le Royaume-Uni et les États-Unis.
- ☐ l'Allemagne, l'Autriche-Hongrie et l'Italie.

b. La révolution russe d'octobre 1917 est menée par :
☐ Staline. ☐ Hitler. ☐ Lénine.

c. Dans l'URSS de Staline, la propagande sert à :
☐ déporter les opposants. ☐ contrôler les esprits. ☐ nationaliser les usines.

d. Hitler accède au pouvoir en Allemagne le 30 janvier 1933 suite à :
☐ un coup d'État. ☐ un soulèvement populaire. ☐ des élections organisées légalement.

e. Le Front populaire élu en France en 1936 met en place :
☐ une nouvelle police. ☐ des mesures sociales inédites. ☐ des mesures antisémites.

.... /5

2 Complétez le texte à trous en utilisant les mots suivants : *collaboration ; camps d'extermination ; bombardements ; Résistance ; pillage.*

Durant la Seconde Guerre mondiale, tous les moyens sont utilisés pour anéantir son adversaire. Les soldats se livrent des combats impitoyables et les civils sont visés par des .... massifs. Dans les pays occupés par l'ennemi, un véritable .... des ressources est organisé tandis que les opposants sont persécutés et les Juifs déportés vers des ....
En France, le régime de Vichy met en place une .... avec l'Allemagne mais, suite à l'appel du 18 juin 1940 lancé par de Gaulle, de nombreux Français entrent clandestinement dans la ....

.... /5

3 Reliez chaque expression à la définition qui lui correspond.

Expressions	Définitions
Plan Marshall •	• Communauté économique réunissant plusieurs pays d'Europe ayant signé le traité de Rome.
Rideau de fer •	• Ensemble des pays refusant la domination de l'un des deux blocs durant la Guerre froide.
Tiers-monde •	• Grandes puissances économiques qui tentent d'accroitre leur influence dans le monde.
CEE •	• Aide financière proposée par les États-Unis aux pays d'Europe au lendemain de la Seconde Guerre mondiale.
BRICS •	• Expression utilisée pour représenter la division de l'Europe en deux parties au lendemain de la Seconde Guerre mondiale.

.... /5

4 Vrai ou faux ? Cochez la bonne réponse.

a. Le GPRF, dirigé par de Gaulle, fait annuler les lois de Vichy dès 1944. ☐ V ☐ F

b. En France, les femmes obtiennent le droit de vote en 1974. ☐ V ☐ F

c. La victoire de François Mitterrand aux élections présidentielles de 1981 marque la première alternance politique de la Ve République. ☐ V ☐ F

d. Les Trente Glorieuses sont une période durant laquelle le Président et le Premier ministre de la France sont issus de partis politiques opposés. ☐ V ☐ F

e. Le babyboom correspond à une forte augmentation de la natalité au lendemain de la Seconde Guerre mondiale. ☐ V ☐ F

.... /5

Total .... /20

GÉOGRAPHIE

1 Donnez la définition de chaque terme.

a. Périurbanisation ....

b. Déprise ....

.... /10

2 Vrai ou faux ? Cochez la bonne réponse pour chaque proposition.

a. La France est la première puissance agricole mondiale. ☐ V ☐ F

b. La délocalisation des usines peut expliquer la baisse du nombre d'emplois industriels en France. ☐ V ☐ F

c. Le sud et l'ouest de la France sont des régions industrielles en crise et en reconversion. ☐ V ☐ F

d. En France, les activités de haute technologie sont souvent implantées dans des pôles de compétitivité. ☐ V ☐ F

e. En France, les espaces de services se concentrent surtout dans les campagnes. ☐ V ☐ F

.... /5

3 Cochez la bonne réponse parmi les propositions indiquées.

a. La région la plus dynamique et la plus riche de France est :

☐ l'Ile-de-France ☐ le Nord ☐ le Massif central

b. En France, l'aménagement du territoire sert à :

☐ augmenter les écarts de richesse entre ville et campagne

☐ réduire les inégalités entre les territoires

c. En France, les lois de décentralisation ont permis à l'État de :

☐ renforcer son rôle face aux collectivités territoriales

☐ déléguer une partie de ses compétences aux collectivités territoriales

d. Les territoires ultramarins français sont :

☐ proches de la métropole ☐ dépendants de la métropole

e. Au sein de l'Union européenne, les marchandises circulent librement dans :

☐ la zone Euro ☐ l'espace Schengen ☐ le marché commun

.... /5

Total .... /20

Corrigés p. 310

Bilan

LA FRANCE, UNE DÉMOCRATIE

Cochez la ou les bonne(s) réponse(s).

1 L'État français actuel est :

a. une République ☐
b. une démocratie ☐
c. une monarchie ☐

.... /1

2 Les symboles de la République sont :

a. La croix de Lorraine ☐
b. Marianne ☐
c. Le drapeau bleu, blanc et rouge ☐

.... /1

3 Les citoyens français sont :

a. éligibles ☐
b. électeurs ☐
c. majeurs ☐

.... /1

4 Les citoyens :

a. ont des droits et des libertés politiques et sociaux. ☐
b. détiennent la souveraineté nationale. ☐
c. ont des obligations en contrepartie de leurs droits. ☐

.... /1

5 La France et l'Union européenne :

a. La France est membre l'Union européenne. ☐
b. Les citoyens français sont aussi citoyens de l'Union européenne. ☐
c. L'Union européenne rassemble 25 pays membres. ☐

.... /1

LE CITOYEN, LA LOI ET LA SECURITÉ

6 Complétez le texte suivant.

Le droit à la .... fait partie des droits essentiels en démocratie. .... /1

Appliquant les lois, les tribunaux sanctionnent les atteintes aux biens et aux .... /1

La nation doit être aussi défendue contre les menaces extérieures comme le .... /1

Le .... et le gouvernement dirigent les forces de défense. .... /1

La journée Défense et .... permet d'informer les jeunes sur les enjeux de la sécurité nationale. .... /1

LE FONCTIONNEMENT DES INSTITUTIONS

7 Cochez la bonne réponse.

a. Le pouvoir législatif est le pouvoir de faire les lois. ☐ V ☐ F .... /1

b. Le président de la République est élu au suffrage universel. ☐ V ☐ F .... /1

c. Le Parlement est composé de l'Assemblée nationale seulement. ☐ V ☐ F .... /1

d. Le président de la République est le chef des Armées. ☐ V ☐ F .... /1

e. Le Premier ministre est nommé par les députés. ☐ V ☐ F .... /1

LA DÉMOCRATIE, LE CITOYEN ET LES MEDIAS

8 Reliez.

La censure des médias •	• doivent observer les lois sur le respect de la vie privée. .... /1
Les journalistes •	• n'existe pas dans les démocraties. .... /1
Le pluralisme des médias •	• existe dans les démocraties. .... /1
Les informations qui circulent sur les réseaux sociaux •	• sont interdits par la loi. .... /1
Les appels à la discrimination •	• sont à vérifier. .... /1

Total .... /20

Corrigés p. 311

1 Notion d'ions

CHIMIE

JE RETIENS

Les solutions aqueuses conduisent-elles le courant électrique ?

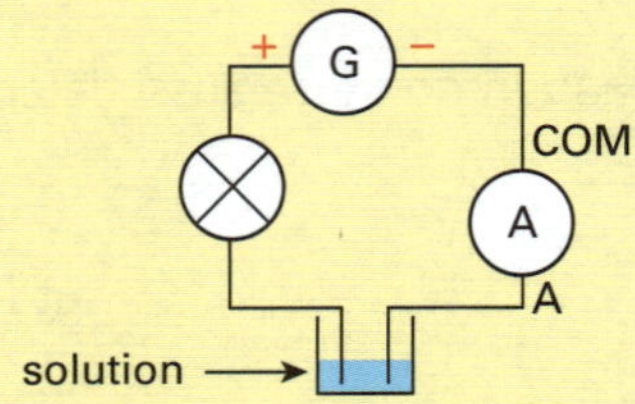

- On réalise le test de conduction du courant pour différentes solutions aqueuses avec le circuit ci-contre (l'ampèremètre pourra indiquer toute intensité, même faible).
- On observe que toutes les solutions aqueuses ne conduisent pas le courant électrique. **Seules certaines sont conductrices, celles contenant des ions.**

Solution aqueuse	Conductrice
eau distillée	non
eau sucrée	non
eau salée	oui
solution de sulfate de cuivre (II)	oui

Deux types d'ions

- Il existe deux types d'ions :
  - les ions qui portent une ou plusieurs **charges négatives** (Cl^-, SO_4^{2-}...) ;
  - les ions qui portent une ou plusieurs **charges positives** (Na^+, Ca^{2+}...).
- Dans une solution ionique, les **ions positifs se déplacent dans le sens conventionnel** du courant électrique et **les ions négatifs en sens inverse**.
  On appelle ce double déplacement **migration des ions.**

COMMENT FAIRE

Réaliser un circuit électrique pour étudier le sens de déplacement des ions

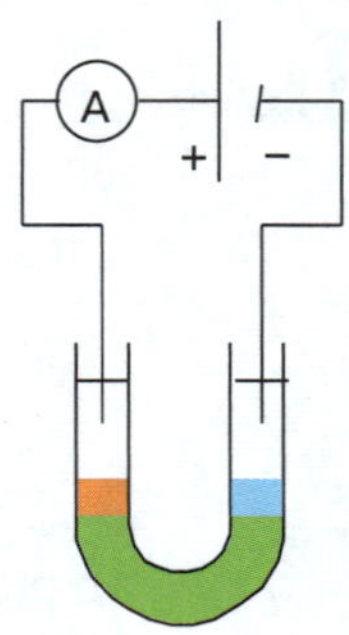

1. Pour étudier le déplacement des ions, on utilise une solution contenant des ions positifs (cuivre II, Cu^{2+}) qui apparaissent bleus et des ions négatifs (dichromate, $Cr_2O_7^{2-}$) de couleur orange.
2. Au bout de quelques instants de passage du courant, on observe dans le tube en U :
   – du côté de la borne – du générateur, l'apparition d'un anneau bleu dû aux ions cuivre II ;
   – du côté de la borne + du générateur, un anneau orange dû aux ions dichromate.

Les ions positifs Cu^{2+} se sont déplacés dans la solution vers la borne – du générateur et les ions négatifs $Cr_2O_7^{2-}$ se sont déplacés vers la borne + du générateur.

Infos-clés

- Une solution est formée par la dissolution d'un **soluté** dans un **solvant** (liquide).
- Une solution aqueuse est une solution dont le solvant est de **l'eau**.

LE CONSEIL DU COACH

Trouver le bon rythme de travail

Pour débuter votre travail dans de bonnes conditions, essayez de contrôler votre rythme de travail. Ne soyez pas trop impulsif(ve) ni trop lent(e) ! Respirez calmement et profondément pour ne pas vous crisper et lancez-vous ! Si vous êtes trop crispé(e), vous risquez de douter et la mise au travail prendra plus de temps.

S'ENTRAINER

1 ✪ **Complétez les phrases avec les mots suivants (en les accordant si nécessaire) :**
aqueuse, conducteur, cuivre, étain, isolant, matière plastique, ouvrir, solvant.

a. Le verre et les matières plastiques sont des ……………………………………

b. Afin de conduire le courant électrique, les fils de connexion sont constitués de …………………… mais pour protéger les utilisateurs, leur gaine est en ……………………………………

c. Une solution …………………… est fabriquée en utilisant de l'eau comme ……………………

d. On réalise souvent des soudures en …………… afin de ne pas …………………… un circuit électrique.

2 ✪✪ **Répondez par Vrai ou Faux et rédigez une courte justification.**

a. Toutes les solutions conduisent le courant électrique.
☐ V ☐ F ……………………………………

b. Aucun liquide ne conduit le courant électrique.
☐ V ☐ F ……………………………………

c. Le fer conduit le courant électrique.
☐ V ☐ F ……………………………………

d. Dans un circuit électrique, si une lampe est éteinte, cela signifie qu'aucun courant ne circule.
☐ V ☐ F ……………………………………

3 ✪✪✪ **Choisissez la bonne réponse.**

1. Une substance qui conduit le courant électrique est :
   a. connectrice
   b. conductrice
   c. électrisée
2. Lorsque le courant circule, le circuit est :
   a. ouvert
   b. interrompu
   c. fermé
3. Afin de vérifier si un courant électrique circule, on utilise :
   a. un ohmmètre
   b. un ampèremètre
   c. un voltmètre

MINI-CONTRÔLE

Répondez aux questions.

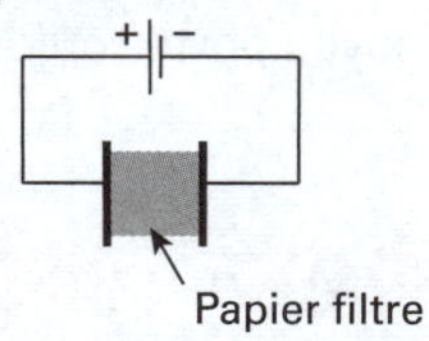

a. Si le papier filtre est sec, le courant électrique circule-t-il ? Pourquoi ? Si oui dans quel sens ?

……………………………………

b. On imprègne le papier filtre d'une solution de nitrate d'argent (Ag^{+} + NO_3^{-}). Le courant électrique circule. Pourquoi ?

……………………………………

c. Sur le schéma, indiquez en rouge le sens de circulation du courant, en noir le déplacement des électrons, en bleu celui des ions positifs et en vert celui des ions négatifs.

Corrigés p. 312

AVEZ-VOUS RÉUSSI ?

2 Atomes et ions

CHIMIE

JE RETIENS

Description approfondie du modèle d'un atome

- **Le noyau est constitué de particules appelées nucléons** qui sont de deux types :
  - les **protons** chargés positivement ;
  - les **neutrons** qui ne portent pas de charge électrique.
- Le nombre de nucléons est appelé **nombre de masse et noté A**. Le nombre de protons est appelé **numéro atomique et noté Z** ; c'est ce nombre qui caractérise un élément chimique. Ce numéro atomique figure dans la classification périodique, les éléments sont classés par numéro atomique croissant.
  $N = A - Z$ est le nombre de neutrons.
- **Les électrons**, répartis dans un nuage car leur mouvement est incessant autour du noyau, sont chargés négativement et leur masse est bien plus faible que celle des nucléons.
  L'atome étant électriquement neutre, il possède autant d'électrons que de protons.

Description du modèle d'un ion

- Il existe deux types d'ions :
  - les ions qui portent une ou plusieurs **charges négatives** (Cl^-, SO_4^{2-}...) ;
  - les ions qui portent une ou plusieurs **charges positives** (Na^+, Ca^{2+}...).
- Un **ion négatif**, ou **anion**, est un atome ou un groupe d'atomes qui **a gagné un ou plusieurs électrons**. Sa charge totale est **négative** car son noyau porte toujours la même charge positive.
- Un **ion positif**, ou **cation**, est un atome ou un groupe d'atomes qui **a perdu un ou plusieurs électrons.** Sa charge totale est **positive** car son noyau porte toujours la même charge positive.

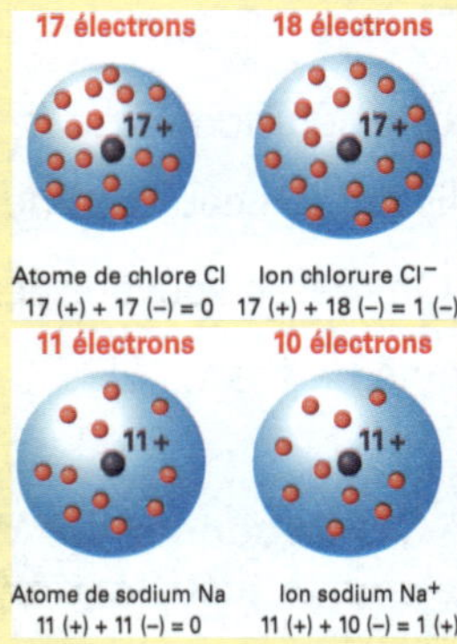

COMMENT FAIRE

Comprendre la formule d'un ion

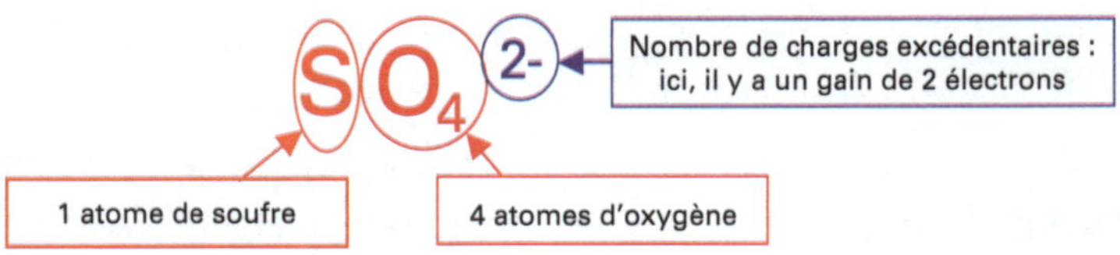

Info-clé

Ions négatifs	Ions positifs	
Ion chlorure : Cl^-	Ion fer (II) : Fe^{2+}	Ion fer (III) : Fe^{3+}
Ion hydroxyde : HO^-	Ion cuivre (II) : Cu^{2+}	Ion hydrogène : H^+

S'ENTRAINER

1 ✪ Choisissez le bon mot.

a. Un atome est formé d'un [électron] / [noyau] autour duquel tournent un ou plusieurs [électrons] / [noyaux].

b. Les électrons sont tous [différents] / [identiques].

c. Le noyau de l'atome est chargé [positivement] / [négativement].

d. Un atome contient [moins] / [autant] / [plus] de charges positives que de charges négatives.

e. Un ion chargé négativement a [reçu] / [cédé] un ou plusieurs électrons.

f. Un ion chargé positivement a [reçu] / [cédé] un ou plusieurs électrons.

2 ✪ Répondez aux questions.

Le noyau d'un atome a pour numéro atomique $Z = 17$ et pour nombre de neutrons $N = 18$.

a. Combien de protons ce noyau comporte-t-il ?

....

....

b. Recherchez dans la classification périodique de quel atome il est question ?

....

....

c. Combien de nucléons ce noyau comporte-t-il ?

....

....

d. Quel est le nombre d'électrons de l'atome de chlore ?

....

....

e. Cet atome forme l'ion chlorure en gagnant un électron, quelle est la formule de cet ion ?

....

....

3 ✪✪ Répondez aux questions.

Un atome de fer possède 26 électrons.

a. Combien de protons possède l'atome de fer ? Justifiez votre réponse.

....

b. Combien d'électrons possède l'ion fer (II) de formule Fe^{2+} ? Justifiez votre réponse.

....

c. Combien d'électrons possède l'ion fer (III) de formule Fe^{3+} ? Justifiez votre réponse.

....

4 ✪✪✪ Répondez aux questions.

L'atome de carbone possède 6 protons, l'atome d'oxygène 8 et l'atome d'hydrogène 1.

a. Quel est le nombre de protons de l'ion hydrogènocarbonate HCO_3^- ?

....

b. Quel sont le nombre et le signe des charges excédentaires de cet ion ?

....

c. Quel est le nombre total d'électrons de cet ion ?

....

MINI-CONTRÔLE

Comparez les ordres de grandeur des dimensions du noyau et de l'atome.

Diamètre du noyau	Diamètre de l'atome
10^{-15} m	10^{-10} m

$\times 10^5$

Si le noyau de l'atome avait le diamètre d'une orange (10 cm), quel serait alors le diamètre de l'atome ?

....

Corrigés p. 312

3 Tests d'identification de quelques ions

CHIMIE

JE RETIENS

- **Afin d'identifier un ion dans une solution**, on ajoute quelques gouttes d'un réactif approprié et on observe le résultat de la transformation.

Nom	Formule	Réactif approprié	Observations	
Ion chlorure	Cl^-	Solution de nitrate d'argent (Ag^+, NO^-_3)		Précipité blanc qui noircit à la lumière
Ion cuivre (II)	Cu^{2+}	Soude (Na^+, OH^-)		Précipité bleu
Ion fer (II)	Fe^{2+}	Soude (Na^+, OH^-)		Précipité verdâtre
Ion fer (III)	Fe^{3+}	Soude (Na^+, OH^-)		Précipité rouge brique

- **Lors des tests précédents, nous avons constaté que des précipités se forment.** Ce sont des corps qui n'étaient pas présents, ce sont donc des **produits** issus de transformations chimiques.
- Les ions fer III Fe^{3+}, des cations, réagissent avec les anions hydroxyde, OH^-, contenus dans le réactif pour former un précipité d'hydroxyde de fer III. Les ions fer III et hydroxyde sont les **réactifs** et le précipité d'hydroxyde de fer III est le **produit**. Ainsi, les tests de reconnaissance des ions sont bien des **transformations chimiques**.

COMMENT FAIRE

Réaliser un test de reconnaissance

Certains tests de reconnaissance nécessitent l'utilisation de réactifs qui peuvent s'avérer dangereux, **il est donc essentiel de lire les pictogrammes**.

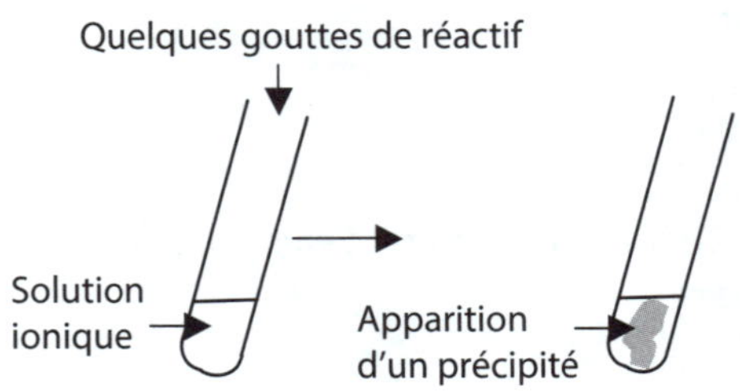

Infos-clés

- **Précipité** : solide insoluble qui se forme dans une solution lors d'une transformation chimique.
- Certains précipités peuvent se dissoudre lors d'un ajout excessif de réactif, il faut donc ajouter celui-ci goutte à goutte.

S'ENTRAINER

1 ✪ **Choisissez le bon mot.**

a. L'ion fer II a pour formule chimique [fe^{2+}] / [Fe^{2+}].

b. [La soude] / [le nitrate d'argent] permet de mettre en évidence l'ion cuivre (II).

c. L'ajout de soude à une solution contenant des ions Fe^{3+} produit un précipité [rouge brique] / [verdâtre].

d. L'apparition d'un précipité verdâtre lors de l'ajout de soude met en évidence la présence d'ions [chlorure] / [fer (II)].

e. Le nitrate d'argent est le réactif qui permet de tester la présence en solution de [l'ion chlorure] / [l'ion fer(II)].

2 ✪ **Répondez aux questions.**

Un flacon contient une solution de chlorure de fer (III).

a. Donnez le nom de l'ion positif qui se trouve dans cette solution. Écrivez sa formule chimique.

....

....

b. Décrivez le test qui le met en évidence.

....

....

c. Donnez le nom de l'ion négatif qui se trouve dans cette solution. Écrivez sa formule chimique.

....

....

d. Décrivez le test qui le met en évidence.

....

....

3 ✪✪✪ **Répondez aux questions.**

Dans un bécher, Céline ne sait plus si elle a mis une solution d'acide chlorhydrique contenant des ions hydrogène et des ions chlorure, ou de soude contenant des ions sodium et des ions hydroxyde. Elle en verse un peu dans un tube à essai contenant du chlorure de cuivre (II) en solution. Il n'y a pas apparition d'un précipité.

LE CONSEIL DU COACH Quelle satisfaction d'être arrivé(e) jusque-là. Allez ! Encore un petit effort !

a. Quelle est la nature de la solution dans le bécher? Justifiez votre réponse.

....

....

....

....

b. Proposez une autre méthode permettant d'identifier la solution.

....

....

....

MINI-CONTRÔLE

Répondez aux questions.

Une solution ionique contient une sorte d'ions positifs et une sorte d'ions négatifs.

a. Dans une partie de la solution, on ajoute quelques gouttes de nitrate d'argent : on obtient un précipité blanc. Quel ion a-t-on mis en évidence ?

....

....

b. Dans une autre partie de la solution, on ajoute quelques gouttes de soude : un précipité vert apparait. Quel ion a-t-on mis en évidence ?

....

....

c. Quels sont les ions présents dans la solution ? Indiquez leur nom et leur formule.

....

d. Quel est le nom de cette solution ?

....

Corrigés p. 312

AVEZ-VOUS RÉUSSI ?

4 pH et réaction acidobasique

CHIMIE

JE RETIENS

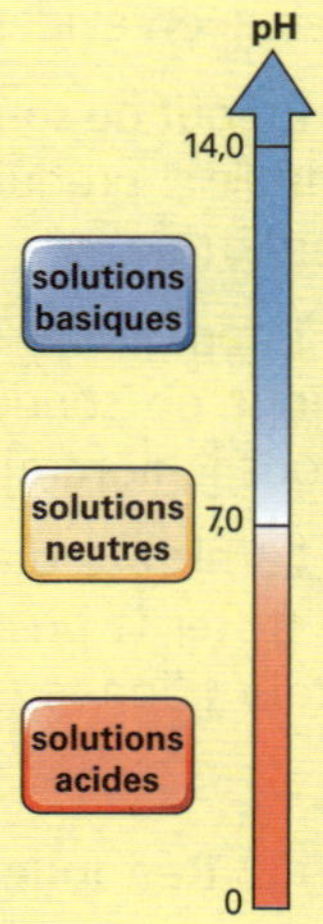

- **Le pH d'une solution** est lié à la présence d'ions hydrogène H^+. Il signifie **potentiel Hydrogène**. La valeur du pH d'une solution aqueuse varie de 0 à 14 et n'a pas d'unité.
  - Les solutions aqueuses **acides ont un pH compris entre 0 et 7**. Une solution acide contient plus d'ions hydrogène H^+ que d'ions hydroxyde HO^-. Lors de la dilution d'une solution acide, son pH augmente, mais il reste inférieur à 7.
  - Les solutions aqueuses **neutres ont un pH égal à 7**. Une solution neutre contient autant d'ions hydrogène H^+ que d'ions hydroxyde HO^-.
  - Les solutions aqueuses **basiques ont un pH compris entre 7 et 14.** Une solution basique contient moins d'ions hydrogène H^+ que d'ions hydroxyde HO^-.
  - Lors de la dilution d'une solution basique, son pH diminue mais il reste supérieur à 7.
- **Pour étudier la réaction entre une solution d'acide chlorhydrique ($H^+ + Cl^-$) et de soude (solution d'hydroxyde de sodium) ($Na^+ + HO^-$) :**

  L'acide chlorhydrique dont le pH est inférieur à 7 réagit avec la soude dont le pH est supérieur à 7. Lorsque ses réactifs sont introduits dans des proportions stœchiométriques, le pH final est égal à 7.

  L'équation de réaction s'écrit : $H^+ + HO^- \rightarrow H_2O$.

  On n'écrit pas les ions chlorure ni les ions sodium car ils ne réagissent pas, ce sont des ions spectateurs.
- **Une réaction acidobasique correspond à un transfert d'ions hydrogène H^+.**

COMMENT FAIRE

Utiliser un pH-mètre pour étudier le caractère acide ou basique d'une solution

1. Rincer la sonde du pH-mètre avec une pissette d'eau distillée et la sécher avec du papier filtre.
2. Verser dans un bécher une petite quantité de la solution à tester. Mettre le pH-mètre en marche et immerger la sonde dans la solution. Noter la valeur du pH et interpréter le résultat.
3. Retirer le pH-mètre, arrêter son fonctionnement et rincer la sonde à l'eau distillée.

La sonde est très fragile, il ne faut pas la heurter.

Remarque : on peut aussi évaluer le pH grâce à du papier pH.

Info-clé Les acides et les bases concentrés sont des substances dangereuses qu'il faut manipuler avec précaution. **Le port de la blouse, de gants et de lunettes est impératif !**

LE CONSEIL DU COACH

S'aider des mots-clés

Si vous ne comprenez pas le titre de la leçon, ne paniquez pas... vous trouverez facilement la signification des termes *pH et réaction acidobasique* dans la partie « Je retiens ». Ces termes importants sont en effet indiqués en gras. Maintenant que vous savez ce que sont un pH et une réaction acidobasique, vous pouvez lire la leçon dans son intégralité.

S'ENTRAINER

1 ✪ **Choisissez le bon mot.**

a. Le terme pH désigne [le symbole d'un atome] / [deux initiales].

b. Le pH d'une solution s'exprime [en gramme] / [sans unité].

c. L'eau de Javel a un pH égal à 11, c'est une solution [acide] / [basique].

d. Lorsque l'on dilue un acide, son pH [augmente] / [diminue].

e. Lorsque l'on dilue une base, son pH [augmente] / [diminue].

2 ✪✪ **Parmi les équations de réactions suivantes, indiquez celles qui correspondent à des transformations acidobasiques. Justifiez votre réponse.**

a. $4\,Al + 3\,O_2 \rightarrow 2\,Al_2O_3$.

....

....

b. $CH_3COOH + OH^- \rightarrow CH_3COO^- + H_2O$.

....

....

c. $NH_3 + H_2O \rightarrow NH_4^+ + HO^-$.

....

....

d. $Cu^{2+} + Zn \rightarrow Cu + Zn^{2+}$.

....

....

3 ✪✪✪ **Ahmed mesure le pH d'une solution d'acide chlorhydrique, il obtient 1,8.**

a. Cette valeur est-elle cohérente avec le nom de la solution ? Justifiez.

....

....

b. Il décide d'ajouter de l'eau, comment évolue ce pH ? ....

....

....

c. Quelle valeur extrême du pH peut-il atteindre ? Justifiez. ....

....

MINI-CONTRÔLE

Répondez aux questions.

Lorsque l'on fait bouillir quelques feuilles de chou rouge dans un peu d'eau, très rapidement le liquide se colore en bleu. On récupère ce liquide et on le repartit dans deux tubes à essai. Dans le premier, on ajoute quelques gouttes d'acide chlorhydrique et la solution devient rouge. Dans le second, on ajoute quelques gouttes de soude et la solution devient verte.

a. Rappelez la nature acide ou basique de l'acide chlorhydrique et de la soude.

....

....

b. Que peut-on dire du jus de chou rouge ?

....

....

c. Justifiez le fait que l'assaisonnement d'une salade de chou rouge par du jus de citron ou du vinaigre donne une sauce rouge.

....

....

d. Justifiez également la teinte verte prise par le produit utilisé pour laver l'assiette ayant contenu le chou rouge.

....

....

Corrigés p. 313

AVEZ-VOUS RÉUSSI ?

5 La réaction entre l'acide chlorhydrique et le fer

CHIMIE

JE RETIENS

Le réactif acide chlorhydrique

Le réactif acide chlorhydrique contient **des ions hydrogène H^+ et des ions chlorure Cl^-**.
Par exemple, lorsqu'on verse de l'acide chlorhydrique sur de la poudre de fer, on constate une effervescence et l'apparition d'une légère coloration verte dans la solution. De nouveaux corps se forment : **une transformation chimique a eu lieu.**

Étude des produits formés lors de la transformation

- **Mise en évidence du gaz dihydrogène :** on approche une allumette enflammée du tube à essai et l'on entend un léger aboiement : on met ainsi en évidence le dégagement de gaz **dihydrogène**.
- **Mise en évidence des ions fer (II) :** on réalise le test de reconnaissance des ions fer (II), il apparait un précipité verdâtre. On met en évidence la formation d'**ions fer (II)**.

Bilan de réaction

- Lors de cette transformation chimique, les **réactifs** fer (Fe) et acide chlorhydrique ($H^+ + Cl^-$) disparaissent. Il se forme des **produits** : le dihydrogène (H_2) et les ions Fer (II) de formule Fe^{2+}.
- Les ions chlorure ne réagissent pas : dans la solution contenue dans le tube, on trouve du chlorure de Fer (II) de formule ($Fe^{2+} + 2\ Cl^-$).

Le bilan s'écrit : **Fer + acide chlorhydrique → dihydrogène + chlorure de Fer (II)**

les réactifs qui disparaissent — les produits qui apparaissent

- Une étude similaire peut être menée pour le zinc, ainsi que pour l'aluminium.

Zinc + acide chlorhydrique → dihydrogène + chlorure de Zinc

Aluminium + acide chlorhydrique → dihydrogène + chlorure d'Aluminium

- Toutefois, tous les métaux ne réagissent pas avec l'acide chlorhydrique (ex. : le cuivre).

COMMENT FAIRE

Mettre en évidence les ions présents dans l'acide chlorhydrique

1. **Mise en évidence des ions chlorure Cl^-**
Lors de l'ajout de quelques gouttes d'une solution de nitrate d'argent, on observe la formation d'un précipité blanc qui noircit à la lumière. La solution d'acide chlorhydrique contient donc des ions chlorure Cl^-.
2. **Mise en évidence des ions hydrogène H^+**
On pose une goutte d'acide chlorhydrique sur du papier pH et on constate que le pH est très inférieur à 7 : la solution est acide et contient donc des **ions hydrogène H^+**.

Info-clé L'acide chlorhydrique est concentré, il peut causer de graves brulures, il faut donc le manipuler avec précaution. **Le port de la blouse, de lunettes et de gants est obligatoire.**

S'ENTRAINER

1 ✪ **Complétez les phrases avec les mots suivants (en les accordant si nécessaire) :**
aboiement – chlorure de zinc – effervescence – enflammé – H^+ – hydrogène – inférieur – l'ion fer (II) – nitrate d'argent – produit.

a. Au contact de l'acide chlorhydrique et de la poudre de fer, il se produit une .... prouvant la formation d'un gaz.

b. Afin de mettre en évidence le gaz dihydrogène, on présente une allumette .... et il se produit un léger ....

c. La formation d'un précipité verdâtre lors de l'ajout de soude met en évidence ....

d. L'ion chlorure est mis en évidence par la formulation d'un précipité blanc lors de l'ajout de ....

e. Lors de la réaction entre le zinc et l'acide chlorhydrique, les .... de la transformation sont le dihydrogène et ....

2 ✪✪ **On veut vérifier que la solution A contenue dans un flacon est bien de l'acide chlorhydrique.**

1. Quels sont les ions présents dans l'acide chlorhydrique ? Indiquez leur nom et leur formule.

....

....

2. On dépose une goutte de la solution A sur du papier pH. La couleur obtenue indique un pH voisin de 2.

a. La solution est-elle acide, basique ou neutre ? Justifiez votre réponse.

....

....

b. Quel est l'ion mis ainsi en évidence dans la solution ?

....

....

LE CONSEIL DU COACH Vous bloquez ? Avez-vous essayé de reformuler la consigne ? Reformuler avec ses propres mots permet de mieux comprendre.

3. Un élève propose de réaliser le test au nitrate d'argent.

a. Expliquez pourquoi cette proposition est intéressante.

....

....

b. Lorsqu'on réalise le test avec la solution A, il est positif. Décrivez ce test et son résultat.

....

....

4. La solution A est-elle de l'acide chlorhydrique ?

....

MINI-CONTRÔLE

Philippe cherche à déterminer la nature du métal utilisé pour fabriquer un clou. Il réalise les expériences suivantes.

a. Il place un clou dans un tube à essai et verse de l'acide chlorhydrique. Il se produit une effervescence. Que peut-il en déduire ?

....

b. Lorsqu'il approche une allumette enflammée du tube, il se produit une légère détonation. Quelle est la nature du gaz ?

....

....

c. Philippe verse ensuite de la soude dans la solution obtenue dans le tube à essai et observe l'apparition d'un précipité verdâtre. Quel est l'ion mis en évidence (nom et formule) ?

....

....

d. Que peut-il conclure quant à la nature du métal constituant ce clou ?

....

....

Corrigés p. 313

AVEZ-VOUS RÉUSSI ?

6 Puissance et énergie électriques

PHYSIQUE

JE RETIENS

Les appareils électriques reçoivent de l'**énergie électrique** qu'ils transforment en d'autres énergies (lumineuse et thermique pour une lampe par exemple).

Puissance électrique

- **La puissance électrique** indiquée sur un appareil traduit la rapidité avec laquelle il reçoit l'énergie électrique.
  La puissance nominale P de l'appareil représente sa puissance lorsqu'il est alimenté sous la tension indiquée par le constructeur (appelée **tension nominale**). Son unité dans le Système International est le **watt** (W).

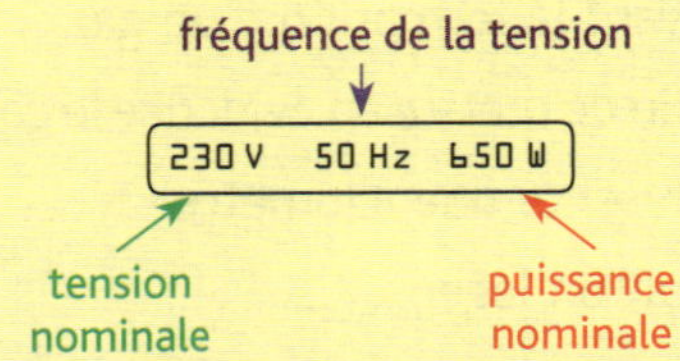

Plaque signalétique d'un robot ménager

- **Pour un dipôle ohmique**, la puissance P est égale au produit de la tension efficace U aux bornes du dipôle par l'intensité efficace I du courant qui le traverse.

$$P = U \times I$$

(W, V, A)

- **Le passage du courant** dans les conducteurs provoque leur échauffement. Quand l'intensité augmente, l'échauffement augmente également. Quand la valeur de l'intensité dépasse la valeur maximale supportée par un élément du circuit, il y a **surintensité**.
  Un **coupe-circuit** (fusible) protège le circuit des surintensités : il fond lorsque l'intensité du courant qui le traverse dépasse la valeur indiquée.

Énergie électrique

L'énergie électrique E, transférée pendant une durée t à un appareil électrique de puissance nominale P, est donnée par la relation : $E = P \times t$.
Le joule (J) est l'unité d'énergie du Système International.
Le kilowattheure (kWh) est une unité d'énergie qui correspond à 1 kWh = 3600 J.

$$E = P \times t$$

(J, W, s)

COMMENT FAIRE

Comprendre une facture d'électricité

	Relevé début	Relevé fin	Conso kWh	Prix €HT/mois	Montant €HT	TVA
Abonnement						
Base - 06kVA - du 22/12/16 au 18/02/17				6,50	13,00	5,5%
Total Abonnement (dont acheminement 8,30 €)					13,00	
	Relevé début	Relevé fin	Conso kWh	Prix €HT/kWh	Montant €HT	TVA
Consommation						
Base - 06kVA - du 22/10/16 au 21/12/16	1161 (Client)	1479 (Client)	318	0,0887	28,21	20,0%
Total Consommation (dont acheminement 11,13 €)			318		28,21	
			Conso kWh	Prix du kWh	Montant €HT	TVA
Taxes et Contributions						
Taxe sur la Consommation Finale d'Electricité (TCFE)			318	0,00956	3,04	20,0%
Contribution au Service Public d'Electricité (CSPE)			318	0,02250	7,16	20,0%
Contribution Tarifaire d'Acheminement Electricité (CTA)					2,24	5,5%
Total Taxes et Contributions					12,44	
Total Electricité hors TVA					53,65	

1. La consommation est l'énergie électrique estimée, fournie en heures creuses entre le début et la fin de la période : 1479 – 1161 = 318 kWh.
2. Montant hors taxes de cette consommation = consommation × prix du kWh → 318 × 0,0887 = 28,21 €
3. À cela s'ajoutent un abonnement (13 €) et des taxes (12,44 €).

Recherche Le watt, l'ampère, le volt, le joule sont des unités liées au nom de savants. Faites des recherches sur leur biographie et leurs travaux scientifiques.

S'ENTRAINER

1 ✪ **Complétez les phrases avec les mots suivants (en les accordant si nécessaire) :**

énergie, fréquence, hertz, J, joule, kWh, kilowatt-heure, puissance, puissance, watt.

a. L'unité de .... est le .... de symbole W.

b. Un compteur électrique mesure .... fournie au consommateur.

c. L'unité SI d'énergie est le .... de symbole J, alors que l'unité utilisée par EDF est .... de symbole ....

d. Une plaque signalétique d'un appareil comporte l'indication de .... exprimée en .... (symbole Hz), de tension et de .... nominales.

2 ✪✪ **On branche sur le secteur une plaque de cuisson de puissance nominale 5 kW.**

Donnée : les fils électriques montés sur le circuit d'une prise ont un diamètre adapté à l'intensité maximale du courant qui peut y circuler sans provoquer de risques.

a. Sous quelle tension la plaque de cuisson fonctionne-t-elle ?

....

b. Sous quelle forme la plaque transforme-t-elle l'énergie qui lui est fournie ?

....

c. Quelle est l'intensité efficace du courant qui circule dans la plaque lorsqu'elle fonctionne ?

....

....

....

....

d. Sur quelle prise doit-on la brancher :
10 A ? 16 A ? 20 A ? 32 A ?

....

3 ✪✪✪ **Un radiateur électrique porte sur une plaque signalétique les indications suivantes :**

230 V – 50 Hz – 1,2 kW.

a. Que représentent ces 3 valeurs ?

....

....

....

b. Calculez l'intensité efficace du courant qui traverse le radiateur lorsqu'il fonctionne sous sa tension nominale. On considère le radiateur comme un dipôle ohmique.

....

....

....

....

c. Calculez l'énergie transformée par le radiateur pendant une heure de fonctionnement. Exprimez le résultat en joule et en kilowattheure.

....

....

....

....

MINI-CONTRÔLE

Répondez sur une feuille à part.

Un fusible de 10 A protège l'installation électrique d'une pièce de séjour d'un appartement. Pour illuminer cette pièce, on branche des lampes à incandescence de puissance nominale 150 W.

a. Dans une installation domestique, les lampes sont-elles montées en série ou en dérivation ? Justifiez votre réponse.

b. Quelle est alors la valeur de la tension efficace aux bornes de chaque lampe ?

c. Quelle est l'intensité efficace du courant qui traverse chaque lampe ?

d. Combien de lampes de 150 W peut-on brancher sans que le fusible « saute » ?

Corrigés p. 313

AVEZ-VOUS RÉUSSI ?

7 Gravitation et mouvements dans l'Univers

PHYSIQUE

JE RETIENS

Mouvement dans le système solaire

Le système solaire est formé d'une étoile, le **Soleil**, autour de laquelle tournent **huit planètes**.

- Les trajectoires des planètes sont pratiquement circulaires ou ont une forme d'ellipse (cercle aplati).
- La Terre tourne autour du Soleil à environ 150 millions de kilomètres. Elle a un seul satellite naturel : la Lune.

Attractivité et gravitation

- **Dans le système solaire, le Soleil exerce une action attractive**, à distance, sur chaque planète qui tourne autour de lui. De la même façon, une planète exerce une action attractive, à distance, sur chacun de ses satellites et sur chacun des objets proches d'elle.
  En généralisant, pour deux objets A et B ayant une masse : l'objet A exerce une action attractive à distance sur l'objet B et l'objet B exerce également une action attractive à distance sur l'objet A. Il y a **interaction attractive** entre les deux, appelée **gravitation**.
- **La gravitation est une interaction** qui concerne tous les « objets » de l'Univers, c'est donc cette action attractive liée à la vitesse que possèdent les astres qui détermine leurs trajectoires.

COMMENT FAIRE

Comparer le mouvement d'une fronde et celui d'une planète

Un lanceur fait tourner son marteau dans un mouvement circulaire. Quelles analogies et différences avec le mouvement d'une planète autour du Soleil peut-on établir ?

1. **Comparaison des trajectoires**
   – Les trajectoires des planètes du système solaire autour du Soleil sont planes.
   La trajectoire du marteau autour de la main du lanceur est également plane. } analogie
   – Les trajectoires des planètes peuvent être circulaires ou elliptiques.
   La trajectoire du marteau autour de la main du lanceur est circulaire. } différence
2. **Comparaison des actions s'exerçant sur la planète ou sur le marteau**
   – Le Soleil exerce une action attractive sur la planète.
   La main exerce, par l'intermédiaire du fil, une action attractive sur le marteau. } analogie
   – Le Soleil exerce une action à distance sur la planète.
   Le fil, tenu par la main, exerce une action de contact sur le marteau. } différence

Recherche De très nombreux satellites et engins spatiaux ont été lancés ou seront lancés dans l'espace. Illustrez leurs missions par des exemples.

LE CONSEIL DU COACH

Apprendre dans différents lieux

Identifiez d'abord les éléments essentiels de la leçon : système solaire, interaction attractive... Puis résumez-les avec vos propres mots dans différents lieux. Reformulez ce que vous savez du système solaire dans votre chambre, puis passez dans la salle à manger pour présenter ce qu'est l'interaction. Lorsque vous revenez dans votre chambre, réactivez votre mémoire sur le système solaire.

S'ENTRAINER

1 ✪ **Répondez par Vrai ou Faux, corrigez si nécessaire.**

a. Dans le système solaire, sept planètes tournent autour du Soleil. ☐ V ☐ F

....

b. La Lune est une étoile qui tourne autour de la Terre. ☐ V ☐ F

....

c. Le Soleil exerce une action attractive sur la Terre et la Terre exerce une action répulsive sur le Soleil. ☐ V ☐ F

....

2 ✪✪ **Lorsqu'on met en présence deux aimants, ils exercent l'un sur l'autre soit une attraction soit une répulsion, sans être en contact.**

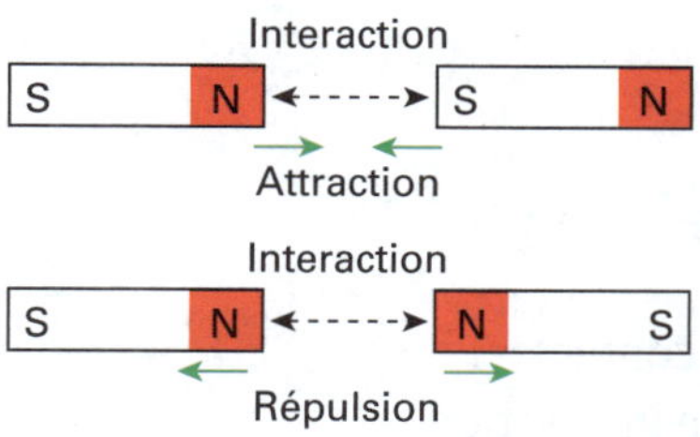

1. Précisez si entre les deux aimants, il s'agit :

a. d'une interaction à distance ?

....

b. d'une interaction toujours attractive ?

....

2. Indiquez le point commun et la différence avec l'interaction de gravitation.

....

MINI-CONTRÔLE

Avec la lunette astronomique qu'il venait de créer, Galilée a découvert en 1610 les quatre plus gros satellites de Jupiter : Io, Europe, Ganymède et Callisto. Le tableau ci-dessous indique, pour chaque satellite, sa distance moyenne R à Jupiter et la durée T d'une révolution autour de Jupiter.

Satellite	R (en km)	T (en jour)
Io	422×10^3	1,77
Europe	671×10^3	3,55
Ganymède	1071×10^3	7,16
Callisto	1884×10^3	16,69

1. Répondez par Vrai ou Faux, utilisez le tableau pour justifier.

a. Les satellites les plus proches de Jupiter ont des durées de révolution plus petites que ceux qui sont plus éloignés.

☐ V ☐ F ....

....

b. La durée de révolution est proportionnelle à la distance moyenne du satellite à Jupiter.

☐ V ☐ F ....

....

2. On compte actuellement 63 satellites de Jupiter parmi lesquels Thébé, découvert en 1979 par une mission Voyager. Sa distance moyenne à Jupiter est de 221 900 km. Parmi les trois valeurs suivantes, entourez la réponse correcte pour sa période de révolution et expliquez ce choix.

0,675 jour	5,86 jours	21,5 jours

....

....

Corrigés p. 314

AVEZ-VOUS RÉUSSI ?

8 Des interactions mécaniques à la modélisation par une force

PHYSIQUE

JE RETIENS

- Pour les **interactions mécaniques**, on rappelle qu'il y a **interaction** lorsque deux objets agissent l'un sur l'autre. Il est possible d'étudier un objet en particulier, on le nomme **receveur** ou système, l'auteur étant celui qui agit sur le receveur.
- **Modélisation d'une force : une force correspond à la représentation d'une action mécanique.** On notera une force généralement par une lettre surmontée d'une flèche en ajoutant parfois en bas à droite l'auteur / le receveur (ex. : $\vec{F}_{A/B}$).

  On représentera les forces par des segments fléchés qui posséderont :
  - un **point d'application** : point du receveur sur lequel l'action est appliquée ;
  - une **direction** ; un **sens** ;
  - une **valeur** ou **intensité** que l'on exprime en **newton** que l'on mesure avec un dynamomètre : elle correspondra à la longueur du segment fléché.

  Ainsi, une interaction sera modélisée par deux forces qui sont, pour toutes les situations et dans tous les cas, de valeurs égales et de sens opposés.
- **En 1687, Newton décrit les mouvements des planètes et des satellites**, il affirme que tous les corps s'attirent mutuellement et parle d'**interaction gravitationnelle**.

  La valeur de l'interaction gravitationnelle entre deux objets A et B de masses respectives m_A et m_B, s'exprime par : $F_{A/B} = F_{B/A} = G\frac{m_A \times m_B}{d^2}$

  $G = 6{,}67 \cdot 10^{-11}\ N \cdot m^2 \cdot kg^{-2}$ est la **constante de gravitation universelle**.

  Le poids est un cas particulier de l'action de la gravitation à la surface de la Terre.

COMMENT FAIRE

Identifier les forces s'exerçant sur un système grâce à un diagramme objets-interactions

1. Représenter par une ellipse (cercle aplati) le système et les objets en interaction avec ce système :
2. Représenter **par une double flèche** une interaction « de contact » :
3. Représenter **par une double flèche et des pointillés** une interaction « à distance » :

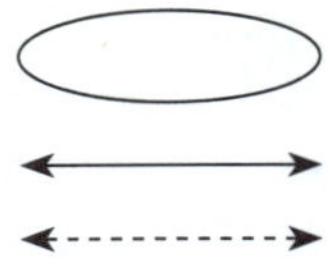

Exemple :
une pierre suspendue à un élastique.

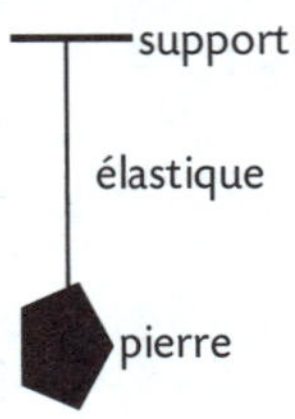

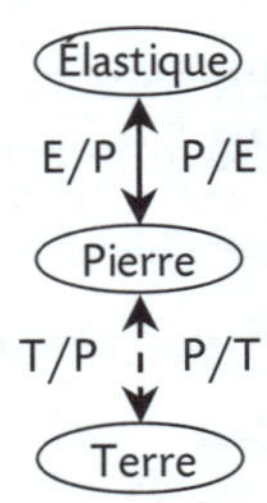

Info-clé Ne pas confondre la force qui est un segment fléché et sa valeur qui s'exprime en newton.

S'ENTRAINER

1 ✪ **Choisissez le mot ou groupe de mots qui convient.**

a. L'objet sur lequel s'applique une action est le [récepteur] / [receveur].

b. Une interaction est représentée par [une] / [deux] force(s).

c. Une force est représentée par [un segment fléché] / [une valeur].

d. Entre la Terre et la Lune règne une interaction [magnétique] / [gravitationnelle].

e. À la surface de la Terre, l'action de la gravitation est nommée [poids] / [masse].

2 ✪✪ **Pour soulever une valise, la main exerce une force verticale $\vec{F}$ de valeur égale à 120 N.**

a. Quel est le point d'application de cette force ?

....

....

b. Quelle est la direction de cette force ?

....

....

c. Quel est le sens de cette force ?

....

....

d. Le receveur étant la valise V et l'auteur, la main M, comment noter la force exercée sur la valise ?

....

....

e. En adoptant l'échelle 1 cm pour 80 N, représentez cette force sur le schéma suivant.

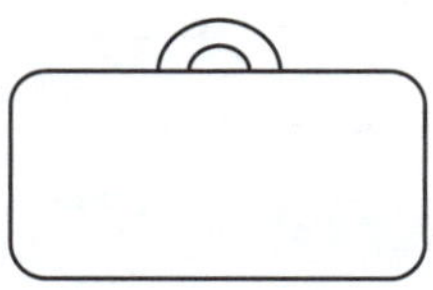

3 ✪✪✪ **Le solide ci-dessus, en équilibre, est soumis à deux forces non négligeables, exercées par les fils accrochés à deux dynamomètres, chacun indiquant 6 N.**

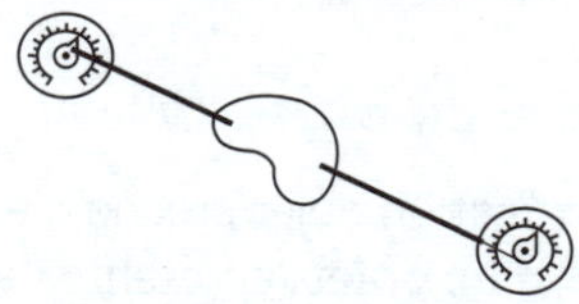

a. Que peut-on dire des forces qui s'exercent sur ce solide ?

....

....

b. En adoptant l'échelle 1 cm pour 3 N, représentez sur le schéma les forces qui s'exercent sur le solide.

....

....

MINI-CONTRÔLE

On souhaite comparer la force de gravitation exercée par la Terre sur la Lune et celle exercée par le Soleil sur la Lune.

Masse du Soleil (kg)	Masse de la Terre (kg)	Masse de la Lune (kg)	Distance Terre Soleil (km)	Distance Terre Lune (km)
$1{,}99.10^{30}$	$5{,}97.10^{24}$	$7{,}35.10^{22}$	$1{,}50.10^{11}$	$3{,}84.10^{5}$

a. Calculez la valeur de la force gravitationnelle exercée par la Terre sur la Lune.

....

....

b. Calculez la valeur de la force gravitationnelle exercée par le Soleil sur la Lune.

....

....

c. Pourquoi, à votre avis, la Lune reste-t-elle à proximité de la Terre ?

....

....

Corrigés p. 314

AVEZ-VOUS RÉUSSI ?

9 Poids et masse d'un objet

PHYSIQUE

JE RETIENS

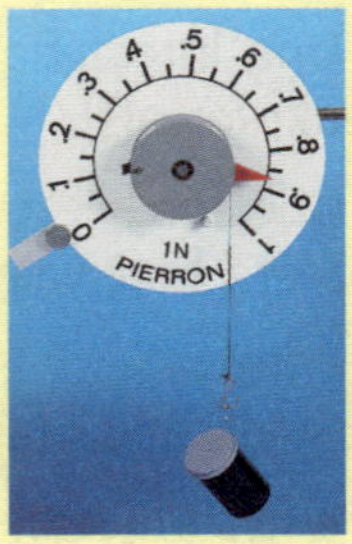

Le poids d'un objet

Entre la Terre et un objet proche d'elle, il s'exerce une interaction attractive.
Le Poids *P* d'un objet représente **l'action attractive** exercée par la Terre sur celui-ci, c'est donc **une force**. Cette action à distance s'exerce selon la verticale et vers le bas.
Le poids d'un objet peut se mesurer en Newton (N) avec un dynamomètre.

La masse d'un objet

La **masse** *m* d'un objet est liée à la **quantité de matière** qu'il contient.
Elle se mesure avec une balance. Son unité est le kilogramme (kg).

Relation entre poids et masse d'un objet

- En un même lieu, le poids *P* d'un objet est proportionnel à sa masse *m* et on note *g* la constante de proportionnalité.

$P/m = g$ **ou** $P = mg$	*P*, *poids* en N et *m*, masse en kg. *g*, intensité de la pesanteur en N/kg.

- Au voisinage de la Terre, l'intensité de la pesanteur *g* a une valeur voisine de 10 N/kg. Cette valeur de *g* est différente au voisinage d'autres planètes.
- La masse *m* ne change pas quand l'objet change de lieu mais le poids *P*, lui, change.

Interaction gravitationnelle et poids

Le poids est un cas particulier de l'action gravitationnelle, celle-ci s'exerçant à proximité immédiate de la Terre. L'auteur sera donc la Terre dont la Masse est $M_T = 5{,}97 \cdot 10^{24}$ kg et on prendra pour *d*, le rayon de la Terre, c'est-à-dire $6{,}38 \cdot 10^6$ m. Ainsi : $P = G.\frac{M_T m_B}{d^2}$, on assimilera donc $g = G\frac{M_T}{d^2}$ et ainsi $P = g \cdot m_B$.

COMMENT FAIRE

Vérifier la relation entre poids et masse

1. Mesurer la masse *m* de différents objets, leur poids *P* et remplir un tableau de mesure.
2. Tracer le graphique représentant le poids *P* (ordonnées) en fonction de la masse *m* (abscisses).
3. Vérifier que les points sont alignés sur une droite passant par l'origine O.
4. Calculer le coefficient directeur *P*/*m* (*P* en N et *m* en kg).
Ce coefficient correspond à la valeur de l'intensité de la pesanteur *g* au voisinage de la Terre. On vérifie la relation de proportionnalité ***P*/*m* = g**.

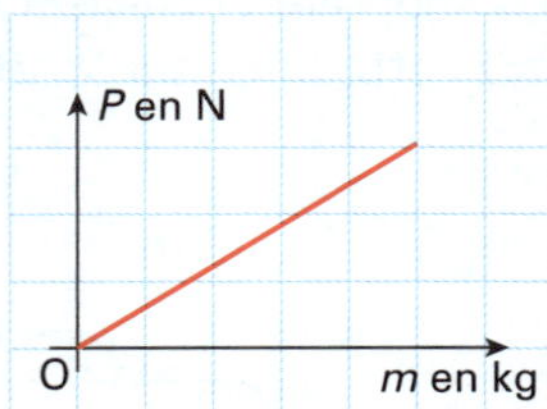

Info-clé *g* n'est pas toujours identique à la surface de la Terre, *g* varie en fonction de l'altitude et de la latitude.

S'ENTRAINER

Dans tous les exercices, on prendra pour l'intensité de la pesanteur au voisinage de la Terre, g = 10 N/kg.

1 ✪ **Corrigez si nécessaire les affirmations.**

a. On mesure le poids d'un objet avec une balance.

....

b. Le poids d'un marteau sur la Lune est différent de son poids sur la Terre.

....

c. Quand une pomme tombe, sa masse augmente.

....

2 ✪✪ **Complétez le tableau ci-dessous dans lequel *P* représente le poids sur Terre d'un objet de masse *m*.**

m	100 g		50 mg	g	kg
P (N)		2,5		0,30	$5{,}8 \times 10^4$

3 ✪✪ **Répondez aux questions sur une feuille à part.**

On mesure la masse *m* et le poids *P* d'un ensemble d'objets. On trace la représentation graphique de *P* en fonction de *m* et l'on obtient le graphique ci-dessous.

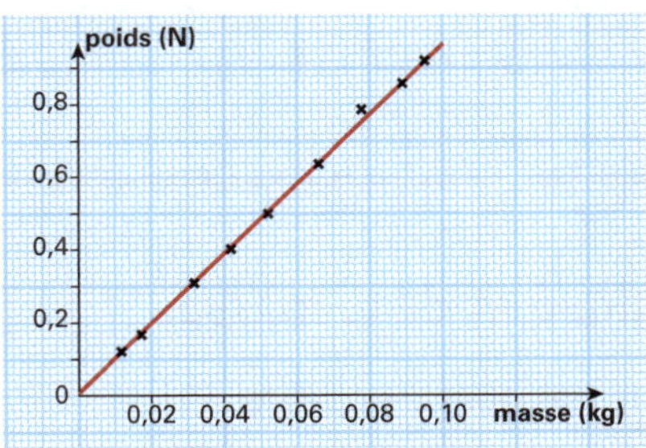

a. Quels appareils permettent de mesurer la masse *m* d'un objet et son poids *P* ?

b. En utilisant le graphique, établissez la relation mathématique entre la masse *m* et le poids *P*.

c. Calculez la valeur de l'intensité de la pesanteur *g* du lieu de l'expérience.

4 ✪✪✪ **Le tableau suivant indique l'intensité de pesanteur à la surface de quelques planètes.**

Planète	Terre	Vénus	Saturne	Jupiter
g($N \cdot kg^{-1}$)	9,8	8,9	25	11
Masse (kg)				
Poids (N)				

a. Sachant que la masse d'un astronaute équipé est 100 kg, quelle serait sa masse sur les autres planètes ? Complétez le tableau.

b. Quel serait, sur chacune de ces planètes, le poids de cet astronaute ? Complétez le tableau.

MINI-CONTRÔLE

Répondez aux questions sur une feuille à part.

Pour vérifier que la relation entre le poids *P* d'un objet et sa masse *m* est identique sur Mars et sur Terre, mais avec une valeur différente pour l'intensité de la pesanteur *g*, Marc emporte dans son véhicule spatial un ensemble de masses marquées et un dynamomètre.

Sur Mars, il remplit le tableau de mesures où *m* est l'indication en gramme portée par les masses marquées, P_{Mars} leur poids en newton.

m	50	100	150	200	300
P_{Mars}	0,18	0,37	0,56	0,74	1,1
P_{Mars}/m					

a. Pourquoi n'est-il pas nécessaire que Marc emporte une balance sur Mars ?

b. Complétez la troisième ligne du tableau en calculant le rapport P_{Mars}/m avec les unités du Système International.

c. Montrez que les mesures sur Mars vérifient la relation *P* = *mg*.

d. Quelle est la valeur de l'intensité de la pesanteur g_{Mars} sur Mars ?

Corrigés p. 314

AVEZ-VOUS RÉUSSI ?

10 Énergie mécanique

PHYSIQUE

JE RETIENS

Énergie de position, énergie cinétique

- **Un objet éloigné du sol**, comme de l'eau dans un réservoir, possède une **énergie de position** notée Ep. Plus l'objet est éloigné et plus l'énergie de position est élevée. Au cours de sa chute, l'objet perd de l'énergie de position et sa vitesse augmente. L'objet acquiert donc une nouvelle forme d'énergie liée à son mouvement donc à sa vitesse : l'énergie cinétique.
- L'**énergie cinétique** E_c d'un solide se déplaçant **en mouvement de translation** à la vitesse v s'exprime par la relation :
  $\mathbf{E_c = \frac{1}{2} m v^2}$ (m, en kg ; v, en m/s ; E_c, en joule, symbole J).

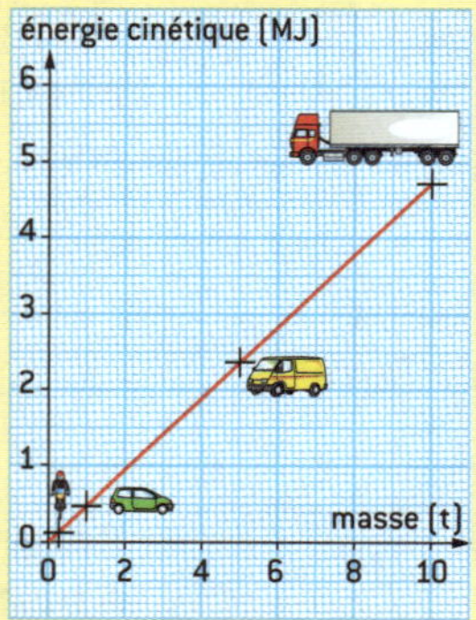

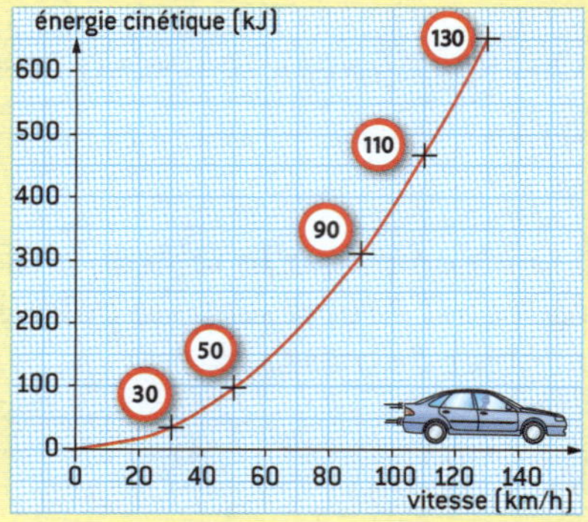

L'énergie cinétique d'un solide augmente quand la vitesse du solide augmente mais plus rapidement. Quand la vitesse du solide est multipliée par 2, son énergie cinétique est multipliée par 4.

Énergie mécanique

Un objet placé au voisinage de la Terre possède :
- une **énergie de position** liée à sa hauteur au-dessus de la Terre ;
- une énergie de mouvement liée à sa vitesse, appelée **énergie cinétique**.

L'**énergie mécanique** de l'objet est la somme de ces deux énergies, elle reste **constante** pendant une chute (on dit qu'elle se conserve) : lorsque l'objet tombe, son énergie cinétique augmente et son énergie de position diminue.

COMMENT FAIRE

Exprimer la vitesse, en fonction de l'énergie cinétique et de la masse

$E_c = \frac{1}{2} m v^2$, on va isoler $v^2 = \frac{2E_c}{m}$, du point de vue des mathématiques v possède deux expressions : $v = \sqrt{\frac{2E_c}{m}}$ et $v = -\sqrt{\frac{2E_c}{m}}$, mais, du point de vue physique, la vitesse ne peut être que positive, alors l'expression est : $v = \sqrt{\frac{2E_c}{m}}$.

Info-clé Afin de calculer l'énergie cinétique en joule, il faut exprimer la masse et la vitesse dans les unités du Système International, c'est-à-dire en kg et en m/s.

LE CONSEIL DU COACH

Faire une représentation visuelle de la leçon
Pour apprendre cette leçon de manière active, visualisez l'eau dans un réservoir. Vous pouvez aussi le faire avec une pomme dans l'exercice 2. Une pomme qui tombe est plus facile à « voir » que le concept *d'énergie cinétique* !

S'ENTRAINER

1 ✪ **Cherchez et corrigez l'erreur dans les phrases suivantes.**

a. L'expression de l'énergie cinétique d'un solide en translation est $E_c = \frac{1}{2} m v$ avec m masse de l'objet et v sa vitesse.

....

....

b. Dans le Système International, la masse de l'objet s'exprime en gramme, sa vitesse en km/h et son énergie cinétique E_c en joule.

....

....

c. Lorsque la vitesse d'un véhicule est multipliée par 2, son énergie cinétique est multipliée par 2.

....

....

d. Un objet immobile ne possède aucune énergie.

....

2 ✪✪ **Cochez la ou les bonne(s) réponse(s).**

a. Une pomme est située à 2,8 m du sol dans un pommier. Quelle(s) énergie(s) possède-t-elle à ce moment ?

☐ potentielle ☐ cinétique ☐ mécanique

b. La pomme fait une chute et se retrouve au sol au pied du pommier. Quelles énergies potentielle et cinétique possède-t-elle au moment précis où elle touche le sol ?

☐ potentielle ☐ cinétique ☐ mécanique

c. Quelle(s) énergie(s) possédait la pomme au milieu de sa chute ?

☐ potentielle ☐ cinétique ☐ mécanique

3 ✪✪✪ **Choisissez parmi les termes proposés ceux qui conviennent.**

L'eau accumulée dans le barrage (1) descend de plus en plus rapidement par la conduite forcée (2) vers les turbines (3) de l'usine hydroélectrique. La rotation de ces turbines transforme l'énergie de l'eau en énergie électrique qui est transférée par le réseau électrique (4).

Pendant sa descente dans la conduite forcée, la vitesse de l'eau [augmente] / [diminue], son énergie [de mouvement] / [de position] augmente également. Pendant cette chute, l'altitude de l'eau [augmente] / [diminue], son énergie [de mouvement] / [de position] diminue. L'énergie de position de l'eau du barrage est ainsi convertie en énergie de mouvement à l'arrivée sur les turbines.

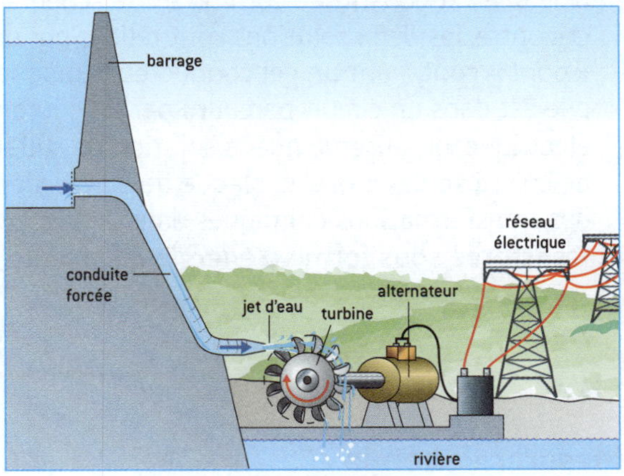

MINI-CONTRÔLE

Répondez sur une feuille à part.
On ne se sert pas que de l'énergie potentielle de l'eau pour produire de l'électricité, on se sert aussi de l'énergie cinétique du vent, grâce à une éolienne. Quelle énergie cinétique possède 1 m^3 d'air se déplaçant à une vitesse de 50 km/h ? La masse de 1 L d'air est de 1,29 g.

Corrigés p. 315

11 Conversions d'énergie

PHYSIQUE

JE RETIENS

De l'énergie de position à l'énergie cinétique

Lors de la chute de l'eau, son énergie de position Ep diminue au cours du mouvement alors que son énergie cinétique Ec augmente. On dit qu'il y a **conversion d'énergie de position en énergie cinétique**.

De l'énergie cinétique à l'énergie électrique

Une source d'énergie primaire permet la mise en mouvement de la turbine, lui donnant de l'énergie cinétique. **L'énergie cinétique est transformée par l'alternateur en énergie électrique**.

De l'énergie chimique à l'énergie thermique

Lorsqu'on place de la poudre de zinc dans une solution bleue de sulfate de cuivre, on observe que la poudre de zinc se recouvre d'une couche rougeâtre de cuivre, la solution initialement bleue se décolore et la température du milieu réactionnel **augmente**. Les deux premières observations nous permettent de conclure qu'une transformation chimique s'est produite mettant en jeu **une énergie chimique qui se convertit en énergie thermique** mise en évidence par l'augmentation de la température.

De l'énergie chimique à l'énergie électrique

Une pile est constituée comme sur le schéma ci-contre, les deux solutions sont reliées par un « pont » contenant un gel conducteur. Lorsque la pile est dans un circuit parcouru par un courant électrique, on observe que la solution de sulfate de cuivre **se décolore**, la plaque de cuivre **s'épaissit** et la plaque de zinc **s'use**. Il se produit des transformations chimiques dans la pile. Une partie de **l'énergie chimique** des réactifs est **transférée sous forme d'énergie électrique** vers le circuit.

COMMENT FAIRE

Mesurer l'énergie

De nombreuses unités d'énergie existent, afin de comparer des énergies, il faut les exprimer dans les mêmes unités. Dans le SI, ce sont les joules qui sont utilisés.

Unités d'énergie	Domaines	Conversion en joules
KiloWattheure (kWh)	Consommation électrique	1 kWh = $3{,}6 \cdot 10^{6}$ J
KiloCalories (kca ou Ca)	Alimentation, thermique	1 kca = 4 185,5 J
Electron volt (ev)	Nucléaire	1 ev = $1{,}602 \cdot 10^{-19}$ J

Info-clé Lors des conversions d'énergie, il y a toujours des pertes, sous forme d'énergie thermique.

S'ENTRAINER

1 ✪ **Répondez par Vrai ou Faux, et corrigez si nécessaire.**

a. Lors de son fonctionnement, une pile produit uniquement de l'énergie électrique. ☐ V ☐ F

....

b. Lorsqu'un courant circule dans un conducteur, celui-ci s'échauffe, il y a conversion d'énergie électrique en énergie thermique. ☐ V ☐ F

....

c. Un alternateur convertit de l'énergie potentielle en énergie électrique. ☐ V ☐ F

....

2 ✪ ✪ **Cochez la bonne réponse.**

a. Les réactifs d'une pile contiennent de l'énergie :

☐ électrique ☐ cinétique ☐ chimique

b. Lors de la réaction entre le zinc et les ions cuivre, le mélange :

☐ reste à la même température

☐ s'échauffe

☐ refroidit

c. Rotor et stator constituent un :

☐ réacteur ☐ alternateur ☐ moteur

d. Lorsqu'un type d'énergie se transforme en un autre type d'énergie, on parle de :

☐ conversion ☐ transmutation ☐ mutation

3 ✪✪✪ **Dans un circuit électrique, on s'intéresse au fonctionnement d'une lampe.**

a. Quel type d'énergie la lampe reçoit-elle ?

....

b. Quel type d'énergie utile produit-elle ?

....

c. En réalité la quantité d'énergie utile produite par la lampe est inférieure à celle reçue. Expliquez ce phénomène, en terme d'énergie.

....

....

LE CONSEIL DU COACH

Pensez à la respiration ventrale, si vous êtes stressé(e) ou tendu(e) (voir Carnet p. 16).

MINI-CONTRÔLE

Fonctionnement d'une centrale géothermique.

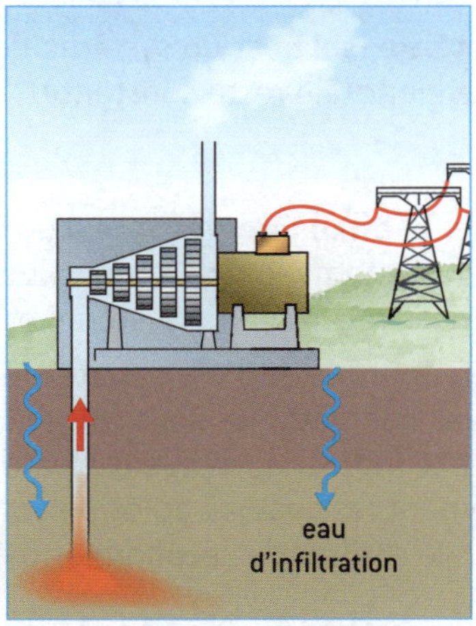

L'eau d'infiltration (flèches bleues) est chauffée (en rouge) par les roches volcaniques puis elle se vaporise en remontant vers la surface où elle fait tourner la turbine d'un alternateur.

a. Quelle est l'énergie primaire de cette centrale ? Est-elle renouvelable ou non ?

....

b. Précisez l'état de l'eau qui permet la rotation de la turbine.

....

....

c. Quel est le type d'énergie qui permet cette rotation ?

....

d. Précisez si ce type de centrale est une centrale thermique, hydraulique ou une éolienne.

....

....

Corrigés p. 315

AVEZ-VOUS RÉUSSI ? ◯ ◯ ◯

12 PHYSIQUE Bilans des transferts énergétiques

JE RETIENS

Définition d'un système

En physique, **un système est l'objet étudié ou l'ensemble des objets étudiés.**

Exemples : l'étude du mouvement de la Terre autour du Soleil (le système est la Terre), l'étude du mouvement du Système Solaire par rapport au centre de la galaxie (le système est l'ensemble des astres constituant le Système Solaire).

Un système isolé est un système qui n'effectue aucun échange avec son environnement, son énergie totale reste constante.

Bilan énergétique d'un système

Effectuer le **bilan énergétique** d'un système consiste à exprimer la variation de l'énergie totale du système lors de son évolution. Ainsi, faire un bilan énergétique consiste à identifier les énergies reçues par le système et celles cédées par celui-ci.

Le bilan énergétique d'un système isolé est donc nul, il reçoit autant d'énergie qu'il en cède.

Les bilans énergétiques sont couramment utilisés dans de très nombreux domaines : habitat, transports, industrie, appareils électriques, nutrition... Ils permettent ainsi de connaitre précisément les apports et les pertes d'énergie d'un système, afin d'en améliorer le rendement et ainsi de réaliser des économies d'énergie.

Transfert énergétique

Les **transferts énergétiques** indiquent les types d'énergie reçus et ceux cédés par un système. Dans le cas d'un système isolé, la quantité d'énergie reçue est égale à la quantité d'énergie cédée.

COMMENT FAIRE

Présenter un bilan de transferts d'énergie

1. On représente le système dans une ellipse (cercle aplati).
2. Les transferts d'énergie sont indiqués par des flèches orientées vers le système ou partant de celui-ci.

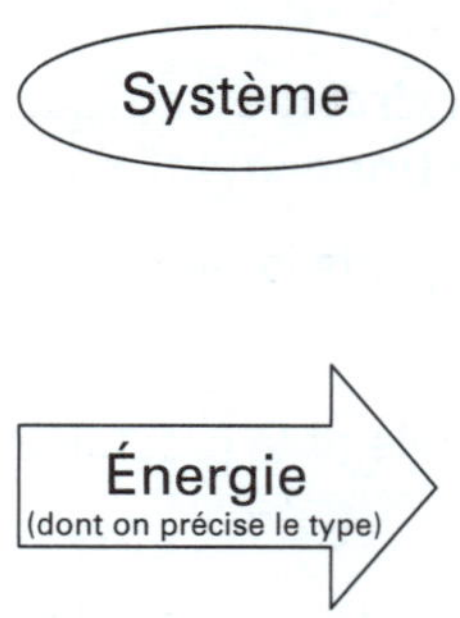

Info-clé En physique, on utilise aussi la notion de système fermé, c'est un système qui n'échange pas de matière mais uniquement de l'énergie avec son environnement.

S'ENTRAINER

1 ✪ Choisissez le mot ou le groupe de mots qui convient.

a. Un système isolé [échange de la matière] / [n'échange rien] avec son environnement.

b. Un système fermé échange [de la matière] / [de l'énergie] avec son environnement.

c. Un bilan énergétique consiste à étudier [la somme des énergies] / [la variation d'énergie] d'un système.

d. Un bilan énergétique [permet] / [ne permet pas] de connaitre les pertes d'énergie.

2 ✪ Identifiez le système dans chacun des cas suivants.

a. L'alternateur produit de l'énergie électrique.

....

b. La turbine fournit de l'énergie cinétique à l'alternateur.

....

c. Le vent fournit de l'énergie cinétique aux pales de l'éolienne.

....

3 ✪✪ Transcrivez en bilan de transferts énergétiques les phrases suivantes.

a. Les essuie-glaces d'un véhicule sont mis en mouvement par le rotor d'un moteur électrique.

b. L'alternateur reçoit de l'énergie cinétique et produit de l'énergie électrique, on note aussi une augmentation de sa température.

c. Lors de son fonctionnement, le lave-vaisselle reçoit de l'énergie électrique, il produit et de l'énergie thermique pour chauffer l'eau et de l'énergie cinétique pour faire tourner les pales.

4 ✪✪✪ Complétez le bilan ci-dessous.

Un groupe électrogène est un système mécanique capable de produire de l'électricité. Il est constitué d'un moteur à essence permettant la mise en mouvement du rotor d'un alternateur.

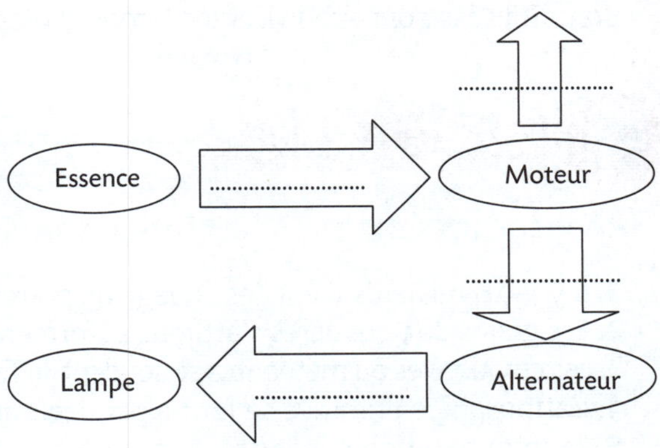

MINI-CONTRÔLE

Répondez aux questions sur une feuille à part.

Un moteur électrique est alimenté par un générateur de tension continue U_1 = 24 V délivrant un courant d'intensité I_1 = 2,0 A.

a. Donnez l'expression de la puissance P_1 reçue par le moteur, en fonction de U_1 et I_1. Calculez P_1.

b. Déterminez l'énergie consommée par le moteur en 15 min.

c. Pendant cette durée, l'axe du moteur transfère 36 kJ à un ensemble de rouages. Établissez le bilan des transferts énergétiques en indiquant les valeurs des énergies.

Corrigés p. 315

1 L'histoire de la Vie et de la Terre

JE RETIENS

- **Histoire de la Vie et histoire de la Terre**
  Les grands évènements de l'Histoire de la Vie et de la Terre sont liés.
  Les évènements géologiques ayant affecté la surface de **la Terre depuis son origine**, il y a **4,6 milliards d'années**, ont modifié les milieux et les conditions de vie : les peuplements ont changé.
- **Apparition et évolution de la vie**
  Dès que les conditions l'ont permis (diminution de la température de la surface de la Terre, formation des premières étendues d'eau), la Terre a connu des transformations permettant **l'apparition de la vie**. Il y a 3,6 milliards d'années, les organismes vivants ont pu se diversifier.
  Réciproquement, l'évolution des conditions planétaires (géographiques, environnementales, climatiques) a influencé l'évolution de la vie.
  La succession des formes vivantes, les crises biologiques et les transformations géologiques sont utilisées pour subdiviser les temps géologiques en **ères** et en **périodes** de durée variable.

COMMENT FAIRE

Réaliser un schéma bilan fonctionnel

1. Il y a 4,6 milliards d'années : nuage de poussières et de gaz.
2. Les grains de poussières s'attirent et forment des corpuscules de plus en plus gros.
3. Les corpuscules ou météorites se soudent, la Terre commence à se former (par accrétion) et grandit.
4. L'atmosphère primitive se forme par dégazage de la planète.
5. La Terre se refroidit, une croute solide et les océans se forment.

- Pour réaliser un schéma sur **la formation de la Terre** à partir des informations ci-dessus :
  1. schématisez un nuage ;
  2. schématisez un nuage avec des grains à l'intérieur ;
  3. schématisez un rond avec des petits ronds autour ;
  4. réalisez un rond plus important avec un disque qui l'entoure ;
  5. réalisez un rond avec trois couches fines superficielles.
  N'oubliez pas de placer les légendes et le titre.

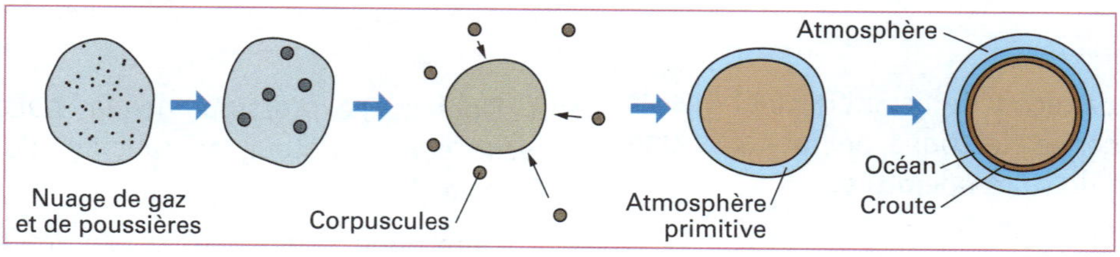

La formation de la Terre.

Info-clé Les étoiles filantes sont des météorites qui, en traversant l'atmosphère, laissent une trainée brillante. On estime qu'il tombe 1 000 tonnes de matière météoritique chaque année (l'essentiel arrive sous forme de poussière).

S'ENTRAINER

1 ✪ **Vrai ou faux ? Corrigez les phrases si cela est nécessaire.**

a. La vie a toujours existé sur la Terre.

☐ Vrai – ☐ Faux

....

b. Au début de la formation de la Terre, les conditions n'étaient pas les mêmes qu'aujourd'hui.

☐ Vrai – ☐ Faux

....

c. La Terre s'est formée il y a 3,5 milliards d'années.

☐ Vrai – ☐ Faux

....

2 ✪✪ **L'apparition de la Vie**

La Terre s'est formée il y a 4,6 milliards d'années par accrétion. Un bombardement météoritique très important ainsi qu'une activité volcanique intense ont pour effet d'émettre pendant les 100 premiers millions d'années des gaz. La température est encore trop élevée (proche de 2 000 °C) pour permettre l'existence d'eau liquide.
La Terre se refroidit et une atmosphère primitive se crée, riche en eau (80 %), en CO_2 (19 %) et dénuée d'O_2.
L'eau va se condenser pour former les océans primitifs.
Il y a 3,5 milliards d'années, des bactéries apparaissent et se mettent à fabriquer de la matière organique en utilisant l'énergie solaire. Cette production s'accompagne d'un dégagement de dioxygène.

a. Comparez les conditions du milieu il y a 4,6 milliards d'années et il y a 3,5 milliards d'années.

....

....

b. Déduisez-en pourquoi la vie est devenue possible.

....

....

Corrigés p. 317

LE CONSEIL DU COACH Formulez à voix haute ce que vous ressentez en ce moment. Ou bien tout va pour le mieux et poursuivez sans fléchir.

MINI-CONTRÔLE

La disparition des dinosaures

Il y a quelques 65 millions d'années, un astéroïde ou une comète gigantesque a jailli du ciel et a heurté la Terre à une vitesse supérieure à 10 km par seconde. L'énorme énergie, lors du choc, a déclenché d'innombrables cataclysmes, des tempêtes et des raz-de-marée, le froid et la nuit puis un réchauffement par effet de serre, des pluies acides et des incendies planétaires. Lorsque le calme revint, la moitié de la faune et de la flore avait péri.

D'après © *Pour la Science*, décembre 1990.

Dès 1972, Peter Vogt [...] avait fait remarquer qu'un volcanisme très abondant, notamment en Inde, semblait coïncider avec les limites des ères Secondaire et Tertiaire. Ce volcanisme a produit d'immenses empilements de laves, connus sous le nom de trapps du Deccan. P. Vogt se demandait si les trapps n'avaient pas une relation avec les nombreux changements qui ont marqué la fin du Crétacé. L'obscurité, due à l'injection de grandes quantités de poussière dans l'atmosphère, aurait ralenti, voire arrêté la photosynthèse, causant l'effondrement des chaînes alimentaires fondées sur les plantes. Elle aurait pu conduire à une période de froid intense.

D'après © *Pour la Science*, décembre 1990.

a. Quelles sont les deux hypothèses possibles de la disparition des dinosaures ?

....

....

b. Pourquoi dit-on que l'histoire de la Vie et celle de la Terre sont liées ?

....

....

....

c. Sur une feuille à part, réalisez un schéma bilan expliquant la disparition des dinosaures.

AVEZ-VOUS RÉUSSI ? ◯ ◯ ◯

2 Les archives géologiques

JE RETIENS

Les roches sédimentaires

Les roches sédimentaires se forment par l'accumulation des sédiments déposés en couches sur les fonds marins ou en eau douce sur les continents. La nature de ces roches, leur condition de formation, l'âge relatif de leur dépôt et le type de **fossiles** qu'elles contiennent permettent de reconstituer le milieu dans lequel elles se sont formées. L'observation des fossiles permet de reconstituer les paysages des époques passées.

Les roches sédimentaires, **archives géologiques**, montrent la **succession et le renouvèlement des espèces au cours du temps**.

Évolution du monde vivant

- **Au fil des périodes**, le monde vivant a **évolué**, depuis plus de trois milliards d'années : des groupes d'organismes vivants sont **apparus**, se sont développés, ont régressé, et ont **pu disparaitre**. Le monde vivant actuel ne représente donc qu'une étape de l'Histoire de la Vie.
- **Les grandes crises de la biodiversité** marquent toutefois cette évolution : à des **extinctions** en masse succèdent des **« explosions » évolutives**, des périodes de **diversification** rapide.

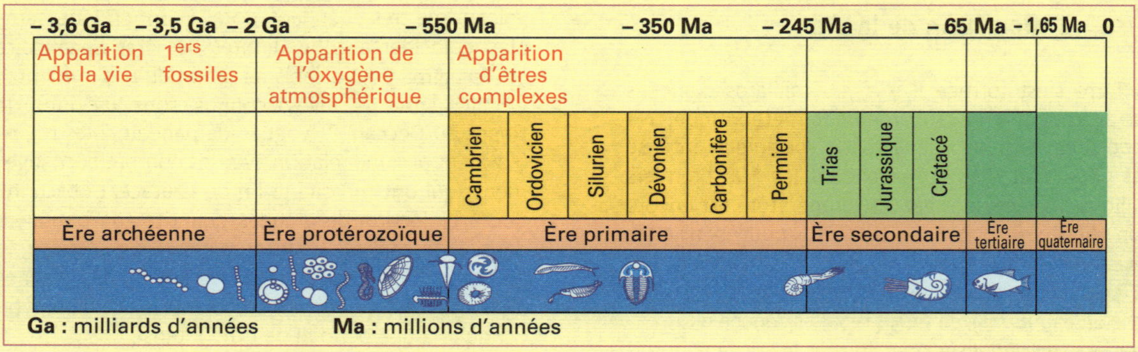

Le calendrier géologique.

COMMENT FAIRE

Lire et compléter une frise géologique

- **Relevez** les dates importantes de la frise ci-dessus :
  - – 3,6 milliards d'années : apparition de la vie ;
  - – 2 milliards d'années : apparition de l'oxygène atmosphérique ;
  - – 550 millions d'années : apparition d'êtres complexes.
- Attention, **ne confondez pas** milliards, millions et milliers d'années.

Info-clé **Un fossile vivant ?** Le **nautile** est un mollusque marin qui vit actuellement dans l'océan Indien. Cette espèce est apparue il y a près de 200 millions d'années !

LE CONSEIL DU COACH

Pratiquer l'écriture libre

Après avoir lu la leçon, donnez-vous le temps d'écrire ce que vous inspire ce thème, les archives géologiques. L'écriture libre peut vous aider à trier vos idées, faire des associations. Il s'agit d'écrire sans retenue, comme si personne n'allait vous lire, et sans vous arrêter pour analyser ou réfléchir. Vous pouvez dans un deuxième temps reprendre votre écrit et le croiser avec la leçon.

S'ENTRAINER

1 ✪ Vrai ou faux ?

a. Les roches sédimentaires permettent de reconstituer l'histoire d'une région.

☐ Vrai – ☐ Faux

b. Les fossiles dans les roches sédimentaires sont les marqueurs du temps.

☐ Vrai – ☐ Faux

c. Toutes les espèces apparues au fil des temps géologiques sont encore présentes actuellement.

☐ Vrai – ☐ Faux

2 ✪✪✪ Comparez deux faunes et flores.

Dans les montagnes rocheuses canadiennes, à Burgess, des roches vieilles de 525 millions d'années conservent des empreintes de plus de 100 espèces d'invertébrés marins (des éponges, des crustacés, des échinodermes, des mollusques, des trilobites, des algues) ayant vécu au Cambrien. Il y a 100 millions d'années, au Crétacé, dans les mers vivaient des poissons, des ammonites, des tortues, des reptiles volants, des oursins, des éponges, des crustacés, des algues…

a. À quelles périodes se situent ces épisodes ?

....

b. Complétez le tableau suivant en comparant la présence ou l'absence de groupes vivant au Cambrien et au Crétacé.

Milieu	Milieu marin –525 Ma Cambrien	Milieu marin –100 Ma Crétacé
Groupes	....	....

c. Que pouvez-vous en conclure ?

....

....

MINI-CONTRÔLE

Les trilobites, des animaux disparus

Les trilobites étaient des organismes marins au corps segmenté.

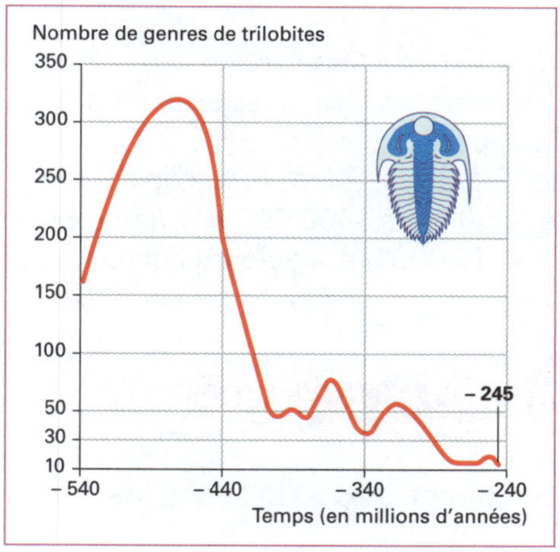

a. Comment identifier un trilobite ?

....

....

b. Quelle est la « durée de vie » du groupe des trilobites ?

....

....

c. Que nous apprend le graphique ?

....

....

Corrigés p. 317

AVEZ-VOUS RÉUSSI ? ◯ ◯ ◯

3 L'évolution des organismes

JE RETIENS

Origine et évolution des espèces

• **La cellule**, unité du vivant, et le **patrimoine génétique** de tous les organismes vivants indiquent une **origine commune**.

• **Les espèces apparaissent et disparaissent** au cours des temps géologiques. On suppose un lien de parenté entre elles. On parle alors de **l'évolution** des espèces.

• **Des ressemblances existent** entre des groupes d'espèces apparus successivement. Cela suggère une parenté des espèces qui les constituent. Il existe des **formes intermédiaires** qui présentent simultanément des caractères de plusieurs groupes différents.
Leur existence renforce l'idée de parenté entre les espèces.

• **Une espèce nouvelle** présente une organisation commune et aussi des caractères nouveaux par rapport à une espèce antérieure dont elle serait issue.

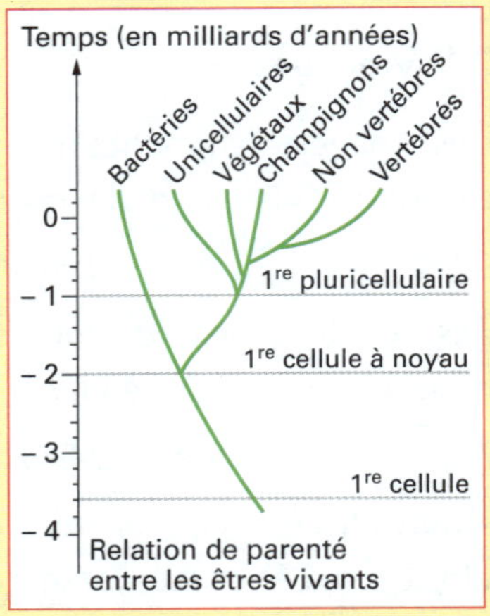

Évolution de l'Homme

L'Homme, en tant qu'espèce, est apparu sur Terre en s'inscrivant dans ce processus d'évolution : il s'appelait :
de –5 Ma à –2,2 Ma, Australopithèque ;
de –1, 9 Ma à –100 000 ans, *homo erectus* (homme debout) ;
de –125 000 ans à aujourd'hui *homo sapiens sapiens* (homme qui sait).

COMMENT FAIRE

Comparer deux documents

LUCY

Taille : 1,05 m
Âge :
environ 20 ans
Signes particuliers :
- Vivait il y a 3 Ma.
- Était bipède.

AUSTRALOPITHEQUE

Taille : 1,10 m à 1,30 m
Représenté
de -5 Ma à -2,2 Ma
Signes particuliers :
Singe bipède

- **Identifiez** les ressemblances et les différences entre Lucy (fossile découvert en 1974 par Yves Coppens) et un Australopithèque.
- **Dégagez** les éléments essentiels : taille, âge, bipédie.
- **Mettez en relation** les éléments et conclure : Lucy et l'Australopithèque ont beaucoup de ressemblances et vivaient à la même période. Lucy est donc un Australopithèque.

Info-clé **Charles Darwin** (1809-1882), naturaliste britannique, recueillit d'innombrables observations sur la variabilité des espèces. Il élabora alors la **théorie de l'évolution** en 1856.

S'ENTRAINER

1 ✪ **Pourquoi parle-t-on de « cellule, unité du vivant » ?**

2 ✪✪ **Déterminez les caractères communs d'une lignée au cours du temps.**

a. Expliquez ce que nous apporte la comparaison de deux fossiles.

b. Qu'est-ce qu'une forme intermédiaire dans l'évolution des espèces?

3 ✪✪✪ **L'évolution de l'espèce humaine**

CARTE D'IDENTITÉ

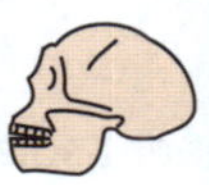

Nom : Homo erectus ou homme debout

Signe particulier : De – 1,9 Ma à – 100 000 ans ; environ 1,50 m et 55 kg ; 800 à 1 200 cm^2 de volume encéphalique ; domestication du feu.

ID <<<<<<<<<<<<<<<<<<<

CARTE D'IDENTITÉ

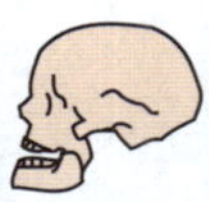

Nom : Homo sapiens sapiens ou homme de Cro-Magnon

Signe particulier : De – 125 000 ans à aujourd'hui ; environ 1,70 m et 70 kg ; 1 400 cm^2 de volume encéphalique ; apparition de l'élevage, de l'agriculture.

ID <<<<<<<<<<<<<<<<<<<

a. Comparez les deux documents.

b. Quels sont les nouveaux caractères obtenus par la lignée humaine en 1,5 Ma ?

c. Pourquoi parle-t-on de la lignée humaine ?

MINI-CONTRÔLE

L'Archéoptéryx

a. Quels sont les caractères reptiliens et ceux des oiseaux que l'on retrouve chez l'Archéoptéryx ?

b. Comment peut-on qualifier l'Archéoptéryx ?

c. Quelle place lui donner dans l'arbre de l'évolution ?

Corrigés p. 317

AVEZ-VOUS RÉUSSI ?

4 Responsabilité humaine, pollution et énergies renouvelables

JE RETIENS

L'Homme en général, chaque citoyen en particulier, **a une responsabilité à l'égard de l'environnement.**

* **Activités humaines**
  Les activités domestiques ou industrielles rejettent des **gaz polluants** dans l'atmosphère. Des données statistiques actuelles mettent en évidence un lien entre la qualité de l'air et l'**apparition ou l'aggravation des maladies** chez l'Homme ainsi que des **effets néfastes sur l'environnement** (amplification de l'effet de serre, précipitations acides, altérations de la couche d'ozone…).
* **Énergies renouvelables et non renouvelables**
  Les énergies fossiles (charbon, pétrole, gaz naturels) extraites du sous-sol ne sont pas renouvelables à l'échelle de temps humaine. L'épuisement de leurs réserves et leur impact doit favoriser le développement des énergies renouvelables (géothermie, énergies éolienne, hydroélectrique ou solaire).
* **Actions nécessaires**
  La limitation des rejets par la mise en place de **technologies nouvelles** (filtration des rejets, développement des énergies propres) et l'adoption de **comportements raisonnés** sont devenues absolument nécessaires.

COMMENT FAIRE

Interpréter un schéma

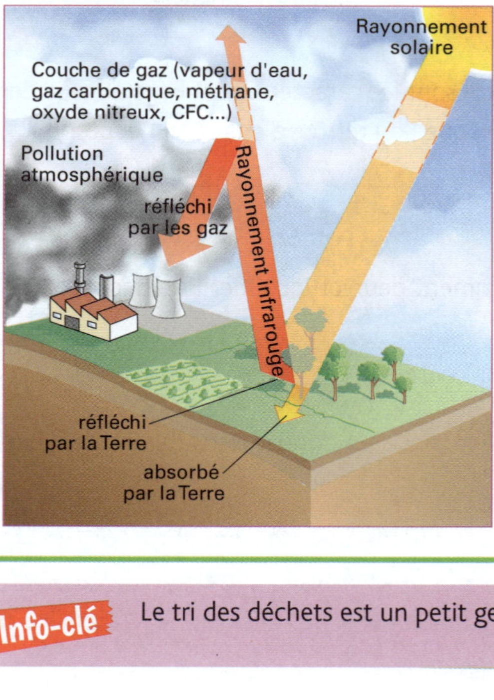

L'effet de serre.

* **Repérez** les informations (textes) et les symboles (flèches…).
* **Analysez les données** : ici, le rayonnement solaire par rapport à la Terre. Le rayonnement infrarouge, lui, est réfléchi par la Terre. Une partie de ce rayonnement infrarouge est à son tour réfléchi par la couche de gaz : c'est l'effet de serre.
* **Tirez des conclusions** : l'effet de serre est un phénomène naturel.

Info-clé Le tri des déchets est un petit geste simple qui contribue à protéger la planète et sa diversité.

S'ENTRAINER

LE CONSEIL DU COACH Un verre d'eau ou une pomme et quelques étirements sont peut-être nécessaires (voir Carnet p. 19).

1 ✪✪ La préservation de la biodiversité

La coquille Saint-Jacques, autrefois très présente en Bretagne, a disparu en plusieurs endroits car elle a été trop pêchée. Désormais, la période de pêche a été réduite de novembre à mars, à 45 minutes, 2 jours par semaine ; une taille minimale des coquilles est à respecter.

Quel est l'intérêt de cette réglementation pour la pêche de la coquille Saint-Jacques ?

....

....

....

2 ✪✪✪ L'effet de serre et le réchauffement de la planète

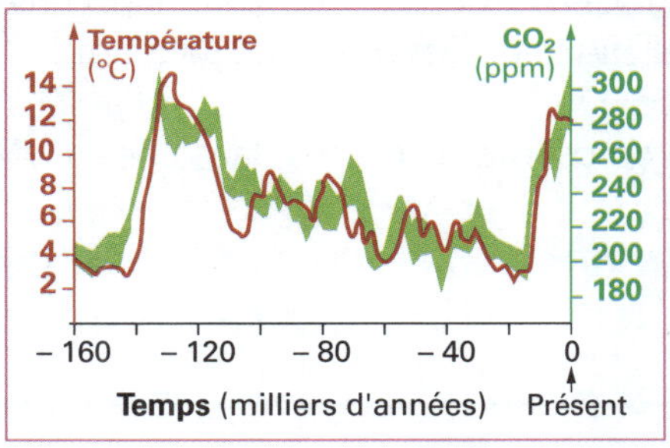

a. Donnez un titre à ce document.

....

b. Que pouvez-vous dire de l'évolution des deux courbes ?

....

....

....

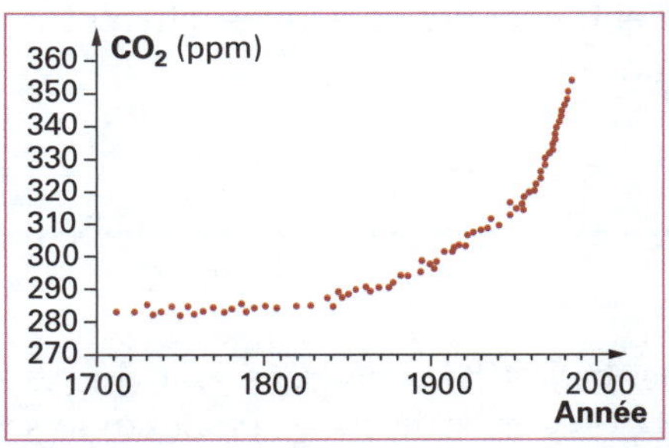

Teneur de l'atmosphère en CO_2 depuis Louis XIV à l'an 2000.

c. Comment évolue le CO_2 depuis 1700 ?

....

....

d. Quelles sont les conséquences de cette augmentation sur le climat et sur la santé ?

....

....

....

MINI-CONTRÔLE

Attribuez à chacune des propositions suivantes le numéro correspondant sur le schéma.

Modification du climat, apparition de maladies : .... – Réduction de la biodiversité par les activités humaines : .... – Mesures pour limiter la pollution atmosphérique : .... – Sensibilisation à la préservation de la nature : .... – Production par l'Homme de gaz à effet de serre et de gaz nocifs : ....

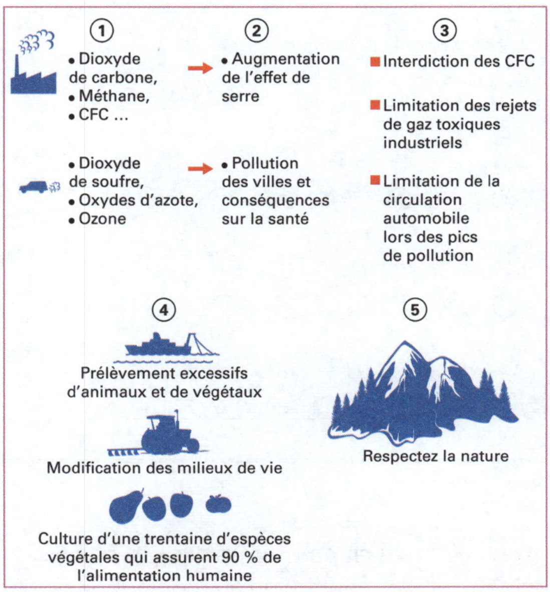

Corrigés p. 317

AVEZ-VOUS RÉUSSI ? ○ ○ ○

5 Caractères de l'individu et programme génétique

JE RETIENS

Diversité des caractères

Chaque individu présente des caractères communs propres à l'espèce humaine (place des yeux, des oreilles...). Ce sont les **caractères spécifiques**. Mais tous les êtres humains sont **différents** : chacun d'entre eux possède des **caractères individuels** (couleur des yeux, musculature...). Ces caractères résultent de l'influence des **conditions de vie** et des **caractères hérités** des parents. Les **caractères héréditaires** sont l'expression du programme génétique.

Support de l'information génétique

- **Le noyau d'une cellule** contient les **chromosomes** qui sont constitués d'**ADN**, molécule porteuse de l'information génétique. Les êtres humains possèdent **23 paires** de chromosomes dans chaque noyau de chaque cellule. Seuls les gamètes n'ont que 23 chromosomes. Une des paires de chromosomes caractérise le **sexe** de l'individu.
- **Les chromosomes portent les gènes, unités de l'information génétique**. Un gène code pour un caractère héréditaire. Il peut exister sous **plusieurs versions ou allèles**. En général, il existe deux exemplaires occupant la même position sur chacun des deux chromosomes d'une paire : soit il y a deux fois le **même allèle**, soit les deux allèles sont **différents et peuvent s'exprimer différemment**.
- **Un caryotype** présente de façon ordonnée tous les chromosomes contenus dans une cellule. Il est caractéristique d'une espèce donnée.

COMMENT FAIRE

Analyser un caryotype humain

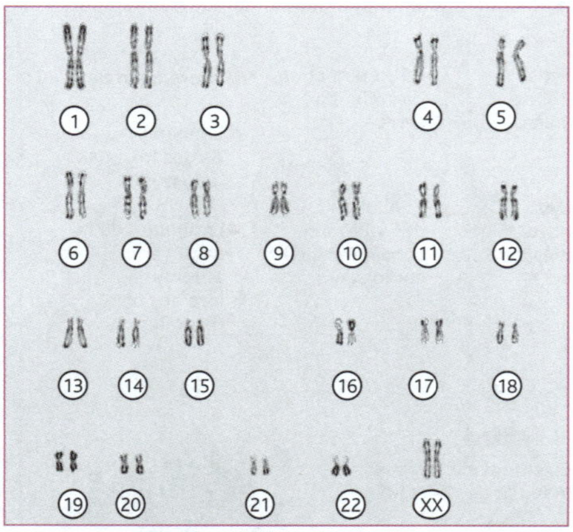

Observez le caryotype : les chromosomes sont rangés par taille décroissante et par paire. On obtient 22 paires, plus la paire de chromosomes qui détermine le sexe de l'individu : XX pour les femmes ou XY pour les hommes.

Tirez des conclusions : c'est le caryotype normal d'une femme. Mais il peut parfois montrer un **nombre anormal de chromosomes**. Cette anomalie chromosomique peut empêcher le bon développement de l'embryon ou entrainer des caractères différents chez l'individu concerné.

Info-clé Les chromosomes des caryotypes, ressemblant à des bâtonnets doubles, ne sont visibles sous cette forme qu'au moment où la cellule se divise. Le reste du temps, les chromosomes sont de longs fils d'ADN qui ressemblent à une pelote de laine emmêlée.

LE CONSEIL DU COACH

Se faire confiance

Faites-vous confiance pour aborder cette leçon riche en vocabulaire et notions. Essayez de rester bienveillant(e) envers vous-même ! Vous essayez de faire de votre mieux, parfois vous y arrivez et parfois pas tout de suite. Si la leçon vous semble trop compliquée, dites-vous que c'est aujourd'hui que cela vous semble compliqué, vous n'y arrivez pas encore... normal, vous apprenez !

S'ENTRAINER

1 ✪✪ Analysez un caryotype de chimpanzé.

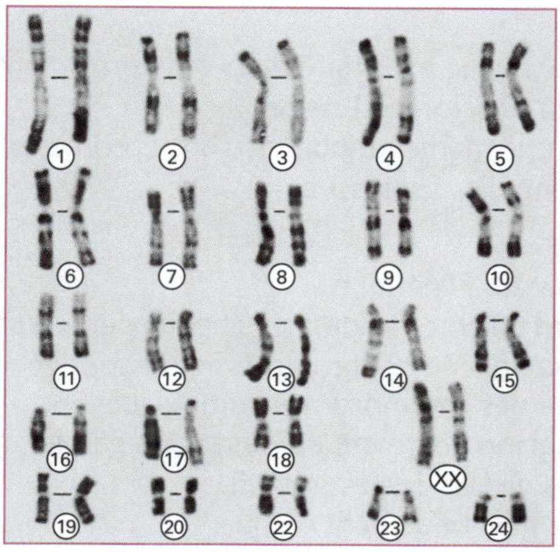

a. Combien y a-t-il de paires de chromosomes ?

....

b. Est-ce le caryotype d'un mâle ou d'une femelle ?

....

....

2 ✪✪✪ Observez le document et répondez aux questions.

Une expérience a été faite sur des souris.

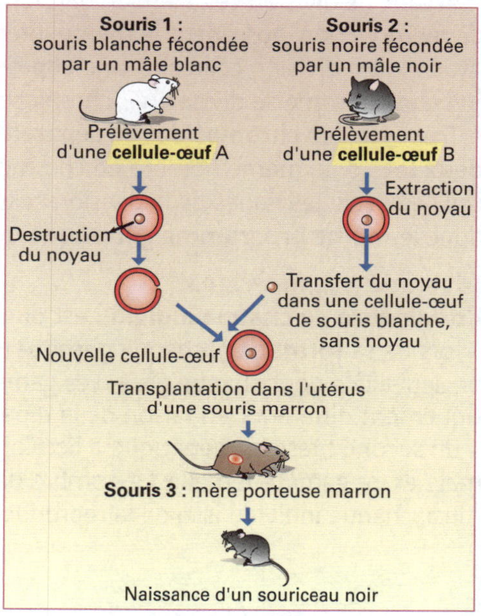

a. Le souriceau obtenu présente-t-il des caractères communs avec les souris 1 et 2 ?

....

b. Que pouvez-vous conclure sur la localisation du programme génétique ?

....

MINI-CONTRÔLE

La myopathie de Duchenne

Cette maladie héréditaire grave se traduit par une dégénérescence des muscles, liée à l'absence d'une protéine normalement présente dans ce muscle : la dystrophine. Le gène responsable de la formation de cette protéine est situé sur le bras court du chromosome X alors qu'il n'existe pas d'homologue sur le chromosome Y. Il existe deux allèles : l'allèle normal dominant « N » et l'allèle malade « m ».

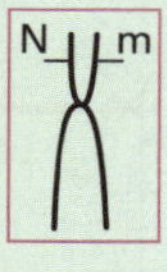

a. Que code le gène ? ....

b. Sur une feuille à part, schématisez, en plaçant les allèles, les chromosomes sexuels : d'un garçon atteint par la maladie ; d'un garçon non atteint ; d'une fille atteinte par la maladie ; d'une fille non atteinte.

Corrigés p. 318

AVEZ-VOUS RÉUSSI ?

6 Transmission du programme génétique

JE RETIENS

Stabilité de l'information génétique au cours de la division cellulaire

• **De la cellule-œuf** aux 100 billions de cellules d'un individu, les chromosomes se **transmettent** de division cellulaire en division cellulaire. Les cellules de l'organisme, sauf les cellules de reproduction, possèdent la même information que la cellule-œuf dont elles proviennent. Avant toute division cellulaire, une **copie de chacun des 46 chromosomes est préparée** (un chromosome se divise en 2 chromatides).

• **Très vite, les chromatides se séparent et migrent** à chaque extrémité de la cellule, formant **deux lots** d'un même nombre de chromosomes : c'est la **division cellulaire.**
Les deux cellules issues de la division cellulaire possèdent le même nombre de chromosomes et donc le **même programme génétique** que la cellule dont elles sont issues.

Diversité des individus

L'originalité de chaque individu est due à un double hasard génétique :
– lors de sa **formation**, chaque **gamète** reçoit **au hasard** un chromosome de chaque paire, soit un seul allèle pour chaque gène. Les gamètes produits possèdent 23 chromosomes et sont génétiquement différents, en raison de la répartition aléatoire des chromosomes homologues ;
– un second brassage génétique a lieu lors de la **fécondation** qui réunit **au hasard** un gamète mâle et un gamète femelle. Le nombre de chromosomes de l'espèce est rétabli.
Ainsi, chaque individu issu de la reproduction sexuée est génétiquement unique.

COMMENT FAIRE

Analyser un graphique

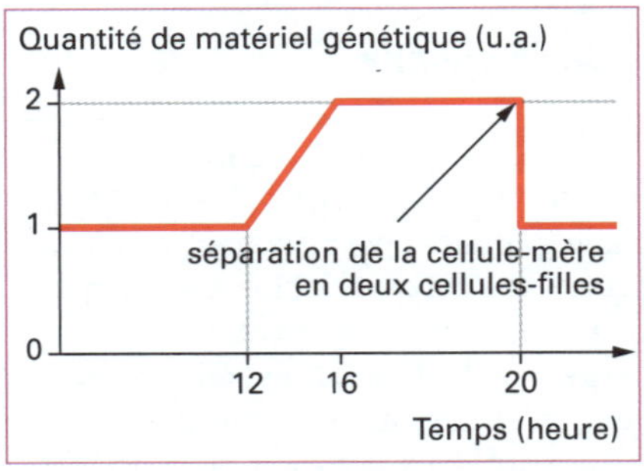

Évolution de la quantité de matériel génétique cellulaire en fonction du temps.

* **Lisez le titre :** il indique la variation de la grandeur étudiée (en ordonnée) en fonction de ce que l'on fait varier (en abscisse).
* **Repérez** comment varie la grandeur étudiée en fonction des conditions expérimentales : la quantité de matériel génétique augmente à partir de la 12e heure pour atteindre le double de sa valeur à la 16e heure…
* **Tirez une conclusion :** juste avant la division cellulaire, la quantité de matériel génétique dans la cellule-mère double. Après la division, les deux cellules-filles obtenues contiennent autant de matériel génétique que la cellule-mère.

Info-clé Dysfonctionnement de la division cellulaire : le **cancer** est une maladie qui résulte d'une prolifération incontrôlée de cellules. Un ensemble de cellules échappe au contrôle de l'organisme et se divise indéfiniment.

S'ENTRAINER

1 ✪ **Vrai ou faux ? Corrigez les phrases si cela est nécessaire.**

a. Le caryotype d'un homme possède 44 chromosomes.

☐ Vrai – ☐ Faux

....

b. Lors de la fécondation, le spermatozoïde apporte 24 chromosomes et l'ovule 22.

☐ Vrai – ☐ Faux

....

c. L'originalité de chaque individu est la conséquence de la double loterie génétique.

☐ Vrai – ☐ Faux

....

2 ✪✪✪ **Le syndrome de Down**

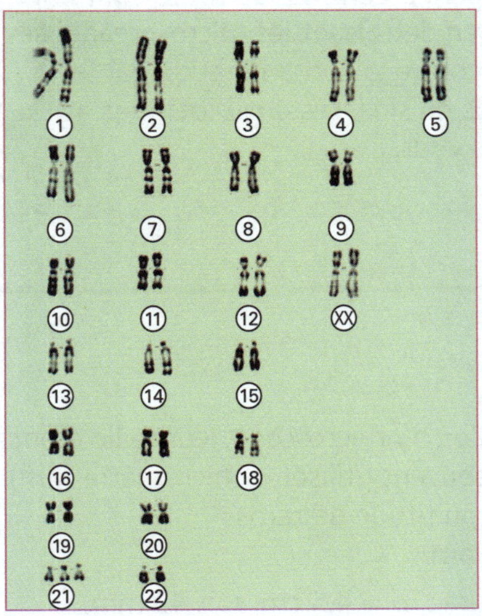

Caryotype d'un individu atteint du syndrome de Down.

Sur une feuille à part, expliquez schématiquement l'origine du nombre anormal de chromosomes sur ce caryotype. Pour ce faire, vous devez représenter les cellules du père et de la mère, les gamètes et la cellule-œuf. Vous ne tiendrez compte que de la paire de chromosomes 21.

LE CONSEIL DU COACH Pensez à lire attentivement la consigne et repérez bien le ou les verbes pour savoir ce que l'on vous demande de faire.

MINI-CONTRÔLE

On distingue quatre groupes sanguins : A, B, AB et O. Le gène « groupe sanguin ABO » est situé sur le chromosome 9 et présente trois allèles différents : A, B et O.

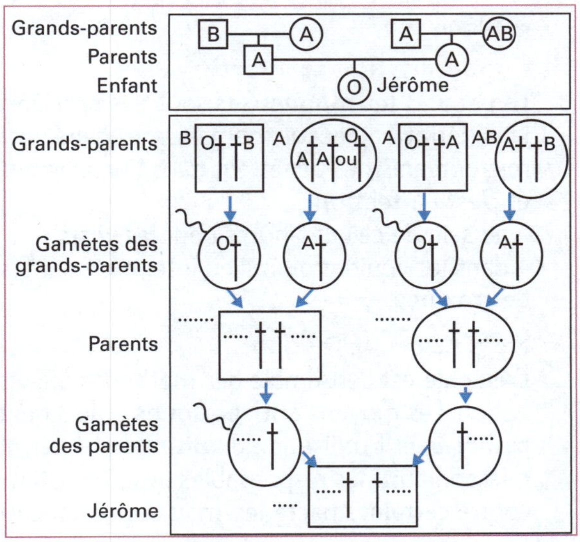

a. Jérôme est de groupe sanguin O, mais aucun de ses parents ne possède ce groupe. Quels sont les allèles portés par les chromosomes 9 de Jérôme et de sa famille ? Écrivez-les sur le schéma.

b. Quel est le couple d'allèles possédé par les individus de groupe sanguin AB ?

....

....

....

....

....

Corrigés p. 318

AVEZ-VOUS RÉUSSI ? ○ ○ ○

7 La menace microbienne

JE RETIENS

Des microorganismes à l'origine des maladies

- **De nombreux microorganismes** (bactéries, virus, champignons microscopiques...), présents dans notre environnement, sont en permanence au contact de notre organisme. Certains peuvent être responsables de maladies infectieuses : ils sont dits **pathogènes.**
- **La transmission des micro-organismes pathogènes** (ou **microbes**) peut s'effectuer par l'air, l'eau, les aliments, les objets, le sang, les sécrétions vaginales et le sperme lors de rapports sexuels.

Contamination et infection

La peau et les muqueuses sont des **barrières naturelles** qui empêchent normalement la pénétration des microorganismes dans notre organisme. Néanmoins, lorsque certains microorganismes pénètrent dans l'organisme, on parle de **contamination**. Ils se multiplient et c'est l'**infection** :
– au sein de cellules-hôtes pour les **virus** ;
– dans les liquides du milieu intérieur pour les **bactéries**. De nombreuses bactéries produisent des **toxines**.

Moyens de protection

L'asepsie est l'ensemble des méthodes qui visent à protéger l'organisme de toute contamination. Les moyens **antiseptiques** empêchent l'infection en détruisant les micro-organismes pathogènes. L'utilisation du **préservatif** permet de lutter contre la contamination par les microorganismes responsables des IST, notamment le virus du sida. Les **antibiotiques** agissent contre certaines bactéries, mais sont inefficaces contre les virus.

COMMENT FAIRE

Utiliser les micromètres

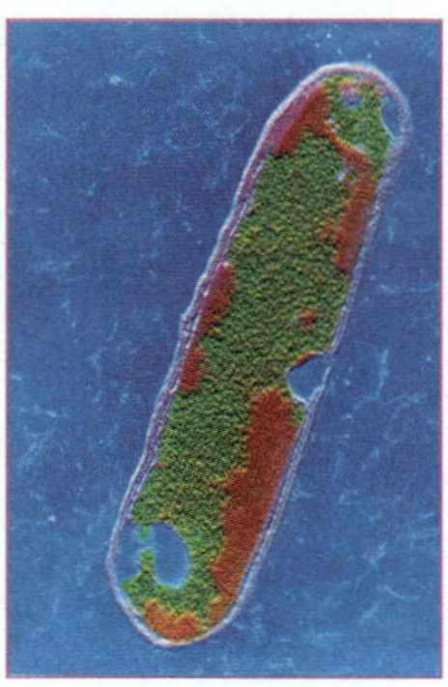
Une bactérie (x 45 000).

Les cellules ne sont visibles en général qu'au microscope, leur taille étant inférieure au millimètre (mm). Il faut souvent utiliser le micromètre (µm) comme unité pour éviter d'avoir une multitude de zéros :
1 mm = 1 000 µm ou **1 µm = 0,001 mm.**

- **Mesurez** la taille de la cellule. On aura : To = 4,5 cm, soit 45 mm.
- **Repérez** le grossissement utilisé : G = 45 000.
- **Calculez** la taille réelle : Tr = To /G.
  Tr = 45/45 000 = 0,001 mm, soit 1 µm.

Infos-clés

- **Pathogène :** du grec *pathos* (« souffrance ») : qui peut causer une maladie.
- **Muqueuse :** couche de cellules en surface des cavités de l'organisme en contact avec l'extérieur (bouche, voies génitales, intestin...).

LE CONSEIL DU COACH

Réactiver vos connaissances
Si vous avez déjà abordé cette leçon en classe, débutez votre séance de travail en essayant de vous souvenir de ce que vous avez appris. Quelles activités avez-vous réalisées en classe ? Dans quels buts ? Quels mots de vocabulaire nouveaux avez-vous abordés ?... Il s'agit pour vous de récupérer un maximum d'informations, ce qui vous permettra d'être plus efficace et rapide.

S'ENTRAINER

1 ✪ **Définissez les mots suivants puis répondez.**

a. Contamination : ....

....

b. Infection : ....

....

c. Comment éviter la contamination ? ....

....

d. Citez le moyen de lutte contre l'infection.

....

2 ✪✪ **Les virus doivent être observés au microscope électronique, car leur taille est très petite.**

Doc. A

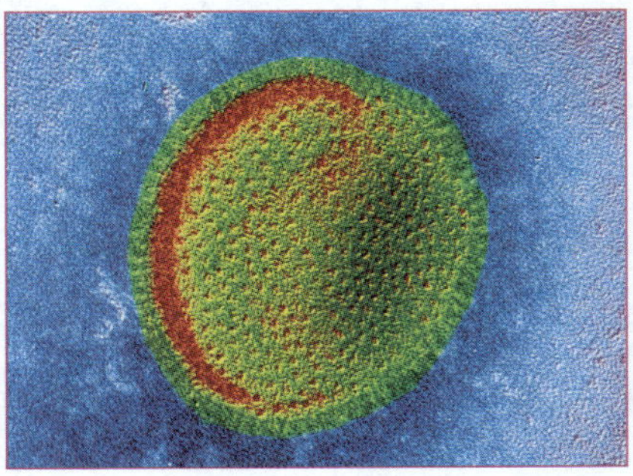

Virus de la grippe (x 320 000).

Doc. B

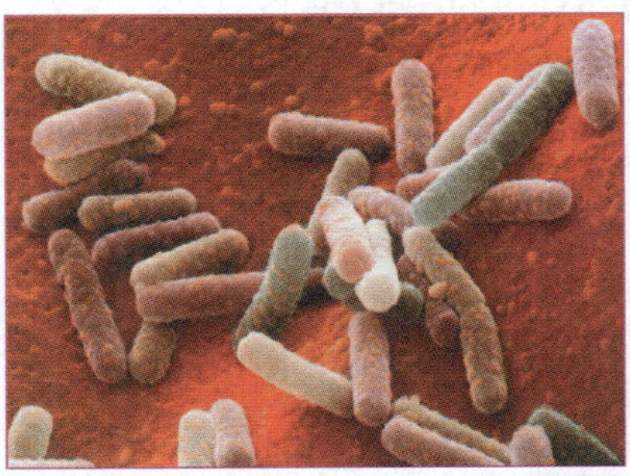

Un cobacille (x 40 000).

Calculez la taille de ces deux microbes.

Doc. A : ....

....

Doc. B : ....

....

3 ✪✪✪ **Françoise attrape le virus de la grippe. Elle décide, pour se soigner, de prendre des antibiotiques, sans l'avis de son médecin.**

a. A-t-elle raison ? ....

b. Pourquoi ? ....

....

....

MINI-CONTRÔLE

Complétez le schéma bilan avec les mots suivants et donnez un titre à ce schéma :
microorganismes pathogènes – peau – antisepsie – contamination – infection.

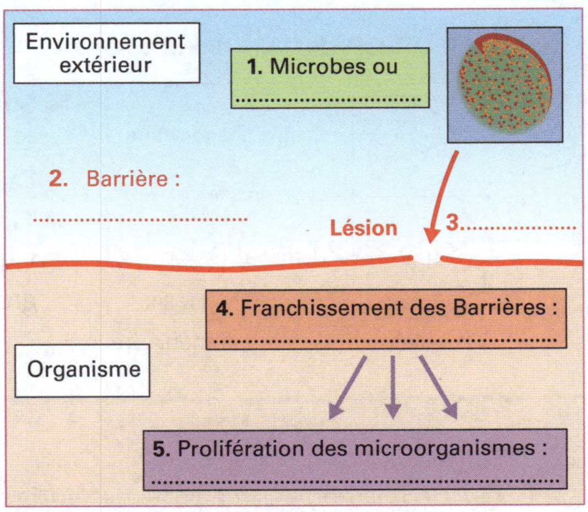

Titre : ....

8 Le système immunitaire

JE RETIENS

L'organisme face à une infection

L'organisme détecte en permanence la présence d'éléments étrangers (**antigènes**) grâce à son **système immunitaire**.

Les organes du système immunitaire	Les cellules du système immunitaire
• La moelle rouge des os. • Les organes lymphoïdes : – les ganglions lymphatiques ; – le thymus ; – la rate.	Les leucocytes : – les cellules phagocytaires ; – les lymphocytes : les lymphocytes B ; les lymphocytes T. 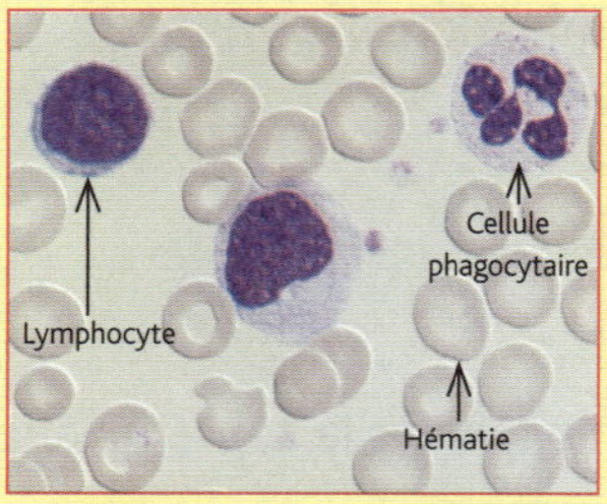 (× 800)

Réaction immunitaire immédiate ou lente

• **Une réaction immédiate, non spécifique et localisée** des cellules phagocytaires, suffit le plus souvent à combattre l'infection. Ce phénomène, appelé **phagocytose**, peut se traduire par une **inflammation**.

• **Parfois nécessaires**, des **réactions spécifiques**, **plus lentes,** se mettent en route :
– les **lymphocytes B** s'attaquent à l'antigène en sécrétant des **anticorps** ;
– les **lymphocytes T**, eux, détruisent par contact les cellules infectées par un virus.

• **Certains lymphocytes B** gardent en **mémoire** l'antigène qui a été rencontré.
Ils permettront d'être plus efficaces lors de contacts ultérieurs avec cet antigène.

COMMENT FAIRE

Réaliser un dessin d'observation

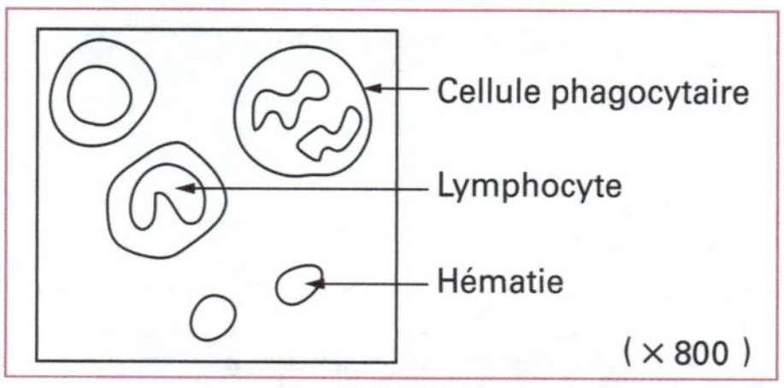

Les cellules du système immunitaire.

- **Soyez** le plus fidèle possible au modèle ci-dessus et respectez les proportions.
- **Faites** des traits continus et légers.
- **Tirez** du même côté des traits horizontaux à la règle.
- **Légendez** le dessin sans oublier le titre et le grossissement.

Info-clé Un microorganisme porte des **antigènes** (éléments étrangers à l'organisme) et produit parfois des toxines (substances toxiques) que l'organisme reconnait comme étrangers.

S'ENTRAINER

1 ✪ Donnez la définition des mots suivants.

a. Système immunitaire :

b. Antigène :

2 ✪✪ La réaction inflammatoire

Quand une blessure est infectée, des symptômes apparaissent : rougeur, chaleur, gonflement et douleur. Le débit sanguin dans les capillaires augmente, du plasma s'en échappe et s'infiltre dans les tissus (gonflement) et stimule les terminaisons nerveuses (douleur).

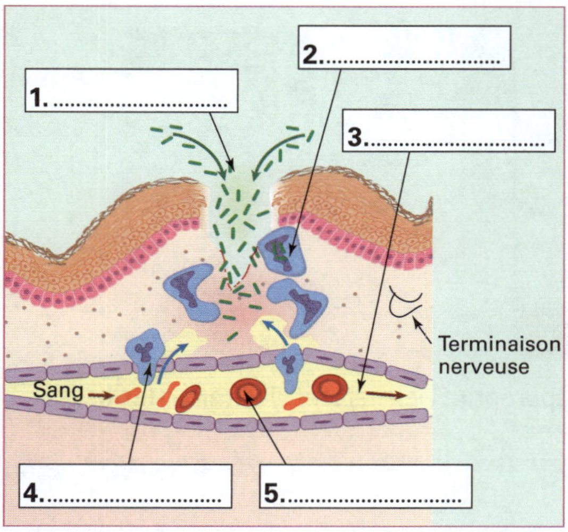

a. Quels symptômes montrent que l'organisme réagit au niveau d'une blessure ?

b. Comment appelle-t-on cette réaction ?

c. Complétez le schéma avec les légendes suivantes : *microbes*, *cellule phagocytaire*, *plasma*, *hématie*, *phagocyte*.

Corrigés p. 319

LE CONSEIL DU COACH

Bravo ! Continuez sur votre lancée. N'hésitez pas à faire une pause de 5 minutes avant le mini-contrôle.

3 ✪✪✪ La réaction lente et spécifique

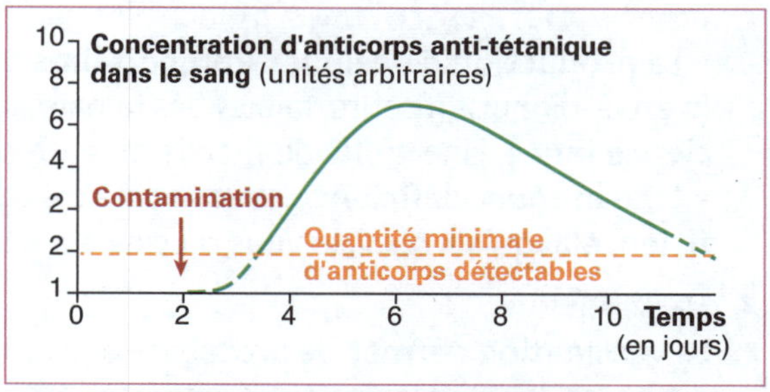

Évolution de la concentration d'anticorps anti-tétaniques dans le sang d'un individu contaminé par le bacille du tétanos en fonction du temps.

a. Comment évolue la quantité d'anticorps anti-tétanique dans le sang au cours du temps ? Distinguez plusieurs phases.

b. Justifiez l'appellation de « réaction lente » utilisée à propos de cette réaction.

MINI-CONTRÔLE

Sur une feuille à part, résumez sur un schéma les deux types de réactions immunitaires avec les différents acteurs.

Mettez les légendes : *cellule phagocytaire, lymphocyte B, anticorps, antigène....*

FRANÇAIS
MATHS
HIST. - GÉO. - EMC
PHYSIQUE-CHIMIE
SVT
ANGLAIS
TECHNOLOGIE
CORRIGÉS

9 Déficiences immunitaires Applications médicales

JE RETIENS

Immunodéficience innée ou acquise

• **La production de cellules immunitaires** par la moelle rouge des os peut être déficiente (c'est-à-dire insuffisante, faible) dès la naissance : on appelle cette maladie une **immunodéficience innée**. Une greffe de moelle osseuse compatible est alors nécessaire.

• **Une immunodéficience** peut apparaitre bien après la naissance : on parle alors d'**immunodéficience acquise**. Ainsi, le virus du sida est responsable d'une immunodéficience acquise.

Vaccination

La vaccination permet de protéger l'organisme contre un microorganisme déterminé. Il s'agit d'injecter dans l'organisme des antigènes atténués, correspondant au microorganisme visé. L'organisme acquiert alors une immunité grâce à la production d'anticorps et de lymphocytes-mémoires.

• Calendrier des principales vaccinations en France :

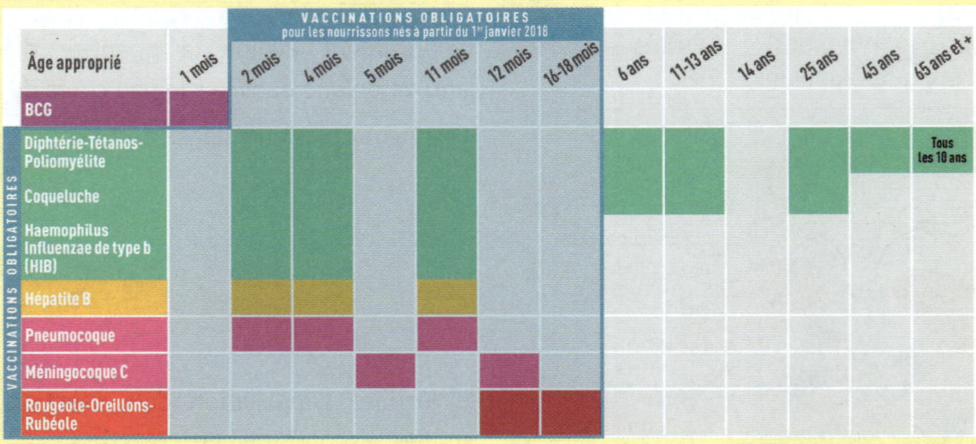

En cas d'infection bactérienne, des **antibiotiques** appropriés permettent d'éliminer les bactéries pathogènes.

COMMENT FAIRE

Comprendre une découverte scientifique majeure

En 1879, Pasteur, un biologiste français, étudie les microbes du choléra des poules. Il inocule à des poules une culture microbienne oubliée sur sa paillasse depuis quelques semaines. Les poules ne meurent pas. Cette culture ancienne a dû perdre de sa virulence. Pasteur décide d'inoculer une culture virulente aux poules « rescapées » et à des nouvelles poules. Les poules rescapées ne meurent toujours pas, les secondes meurent toutes. Pasteur découvre le principe de la vaccination.

- **Lisez le texte** en cherchant les mots que vous ne comprenez pas dans le dictionnaire.
- **Soulignez** les informations importantes.
- **Résumez le texte** : Pasteur découvre la vaccination par l'injection de microbes peu virulents qui permet à l'organisme de résister à la maladie.

Info-clé À partir d'un **don du sang particulier**, on extrait du plasma sanguin des anticorps, qui constitueront des médicaments pour des patients gravement immunodéficients.

S'ENTRAINER

1 ✪ **Donnez la définition des mots suivants.**

a. Antibiotique : ....

b. Immunodéficience : ....

c. Vaccin : ....

2 ✪✪ **Déterminez la différence entre immunodéficience acquise et immunodéficience innée.**

....

3 ✪✪✪ **Analysez une découverte scientifique majeure.**

En 1894, le docteur Roux, un des disciples de Pasteur, travaille sur la diphtérie. Il constate que si l'on vaccine un cheval en injectant des doses croissantes de toxine diphtérique, cela implique l'apparition de grandes quantités d'anticorps antidiphtériques chez ce cheval. Le docteur Roux transfère alors le sérum du cheval ainsi immunisé à des malades humains atteints de la diphtérie. Un grand nombre de ces malades guérissent.

Quelle grande découverte le docteur Roux a-t-il faite ?

....

Corrigés p. 319

4 ✪✪✪ **Le rejet de greffe, une réaction immunitaire**

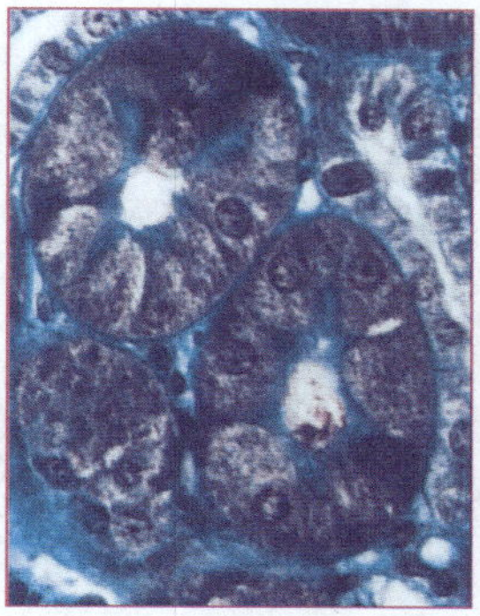

a. Coupe de rein venant d'être greffé (MO x 290).

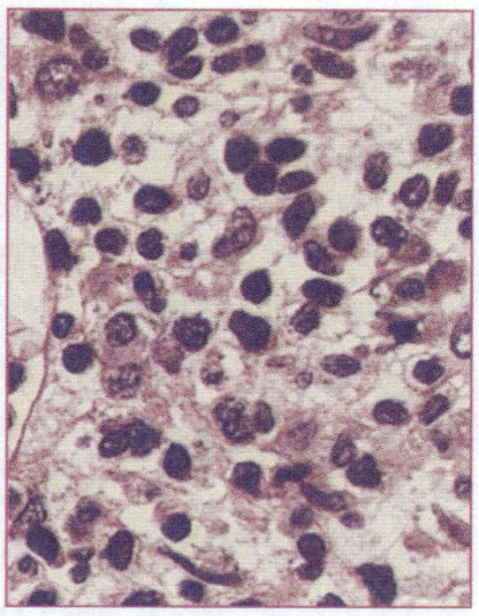

b. Coupe de rein, quelques jours après la greffe (MO x 290) : de nombreux lymphocytes (repérables ici par leur noyau au contenu violet) ont envahi le rein.

a. Comparez les deux coupes de rein.

....

b. Quelles sont les causes du rejet de la greffe ?

....

MINI-CONTRÔLE

En analysant la courbe, expliquez pourquoi la vaccination permet la protection à long terme.

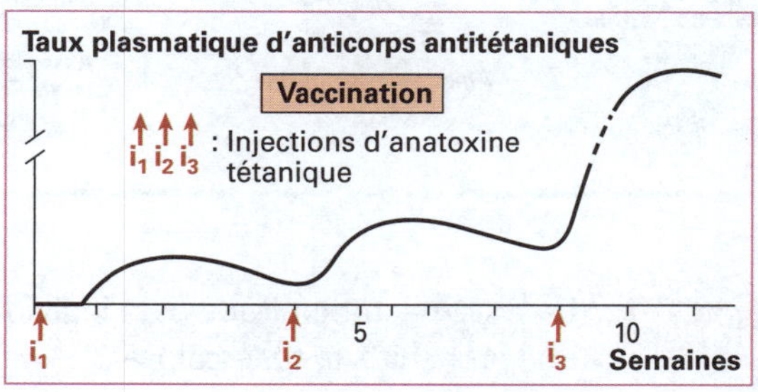

....

AVEZ-VOUS RÉUSSI ?

10 IST : le sida, une immunodéficience acquise

JE RETIENS

Transmission du SIDA

• **Le sida** (**Syndrome de l'Immuno Déficience Acquise**) est une **IST** (**Infection Sexuellement Transmissible**). Il peut aussi être transmis par le **sang** ; par une mère à son enfant pendant la **grossesse** ; par le lait maternel.

• C'est en 1981 que des infections inhabituelles et inexplicables sont observées aux États-Unis. En 1983, à l'institut Pasteur à Paris, l'équipe du **professeur Montagnier** en découvre l'agent responsable : c'est un **virus**, appelé **VIH** (Virus de l'Immunodéficience Humaine, *HIV* en anglais).

Action du virus

• **Ce virus paralyse les lymphocytes T** en s'y multipliant, entrainant leurs destructions.

• **Le système de défense immunitaire** devient ainsi inefficace contre des agressions infectieuses (bactéries, virus, champignons, parasites…). L'infection par le VIH peut provoquer une grande diversité de manifestations cliniques, s'installent alors des **maladies opportunistes**, c'est-à-dire qu'elles profitent de l'affaiblissement des défenses immunitaires de l'organisme.

Prévention

• **Il n'existe aucun vaccin contre le sida**, qui est toujours aujourd'hui une **maladie mortelle**.

• **Un test de dépistage du sida** permet de déterminer si une personne a été contaminée par le virus du sida.

COMMENT FAIRE

S'informer à partir d'une carte

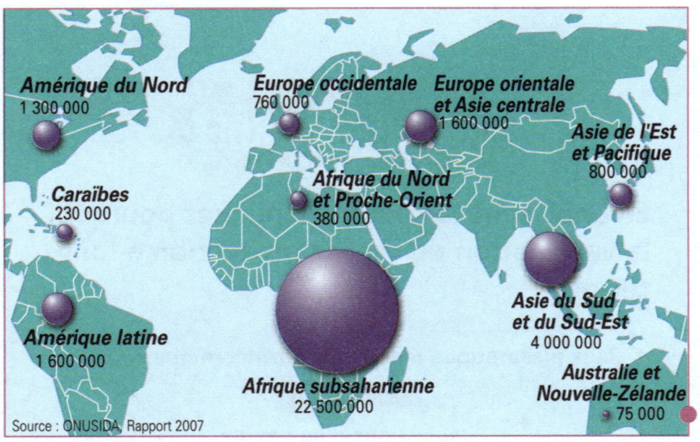

Le sida dans le monde en 2007.

- **Le titre** indique la répartition des cas de SIDA dans le monde en 2007.
- **Repérez** les régions les plus touchées : Afrique, Asie…
- **Recherchez** les informations importantes : nombre de personnes atteintes par le virus du SIDA, continent le plus touché.

Info-clé Le système immunitaire d'un individu séropositif au VIH est incapable de se défendre contre une bronchite, la tuberculose…

LE CONSEIL DU COACH

Parler à voix haute

Le thème de la leçon est un sujet d'actualité sur lequel vous avez déjà sans doute des connaissances. C'est peut-être l'occasion de traiter ce thème à l'oral, en faisant une lecture claire de la partie « Je retiens » et en répondant à voix haute aux questions des exercices. Cela va vous pousser à réfléchir à la composition de vos phrases et à rechercher les mots les plus justes dans vos réponses.

S'ENTRAINER

1 ✪ Quels sont les modes de transmission du virus du SIDA ?

Les voies de transmission sont exclusivement sanguines et sexuelles. La transmission mère-enfant est très fréquente. Si le sang, le sperme et les sécrétions vaginales participent à la transmission, il n'y a aucun cas rapporté d'une contamination par les fluides biologiques, ni par les insectes.

© La lettre de l'ADIP, Françoise Barré-Sinoussi, codécouvreur du virus du SIDA.

....

....

2 ✪✪ Le dépistage du SIDA

Résultat + (séropositif)	Un résultat positif signifie que la personne a été **infectée**. Les traitements actuels sont destinés à ralentir ou empêcher l'évolution de l'infection du VIH vers le SIDA. Plus ces traitements sont pris tôt, plus ils sont efficaces. **Mais ils ne font pas disparaitre le risque de transmission du virus ni la maladie.**
Résultat – (séronégatif)	En cas de résultat négatif, il faut obligatoirement attendre **3 mois** pour pouvoir affirmer que la personne n'est pas atteinte par le virus. Il faut donc pratiquer un **test de confirmation** à la fin de cette période d'incertitude. **Il est important, quel que soit le résultat, de se protéger lors de rapports sexuels.**

a. Que doit-on faire si l'on pense avoir couru un risque de contamination du SIDA ?

....

b. Que signifie « séropositif » ?

....

c. Peut-on guérir du SIDA ?

....

SIDA = Immunodéficience ?

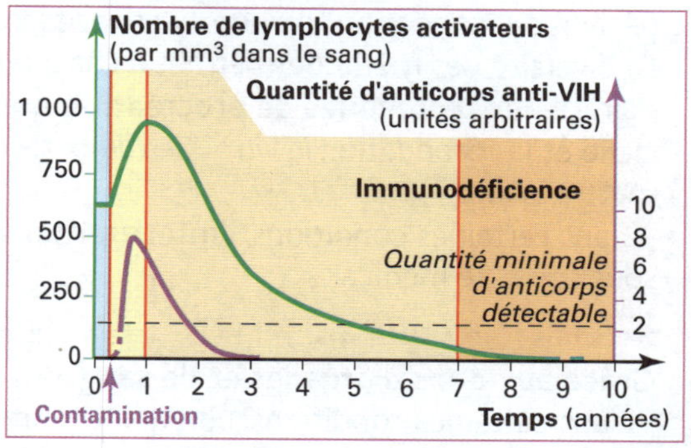

Comment se traduit une contamination par le virus du SIDA ?

....

....

....

MINI-CONTRÔLE

La contamination par le SIDA dans le monde

Reportez-vous à la carte page ci-contre.

a. Quel est le continent le moins touché ?

....

b. Indiquez les deux continents les plus touchés.

....

c. Comment lutter contre la propagation du virus du SIDA ?

....

....

Corrigés p. 319

AVEZ-VOUS RÉUSSI ?

11 Responsabilité humaine et santé

JE RETIENS

La société organise la solidarité dans le domaine de la **santé publique. Ainsi, les changements de nos modes de vie** (sédentarisation, augmentation de la consommation de graisses, de sucres et de sel…) favorisent l'apparition de certaines maladies comme le diabète, les maladies cardiovasculaires… L'exposition excessive au soleil peut augmenter le risque de cancer de la peau.

Contraception et procréation

Un couple peut choisir d'avoir ou non un enfant :
– grâce aux **méthodes contraceptives** (qui empêche la nidation) ou contragestives (afin d'empêcher la fécondation) ou abortives (agissant après l'implantation de l'embryon).
La diversité des méthodes permet à chacun de choisir la plus adaptée à sa situation.
– grâce aux **techniques de procréation médicalement assistée** (PMA) : l'insémination artificielle et la fécondation *in vitro*. Ces deux techniques permettent à des couples stériles de transmettre la vie.
– dans certaines conditions, l'**interruption volontaire de grossesse** (IVG) peut être pratiquée sous contrôle médical.

Solidarité dans le domaine de la santé publique

Grâce aux dons d'organes et de sang, des vies peuvent être préservées :
– dans certaines conditions, un organe peut être prélevé sur un individu et **greffé** sur un autre ;
– des **transfusions sanguines** sont possibles à condition que le donneur et le receveur soient compatibles.

COMMENT FAIRE

Réaliser un exposé oral

- **L'exposé doit contenir :**
  – une problématique et la réponse à celle-ci ;
  – un plan structuré en trois parties : introduction, développement, conclusion.
  Attention, les limites du sujet doivent être respectées.
- **Pendant l'exposé :**
  – votre voix doit être audible, dynamique : ne parlez pas trop vite ;
  – les documents doivent être bien présentés, originaux ;
  – essayez de vous détacher de vos notes ;
  – respectez le temps imparti et répondez aux questions qui vous sont posées.

Infos-clés

- Lorsqu'une épidémie est planétaire (SIDA), on parle de **pandémie**.
- D'autres maladies se manifestent de façon plus ou moins constante dans une région : ce sont des **endémies** (le paludisme).

S'ENTRAINER

1 ✪ Grippe et vaccination

La grippe est une maladie très contagieuse qui présente des formes bénignes ou qui peut évoluer de façon redoutable : elle fut la cause de 15 à 20 millions de morts en 1918-1919. Les symptômes de la grippe sont : fièvre subite, mal de tête, nez qui coule, sueurs, courbattures, grande fatigue. Les jeunes enfants ainsi que les personnes âgées ou fragilisées sont particulièrement sensibles. La transmission de la grippe est essentiellement interhumaine et directe. Elle se fait par le biais d'aérosols de gouttelettes d'origine salivaire ou respiratoire. Le temps d'incubation du virus et la multiplication des déplacements favorisent la diffusion rapide de la maladie.
La vaccination antigrippale permet de prévenir les complications et la mortalité liées à la grippe.

a. Comment se propage le virus ?

....

b. Quels sont les symptômes de la grippe ?

....

....

c. Quelles sont les mesures prises pour éviter la propagation de l'épidémie ?

....

2 ✪✪ Stérilité et PMA

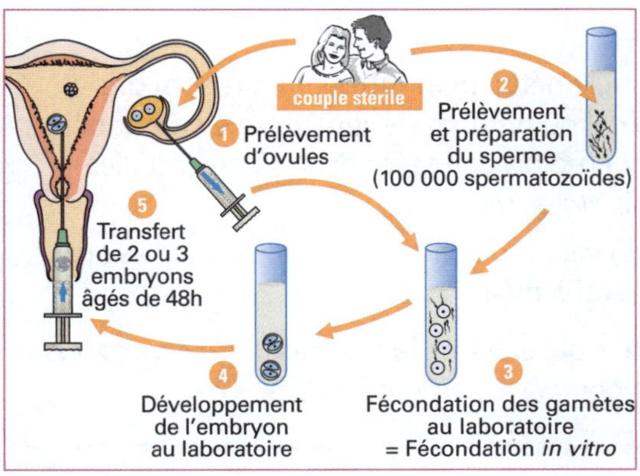

a. Expliquez pourquoi l'obstruction des trompes est une des causes de stérilité féminine.

....

....

b. À quelle(s) stérilité(s) cette procréation médicalement assistée permet-elle de remédier ?

....

....

....

MINI-CONTRÔLE

Le diabète

Chez l'Homme, la glycémie est très stable et est comprise entre 0,8 et 1 g/L. Chez le diabétique, la glycémie est souvent trop élevée. Cette maladie peut entrainer des lésions dans les capillaires de l'œil et des reins, au niveau des cellules nerveuses…
L'insuline est une hormone libérée par le pancréas et qui agit sur le foie, organe libérant ou stockant le glucose. Chez le diabétique, elle est insuffisamment produite.

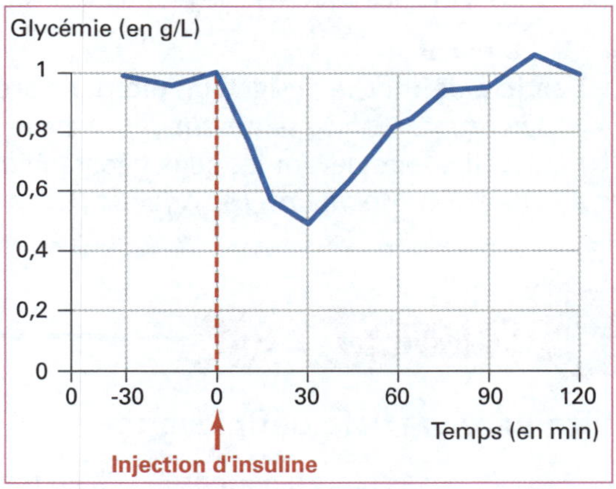

a. Qu'est ce que le diabète ?

....

....

....

b. En analysant le graphique, dites pourquoi les diabétiques doivent prendre de l'insuline.

....

....

....

....

Corrigés p. 320

AVEZ-VOUS RÉUSSI ?

1 Les articles

JE RETIENS

Il existe trois articles en anglais. Ils correspondent à trois emplois différents du nom, allant du plus général au plus précis.

I love ***Ø*** *adventure films.* (les films en général) *I saw* ***an*** *adventure film yesterday.* (un film, sans précision) ***The*** *film was great!* (le film d'hier, mentionné précédemment)

Absence d'article (Ø)

Quand il n'y a pas d'article, cela signifie que le nom est pris dans **un sens général ou abstrait.**

Ø *Teenagers tend to prefer* ***Ø*** *action films.*

Il est obligatoire devant **les noms propres** : ***Ø*** *North America,* ***Ø*** *Mount McKinley,* ***Ø*** *President Obama*

L'article *a / an*

L'article indéfini *a/an* sert à nommer un seul élément. Il ne peut donc s'employer que devant un **nom dénombrable au singulier**.

I went to see ***an*** *action film with* ***a*** *friend yesterday.*

Il est obligatoire devant les noms de **métiers**, dans les expressions de **temps** et de **mesure**, et dans certaines **exclamations**.

He is ***a*** *movie producer. He is filming seven days* ***a*** *week. What* ***a*** *crazy schedule!*

L'article *the*

L'article défini *the* désigne **un élément précis**, déjà connu des interlocuteurs.

The *stunts that we saw in* ***the*** *film were unbelievable!*

Il est obligatoire devant les lieux géographiques construits autour d'un nom commun.

The *Rocky Mountains,* ***the*** *Atlantic (Ocean),* ***the*** *Mississippi (River),* ***the*** *Netherlands*

COMMENT FAIRE

Traduire l'article défini français

Aimes-tu les films d'horreur ?

1. En français, l'article défini peut introduire un nom pris dans un sens général ou un nom désignant un élément déjà identifié. Ces deux emplois correspondent à deux articles distincts en anglais : Ø et *the*.

2. On détermine la valeur de l'article défini en français : ici, il **a une valeur généralisante**.

Do you like ***Ø*** *horror films?*

3. On choisit l'article qui exprime **la même valeur en anglais** : l'article zéro **Ø** et non pas l'article défini ***the***.

Vocabulaire

shoot (a film/a movie): tourner (un film) – ***film crew:*** équipe de tournage – ***film director:*** réalisateur – ***car chase:*** course-poursuite – ***plot:*** intrigue – ***leading man:*** acteur principal – ***stunt:*** cascade – ***stuntman:*** cascadeur – ***soundtrack:*** bande sonore – ***on location:*** en extérieur

LE CONSEIL DU COACH

Réutiliser le vocabulaire
Repérez dans la page de gauche le vocabulaire, vous allez l'utiliser dans les exercices. Lorsque vous êtes bloqué(e) sur un mot, cherchez sa signification dans la partie vocabulaire ou dans un dictionnaire. Cela ne sert pas à grand-chose d'appliquer des règles de grammaire sans connaitre le sens des phrases. Il faut que votre travail ait du sens pour être vraiment profitable en terme d'apprentissage.

S'ENTRAINER

1 ✪ **Ajoutez *the* à ces noms géographiques quand cela s'impose.**

a. ...... California
b. ...... Pacific Ocean
c. ...... Colorado River
d. ...... Lake Tahoe
e. ...... Mount Whitney
f. ...... Grand Canyon

2 ✪✪ **Entourez le bon article.**

a. Rod is **Ø / a** cameraman. He works at **Ø / a** film studio.
b. **Ø / A** stuntman earns **Ø / a** good money.
c. You will need **Ø / a** luck if you want to become **Ø / a** movie star.
d. We are preparing **Ø / a** car chase on **Ø / a** highway in Los Angeles at the moment.

3 ✪✪ **Complétez avec *a / an* ou *the*.**

a. *Star Wars* was .... very successful science fiction movie.
b. .... plot was a little hard to follow but it all became clear by .... end.
c. Can you remember .... name of .... actor who was .... leading man?
d. Did he win .... Academy Award at .... Oscar ceremony in Hollywood?

4 ✪✪✪ **Soulignez l'article qui convient.**

a. **Ø / The** movie makers loved to shoot **Ø / the** westerns in Monument Valley.
b. Dad hates **Ø / the** animated movies but he loved **Ø / the** movie with *The Simpsons*!
c. I can't stand **Ø / the** happy endings you always get in **Ø / the** romantic comedies.

5 ✪✪✪ **Complétez avec Ø, *a / an* ou *the*.**

a. All my friends adore .... horror movies but I prefer .... action films.
b. My sister is studying .... drama. She dreams of becoming .... actress.
c. Are you looking for .... job in .... show business?
d. The film crew is working ten hours .... day at .... moment. What .... schedule!

MINI-CONTRÔLE

Traduisez.

a. J'adore les films de science-fiction.
....

b. « As-tu aimé le film ?
– Oui, j'ai adoré les effets spéciaux et la bande sonore. » ....
....

c. Ils sont en train de tourner en extérieur dans les montagnes Rocheuses. ....
....
....

Corrigés p. 320

AVEZ-VOUS RÉUSSI ?

2 L'expression du nombre et de la quantité

JE RETIENS

Le nombre et la quantité s'expriment au moyen de **quantifieurs** qui introduisent un nom.

Les quantifieurs indéfinis
Ils indiquent le nombre et la quantité de manière approximative.
*A **few** chips, **some** chips, **a lot of** chips* → Quelques frites, des frites, beaucoup de frites.

Le choix du quantifieur
Il dépend du nom qu'il introduit : un nom **dénombrable** ou un nom **indénombrable**.
*We ate **too many** strawberries.* → Nous avons mangé trop de fraises.
dénombrable : renvoie à un élément que l'on peut compter.
*We drank **too much** lemonade.* → Nous avons bu trop de limonade.
indénombrable : renvoie à un élément que l'on ne peut pas compter.

Les quantifieurs *some* et *any*
- On emploie ***some*** pour désigner une chose dont l'existence est réelle.
  *We're having **some** tea. Would you like **some** tea too?*
- On emploie ***any*** pour désigner une chose dont on doute de l'existence.
  *There isn't **any** sugar on the table. Is there any **any** sugar in the kitchen?*

Les nombres cardinaux
Ils sont invariables lorsqu'ils sont précédés d'un nombre. Ils prennent un *s* au pluriel lorsqu'ils sont employés comme nom et suivis de *of.* *Three thousand people* → trois mille personnes

COMMENT FAIRE

Choisir le bon quantifieur

	Nom dénombrable au pluriel	Nom indénombrable au singulier
Petit nombre ou petite quantité	***Few** vegetables* ***A few** vegetables*	***Little** salt* (peu de sel) ***A little** salt* (un peu de sel)
Nombre ou quantité imprécis	***Some / any** biscuits* (des / de biscuits)	***Some / any** cake* (du / de gâteau)
Grand nombre ou grande quantité	***Many / a lot of** sausages* (beaucoup de saucisses)	***Much / a lot of** fish* (beaucoup de poisson)
Nombre ou quantité excessifs	***Too many** peanuts* (trop de cacahuètes)	***Too much** popcorn* (trop de popcorn)
Totalité	***All** the crisps*	***All** the coke*
Questions	***How many** eggs...?*	***How much** rice...?*

Vocabulaire *fatty:* gras – *low-fat:* allégé – *it's fattening:* ça fait grossir – *sweet:* sucré – *a healthy diet:* un régime sain – *a diet drink:* une boisson light.

S'ENTRAINER

1 ✪ *Some* ou *any* ?

a. Do you sell **some / any** diet drinks?

b. Sorry! I can't take **some / any** omelette. I'm allergic to eggs.

c. If you're thirsty, there's **some / any** orange juice in the fridge.

d. Can I have **some / any** more potatoes, please?

e. My Dad never drinks **some / any** alcohol. It's against his religion.

2 ✪✪ *Much* ou *many* ? Notez le mot qui pourrait remplacer *a lot of*.

a. I don't put **a lot of** peanut butter on my bread. It's very fattening. ....

b. There are **a lot of** low-fat yoghurts in supermarkets nowadays. ....

c. We must act now or obesity will be a problem in **a lot of** countries. ....

d. I don't eat **a lot of** sweet things and yet I still get spots. ....

3 ✪✪ Complétez ces phrases avec *how much*, *how many*, *too much* ou *too many*.

a. .... calories are there in a large portion of French fries?

b. Don't eat .... junk food! It isn't good for you.

c. .... regular exercise do you take?

d. A healthy diet shouldn't contain .... fatty foods.

e. You've given me .... spaghetti. I'll never eat all that!

4 ✪✪✪ Cochez la bonne solution.

a. He isn't a vegetarian but he eats very .... red meat.

☐ few ☐ a few ☐ little ☐ a little

LE CONSEIL DU COACH Relire votre cours n'est peut-être pas inutile. Faites de même avec la partie « Comment faire ». Vous n'avez peut-être pas encore tout assimilé.

b. Just .... chips for me, please. I'm on a diet.

☐ few ☐ a few ☐ little ☐ a little

c. Would you like .... wine to go with your meal?

☐ few ☐ a few ☐ little ☐ a little

d. Do you mind if I serve myself .... more ice cream?

☐ few ☐ a few ☐ little ☐ a little

e. .... people have time for a full English breakfast every day.

☐ few ☐ a few ☐ little ☐ a little

MINI-CONTRÔLE

Traduisez.

a. Combien de saucisses pour toi ?

....

....

b. Ne bois pas trop de jus d'orange !

....

....

c. Aimerais-tu du ketchup avec tes frites ?

....

....

d. Il n'y a pas beaucoup de yaourts dans le réfrigérateur. ....

....

Corrigés p. 320

AVEZ-VOUS RÉUSSI ?

3 Le comparatif et le superlatif

JE RETIENS

Le comparatif

Le comparatif permet d'établir une comparaison entre deux éléments. Il peut être :
– **de supériorité** : il situe le premier élément à un degré **supérieur** par rapport au second élément.
– **d'égalité** : il situe les deux éléments au **même niveau**.
– **d'infériorité** : il situe le premier élément à un degré **inférieur** par rapport au second élément.

Le superlatif

• **Le superlatif** permet d'indiquer la supériorité ou l'infériorité d'un élément par rapport aux autres éléments d'un groupe. Il peut être :
– **de supériorité** : l'élément isolé se situe **au-dessus** de tous les autres.
– **d'infériorité** : l'élément isolé se situe **en dessous** de tous les autres.

• **Le complément du superlatif** est généralement introduit par les prépositions ***in*** lorsqu'il s'agit de la situation dans l'espace et ***of*** lorsqu'il s'agit du temps.
*The Great Barrier Reef is the largest coral reef **in the world**.*
*The Sydney Festival is the largest cultural event **of the year**.*

• Certains adjectifs ont une **forme irrégulière** au comparatif et au superlatif de supériorité :
good → *better* → *the best* ; *bad* → *worse* → *the worst*.

COMMENT FAIRE

Mettre un adjectif au comparatif ou au superlatif

Comparatif de supériorité	adjectif court + ***-er*** + ***than*** ***more*** + adjectif + ***than***	*The Darling River is **longer than** the Murray River.* *The south is **more tropical than** the north.*
Comparatif d'égalité	***as*** + adjectif + ***as***	*Australia is almost **as big as** the USA.*
Comparatif d'infériorité	***not as*** + adjectif + ***as*** ***less*** + adjectif + ***than***	*New South Wales is **not as urbanised as** Victoria.* *New South Wales is **less urbanised than** Victoria.*
Superlatif de supériorité	***the*** + adjectif court + ***-est*** ***the most*** + adjectif	*Australia is one of **the flattest** countries in the world.* *Bondi Beach is **the most popular** beach in Sydney.*
Superlatif d'infériorité	***the least*** + adjectif	*Australia is one of **the least populated** continents.*

Astuce On considère comme **adjectifs courts** les adjectifs d'une seule syllabe et ceux de deux syllabes terminés par *-y* (***happy***). L'orthographe de certains adjectifs courts change au comparatif et au superlatif de supériorité (***fat*** → *fatter* → *fattest* ; ***happy*** → *happier* → *happiest*).

S'ENTRAINER

1 ✪ **Soulignez les trois adjectifs courts et mettez-les au comparatif de supériorité.**

sunny – dangerous – slim – tall – amazing

Adjectif de base	Comparatif de supériorité
a.	....
b.	....
c.	....

2 ✪✪ **Comparez ces animaux australiens en mettant les adjectifs proposés au comparatif de supériorité.**

a. A Great White shark is .... a dolphin. (*ferocious*)

b. Crocodiles are .... lizards. (*big*)

c. The taipan snake is .... the scorpion. (*venomous*)

d. Koalas are .... kangaroos. (*lazy*)

3 ✪✪ **Récrivez les phrases en remplaçant les comparatifs de supériorité par des comparatifs d'infériorité avec *not as ... as*.**

a. Brisbane is more populated than Adelaide.

....

....

b. In Australia, July is colder than January.

....

....

c. Victoria is smaller than Queensland.

....

....

4 ✪✪✪ **Construisez des phrases au superlatif avec les éléments proposés.**

a. Perth / isolated / city / in the southern hemisphere. ....

....

LE CONSEIL DU COACH

Vérifiez le temps passé sur vos exercices. Ne dépassez pas le temps que vous avez prévu. Vous terminerez demain.

b. The Opera House / famous / building / in Sydney. ....

....

....

c. The Aborigenes / old / ethnic group / in Australia. ....

....

....

MINI-CONTRÔLE

Traduisez.

a. Un crocodile est plus dangereux qu'un dingo.

....

....

b. L'Australie est le continent le plus petit du monde. ....

....

....

c. Sydney est la ville la plus peuplée d'Australie.

....

....

d. Alice Springs n'est pas aussi isolée que Perth.

....

....

Corrigés p. 321

AVEZ-VOUS RÉUSSI ?

4 Le présent et le prétérit

JE RETIENS

Le présent et le prétérit ont chacun une forme **simple** et une forme en ***be* + *-ing***.

Valeurs du présent en *be* + *-ing*

Le présent en *be* + *-ing* exprime un évènement en train de se dérouler au moment où l'on parle.
*Look! Cristiano Ronaldo **is taking** the penalty. And it's a goal!*

Valeurs du présent simple

Le présent simple relate des faits qui sont vrais non seulement au moment où l'on parle mais aussi d'une façon plus générale. Il peut décrire :

– **une habitude ou une caractéristique du sujet grammatical ;**
*Cristiano Ronaldo usually **takes** Manchester United's penalties.*

– **une vérité permanente ou une règle générale ;**
*Manchester United **play** in red shirts.*

– **une opinion, un gout, un sentiment, une volonté du sujet grammatical.**
*He **doesn't like** defending very much; he **prefers** attacking.*

Valeurs du prétérit en *be* + *-ing*

Le prétérit en *be* + *-ing* traduit un évènement en cours de déroulement à un moment précis du passé. *United **were winning** when Arsenal equalised in the last minute.*

Valeurs du prétérit simple

Le prétérit simple exprime une action passée et achevée, totalement coupée du moment présent où l'on parle. Celle-ci est souvent associée à un repère temporel qui la situe à un moment précis du passé (*yesterday, two days ago, in 2001…*). *Cristiano Ronaldo **scored** a lot of goals last season.*

COMMENT FAIRE

Conjuguer un verbe au présent et au prétérit

	Forme affirmative	Forme négative	Forme interrogative
Présent simple	*I / we / you / they **play*** *He / she / it **plays***	*I / we / you / they **don't play*** *He / she / it **doesn't play***	***Do** I / we / you / they **play**?* ***Does** he / she / it **play**?*
Prétérit simple	*I / you / he, etc. **playED*** *I / you / he, etc. **went***	*I / you / he, etc. **didn't play*** *I / you / he, etc. **didn't go***	***Did** I / you / he, etc. **play**?* ***Did** I / you / he, etc. **go**?*
Présent en *be* + *-ing*	*I **am playING*** *We / you / they **are playING*** *He / she / it **is playING***	*I**'m not playING*** *We / you / they **aren't playING*** *He / she / it **isn't playING***	***Am** I **playING**?* ***Are** we / you / they **playING**?* ***Is** he / she / it **playING**?*
Prétérit en *be* + *-ing*	*We / you / they **were playING*** *I / he / she / it **was playING***	*We / you / they **weren't playING*** *I / he / she / it **wasn't playING***	***Were** we / you / they **playING**?* ***Was** I / he / she / it **playING**?*

Info-clé La terminaison ***-ed*** du prétérit simple a trois prononciations possibles, selon les lettres qui la précèdent : *work**ed** = /t/, arriv**ed** = /d/, want**ed** = /id/.*

LE CONSEIL DU COACH

Se remémorer le cours du prof

Pour travailler les langues, instaurez un rituel qui sera toujours le même. Avant de débuter vos exercices, vous pouvez prendre 5 minutes pour faire revenir en mémoire ce que vous avez appris et compris lors de votre dernier cours d'anglais. Vous pouvez le faire à l'oral ou à l'écrit. Passez ensuite aux exercices proposés dans l'ouvrage. Si vous avez travaillé en classe le même chapitre, vous serez beaucoup plus efficace.

S'ENTRAINER

1 ✪ **Cochez la valeur exprimée dans la phrase.**

a. C. Ronaldo dribbles too much.
☐ généralité / habitude ☐ action en cours

b. He is dribbling round three defenders.
☐ généralité / habitude ☐ action en cours

c. Oh no! The referee is sending him off.
☐ généralité / habitude ☐ action en cours

d. Many female fans send him letters.
☐ généralité / habitude ☐ action en cours

2 ✪✪ **Complétez avec les verbes proposés au présent simple ou en *be + -ing*.**

a. Ronaldo often .... from free kicks. (*score*)

b. Listen! The fans .... his name. (*to chant* : scander)

c. He .... giving autographs. (*not mind*)

3 ✪✪ **Entourez la forme qui convient.**

a. Ronaldo **was / was being** three when he **started / was starting** to kick a football.

b. He **played / was playing** for Sporting Lisbon when he **signed / was signing** for United in 2003.

4 ✪✪✪ **Voici une interview de Ronaldo : complétez par *was/wasn't* ou *were/weren't*.**

a. You .... very young when you started playing football, ... you?

b. Yes, I .... And I .... only eight when I joined my first club.

c. How old .... you when you signed for Sporting Lisbon?

MINI-CONTRÔLE

Vous avez suivi Ronaldo hier.
Dites où il était et ce qu'il faisait à chaque moment.

a. At the stadium

Jog

b. At the canteen

Have lunch

c. At the gym

Train

d. At home

Relax

a. ....
....

b. ....
....

c. ....
....

d. ....
....

Corrigés p. 321

AVEZ-VOUS RÉUSSI ? ○ ○ ○

5 Le *present perfect*

JE RETIENS

Formation du *present perfect*

Le *present perfect* se forme à l'aide de l'auxiliaire ***have*** (conjugué au présent) et du **participe passé** du verbe lexical.

*They **have called** the specialist but he **hasn't arrived** yet.*

Present perfect / prétérit

Le *present perfect* envisage le passé d'un point de vue différent de celui du prétérit simple.

- Au prétérit simple, les actions se situent à un moment **précis** du passé.
  *I **broke** my wrist <u>in 2008</u>.* Je me suis cassé le poignet en 2008.
  La date permet de repérer l'évènement dans le passé.
- Avec le *present perfect*, on fait un **bilan général** d'actions passées.
  *I **have broken** my wrist <u>once</u>.* Je me suis cassé le poignet une fois.
  Once sert non pas à dater l'évènement passé mais à faire un bilan.

Valeurs du *present perfect*

- Il permet de constater les conséquences d'une action passée sur le présent.
  *Tom is absent. He **has broken** his leg.* Tom est absent. Il s'est cassé la jambe.
- Il permet de parler d'expériences passées, sans donner de précisions.
  *He **has had** lots of accident.* Il a eu beaucoup d'accidents.
- Il permet d'exprimer un passé récent lorsqu'il est associé à ***just***.
  *He **has** just **got out** of hospital.* Il vient de sortir de l'hôpital.

COMMENT FAIRE

Employer le bon adverbe pour faire un bilan

On choisit l'adverbe en fonction de son sens.

Adverbe	Exemple	Sens
Ever	*Have you **ever** had an accident?*	As-tu **déjà** eu un accident ?
Never	*We have **never** had an accident.*	Nous **n'**avons **jamais** eu d'accident.
Already	*I have **already** had an accident.*	J'ai **déjà** eu un accident.
Not ... yet	*She has**n't** had an accident **yet**.*	Elle n'a **pas encore** eu d'accident.
Just	*They have **just** had an accident.*	Ils **viennent** (tout juste) **d'**avoir un accident.

Astuce

On emploie ***been to*** (le verbe ***be***) pour faire le bilan des lieux où on est déjà allé(e).
I've been to London : it was great!
Si la personne n'est pas encore revenue, on emploie ***gone to*** (du verbe ***go***).
– Where is Sarah? – She's gone to London.

S'ENTRAINER

1 ✪ **Complétez en mettant le verbe proposé au *present perfect*.**

a. Don't panic! We ………………………… the fire brigade. (*phone*)

b. Look, mum! I ………………………… up the mess in my room. (*clean*)

c. My sister ………………………… her MP3 player. She's furious. (*lose*)

d. Some of my friends ………………………… their own blog on the Internet. (*create*)

2 ✪✪ **Dites si Sarah est déjà allée ou si elle n'est jamais allée dans les pays suivants : *Holland – Ireland – Norway – Greece***

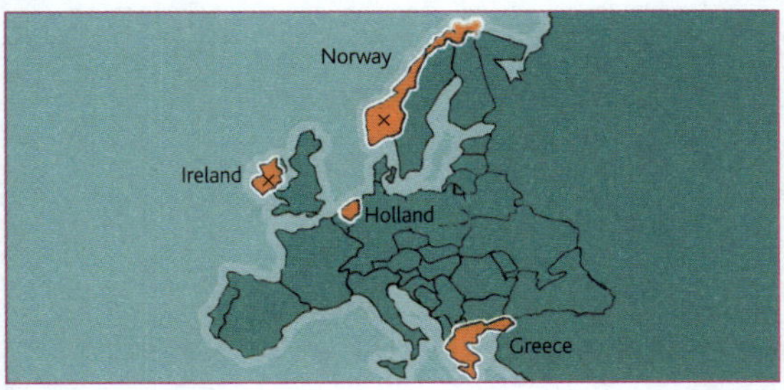

a. …………………………

b. …………………………

c. …………………………

d. …………………………

3 ✪✪ **Interrogez votre meilleur(e) ami(e) sur son passé en utilisant *Have...ever* + *present perfect*.**

a. you / want / a body piercing / ?

…………………………

b. you / say / "I love you" to someone / ?

…………………………

c. you / sleep over / at a friend's house / ?

…………………………

d. you / take part in / a competition / ?

…………………………

4 ✪✪✪ **Cochez l'adverbe qui convient.**

a. I've … tasted sushi. It's delicious!
☐ ever ☐ never ☐ already ☐ yet

b. She hasn't passed her driving test … . She is only sixteen.
☐ ever ☐ never ☐ already ☐ yet

c. He has … had a pet. His parents aren't keen on having animals in their house.
☐ ever ☐ never ☐ already ☐ yet

d. Has your teacher … given you 20 out of 20 for a test?
☐ ever ☐ never ☐ already ☐ yet

5 ✪✪✪ ***Present perfect* ou prétérit simple ? Entourez la bonne forme.**

a. I **customized / have customized** my skateboard last weekend.

b. Hey, guys! Look! I **customized / have customized** my skateboard.

c. Your hair is lovely. When **did you go / have you been** to the hairdresser's?

d. Belinda isn't in. She **went / has gone** to the hairdresser's.

MINI-CONTRÔLE

Traduisez.

a. Il vient de perdre son match.

…………………………

b. As-tu déjà parlé à une star de cinéma ?

…………………………

…………………………

c. Je ne suis pas encore allé(e) au Portugal mais je suis déjà allé(e) en Espagne.

…………………………

…………………………

Corrigés p. 321

AVEZ-VOUS RÉUSSI ?

6 L'expression du futur

JE RETIENS

En anglais, le futur s'exprime de **plusieurs manières.**

- **Le présent simple**
  Il peut s'employer pour parler d'évènements futurs déjà **programmés.**
  *Our Eurostar train **leaves** from the Gare du Nord at nine thirty tomorrow morning.*
  Notre Eurostar part de la gare du Nord à neuf heures trente demain matin.

- **Le présent en *be + -ing***
  Il exprime souvent des évènements situés dans un **avenir proche**.
  *We**'re spending** a few days in London next week.*
  Nous passons quelques jours à Londres la semaine prochaine.
  Ici, comme dans l'exemple précédent, c'est la présence d'un repère temporel futur qui situe l'évènement dans l'avenir.

- **L'expression *be going to***
  Il exprime la **certitude** d'un évènement futur.
  *Look at the time! I**'m going to miss** my flight.* Regarde l'heure ! Je vais rater mon vol.
  L'auxiliaire ***be*** doit être conjugué au présent et ***to*** est suivi d'une base verbale.

- **Le modal *will***
  Il s'emploie pour **prédire** un évènement futur.
  *I am sure she **will enjoy** herself in London.* Je suis sûr qu'elle s'amusera à Londres.
  Il peut aussi indiquer une action dont la réalisation dépend de la volonté du sujet.
  *She **will call** us as soon as she can.* Elle nous appellera dès qu'elle le pourra.
  La forme contractée de *will* est *'ll*, celle de *will not* est *won't*.

COMMENT FAIRE

Construire une subordonnée temporelle à valeur de futur

- Cette subordonnée est introduite par une **conjonction de temps** : ***before*** (avant que), ***after*** (après que), ***when*** (quand), ***while*** (pendant que), ***as soon as*** (dès que, aussitôt que) ou ***until*** (jusqu'à ce que).
- Le verbe de la subordonnée est toujours au présent simple et c'est la principale qui se construit avec ***will***. Le français emploie un futur dans la principale et dans la subordonnée.
  *We will send you a postcard when we **are** in London.*
  Nous vous enverrons une carte postale quand nous **serons** à Londres.

Vocabulaire *a camcorder:* un caméscope – *a camera:* un appareil photo – *go sightseeing:* faire du tourisme/visiter la ville – *(take) a bus tour:* (faire) une visite guidée en bus – *(take) a cruise:* (faire) une croisière – *take a ride on:* faire un tour sur

S'ENTRAINER

1 ✪ **Présent simple ou en *be + -ing* ? Entourez la forme qui convient.**

a. I **go / am going** to England for my holidays next summer.

b. The new Picasso exhibition **opens / is opening** at the Tate Modern tomorrow.

c. We **have / are having** a picnic in Hyde Park on Sunday. Can you come?

d. My parents **take / are taking** a cruise down the River Thames this afternoon.

2 ✪✪ **Voici l'agenda de Susan. Dites ce qu'elle va faire pendant son séjour à Londres en employant *be going to*.**

Friday: do some shopping at Covent Garden Market.

Saturday: go sightseeing in the city centre.

Sunday: take a ride on the London Eye.

a. On Friday, ...

....

b. On Saturday, ...

....

....

c. On Sunday, ...

....

3 ✪✪ **Complétez avec *will* ou *won't*.**

a. Can I hold the camcorder, Dad? I promise that I .... be careful.

b. What .... the weather be like in the south of England tomorrow?

c. I'm sorry. We .... have time to stop for photos at Buckingham Palace.

d. Eurostar is a high-speed train, so the journey .... last long.

LE CONSEIL DU COACH

Des pensées négatives ? Prenez une grande inspiration et chassez-les en expirant longuement.

4 ✪✪✪ **Soulignez la forme verbale qui convient.**

a. I **wait / will wait** here until the rain **goes off / will go off**.

b. You **love / will love** an Indian curry when you **try / will try** one.

c. We **buy / will buy** some souvenirs when we **go / will go** to Camden Market.

d. As soon as he **gets / will get** back home, he **sends / will send** me the photos.

e. **Do** you take **/ Will** you take a bus tour while you **are / will be** in London?

MINI-CONTRÔLE

Traduisez.

a. Le musée ouvre à dix heures demain matin.

....

....

b. Mon père prendra son appareil photo.

....

....

c. Ils vont à une exposition samedi prochain.

....

....

d. Nous allons faire une croisière sur la Tamise.

....

....

e. Je t'enverrai les photos dès que j'aurai le temps.

....

....

Corrigés p. 321

AVEZ-VOUS RÉUSSI ?

7 Les modaux

JE RETIENS

- **Les modaux sont des auxiliaires** qui permettent d'exprimer un jugement à propos de l'évènement signifié par le verbe. Ils peuvent indiquer :
  – **les divers degrés de la probabilité**
  *If Tony isn't here, he **must** be sick.* Si Tony n'est pas là, il **doit** être malade.
  – ce que **le sujet doit/peut/devrait** faire
  *Pupils **mustn't** skip school.* Les élèves **ne doivent pas** sécher les cours.

COMMENT FAIRE

Choisir le bon modal

- **La probabilité**

Modal	Sens	Évènement présent	Évènement passé
must	quasi-certitude	*He **must** be absent.* Il doit être absent.	*He **must have been** absent.* Il a dû être absent.
may	possibilité	*He **may** be absent.* Il se peut qu'il soit absent.	*He **may have been** absent.* Il se peut qu'il ait été absent.
might	faible probabilité	*He **might** be absent.* Il se pourrait qu'il soit absent.	*He **might have been** absent.* Il se pourrait qu'il ait été absent.
can't	impossibilité	*He **can't** be absent.* Il ne peut pas être absent.	*He **can't have been** absent.* Il n'a pas pu être absent.

- **L'obligation ou l'interdiction, la possibilité et le conseil**

Modal	Sens	Évènement présent	Évènement passé
must ***mustn't***	obligation interdiction	*She **must** wear a uniform.* Elle doit porter un uniforme. *He **mustn't** smoke.* Il ne doit pas fumer.	*She **had to** wear a uniform.* Elle a dû porter un uniforme. *He **wasn't allowed to** smoke.* Il n'était pas autorisé à fumer.
can ***can / may***	possibilité (= capacité) possibilité (= permission)	*I **can** choose my subjects.* Je peux choisir mes matières. ***Can / May** I leave?* Puis-je partir ?	*I **could** choose my subjects.* Je pouvais choisir mes matières. *I **was allowed to** leave.* J'ai été autorisé(e) à partir.
should ***shouldn't***	conseil reproche	*You **should** work harder.* Tu devrais travailler plus. *You **shouldn't** shout.* Tu ne devrais pas crier.	*You **should have worked** harder.* Tu aurais dû travailler plus. *You **shouldn't have** shouted.* Tu n'aurais pas dû crier.

Vocabulaire *a mark:* une note – ***get full marks:*** avoir vingt sur vingt – ***sit an exam:*** passer un examen – ***fail an exam:*** échouer à un examen – ***pass an exam:*** réussir un examen

LE CONSEIL DU COACH

Se motiver

Les modaux sont couramment utilisés dans la langue anglaise, mais pas toujours simples à employer. Pour vous motiver à apprendre sérieusement la leçon, rappelez-vous ce qui peut vous motiver à travailler votre anglais : gagner en confiance ? avoir de meilleurs résultats ? être plus autonome lors des voyages à l'étranger ?... Listez ensuite le vocabulaire-clé à retenir et essayez de l'expliquer avec vos propres mots : *must*, *may*...

S'ENTRAINER

1 ✪ **Entourez le modal qui exprime le degré de probabilité qui convient.**

a. Bob has failed his French test! He **must / can't** be disappointed.

b. Steve **must / might** go to university after high school. He hasn't decided yet.

c. If you study more, you **might / can't** get full marks next time.

d. Linda **might / can't** be very happy with her results. She only got a 'C' in French.

2 ✪✪ **Remettez les mots dans l'ordre et trouvez quatre conseils destinés à un(e) élève.**

a. shouldn't / you / your / forget / homework /

....

b. give / maximum / your / effort / should / you /

....

c. you / in / daydream / class / shouldn't /

....

d. yourself / should / you / confidence / have / in /

....

3 ✪✪ ***Can, can't, could* ou *couldn't* ?**

a. We .... play video games in the computer room at school, can we?

b. Pupils .... leave their stuff in lockers before they were vandalized.

c. We .... park our bikes in the bike racks.

d. I .... sleep over at Dave's house because I had to revise for an exam.

4 ✪✪✪ **Décrivez chaque panneau en une phrase, en commençant par *You must* ou *You mustn't*.**

a. **b.** **c.** **d.**

a. ....

b. ....

c. ....

d. ....

MINI-CONTRÔLE

Traduisez.

a. Il se peut que Dave soit malade.

....

b. Nous devrions respecter les autres.

....

c. J'aurais dû réviser pour mon examen.

....

d. Il n'était pas autorisé à parler.

....

e. Elle devait être ponctuelle. (*ponctual*).

....

Corrigés p. 322

AVEZ-VOUS RÉUSSI ?

8 L'expression de l'hypothèse et de la condition

JE RETIENS

Les propositions subordonnées

- Les propositions **subordonnées** d'hypothèse ou de condition sont toujours **introduites par** la conjonction de subordination ***if***.
  If *you work as an architect, you will have an intellectual job.*

- **La proposition subordonnée** pose la condition ou formule l'hypothèse.
  La **principale** exprime la **conséquence** de l'évènement évoqué dans la subordonnée.
  L'ordre des propositions peut être inversé.
  If she gets the job (condition/hypothèse), *she will move to Dublin* (conséquence qui en découle). / *She will move to Dublin* (conséquence) *if she gets the job* (condition/hypothèse).

Le modal *would*

- On utilise le modal *would* + BV en anglais pour traduire le conditionnel français, donc pour exprimer une hypothèse.
  La forme contractée de ***would*** est ***'d***, celle de ***would not*** est ***wouldn't.***
- L'emploi du **prétérit** dans la subordonnée s'impose lorsque la réalisation de l'hypothèse ou de la condition est jugée **peu probable, voire impossible.**
  Your English isn't very good. If your English ***were*** *better, we* ***would give*** *you the job.*
- **Attention !** ***were*** est souvent employé à la place de ***was*** après ***if***.

COMMENT FAIRE

Utiliser le présent ou le prétérit pour exprimer la condition ou l'hypothèse

Il faut veiller à respecter la **concordance des temps** et à bien choisir les formes verbales qui s'imposent dans la subordonnée et dans la principale.

Réalisation de l'hypothèse ou de la condition	Temps de la subordonnée	Temps de la principale	Exemple
Possible	présent	*will / won't* + BV	*If they* ***offer*** *me the job, I* ***will take*** *it.*
Peu probable	prétérit	*would / wouldn't* + BV	*If they* ***offered*** *me the job, I* ***would take*** *it.*

Vocabulaire ***an apprentice:*** un apprenti – ***a mechanic's apprentice:*** un apprenti mécanicien – ***an apprenticeship:*** un apprentissage – ***apply for a job:*** poser sa candidature pour un poste – ***the boss:*** le patron – ***the careers officer:*** le conseiller d'orientation professionnelle – ***hire:*** embaucher – ***take (someone) on:*** prendre/embaucher (quelqu'un)

S'ENTRAINER

1 ✪ **Soulignez le verbe dans la subordonnée en *if* et cochez l'auxiliaire qui convient pour la principale.**

a. If you need advice about your future, the careers officer ..... help you.

☐ will ☐ won't ☐ would ☐ wouldn't

b. Maureen hates school. She ..... like to start working as soon as possible if she could.

☐ will ☐ won't ☐ would ☐ wouldn't

c. If you could choose your job, what ..... you like to do?

☐ will ☐ won't ☐ would ☐ wouldn't

d. He ..... be able to finish his apprenticeship if he fails his exams.

☐ will ☐ won't ☐ would ☐ wouldn't

2 ✪✪ **Présent ou futur avec *will* ? Entourez la forme qui convient.**

a. If you **enter / will enter** the fire brigade, you'll be part of a team.

b. You will have to defend criminals if you **become / will become** a lawyer.

c. If you **are / will be** a mechanic's apprentice, you'll work on motor vehicles.

d. You **take / will take** care of babies if you work in a day nursery. (*crèche*)

3 ✪✪ **Prétérit ou *would* + V ? Mettez le verbe proposé à la forme qui convient.**

a. If Sam's dad .... the post, they would have to move house. (*accept*)

b. My mother would take the job if the salary .... better. (*be*)

c. The boss .... me on if I had my driving licence. (*take*)

d. If George applied for the position, he .... it. (*not get*)

4 ✪✪✪ **Choisissez une proposition dans le tableau pour compléter les phrases et mettez le verbe à la bonne forme.**

you (*become*) a star
I (*look for*) a job in London
you (*be*) better at computer studies
you (*fight*) crime
she (*make*) a great dress designer

a. If you join the police force, ...
....

b. Would you forget your friends if ....
....

c. If Sue is artistic and keen on fashion, ...
....

d. If I could speak English, ...
....

e. I'd hire you as a video game tester if ....
....

MINI-CONTRÔLE

Traduisez.

a. Si tu deviens avocat, tu auras un bon salaire.
....
....

b. J'aimerais travailler dans une crèche.
....
....

c. Ils me donneraient le travail si je savais conduire. ....
....

Corrigés p. 322

AVEZ-VOUS RÉUSSI ? ◯ ◯ ◯

9 Le passif

JE RETIENS

La phrase active

- **Dans une phrase active**, le sujet réalise l'action exprimée par le verbe.

  J. K. Rowling (sujet actif) *created* (v. actif) *Harry Potter* (COD) *in 1997.*

- **Dans une phrase passive**, le sujet subit l'action exprimée par le verbe. C'est le complément d'agent (introduit par la préposition *by*) qui réalise l'action.

  Harry Potter (sujet passif) *was created* (v. passif) *by J. K. Rowling* (complément d'agent) *in 1997.*

La phrase passive

- **Le verbe passif** est formé de l'auxiliaire ***be*** (qui s'accorde avec le sujet) et du **participe passé** du verbe lexical.

  *Harry Potter **is / was** played by Daniel Radcliffe in the film adaptation.*

- **Le complément d'agent** de la phrase passive n'est pas exprimé s'il est inconnu ou jugé sans importance.

  "Harry Potter and the Deathly Hallows" was published (by Bloomsbury) in 2007.

- **Le passif est plus fréquent en anglais qu'en français.**
  En français, on utilise souvent un verbe pronominal ou une phrase active dans laquelle le pronom indéfini « on » prend la place du sujet.

  *Eleven million copies **were sold** in one single day.*
  Onze millions d'exemplaires **se sont vendus** en un seul jour.
  On a vendu onze millions d'exemplaires en un seul jour.

COMMENT FAIRE

Conjuguer un verbe passif aux différents temps

Selon le temps utilisé, l'auxiliaire ***be*** change de forme.

Présent	*Harry Potter **is** played by Daniel Radcliffe.*
Prétérit	*Harry Potter **was** played by Daniel Radcliffe.*
Present perfect	*Harry Potter **has been** played by Daniel Radcliffe.*
Futur	*Harry Potter **will be** played by Daniel Radcliffe.*
Avec les modaux	*Harry Potter **might be** played by Daniel Radcliffe.*

Vocabulaire ***a mobile telephone:*** un téléphone portable – ***a laptop (computer):*** un ordinateur portable – ***direct:*** réaliser – ***record:*** enregistrer – ***design:*** concevoir – ***launch:*** lancer – ***market:*** commercialiser – ***download:*** télécharger

S'ENTRAINER

1 ✪ **Actif ou passif ? Soulignez en bleu les verbes actifs et en rouge les verbes passifs.**

a. Leonardo Da Vinci painted the *Mona Lisa*.

b. The film *The Great Dictator* was directed by Charlie Chaplin.

c. The novel *Of Mice and Men* was written by John Steinbeck.

d. Vivaldi composed *The Four Seasons*.

e. *Born in the U.S.A.* was recorded by Bruce Springsteen.

2 ✪✪ **Complétez les phrases suivantes en mettant le verbe proposé au participe passé.**

a. The electric light bulb was .... by Thomas Edison. (*develop*)

b. The first revolver was .... by Samuel Colt in 1836. (*make*)

c. The original formula for Coca-cola was .... by John Pemberton. (*create*)

d. The Model T car was .... by the Ford Motor Company in 1908. (*build*)

e. The first Barbie doll was .... in 1959. (*introduce*)

3 ✪✪ **Entourez l'auxiliaire qui convient.**

a. Independence Day **is** / **are** celebrated on July 4th.

b. Many American series **is** / **are** shown on French television.

c. The Statue of Liberty **was** / **were** presented to the U.S.A. by France in 1886.

d. Alcatraz Prison **can be** / **must be** visited by tourists.

4 ✪✪✪ **Complétez les phrases suivantes en mettant le verbe au passif.**

a. The first iPod .... by Apple in 2001. (*launch*)

LE CONSEIL DU COACH Avant de changer de niveau d'exercice, pensez à faire quelques étirements.

b. In the U.S.A, presidential elections .... every four years. (*hold*)

c. Their new album can .... from the Internet. (*download*)

d. A new laptop computer .... next year. (*market*)

MINI-CONTRÔLE

Traduisez.

a. La télévision a été inventée par John Logie Baird.

....

b. Disneyland est visité par des millions de touristes chaque année. ....

....

c. Un nouveau téléphone portable sera lancé l'an prochain. ....

....

d. Les J.O. sont organisés tous les quatre ans.

....

Corrigés p. 322

AVEZ-VOUS RÉUSSI ?

10 Les constructions à deux verbes

JE RETIENS

Emploi de la base verbale

La base verbale seule s'impose après les verbes ***make*** (faire) et ***let*** (laisser).
Un **groupe nominal** ou un pronom personnel **complément** s'insère entre les deux verbes.

*He **made** the children **laugh**.* Il a fait rire les enfants.

*You never **let** me **walk** the dog!* Tu ne me laisses jamais promener le chien !

Emploi de *to* + base verbale

La base verbale précédée de *to* s'impose après de nombreux verbes (*agree, appear, begin, continue, decide, forget, intend, learn, like, love, prefer, promise, refuse, seem, start, try, want, would like*). Dans ce type de construction, le deuxième verbe ayant **le même sujet** que le premier, le sujet n'est pas répété.

*Mum **wants to go** on a shopping trip.* Maman veut faire les boutiques.

Emploi de la base verbale + *-ing*

La base verbale + *-ing* s'impose après les verbes *avoid, begin, continue, enjoy, finish, hate, like, mind, prefer, remember, risk, start, stop.*

*I **avoid drinking** too much coffee.* J'évite de boire trop de café.

Verbes à deux constructions

Certains verbes peuvent être suivis d'un verbe en *-ing* ou d'une base verbale précédée de *to* (*forget, remember, stop*), mais la différence de sens entre les deux constructions est importante.

*He stopped **helping** us.* Il a arrêté de nous aider.

*He stopped **to help** us.* Il s'est arrêté pour nous aider.

COMMENT FAIRE

Traduire le verbe *vouloir*

a. Il veut tondre la pelouse. → *He wants **to** mow the lawn.*
b. Il veut que je tonde la pelouse. → *He wants **me to** mow the lawn.*

Le verbe anglais ***want*** et le verbe français **vouloir** n'admettent pas les mêmes constructions :
– exemple **a.** : **vouloir** est suivi directement d'un groupe infinitif alors qu'en anglais, on emploie ***to*** pour relier ***want*** au deuxième groupe verbal.
– exemple **b.** : le sujet du second verbe (***je***) devient en anglais pronom complément (***me***) et le verbe conjugué de la subordonnée se traduit par une **base verbale précédée de *to***.

Vocabulaire *chores:* tâches ménagères – *do the washing-up:* faire la vaisselle – *hoover:* passer l'aspirateur – *mow the lawn:* tondre la pelouse – *put out the bins:* sortir les poubelles – *clear up:* ranger

LE CONSEIL DU COACH

Se servir de phrases modèles
Pour retenir la construction à deux verbes après les verbes *make* et *let*, vous pouvez simplement retenir les exemples proposés qui vous serviront ensuite de modèle. Par la suite, quand vous aurez à vous demander si vous devez mettre *to* devant le verbe *make*, vous vous rappellerez votre « exemple modèle » : *He made the children laugh.* Et vous ne vous tromperez pas !

S'ENTRAINER

1 ✪ **Complétez avec *let(s)* ou *make(s)*.**

a. Dad won't .... you use his computer.
b. My Mum .... us tidy our room once a week.
c. In exchange for my pocket money, my parents .... me do some chores at home.
d. Does your Mum .... you choose your own clothes?
e. I don't like sad films. They .... me cry.
f. My parents are cool. They .... me invite all my friends over to my house.

2 ✪✪ ***To* + verbe ou verbe en *–ing* ?**

a. Dad enjoys **to mow / mowing** the lawn.
b. Stop **to talk / talking**! I'm concentrating.
c. Don't forget **to feed / feeding** the cat!
d. Has he finished **to hoover / hoovering**?
e. Turn off the television! The children are trying **to do / doing** their homework.
f. I promised **to baby-sit / baby-sitting** for our neighbours on Saturday evening.

3 ✪✪ **Cochez la forme verbale qui convient.**

a. He doesn't mind .... the washing-up.
☐ do ☐ to do ☐ doing
b. I wanted .... you a favour.
☐ ask ☐ to ask ☐ asking
c. He really should avoid .... in public!
☐ swear ☐ to swear ☐ swearing
d. Please let me .... a lie-in tomorrow!
☐ have ☐ to have ☐ having

4 ✪✪✪ **Votre mère est en colère. Que voulait-elle que vous fassiez ? Complétez avec *me* + *to* + V.**

a. "Make your bed!" – b. "What a mess! Clear up your desk!" – c. "Don't eat in your bedroom again!"

a. My mother wanted ....
....
b. My mother wanted ....
....
c. My mother didn't want ....
....

MINI-CONTRÔLE

Traduisez.

a. Qu'aimerais-tu faire demain ?
....
b. Je ne veux pas faire la vaisselle !
....
c. Elle veut que je sorte les poubelles.
....
d. Arrêtez de parler ! J'essaie de faire mes devoirs.
....

Corrigés p. 322

AVEZ-VOUS RÉUSSI ?

11 La proposition subordonnée relative

JE RETIENS

La proposition subordonnée relative

La proposition subordonnée relative apporte une information complémentaire sur un nom ou un groupe nominal. On appelle ce nom ou GN l'**antécédent**.

*Shakespeare is **the man** [**who** is regarded as the greatest writer in English].*
proposition principale — proposition subordonnée relative

Les pronoms relatifs

• **La proposition relative est séparée de la principale** par une virgule si l'information supplémentaire qu'elle apporte n'est pas essentielle à la phrase.

*Shakespeare was born in 1564 in Stratford-upon-Avon, **which** is near Birmingham.*

• **La proposition subordonnée relative est toujours introduite par un pronom relatif** en *wh-* (*who, whom, which, where, when, whose*) ou par *that*.

– Si l'antécédent est humain, le pronom relatif est *who*, *whom* ou *that*.

*Shakespeare met a young woman **who** was eight years older than he was.*
l'antécédent de *who* est humain

– S'il est non humain, le pronom relatif est *which* ou *that*.

– Lorsque le pronom relatif est COD, il peut être supprimé.

He left the woman [whom/that] he loved and went to work in London.

COMMENT FAIRE

Choisir le bon pronom relatif

Antécédent	Fonction du pronom	Pronom relatif	Exemples
Humain	Sujet ***qui***	***who/that***	*Anne H. was the wife **who/that** gave him three children.*
Non humain	Sujet ***qui***	***which/that***	*He was born in a town **which/that** is built on the River Avon.*
Humain	COD ***qui***	***whom/that/Ø***	*He had a son **whom/that/Ø** he named Hamnet.*
Non humain	COD ***que***	***which/that/Ø***	*In 1597, he bought a house **which/that/Ø** he called "New Place".*
Un moment	CC de temps ***où***	***when***	*The year **when** Shakespeare was born, Elizabeth I was Queen.*
Un lieu	CC de lieu ***où***	***where***	*Many tourists visit the church **where** he was buried in 1616.*
Une personne	Cpl. du nom ***dont***	***whose***	*Shakespeare, **whose** nickname is "The Bard", was a poet too.*

Vocabulaire ***a play:*** une pièce (de théâtre) – ***a playwright:*** un dramaturge – ***stage (a play):*** monter (une pièce) – ***the stage:*** la scène – ***a stage prop:*** un accessoire de théâtre – ***a character:*** un personnage – ***poetry:*** la poésie

S'ENTRAINER

1 ✪ Soulignez les pronoms relatifs en rouge et leurs antécédents en bleu.

a. The first plays that Shakespeare wrote were comedies and history plays.

b. Hamlet is the character who says "*To be or not to be; that is the question*".

c. Many of his plays were staged at the Globe Theatre, which opened in 1599.

d. Shakespeare probably met Christopher Marlowe whom he admired.

2 ✪✪ Soulignez le pronom relatif, dites si son antécédent est humain ou non humain et donnez sa fonction.

a. Hamlet is the son of King Hamlet, who was poisoned by Claudius.

antécédent : ....

fonction : ....

b. A ghost which appears to Hamlet at night tells the prince to seek revenge.

antécédent : ....

fonction : ....

c. Hamlet's mother has married Claudius whom Hamlet suspects of murder.

antécédent : ....

fonction : ....

d. Hamlet finally kills Claudius and takes the revenge that the ghost desired.

antécédent : ....

fonction : ....

3 ✪✪ Cochez les relatifs qui pourraient remplacer *that* (il peut y en avoir plusieurs par phrase).

a. *Romeo and Juliet* was the first tragedy that Shakespeare completed.

☐ who ☐ whom ☐ which ☐ Ø

b. The name of the nobleman that Juliet refuses to marry is Count Paris.

☐ who ☐ whom ☐ which ☐ Ø

c. Romeo and Juliet have become symbols of young people that die for their love.

☐ who ☐ whom ☐ which ☐ Ø

d. *Shakespeare in Love* is a film that is inspired by *Romeo and Juliet*.

☐ who ☐ whom ☐ which ☐ Ø

4 ✪✪✪ Complétez les phrases avec *who*, *which* ou Ø (si le pronom relatif peut être omis).

a. Dream and reality are important themes .... Shakespeare explores.

b. In *Othello*, the jealous Othello murders the innocent woman .... he loves.

c. The Globe Theatre was destroyed in a fire .... was caused by a stage prop.

d. Female roles were played by boys .... were dressed up as women.

MINI-CONTRÔLE

Traduisez.

a. Hamlet, dont le père a été empoisonné, soupçonne Claudius, qui est son oncle.

....

....

b. Hamlet doit tuer l'homme que sa mère a épousé. ....

....

Corrigés p. 323

12 Les propositions subordonnées circonstancielles

JE RETIENS

Les propositions subordonnées remplissent la fonction de complément circonstanciel.
Elles traduisent différentes nuances :

- **Le temps** (voir Comment faire)
  Attention ! En anglais, dans **les subordonnées de temps à sens futur**, il faut utiliser le présent (ou le *present perfect*) contrairement au français qui emploie le futur.
  When you ***are*** *a teenager...* Quand tu **seras** un adolescent...
- **L'opposition** : ***whereas*** (tandis que) ou ***while*** (alors que).
  Some countries are reducing their pollution ***while*** *others are polluting more and more.*
- **La concession** : ***although/though*** (bien que).
  Although *it is prohibited, some factories discharge poisonous chemicals into rivers.*
- **La cause** : ***as*** (comme), ***because*** (parce que) ou ***since*** (puisque).
  I joined the Green Party ***because*** *I think it is important to protect the environment.*
- **La conséquence** : ***so*** ou ***so that*** (si bien que, de sorte que).
  La subordonnée est toujours précédée d'une **virgule**.
  Vegans don't use animal products, ***so*** *they never wear leather or wool.*
- **Le but** : ***so*** ou ***so that*** (pour que, afin que) toujours suivis d'un **modal**.
  We put plastic bottles in special bins ***so that*** *they can be recycled.*

On peut aussi utiliser ***to***, ***in order to/not to*** et ***so as to*** (pour, afin de) suivis de la **base verbale.**
You should take a shower instead of a bath ***in order to*** *save water.*

COMMENT FAIRE

Choisir la bonne conjonction de temps

La conjonction explicite le **rapport temporel** entre l'évènement de la principale et celui de la subordonnée.

Rapport temporel	Conjonction
Antériorité	***before*** (avant que)
Simultanéité	***as*** (comme, pendant que), ***while*** (tandis que)
Postériorité	***after*** (après que)
Autre	***when*** (quand), ***as soon as*** (dès que), ***until*** (jusqu'à ce que)

Vocabulaire *act:* agir – *chemicals:* produits chimiques – *endangered species:* espèces en voie de disparition – *exhaust fumes:* vapeurs d'essence – *global warming:* réchauffement de la planète – *noise pollution:* nuisances sonores – *save:* sauver/économiser – *use up:* consommer – *waste:* gaspiller

S'ENTRAINER

1 ✪ Entourez la conjonction qui convient.

a. Don't turn up the heating **when / while** you feel cold. Put on a pullover!

b. People shouldn't throw batteries away **when / while** they have finished with them.

c. **When / While** some people are wasting water, others have nothing to drink.

d. We must protect endangered species **when / while** there is still time.

2 ✪✪ Cochez la bonne conjonction.

a. We must act ..... it is too late.

☐ after ☐ before ☐ when ☐ while

b. Use public transport ..... you can.

☐ after ☐ before ☐ when ☐ while

c. I became interested in the environment ..... I watched a documentary on TV.

☐ after ☐ before ☐ when ☐ while

d. Don't leave the tap running ..... you are brushing your teeth!

☐ after ☐ before ☐ when ☐ while

3 ✪✪ Complétez les phrases à l'aide de *although* suivi d'une des propositions suivantes.

your computer is on stand-by – the traffic was bad – they could walk or go by bus – there is too much noise pollution.

a. They arrived on time for their plane ....

....

b. Many people still take their cars ....

....

c. ....,
I like living in a big city like Los Angeles.

d. ....
it still uses up electricity.

4 ✪✪✪ Cause ou conséquence ? Observez les images et complétez avec *because* ou *so* précédé d'une virgule.

a. The water wasn't clean .... we didn't go swimming.

b. He closed the window ....
exhaust fumes were coming into the room.

c. We didn't play tennis .... it was raining.

d. He was feeling hot .... he had a drink of lemonade.

5 ✪✪✪ Complétez avec *so that*, *in order to*, *in order not to*.

a. Our school uses recycled paper ....
.... save trees.

b. Take your shopping bag with you ....
.... you won't need plastic bags.

c. They donate old clothes to charities ....
.... other people can use them.

d. We must turn lights off ....
.... waste electricity.

MINI-CONTRÔLE

Traduisez.

a. Nous devons agir pour sauver l'environnement.

....

....

b. Arrêtez de polluer pour que nos enfants puissent nager dans la mer dans le futur.

....

....

Corrigés p. 323

AVEZ-VOUS RÉUSSI ? ○ ○ ○

1 L'imagination et la concrétisation d'une idée

JE RETIENS

- **L'imagination**, dans le cadre de la création d'objets techniques, permet de se représenter mentalement l'objet avant de débuter le travail de conception. L'imagination participe de façon directe au **processus d'invention** : elle est indissociable de la créativité et permet de répondre à un besoin.
- **Le design** d'un objet technique participe à la démarche de projet en intégrant la réalisation de **prototype**. Il s'agit, pour un constructeur automobile par exemple, de représenter, en taille réelle, la voiture taillée dans un bloc d'argile. Cela permet d'apprécier les formes du véhicule en ayant une **représentation concrète** de l'objet.
- **La planification** permet d'**anticiper** l'organisation d'un projet (définition des rôles, liste des tâches à effectuer…).
- **Les outils de réalité augmentée** sont de plus en plus utilisés pour se représenter un projet abouti avant de commencer sa réalisation. Un architecte pourra utiliser un **modèle virtuel 3D** associé à un **film vidéo réel** pour représenter son projet dans un environnement existant. Un visiocasque (dispositif d'affichage porté sur la tête) autorise son utilisateur à s'immerger dans un monde de réalité augmentée.

COMMENT FAIRE

Comprendre le diagramme de Gantt utilisé en ordonnancement et en gestion de projet

La gestion de projet consiste à organiser, de la phase de lancement jusqu'à la phase finale, le bon déroulement d'un projet.

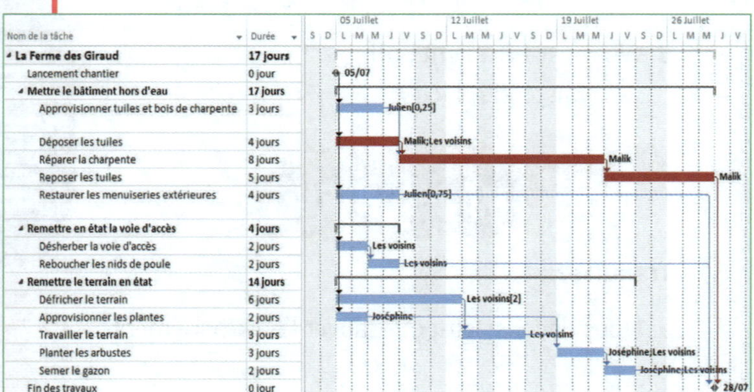

1. **Savoir** qu'un projet est découpé en **tâches (phases)** : *déposer les tuiles, planter les arbustes*. Cette découpe est de la responsabilité du chef de projet.
2. **Comprendre** qu'à chaque tâche est affectée une ressource (une personne au minimum).
3. **Repérer** que chaque tâche dure un certain temps. Certaines tâches ne peuvent débuter que lorsqu'une tâche précédente est terminée. D'autres peuvent être effectuées en parallèle.
4. **Avoir conscience** que le retard d'une tâche peut entrainer le retard de tout le projet.

Info-clé **Un cahier des charges** liste les besoins de l'objet technique à réaliser ou des services à produire. Il est indispensable pour réaliser un projet dans de bonnes conditions. Il peut être fonctionnel ou technique.

S'ENTRAINER

1 ✪ **Répondez par Vrai ou Faux.**

a. L'imagination participe au processus d'invention.

☐ Vrai – ☐ Faux

b. Planifier permet, entre autres, de définir les rôles et lister les tâches à effectuer.

☐ Vrai – ☐ Faux

c. Un visiocasque est un système technique qui peut être utilisé en réalité augmentée.

☐ Vrai – ☐ Faux

d. Un designer travaille généralement à la conception des moteurs.

☐ Vrai – ☐ Faux

2 ✪✪ **Répondez aux questions.**

a. Quels sont les intérêts de la planification en terme de gestion de projet ?

....

....

....

b. Dans quel contexte est utilisé le diagramme de Gantt ? Quel est son intérêt ?

....

....

....

3 ✪✪✪ **Complétez les phrases.**

a. Un projet est découpé en .... ou en ....

b. Certaines tâches peuvent se dérouler en ...., c'est-à-dire en .... temps.

c. Il existe deux types de cahiers des charges : le cahier des charges .... et le cahier des charges ....

d. Le responsable d'un projet se nomme le ....

Corrigés p. 324

LE CONSEIL DU COACH Vous avez du mal à vous concentrer ? Y a-t-il du bruit, de la musique ? N'hésitez pas à changer de pièce pour être au calme.

MINI-CONTRÔLE

Sur une feuille à part, format paysage, réalisez le diagramme de Gantt du projet décrit ci-dessous.

Logicréa est spécialisée dans la création de logiciels de simulation. Le responsable du bureau d'études de cette entreprise de 20 salariés doit présenter au dirigeant de la société un diagramme de Gantt pour la production d'un nouveau logiciel.

- Date de début du projet : le lundi 15 février 2016
- Durée totale du projet en jours : 23 (5 jours de travail par semaine)
- Liste des tâches, de leur durée et des ressources affectées :
  – réunions pour le lancement du projet, 1 journée (dirigeant + l'ensemble de l'équipe projet) ;
  – spécifications générales et détaillées, 5 jours (chef de projet) ;
  – développement « base de données », 17 jours (équipe Oracle) ;
  – développement « interface graphique », 16 jours (équipe X-window).

Contraintes :

- La tâche « spécifications générales et détaillées » ne peut démarrer avant la fin de la tâche « réunion pour le lancement du projet ».
- Les tâches « développement » ne peuvent démarrer avant la tâche « spécifications générales et détaillées ».
- Les tâches « développement » peuvent se dérouler en parallèle.

Quelle est la date théorique de fin du projet ?

....

AVEZ-VOUS RÉUSSI ? ◯ ◯ ◯

2 La réalisation, de manière collaborative, d'un objet communicant

JE RETIENS

- **Le bureau d'études (BE)**, au sein d'une entreprise qui **développe**, **conçoit** et **fabrique** des systèmes, est un **service** ou un **département** dans lequel une ou plusieurs équipes travaillent à la définition, au design et à la conception d'objets techniques. Un BE est composé de **techniciens** et d'**ingénieurs**.
- **Réussir le développement et la mise sur le marché** d'un produit nécessite de résoudre un ensemble de problèmes techniques. Cependant, la majorité des échecs est due à des défauts de communication au sein d'une équipe ou inter-équipes : **la collaboration est indispensable**. De plus, les rôles doivent avoir été bien répartis en fonction des compétences de chacun.
- **Pour qu'un projet aboutisse**, il est fondamental que chaque membre de l'équipe connaisse les **attributions** et les **objectifs** qui lui ont été fixés. Quel que soit son niveau hiérarchique, un collaborateur doit rendre des comptes à un supérieur. Cela se fait généralement à l'aide de points réguliers où sont présentés les avancées et les résultats : **les revues de projet**.
- **Un prototype** est le premier exemplaire d'un objet technique. Il permet de **valider des solutions techniques** ou des concepts avant de démarrer une phase de production.

COMMENT FAIRE

Lire un organigramme structurel

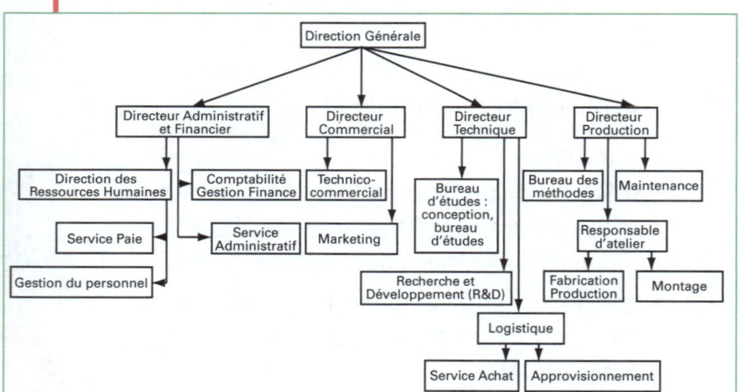

Un organigramme est la représentation graphique de la structure d'un organisme, d'un établissement ou d'un service avec ses divers éléments et leurs relations.

1. **Identifier** les différents niveaux dans l'arborescence (directeur général, directeur de la production).
2. **Remarquer** la hiérarchie des postes : le directeur technique est placé sous la responsabilité de la direction générale...

Info-clé

Le prototypage rapide s'est développé à partir des années 2000. Il permet de diminuer le temps de conception des produits grâce à des machines à commande numérique utilisant une méthode **soustractive** (enlèvement de matière par fraisage) ou **additive** (ajout de matière couche par couche, comme l'imprimante 3D).

S'ENTRAINER

1 ✪ **Répondez aux questions.**

a. Quels types de métiers trouve-t-on dans un bureau d'études techniques ?

....

....

b. Quel est l'intérêt de répartir correctement les rôles dans une équipe projet ?

....

c. Comment sont appelées les réunions régulières qui se déroulent tout au long d'un projet ?

....

d. Pourquoi est-il important de réaliser un prototype avant la mise en production ?

....

....

2 ✪✪ **À l'aide de l'organigramme de la page précédente, en imaginant que vous êtes salarié de la société Logicréa, répondez aux questions.**

a. Citez les quatre directions pilotées par le directeur général.

....

....

....

....

b. De quel service dépend le service « Gestion du personnel » ?

....

c. Le responsable « Logistique » est en charge de deux services, lesquels ?

....

....

d. Vous travaillez au sein du département R&D. Que signifie R&D ? À qui votre responsable rend-il des comptes ?

....

....

Corrigés p. 324

MINI-CONTRÔLE

Répondez aux questions à l'aide du texte et du schéma structurel ci-dessous.

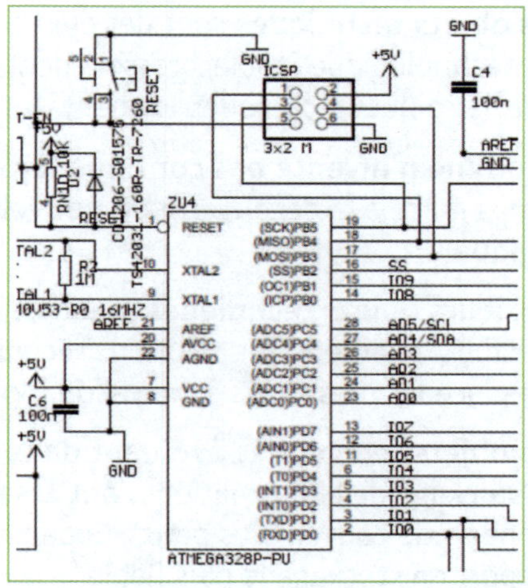

Extrait du schéma structurel de la carte Arduino Uno.

Les fab lab (de l'américain fabrication laboratory) ont été développés au M.I.T. (Massachusetts Institute of Technology) au début des années 2000. Ce sont des espaces ouverts au public et qui mettent à disposition des matériels aussi divers qu'imprimantes 3D, découpeuses laser, ordinateurs, plateforme de développement à base de microcontrôleurs.

Arduino Uno est une plateforme de développement logiciel et matériel conçue autour du microcontrôleur ATmega328. Elle permet de créer toutes sortes de projets interactifs : pilotage d'un moteur, d'un module GSM ou Bluetooth, d'un capteur de température, d'un afficheur à cristaux liquides (LCD)... La seule limite est l'imagination !

a. Donnez la référence exacte du microcontrôleur ATmega utilisé sur la carte Arduino Uno.

....

b. Un condensateur d'une valeur de 100 nF (nanofarad) est branché entre les pattes 7 et 8 du microcontrôleur, quelle est sa dénomination ?

....

c. Quelle est la valeur du condensateur dénommé C4 ? ....

AVEZ-VOUS RÉUSSI ?

3 Les évolutions des objets techniques

JE RETIENS

- **Les objets techniques** sont des éléments à part entière de notre société. Notre **environnement** est technologique : table, brosse à dents, couteau, navette spatiale, bicyclette, feuille de papier… Tous les objets techniques forment des **liens** avec le monde social.
- **L'homme n'invente pas continuellement** des objets techniques, il les fait **évoluer** au cours du temps grâce à la découverte **de nouvelles solutions techniques** : on parle d'**évolution technologique**.
- **Plusieurs objets techniques peuvent répondre à un même besoin**. Un **besoin** peut être satisfait par différentes solutions techniques. De nos jours, le courrier électronique ou le SMS ont remplacé les messagers à cheval du Moyen Âge ou le télégramme des années 1960.
- **Les objets techniques évoluent dans le temps**. De la pierre jusqu'aux clefs USB, les supports de stockage de l'information n'ont cessé d'évoluer : **stocker davantage** d'informations sur des supports de plus en plus petits. Cependant, c'est la tablette de **pierre** qui, dans la durée, reste le support de stockage le plus fiable.

COMMENT FAIRE

Élaborer un document de synthèse pour comparer et analyser l'évolution des objets techniques

1. **Observer** que la fonction technique initiale ne change pas sur la période d'évolution : le robot humanoïde est équipé de 2 membres postérieurs permettant la bipédie.
2. **Analyser** l'apparition des « bras » due à l'évolution technologique : la performance des microprocesseurs (informatique temps-réel) permet de gérer des fonctions nouvelles.

Conception d'un robot par les ingénieurs de Honda.

3. **Remarquer** que la miniaturisation grandissante des systèmes mécatroniques (combinaison de systèmes mécaniques, électroniques et informatiques) permet de diminuer la taille et la masse du robot.
4. **Faire** le lien entre design, forme et matériaux utilisés (par exemple, davantage de plastique utilisé et des formes plus arrondies).

Info-clé

La rupture technologique est une innovation qui remplace une technologie existante grâce à des performances supérieures.
L'invention du capteur CCD (utilisé, entre autres, dans les appareils photos numériques) est une rupture technologique, de par sa sensibilité 10 fois supérieure à un film argentique.

LE CONSEIL DU COACH

Organiser ses connaissances avec un dessin

Cette leçon est riche en informations, mais l'essentiel est de comprendre ce qu'est une rupture technologique. Vous pouvez essayer de faire un dessin qui représente une rupture technologique, cela vous aidera à faire ensuite les exercices. Si vous n'avez pas d'idée, sachez que l'imprimante 3D est un exemple de rupture technologique. Courage !

S'ENTRAINER

1 ✪ Répondez par Vrai ou Faux.

a. Les premiers objets techniques datent du début du Moyen Âge.

☐ Vrai – ☐ Faux

b. Une clef USB permet de stocker plus d'informations qu'une tablette de pierre.

☐ Vrai – ☐ Faux

c. On parle de « rupture technologique » lorsqu'un objet technique présente des caractéristiques techniques inférieures à ses prédécesseurs.

☐ Vrai – ☐ Faux

2 ✪✪ En vous aidant des illustrations, répondez aux questions.

Les bornes d'appel d'urgence sont installées à des endroits stratégiques : autoroutes, bord de mer... Elles permettent de joindre les services d'urgence. Pour assurer cette communication, elles doivent être reliées au réseau téléphonique (réseau téléphonique filaire, fils de cuivre ou mobile, liaison radio).

a. Quel moyen de connexion au réseau téléphonique sera utilisé en centre-ville ?

....

b. Quel moyen de connexion au réseau téléphonique sera utilisé en zone montagneuse ou sur une plage ?

....

c. Quelle est l'utilité d'un panneau solaire sur une borne d'appel ?

....

....

Corrigés p. 324

MINI-CONTRÔLE

Reliez les objets techniques à leurs solutions techniques.

Objets techniques

Télégraphe de Chappe (1800) •

Télégraphe électrique de Morse (1850) •

Téléphone fixe domestique (1900) •

Téléphone fixe domestique (1950) •

Téléphone transportable (1990) •

Smartphone (2010) •

Solutions techniques

• Miniaturisation des composants, écran tactile

• Code optique, première mise en réseau

• Transmission du code par impulsion électrique (lettre par lettre)

• Mise en relation automatique de l'appelé et de l'appelant

• Transmission électrique de la voix, connexion réalisée par une opératrice

• Matériel suffisamment léger pour effectuer une communication en déplacement (voiture, train...)

AVEZ-VOUS RÉUSSI ? ◯ ◯ ◯

4 L'utilisation d'outils pour exprimer sa pensée

JE RETIENS

- **Les premiers modes d'expression graphique** connus datent du paléolithique moyen mais c'est au paléolithique supérieur qu'apparait la peinture avec la **représentation d'objets réels. De nos jours**, une simple feuille de papier et un crayon permettent d'exprimer sa pensée, pour soi et pour les autres.
- **Exprimer sa pensée** permet de la **structurer** et de **gagner en efficacité** lorsqu'il s'agit de faire preuve d'imagination durant une période de conception (artistique, technique).
- **La phase de conception d'un objet technique** commence souvent par un **croquis à main levée**. Ce dessin est un outil graphique de communication. Le croquis est utilisé pour représenter le réel mais également un concept (schéma fonctionnel, diagramme…).
- **Des logiciels informatiques** sont aussi utilisés pour exprimer sa pensée et la communiquer : **logiciel de CAO mécanique** (Conception Assistée par Ordinateur) (voir p. 270), **logiciels de dessin** (Photoshop, GIMP…). Certains sont spécialisés dans la création de diagrammes pour l'ingénierie système (Modélio, Papyrus…). **Des logiciels de présentation** permettent aussi d'exposer au vidéoprojecteur une synthèse de son travail.
- **Une carte heuristique**, également appelée **carte mentale**, est un schéma permettant de représenter de façon graphique différentes idées et leurs liens hiérarchiques. La carte mentale offre une représentation arborescente des données qui imite le cheminement de notre pensée.

COMMENT FAIRE

Réaliser un dessin d'observation

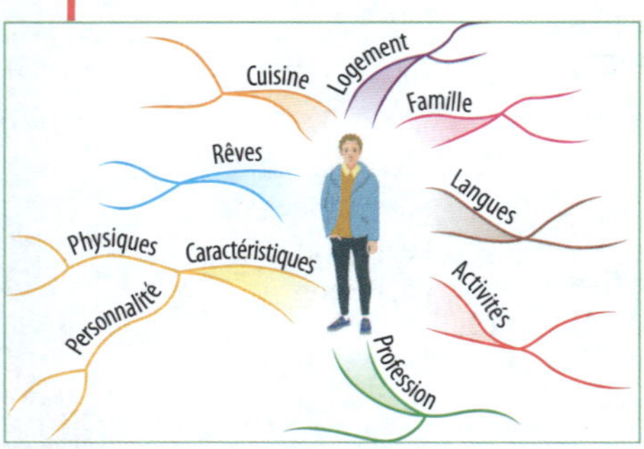

Création d'une carte mentale « Qui suis-je ? »

1. **Utiliser** une feuille de papier (blanche, sans ligne ni carreau) dans le format paysage (à l'horizontale).
2. **Comprendre** que le cœur de la carte mentale représente son objectif.
3. **Écrire ou dessiner** le cœur au centre de la feuille. Il peut s'agir d'un objet technique, d'une personne ou d'un concept.
4. **Dessiner** autour de l'objet des branches et les **nommer** (un mot par branche).
5. **Choisir** des couleurs évocatrices et **insérer** une légende. Les couleurs permettent d'homogénéiser certaines informations et d'en différencier d'autres.

Remarque : pour un même objet, deux cartes peuvent être complètement différentes.

Info-clé **Un ENT** (Environnement ou Espace numérique de travail) s'appuie sur les Technologies de l'information et de la communication pour l'enseignement (TICE) afin d'offrir aux usagers un ensemble d'outils leur permettant de travailler (traitement de texte, tableur-grapheur, logiciels spécialisés…).

S'ENTRAINER

1 ✪ Répondez par Vrai ou Faux. Corrigez les phrases si cela est nécessaire.

a. Les premiers modes d'expression graphique datent de l'apparition de l'écriture (– 3 500 ans av. J.-C.).

☐ Vrai – ☐ Faux

b. Photoshop et GIMP sont des logiciels de traitement de texte.

☐ Vrai – ☐ Faux

c. Une carte heuristique est également appelée « carte mentale ».

☐ Vrai – ☐ Faux

d. Une carte mentale est généralement une liste dans un tableau.

☐ Vrai – ☐ Faux

e. ENT signifie Espace Numérique de Traitement d'images.

☐ Vrai – ☐ Faux

2 ✪ Répondez aux questions.

a. Comment se nomme le dessin réalisé à main levée et qui permet, entre autres, de représenter le monde réel ?

b. Citez trois outils que l'on peut utiliser pour exprimer sa pensée.

c. Lorsque l'on dessine une carte mentale, où est-il préférable de placer son cœur ?

LE CONSEIL DU COACH

N'hésitez pas à vous dire plusieurs fois que vous pouvez y arriver et que vous allez y arriver. Il faut penser positivement.

d. Quel est l'intérêt d'utiliser des couleurs différentes lors de la création d'une carte mentale ?

3 ✪✪ À quoi sert un logiciel de présentations tels que Microsoft PowerPoint ou Open Office Impress ? Quels sont ses points forts ?

MINI-CONTRÔLE

Dessiner une carte mentale

Sur une feuille A4 blanche, format paysage, dessinez une carte mentale de votre collège en respectant les indications données dans la rubrique « Comment faire » (couleurs, légende).

À l'image de l'exemple ci-dessous, elle devra comporter 2 niveaux d'arborescence.

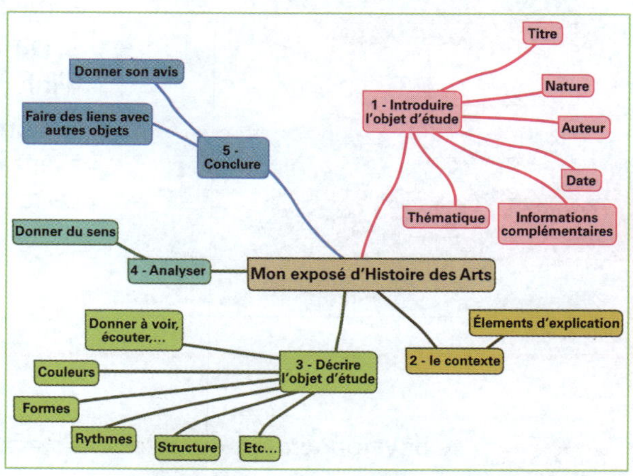

Corrigés p. 325

5 L'analyse du fonctionnement d'un système technique

JE RETIENS

- **Un objet technique** (appelé également système technique en fonction de sa complexité) répond toujours à un **besoin**.
- **La fonction d'usage** d'un objet technique est définie en répondant à la question : **« À quoi sert-il ? »**. Exemple : un stylographe (= stylo) sert à écrire ou à dessiner.
- **Un système technique** est généralement conçu à l'aide de **plusieurs fonctions techniques**. Dans une voiture, on peut citer les fonctions techniques *freiner* ou *éclairer la route* par exemple.
  - Lors de la phase de conception, une **solution technique** est choisie pour répondre à la fonction technique : *frein à disque, frein à tambour*.
  - Un système technique se compose d'une **chaine d'information** (pédale d'accélérateur, commande de climatisation…) et d'une **chaine d'énergie** (batterie, carburant, moteur…).
- **Les flux : Matière, Énergie et Information (MEI)** sont les **trois champs technologiques** complémentaires qui interviennent en technologie. Chaque **matériau** possède des **propriétés** (mécaniques, électriques, acoustiques…). On choisira un matériau, pour un usage déterminé, en fonction de ses propriétés (par exemple, isolant ou conducteur d'électricité). Il existe plusieurs types d'**énergie** : mécanique, chimique, thermique… L'**information** désigne le message qui circule, par exemple, entre un capteur et le microprocesseur.

COMMENT FAIRE

Lire une chaine d'énergie et une chaine d'information

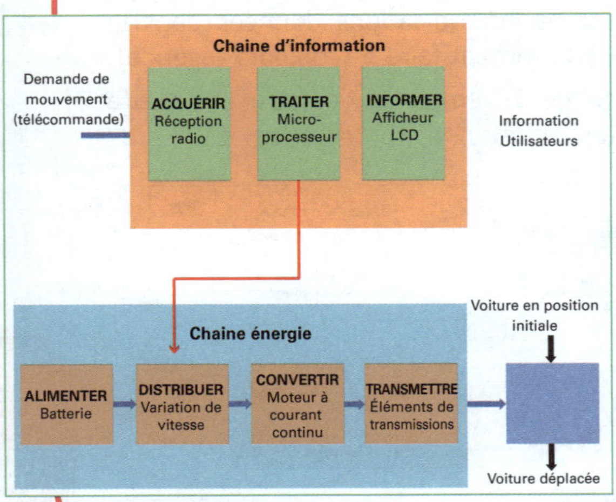

1. **Identifier**, dans les chaines d'information et d'énergie, les flux d'entrées et de sorties.
2. **Repérer** les solutions techniques mises en œuvre pour les fonctions techniques *acquérir, traiter, informer, alimenter, distribuer, convertir, transmettre*.
3. **Différencier** un flux d'énergie d'un flux d'information.
4. **Comprendre** l'action réalisée par l'objet technique : avant la demande de mouvement, la voiture est à un certain endroit, après, elle s'est déplacée.

Info-clé **Le développement durable** consiste à prendre en compte, sur le long terme, les aspects environnementaux et sociaux.

LE CONSEIL DU COACH

Apprendre en se posant des questions

Le sujet peut sembler compliqué… ne vous découragez pas ! Faites quelques exercices de respiration pour bien vous reconnecter et aborder calmement la leçon (voir Carnet p. 19). Pour mieux vous repérer, surlignez dans le texte le sujet de la leçon : l'objet technique également appelé système technique. La leçon permet en fait de répondre à deux grandes questions : À quoi sert l'objet technique ? Quelles sont ses fonctions techniques ? Relisez la leçon en ayant bien en tête ces deux questions.

S'ENTRAINER

1 ✪ Répondez par Vrai ou Faux. Corrigez les phrases si cela est nécessaire.

a. L'information reçue d'une télécommande (qui commande à distance – fonction technique acquérir) est un flux de sortie. ☐ Vrai – ☐ Faux

b. L'information circule dans la chaine d'énergie. ☐ Vrai – ☐ Faux

c. La chaine d'énergie peut alimenter la chaine d'information. ☐ Vrai – ☐ Faux

d. Dans une voiture, le moteur à combustion interne est la solution technique utilisée pour *convertir*. ☐ Vrai – ☐ Faux

2 ✪✪ En vous aidant du texte et du diagramme, expliquez les termes « équitable » et « vivable ».

Le développement durable est une notion apparue à la fin du XXe siècle. Il prend en compte les enjeux sociaux, écologiques et économiques de notre monde. C'est par l'intersection de ces trois piliers qu'est défini ce qui est durable.

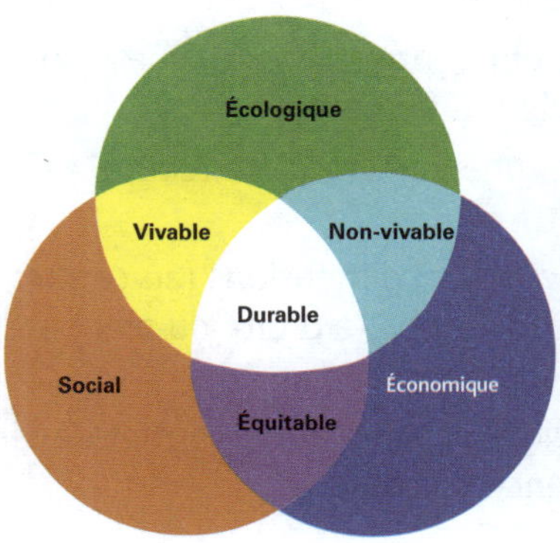

……………………………………………………………………

……………………………………………………………………

……………………………………………………………………

MINI-CONTRÔLE

Répondez aux questions sur une feuille à part.

Le circuit intégré LM335Z, conçu et fabriqué par la société STMicroelectronics, est un capteur de température. Il délivre une tension électrique proportionnelle à sa température.
Le circuit ci-dessous présente une utilisation possible du LM335Z.
La tension de sortie (OUTPUT) varie de ±10 mV lorsque la température varie de ±1 °C.
À une température de 25 °C, OUTPUT = 2,98 V.

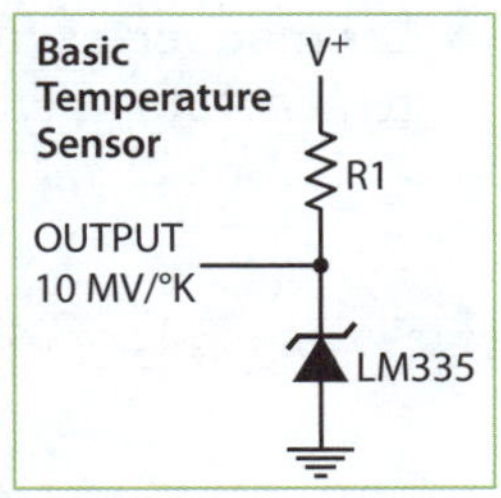

a. Calculez la tension OUTPUT théorique à une température de 50 °C, puis à une température de 0 °C.

b. En vous aidant du tableau ci-dessous, relevez la température en K (Kelvin) et en °F (degré Fahrenheit) pour les valeurs de la question a.

c. Tracez le graphique représentant la température (°C) en fonction de la tension de sortie OUTPUT. Vous prendrez pour échelle : 1 cm = 500 mV (abscisse) et 1 cm = 20 °C (ordonnée).

Échelles de température			
Fahrenheit	Celsius	Kelvin	
212	100	373	Au niveau de la mer, seuil de température du point d'ébulition de l'eau
194	90	363	
176	80	353	
158	70	343	
140	60	333	
122	50	323	
104	40	313	
86	30	303	
68	20	293	Température ambiante moyenne
50	10	283	
32	0	273	Au niveau de la mer, seuil de température pour le point de fusion de la glace (point de congélation de l'eau)
14	–10	263	
– 4	–20	253	
–22	–30	243	
– 40	–40	233	
–58	–50	223	
–76	–60	213	
–94	–70	203	
–112	–80	193	
–130	–90	183	–89°C (–129°F) Température la plus basse jamais enregistrée. Vostok, Antarctique Juillet 1983
–148	–100	173	

Corrigés p. 325

AVEZ-VOUS RÉUSSI ? ◯ ◯ ◯

6 La modélisation et la simulation du comportement

JE RETIENS

- **Pour des économies de temps et d'argent**, il est souvent nécessaire de **simuler le comportement** d'un système technique avant de procéder à la réalisation d'un prototype. Pour cela, on procède à sa **modélisation**.
- **Un modèle numérique est une représentation virtuelle d'un objet technique**. L'objectif de cette représentation est de **valider des solutions** imaginées au préalable. Ce sont des **outils de modélisation** et de **simulation numérique** qui vont permettre d'anticiper ou de vérifier des comportements.
- Ces **outils de modélisation** sont le plus souvent des **logiciels spécialisés**. Ils existent dans des domaines aussi divers que la thermique, la mécanique, l'électronique, l'informatique ou encore la résistance des matériaux.
- Créer un modèle ou simuler un comportement impose de savoir interpréter les **résultats** et de connaitre leur limite. En effet, la simulation et la modélisation ne permettent pas toujours de conclure…
- **Les maquettes** (réplique à une échelle inférieure) permettent également de simuler le comportement futur d'un objet technique.

COMMENT FAIRE

Découvrir et utiliser un modeleur 3D et un logiciel de simulation

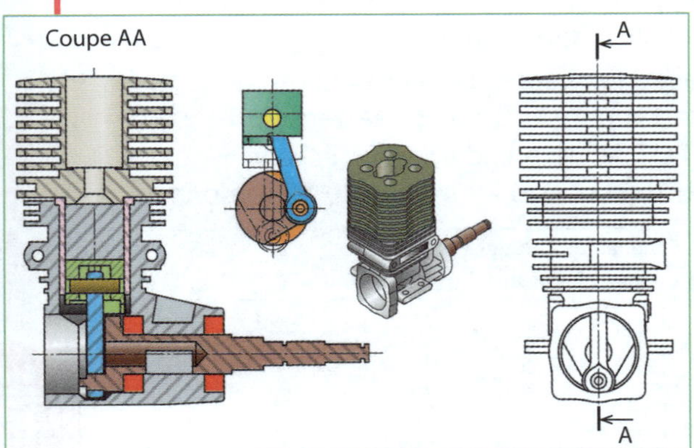

Différentes vues d'un moteur thermique de modèle réduit.

SolidWorks utilise trois concepts de base : la **pièce** (composant unique), **l'assemblage** (ensemble de pièces) et **la mise en plan** (figure ci-contre).
Un dossier complet contenant l'ensemble des éléments relatifs à un même système constitue une maquette numérique.

1. **Identifier** les différentes pièces d'un assemblage (souvent de couleur différente).
2. **Savoir** repérer une vue en coupe (coupe A-A, figure ci-contre).
3. **Identifier** la vue en 3 dimensions (au centre du plan), la vue de gauche (à droite du plan) et l'équipage mobile du moteur.
4. **S'assurer** qu'il n'y a pas d'incohérence mécanique : le logiciel de simulation permet de faire « tourner » le moteur pour vérifier qu'il n'y a pas d'incohérence mécanique.

Info-clé La modélisation volumique permet de concevoir des objets techniques en volume (3D = 3 dimensions).

S'ENTRAINER

1 ✪ **Répondez par Vrai ou Faux.**

a. Modéliser un système technique consiste à le fabriquer pour vérifier s'il fonctionne conformément au cahier des charges.

☐ Vrai – ☐ Faux

b. La simulation logicielle permet de valider le comportement futur de l'objet technique.

☐ Vrai – ☐ Faux

c. Un modeleur 3D est un logiciel informatique permettant de modéliser en trois dimensions (modélisation volumique) tout ou partie d'un système technique.

☐ Vrai – ☐ Faux

d. On peut simuler le fonctionnement d'un objet technique pour réaliser des économies.

☐ Vrai – ☐ Faux

2 ✪✪ **Lire un diagramme des cas d'utilisation – Modélisation fonctionnelle**

Le diagramme des cas d'utilisation matérialise, sous forme graphique, ce que doit être capable de faire un système technique (cas d'utilisation), les acteurs (personnes ou autres systèmes techniques) qui interagissent avec lui, et la frontière du système.

À l'aide du diagramme ci-dessous, établissez la liste des cas d'utilisation possible et les acteurs concernés.

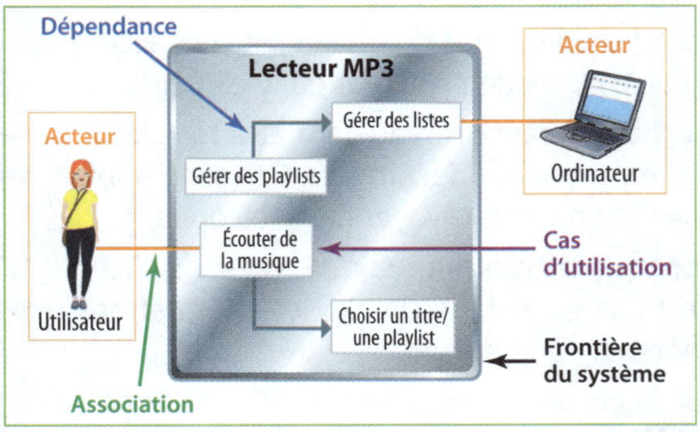

Diagramme de cas d'utilisation d'un lecteur MP3

Cas d'utilisation : ....

....

Acteurs : ....

....

Corrigés p. 325

MINI-CONTRÔLE

Comprendre un cahier des charges

Un cahier des charges est un document contractuel (un contrat lie deux parties : deux personnes ou deux sociétés) qui doit servir à définir et à atteindre des objectifs. Il comporte quatre objectifs principaux :

1. lister les objectifs que doit atteindre la solution proposée ;
2. indiquer les contraintes à respecter ;
3. être un outil de dialogue entre les acteurs ;
4. diminuer les risques d'erreur lors de la conception ou de la fabrication.

Extrait du cahier des charges technique pour un amplificateur hifi de salon

[REQ-Amplificateur audio-143] L'amplificateur devra pouvoir délivrer une puissance de 80 W en continu pendant 2 heures.

[REQ-Amplificateur audio-243] L'amplificateur devra respecter la norme DO160 – A1 :

Plage de température de fonctionnement : de – 15 °C à + 55 °C

Variation de température : 2 °C/min (degré Celsius par minute)

Résultats des tests

Fonctionnement pendant 2 h 30 min à 83 W de puissance : OK.

Fonctionnement pendant 3 h à 85 W de puissance dans l'enceinte thermique (de – 20 °C à + 60 °C) : OK.

a. L'exigence suivante peut-elle faire partie d'un cahier des charges ? Pourquoi ? L'amplificateur devra pouvoir être alimenté par le secteur 230 V 50 Hz ou par 6 piles 1,5 V type R20.

....

....

....

b. À l'aide des informations ci-dessus, vérifiez l'écart entre l'attente fixée par le cahier des charges et le résultat de certains tests. Ces tests valident-ils ces exigences ? Pourquoi ?

....

....

....

AVEZ-VOUS RÉUSSI ? ◯ ◯ ◯

7 Le fonctionnement d'un réseau informatique

JE RETIENS

- **Il existe différentes sortes de réseaux :** réseau ferroviaire sur lequel circulent les trains ; réseau électrique qui transporte l'électricité, ou encore réseau postal chargé d'acheminer le courrier. **Mais un point commun caractérise tous ces réseaux :** ils sont supportés par une **infrastructure** permettant d'assurer le **transport** d'individus, de marchandises ou l'échange d'informations.
- **Un réseau informatique** est constitué d'un ensemble d'éléments interconnectés (ordinateurs serveurs, clients, modems, routeurs, passerelles câbles, liaisons sans fil…) permettant l'**échange d'informations**.
- **La topologie d'un réseau** correspond à la façon dont les équipements sont reliés entre eux : en **anneau** (tout ordinateur est connecté à deux autres), en **bus** (tous les ordinateurs sont connectés au même câble), en **étoile** (un ordinateur communique avec un autre par l'intermédiaire d'un élément central), **maillé** (chaque ordinateur peut être relié à tous les autres).
- **Une architecture client-serveur** est composée d'un serveur (qui offre des services tels que le stockage/partage d'informations, le calcul, le traitement de données, le partage d'imprimantes, la gestion du contrôle d'accès au réseau…) et de plusieurs clients. Le serveur répond aux requêtes que lui envoient des clients.
- **Les éléments d'un réseau** peuvent communiquer à l'aide de **supports différents** : câbles en cuivre, fibres optiques, ondes électromagnétiques (ondes radiofréquences, lumière).
- **Un protocole** est un ensemble de **règles** permettant la communication entre deux ordinateurs.

COMMENT FAIRE

Observer et décrire la structure du réseau informatique d'un collège

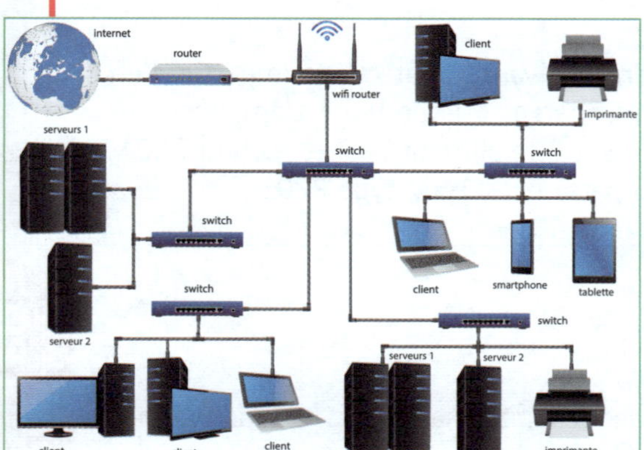

Schéma général du réseau informatique d'un collège

1. **Identifier** le serveur dans le schéma structurel.
2. **Repérer** que les utilisateurs du réseau peuvent accéder à Internet à l'aide du modem/routeur qui y est relié.
3. **Savoir** que l'imprimante réseau permet à tous les utilisateurs d'imprimer des documents. Certaines sont multifonctions et peuvent envoyer des télécopies.
4. **Se rappeler** que le commutateur de réseau (*switch* en anglais) est chargé de faire circuler les informations entre les différents équipements.
5. **Savoir** que la borne wifi transfère les informations d'un support (fil de cuivre) sur un autre (onde électromagnétique).

Info-clé Le réseau Internet (INTERconnected NETworks : réseaux interconnectés) s'appuie sur le protocole TCP/IP (Transmission Control Protocol / Internet Protocol), un ensemble de protocoles utilisés pour transférer des données sur Internet.

S'ENTRAINER

1 ✪ **Répondez par Vrai ou Faux.**

a. Un réseau est toujours constitué de liaisons sans fil (exemple : wifi). ☐ Vrai – ☐ Faux

b. Une architecture client-serveur ne contient pas de serveur. ☐ Vrai – ☐ Faux

c. Internet est un acronyme formé par deux mots de langue anglaise. ☐ Vrai – ☐ Faux

d. Le commutateur de réseau transfère des informations. ☐ Vrai – ☐ Faux

2 ✪✪ **Répondez aux questions.**

a. Citez trois supports permettant le transport de l'information dans un réseau.

....

....

b. D'après le schéma de la page 272, quel est l'équipement qui permet d'accéder à Internet sur le réseau du collège ?

....

c. Citez trois services que peut offrir un serveur aux ordinateurs clients.

....

....

d. Comment se nomme l'ensemble des protocoles utilisés par Internet ?

....

3 ✪✪✪ **Complétez le schéma ci-dessous.**

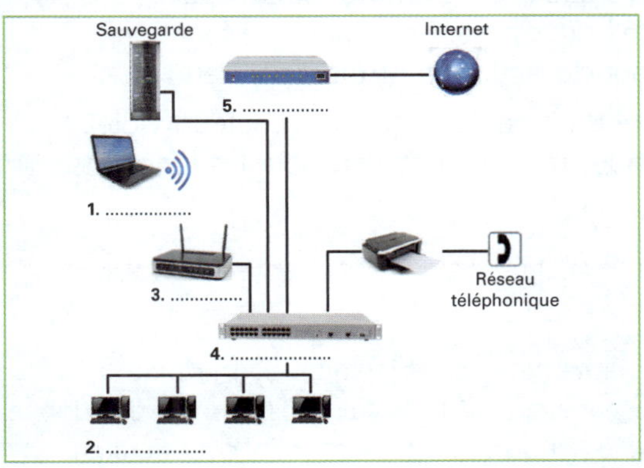

LE CONSEIL DU COACH Vous bloquez ? Faites-vous aider par un(e) camarade, vos parents, votre professeur.

a. Placez sur le schéma ci-avant les noms manquants (vous préciserez le type d'ordinateur).

b. L'imprimante est équipée d'une autre fonction, laquelle ? ....

MINI-CONTRÔLE

Déterminer le nombre d'adresses IP

Chaque élément d'un réseau (ordinateur, imprimante, routeur...) est identifié par une adresse IP unique qui permet aux autres éléments du réseau de communiquer avec lui.

La norme IPv4 (récemment remplacée par IPv6) code une adresse avec 4 octets (chacun pouvant varier entre 0 et 255).

En décimal (base 10), chaque chiffre dans un nombre a un « poids » décuple du précédent (unité, dizaine, centaine, millier...).

Ex. : 234 = 2 × 100 + 3 × 10 + 4 × 1.

En binaire (base 2), chaque bit a un poids double du précédent (1, 2, 4, 8, 16...).

Ainsi $1\,001_{\text{base } 2}$ =

$1 \times 8 + 0 \times 4 + 0 \times 2 + 1 \times 1 = 9_{\text{base } 10}$

Une adresse IPv4 (notation décimale à point)

172 . 16 . 254 . 1

↓ ↓ ↓ ↓

10101100 .00010000 .11111110 .00000001

1 octet = 8 bits

32 bits (4 * 8), ou 4 octets

a. En théorie, combien d'adresses IP différentes peut-on obtenir avec 32 bits ? avec 128 bits (IPv6) ?

....

....

b. Concluez quant à la durée de vie de la norme IPv6.

....

8 Écriture, mise au point et exécution d'un programme

JE RETIENS

- **Programmer** (coder) consiste à écrire et mettre au point un **programme informatique**. Un programme effectue dans un ordre déterminé une **suite d'actions** pour résoudre un problème.
- **On trouve des programmes informatiques dans beaucoup d'objets courants** (ordinateur, smartphone, lave-vaisselle...). Tous ces objets techniques ont en commun d'intégrer un ou plusieurs **microprocesseurs**.
- **Le microprocesseur** (ou **microcontrôleur** quand il est nécessaire de gérer des actionneurs, des capteurs ou des interfaces) est un **circuit intégré** qui exécute les instructions contenues dans le programme. Il contient souvent plusieurs centaines de milliers de **composants**.
- **Un langage de programmation** permet d'écrire un programme. Comme une langue vivante, le langage est composé d'un alphabet, d'un vocabulaire, d'une orthographe et de règles. Il existe de **nombreux langages de programmation**. En voici quelques-uns parmi les plus courants : Langage C, Java, BASIC, C++, Perl, Python, Visual Basic.
- **Le traducteur** (compilateur, interpréteur) va transformer le programme (langage de haut niveau) en code informatique compréhensible par le microprocesseur. Le code informatique est une **succession de « 0 » et de « 1 » (code binaire)**, il est appelé **l'exécutable** (c'est un fichier avec l'extension .EXE sous l'environnement Windows).

COMMENT FAIRE

Découvrir Scratch : identifier quelques briques

Scratch est un logiciel gratuit d'initiation ludique à la programmation.

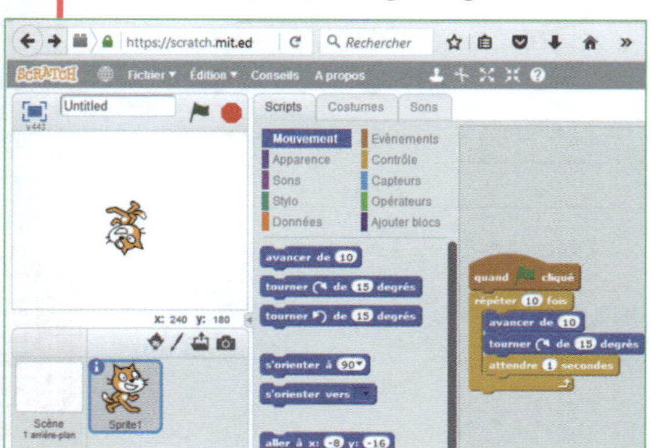

1. **Savoir** que l'on peut utiliser Scratch « en ligne » (connecté à Internet) ou directement sur un ordinateur.
2. **Reconnaitre** les 3 zones principales : la scène (à gauche), le menu « briques » et le programme constitué de briques.
3. **Comprendre** que le programme est créé par assemblage de briques ayant chacune une fonction particulière (boucle, action, contrôle, opérateurs...).
4. **Reconnaitre** un type de brique à sa couleur (violet pour les fonctions mouvement, vert pour les fonctions opérateurs...).

Info-clé

Un algorithme est un ensemble d'opérations mathématiques et logiques permettant de **résoudre un problème.** Ce problème peut être, par exemple, le calcul, dans un intervalle donné, de l'ensemble des nombres premiers. Il sera résolu par un algorithme et traité avec Scratch.

LE CONSEIL DU COACH

Mettre en évidence ce que l'on a compris

Programmer, microprocesseur, langage de programmation, traducteur… tout un programme d'apprentissage ! Vous avez peut-être l'impression de ne rien avoir compris. Si vous vous sentez dépassé(e), commencez par lister et reformuler à voix haute ce que vous avez compris. Vous allez sans doute constater que vous avez compris pas mal de choses et cela va vous encourager à débuter les premiers exercices.

S'ENTRAINER

1 ✪ Répondez par Vrai ou Faux.

a. Il est nécessaire de bien connaitre les bases de la programmation pour utiliser le logiciel Scratch.

☐ Vrai – ☐ Faux

b. Les microprocesseurs et microcontrôleurs sont des circuits intégrés qui regroupent un grand nombre de composants électroniques.

☐ Vrai – ☐ Faux

c. Un algorithme est une succession d'actions permettant la résolution d'un problème.

☐ Vrai – ☐ Faux

2 ✪ Répondez aux questions sur une feuille à part.

a. Citez trois objets de la vie courante dans lesquels il est possible de trouver un programme informatique.

b. Expliquez, en une ou deux phrases, à quoi sert un programme informatique.

c. Quel est le nom du code que peut comprendre un microprocesseur ?

3 ✪✪✪ Programmer avec Scratch

Sur une feuille ou directement avec Scratch, placez toutes les briques à disposition pour effectuer les actions ci-après :

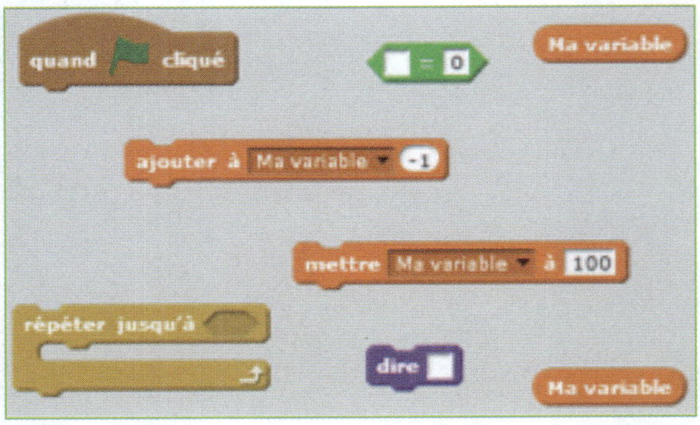

– mettre en route le programme par un clic sur le drapeau vert ;

– affecter 100 à la variable nommée *Ma variable* ;

– décrémenter (retrancher 1) à *Ma variable* et afficher *Ma variable* jusqu'à ce que *Ma variable* égale 0.

MINI-CONTRÔLE

Le pseudo-code

Le pseudo-code est l'étape entre l'imagination d'un programme et son écriture avec un langage de programmation. Le pseudo-code est écrit en langage naturel (français, anglais…) et quelques opérateurs logiques et mathématiques.

Écrire en pseudo-code permet de s'affranchir du langage de programmation.

En pseudo-code = est un opérateur d'affection. Exemple : **A = 2** affecte à la variable A la valeur **2**.

```
DÉBUT
   RÉPETER
      REQUÊTE "Combien de notes à traiter ?", Nb
   JUSQU'À nB > = 0
   SI Nb < 0 ALORS
      Somme = 0
      POUR I = 1 JUSQU'À Nb FAIRE
         REQUÊTE "Saisir une note ?", Valeur
         Somme = Somme + Valeur
      FINPOUR
      ÉCRIRE "Moyenne =", Somme / Nb
   SINON
      ÉCRIRE "Aucune note à traiter"
   FINSI
FIN
```

a. Décrivez en quelques phrases ce que fera le programme issu du pseudo-code ci-dessus.

……………………………………………………………………

b. Expliquez ce qui se produit s'il n'y a aucune note à traiter.

……………………………………………………………………

Corrigés p. 325

AVEZ-VOUS RÉUSSI ? ○ ○ ○

Corrigés

Corrigés

FRANÇAIS

1. La classe grammaticale des mots p. 5

1 a. Ils causaient seuls dans les coins du salon ou assis sur le talus au fond du bosquet devant la lande sauvage. – b. Une fois la chose décidée, on voulut hâter le dénouement ; il fut donc convenu que la cérémonie aurait lieu dans six semaines. – c. La cérémonie finissait. On passa dans la sacristie presque vide car on n'avait invité personne ; puis on ressortit.

D'après G. de Maupassant, *Une vie*, 1883.

2 Ma mère avait bien à Marseille de vagues parents mais ils étaient trop riches et ne **la** (P ; ma mère) recevaient que pour **lui** (P ; ma mère) faire ingurgiter **leur** (D) luxe, lui parler de **leurs** (D) hautes relations et **l'** (P ; ma mère) interroger avec bienveillance sur **le** (D) modeste commerce de **son** (D) mari [...].

D'après A. Cohen, *Le Livre de ma mère*, © Gallimard, 1954.

3 Comprit-il, devina-t-il, fut-il comme elle envahi par (P) une sorte d'ivresse d'amour ? Ou bien, savait-il seulement par expérience qu' (CS) aucune femme ne lui résistait ? Elle s'aperçut soudain (A) qu'il pressait sa main doucement (A) d'abord, puis (A) plus fort.

G. de Maupassant, *Une vie*, 1883.

4 Tout (pronom) irait pour le mieux si Séguret ne devenait de plus en plus agaçant (adjectif). Pour d'obscures raisons de (préposition) planning et de coût (nom), il nous (pronom) fait changer des passages entiers. Cet (déterminant) homme ne zappe pas avec (préposition) une télécommande mais (conjonction de coordination) avec une calculette. Comme hier (adverbe), où un comédien a quitté la saga, sans prévenir.

D'après Tonino Benacquista, *Saga*, © Gallimard, 1997.

DICTÉE

Temps : passé du conditionnel, imparfait et présent de l'indicatif. – **Orthographe grammaticale** : la forme « aurais voulu » est du passé du conditionnel car elle exprime un souhait non réalisé. « Prolonger » est à l'infinitif car il est précédé d'un verbe déjà conjugué. Le participe passé « épuisé », attribut du sujet « le commissaire », s'accorde en genre et en nombre avec ce dernier, masculin singulier. L'adjectif « bleue » s'accorde avec « une peur », féminin singulier. – **Orthographe lexicale :** le verbe « rapprochait » prend deux « p » comme, sauf exception, les mots commençant par *ap-*.

2. Les fonctions autour du nom p. 7

1 a. Concentrés (participe passé), les élèves écoutaient les explications subtiles (adjectif) du professeur. – b. Le paysage, vallonné (adjectif) et verdoyant (participe présent), s'étendait devant mes yeux émerveillés (participe passé). – c. Les vaches, que j'ai sorties à l'aube (proposition subordonnée relative) ruminent tranquillement au fond du pré.

2 À l'une des extrémités de cet appartement, on fit voir au nouveau prisonnier une chapelle de la plus grande magnificence ; les murs et la voûte sont entièrement revêtus de marbre noir ; des colonnes noires aussi et de la plus noble proportion sont placées en ligne le long des murs noirs.

Stendhal, *La Chartreuse de Parme*, 1839.

3 **Appositions :** a. poète maudit. – c. figure charismatique. – d. réalisateur suédois. **Épithètes :** b. arrêté et torturé.

4 a. Sa belle-mère, femme acariâtre et colérique, semait la discorde autour d'elle. – b. Martin, travailleur acharné, réussira certainement à entrer dans une grande école. – c. Les plus anciennes traces d'écriture ont été découvertes à Uruk, ville du sud de l'Irak.

EXO BREVET

« Où résidait sa fille », **nature :** proposition subordonnée relative ; **fonction :** épithète de « château de Grignan ». – « rocheux », **nature :** adjectif ; **fonction :** épithète de « un piton ». – « d'honneur », **nature :** groupe nominal prépositionnel ; **fonction :** complément du nom « sa façade ».

3. Les fonctions autour du verbe p. 9

1 a. Parvenus dans une pièce où règne [une bonne chaleur] [la femme] lui désigne une place. – b. [Les enfants] le regardent et souvent se moquent de lui, mais sans oser le faire à haute voix. (« faire » est COD du verbe « oser » et « le » est COD du verbe « faire ») – c. [Les frottements d'ailes de criquets], [les cris de singes], [les chants] d'oiseaux les précèdent, les enveloppent et les suivent.

2 a. attribut du sujet – b. COD – c. COD – d. attribut du sujet – e. attribut du COD – f. COI.

3 a. Il [l'] examinait de ses yeux clairs, avec une sorte de maussaderie, fixement. – b. Elle rêvait aux palmiers droits et flexibles et à la jeune fille qu'elle avait été. – c. Elle leur trouvait, même lorsqu'ils portaient [des loques], [un air de fierté] [que] n'avaient pas les Arabes de sa ville. (« des loques » est COD de « portaient », « un air de fierté » est COD de « trouvait » et « que » est COD de « avaient », « les Arabes de sa ville » est sujet.)

4 « mérite » a pour COD « de l'être ». (Ce verbe se construit directement sans préposition.) – « aiderai » a pour COD « vous ». – « s'intéresse » a pour COI « à vous ». – « seriez » a pour attribut du sujet « perdu ».

DICTÉE

Temps : imparfait, passé simple et plus-que-parfait de l'indicatif. – **Orthographe grammaticale :** l'accord des participes passés : « enroulée », employé avec « avoir », s'accorde en genre et en nombre avec le COD « qu' », représentant « la corde », féminin singulier ; « jetée » et « caché » sont employés comme adjectifs. Ils s'accordent en genre et en nombre respectivement avec le pronom « la », féminin singulier et avec « mur », masculin singulier ; « rompue » s'accorde avec le sujet « la corde ». – **Orthographe lexicale :** le mot « poids » prend toujours un « s ». Les verbes « enfonçait » et « avançait » prennent une cédille pour obtenir le son « ss ». Le « c » fait partie de leur radical et ne peut être modifié en « s ». Le verbe « nageant » prend un « e » pour faire le son « j » devant le « a ».

4. Les compléments circonstanciels p. 11

1 Cocher les phrases a., c., d.

2 a. manière b. but c. conséquence d. moyen e. manière

3 a. Un matin d'été, sur le chemin du village, Marie rencontra une vieille connaissance.
CC 1 : temps – CC 2 : lieu.
b. Manon et ses cousines avaient voyagé en train pendant deux jours.
CC 1 : moyen – CC 2 : temps.
c. Quentin fut puni hier soir en raison de son insolence.
CC 1 : temps – CC 2 : cause.
d. La vieille dame marchait péniblement sur le sable fin.
CC 1 : manière – CC 2 : lieu

EXO BREVET

« afin de le regarder travailler » est un groupe verbal prépositionnel en fonction complément circonstanciel de but. « pour ses pieds » est un groupe nominal prépositionnel en fonction complément circonstanciel de but. « tranquillement » est un adverbe ayant pour fonction complément circonstanciel de manière.

5. Les paroles rapportées p. 13

1 a. DIL – b. DD – c. DI – d. DI.

2 a. Il lui déclara qu'il n'y comprenait rien. – b. Le chef cuisinier demanda à son client si l'entrecôte avait été à son gout. – c. Le service météo annonça que la température baisserait de plusieurs degrés le lendemain et que les automobilistes devraient se méfier du gel.

3 a. as osé → plus-que-parfait de l'indicatif ; restais → imparfait de l'indicatif – b. Comprenez → présent de l'indicatif – c. saurons → présent du conditionnel.

4 Cette manière d'agir de Gabin ne plaisait pas à Ernesto. Zut ! Après tout, il n'avait qu'à se débrouiller tout seul !

5 **Passage du discours direct au discours indirect :** Je dis au marquis qu'il fallait que nous abordions ce jeune homme. Il s'écria en me baisant la main qu'il pouvait donc une fois de plus me marquer son éternelle reconnaissance. **Passage du discours indirect au discours direct :** « D'où venez-vous ? », lui demandai-je. « J'arrive, par mer, du Havre-de-Grâce où, juste avant, je suis revenu de l'Amérique », me répondit-il.

DICTÉE

Temps : passé composé, passé simple et présent de l'indicatif ; infinitif passé. – **Orthographe grammaticale :** l'accord des participes passés : « sacrées » s'accorde avec le sujet « les moissons » ; « écrasé » et « tué » ne s'accordent pas car les COD « une gerbe » et « la fleur » sont placés après le verbe ; « prononcées » est utilisé comme adjectif et s'accorde avec « ces paroles ». « Aller » est à l'infinitif car il est précédé de la préposition « pour ». – **Orthographe lexicale :** « lors » est un adverbe, donc invariable.

6. La phrase complexe p. 15

1 a. Bientôt il se releva et se remit à marcher : coordonnées. – b. L'horizon était au tout noir ; ce n'était pas seulement l'obscurité de la nuit : juxtaposées. – c. D'incessants malheurs s'abattaient sur eux qui n'avaient plus la force de les combattre : subordonnée (« qui n'avaient plus la force de les combattre »).

2 a. La mère chantonne une berceuse pour que / afin que l'enfant s'endorme paisiblement. – b. Ils raffolent d'histoires dans lesquelles les héros traversent de multiples épreuves. – c. Les habitants détestent que les caméras de télévision les suivent dans leur quotidien.

3 a. J'ai trouvé cette statuette égyptienne pour toi car tu aimes les objets antiques. – b. Elle entendit un bruit assourdissant et son cœur se mit à battre très fort. – c. Ils ne s'expliquaient pas son mécontentement donc ils décidèrent de lui en parler. – d. Je n'ai pas envie d'aller à cette soirée mais je m'y rendrai par politesse.

EXO BREVET

a. Au début, ce sont des propositions subordonnées. À la fin, ce sont des propositions juxtaposées. – b. L'utilisation de propositions subordonnées allonge les phrases pour souligner l'attente des voyageurs face au mauvais temps. Le narrateur emploie ensuite la juxtaposition, qui saccade la phrase pour souligner cette fois l'impatience que cette attente provoque.

7. La proposition subordonnée relative p. 17

1 a. [La rue] à laquelle je pense est en sens interdit. – b. [Le meuble] que tu veux acheter coute une fortune. – c. Je ne me rendrai pas dans [un pays] où règne la dictature. – d. Je souhaiterais que tu me prêtes [le livre] qui t'a tant plu.

2 c. « que tu m'as offert » – d. « où nous rêvions de voyages ».

Corrigés

3 a. « qu' » : COD du verbe « admirer ». – b. « qui » : sujet du verbe « se trouver ». – c. « auxquelles » : COI du verbe « s'adonner ». – d. « dont » : COI du verbe « parler ». – e. « dont » : complément du nom « rubans ».

4 a. Les fleurs que tu as cueillies égaient la pièce et diffusent un parfum délicat. b. Je reviens fatiguée de cette randonnée à laquelle tu as tenu à m'emmener.

5 qui attisait les étoiles : « qui » est sujet du verbe « attiser ». – qu'il avait installé en plein ciel : « qu' » est COD du verbe « installer ». – qui distingua dans la nuit la cage de fer d'un clocher, puis l'enchevêtrement anguleux des toits de tuile : « qui » est sujet du verbe « distinguer ». – dont certains revers avaient tant de poli : « dont » est complément du nom « certains revers ».

DICTÉE

Temps : passé simple, imparfait de l'indicatif et passé du conditionnel. – **Orthographe grammaticale :** les pronoms relatifs « lesquels » s'accordent en genre et en nombre avec leurs antécédents, masculins pluriels « des radeaux » et « ces hères ». – « naviguer » est à l'infinitif car il est précédé de la préposition « pour ». – L'accord des participes passés : « arrachées » est utilisé comme adjectif. Il s'accorde au féminin pluriel avec « les pièces » ; « échangé » ne s'accorde pas car le COD « notre place » est placé après le verbe. – **Orthographe lexicale :** le « d » final de « fond » s'entend dans « fondement ».

8. Les propositions subordonnées complétives p. 19

1 a. « quand les graines semées en avril se transformeront en pousses » : interrogative indirecte – b. « que tu choisiras l'étoffe pourpre » : conjonctive par *que* – c. « la chance tourner » : infinitive.

2 a. Je ne sais pas où j'ai bien pu voir son visage. – b. L'idée qu'il pouvait se tromper l'obsédait. – c. Tu passes de longs instants à regarder le soleil se coucher derrière un ruban de feu.

3 a. « Que vous soyez riche ou misérable » : sujet du verbe « importer ». – b. « que tu comprennes » : attribut du sujet « l'important ». – c. « à ce que le courriel de son ami arrive dans la semaine » : COI du verbe « s'attendre ». – d. « ce que tu voulais » : COD du verbe « obtenir ».

EXO BREVET

La proposition subordonnée complétive la plus utilisée est la conjonctive par *que* (« qu'elle est lasse et recrue de fatigue », « que cela lui arrive par la longueur du chemin », « qu'elle est le soir sans appétit », « qu'elle est sujette à des insomnies », « qu'elle doit se lever avant midi »). La répétition de la conjonction que dans ce discours indirect alourdit le style pour illustrer combien les nombreuses questions d'Irène sont irritantes autant que ridicules et futiles.

9. Les propositions subordonnées circonstancielles p. 21

1 a. POST. – b. SIM. – c. POST. – d. ANT.

2 a. Tu as persisté dans ton entêtement **si bien que** tu as provoqué leur colère : conséquence. – b. Tu t'es montré **si** attentionné **que** je ne sais comment te remercier : conséquence. – c. Je ne t'accompagnerai pas, non que je sois triste mais **parce que** tu m'ennuies : cause. – d. Je t'implore non **pour que** tu restes là les bras ballants mais **pour que** tu m'aides : but. e. **Si** tu désires inspirer confiance, tu cesseras de mentir : but.

3 La proposition subordonnée participiale indique : a. la cause. b. le temps. c. le temps. d. la cause.

4 a. **Lien :** la conséquence. Le temps me rendait **si** mélancolique **que** (par exemple) je décidai de lire des poèmes. – b. **Lien :** la cause. Je m'enferme dans un silence digne **parce que** (par exemple) tu refuses de m'écouter sous prétexte que je te déconcentre !

DICTÉE

Temps : passé simple, imparfait, plus-que-parfait de l'indicatif et présent du conditionnel. – **Orthographe grammaticale :** l'accord des participes passés : « versées » s'accorde avec le pronom relatif « qu' », COD, représentant « les larmes » ; « brûlé » ne s'accorde pas car le COD « les yeux » est placé après le verbe. – L'adjectif « transi » s'accorde avec « un courrier », qu'il caractérise.

10. Les formes active et passive p. 23

1 a. Forme active – b. Forme active – c. Forme passive – d. Forme passive

2 a. OUI, « l'écrivain Emmanuel Adely » est COD. – b. NON, « à un atelier d'écriture » est COI. – c. NON, « faciles » est attribut du sujet. – d. OUI, « beaucoup de gens » est COD.

3 a. Une biche et ses deux faons **ont été aperçus** au lever du soleil. b. Le désir de manger sainement **ne sera plus ignoré** par les industriels. c. Les guerres **sont créées** par l'inégalité d'accès à la terre. d. La question **serait réglée** rapidement, selon ses dires.

4 a. Nos vies ont été radicalement simplifiées par les technologies d'hier. b. Le contrôle des individus avait été anticipé par George Orwell. c. Un nouveau rapport mensonger aurait remplacé le rapport de police. d. Les habitants du quartier fuient la pollution, le bruit, la foule.

EXO BREVET

« Antonio allait nu-tête. », « Peu à peu, ses cheveux qui étaient un peu frisés s'aplatirent et ils se déroulèrent devant ses yeux. », « Elles étaient encore sèches. » et « C'était une

large pluie d'automne, sans faiblesse. » ne peuvent être transposées à la forme passive.
« Au bas du plateau, de l'autre côté, la route était coupée par un torrent qui commençait à rouler ses eaux grasses » est à la forme passive.
« Il les regarda sous l'abri de sa main. » devient « Elles furent regardées sous l'abri de sa main. » (le pronom complément « les » qui remplace « les cartouches » devient « elles » en fonction sujet).

11. Les connecteurs logiques et spatio-temporels p. 25

1 a. Cette phrase ne contient pas de connecteur logique. – b. Enfin, on peut dire que chacun fait comme il peut. – c. Il cuisine mais ne dresse jamais la table. – d. D'un côté il l'aimait, de l'autre il ne pouvait la supporter.

2 a. donc : conséquence ; pour qu' : but ; car : cause – b. mais : opposition ; pour : but ; et : addition ; mais : opposition.

3 a. outre : préposition – b. C'est pourquoi : locution adverbiale – c. mais : conjonction de coordination.

4 J'ai entendu **tant** de raisonnements qui ont failli me tourner la tête, et qui ont tourné suffisamment d'autres têtes **pour** les faire consentir à l'assassinat, **que** j'ai compris que tout le malheur des hommes venait de ce qu'ils ne tenaient pas un langage clair. J'ai pris le parti **alors** de parler et d'agir clairement, **pour** me mettre sur le bon chemin. **Par conséquent**, je dis qu'il y a les fléaux et les victimes, et rien de plus.

A. Camus, *La Peste*, © Gallimard, 1947.

EXO BREVET

a. l'opposition ; **mais** – b. l'addition ; **et** (déjà exprimé dans la phrase) – c. la conséquence ; **si bien que**.

12. L'énonciation p. 27

1 **Énonciateur :** J' ; ma ; Je. **Destinataire :** Chère Kitty ; te. **Lieu :** ici. **Moment :** Lundi 28/09/1942 ; jusqu'à présent. **Temps des verbes :** présent, passé composé, imparfait de l'indicatif.

2 a. reste : non ; un dimanche : non. (il s'agit d'un récit au présent de narration) b. Ces : oui ; voici : oui.

EXO BREVET

a. **Énoncé n'ayant pas besoin de la situation d'énonciation.** Le quatrième jour fut un des plus froids de cet hiver-là. De grand matin les premiers arrivés dans la cour se réchauffaient en glissant autour du puits.

Alain-Fournier, *Le Grand Meaulnes*, 1913.

b. **Énoncé ayant besoin de la situation d'énonciation.** Tu seras gentille de venir demain matin [...] il faut que j'aille chercher du travail, et je ne veux pas la laisser toute seule avant d'avoir revu le docteur.

B. Vian, *L'Écume des jours*, © Pauvert, 1966.

13. Quelques homophones p. 29

1 a. J'ai prévenu **tous** mes amis : je ne saurais l'accepter. – b. Il buvait son chocolat à petites gorgées, **tout** en l'observant à la dérobée. – c. Elle restait bouche bée, **tout** étonnée de sa réponse.

2 a. **Quelles qu'**aient été tes intentions, elles étaient tout, sauf louables. – b. Jamais je ne me débarrasserai de ces **quelques** précieuses babioles. – c. **Quelque** ambitieuses qu'elles se soient montrées, elles ne sont pas parvenues à leurs fins. – d. Ai-je commis **quelque** impair ?

3 a. déterminant indéfini – b. adverbe – c. adverbe – d. pronom indéfini – e. pronom indéfini.

4 a. Elle surveilla désormais sa voix et crut y reconnaître, glissant sous les mots de **tous** les jours, des accents de violon et **même** un mi bémol ou un fa dièse, ou **quelque** autre impertinence...

J. Supervielle, « La Jeune fille à la voix de violon », in *L'Enfant de la haute mer*, © Gallimard, Folio, 1972 (1re éd. 1930).

b. **Même** le mot « bonheur », chaque fois qu'il était **tout** près, si près, prêt à se poser, tu cherchais à l'écarter...

N. Sarraute, *Enfance*, © Gallimard, Folio, 1983.

c. Il n'avait pas pu, en effet, avant le lever de la lune, distinguer **quoi que** ce soit sous la frondaison épaisse des micocouliers.

P. Magnan, *Le Secret des Andrônes*, © Gallimard, Folio Policier, 1987.

d. **Tout** le village le contemplait maintenant. Les buveurs étaient debout. Mais l'étranger ne leur jeta **même** pas un regard.

B. Cendrars, *L'Or*, © Denoël, 1981, (1re éd. 1925).

DICTÉE

Temps : imparfait et plus-que-parfait de l'indicatif. – **Orthographe grammaticale :** l'adjectif « maternel » s'accorde avec « édifice » qu'il caractérise, masculin singulier. – Les verbes « aimait », « caressait », « parlait » et « comprenait » ont pour sujet « il » (et non « les » ou « leur », respectivement COD et COI) ; « étaient » s'accorde ici avec le sujet réel « les cloches » mais pourrait tout aussi bien s'accorder avec « c' ». – L'accord des participes passés : « reployées », utilisé comme adjectif, s'accorde avec « ses ailes » qu'il caractérise, féminin pluriel ; « élevés », utilisé avec « être » sous-entendu, s'accorde avec « les oiseaux », masculin pluriel ; « rendu » s'accorde avec le pronom « l' » représentant le personnage désigné par « il ».

Corrigés

14. L'accord du participe passé p. 31

1 a. Elle descendit des marches mouillées (accord avec « marches »). – b. Les deux hommes, un instant, observèrent la jeune femme immobile, serrée dans son manteau (accord avec « femme »). – c. Elle fermait les yeux au souffle de la terre endormie, herbeuse et mouillée (accord avec « terre »).

D'après F. Mauriac, Thérèse Desqueyroux, © Grasset, 1927.

2 a. Il interrogeait l'avocat Duros qui répondait à mi-voix, comme s'ils eussent été épiés (emploi avec « être », accord avec le sujet « ils »). – b. Thérèse n'entendit pas la réponse de Duros, car ils avaient allongé le pas (emploi avec « avoir », pas de COD avant la forme verbale, donc pas d'accord). – c. Les chiens de garde que la voiture a réveillés (emploi avec « avoir » ; le COD « que » qui a pour antécédent « les chiens » est placé avant la forme verbale, donc accord avec le COD) aboient encore, puis se taisent. – d. Le destin, à toutes les étapes, peut encore surgir, la délivrer ; Thérèse cède à cette imagination qui l'eût possédée (emploi avec « avoir » ; le COD « l' » qui a pour antécédent « Thérèse » est placé avant la forme verbale, donc accord avec le COD) si l'inculpation avait été maintenue (passif, emploi avec « être », accord avec le sujet « l'inculpation ») : l'attente du tremblement de terre.

D'après F. Mauriac, *op. cit.*

3 a. Son père l'avait fait attendre sur la route de Budos, en dehors de la ville. – b. Ils traversèrent la place : des feuilles de platane étaient collées au banc trempé de pluie. Heureusement, les jours avaient bien diminué. – c. Elle s'était laissé marier docilement à un vieillard, l'avait subi sans révolte. – d. Thérèse imagine qu'elle aurait pu être ainsi effacée, anéantie, et que plus tard il n'eût même pas été permis à sa fille, de retrouver dans un album la figure de celle qui l'a mise au monde.

D'après F. Mauriac, *op. cit.*

4 a. Le participe passé s'accorde avec « sa mère » que reprend le pronom relatif « qu' » en fonction COD. b. « éclairés » apposé s'accorde avec le GN « yeux », masculin pluriel. c. « venue » s'accorde avec le sujet « La mort de Manu » car il est employé avec l'auxiliaire *être*. d. « tapie » s'accorde avec « la douleur ».

DICTÉE

Temps : imparfait de l'indicatif. – **Orthographe grammaticale :** les participes passés sont tous utilisés comme des adjectifs : « drapée » s'accorde avec « la taille » féminin singulier ; « étriqué » et « épinglé » avec « un châle », masculin singulier ; « enveloppée » et « surmontée » avec « la tête », féminin singulier ; « collé » avec « un linge », masculin singulier. – **Orthographe lexicale :** « par-ci, par-là », comme les mots renforcés par « ci » et « là », prennent, en général, un trait d'union.

15. La valeur des temps du mode indicatif p. 33

1 a. Faux → « le rendit » (le passé composé fait partie du récit au présent) – b. Faux → « réfléchissait » (arrière-plan) – c. Vrai – d. Faux → « ouvrit », « s'étira » (actions de premier plan).

2 a. est : présent d'énonciation ; s'éveille : présent de vérité générale – b. Présent de narration.

3 a. marchait : durée ; agitait : répétition – b. descendait : description ; s'acheminait : habitude.

4 a. actions accomplies b. action accomplie c. antériorité d. antériorité e. antériorité

DICTÉE

Temps : passé simple, imparfait et plus-que-parfait de l'indicatif. – **Orthographe grammaticale :** « retrouvai » est au passé simple car l'action est délimitée dans le temps. – « regardais » et « considérais » sont à l'imparfait car l'action est en cours d'accomplissement. – « sembler » et « persuader » sont à l'infinitif : le premier est précédé du verbe conjugué « pouvait » ; le second, de la préposition « à ». – Le participe passé « passé » ne s'accorde pas car le COD « la nuit » est placé après le verbe.

16. Les modes personnels et impersonnels p. 35

1 a. mode infinitif – b. mode conditionnel – c. mode infinitif – d. mode indicatif – e. mode impératif.

2 Monsieur Hamil **voulut** monter la voir quand il **a appris** que Madame Rosa **était** malade, mais avec ses quatre-vingt-cinq ans sans ascenseur, c'**était** hors la loi. Ils **s'étaient** bien **connus** trente ans auparavant quand Monsieur Hamil **vendait** ses tapis et Madame Rosa **vendait** le sien et c'**était** injuste de les voir maintenant séparés par un ascenseur. Il **voulait** lui écrire un poème de Victor Hugo mais il n'**avait** plus les yeux et j'**ai dû** l'apprendre par cœur de la part de Monsieur Hamil.

3 a. Les personnes adhérant à ce projet sont priées de se faire connaitre. – b. Il eut beau s'égosiller, utiliser des mots compliqués, il ne se montra guère convaincant. – c. Négligeant ses devoirs de père de famille, il répandit la tristesse autour de lui. – d. Pour des résultats équivalents, l'un se fatigue moins que l'autre. – e. Suffoquant de rage, il quitta la pièce en claquant la porte. – f. Leurs points de vue étaient divergents, ce qui les contrariait.

EXO BREVET

a. Le mode impersonnel le plus utilisé est l'infinitif. – b. L'infinitif insiste sur la multiplicité des actions impolies et donne aussi une impression de rapidité et de fréquence.

17. La concordance des temps p. 37

1 a. qu'elle prenne ma défense : action simultanée – b. qu'ils parviendraient à les convaincre : action postérieure – c. qu'elle avait vu juste : action antérieure.

2 a. Il prétendit qu'il **était rentré** avant vingt-deux heures. – b. Si tu avais, comme lui, traversé autant d'épreuves, tu ne te **serais** pas **comporté** comme tu l'as fait. – c. Nous **appréciions** / **avons apprécié** que tu te sois montré compréhensif.

3 a. Il m'a été difficile d'admettre que tu **avais provoqué** sa colère. – b. Nous parvînmes à lui faire croire qu'elle **brillerait** par son intelligence. – c. Tu as répondu que tu ne **savais** pas reconnaitre les arbres.

4 a. **Temps de la principale :** passé du conditionnel. **Temps de la subordonnée :** imparfait du subjonctif. **Marque** l'antériorité. – b. **Temps de la principale :** présent de l'indicatif. **Temps de la subordonnée :** futur de l'indicatif. **Marque** la postériorité. c. **Temps de la principale :** imparfait de l'indicatif. **Temps de la subordonnée :** présent du subjonctif. **Marque** la simultanéité.

5 a. Si les évènements le **permettaient**, elles **voyageraient** sans plus se soucier de rien. – b. Si tu ne l'**avais** pas **remarqué**, je te **l'aurais présenté** moi-même. – c. Tu **devras** te montrer courageux si tu **songes** à changer de voie.

DICTÉE

Temps : plus-que-parfait de l'indicatif. – **Orthographe grammaticale :** L'accord des participes passés : « remplie », utilisé avec « être », s'accorde avec le sujet « sa vie » ; « eu » ne s'accorde pas car les COD sont placés après le verbe ; « arrivé », utilisé avec « être » s'accorde avec le sujet « il ». – Les verbes « se lever », « manger » et « se coucher » sont à l'infinitif en raison de la forme restrictive « ne ... que ». – **Orthographe lexicale :** « soixante-deux » est un déterminant numéral cardinal. Un trait d'union sépare toujours les numéraux composés et remplace « et ».

18. Les temps du mode conditionnel p. 39

1 a. Même si tu me le disais avec le sourire, je ne comprendrais pas. – b. Je voudrais avoir ta patience. – c. J'admirerai ta composition florale demain soir. – d. Je tiendrai ma promesse, ne t'en fais pas.

2 a. **pourrais :** actif, présent du conditionnel – b. **auraient été envoyés :** passif, passé du conditionnel – c. **serait pourchassée :** passif, présent du conditionnel – d. **aurait accepté :** actif, passé du conditionnel.

3 a. Il **aurait compris** tout de suite ! – b. Vous **auriez dû** y penser. – c. Si j'étais allée dans cette grotte, j'**aurais été morte** de peur. – d. « Je **serais partie** depuis longtemps », déclara-t-elle.

4 a. Le présent du conditionnel « serais » exprime l'irréel du présent. – b. Le présent du conditionnel « pourriez » atténue ce qui est dit.

EXO BREVET

Au bout d'un silence, elle demanda s'il connaissait ses conditions. Nantas, qui conservait un calme parfait, dit (que) non, voulut qu'elle les lui dicte et ajouta qu'il s'y soumettait d'avance. [...] Elle précisa qu'il ne serait jamais que son mari de nom, que leurs vies resteraient complètement distinctes et séparées, qu'il abandonnerait tous ses droits sur elle et qu'elle n'aurait aucun devoir envers lui.

19. Les temps du mode subjonctif p. 41

1 a. devînt : imparfait du subjonctif – b. eût permis : plus-que-parfait du subjonctif – c. faille : présent du subjonctif ; aient : présent du subjonctif.

2 a. Que tu **saches** t'en sortir, c'est tout ce que je veux. – b. Avant que tu **aies eu** le temps de réagir, ils s'étaient éclipsés. – c. Pourvu qu'elle ne **voie** pas ma déception ! – d. Je regrettai qu'ils ne **pussent** (n'**aient** pas **pu**) vous disculper. – e. Quelque plaisanterie que j'**aie dite**, ne reste pas fâchée.

3 a. « Que tu ne prennes pas de décision » : proposition subordonnée conjonctive introduite par *que*, sujet. – b. « que je connaisse » : proposition subordonnée relative précédée d'un superlatif. – c. « Que les plus audacieux encouragent les autres » : proposition indépendante exprimant le souhait. – d. « pour que quelqu'un s'installât chez elle » : proposition subordonnée circonstancielle de conséquence. – e. « à ce que l'avenir soit plus doux » : proposition subordonnée conjonctive introduite par *que* après un verbe exprimant le souhait.

4 a. Il paraissait à ma mère tout naturel que les grands hommes **fissent** souffrir les femmes. – b. Je dois dire que la ruse que ma mère imagina était singulièrement osée et **eût** fort bien **pu** nous expédier une fois de plus sur la grand-route. – c. [...] j'étais conduit à la fenêtre et invité à lever les yeux aux ciel, pour que la clientèle **pût** admirer comme il convenait leur couleur bleue. – d. J'ai toujours été très heureux que Guy de Maupassant n'**eût** pas **rencontré** ma mère avant ma naissance.

D'après R. Gary, *La Promesse de l'aube*,
© Gallimard, 1960.

DICTÉE

Temps : imparfait, présent de l'indicatif et imparfait du subjonctif. – **Orthographe grammaticale :** « circuler » est à l'infinitif car il est précédé du verbe conjugué « faisait ». – Le déterminant démonstratif « cet » s'accorde avec « être » qu'il détermine et qui commence par une voyelle. – « s'échappât », « sût » et « crût » sont à l'imparfait du subjonctif par concordance des temps avec le verbe de la principale, « semblait » (pour le premier) et « suffisait » (pour les deux suivants). – **Orthographe lexicale :** « mille » est toujours invariable.

Corrigés

20. Les temps du mode impératif p. 43

1 a. Ayez soif de connaissance. – b. Soyons heureux que tout ceci se termine pour le mieux. – c. Sache qu'agir est important. – d. Veuille résumer la situation.

2 a. Soyons partis avant qu'il ne soit trop tard. – b. Aie repris ton sang-froid avant de le voir ! – c. Ne soyez pas sorties pour nous. – d. Sois revenu avant dix heures.

3 a. Dis-moi ce qui ne va pas ! – b. Vas-y sans rechigner, s'il te plait. – c. Transmettons-le-leur aussitôt. – d. Délectez-vous-en d'avance. – e. Mettons-nous-y quand nous aurons le courage.

4 a. Sème-la et plains-t'en. – b. Ne les maitrise pas et souffres-en. – c. Parle-leur-en. – d. Accueille-les très modestement. – e. Obtiens-la d'eux.

EXO BREVET

Ah ! Ne le laisse pas parler ; ne l'accuse pas à tort. Et ne fais pas bien mieux de croire à son rapport. Pourquoi sur un tel fait m'être si favorable ? Ne sache pas, après tout, de quoi je suis capable. Ne te fie pas, mon frère, à mon extérieur. Et, pour tout ce qu'on voit, ne me crois pas meilleur.

21. La formation des mots p. 45

1 Mots dérivés : subordination – narration – paratexte. Mots composés : peut-être – metteur en scène – biographie – point de vue – avant-propos – omniscient – lorsque.

2 a. préjuger, préposition – d. dissemblable – e. malmener – f. projet, promener – h. déposition, démener.

3 a. raisonnable – b. tragique – c. paresseux – d. traditionnel – e. fautif – f. dramatique.

4 a. in / sub / ord / in / ation – b. coquet /(t)erie – c. in / sal / (u)bre – d. con /damn / er.

5 a. un homme incorruptible – b. un enfant inattentif – c. une mémoire infaillible – d. un homme inculte.

6 a. cinéphile – b. bibliophile – c. pathologie – d. antidémocratique.

EXO BREVET

Mots composés : « arrière-salle » est composé de la préposition « arrière » et du nom « salle » ; « pattemouilles » est composé du nom « patte » et du verbe « mouiller ». – **Mots dérivés :** dis / simul / é ; re / coin ; dé / rail /(l)ement ; wagon / net.

22. Synonymie, antonymie, paronymie et homonymie p. 47

1 a. [économie] – b. [silence] – c. [interdire].

2 a. Après cette désillusion, il avait perdu espoir et craignait de ne plus trouver l'amour. – b. Devant la colère et les insultes de l'automobiliste, il ne broncha pas. – c. Dès qu'il buvait, il abordait des sujets inconvenants qui mettaient ses amis mal à l'aise. – d. L'inspecteur trouva des preuves incontestables qui le conduisirent à arrêter le voisin de la vieille dame.

3 a. vantard (familier), prétentieux (courant), fat (soutenu) – b. opiniâtreté (soutenu), entêtement (courant), ténacité (soutenu).

4 a. Il émergea de son sommeil, l'œil hagard, et décoiffé. – b. Le tigre fit irruption sur la piste de cirque, provoquant l'effroi des spectateurs. – c. Ce livre regorge d'images qui provoquent des illusions d'optique.

EXO BREVET

a. Les synonymes de « jolie » sont « ravissante » et « belles ». « Belles » est d'intensité supérieure à « ravissante ». – b. Le portrait du personnage repose sur les antonymes suivants : heureuse / triste ; rempli / creusées ; rosées, vermillonné / pâle. – c. Toutes ces oppositions illustrent la phrase : « Elle était jolie par juxtaposition. » Ainsi, le narrateur pose à côté de ce qu'elle est, ce qu'elle aurait pu être si elle avait connu le bonheur.

23. Dénotation et connotation p. 49

1 Sens figuré dans les phrases : a. dévorer : lire avec grande curiosité – b. faire contrepoids : compenser – c. s'éteindre : mourir.

2 Le **vieux bahut** (P) a traversé **des bleds et des bleds** (P) [...]. Une femme, juste derrière moi, riait aux éclats en racontant quelque **anecdote de basse-cour** (P). [...] Ma mère aurait pu être cette femme **au cou cuivré** (M), au **geste débordant** (M) et au **rire contagieux** (M). Et moi, j'aurais pu être ce jeune gars en **maillot de corps jaunâtre** (P) [...].

D'après T. Benacquista, *La Commedia des ratés*, © Gallimard, Folio, 1991.

3 a. Prête : 1) fournit quelque chose à la condition qu'elle sera rendue ; 2) donne matière à. – b. Cuit : 1) a subi la cuisson ; 2) perdu. Cru : 1) qui n'est pas cuit ; 2) participe passé du verbe croire – c. Réfléchir : 1) penser ; 2) refléter.

4 Connotation péjorative. – Souligner : « le géant », « squelette immense », « forme approximative autour », « os comme des massues », « taillis des cheveux », « courbé comme un arc », « mains énormes » et « la préhistoire ».

DICTÉE

Temps : imparfait et plus-que-parfait de l'indicatif. – **Orthographe grammaticale :** l'accord des participes passés : « né », utilisé avec l'auxiliaire « être » s'accorde avec le sujet masculin « Ling » ; « légué » ne s'accorde pas car le COD « ses biens » est placé après le verbe ; « calfeutrée » utilisé comme adjectif s'accorde avec « cette existence » qu'il caractérise ; « rendu » s'accorde avec le pronom objet « l' » représentant « Ling ». – **Orthographe lexicale :** le « d » final de « hasards » s'entend dans « hasardeux ».

24. Champ lexical et champ sémantique p. 51

1 a. protagoniste (champ lexical de la haine) – b. flagrant (champ lexical de l'odeur) – c. chapitres (champ lexical du théâtre).

2 Le mot qui complète toutes les phrases est « classe ». a. classe sociale : condition, catégorie sociale. b. première classe : degré de confort dans les transports. c. classe verte : colonie à la campagne. d. classe : poli, distingué.

3 Champ lexical du corps humain : menton, osselet, front, yeux, orbites, pied, ventre, lèvres. – Champ lexical de la nature : insecte, effleurement chaud et vert d'une branche au soleil, pomme sur la paille, sève.

EXO BREVET

Le champ lexical dominant est celui du bruit. – Relevé : « sonna », « bruit des foulons », « grignotement », « les pas », « les galopades », « sifflotait ».

25. La modalisation p. 53

1 a. mélioratif – b. neutre – c. péjoratif – d. mélioratif.

2 a. reproche (« Comment ! ») – b. doute (« peut-être ») – c. déception (« pourtant ») – d. indignation (« Dire qu'il… et qu'il… ») – e. hypothèse (emploi du conditionnel) – f. certitude (« du mieux que », « le meilleur »).

3 a. groupe prépositionnel placé en début de phrase : « Selon moi » – b. hyperbole : « divinement » – c. antiphrase – d. interrogation exprimant l'indignation.

EXO BREVET

Expression du jugement : « se vantent », « je sais bien », « prétendent ». – **Expression des sentiments :** « Quoi ! » et l'interrogation qui suit marquant l'indignation. – **Expression du doute :** « J'ai bien peur ».

26. Explicite et implicite p. 55

1 Cocher les phrases d. et e.

2 a. présupposé – b. sous-entendu – c. sous-entendu – d. présupposé.

3 a. Sa meilleure amie ne lui souhaite jamais son anniversaire. – b. Le reste du temps, il se montre agréable. – c. Cette personne n'est pas toujours aimable. – d. Cette bibliothèque est complète et bien rangée (ou par antiphrase, sa bibliothèque est complètement désorganisée). e. Le temps est devenu clair à présent.

4 a. Phrase déclarative qui sous-entend un conseil. – b. Phrase interrogative qui sous-entend un ordre. – c. Phrase exclamative qui sous-entend une interdiction.

5 a. L'attente a dû être longue pour que cela mérite d'être souligné. – b. Il n'appartient donc pas à cette catégorie de personne. – c. Il n'en porte donc pas d'habitude et a les moyens de commander ce vêtement de luxe.

DICTÉE

Temps : plus-que-parfait, imparfait et présent de l'indicatif. – **Orthographe grammaticale :** « donner », « empêcher » et « trembler » sont à l'infinitif car ils sont précédés d'une préposition. – L'accord des participes passés : « trouvé », utilisé avec « avoir » ne s'accorde pas car le COD se trouve après le verbe ; « brûlées » est utilisé comme adjectif. Il s'accorde avec « quelques personnes », féminin pluriel. – **Orthographe lexicale :** le nom « auto-dafé » s'écrit aujourd'hui en un seul mot.

27. Les figures de style p. 57

1 a. la planète bleue : la Terre – b. la cité des Doges : Venise – c. la mer de sable : le désert – d. l'empire du Soleil-Levant : le Japon – e. le toit du monde : l'Himalaya.

2 a. personnification : « la nuit seule entendit » – b. métaphore : « coupe d'émeraude » ; « mouvements de serpent ». – c. comparaison : trois comparaisons utilisant l'outil de comparaison « comme ».

3 a. Je ne regarderai ni l'or du soir qui tombe, / Ni les voiles au loin descendant vers Harfleur. « Voiles » a été substitué à « bateau ».

V. Hugo, « Demain dès l'aube… », in *Les Contemplations*, 1856.

b. Et ce fer que mon bras ne peut plus soutenir, / Je le remets au tien pour venger et punir. « Fer » a été substitué à « épée ».

P. Corneille, *Le Cid*, 1637.

c. Je vous ordonne de vous taire ! / Et j'adresse un défi collectif au parterre ! « Parterre » a été substitué aux spectateurs qui se trouvent en ce lieu.

E. Rostand, *Cyrano de Bergerac*, 1897.

4 a. Faux, c'est une litote. Cyrano amoindrit la beauté de Roxane pour montrer du détachement. – b. Vrai, la rue possède des caractéristiques humaines : « hurlait ».

Corrigés

EXO BREVET

Il s'agit d'une métaphore filée qui compare la Garonne à une armée qui assaille les personnages à travers les mots et expressions « le terrible galop », en « une seule ligne », « un bataillon qui charge », « retraite ». Elle montre à quel point leur fuite est désespérée car le poursuivant est organisé et imposant.

28. Discours narratif, descriptif et explicatif p. 59

1 Discours **explicatif**. – Indices : présent de vérité générale ; vocabulaire scientifique : « dendrites », « axones », « myéline ». Ce texte vise à expliquer comment fonctionne le système nerveux de l'être humain.

2 a. C'est Estelle qui voit la scène. – b. Son regard parcourt le costume de haut en bas. – c. La multiplicité des couleurs vives : rouge, bleu, orange, jaune ; la soie et les broderies d'or et d'argent. – d. La description est **méliorative**.

EXO BREVET

a. Le narrateur est un personnage car le récit est écrit à la première personne. – b. Le passage utilise les discours narratif et descriptif. Discours narratif : « La pendule sonna une heure ... une femme qui ne dansait pas. » ; « Et je sentis que, ... , ce serait elle. ». Discours descriptif : « Jamais, même en rêve, rien d'aussi parfait ne s'était présenté à mes yeux ; ... je voyais son âme à travers [...] ». – c. Le type d'expansion le plus utilisé est l'adjectif : « parfait », « éblouissante », « longs », « bleues », « si claires et si transparentes ».

29. Le discours argumentatif p. 61

1 a. argument – b. exemple – c. thèse – d. argument.

2 (...) J'écrivais depuis longtemps, **mais** c'était différent, **car** je n'écrivais qu'avec ma tête. **Or**, écrire est **d'abord** une expérience physique. Chez moi, du moins. Je compare cela à une grossesse. Le processus est toujours le même : un jour, l'histoire m'envahit, j'en tombe enceinte en quelques minutes, les personnages m'arrivent, comme des « forces ». **Pour** les identifier, je leur trouve un nom. Et j'ai l'impression que, dès que j'ai son nom, je possède sa clé : j'entends sa voix et son mode de pensée avant même de connaître son physique. C'est un processus très instinctif. Physique.

3 a. Monsieur le directeur, dit Claude avec une voix qui eût attendri le Démon, je vous en supplie, remettez Albin avec moi, vous verrez comme je travaillerai bien. Vous qui êtes libre, cela vous est égal, vous ne savez pas ce que c'est qu'un ami ; mais, moi, je n'ai que les quatre murs de la prison. Vous pouvez aller et venir, vous ; moi, je n'ai qu'Albin. Rendez-le-moi. Albin me nourrissait, vous le savez bien. Cela ne vous coûterait que la peine de dire oui. Qu'est-ce que cela vous fait qu'il y ait dans la même salle un homme qui s'appelle Claude Gueux et un autre qui s'appelle Albin ? Car ce n'est pas plus compliqué que cela. Monsieur le directeur, mon bon monsieur D., je vous supplie vraiment, au nom du Ciel !

V. Hugo, *Claude Gueux*, 1834.

b. Claude Gueux utilise l'apostrophe « monsieur le directeur » à deux reprises ; la prière « je vous en supplie » et « je vous supplie vraiment » ; l'injonction par l'impératif « remettez Albin avec moi », « rendez-le-moi » ; la mise en relief « moi, je » et la question rhétorique « qu'est-ce que cela vous fait [...] qui s'appelle Albin ? ».

DICTÉE

Temps : présent, passé composé, imparfait de l'indicatif, et présent du conditionnel. – **Orthographe grammaticale :** l'accord des participes passés : « sifflée » utilisé comme adjectif s'accorde avec « cette comédie », féminin singulier ; « rebattus », utilisé avec « être », s'accorde avec le sujet « les rôles », masculin pluriel. – **Orthographe lexicale :** « consens », comme tous les verbes du 3e groupe, sauf ceux terminés par *-tre* et *-dre,* ne garde pas sa consonne finale.

30. Les genres littéraires p. 63

1 a. conte – b. roman – c. genre épistolaire.

2 a. Poésie lyrique : Il pleure dans mon cœur. – b. Poésie didactique : Il faut aussi, Choisir tes mots.

3 L'extrait a. est autobiographique. Indices : L'auteur, Colette, porte le même nom que sa mère, « Sidonie Colette » ; le narrateur intervient au présent d'énonciation pour commenter le passé.

EXO BREVET

Cet extrait appartient au genre théâtral car le nom des personnages précèdent les répliques ; les didascalies, en italique et entre parenthèses, précisent le déplacement et l'attitude du personnage ; enfin, la division en actes et tableaux est précisée dans le paratexte.

Bilan Français p. 64

GRAMMAIRE

1 a. « de la planète » est complément du nom « protection » ; « simples » est épithète du nom « gestes ». – b. « Interpréter des textes littéraires » est sujet du verbe « demande » ; « me » est COI du verbe « demande ».

2 a. Vrai. – b. Vrai.

3 Elle lui demanda s'il/si elle choisissait ses fréquentations.

4 a. La 1re et la 2e proposition sont juxtaposées. b. La 2e et la 3e proposition sont coordonnées.

5 a. Complément circonstanciel de but. b. Complément circonstanciel de cause.

6 La proposition subordonnée est circonstancielle de conséquence.

7 La proposition subordonnée indique l'antériorité.

VOCABULAIRE

1 a. ir/ration (n)/elle/ment – b. in/vis/ible.

2 Ce mot est composé des éléments grecs « ortho » et « phonie ».

3 a. vins – b. vain.

4 a. connoté – b. dénoté.

5 L'intrus est jouer.

6 Il vous faut cocher : isoler.

7 Il a expédié son CV à l'[attention] du directeur des ressources humaines.

ORTHOGRAPHE

1 a. Tes amis [même] reconnaissent que tu as raison à [tous] égards. – b. [Quoi que] tu entreprennes, [quelle que] soit ta démarche, nous ne te suivrons pas.

2 Tous ceux qu'il avait trahis, tremblants de rage, floués, avaient projeté de se venger.

CONJUGAISON

1 a. assénait : imparfait de répétition – b. suis : présent d'énonciation.

2 a. Peut-être la pluie **viendrait**-elle ? – b. Vous **vous mettriez** à chanter.

3 aurions pris ; aurait vu ; seriez joint.

4 a. Il faut que vous **sachiez** la vérité. – b. J'aimerais que tu **préviennes** ta famille. – c. Fais en sorte que je ne **meure** pas d'ennui.

5 a. Envoyez-moi de l'argent. – b. Ne te perds pas en suppositions.

EXPRESSION

1 Il s'agit d'une personnification.

2 Auparavant, il travaillait sans énergie.

3 a. Discours **narratif**. – b. Discours **descriptif**. – c. Discours **explicatif**.

4 a. Selon un témoin, le camion roulait vraisemblablement à plus de 50 km/h. – b. Je suis fou de joie et extrêmement flatté d'avoir été choisi.

5 a. Je suis **un roman de science-fiction**. – b. Je suis **un poème**. – c. Je suis **une nouvelle**.

Corrigés

MATHÉMATIQUES

1. Multiples et diviseurs, nombres premiers p. 69

1

Nombres divisibles				
par 2	par 3	par 5	par 9	par 10
132	132	650	405	650
548	405	405	261	
650	261	1 945		
2 008				

2 a. Oui, car $20 \div 10 = 2$ ou $20 = 10 \times 2$.
b. Non, car $28 \div 12$ n'est pas un entier.
c. Oui, car $99 \div 33 = 3$ ou $99 = 33 \times 3$.

3 a. Vrai. – b. Vrai. – c. Vrai.
d. Faux, car $6 = 3 \times 2$, donc 2 et 3 sont des diviseurs de 6. 6 n'est pas un nombre premier.
e. Faux, car $9 = 3 \times 3$, donc 3 est un diviseur de 9. 9 n'est pas un nombre premier.

4 78 est divisible par 2 : $\frac{78}{2} = 39$;
39 est divisible par 3 : $\frac{39}{3} = 13$;
13 est divisible par 13 : $\frac{13}{13} = 1$.
Donc $78 = 2 \times 3 \times 13$.

5 a. $abc = 100 \times a + 10 \times b + c$.
b. $abc = (99 + 1) \times a + (9 + 1) \times b + c = 99a + a + 9b + b + c = 99a + 9b + a + b + c$.
c. Oui, 3 est un diviseur de $99a$, car $99a = 3 \times 33a$. Oui, 3 est un diviseur de $9b$, car $9b = 3 \times 3b$. abc sera donc divisible par 3 si le résultat de $a + b + c$ est divisible par 3.

MINI-CONTRÔLE

a. $10 \times 4 = 40$ et $40 = 20 \times 2$, donc l'engrenage B fera 2 tours.
b. $12 \times 4 = 48$ et $48 = 8 \times 6$, donc l'engrenage B possède 6 dents.

2. Fractions irréductibles p. 71

1 a. $\frac{10}{100} = \frac{\cancel{10} \times 1}{\cancel{10} \times 10} = \frac{1}{10}$ et $\frac{1}{10}$ est irréductible, car 10 n'est pas un diviseur de 1.

b. $\frac{270}{360} = \frac{\cancel{10} \times \cancel{9} \times 3}{\cancel{10} \times \cancel{9} \times 2 \times 2} = \frac{3}{4}$ et $\frac{3}{4}$ est irréductible, car 3 et 4 n'ont pas de diviseur commun.

c. $\frac{30}{45} = \frac{\cancel{5} \times \cancel{3} \times 2}{\cancel{5} \times \cancel{3} \times 3} = \frac{2}{3}$ et $\frac{2}{3}$ est irréductible, car 2 et 3 n'ont pas de diviseur commun.

2 a. $\frac{3}{5}$ b. $\frac{7}{9}$

3 a. $81 = 9 \times 9 = 3^2 \times 3^2 = 3^4$.
$\frac{171}{3} = 57$; $\frac{57}{3} = 19$; $\frac{19}{19} = 1$,
donc $171 = 3^2 \times 19$.

b. $\frac{81}{171} = \frac{3^2 \times 3^2}{3^2 \times 19} = \frac{3^2}{19} = \frac{9}{19}$.

4 a. $B = \frac{3 \times 0,4 \times 10^0}{5}$ car $-3 + 2 + 1 = 0$
b. $B = 0,24$ car $10^0 = 1$
c. $B = 2,4 \times 10^{-1}$

5 a. $\frac{70}{24} = \frac{\cancel{2} \times 5 \times 7}{\cancel{2} \times 2 \times 2 \times 3} = \frac{35}{12}$; $\frac{5}{6}$ est irréductible.

b. $C = \frac{35}{12} - \frac{5 \times 2}{6 \times 2} = \frac{35}{12} - \frac{10}{12} = \frac{35 - 10}{12} = \frac{25}{12}$

c. Le nombre C est rationnel, puisque $\frac{25}{12}$ est une fraction, mais il n'est pas décimal, car le dénominateur n'est pas une puissance de 10.

6 a. Non, car le numérateur et le dénominateur sont divisibles par 9.

b. $D = \frac{14 \times \cancel{9}}{3 \times \cancel{9}} = \frac{14}{3}$

c. $D - E = \frac{14}{3} + \frac{4}{3} = \frac{14 + 4}{3} = \frac{18}{3} = 6$

EXO BREVET

$F = \frac{25}{16} - \frac{3 \times 4}{4 \times 4} = \frac{25 - 12}{16} = \frac{13}{16}$;

$G = \frac{\cancel{8} \times 3 \times 10^1}{\cancel{8} \times 4} = \frac{3 \times 5 \times \cancel{2}}{\cancel{2} \times 2} = \frac{15}{2}$;

$H = \frac{1 \times 3}{14 \times 3} + \frac{1 \times 2}{21 \times 2} = \frac{3}{42} + \frac{2}{42} = \frac{5}{42}$;

$J = \frac{5 \times 3}{7 \times 3} - \frac{8 \times 7}{3 \times 7} = \frac{15 - 56}{21} = -\frac{41}{21}$.

3. Racines carrées p. 73

1 a. 9 est le carré de 3 *(car $3^2 = 9$)*.
b. 3 est la racine carrée de 9 *(car $\sqrt{9} = 3$)*.
c. 4 est la racine carrée de 16 *(car $\sqrt{16} = 4$)*.
d. 4 est le carré de 2 *(car $2^2 = 4$)*.
e. 25 est le carré de –5 *(car $(-5)^2 = 25$)*.
f. 1 est le carré de –1 *(car $(-1)^2 = 1$)*.

2 a. $\sqrt{169} = 13$
b. $\sqrt{144} = (\sqrt{12})^2 = \sqrt{12^2} = 12$
c. $(\sqrt{4})^2 = 4$
d. $\sqrt{9^2} = 9$
e. $\sqrt{0} = 0$
f. $\sqrt{1} = 1$
g. $-\sqrt{5^2} = -5$ ou $-\sqrt{25} = -5$
h. $\sqrt{0,01} = 0,1$

3 $\sqrt{903} = 30,05$ $\sqrt{17} = 4,12$
$\sqrt{453} = 21,28$ $\sqrt{67} = 8,19$
$\sqrt{543} = 23,30$ $\sqrt{876} = 29,60$

4 a. $3 < \sqrt{13} < 4$ car $\sqrt{9} < \sqrt{13} < \sqrt{16}$.
b. $\sqrt{13} = 3{,}61$ *car $\sqrt{13} = 3{,}605\,5$…*

5

$\sqrt{100}$	=	10
$\sqrt{(-7)^2} = 7$	≠	–7
$-\sqrt{49}$	=	–7
$100^2 = 10\,000$	≠	200
$\sqrt{0{,}04}$	=	0,2
$\sqrt{0{,}9} \approx 0{,}95$	≠	0,3
$\sqrt{10\,000}$	=	100

6 a. $100 > 0$, donc l'équation possède deux solutions : $\sqrt{100}$ et $-\sqrt{100}$, c'est-à-dire : 10 et –10.
b. $7 > 0$, donc l'équation possède deux solutions : $\sqrt{7}$ et $-\sqrt{7}$. *On les laisse sous cette forme car le résultat n'est pas un entier.*
c. L'équation possède une unique solution : 0.
d. $1 > 0$, donc l'équation possède deux solutions : $\sqrt{1}$ et $-\sqrt{1}$, c'est-à-dire : 1 et –1.

7 $A = 1$ $B = 12 - 6\sqrt{3}$ $C = 3 + 2\sqrt{2}$

MINI-CONTRÔLE

a.

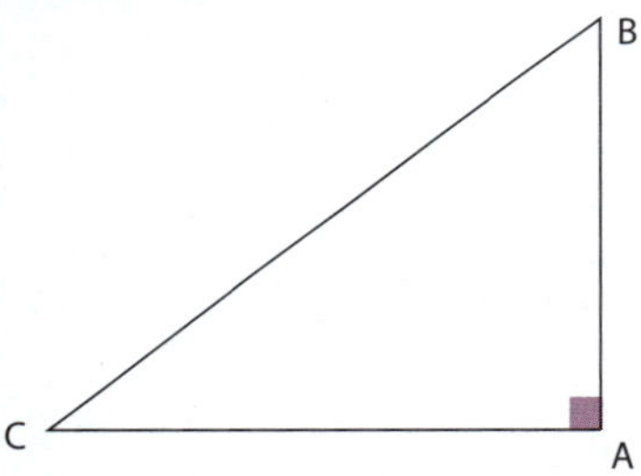

b. Dans le triangle ABC rectangle en A, d'après le théorème de Pythagore, on a :
$BC^2 = AB^2 + AC^2$
$BC^2 = 3^2 + 4^2$
$BC^2 = 9 + 16$
$BC^2 = 25$ $BC = \sqrt{25}$ ou $BC = -\sqrt{25}$
Donc BC = 5 ou – 5, soit : BC = 5 cm (*car BC est une longueur*).

4. Puissances p. 75

1 a. $2^4 \times 2^3 = 2^7$ b. $4^3 \times 4^{-1} = 4^2$
c. $5^{-1} \times 5^{-3} = 5^{-4}$ d. $\dfrac{6^4}{6^2} = 6^2$

2 $A = 4^{5-3} \times 3^{2-1} = 4^2 \times 3 = 48$
$B = 6^{4-1} \times 7^{1-3} = 6^3 \times 7^{-2} = \dfrac{6^3}{7^2} \approx 4{,}41$

3

Sans préfixe	Avec préfixe
4 000 000 W	4 MW
32×10^{-6} m = 0,000032 m	32 µm
24 000 €	24 k€

4 a. $6\,243{,}7 = 6{,}243\,7 \times 10^3$
b. $0{,}004\,3 = 4{,}3 \times 10^{-3}$
c. $354 \times 10^{-4} = 3{,}54 \times 10^2 \times 10^{-4} = 3{,}54 \times 10^{-2}$
d. $0{,}438 \times 10^2 = 4{,}38 \times 10^{-1} \times 10^2 = 4{,}38 \times 10$

5

Écriture décimale	0,03	0,002	0,5
Écriture fractionnaire	$\dfrac{3}{100}$	$\dfrac{2}{1\,000} = \dfrac{1}{500}$	$\dfrac{5}{10}$
Notation scientifique	3×10^{-2}	2×10^{-3}	5×10^{-1}

6 $C = 3{,}2 \times 5 \times 10^{2-5} = 16 \times 10^{-3} = 0{,}016 = 1{,}6 \times 10^{-2}$
$D = \dfrac{6}{3} \times 10^{-5+6-2} = 2 \times 10^{-1} = 0{,}2$

7 a.

Durée	Distance parcourue (km)
1 seconde	$300\,000 = 3 \times 10^5$
1 minute	$60 \times 3 \times 10^5 = 1{,}8 \times 10^7$
1 heure	$60 \times 1{,}8 \times 10^7 = 1{,}08 \times 10^9$
1 jour	$24 \times 1{,}08 \times 10^9 = 2{,}592 \times 10^{10}$
1 an	$365 \times 2{,}592 \times 10^{10} = 9{,}460\,8 \times 10^{12}$

b. 350 ans.

EXO BREVET

$F = \dfrac{9}{25} - \dfrac{1 \times 5}{5 \times 5} = \dfrac{9-5}{25} = \dfrac{4}{25}$

$G = \dfrac{\cancel{3} \times 5 \times 10^{-2+3}}{\cancel{3} \times 8} = \dfrac{5 \times 10}{8} = \dfrac{5 \times 5 \times \cancel{2}}{2 \times 2 \times \cancel{2}} = \dfrac{25}{4}$

5. Identités remarquables. Développement p. 77

1 a. $(x-1)(x+1) = x^2 - 1$
b. $(x+1)^2 = x^2 + 2x + 1$
c. $(x-1)^2 = x^2 - 2x + 1$

2 $A = (2x)^2 - 3^2 = 4x^2 - 9$
$B = (3x)^2 + 2 \times 3x \times 4 + 4^2 = 9x^2 + 24x + 16$
$C = (5x)^2 - 2 \times 5x \times 2 + 2^2 = 25x^2 - 20x + 4$

3 a. $(x+2)(x-2) = x^2 - 4$
b. $(x-7)^2 = x^2 - 14x + 49$
c. $(1+4a)^2 = 1 + 8a + 16a^2$

4 $D = 9x^2 - 4 - 2x^2 - 2x = 7x^2 - 2x - 4$
$E = x^2 + 4x + 4 + x^2 - 8x + 16 = 2x^2 - 4x + 20$
$F = 4x^2 - 1 + 4x^2 - 4x + 1 = 8x^2 - 4x$

Corrigés

5

$(x+5)^2$	=	$x^2+25+10x$
$(x+3)^2 = x^2+6x+9$	≠	x^2+9
$(1-a)^2 = 1-2a+a^2$	≠	$1-2a-a^2$
$(x-4)^2 = x^2-8x+16$	≠	x^2-16
$(3-x)^2 = x^2-6x+9$	=	$(x-3)^2$

6 $101^2 = (100+1)^2$
$= 100^2 + 2 \times 100 \times 1 + 1^2$
$= 10\,000 + 200 + 1$
$= 10\,201$

$21^2 = (20+1)^2 = 400 + 40 + 1 = 441$
$19^2 = (20-1)^2 = 400 - 40 + 1 = 361$
$198^2 = (200-2)^2 = 40\,000 - 800 + 4 = 39\,204$
$98 \times 102 = (100-2)(100+2) = 10\,000 - 4 = 9\,996$

MINI-CONTRÔLE

a. $(x+1)^2 - x^2 = \cancel{x^2} + 2x + 1 - \cancel{x^2} = (x+1) + x$
b. $41^2 - 40^2 = 41 + 40$,
c'est-à-dire : $41^2 - 1\,600 = 81$, donc $41^2 = 1\,681$.

6. Factorisation p. 79

1 a. $3a - 3b = 3\,(a - b)$
b. $3ab + 5a = a\,(3b+5)$
c. $a^2 + 2a = a\,(a+2)$
d. $15a + 20b = 5\,(3a + 4b)$

2 $A = (2x)^2 - (5)^2 = (2x+5)(2x-5)$
$B = (2x)^2 + 2 \times 2x \times 1 + 1^2 = (2x+1)^2$

3 $D = (x-1)(2x+3+x+2) = (x-1)(3x+5)$
$E = (x-1)[(x-1)-(3x+2)] = -(x-1)(2x+3)$

4 a. $x^2 - 36 = (x+6)\,(x-6)$
b. $9a^2 - 1 = (3a+1)\,(3a-1)$
c. $a^2 + 2a + 1 = (a+1)^2$
d. $x^2 - 2x + 1 = (x-1)^2$

5 $(2x+1)(2x-1) = 4x^2 - 1$
$(2x-3)^2 = 4x^2 - 12x + 9$
$4x\,(x+1) = 4x^2 + 4x$
$(4x-2)(x+2) = 4x^2 + 8x - 2x - 4 = 4x^2 + 6x - 4$
$2x\,(2x-3) = 4x^2 - 6x$

Expression développée	=	Expression factorisée
$4x^2 - 6x$	=	$2x\,(2x-3)$
$4x^2 - 12x + 9$	=	$(2x-3)^2$
$4x^2 + 6x - 4$	=	$(4x-2)(x+2)$
$4x^2 - 1$	=	$(2x+1)(2x-1)$
$4x^2 + 4x$	=	$4x\,(x+1)$

6 $G = (x+3)^2$ $H = (3x-1)^2$
$J = (x+3-3)\,(x+3+3) = x\,(x+6)$
$K = (3x)^2 - 6^2 = (3x-6)(3x+6) = 9(x-2)(x+2)$

EXO BREVET

a. $M = 4x^2 + \cancel{4x} + 1 + 10x^2 - \cancel{4x} + 5x - 2 = 14x^2 + 5x - 1$
b. $M = (2x+1)(2x+1+5x-2) = (2x+1)(7x-1)$
c. $M = 0$ car $7 \times \frac{1}{7} - 1 = 1 - 1 = 0$

7. Équations du premier degré à une inconnue p. 81

1 a. $x = 5$ b. $x = 10$
c. $x = 2$ d. $x = -\frac{1}{2}$

2 a. $6x + 4 = 5x + 2$ d'où : $x = -2$
b. $15x - 20 = 12x - 10$ d'où : $x = \frac{10}{3}$

3 a. $2x - 1 = 0$ ou $-x + 1 = 0$
D'où : $x = \frac{1}{2}$ ou $x = 1$
b. $-3x + 9 = 0$ ou $-x + 2 = 0$
D'où : $x = 3$ ou $x = 2$

4 a. $\frac{2x}{6} + \frac{30}{6} = \frac{24}{6} - \frac{3x}{6}$
b. $2x + 30 = 24 - 3x$
c. $x = -\frac{6}{5}$

5 a. $A = 2x^2 + 5x - 12$
b. $2x - 3 = 0$ ou $x + 4 = 0$
D'où : $x = \frac{3}{2}$ ou $x = -4$

6 a. $B = (3x+1)^2$
b. $3x + 1 = 0$ d'où $x = -\frac{1}{3}$

EXO BREVET

a. $C = (3x-1)(4x-3)$
b. $3x - 1 = 0$ ou $4x - 3 = 0$
D'où : $x = \frac{1}{3}$ ou $x = \frac{3}{4}$

8. Problèmes du premier degré à une inconnue p. 83

1 a. $2x$; b. $x = 25$; c. $25 + 2 \times 25 = 75$
d. Le fils a 25 ans et le père 50 ans.

2 a. $P_1 = 2[x + (x+2)] = 4x + 4$
b. $P_2 = 3(x+3) = 3x + 9$
c. $3x + 9 = 4x + 4$; d'où $x = 5$
Pour x égal à 5, le périmètre du triangle est égal au périmètre du rectangle.

EXO BREVET

a.

Nombre de jours	1	10	20	40
Prix payé avec la formule A (€)	29	65	105	185
Prix payé avec la formule B (€)	9	90	180	360

b. $y_A = 25 + 4x$; $y_B = 9x$

c. $x = 5$

d. Pour 5 jours, les deux formules sont équivalentes.

e. $25 + 4x = 110$; d'où $x = 21{,}25$.
On pourra payer 21 jours.

9. Notion de fonction p. 85

1

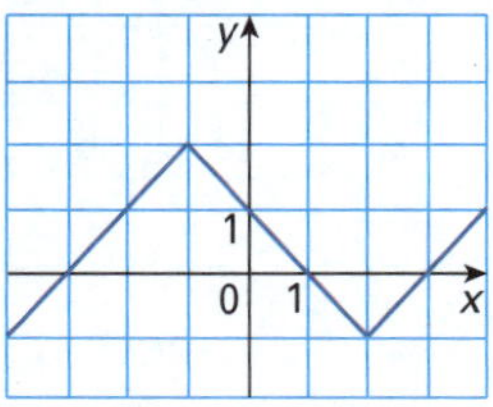

Oui

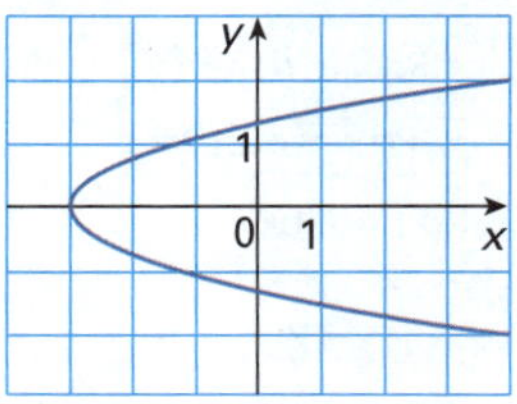

Non

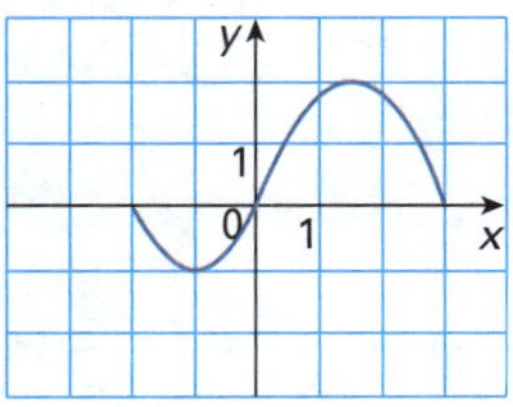

Oui

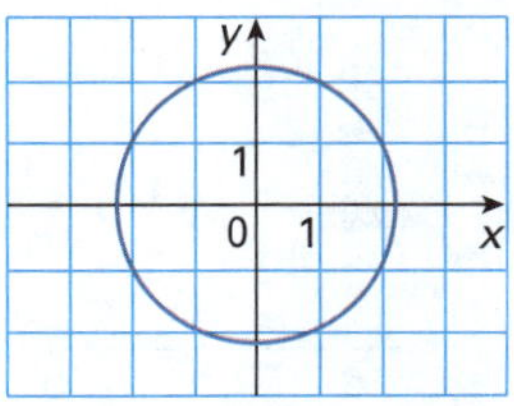

Non

2 a. $f(2) = -3$. b. $g(4) = -2$.
c. $h(4) = 1$. d. $v(1) = 2$ et $v(3) = 2$.

3 $f(-2) = 3 \times (-2)^4 + 2 = 50$;
$f(0) = 2$; $f(2) = 50$.

4

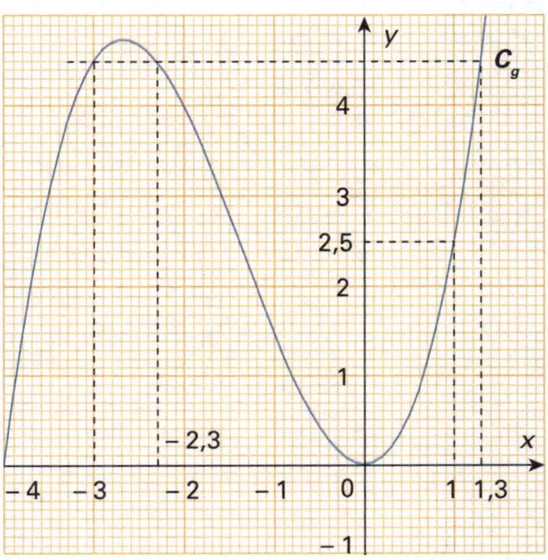

a. $g(1) = 2{,}5$.

b. $g(-3) = g(-2{,}3) = g(1{,}3) = 4{,}5$.

5 a. $g(-1) = -3 \times (-1) + 2 = 5$; $g(2) = -4$; $g(3) = -7$.

b. $-3x + 2 = -4$ donne $x = 2$; $g(2) = -4$.

MINI-CONTRÔLE

a.

x	–2	–1	0	1	2
$f(x)$	–4	2	4	2	–4

b.

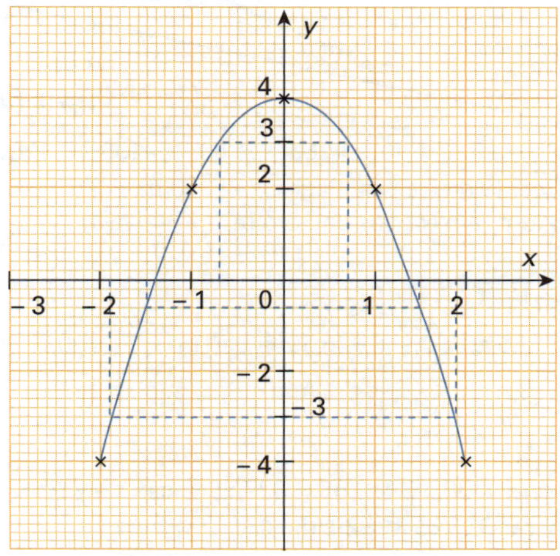

c. $f(-1{,}5) = -2 \times (-1{,}5)^2 + 4 = -0{,}5$; $f(1{,}5) = -0{,}5$.

d. Les antécédents par f du nombre 3 sont environ : –0,7 et 0,7.
Les antécédents par f du nombre –3 sont environ : –1,9 et 1,9.

10. Proportionnalité p. 87

1 a. $\text{TVA} = 5\,000 \times \frac{20}{100} = 1\,000$
Le montant de la TVA s'élève à 1 000 €.

b. prix TTC = 5 000 + 1 000 = 6 000
Le prix TTC s'élève à 6 000 €.

2 a. Réduction = 50 € – 40 € = 10 €.

b. $\frac{10}{50} \times 100 = 20$. La réduction est de 20 %.

3 a. 25 000 cm = 0,25 km.

Distance sur la carte (cm)	1	48	5
Distance sur le terrain (km)	0,25	12	1,25

b. $\frac{1 \text{ cm} \times 12 \text{ km}}{0{,}25 \text{ km}} = 48 \text{ cm}$

c. $\frac{5 \text{ cm} \times 0{,}25 \text{ km}}{1 \text{ cm}} = 1{,}25 \text{ km}$

4 a.

Distance sur la carte (cm)	4,5	1
Distance sur le terrain (km)	90	20

b. $\frac{1 \text{ cm} \times 90 \text{ km}}{4{,}5 \text{ cm}} = 20 \text{ km}$ et 20 km = 2 000 000 cm,
donc l'échelle est de 1 : 2 000 000.

Corrigés

5 a.

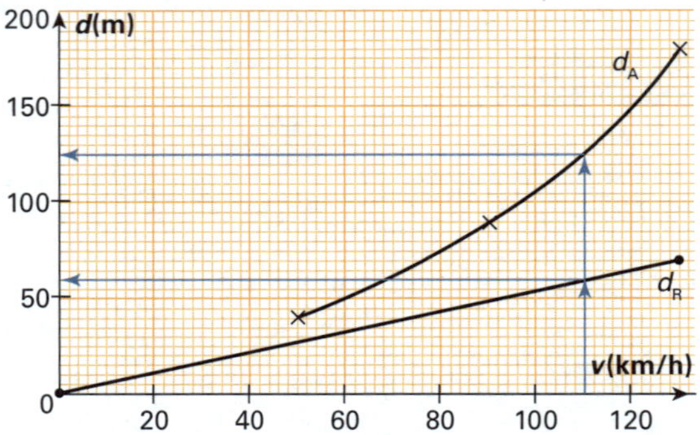

b. Oui, car la droite passe par O. – c. 60 m.
d. Non, car ce n'est pas une droite. – e. ≈ 125 m.

EXO BREVET

a. $P_1 = 385$ € $\times 0{,}9 = 346{,}50$ € car $1 - \dfrac{10}{100} = 0{,}9$.

b. $P_2 = 346{,}50$ € $\times 0{,}95 = 329{,}175 \approx 329{,}18$ €
car $1 - \dfrac{5}{100} = 0{,}95$.

c. Prix final $= 385$ € $\times 0{,}85 = 327{,}25$ € car $1 - \dfrac{15}{100} = 0{,}85$.

d. Non, car $327{,}25 < 329{,}18$.

e. $\dfrac{329{,}175}{385} \times 100 = 0{,}855$ donc le pourcentage de remise équivalent est de 14,5 % (car $1 - 0{,}855 = 0{,}145$ et $0{,}145 \times 100 = 14{,}5$).

11. Fonction linéaire p. 89

1 a.

x	0	2
y	0	– 4

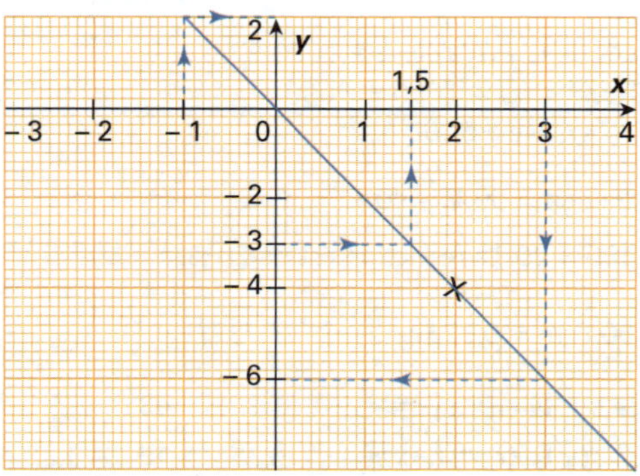

b. $f(-1) = 2$ et $f(3) = -6$.
c. $-2 \times (-1) = 2$ et $-2 \times 3 = -6$. – d. $f(1{,}5) = -3$.

2

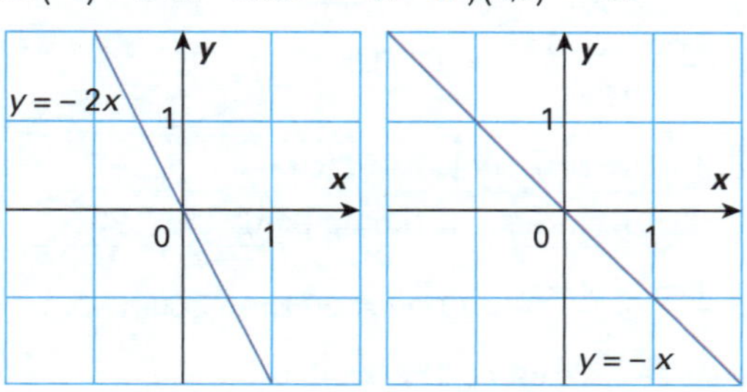

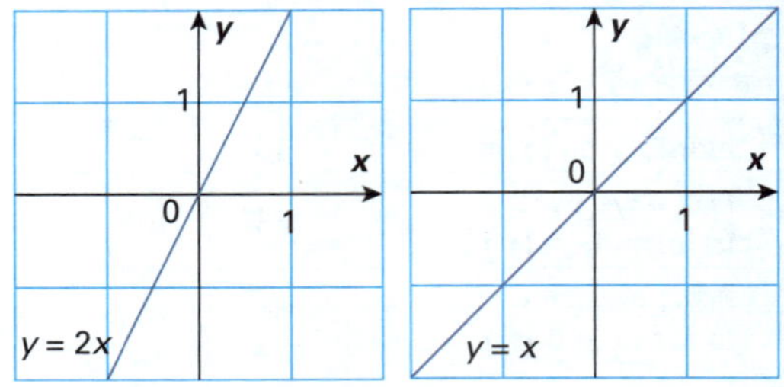

MINI-CONTRÔLE

a.

Prix affiché (€)	100	50	20	10
Remise (€)	40	20	8	4

b. $k = 0{,}4$.

c. $M(x) = 0{,}4x$

d.

Prix affiché (€)	100	50	20	10
Prix réduit (€)	60	30	12	6

e. $R(x) = 0{,}6x$.

f.

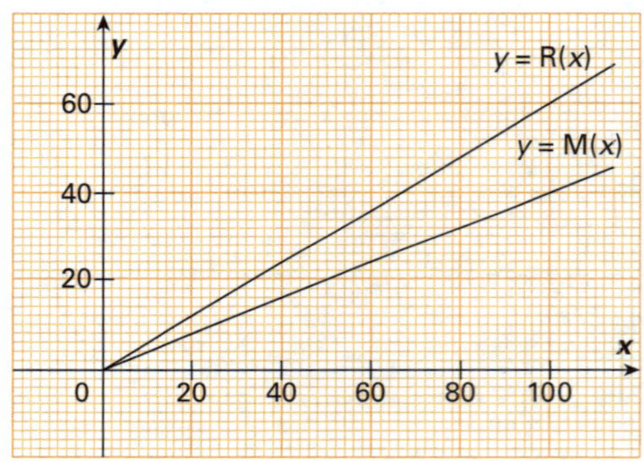

12. Fonction affine p. 91

1 a.

x	0	3
y	– 1	–7

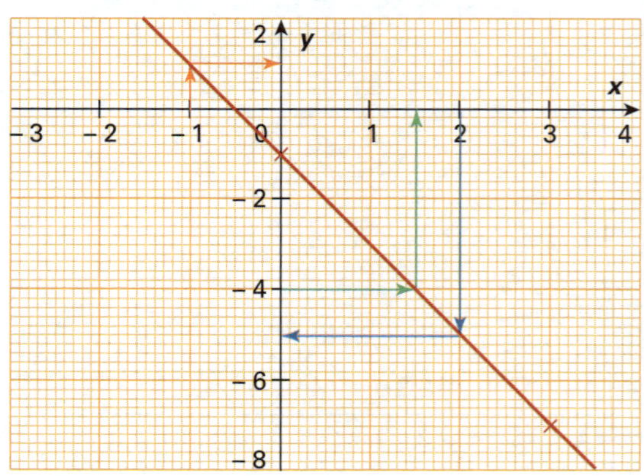

b. $f(-1) = 1$; $f(2) = -5$.
c. $-2 \times (-1) - 1 = 1$; $-2 \times 2 - 1 = -5$.
d. $f(1{,}5) = -4$.

2 a. $f(0) = -2$; $f(2) = -6$

b. $a \times 0 + b = -2$, donc $b = -2$

$a \times 2 + (-2) = -6$; $2a = -4$; donc $a = -2$.

D'où : $f(x) = -2x - 2$

MINI-CONTRÔLE

a.

Nombre de messages envoyés	0	100	400	600
Montant de la facture tarif A (€)	3	4	7	9
Montant de la facture tarif B (€)	0	2	8	12

b. $P_A = 3 + 0{,}01x$ et $P_B = 0{,}02x$.

c.

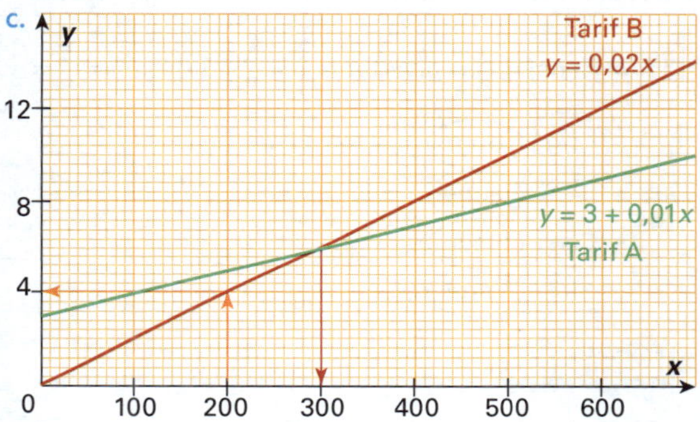

d. Pour 200 messages envoyés, le tarif B est le plus avantageux.

e. À partir de 300 messages envoyés, le tarif A est plus intéressant (300 est l'abscisse du point d'intersection des deux droites).

13. Statistiques p. 93

1 a.

Prix (en €)	Nombre de magasins	ECC
12	5	5
13	13	18
14	20	38
15	21	59
16	18	77
17	9	86
18	8	94
19	6	100

b. Dans le 50e magasin, l'article coute 15 €, donc la médiane vaut 15 €.

c. Dans la moitié des magasins, l'article coute moins de 15 €.

2 a.

Prix (en €)	Effectif	Fréquence en %	FCC
[4 ; 6[	4	13,3	13,3
[6 ; 8[	7	23,3	36,6
[8 ; 10[	9	30	66,6
[10 ; 12[	5	16,7	83,3
[12 ; 14[	3	10	93,3
[14 ; 16[	2	6,7	100
	30	100	

b. La médiane se situe entre 8 et 10 €.

EXO BREVET

a.

Notes	0	1	2	3	4	5
Effectif	1	2	4	3	7	8
ECC	1	3	7	10	17	25

b. Le 12e et le 13e élève ont eu 4, donc la médiane vaut 4.

c. $3 + 7 + 8 = 18$ et $\frac{18}{25} \times 100 = 72$.

72 % des élèves ont eu au moins 3 sur 5.

14. Comparaison de séries statistiques p. 95

1

Prix (en €)	Nombre de magasins	Produit
12	5	60
13	13	169
14	20	280
15	21	315
16	18	288
17	9	153
18	8	144
19	6	114
	100	1 523

a. $\frac{1\,523}{100} = 15{,}23$. Le prix moyen est 15,23 €.

b. $19 - 12 = 7$. L'étendue est 7 €.

2

Dépenses (€)	n_i	x_i	$n_i x_i$
[240 ; 280[	70	260	18 200
[280 ; 320[	100	300	30 000
[320 ; 360[	180	340	61 200
[360 ; 400[	120	380	45 600
[400 ; 440[	130	420	54 600
[440 ; 480[	100	460	46 000
Total	700		255 600

Corrigés

a.

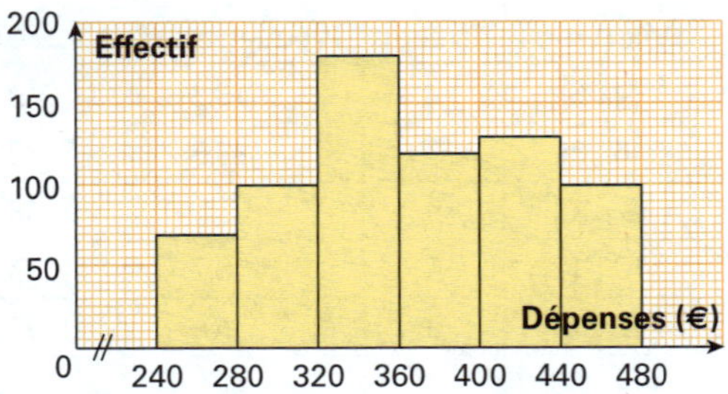

b. 480 – 240 = 240. L'étendue vaut 240 €.

c. $\frac{255\,600}{700} = 365{,}14$. La moyenne est 365,14 €.

d. La 350e famille dépense 360 € en plus, la médiane est donc de 360 €.

e. Elles sont différentes.

EXO BREVET

Type de déchet	Fréquence (%)	Angle (°)
Cartons	14	**50**
Verre	7	**25**
Plastiques	**26**	**94**
Métaux	4	**14**
Journaux	9	**32**
Déchets organiques	16	**58**
Divers	24	87
Total	100	**360**

a. $\frac{14 \times 360}{100} = 50$.

b.

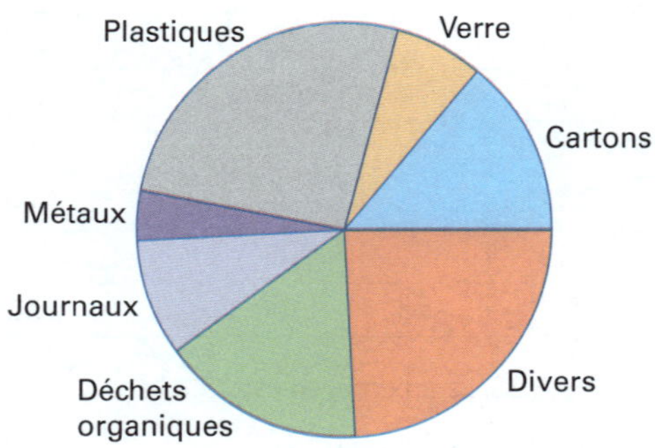

15. Probabilités : généralités p. 97

1 a.

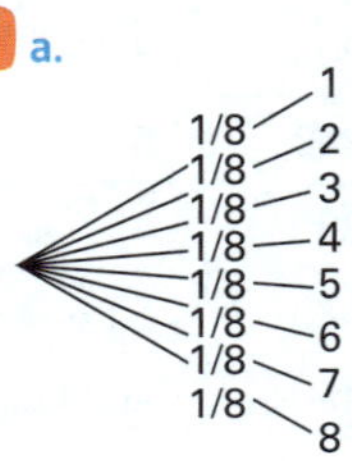

b. $p(\text{gagner}) = \frac{1}{8}$.

c. $p(\text{pair}) = p(2) + p(4) + p(6) + p(8)$
$= \frac{1}{8} + \frac{1}{8} + \frac{1}{8} + \frac{1}{8} = \frac{4}{8} = \frac{1}{2}$.

2 a.

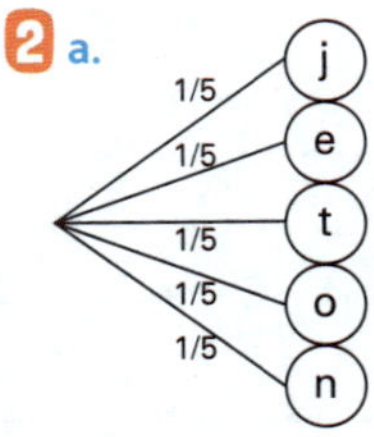

b. $p(\text{voyelle}) = p(e) + p(o)$
$= \frac{1}{5} + \frac{1}{5} = \frac{2}{5}$.

c. $p(\text{consonne}) = p(j) + p(t) + p(n)$
$= \frac{1}{5} + \frac{1}{5} + \frac{1}{5} = \frac{3}{5}$.

3 a.

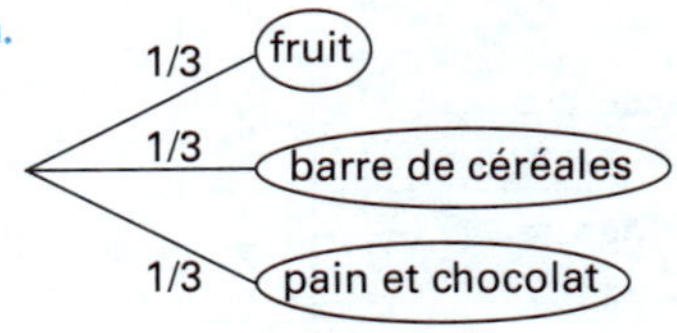

b. $p(\text{non fruit}) = p(\text{céréales}) + p(\text{pain}) = \frac{1}{3} + \frac{1}{3} = \frac{2}{3}$.

4 a. $p(\text{jaune}) = \frac{2}{9}$. $p(\text{verte}) = \frac{3}{9} = \frac{1}{3}$. $p(\text{bleue}) = \frac{3}{9} = \frac{1}{3}$.

b.

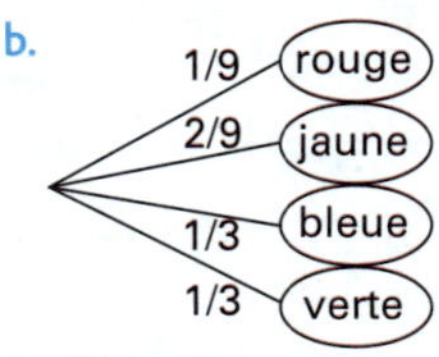

MINI-CONTRÔLE

a. $\frac{52}{100} = \frac{13}{25}$.

b. $\frac{48}{100} = \frac{12}{25}$.

c.

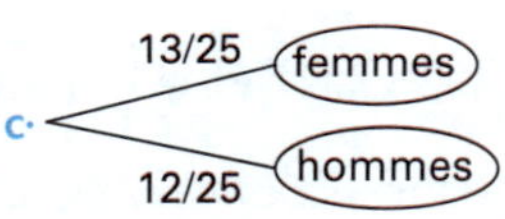

16. Probabilités : langage et définitions p. 99

1 a. $p(\text{non boule}) = 0$ (évènement impossible).

b. $p(\text{boule}) = 1 = 100\,\%$ (évènement certain).

c. $p(\text{non } 2) = 1 - \frac{1}{5} = \frac{4}{5} = 0{,}8 = 80\,\%$ ou $p(\text{non } 2)$
$= p(1) + p(3) + p(4) + p(5) = \frac{1}{5} + \frac{1}{5} + \frac{1}{5} + \frac{1}{5} = \frac{4}{5}$.

2 a. $p(\text{case}) = 1$ (évènement certain).

b. $p(\text{non case}) = 0$ (évènement impossible).

c. $p(\text{non } 6) = 1 - \frac{1}{10} = \frac{9}{10} = 0{,}9 = 90\,\%$ ou $p(\text{non } 6)$
$= p(1) + p(2) + ... + p(5) + p(7) + ... + p(10) = \frac{1}{10} \times 9 = \frac{9}{10}$.

3 a. $p(\text{rouge}) = \frac{2}{9}$. b. $p(\text{verte}) = \frac{3}{9} = \frac{1}{3}$.

c. $p(\text{jaune}) = \frac{4}{9}$.

d.

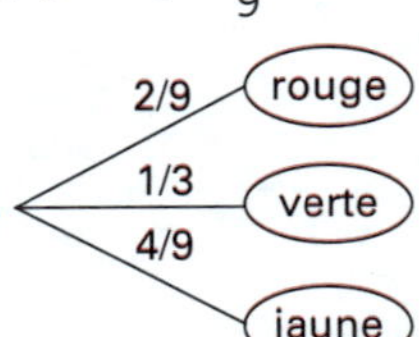

e. $p(\text{non rouge}) = 1 - \frac{2}{9} = \frac{7}{9}$

ou $p(\text{non rouge}) = p(\text{verte}) + p(\text{jaune}) = \frac{1}{3} + \frac{4}{9} = \frac{7}{9}$.

f.

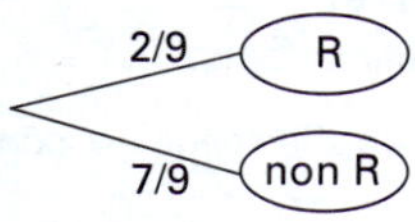

MINI-CONTRÔLE

a. $p(\text{beau mardi}) = \frac{7}{12}$. b. $p(\text{pluie dimanche}) = 1 - \frac{7}{12} = \frac{5}{12}$.

c. $p(\text{pluie jeudi}) = \frac{3}{4} = 0{,}75 = 75\,\%$; il y a 75 % de chances d'avoir de la pluie jeudi ;

d. $p(\text{beau samedi}) = 1 - \frac{3}{4} = \frac{1}{4} = 0{,}25 = 25\,\%$; il y a 25 % de chances pour qu'il fasse beau samedi.

17. Probabilités : expériences à une ou deux épreuves p. 101

1 a.

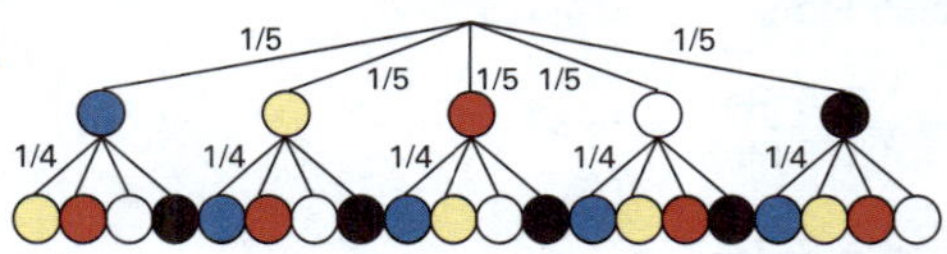

b. $p(\text{bleu, puis jaune}) = \frac{1}{5} \times \frac{1}{4} = \frac{1}{20}$.

c. $p(\text{rouge et jaune}) = \frac{1}{5} \times \frac{1}{4} + \frac{1}{5} \times \frac{1}{4} = \frac{1}{10}$.

2 a.

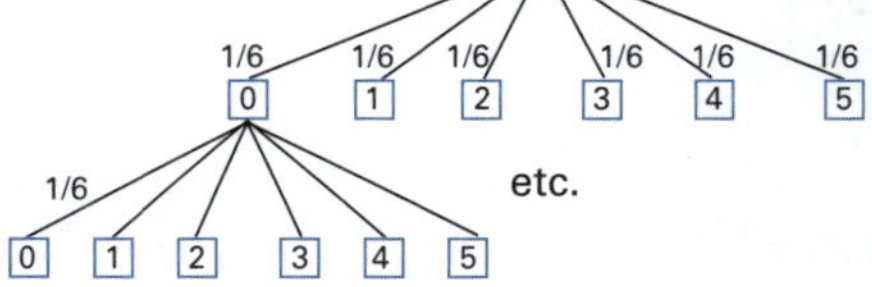

b. $p(12) = \frac{1}{6} \times \frac{1}{6} = \frac{1}{36}$.

c. $p(\text{mêmes chiffres}) =$
$p(00) + p(11) + p(22) + p(33) + p(44) + p(55)$
$= \frac{1}{36} + \frac{1}{36} + \frac{1}{36} + \frac{1}{36} + \frac{1}{36} + \frac{1}{36} = \frac{1}{6}$.

d. $p(\text{chiffres différents}) = 1 - p(\text{mêmes chiffres})$
$= 1 - \frac{1}{6} = \frac{5}{6}$.

3 a.

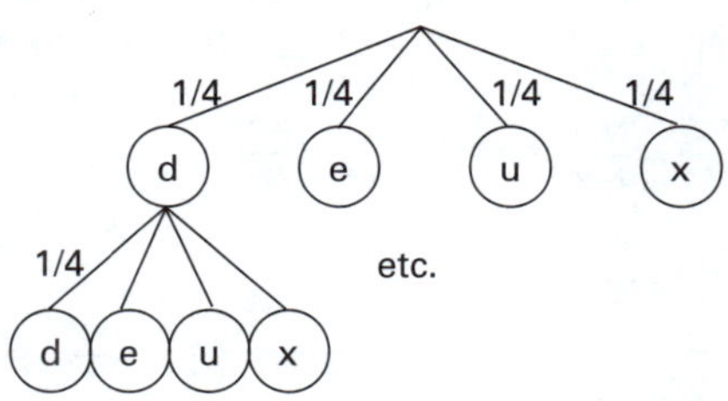

b. $p(\text{consonne, puis voyelle}) = p(de) + p(du) + p(xe) + p(xu) = \frac{1}{4} \times \frac{1}{4} + \frac{1}{4} \times \frac{1}{4} + \frac{1}{4} \times \frac{1}{4} + \frac{1}{4} \times \frac{1}{4} = \frac{1}{4}$.

c. $p(\text{lettres identiques}) = p(dd) + p(ee) + p(uu) + p(xx)$
$= \frac{1}{4} \times \frac{1}{4} + \frac{1}{4} \times \frac{1}{4} + \frac{1}{4} \times \frac{1}{4} + \frac{1}{4} \times \frac{1}{4} = \frac{1}{4}$.

d. $p(\text{lettres différentes}) = 1 - p(\text{lettres identiques})$
$= 1 - \frac{1}{4} = \frac{3}{4}$.

MINI-CONTRÔLE

a.

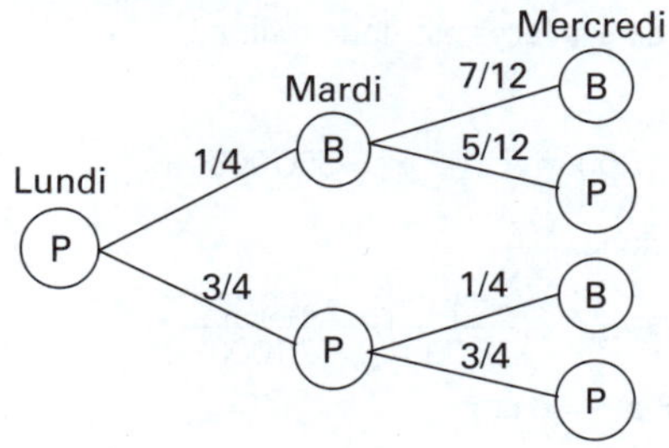

b. $p(\text{beau mercredi}) = \frac{1}{4} \times \frac{7}{12} + \frac{3}{4} \times \frac{1}{4} = \frac{1}{3}$.

18. Calculs d'aires et de volumes p. 103

1 a. $A = 4\pi R^2 \approx 12\,868\ \text{mm}^2$. b. $V = \frac{4}{3}\pi R^3 \approx 58\ \text{cm}^3$.

2 a. $A = 4\pi R^2 \approx 510$ millions de km^2.

b. $V = \frac{4}{3}\pi R^3 \approx 1\,083$ milliards de km^3.

3 a. $V = \frac{4}{3}\pi R^3 \approx 157\ \text{cm}^3$. b. $V = \pi R^2 h \approx 709\ \text{cm}^3$.

c. $V = 157 \times 3 = 471\ \text{cm}^3$. d. $\frac{471}{709} \times 100 \approx 66{,}4$.

Le taux de remplissage est de 66,4 %.

EXO BREVET

a. D'après le théorème de Pythagore dans SUV, rectangle en U. $SV^2 = SU^2 + UV^2$. D'où $SU = \sqrt{1000}$ c'est-à-dire $SU = 10\sqrt{10}$ cm.

b. $\sin \widehat{USV} = \frac{UV}{SV}$, d'où $\text{mes}(\widehat{USV}) = 25°$.

c. $A_1 = \frac{1}{2} \times 4\pi R^2 + \pi R^2 = 3\pi R^2 = 675\pi\ \text{mm}^2$.

d. $A_2 = \frac{1}{2} \times UV \times SU = 75\sqrt{10}\ \text{mm}^2$.

e. $A = 675\pi + 75\sqrt{10} \approx 2\,358\ \text{mm}^2$.

19. Effets des déplacements, agrandissement et réduction p. 105

1 a. $k = 1{,}5$

b. Son aire est multipliée par $k^2 = 1{,}5^2 = 2{,}25$.

c. Son périmètre est multiplié par $k = 1{,}5$.

2 a. $k = \frac{1}{4} = 0{,}25$.

b. Son aire est multipliée par $k^2 = \frac{1}{4^2} = \frac{1}{16}$, elle est donc divisée par 16.

Corrigés

3 a. $k = 10$.
b. Son volume est multiplié par $k^3 = 10^3 = 1\,000$.

4 a. $k^2 = 36$, donc $k = \sqrt{36} = 6$.
b. Son rayon est donc multiplié par $k = 6$.

5 a. $k^3 = 27$, donc $k = 3$ (car $3^3 = 27$).
b. La longueur de chaque arête est donc multipliée par $k = 3$.
c. L'aire d'une de ses faces est donc multipliée par $k^2 = 3^2 = 9$.

6 a. $\mathcal{A}_{\text{réelle}} = 1\,000 \text{ m} \times 500 \text{ m} = 500\,000 \text{ m}^2$

b. $k = \dfrac{1}{25\,000}$, donc

$$\mathcal{A}_{\text{carte}} = 500\,000 \text{ m}^2 \times \left(\frac{1}{25\,000}\right)^2 = \frac{500\,000}{25\,000^2}$$
$$= 0{,}0008 \text{ m}^2 = 8 \text{ cm}^2$$

c.

Longueur sur la carte (en m)	1	$\dfrac{1 \times 1\,000}{25\,000} = 0{,}04$	0,02
Longueur réelle (en m)	25 000	1 000	500

Sur la carte, le terrain mesure 0,04 m = 4 cm de long sur 0,02 m = 2 cm de large.

EXO BREVET

a. $\dfrac{OS}{O'S} = \dfrac{OM}{O'M'}$, d'après le théorème de Thalès ;

donc $O'M' = \dfrac{OM \times O'S}{OS} = \dfrac{3 \times 9}{6} = 4{,}5$ cm.

b. $\mathcal{V}_1 = \dfrac{1}{3}\pi R^2 h = \dfrac{1}{3}\pi \times OM^2 \times OS = 18\pi \text{ cm}^3 \approx 56{,}5 \text{ cm}^3$.

c. $k = \dfrac{O'S}{OS} = \dfrac{9}{6} = \dfrac{3}{2}$

d. $\mathcal{V}_2 = \mathcal{V}_1 \times k^3 = 18\pi \left(\dfrac{3}{2}\right)^3 = \dfrac{243\pi}{4} \text{ cm}^3 \approx 191 \text{ cm}^3$

On peut aussi vérifier ce résultat avec les mesures du cône $\mathcal{V}_2$:

$\mathcal{V}_2 = \dfrac{1}{3}\pi R^2 h = \dfrac{1}{3}\pi \times O'M'^2 \times O'S' = \dfrac{243\pi}{4} \text{ cm}^3 \approx 191 \text{ cm}^3$.

20. Grandeur produit, grandeur quotient — p. 107

1 a. $E = P \times t = 11 \text{ W} \times 8 \text{ h} = 88 \text{ Wh}$

b. $1 \text{ h } 30 = 1 \text{ h} + \dfrac{30}{60} \text{ h} = 1{,}5 \text{ h}$

donc $E = 42 \text{ W} \times 1{,}5 \text{ h} = 63 \text{ Wh}$

c. $2 \text{ h } 10 = 2 \text{ h} + \dfrac{10}{60} \text{ h} = \left(2 + \dfrac{1}{6}\right) \text{ h}$

donc $E = 78 \text{ W} \times \left(2 + \dfrac{1}{6}\right) \text{ h} = 169 \text{ Wh}$

2 a. $V = 944 \dfrac{\text{L}}{\text{m}^2} \times 5\,000 \text{ m}^2 = 4\,720\,000 \text{ L}$

b. $1 \text{ L} = 1 \text{ dm}^3$ donc $V = 4\,720\,000 \text{ L} = 4\,720\,000 \text{ dm}^3 = 4\,720 \text{ m}^3$

3 a. $V = 2 \text{ cm} \times 3 \text{ cm} \times 5 \text{ cm} = 30 \text{ cm}^3$.
b. La masse volumique est donnée par la formule :
$\rho = \dfrac{m}{v} = \dfrac{81 \text{ g}}{30 \text{ cm}^3} = 2{,}7 \text{ g/cm}^3$. Le parallélépipède est donc en aluminium.

4 a. $45 \text{ min} = \dfrac{45}{60} \text{ h} = 0{,}75 \text{ h}$

donc $v = \dfrac{d}{t} = \dfrac{90 \text{ km}}{0{,}75 \text{ h}} = 120 \text{ km/h}$

b. $1 \text{ h } 20 = 1 \text{ h} + \dfrac{20}{60} \text{ h} = \left(1 + \dfrac{1}{3}\right) \text{ h}$

donc $v = \dfrac{d}{t} = \dfrac{134 \text{ km}}{\left(1 + \dfrac{1}{3}\right) \text{ h}} = 100{,}5 \text{ km/h}$

5 a. 1 Mb = 1 024 kb,
donc 35 Mb/s = 35 × 1 024 kb/s = 35 840 kb/s
b. 1 octet = 8 bits,
donc 35 Mb/s = $\dfrac{35}{8}$ = 4,375 Mo/s.

c. $t = \dfrac{240 \text{ Mo}}{4{,}375 \text{ Mo/s}} \approx 55 \text{ s}$

d. débit $= \dfrac{240 \text{ Mo}}{120 \text{ s}} = 2 \text{ Mo/s}$
$= 2 \times 1\,024 \text{ ko/s} = 2\,048 \text{ ko/s}$
$= 2\,048 \times 8 \text{ kb/s} = 16\,384 \text{ kb/s}$
$= \dfrac{16\,384}{1\,024} \text{ Mb/s} = 16 \text{ Mb/s}$

EXO BREVET

a. $1 \text{ mille} = \dfrac{40\,000 \text{ km}}{360} \times \dfrac{1}{60} \approx 1{,}852 \text{ km}$

b. 1 nœud = 1,852 km/h
c. 65,45 nœuds = 65,45 × 1,852 km/h ≈ 121 km/h

d. $121 \text{ km/h} = \dfrac{121\,000 \text{ m}}{3\,600 \text{ s}} \approx 33{,}6 \text{ m/s}$ et $v = \dfrac{d}{t}$

donc $t = \dfrac{d}{v} = \dfrac{500}{33{,}6} \approx 15 \text{ s}$

21. Relations trigonométriques dans le triangle rectangle — p. 109

1 Dans le triangle AMC, (MA) est l'hypoténuse, (AC) est le côté opposé à l'angle $\widehat{M}$, (MC) est le côté adjacent à l'angle $\widehat{M}$.

$\cos \widehat{M} = \dfrac{MC}{MA} = \dfrac{MD}{MB}$; $\sin \widehat{M} = \dfrac{AC}{AM} = \dfrac{BD}{BM}$.

2 a. $\cos \widehat{A} = \dfrac{AC}{AB} = \dfrac{3}{7}$.

b. $\sin \widehat{A} = \dfrac{BC}{BA} = \dfrac{4}{7}$.

c. $\tan \widehat{A} = \dfrac{BC}{AC} = \dfrac{9}{4}$.

3 $\cos \widehat{B} = \dfrac{8}{10} = 0{,}8$.

$\sin \widehat{B} = \dfrac{6}{10} = 0{,}6$.

$\tan \widehat{B} = \dfrac{6}{8} = 0{,}75$.

4 cos (60°) = 0,5
tan (45°) = 1
cos (33°) = 0,839
sin (63°) = 0,891
cos (54°) = 0,588
sin (30°) = 0,5
tan (0°) = 0
sin (28°) = 0,469
tan (85°) = 11,430
sin (10°) = 0,174

5 a. On trace le segment [DR], puis l'angle $\widehat{DRU}$.
On trace la droite (DU) perpendiculaire à (DR).
Le point U se situe à l'intersection de (RU) et de (DU).
On trace la perpendiculaire à (RU) passant par D. On place E.

b. $\tan \widehat{DRU} = \dfrac{DU}{DR}$

c. DU = DR × tan(40°), DU ≈ 3,8 cm.

d. $\sin \widehat{DRU} = \dfrac{DE}{DR}$, donc DE = DR × sin(40°),
DE ≈ 2,9 cm.

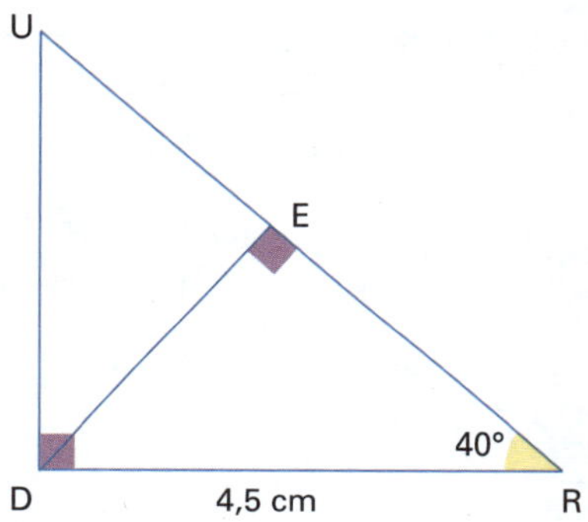

EXO BREVET

a. On trace le segment [BC]. On construit les angles $\widehat{BCA}$ et $\widehat{CBA}$. Le point A est à l'intersection des deux droites obtenues. On vérifie que l'angle en A est droit.

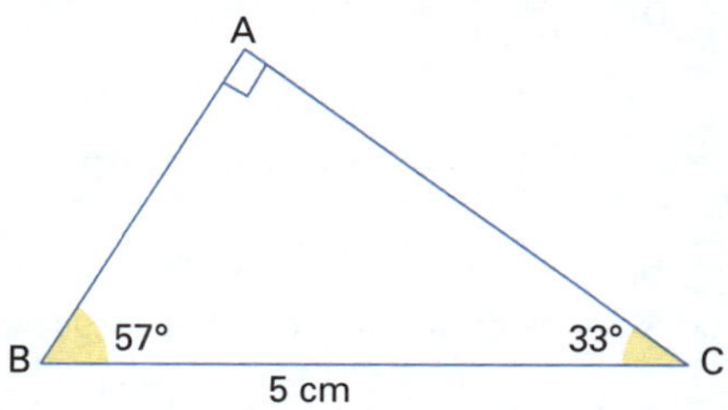

b. 57° + 33° = 90° et 180° – 90° = 90°,
donc mes($\widehat{BAC}$) = 90°. Le triangle est rectangle en A.

c. $\sin \widehat{CBA} = \dfrac{CA}{BC}$, donc CA = BC × sin(57°), CA ≈ 4,2 cm.

ou $\cos \widehat{BCA} = \dfrac{CA}{BC}$, donc CA = BC × cos(33°), CA ≈ 4,2 cm.

22. Calculs d'angles p. 111

1

sin $\widehat{A}$	0,766	0,574
mes ($\widehat{A}$)	50°	35°

cos $\widehat{A}$	0,988	0,454
mes ($\widehat{A}$)	9°	63°

tan $\widehat{A}$	0,404	2,536
mes ($\widehat{A}$)	22°	68°

2 [AC] est l'hypothénuse, et, vu de l'angle $\widehat{C}$: [BC] le côté adjacent et [AB] le côté opposé. Donc $\cos \widehat{C} = \dfrac{CB}{CA} = \dfrac{5}{7}$; mes $\widehat{C}$ = 44,4°.
Donc sin $\widehat{C}$ = 0,700 et tan $\widehat{C}$ = 0,98.

3 $\sin \widehat{C} = \dfrac{AB}{AC} = \dfrac{3}{7}$ donc mes $\widehat{C}$ = 25°.
Donc cos $\widehat{C}$ = 0,9 et tan $\widehat{C}$ = 0,47.

4

mes ($\widehat{B}$)	23°	58°	32°	62°
sin $\widehat{B}$	0,391	0,848	0,530	0,883
cos $\widehat{B}$	0,921	0,530	0,848	0,469
tan $\widehat{B}$	0,424	1,600	0,625	1,881

5 a. $\tan \widehat{BAH} = \dfrac{BH}{AH} = \dfrac{2}{5}$, donc mes($\widehat{BAO}$) = 21,8°.

b. $\tan \widehat{CAO} = \dfrac{OC}{OA} = \dfrac{1}{2}$, donc mes($\widehat{CAO}$) = 26,6°.

c. mes($\widehat{BAC}$) = mes($\widehat{BAO}$) + mes($\widehat{OAC}$),
donc mes($\widehat{BAC}$) = 48,4°.

EXO BREVET

a. On trace le segment [MN] de 5 cm, puis on trace un cercle de centre M et de rayon 2 cm. Il faut ensuite calculer la longueur PN.
MNP est rectangle en P, donc d'après le théorème de Pythagore, on a :
$MN^2 = MP^2 + PN^2$; $5^2 = 2^2 + PN^2$; $PN^2 = 25 - 4 = 21$;
$PN = \sqrt{21} \simeq 4{,}6$ cm.
On trace donc un cercle de centre N et de rayon 4,6 cm.
Le point P sera à l'une des intersections des deux cercles.

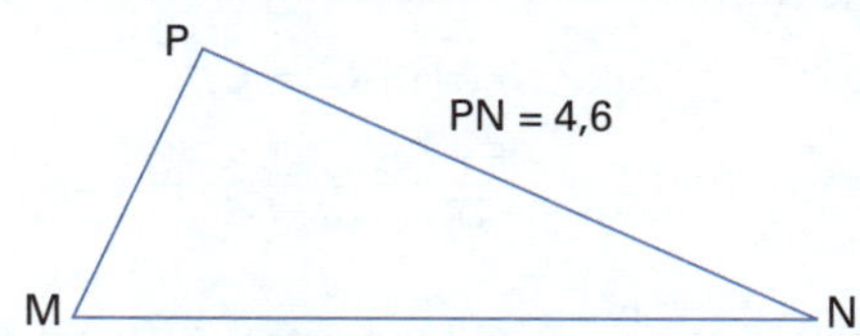

b. $\sin \widehat{MNP} = \dfrac{MP}{MN} = \dfrac{2}{5}$ donc mes($\widehat{MNP}$) = 23,6°.

c. mes($\widehat{NMP}$) = 180° – mes($\widehat{MPN}$) – mes($\widehat{MNP}$),
donc mes($\widehat{NMP}$) = 180° – 90° – 23,6° = 66,4°.

23. Théorème de Thalès et sa réciproque p. 113

1 (CG) et (DF) sécantes en E. (FG) // (CD).
D'où : $\dfrac{EF}{ED} = \dfrac{EG}{EC} = \dfrac{FG}{CD}$.

2 a. $\dfrac{AM}{AB} = \dfrac{AN}{AC}$, $AC = \dfrac{AB \times AN}{AM} = \dfrac{8 \times 4}{5} = 6{,}4$.

b. $\dfrac{AM}{AB} = \dfrac{MN}{BC}$, d'où : $MN = \dfrac{AM \times BC}{AB} = \dfrac{5 \times 4{,}8}{8} = 3$.

Corrigés

3 a. On a :
– (AE) // (BC) (car ABCD parallélogramme et E point de (AD)).
– A, S, B alignés dans cet ordre,
– E, S, C alignés dans cet ordre.
Donc, d'après le théorème de Thalès : $\frac{SA}{SB} = \frac{AE}{BC} \left(= \frac{SE}{SC}\right)$.

Or AE = 1 et BC = AD = 2 ; donc : $SA = \frac{SB \times 1}{2}$.
Or : AB = SA + SB
Donc : AB = SA + 2SA = 3SA et $SA = \frac{AB}{3} = \frac{4,5}{3} = 1,5$.

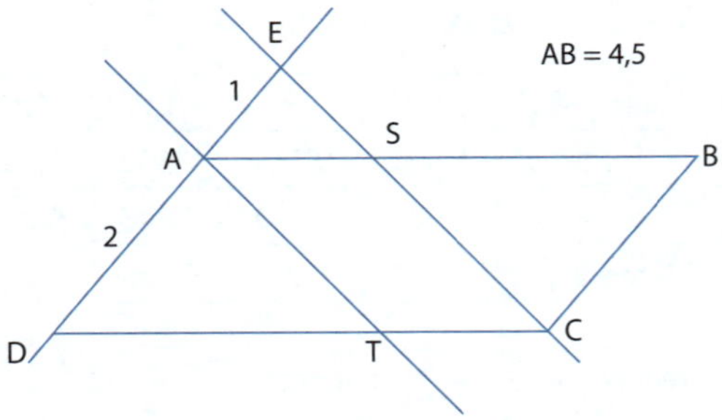

ou $\frac{SA}{SB} = \frac{AE}{BC}$; or SB = AB – SA donc $\frac{SA}{4,5 - SA} = \frac{1}{2}$.
D'où : SA = 1,5 cm.

b. $DT = \frac{2}{3} \times 4,5 = 3$ cm.

c. $\frac{DA}{DE} = \frac{2}{3}$ et $\frac{DT}{DC} = \frac{2}{3}$. Les points D, A, E sont alignés dans cet ordre. Les points D, T, C sont alignés dans cet ordre. Donc, d'après la réciproque du théorème de Thalès, les droites (AT) et (EC) sont parallèles.

EXO BREVET

a. $DG^2 + GH^2 = 46,24$ et $DH^2 = 46,24$; donc, d'après la réciproque du théorème de Pythagore, le triangle DGH est rectangle en G.

b. $\sin \widehat{DHG} = \frac{DG}{DH}$; donc $mes(\widehat{DHG}) \approx 62°$.

c. $\frac{DE}{DG} = \frac{EF}{GH}$, donc $EF = \frac{DE \times GH}{DG} = \frac{4,5 \times 3,2}{6} = 2,4$ cm.

d. $\frac{DA}{DH} = 0,25$ et $\frac{DB}{DG} = 0,25$. Les points D, A, H sont alignés dans cet ordre. Les points D, B, G sont alignés dans cet ordre. Donc, d'après la réciproque du théorème de Thalès, les droites (AB) et (GH) sont parallèles.

24. Sphère p. 115

1 a. Les grands cercles ont pour diamètre celui de la sphère.
b. C'est un cercle de centre H.
c. OH = 1,2 cm. Soit M un point de ce cercle : OM = 3 cm.
D'après le théorème de Pythagore, $OM^2 = OH^2 + HM^2$.
D'où $HM = \sqrt{7,56}$ c'est-à-dire HM ≈ 2,7 cm.

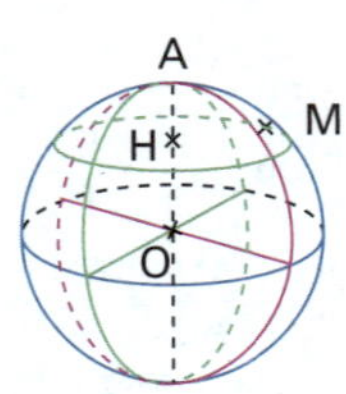

2 a. L = 2π R ≈ 40 024 km.
b. Non, car leurs rayons sont différents.
c. 27° sud (parallèle rouge, comme C).
d. 75° sud (comme B, mais dans l'hémisphère sud).

3 a. C'est un diamètre de la sphère.
b. $l = \frac{1}{2} \times 2\pi R \approx 20\,012$ km.
c. 118° ouest (méridien vert, comme C).
d. 180° – 25° = 155°, donc E a une longitude de 155° ouest.
e. 180° – 118° = 62°, donc F a une longitude de 62° est.

EXO BREVET

Le triangle OHM est rectangle en H, avec :
OH = 2,5 cm et HM = 6 cm.
D'après le théorème de Pythagore, $OM^2 = OH^2 + HM^2$.
D'où $OM = \sqrt{42,25}$ c'est-à-dire OM = 6,5 cm.

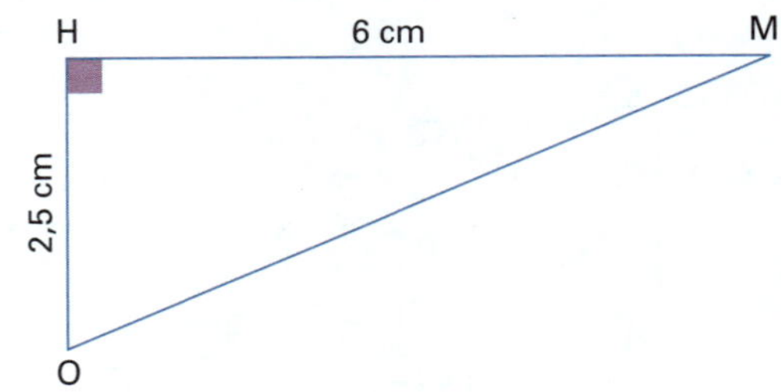

25. Sections planes de solides p. 117

1 a.

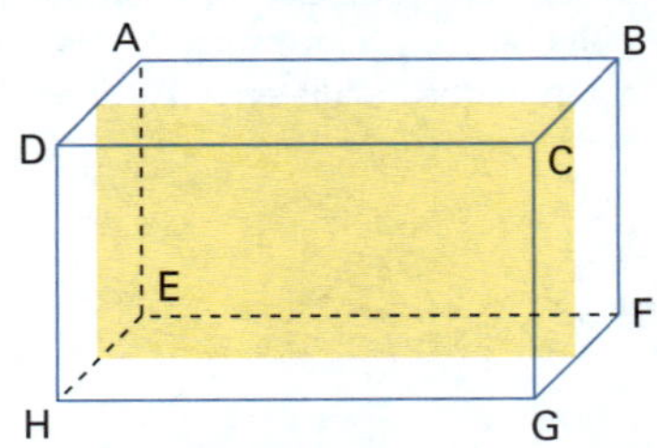

b. C'est un rectangle de largeur 3 cm et de longueur 4 cm.

2 a. Voir figure ci-contre.
b. c. C'est un rectangle de largeur AB = 3 cm et de longueur h = 9 cm.

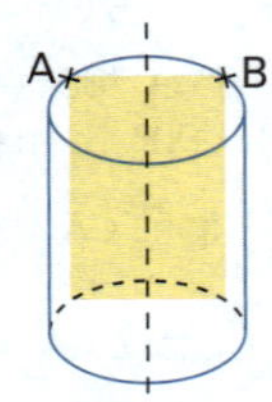

3 a.

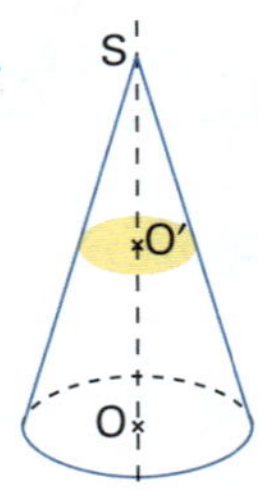

b. C'est un cercle de centre O' et de rayon *r*.
c. $r = k \times 2,5$ avec $k = \frac{SO'}{SO} = \frac{6}{10}$; donc *r* = 1,5 cm.

4 a. Sa base est le carré CDHG.
b. Sa hauteur est AD = 3 cm.
c. Voir figure ci-contre.
d. C'est un carré de côté a.
e. $a = k \times 3$ avec $k = \frac{AM}{AD} = \frac{2}{3}$;
donc a = 2 cm.

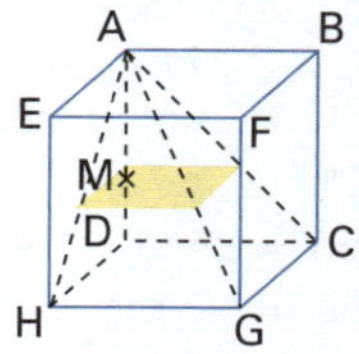

EXO BREVET

a. b. Voir figure ci-contre.
c. C'est un triangle équilatéral de côté c.
d. $c = k \times 4$ avec $k = \frac{SO'}{SO} = \frac{1}{2}$;
donc c = 2 cm.

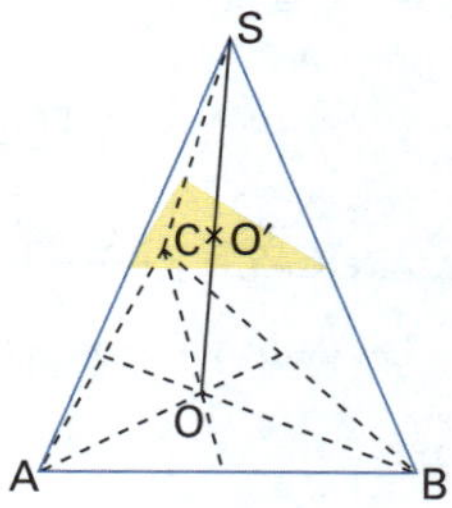

26. Théorème de Pythagore et sa réciproque p. 119

1 D'après le théorème de Pythagore dans le triangle ABC rectangle en A, on a :
$BC^2 = AB^2 + AC^2$; $BC^2 = 3{,}6^2 + 4{,}8^2$;
$BC^2 = 36$; $BC = \sqrt{36}$;
BC = 6.

2 D'après le théorème de Pythagore dans le triangle TOC rectangle en O, on a :
$TC^2 = TO^2 + OC^2$; $7^2 = 3^2 + OC^2$;
$OC^2 = 49 - 9$; $OC^2 = 40$; $OC = \sqrt{40}$;
$OC \simeq 6{,}3$ cm.

3 [CP] est le côté le plus long.
$CP^2 = 13^2 = 169$; $CA^2 + AP^2 = 5^2 + 12^2$;
$CA^2 + AP^2 = 25 + 144$; $CA^2 + AP^2 = 169$.
On a donc : $CP^2 = CA^2 + AP^2$.
La réciproque du théorème de Pythagore est vérifiée, donc le triangle CAP est rectangle en A.

4 Si on coupe le losange selon ses diagonales, on obtient 4 triangles rectangles.
On note d la longueur d'une demi-diagonale et c la longueur d'un côté, donc $d = \frac{990}{2} = 445$ mm.
D'après le théorème de Pythagore, on a :
$c^2 = d^2 + d^2$; $c^2 = 2d^2$; $c^2 = 2 \times 445^2$; $c^2 = 396\,050$;
$c = \sqrt{396\,050} = 629{,}3... \simeq 629$ mm.

EXO BREVET

a. A(grand carré) $= (a + b)^2 = a^2 + 2ab + b^2$
b. A(petit carré) $= c^2$.
c. A(petit triangle) $= \frac{ab}{2}$.
d. $a^2 + 2ab + b^2 = c^2 + 4\frac{ab}{2}$;
$a^2 + 2ab + b^2 = c^2 + 2ab$; $a^2 + b^2 = c^2$.

27. Symétries, rotations, translations, homothéties p. 121

1

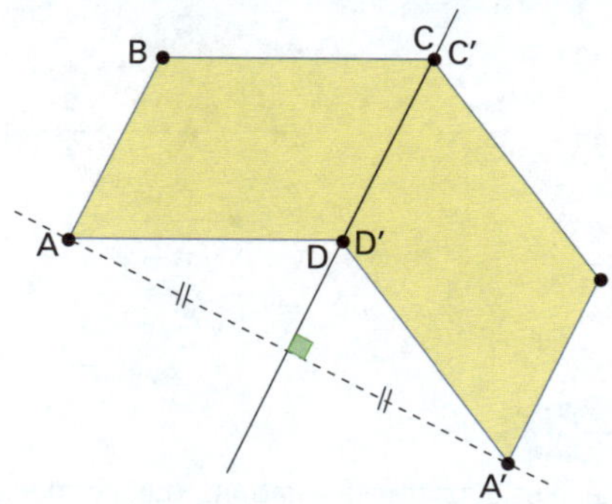

A'B'C'D' est un parallélogramme de mêmes dimensions que ABCD.

2

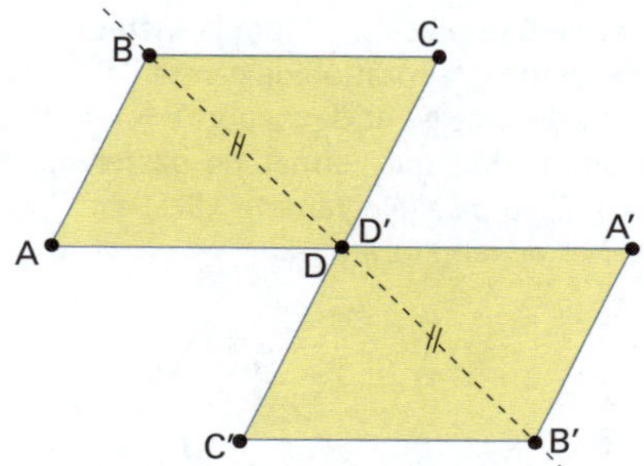

A'B'C'D' est un parallélogramme de mêmes dimensions que ABCD.

3

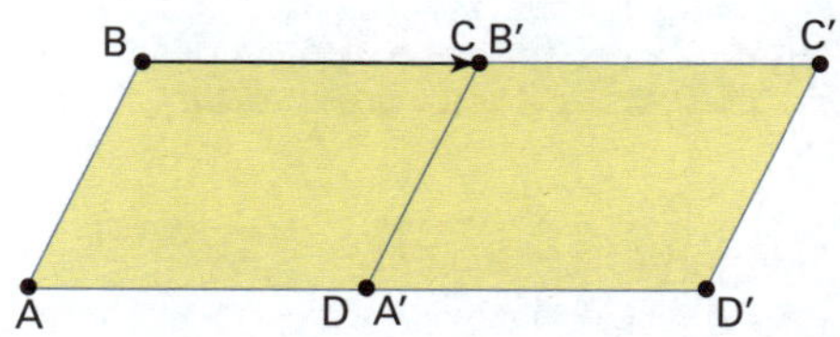

A'B'C'D' est un parallélogramme de mêmes dimensions que ABCD.

4

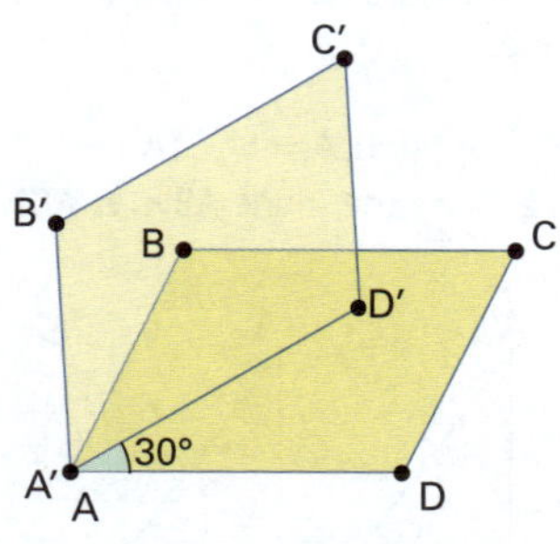

A'B'C'D' est un parallélogramme de mêmes dimensions que ABCD.

Corrigés

5

A'B'C'D' est un parallélogramme tel que :

$A'B' = \frac{1}{2} AB$;

$B'C' = \frac{1}{2} BC$;

$C'D' = \frac{1}{2} CD$;

$A'D' = \frac{1}{2} AD$.

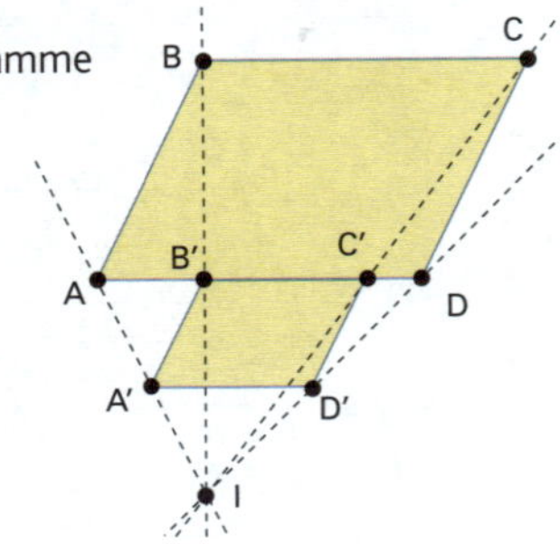

MINI-CONTRÔLE

a. Il existe plusieurs transformations qui permettent de passer du parallélogramme ABCD au parallélogramme EFGH : la translation qui transforme A en E, la translation qui transforme D en H (c'est la même), la translation qui transforme C en G (c'est toujours la même), la translation qui transforme B en F (c'est encore la même) ; la symétrie centrale de centre I, la rotation de centre I et d'angle 180°, l'homothétie de centre I et de rapport $k = -1$.

b. La transformation qui permet de passer du parallélogramme ABCD au parallélogramme KBLH est l'homothétie de centre B et de rapport $k = -2$.

c. d.

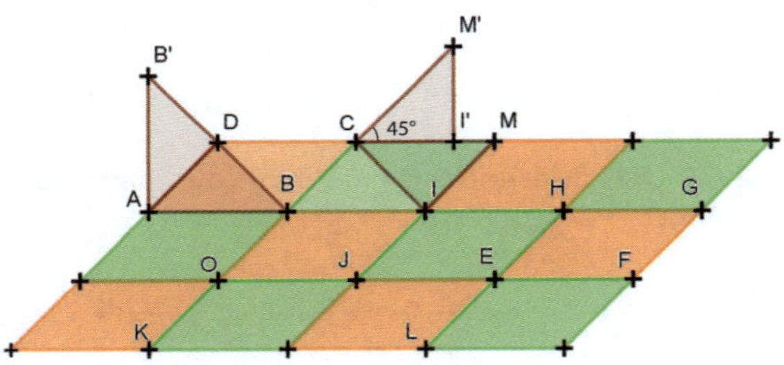

28. Triangles semblables, cas d'égalité des triangles p. 123

1 AB = AC, AH = AH et BH = HC car ABC isocèle en A et (AH) hauteur, donc médiatrice.
Les 3 côtés des triangles ABH et ACH sont égaux, donc ils sont isométriques.
OU
$C = S_{(AH)}(B)$, $H = S_{(AH)}(H)$, $A = S_{(AH)}(A)$
Et $S_{(AH)}$ est une isométrie, donc ABH et ACH sont isométriques.

2 A.

(figure réduite)

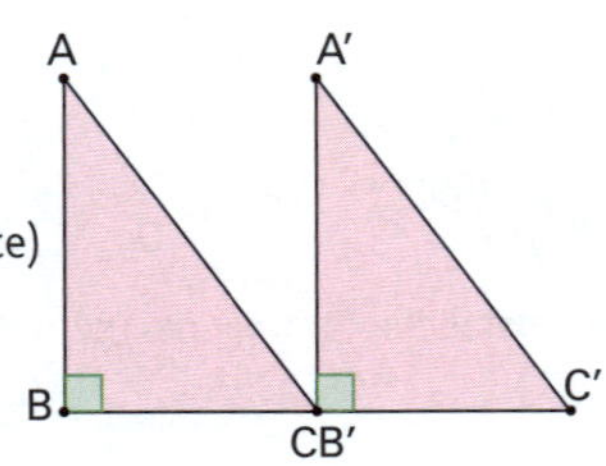

b. Une translation est une isométrie, et l'image de B est C = B', l'image de A est A', l'image de C est C' ; donc A'CC' et ABC sont isométriques.
OU
CA' = BA, car BCA'A est un parallélogramme ;
BC' = BC, car BCC'B' est un parallélogramme ;
A'C' = AC car AA'C'C est un parallélogramme
(car AA' = BC = CC' et (AA') // (BC)).
Donc CA'C' et ABC sont isométriques.

c. $\text{Aire}(ABC) = \frac{AB \times BC}{2} = \frac{4 \text{ cm} \times 3 \text{ cm}}{2} = 6 \text{ cm}^2$.

d. $\text{Aire}(CA'C') = \frac{CC' \times A'C}{2} = \frac{3 \text{ cm} \times 4 \text{ cm}}{2} = 6 \text{ cm}^2$.

e. Les deux aires sont égales.

3

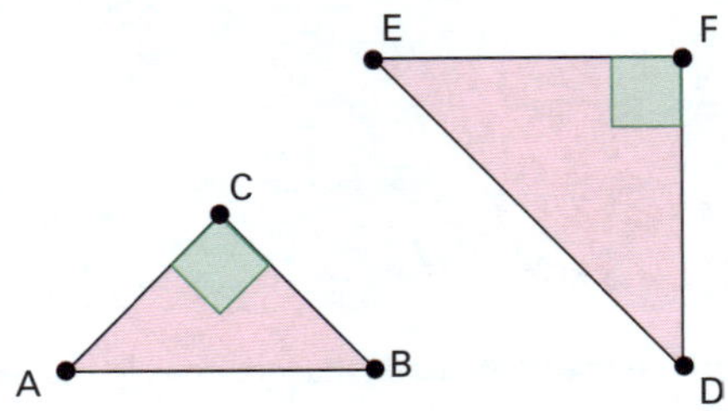

$\widehat{A} = \widehat{B} = 45°$ et $\widehat{E} = \widehat{D} = 45°$; $\widehat{C} = \widehat{F} = 90°$.
Donc les angles sont égaux 2 à 2.
Donc les triangles sont semblables.

4

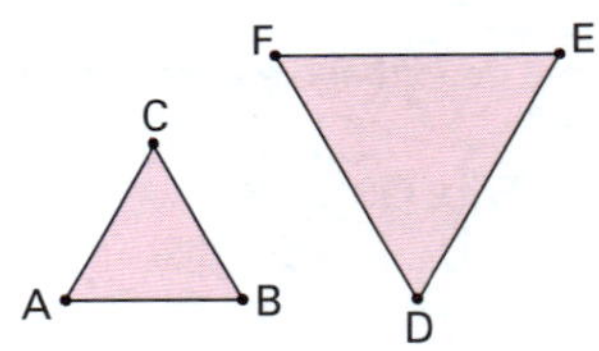

$\widehat{A} = \widehat{B} = \widehat{C} = \frac{180°}{3} = 60°$ et $\widehat{E} = \widehat{F} = \widehat{D} = 60°$.
Donc les angles sont égaux 2 à 2.
Donc les triangles sont semblables.

5 a. BAC isocèle en A,
J milieu de [AC] et I milieu de [AB]
donc AI = AJ.
De plus, AJB et AIC ont l'angle $\widehat{A}$ en commun.
AJB et AIC ont l'angle $\widehat{A}$ compris entre 2 côtés respectivement égaux.
Donc ils sont isométriques.

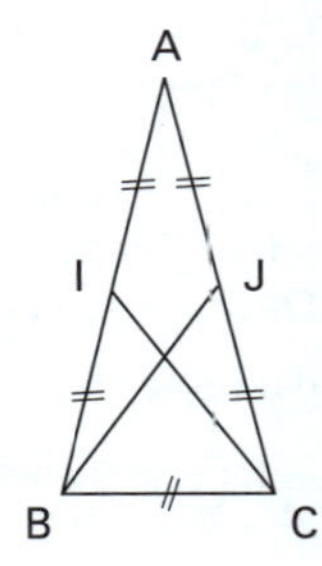

b. IB = JC car ABC isocèle en A,
I milieu de [AB], J milieu de [AC].
IBC et JBC ont BC en commun.
$\text{mes}(\widehat{JCB}) = \text{mes}(\widehat{IBC})$ car ABC isocèle en A.
Ces deux triangles ont deux côtés égaux et les angles entre ces deux côtés de même mesure.
Donc ils sont isométriques.

EXO BREVET

$\widehat{ABG} = \widehat{ABC} + 90°$ et $\widehat{DBC} = \widehat{ABC} + 90°$.
Donc $\widehat{ABG} = \widehat{DBC}$.
De plus, BA = DB et BC = BG car ABDE et BCFG sont des carrés.
Les triangles ABG et DBC ont deux côtés égaux et les angles entre ces deux côtés de même mesure, donc ils sont isométriques.
Donc AG = DC.

29. Boucles et variables p. 125

1

Variables : USD, EUR
Début
1. Demander le prix en dollar.
2. Mettre USD au prix en dollar.
3. Mettre EUR à USD/1,09.
4. Afficher EUR.

Fin

2

Variables : facteur, produit, **table**.
Début
facteur = 0
Demander la table.
Répéter 10 fois
1. produit = facteur × **table**.
2. Afficher « facteur × **table** = produit ».
3. Ajouter 1 à facteur.

Fin

3 **a.** $d = 1$, $\frac{3}{1} = 3$, donc on affiche 1 ;
$d = 2$, $\frac{3}{2}$ n'est pas entier, donc on n'affiche pas 2 ;
$d = 3$, $\frac{3}{3} = 1$, donc on affiche 3.
Affichage : 1 et 3.

b. $d = 1$, $\frac{12}{1} = 12$, donc on affiche 1 ;
$d = 2$, $\frac{12}{2} = 6$, donc on affiche 2 ;
$d = 3$, $\frac{12}{3} = 4$, donc on affiche 3 ;
$d = 4$, $\frac{12}{4} = 3$, donc on affiche 4 ;
$d = 5$, $\frac{12}{5}$ n'est pas entier, donc on n'affiche pas 5 ;
$d = 6$, $\frac{12}{6} = 2$, donc on affiche 6 ;
$d = 7$, $\frac{12}{7}$ n'est pas entier, donc on n'affiche pas 7 ;
$d = 8$, $\frac{12}{8}$ n'est pas entier, donc on n'affiche pas 8 ;
$d = 9$, $\frac{12}{9}$ n'est pas entier, donc on n'affiche pas 9 ;
$d = 10$, $\frac{12}{10}$ n'est pas entier, donc on n'affiche pas 10 ;
$d = 11$, $\frac{12}{11}$ n'est pas entier, donc on n'affiche pas 11 ;
$d = 12$, $\frac{12}{12} = 1$, donc on affiche 12.
Affichage : 1, 2, 3, 4, 6, 12.

c. Cet algorithme semble afficher les diviseurs de *nombre*.

4

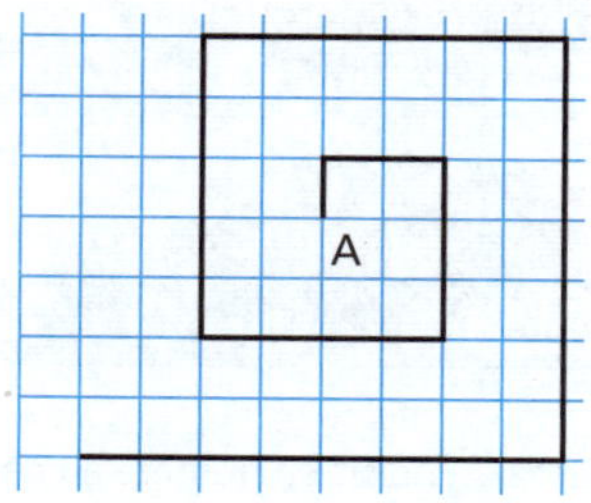

MINI-CONTRÔLE

~~1~~	2	3	~~4~~	5	~~6~~	7	~~8~~	~~9~~	~~10~~
11	~~12~~	13	~~14~~	~~15~~	~~16~~	17	~~18~~	19	~~20~~
~~21~~	~~22~~	23	~~24~~	~~25~~	~~26~~	~~27~~	~~28~~	29	~~30~~
31	~~32~~	~~33~~	~~34~~	~~35~~	~~36~~	37	~~38~~	~~39~~	~~40~~
41	~~42~~	43	~~44~~	~~45~~	~~46~~	47	~~48~~	~~49~~	~~50~~
~~51~~	~~52~~	53	~~54~~	~~55~~	~~56~~	~~57~~	~~58~~	59	~~60~~
61	~~62~~	~~63~~	~~64~~	~~65~~	~~66~~	67	~~68~~	~~69~~	~~70~~
71	~~72~~	73	~~74~~	~~75~~	~~76~~	~~77~~	~~78~~	79	~~80~~
~~81~~	~~82~~	83	~~84~~	~~85~~	~~86~~	~~87~~	~~88~~	89	~~90~~
~~91~~	92	~~93~~	~~94~~	~~95~~	~~96~~	97	~~98~~	~~99~~	~~100~~

e. Les nombres qui ne sont pas rayés sont premiers.

30. Interactions p. 127

1

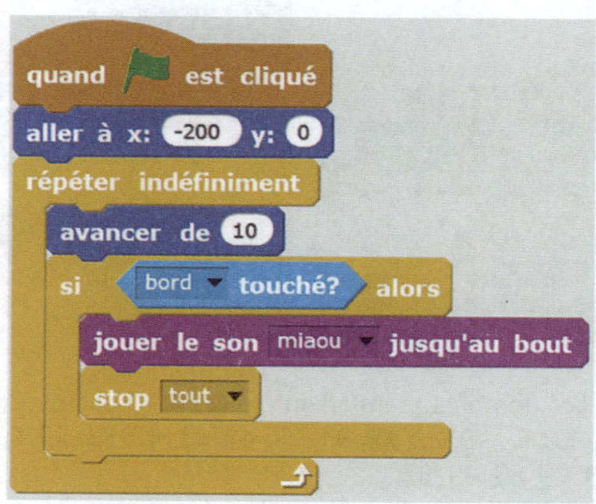

Corrigés

2

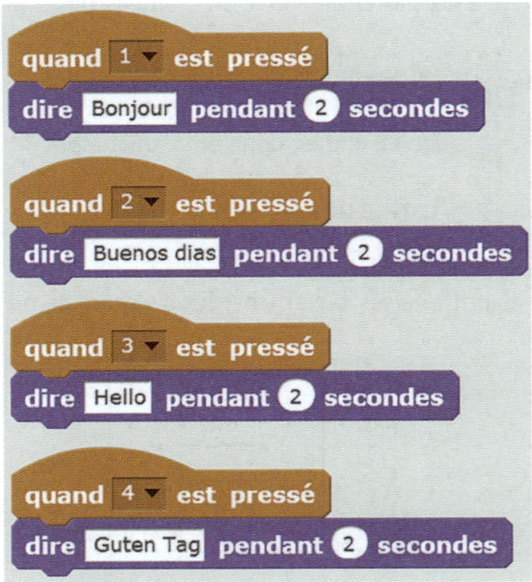

3 a. Ce programme choisit un nombre au hasard (« 0 » ou « 1 ») et le fait dire par le lutin.

b.

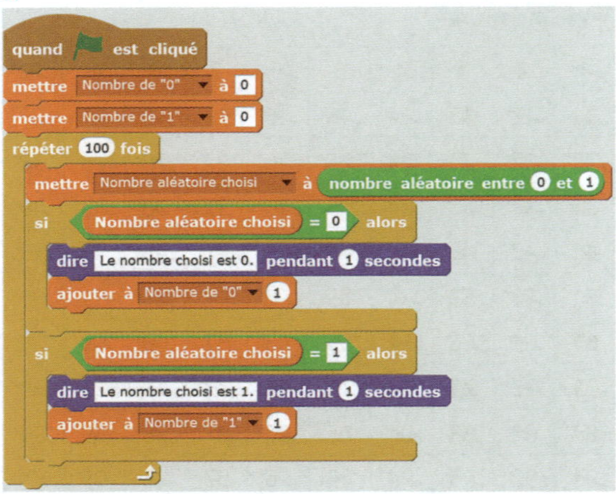

4

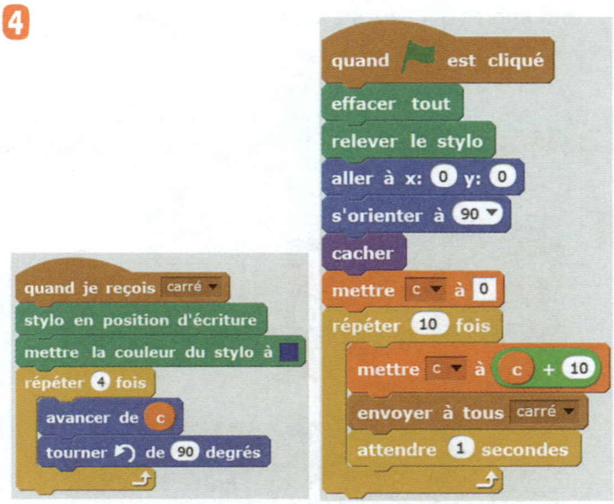

5 a. Les nombres premiers inférieurs à 100 sont : 2, 3, 5, 7, 11, 13, 17, 19, 23, 29, 31, 37, 41, 43, 47, 53, 59, 61, 67, 71, 73, 79, 83, 89, 97.
On peut les ajouter à une liste dans le programme.

b.

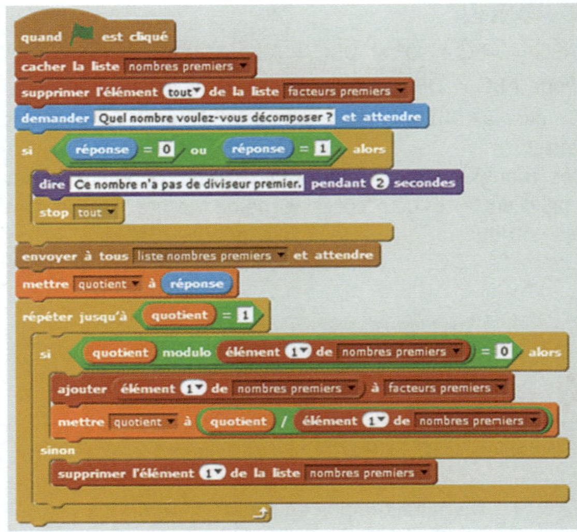

Bilan Maths p. 128

NOMBRES ET CALCULS

1 b.

2 b.

3 b. et c.

4 a.

5 a.

6 c.

7 b.

8 b.

9 c.

10 a.

ORGANISATION ET GESTION DE DONNÉES. FONCTIONS

1 c. puis b.

2 b.

3 a. et c.

4 b. et c.

5 a. et c.

6 a.

7 b. et c. puis a. et b. puis a. et c.

GRANDEURS ET MESURES

1 a. et c.

2 b.

3 a. et b.

4 b. et c.

5 a. et b.

6 b. et c.

7 a., b. et c.

8 a. et b.

9 b. et c.

10 c.

11 a.

ESPACE ET GÉOMÉTRIE

1 b.

2 c.

3 b.

4 b.

5 b. et c.

6 a.

7 b.

8 c.

9 b.

10 b.

HISTOIRE

1. La Première Guerre mondiale (1914-1918) p. 133

1

- pays de la Triple Entente et leurs alliés
- pays de la Triple Alliance et leurs alliés
- front

2 a. Cette affiche a pour commanditaire le comité de l'or du département du Rhône. Elle est destinée aux civils français.
b. Au premier plan, des pièces tombent d'un sac et se transforment en obus qui s'abattent sur un soldat allemand. À l'arrière-plan, on distingue le champ de bataille.
c. Cette affiche a été réalisée dans le but d'inciter les civils à donner leur argent à l'État pour qu'il puisse financer la guerre.

EXO BREVET

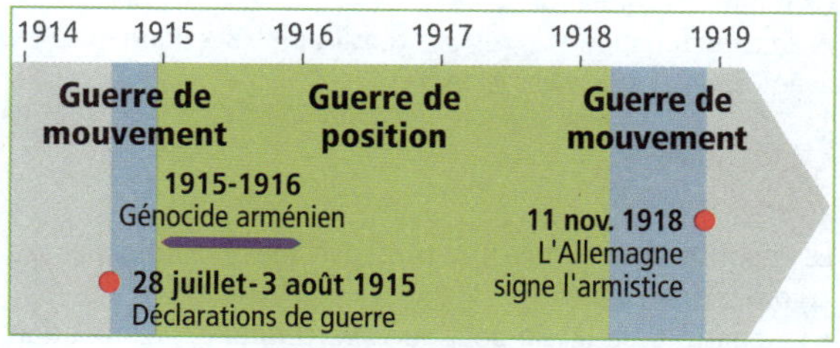

2. Bilan et conséquences de la Première Guerre mondiale p. 135

1 Les raisons qui poussent le peuple russe à se soulever sont la faim, la guerre et le régime autoritaire du tsar.

2 a. Articles à entourer : 160 ; 171 ; 198.
b. Les Allemands trouvent ce traité sévère et humiliant car ils sont déclarés seuls responsables de la guerre et doivent verser des réparations aux pays vainqueurs.

3 a. Les États vaincus sont démantelés : ils perdent une grande partie de leurs territoires et laissent place à de nouveaux États.
b. Les nouveaux États créés sont la Finlande, l'Estonie, la Lettonie, la Lituanie, la Pologne, la Tchécoslovaquie, la Yougoslavie et l'Irlande.

EXO BREVET

La réponse doit comporter trois parties et développer les arguments suivants :
- Une Europe affaiblie et ruinée : 9 millions de morts ; destructions matérielles considérables ; États endettés ; suprématie des États-Unis.
- De nouveaux États : démantèlement des grands empires ; peuples autrefois dominés qui accèdent à l'indépendance.
- De nouvelles tensions : Allemagne humiliée par le traité de Versailles ; États vaincus mécontents ; difficultés de la SDN à garantir la paix.

Corrigés

3. L'URSS totalitaire de Staline p. 137

1 a. Staline porte un costume blanc, son visage est détendu et souriant. Il est entouré de nombreux enfants.
b. Cette affiche sert à véhiculer le message de propagande suivant : Staline est un chef populaire et bienveillant.

2 a. Lors de la mise en place de la collectivisation des terres, la production agricole a baissé.
b. La forte augmentation de la production de houille et d'acier entre 1928 et 1940 montre que la priorité a été donnée à l'industrialisation.

3 a. Les différentes méthodes utilisées pour se débarrasser des opposants sont les procès politiques, les exécutions et les déportations.
b. *Souligner :* « En outre, les opérations punitives ou préventives ne sont pas terminées. Il n'y a pas de « pause ». Chaque jour, des gens éminents ou obscurs disparaissent. » ; « le régime dure et la « liquidation » entreprise par Staline continue, inexorable ».
c. La caractéristique du régime totalitaire soviétique mise en avant dans ce texte est la terreur.

EXO BREVET

La réponse doit comporter trois parties et développer les arguments suivants :
- Le contrôle de la vie politique : parti unique ; élimination des opposants politiques ; culte de la personnalité.
- Le contrôle de la population : propagande ; embrigadement ; terreur ; police politique ; déportation massive.
- Le contrôle de l'économie : collectivisation des terres ; nationalisation des usines ; plans quinquennaux.

4. L'Allemagne totalitaire d'Hitler p. 139

1 a. Le chômage augmente fortement entre 1928 et 1932 : il est multiplié par dix.
b. Le nombre de voix obtenues par les nazis augmente fortement entre 1928 et 1932 (de 2,6 % à 37,4 %).
c. On constate que plus le chômage augmente, plus les Allemands font confiance au parti nazi et votent pour ce dernier.

2

(vert, bordure orange)	Allemagne en 1933
(turquoise)	annexion de l'Autriche et des Sudètes
(bleu)	annexion de la Bohême-Moravie
(vert clair)	invasion de la Pologne

MINI-CONTRÔLE

a. L'aspect de l'idéologie nazie visible dans ce document est l'antisémitisme.
b. Ces lois ont comme point commun de retirer des droits aux Juifs et de les exclure de la société allemande.
c. Ceux qui ne respecteraient pas ces lois s'exposent à une peine de travaux forcés.

5. La France de l'entre-deux-guerres p. 141

1 a. Ces Français manifestent leur mécontentement en marchant du nord de la France jusqu'à Paris.
b. Ils réclament du travail et du pain.

2 Grâce à leur union au sein du Front populaire, les trois partis de gauche obtiennent ensemble la majorité à la Chambre des députés.

3 *Souligner en rouge :* « l'établissement immédiat de contrats collectifs de travail », « les droits pour les travailleurs d'appartenir à un syndicat », « il sera institué deux titulaires ou plusieurs délégués ouvriers ». *Souligner en vert :* « les salaires réels pratiqués pour tous les ouvriers seront, du jour de la reprise du travail, réajustés ».

MINI-CONTRÔLE

a. Cette caricature fait écho à la création des congés payés par le Front populaire.
b. Les personnages du premier plan semblent appartenir à une classe sociale favorisée.
c. La caricature se moque des personnages du premier plan : elle dénonce le mépris et l'intolérance avec lesquels ils jugent les vacanciers, ces derniers profitant de loisirs qui étaient jusque-là réservés aux plus aisés.

6. La Seconde Guerre mondiale (1939-1945) p. 143

1 a. La stratégie choisie par l'armée allemande est de bombarder sans relâche la ville de Stalingrad.
b. Les Soviétiques combattent avec détermination et tentent de reprendre une à une les maisons contrôlées par les Allemands.
c. Les soldats allemands souffrent de la faim et de l'épuisement car ils ont été encerclés par l'armée soviétique et sont ainsi privés de ravitaillement.
d. *Souligner :* « assassins professionnels », « automates métalliques ». Ces expressions montrent l'acharnement et la férocité avec lesquels Soviétiques et Allemands se sont affrontés dans cette bataille.

2 a. *Surligner :* URSS, Chine, Allemagne, Pologne, Japon.
b. Les principales victimes de la Seconde Guerre mondiale sont les civils (62 % du nombre total de victimes).

EXO BREVET

La réponse doit comporter trois parties et développer les arguments suivants :
- L'anéantissement par tous les moyens : sur terre, en mer et dans les airs ; lutte idéologique par la propagande ; économies et recherches scientifiques au service de la guerre.
- Des combats sans merci : férocité et acharnement des soldats ; armes nouvelles et particulièrement destructrices ; civils visés par les bombardements.

• <u>Un bilan effroyable</u> : plus de 50 millions de morts ; destructions matérielles considérables.

7. L'Europe sous domination nazie p. 145

1 a. Ce sont les soldats allemands qui sont désignés par la phrase « ils donnent leur sang ».
b. Les personnages qui se trouvent en bas de l'affiche se dirigent vers des usines pour aller travailler.
c. C'est une affiche de propagande car elle cherche à convaincre les civils des pays occupés de travailler pour nourrir l'effort de guerre allemand.

2 a. *Entourer :* « produits alimentaires », « matières premières », « machines », « installations industrielles ».
b. Les nazis veulent empêcher la formation d'une nouvelle élite polonaise en fermant toutes les institutions culturelles, y compris les écoles et les collèges techniques.
c. *Souligner :* « exploiter ce pays sans aucun ménagement », « La Pologne sera traitée comme une colonie ; les Polonais deviendront les esclaves du Grand Reich ».

3 a. On distingue deux groupes de personnes sur cette photographie : les victimes civiles et les soldats armés.
b. La scène photographiée représente une rafle, c'est-à-dire l'arrestation de populations juives par des soldats allemands dans le ghetto de Varsovie.
c. Ces victimes ont été déportées puis tuées dans des camps d'extermination.

EXO BREVET

La réponse doit comporter trois parties et développer les arguments suivants :
• <u>Le pillage économique</u> : réquisition des matières premières, de la production agricole et industrielle des pays occupés.
• <u>Le contrôle des populations</u> : réquisition de la main-d'œuvre ; arrestation, déportation, exécution des opposants ; persécutions à l'égard de ceux qui sont exclus par le régime.
• <u>La mise en œuvre d'un génocide</u> : rafles ; ghettos ; *Einsatzgruppen* ; déportation dans les camps d'extermination.

8. La France de 1940 à 1944 p. 147

1

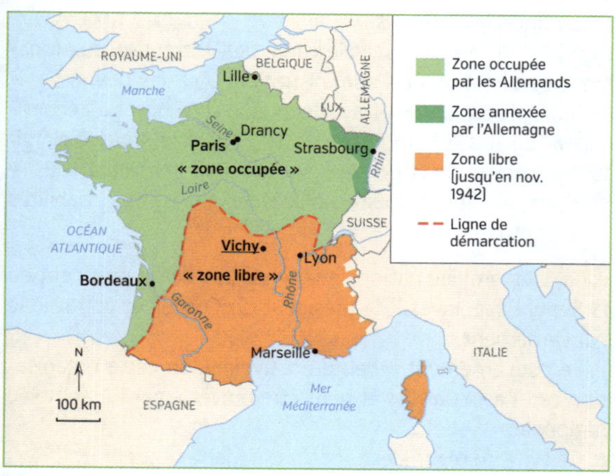

2 a. Dans le premier paragraphe du document, de Gaulle fait référence à Pétain.
b. D'après de Gaulle, la France doit continuer à se battre car elle peut encore compter sur l'aide d'autres puissances engagées contre l'Allemagne.
c. *Surligner :* « notre patrie est en péril de mort, luttons tous pour la sauver ! »

MINI-CONTRÔLE

a. C'est la politique de collaboration menée par le régime de Vichy qui est visible dans ce document.
b. Le responsable de cette politique est Pierre Laval, chef du gouvernement de Vichy.
c. La déportation des enfants juifs de la zone libre est une initiative française car elle n'a pas été réclamée par les autorités nazies mais suggérée par Laval lui-même.

9. Un monde bipolaire au temps de la Guerre froide p. 149

1

- pays membres de l'OTAN
- pays membres du pacte de Varsovie
- rideau de fer
- ◆ crise de Berlin

2 a. Le personnage représenté sur cette caricature est Staline.
b. Le vol des cigognes au-dessus de Berlin symbolise le ravitaillement par les airs mis en place par les Occidentaux pour contrer le blocus organisé par Staline.
c. Le fusil que tient Staline dans ses mains montre la tension extrême qui régnait lors de la crise de Berlin.

EXO BREVET

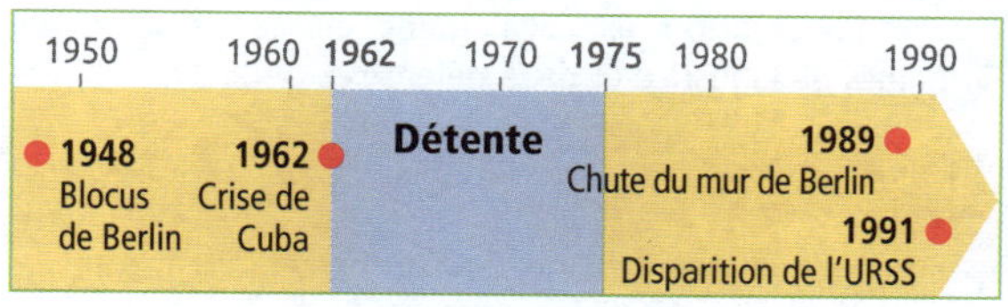

10. Indépendances et construction de nouveaux États p. 151

1 a. Ces deux personnages représentent le Royaume-Uni et le Ghana.
b. Le Ghana a obtenu son indépendance de manière pacifique, par négociation avec le Royaume-Uni.

2 a. *Souligner :* « la restauration de l'État algérien souverain, démocratique et social dans le cadre des principes islamiques », « le respect de toutes les libertés fondamentales sans distinction de races et de confessions ».
b. Ce mouvement compte atteindre ses objectifs par tous les moyens possibles.

3 a. *Colorier en vert :* France, Royaume-Uni, Belgique, Pays-Bas, Italie, Espagne et Portugal.

Corrigés

b. *Écrire dans le cadre localisé en Indonésie :* « Bandung, 1955 » ; *écrire dans le cadre localisé en Yougoslavie :* « Belgrade, 1961 ».
c. ✷ : « guerre d'indépendance ».

EXO BREVET

La réponse doit comporter deux parties et développer les arguments suivants :
• Les raisons de la décolonisation : affaiblissement des puissances coloniales ; soutien des deux grandes puissances mondiales ; droit des peuples à disposer d'eux-mêmes mis en avant par l'ONU ; engagement des colonies dans les guerres mondiales.
• Les processus de décolonisation : émergence et organisation de mouvements nationalistes ; désobéissance civile et négociations dans un contexte pacifique ; lutte armée et attentats dans un contexte de guerre.

11. La construction européenne p. 153

1 **a.** La ronde des enfants symbolise les six pays qui coopèrent au sein de la CEE : France, Allemagne, Italie, Belgique, Luxembourg et Pays-Bas.
b. Les grands principes de la CEE sont la suppression des barrières douanières, la libre circulation des personnes et des marchandises.

2 **a.** *Souligner :* « promouvoir un progrès économique et social équilibré et durable, notamment par la création d'un espace sans frontières intérieures, par le renforcement de la cohésion économique et sociale ».
b. Les créations de l'Union européenne sont « une citoyenneté de l'Union » dans le domaine politique et « une monnaie unique » dans le domaine monétaire.
c. Une coopération est également envisagée dans les domaines de la justice et de la défense.

MINI-CONTRÔLE

a.

b.

6 pays fondateurs	
Espace Schengen	€ Zone euro

12. Enjeux et conflits dans le monde après 1989 p. 155

1 **a.** Les conflits au Moyen-Orient peuvent éclater pour différents motifs : le contrôle de ressources économiques ou de lieux stratégiques, les différences ethniques ou religieuses, l'ingérence de puissances étrangères.
b. *Entourer :* « intervention militaire des États-Unis avec mandat de l'ONU ».

2 La Chine veut donner l'image d'une grande puissance mondiale à travers cette cérémonie.

3 **a.** La grande puissance militaire désignée dans ce texte est les États-Unis, touchés par les attentats du 11 septembre 2001.
b. D'après l'auteur de ce rapport, le terrorisme n'est plus un moyen de pression utilisé par certains États pour peser dans les affaires internationales, mais une menace généralisée qui sévit à l'échelle mondiale.
c. Ses nouveaux moyens d'action sont modernes et adaptés à la mondialisation : télécommunications, transports et transactions financières.

EXO BREVET

La réponse doit comporter deux parties et développer les arguments suivants :
• Des conflits divers et nombreux : guerres civiles ou interétatiques ; causes économiques, ethniques, religieuses ou géopolitiques ; ingérence de puissances étrangères ; zones de tension permanente.
• De nouvelles menaces : risque de prolifération nucléaire ; terrorisme islamiste.

13. La refondation de la République française (1944-1947) p. 157

1 Cette photographie présente un intérêt historique car c'est la première fois que les femmes peuvent participer aux élections, le droit de vote leur ayant été accordé en 1944.

2 **a.** *Souligner :* « l'intensification de la production nationale selon les lignes d'un plan arrêté par l'État », « le retour à la nation des grands moyens de production monopolisés ».
b. Les secteurs touchés par ces mesures sont la banque, l'assurance, les énergies.
c. « Le droit d'accès, dans le cadre de l'entreprise, aux fonctions de direction et d'administration, pour les ouvriers [...], et la participation des travailleurs à la direction de l'économie ». Ce passage montre que le CNR a le souci d'élargir la démocratie dans un sens social car il permet à tous, y compris les plus modestes, d'accéder à des responsabilités dans l'entreprise.

3 **a.** L'Assemblée nationale vote les lois, élit le président de la République, investit le président du Conseil et contrôle le gouvernement.
b. Le gouvernement a peu de pouvoir selon cette organisation car il est contrôlé et peut être renversé par l'Assemblée nationale.
c. Ce type de régime est appelé « parlementaire ».

EXO BREVET

La réponse doit comporter trois parties et développer les arguments suivants :

- Une refondation politique : GPRF ; retour à la démocratie ; annulation des lois de Vichy ; rétablissement des libertés ; instauration de la IVe République.
- Une refondation économique : intervention de l'État ; nationalisations dans des secteurs clés de l'économie.
- Une refondation sociale : droit de vote des femmes ; création de la Sécurité sociale.

14. La Ve République p. 159

1 a. Les Français sont invités à se prononcer par référendum pour ou contre la constitution de la Ve République.
b. Les arguments donnés en faveur du « oui » sont de préserver la France et ses colonies, de développer l'économie et de renouveler les institutions du pays.
c. *Entourer :* « la République libérée du système ».

2 a. De Gaulle s'exprime dans le contexte de la campagne électorale présidentielle de 1965.
b. D'après lui, les institutions de la Ve République ont l'avantage d'être stables et efficaces.
c. *Souligner :* « les institutions étaient autrefois faites pour l'impuissance », « la décolonisation, qui divisait les Français et agitait notre armée », « la paix, que depuis au moins un demi-siècle, nous n'avions, en somme, jamais connue », « l'inflation qui rongeait l'économie ».
d. La dernière phrase fait référence à la politique d'indépendance nationale menée par de Gaulle, notamment vis-à-vis des États-Unis dans le contexte de la Guerre froide.

MINI-CONTRÔLE

a. *Entourer en haut à droite :* Mitterrand 52,06 % ; Giscard 47,94 %.
b. Le titre « la victoire historique » s'explique par le fait que l'élection du socialiste François Mitterrand à la présidence de la République marque la première alternance politique depuis 1958.

15. Les transformations de la société française (1950-1990) p. 161

1 Cette photographie est révélatrice des Trente Glorieuses car on y voit l'essor des loisirs (couple de Français en vacances) ainsi que la naissance de la société de consommation (voiture et matériel de camping).

2 a. Au premier plan est représenté un jeune homme tandis qu'à l'arrière-plan apparait la silhouette caricaturée du général de Gaulle.
b. Les étudiants reprochent au pouvoir en place de ne pas laisser la jeunesse s'exprimer.

3 a. Giscard d'Estaing répond aux revendications portées par les femmes en créant un ministère de la condition féminine, en confiant des responsabilités importantes aux femmes qu'il fait entrer dans son gouvernement, en proposant une loi sur la contraception et en libéralisant l'avortement.
b. *Souligner :* « la majorité non seulement électorale, mais civile, abaissée à 18 ans », « la loi sur la contraception », « la libéralisation de l'avortement ».
c. L'abaissement de la majorité à 18 ans a répondu aux aspirations de la jeunesse car celle-ci ne voulait plus attendre 21 ans pour pouvoir s'émanciper de l'autorité parentale et pouvoir voter.

EXO BREVET

La réponse doit comporter deux parties et développer les arguments suivants :

- Les Trente Glorieuses : croissance économique ; plein emploi ; développement de l'immigration ; urbanisation ; augmentation du niveau de vie ; société de consommation ; essor des loisirs ; babyboom.
- Les évolutions après 1974 : ralentissement de la croissance économique ; stagnation de la consommation ; développement du chômage et de la pauvreté ; aspirations de la jeunesse satisfaites ; vieillissement de la population.

GÉOGRAPHIE

16. Les aires urbaines et leurs dynamiques en France p. 163

1

- ville-centre
- banlieue
- couronne périurbaine
- déplacements quotidiens
- étalement urbain

2 a. Le phénomène visible sur cette photographie se nomme l'étalement urbain.
b. Les nouveaux quartiers sont aménagés autour de rues rectilignes qui desservent des lotissements. L'habitat est pavillonnaire, composé de maisons individuelles et de jardins qui les entourent.

MINI-CONTRÔLE

a. Frédéric s'est installé dans la couronne périurbaine de Paris pour pouvoir acquérir une maison individuelle avec jardin.
b. *Souligner :* « habite maintenant [...] une commune située à 100 km à l'est de Paris », « je passe dans une journée quasiment 4 h dans les transports », « le matin, je me réveille à 2 h 45 ».

17. Les transformations des espaces productifs français p. 165

1 a. Les technopôles de Bretagne se sont fixé les objectifs suivants : créer des produits innovants et développer ainsi l'économie de la région.
b. D'après les images, ils sont spécialisés dans différentes activités innovantes comme la mise en valeur des ressources maritimes, la recherche scientifique et les télécommunications.

Corrigés

2 a. Le quartier de Souilhac était spécialisé dans l'industrie d'armement.
b. *Souligner :* « l'Institut de Formation en Soins Infirmiers », « l'École Supérieure du Professorat et de l'Éducation », « la bibliothèque, centre de ressources Canopé ». L'activité concernée est l'éducation.
c. On appelle ce changement d'activité une reconversion.

3

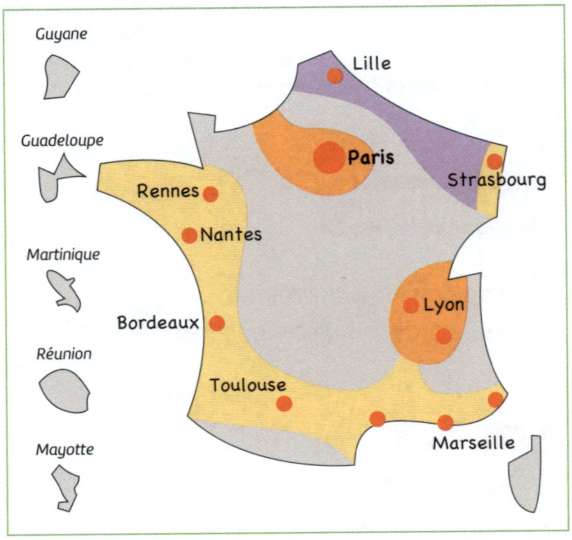

EXO BREVET

La réponse doit comporter trois parties et développer les arguments suivants :

- La modernisation : spécialisation des espaces agricoles ; agriculture intensive ; robotisation des usines ; reconversion des espaces industriels en crise ; essor des pôles de compétitivité.
- L'intégration à la mondialisation : productions excédentaires ; capacité d'exportation ; délocalisations ; implantation des firmes multinationales.
- La tertiarisation : part des services accrue dans l'économie ; métropolisation ; prédominance du tourisme.

18. Les espaces de faible densité et leurs atouts en France p. 167

1 Les densités les plus faibles se trouvent le long d'une diagonale qui va des Ardennes aux Pyrénées en passant par le Massif central ainsi que dans les Alpes et en Corse.

2 a. Le milieu naturel photographié est la montagne.
b. Cet aménagement a été conçu pour développer l'activité touristique (sports d'hiver).

MINI-CONTRÔLE

a. Ce parc naturel a été créé pour protéger le patrimoine naturel et culturel des Cévennes.
b. Le parc est organisé en deux zones : la partie centrale qui est la plus surveillée et la partie périphérique qui est également protégée mais qui sert d'espace de transition avec l'extérieur du parc.
c. Les activités économiques développées dans ce parc sont l'agriculture, l'exploitation des forêts et l'écotourisme.

19. Aménager pour réduire les contrastes territoriaux en France p. 169

1 a. Cet aménagement est nécessaire pour garantir un accueil sécurisé, moderne et agréable aux élèves de ce collège.
b. C'est le département qui est en charge de ce projet.

2

- cœur du territoire national
- espaces périphériques dynamiques
- régions industrielles en reconversion
- espaces ruraux revitalisés

EXO BREVET

La réponse doit comporter trois parties et développer les arguments suivants :

- Les buts : réduire les inégalités entre les territoires ; renforcer l'attractivité d'une région ; répondre aux besoins des habitants.
- Les mesures : développement des transports ; construction d'équipements publics ; reconversion industrielle ; revitalisation rurale ; rénovation urbaine.
- Les acteurs : État ; Union européenne ; collectivités territoriales ; habitants ; entreprises.

20. Aménager les territoires ultramarins français p. 171

1 a. Les activités économiques de la Guyane sont l'agriculture, l'exploitation des forêts et des ressources minières, le commerce et l'aérospatial.
b. La Guyane est reliée à la métropole grâce à ses ports et son aéroport international.

2 a. Le développement de l'économie martiniquaise dépend des infrastructures de transport qui relient l'île à la métropole.
b. *Souligner :* « alizés », « séismes, éruptions volcaniques et phénomènes climatiques (période cyclonique de juin à novembre) ».

MINI-CONTRÔLE

a. Il s'agit d'une zone littorale, récemment urbanisée, sur laquelle on distingue de nombreuses constructions (maisons individuelles et immeubles), quelques plages ainsi que plusieurs ports.

b. Des complexes hôteliers, un port de plaisance ainsi que des plages artificielles ont été aménagés pour développer le tourisme.

21. L'Union européenne, un nouveau territoire de référence p. 173

1 a. La corde symbolise l'Union européenne et les fils qui la tissent représentent les différents États membres.
b. Ce dessin confirme le slogan de l'affiche car, en unissant leurs forces et en coopérant, les pays européens forment une grande puissance.

2 a. La politique de cohésion menée par l'Union européenne vise à réduire les écarts de richesse entre les régions des pays membres.
b. Cette politique s'adresse en priorité aux pays les plus pauvres, notamment ceux d'Europe centrale et orientale, car ces derniers ont été récemment intégrés et accusent encore un retard de développement.

3

(rouge)	mégalopole européenne (cœur de l'UE)
(orange)	régions développées et intégrées au centre
(jaune)	régions périphériques moins développées

EXO BREVET

La réponse doit comporter deux parties et développer les arguments suivants :
- Les contrastes territoriaux : Europe de l'Ouest plus développée que l'Europe de l'Est ; mégalopole plus riche et mieux desservie que les régions périphériques ; régions plus ou moins attractives à l'intérieur d'un même État.
- Les moyens d'y remédier : politique de cohésion économique et sociale ; FEDER ; financement et construction d'aménagements ; intégration des régions périphériques par le développement des transports.

22. La France, un État de l'Union européenne p. 175

1 a. Les métropoles françaises les mieux connectées au reste de l'Europe sont Paris, Lille, Dijon, Lyon, Marseille, Bordeaux, Rennes, Le Havre.
b. La France est au cœur des échanges européens car elle occupe une position de carrefour entre Europe du Nord et Europe du Sud mais elle reste à l'écart de la mégalopole qui concentre le plus de flux.

2 a. Ce programme consiste à permettre aux jeunes Européens d'étudier dans l'un des pays membres de l'UE.
b. Pour les Français qui y participeraient, ce programme aurait pour bienfaits le développement d'une conscience européenne, d'une plus grande tolérance et de compétences sociales accrues.

EXO BREVET

a. *Souligner :* « 158 000 travailleurs frontaliers », « Luxembourg », « Allemagne », « Suisse », « Belgique ».
b. Les atouts de l'intégration européenne de la région Grand Est sont économiques (échanges accrus avec les pays voisins, augmentation du chiffre d'affaires des entreprises) et sociaux (création de nombreux emplois, augmentation du pouvoir d'achat des travailleurs frontaliers).

23. La France et l'Europe dans le monde p. 177

1 a. En 2015, la France a accueilli 83,8 millions de touristes.
b. L'Union européenne est un pôle touristique mondial car parmi les huit pays les plus visités du monde, cinq font partie de l'UE.

2 L'économie européenne est renforcée dans le monde car, en installant ce centre en Chine, Airbus devient une firme multinationale plus puissante et mieux implantée sur le marché asiatique.

3 L'affiche fait écho à la puissance culturelle de la France.

MINI-CONTRÔLE

a. *Encadrer :* « 33 pays », « plus de 450 millions d'habitants ».
b. *Souligner :* « relations politiques, diplomatiques et militaires privilégiées qu'entretient naturellement la France avec les différents pays de ce vaste ensemble », « être activement présente et incontournable sur différents théâtres d'opérations à travers le monde », « cette évolution joue également un rôle très important dans la diffusion de la langue française dans le monde ».

EMC

1. Le citoyen, la loi et la sécurité p. 179

1 a. Vigipirate. b. En cas d'attentat ou menace d'attentat.
c. Interdiction de stationner devant les établissements scolaires.
d. Forces de l'ordre, forces armées, services de secours.

MINI-CONTRÔLE

a. L'opération Barkhane se déroule sur le continent africain. L'armée française est présente au Mali, au Tchad et au Niger.
b. L'opération Barkhane a pour objectif d'éliminer la menace terroriste.
c. L'ONU et l'Union européenne ont donné leur accord à l'intervention militaire française.
d. Par son intervention, la France défend le droit à la sécurité.

2. La France, une démocratie p. 181

1 1. La Constitution qui garantit droits et libertés.
2. La séparation des pouvoirs : pouvoir exécutif, pouvoir législatif, pouvoir judiciaire.
3. Le suffrage universel.

Corrigés

2 Ce qu'est la décentralisation :
L'**État** collabore en matière d'action sociale, d'enseignement, de culture, de sport, etc. avec les **collectivités territoriales** :
– les **régions**,
– les **départements**,
– les **communes**.

MINI-CONTRÔLE

a. Pour être citoyen français, il faut posséder la nationalité française et avoir plus de 18 ans.

b.

Libertés ou droits	Devoirs ou obligations correspondants
Liberté de conscience	Respecter les opinions d'autrui, politiques et religieuses.
Droit d'utiliser les services publics	Ne pas endommager ou dégrader les équipements publics.
Droit aux secours et au SAMU	Porter assistance à une personne en danger.
Droit d'être défendu en cas d'invasion étrangère	Autrefois, pour les garçons, obligation militaire.

3. Le fonctionnement des institutions p. 183

1 J'élis le président de la République et les députés. → le citoyen
Je nomme le gouvernement. → le président de la République
Je discute et vote les lois. → le député
Je sanctionne les atteintes aux lois. → le juge
Je dirige l'État avec le président de la République. → le Premier ministre

2

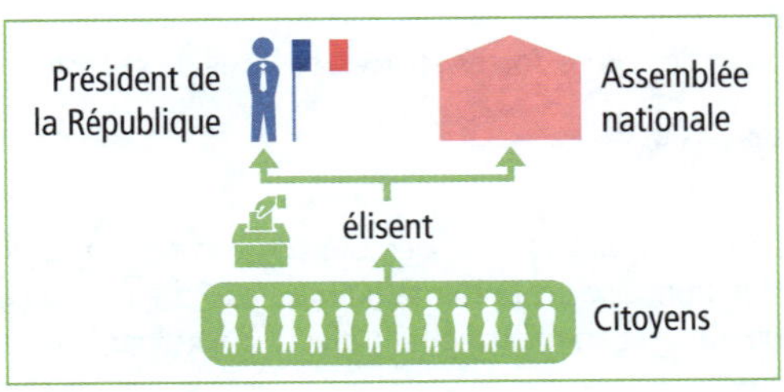

MINI-CONTRÔLE

a. Emmanuel Macron est le président de la République. Il exerce sa fonction au palais de l'Élysée.
b. Le président de la République est élu par les citoyens au suffrage universel.

c.

Pouvoir du président de la République	Activité inscrite à son agenda avec date
Représenter la France à l'étranger	26/06/2019 : voyage officiel au Japon
Chef des Armées	25/06/2019 : Conseil de Défense
Diriger l'État avec le gouvernement	25/06/2019 : Conseil des ministres

4. La démocratie, les citoyens et les médias p. 185

1 a. 2 – b. 1 – c. 5 – d. 3 – e. 4

2 a. La DDHC de 1789 proclame le droit à la libre communication des pensées et des opinions.
b. La loi condamne les propos qui incitent à la haine raciale, ethnique ou religieuse, les propos discriminatoires et les propos diffamatoires.

3 a. Pour leurs partisans, les sondages sont nécessaires en démocratie car ils permettent de connaitre l'opinion des citoyens entre deux élections. Le gouvernement peut en tenir compte pour réorienter ses projets.
b. Pour leurs adversaires, les sondages manipulent les citoyens qui n'ont pas toujours les compétences pour répondre.

MINI-CONTRÔLE

a. La liberté d'expression a été frappée par les attentats de janvier 2015.
b. Le crayon, la feuille blanche et l'encrier rappellent que les victimes étaient des journalistes.
c. Sans la liberté de la presse, les citoyens ne sont pas convenablement informés et la démocratie ne peut pas fonctionner normalement.

Bilan Histoire-Géographie-EMC p. 186

HISTOIRE

1 a. la France, le Royaume-Uni et la Russie
b. Lénine
c. contrôler les esprits
d. des élections organisées légalement
e. des mesures sociales inédites

2 Durant la Seconde Guerre mondiale, tous les moyens sont utilisés pour anéantir son adversaire. Les soldats se livrent des combats impitoyables et les civils sont visés par des **bombardements** massifs. Dans les pays occu-

pés par l'ennemi, un véritable **pillage** des ressources est organisé tandis que les opposants sont persécutés et les Juifs déportés vers des **camps d'extermination**.
En France, le régime de Vichy met en place une **collaboration** avec l'Allemagne mais, suite à l'appel du 18 juin 1940 lancé par de Gaulle, de nombreux Français entrent clandestinement dans la **Résistance**.

3 **Plan Marshall** : aide financière proposée par les États-Unis aux pays d'Europe au lendemain de la Seconde Guerre mondiale.
Rideau de fer : expression utilisée pour représenter la division de l'Europe en deux parties au lendemain de la Seconde Guerre mondiale.
Tiers-monde : ensemble des pays refusant la domination de l'un des deux blocs durant la Guerre froide.
CEE : communauté économique réunissant plusieurs pays d'Europe ayant signé le traité de Rome.
BRICS : grandes puissances économiques qui tentent d'accroitre leur influence dans le monde.

4 a. Vrai – b. Faux – c. Vrai – d. Faux – e. Vrai

GÉOGRAPHIE

1 **Périurbanisation** : installation de la population à la périphérie des villes.
Déprise : abandon de l'activité dans un espace rural.

2 a. Faux – b. Vrai – c. Faux – d. Vrai – e. Faux

3 a. l'Ile-de-France – b. réduire les inégalités entre les territoires – c. déléguer une partie de ses compétences aux collectivités territoriales – d. dépendants de la métropole – e. l'espace Schengen

EMC

1 a. et b.
2 b. et c.
3 a., b. et c.
4 a., b. et c.
5 a. et b.

6 Le droit à la **sécurité** fait partie des droits essentiels en démocratie.
Appliquant les lois, les tribunaux sanctionnent les atteintes aux biens et aux **personnes**.
La nation doit être aussi défendue contre les menaces extérieures comme le **terrorisme**.
Le **président de la République** et le gouvernement dirigent les forces de défense.
La journée Défense et **Citoyenneté** permet d'informer les jeunes sur les enjeux de la sécurité nationale.

7 a. Vrai. – b. Vrai. – c. Faux. – d. Vrai. – e. Faux.

8 La censure des médias → n'existe pas dans les démocraties.
Les journalistes → doivent respecter les lois sur la vie privée.
Le pluralisme des médias → existe dans les démocraties.
Les informations qui circulent sur les réseaux sociaux → sont à vérifier.
Les appels à la discrimination → sont interdits par la loi.

Corrigés

PHYSIQUE-CHIMIE

1. Notion d'ions p. 191

1 **a.** Le verre et les matières plastiques sont des isolants. – **b.** Afin de conduire le courant électrique, les fils de connexion sont constitués de cuivre mais pour protéger les utilisateurs, leur gaine est en matière plastique. – **c.** Une solution aqueuse est fabriquée avec de l'eau comme solvant. – **d.** On réalise souvent des soudures en étain afin de ne pas ouvrir un circuit électrique.

2 **a.** Faux. Parmi les solutions, seules les solutions ioniques conduisent le courant électrique. – **b.** Faux. Certaines solutions conduisent le courant électrique. – **c.** Vrai. Les métaux conduisent le courant électrique. – **d.** Faux. Si la lampe n'est pas adaptée au générateur, il se peut qu'elle ne brille pas, même si un courant électrique la traverse.

3 **1.** Une substance qui conduit le courant électrique est conductrice : réponse b. – **2.** Lorsque le courant circule, le circuit est fermé : réponse c. – **3.** Afin de vérifier si un courant électrique circule, on utilise un ampèremètre : réponse b.

MINI-CONTRÔLE

a. Si le papier filtre est sec, le courant ne circule pas car le papier est un isolant.

b. et **c.**

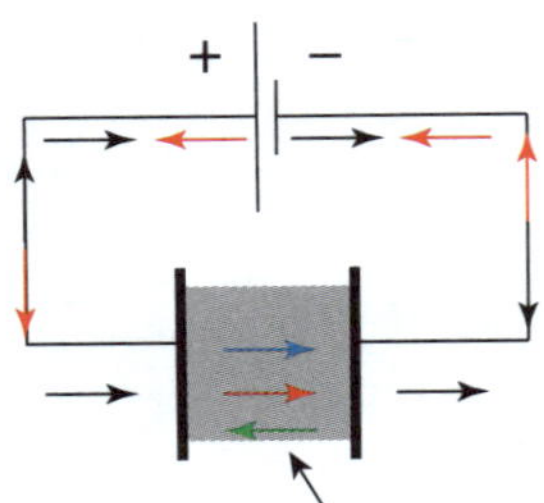

Le courant circule de la borne + vers la borne – du générateur dans tout le circuit.

Les électrons circulent uniquement dans les métaux, en sens opposé au courant électrique.

Les ions se déplacent dans la solution, c'est-à-dire dans le papier filtre. Les ions positifs vers la borne – et les ions négatifs vers la borne +.

2. Atomes et ions p. 193

1 **a.** Un atome est formé d'un noyau autour duquel tournent un ou plusieurs électrons. – **b.** Les électrons sont tous identiques. – **c.** Le noyau de l'atome est chargé positivement. – **d.** Un atome contient autant de charges positives que de charges négatives. – **e.** Un ion chargé négativement a reçu un ou plusieurs électrons. – **f.** Un ion chargé positivement a cédé un ou plusieurs électrons.

2 **a.** Le numéro atomique indique le nombre de protons, donc le noyau de l'atome de chlore possède 17 protons. – **b.** Dans la classification périodique, on trouve que l'élément qui possède 17 protons est le chlore. – **c.** Les nucléons sont les protons et les nucléons, ainsi ce noyau possède 17 + 18 = 35 nucléons. – **d.** L'atome étant électriquement neutre, il possède autant d'électrons que de protons, il a donc 17 électrons. – **e.** L'ion chlorure a pour formule Cl^-.

3 **a.** L'atome étant électriquement neutre, il possède autant de protons que d'électrons, l'atome de fer possède donc 26 protons. – **b.** L'ion fer II de formule Fe^{2+} a perdu 2 électrons, il possède donc 26 – 2 = 24 électrons. – **c.** L'ion fer (III) de formule Fe^{3+} a perdu 3 électrons, il possède donc 26 – 3 = 23 électrons.

4 **a.** Le nombre de protons de cette ion est 1 + 6 + 3 × 8 = 31 protons car le noyau de chaque atome apporte des protons. – **b.** Le nombre de charge excédentaire est 1 et c'est une charge négative donc un électron. – **c.** Chaque atome apporte ses électrons et cet ensemble a gagné un électron donc le nombre total d'électrons est 31 + 1 = 32 électrons.

MINI-CONTRÔLE

Diamètre de l'orange	Diamètre de l'atome
10 cm = 10^{-1} m	10^4 m = 10 km

× 10^5

3. Tests d'identification de quelques ions p. 195

1 **a.** L'ion fer II a pour formule chimique Fe^{2+}. – **b.** La soude permet de mettre en évidence l'ion cuivre (II). – **c.** L'ajout de soude à une solution contenant des ions Fe^{3+} produit un précipité rouge brique. – **d.** L'apparition d'un précipité verdâtre lors de l'ajout de soude met en évidence la présence d'ions fer (II). – **e.** Le nitrate d'argent est le réactif qui permet de tester la présence en solution de l'ion chlorure.

2 **a.** L'ion positif contenu dans cette solution est l'ion fer III de formule Fe^{3+}. – **b.** On ajoute quelques gouttes de soude et l'on observe l'apparition d'un précipité rouge brique. – **c.** L'ion négatif contenu dans cette solution est l'ion chlorure de formule Cl^-. – **d.** On ajoute quelques gouttes d'une solution de nitrate d'argent et il se forme un précipité blanc qui noircit à la lumière.

3 **a.** Pour mettre en évidence les ions cuivre II, il faut ajouter quelques gouttes de soude et il se forme un précipité bleu. Comme il ne se forme pas de précipité, cela signifie que la solution de chlorure de cuivre II a été mise en contact avec la solution d'acide chlorhydrique. – **b.** On aurait pu ajouter quelques gouttes de nitrate d'argent, réactif des ions chlorure. S'il se forme un précipité blanc, la solution contient des ions chlorure et il s'agit de la solution d'acide chlorhydrique.

MINI-CONTRÔLE

a. Lorsqu'il se forme un précipité blanc au contact d'une solution de nitrate d'argent, cela signifie que la solution contient des ions chlorure Cl^-. – b. Lorsqu'il se forme un précipité verdâtre au contact d'une solution de soude, cela signifie que la solution contient des ions fer II, Fe^{2+}. – c. Cette solution contient donc des ions chlorure et des ions fer II. – d. Il s'agit d'une solution de chlorure de fer II.

4. pH et réaction acidobasique p. 197

1 a. Le terme pH désigne deux initiales. – b. Le pH d'une solution s'exprime sans unité. – c. L'eau de Javel a un pH égal à 11, c'est une solution basique. – d. Lorsque l'on dilue un acide, son pH augmente. – e. Lorsque l'on dilue une base, son pH diminue.

2 a. Ce n'est pas une réaction acidobasique car il n'y a pas de transfert d'ion hydrogène. – b. C'est une réaction acidobasique car il y a transfert d'un ion hydrogène. – c. C'est une réaction acidobasique car il y a transfert d'un ion hydrogène. – d. Ce n'est pas une réaction acidobasique car il n'y a pas de transfert d'ion hydrogène.

3 a. Cette valeur est cohérente avec le nom de la solution puisque celui-ci indique que c'est un acide et le pH est celui d'une solution acide. – b. Le pH augmente puisque la solution est diluée. – c. Le pH augmente mais la solution demeure acide, son pH se rapproche donc de 7.

MINI-CONTRÔLE

a. L'acide chlorhydrique est une solution acide alors que la soude est une solution basique. – b. Le jus de chou rouge est un indicateur coloré de pH. – c. L'assaisonnement d'une salade de chou rouge par du jus de citron ou du vinaigre donne une sauce rouge car le jus de chou rouge réagit avec le jus de citron ou le vinaigre qui sont des solutions acides. – d. La teinte verte prise par le produit utilisé pour laver l'assiette ayant contenu le chou rouge s'explique par le fait que le jus de chou rouge réagit avec la lessive qui est basique.

5. La réaction entre l'acide chlorhydrique et le fer p. 199

1 a. Au contact de l'acide chlohydrique et de la poudre de fer, il se produit une effervescence prouvant la formation d'un gaz. – b. Afin de mettre en évidence le gaz dihydrogène, on présente une allumette enflammée et il se produit un léger aboiement. – c. La formation d'un précipité verdâtre lors de l'ajout de soude met en évidence les ions fer II. – d. L'ion chlorure est mis en évidence par la formation d'un précipité blanc lors de l'ajout de nitrate d'argent. – e. Lors de la réaction entre le zinc et l'acide chlorhydrique, les produits de la transformation sont le dihydrogène et le chlorure de zinc.

2 1. Les ions présents dans l'acide chlorhydrique sont l'ion chlorure Cl^- et l'ion hydrogène H^+. – 2. a. Le pH étant inférieur à 7, la solution est acide. b. Ce test indiquant un pH inférieur à 7 prouve la présence d'ions hydrogène. – 3. a. Ce test permettra de montrer si des ions chlorure sont présents dans cette solution et ainsi de savoir s'il s'agit d'acide chlorhydrique ou d'un autre acide. – b. Afin de mettre en évidence la présence des ions chlorure, on ajoute à la solution quelques gouttes de nitrate d'argent et il se forme un précipité blanc qui noircit à la lumière. Cette solution contient des ions chlorure puisque le test est positif.

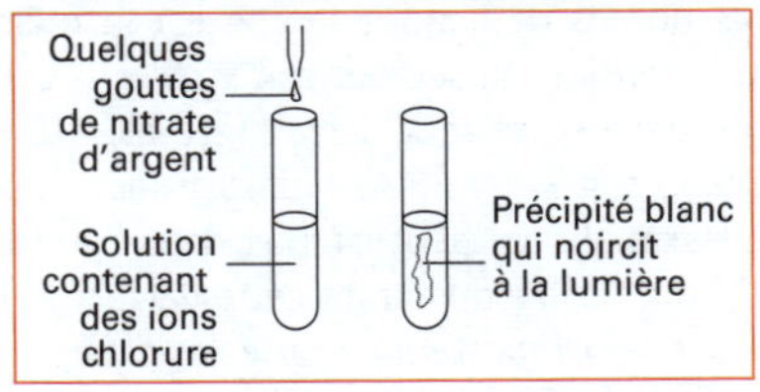

4. La solution A contenant des ions hydrogène et des ions chlorure est donc bien de l'acide chlorhydrique.

MINI-CONTRÔLE

a. Il peut en déduire qu'un gaz se forme. – b. Ce test démontre que le gaz qui se forme est du dihydrogène H_2. – c. Ce test montre qu'un des ions présents dans la solution est l'ion fer II, Fe^{2+}. – d. Si lors de la réaction avec l'acide chlorhydrique, il se forme des ions fer II, cela signifie que le métal constituant le clou est du fer Fe.

6. Puissance et énergie électriques p. 201

1 a. L'unité de puissance est le watt de symbole W. – b. Un compteur électrique mesure l'énergie fournie au consommateur. – c. L'unité SI d'énergie est le joule de symbole J, alors que l'unité utilisée par EDF est le kilowattheure de symbole kWh. – d. Une plaque signalétique d'un appareil comporte l'indication de fréquence exprimée en hertz (symbole Hz), de tension et de puissance nominales.

2 a. La plaque de cuisson fonctionne sous la tension de 230 V qui est la tension du secteur. – b. La plaque transforme l'énergie électrique qu'elle reçoit sous la forme d'énergie thermique. – c. Pour cette plaque de cuisson (qui se comporte comme un dipôle ohmique), la relation entre la puissance P, l'intensité efficace I et la tension U est $P = UI$, on en déduit $I = P/U$ avec I en A, P en W et U en V. $I = 5\,000/230$ soit $I = 21{,}7$ A. – d. On doit la brancher sur une prise de 32 A.

3 a. Pour le radiateur, sa tension nominale est de 230V, la fréquence du courant alternatif qui l'alimente est de 50 Hz et sa puissance nominale est de 1,2 kW.

b. De la relation $P = UI$, on déduit $I = P/U$ avec I en A, P en W et U en V.

$I = 1\,200/230 = 5{,}2$ A.

c. L'énergie transférée au radiateur, et qu'il transforme en énergie thermique, est donnée par la relation $E = Pt$ avec P en W, t en s et E en J.

Corrigés

Soit avec t = 1 h = 3 600 s,
E = 1 200 × 3 600 soit E = 4,32 × 10^6 J.
E = 4,32 × 10^6 / (3,6 × 10^6) soit E = 1,2 kWh (énergie transférée pendant une durée de 1 h à un radiateur de puissance nominale 1,2 kW).

MINI-CONTRÔLE

a. Les lampes sont montées en dérivation car quand une de ces lampes « grille », les autres continuent de briller : elles ne peuvent donc pas être montées en série sinon, dans ce cas, aucune lampe ne brillerait. – b. La valeur de la tension efficace aux bornes de chaque lampe est la même et elle est égale à la tension du secteur soit 230 V. – c. L'intensité efficace qui traverse chaque lampe est alors $I = P/U$ soit ici I = 150/230 soit I = 0,65 A. – d. La valeur maximale de l'intensité maximale qui peut circuler dans l'installation est de 10 A (c'est le fusible qui limite cette valeur). Si on admet que les lampes se comportent comme des dipôles ohmiques, alors la loi d'additivité des intensités pour des circuits avec dérivation étudiée en classe de quatrième est applicable pour les intensités efficaces en courant alternatif. Ainsi dans l'installation, la valeur de l'intensité efficace augmente chaque fois qu'une lampe supplémentaire est allumée de 0,65 A. Le nombre maximal n de lampes correspond à la valeur entière de 10/0,65 soit n = 15.

7. Gravitation et mouvements dans l'Univers p. 203

1 a. Faux. Dans le système solaire, huit planètes tournent autour du Soleil. – b. Faux. La Lune est un satellite naturel qui tourne autour de la Terre. – c. Faux. La Terre exerce une action attractive sur le Soleil.

2 1. a. L'interaction entre les deux aimants est une interaction à distance : elle a lieu sans que les aimants ne soient en contact. – b. Cette interaction peut être attractive (lorsque le pôle nord d'un aimant est proche du pôle sud de l'autre) ou répulsive lorsque les pôles nord (ou les pôles sud) des deux aimants sont proches. – 2. L'interaction de gravitation est une interaction à distance comme l'interaction entre les aimants, mais l'interaction de gravitation est toujours attractive alors que l'interaction entre les aimants peut être attractive ou répulsive.

MINI-CONTRÔLE

1. a. Vrai car, dans le tableau, de Callisto à Io, la distance du satellite à Jupiter diminue et la durée de révolution correspondante diminue aussi. – b. Faux. Si la durée de révolution T était proportionnelle à la distance moyenne du satellite à Jupiter, alors le quotient T/R aurait la même valeur pour tous les satellites de Jupiter.
• Pour Io, on obtient :
$T/R = 1{,}77/(422 \times 10^3) = 4{,}2 \times 10^{-6}$.
• Pour Callisto, on obtient :
$T/R = 16{,}69/(1\,889 \times 10^3) = 8{,}8 \times 10^{-6}$.

2. Dans la réponse à la question 1. a., nous avons établi que plus la distance R du satellite à Jupiter était petite, plus la durée T de révolution de ce satellite autour de Jupiter était petite. Ici, la distance de Thébé à Jupiter est plus petite que celle de Io à Jupiter ($221{,}9 \times 10^3 < 422 \times 10^3$), sa période de révolution est donc inférieure à celle de Io : la seule valeur possible est donc de 0,675 jour.

8. Des interactions mécaniques à la modélisation par une force p. 205

1 a. L'objet sur lequel s'applique une action est le receveur.
b. Une interaction est représentée par deux force(s).
c. Une force est représentée par un segment fléché.
d. Entre la Terre et la Lune règne une interaction gravitationnelle.
e. À la surface de la Terre, l'action de la gravitation est nommée poids.

2 a. Le point d'application est situé au centre de la poignée.
b. La direction de cette force est verticale.
c. Le sens de cette force est vers le haut.
d. On la note $\vec{F}_{M/V}$.
e. Cette force sera représentée par un segment de $\frac{1}{80} \times 120 = 1{,}5$ cm.

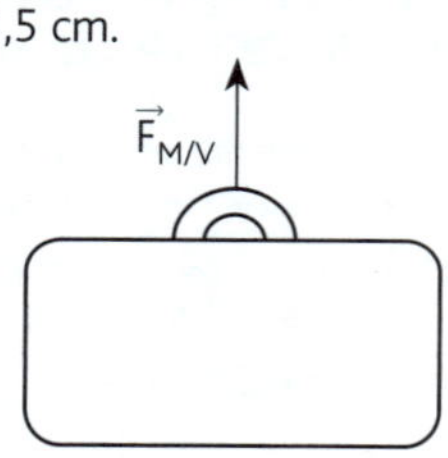

3

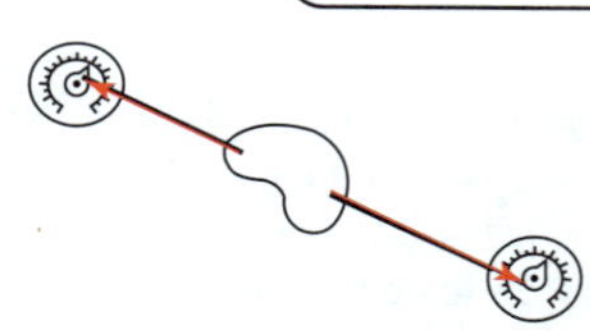

a. Ces forces sont de mêmes valeurs mais de sens opposés
b. Les forces seront représentées par des segments fléchés de 2 cm.

MINI-CONTRÔLE

a. $F_{T/L} = \dfrac{6{,}67 \cdot 10^{-11} \times 5{,}97 \cdot 10^{24} \times 7{,}35 \cdot 10^{22}}{(3{,}84 \cdot 10^5)^2} = 1{,}98 \cdot 10^{26}$ N.

b. $F_{S/L} = \dfrac{6{,}67 \cdot 10^{-11} \times 1{,}99 \cdot 10^{30} \times 7{,}35 \cdot 10^{22}}{(1{,}50 \cdot 10^{11})^2} = 4{,}34 \cdot 10^{20}$ N.

c. La Lune reste à proximité de la Terre car l'action de la Terre sur la Lune est pratiquement 500 000 fois plus forte que celle du Soleil sur la Lune.

9. Poids et masse d'un objet p. 207

1 a. Faux. On mesure le poids d'un objet avec un dynamomètre. – b. Vrai car l'intensité de la pesanteur sur la Lune est différente de sa valeur sur la Terre. – c. Faux. Quand une pomme tombe, sa masse ne change pas, car elle conserve la même quantité de matière.

2 Dans tous les calculs, la masse s'exprime en kg et le poids, en N.

$m = 100$ g $= 0{,}100$ kg → $P = 0{,}100 \times 10 = 1{,}0$ N

$P = 2{,}5$ N → $m = 2{,}5/10 = 0{,}25$ kg

$m = 50$ mg $= 5{,}0 \times 10^{-5}$ kg → $P = 5{,}0 \times 10^{-4}$ N

$P = 0{,}30$ N → $m = 0{,}30/10 = 0{,}03$ kg soit $m = 30$ g

$P = 5{,}8 \times 10^4$ N → $m = 5{,}8 \times 10^4/10 = 5{,}8 \times 10^3$ kg.

3 a. On mesure la masse m de l'objet avec une balance et le poids P avec un dynamomètre. – b. Sur le graphique, on note que les points expérimentaux sont alignés sur une droite qui passe par l'origine (les écarts sont dus aux incertitudes des mesures). On en déduit qu'il existe une relation de proportionnalité entre la masse m d'un objet et son poids P. Cette relation est $P = mg$ où g est le coefficient de proportionnalité. – c. g représente le coefficient directeur de la droite. Pour le calculer, on choisit un point sur la droite par exemple $m = 0{,}09$ kg et $P = 0{,}88$ N. On obtient alors la valeur de g = 9,8 N/kg (soit une valeur proche de 10 N/kg).

4

Masse (kg)	100	100	100	100
Poids (N)	9800	8900	25000	11000

a. La masse est la même quel que soit l'endroit donc elle reste de 100 kg sur toutes les planètes.

b. On applique la relation P = m·g en faisant varier la valeur de g suivant la planète.

MINI-CONTRÔLE

a. Marc n'a pas besoin d'apporter une balance sur Mars car la masse des objets ne dépend pas du lieu et ils ont donc la valeur marquée. – b. La masse des objets étant exprimée en gramme, il faut la convertir en kilogramme avant de calculer P_{Mars}/m. P est exprimé en N qui est l'unité SI.

m	50	100	150	200	300
P_{Mars}	0,18	0,37	0,56	0,74	1,1
P_{Mars}/m	3,6	3,7	3,7	3,7	3,7

c. Les valeurs de P_{Mars}/m calculées apparaissent constantes (l'écart relatif entre 3,6 et 3,7 est inférieur à 3 % et est dû à l'incertitude sur la mesure de P_{Mars}). Sur Mars, on a donc la relation $P_{Mars}/m = 3{,}7$ soit $P_{Mars} = 3{,}7 \times m$. Le poids d'un objet sur Mars est bien proportionnel à la masse de l'objet comme l'indique la relation $P = mg$. – d. En exprimant la relation ci-dessus pour Mars, on obtient : $P_{Mars} = mg_{Mars}$. En comparant cette expression avec celle établie à partir du tableau, $P_{Mars} = 3{,}7 \times m$, on identifie $g_{Mars} = 3{,}7$ N/kg.

10. Énergie mécanique p. 209

1 a. L'expression correcte est $E_c = ½ mv^2$. – b. Dans le Système International, la masse s'exprime en kg, la vitesse en m/s et l'énergie en joule (J). – c. Lorsque la vitesse v d'un véhicule est multipliée par 2, son énergie cinétique est multipliée par 4. – d. Un objet immobile possède une énergie potentielle.

2 a. potentielle et mécanique. – b. cinétique et mécanique – c. potentielle, cinétique et mécanique.

3 Pendant sa descente dans la conduite forcée, la vitesse de l'eau augmente, son énergie de mouvement augmente également. Pendant cette chute, l'altitude de l'eau diminue, son énergie de position diminue. L'énergie de position de l'eau du barrage est ainsi convertie en énergie de mouvement à l'arrivée sur les turbines.

MINI-CONTRÔLE

Dans un premier temps, il faut calculer la masse d'air déplacé, sachant qu'un litre d'air a une masse de 1,29 g et que 1 m^3 = 1000 L, la masse d'air à 1000 × 1,29 = 1290 g donc 1,29 kg.

Il convient aussi de convertir la vitesse en m/s, pour cela on divise par 3,6 ; $\frac{50}{3{,}6} = 13{,}9$ m/s.

On peut alors calculer l'énergie cinétique

$E_c = \frac{1}{2} \times 1{,}29 \times 13{,}9^2 = 124{,}4$ J.

11. Conversions d'énergie p. 211

1 a. FAUX : Lors de son fonctionnement, une pile ne produit pas uniquement de l'énergie électrique, elle produit aussi de l'énergie thermique. b. VRAI. c. FAUX : Un alternateur convertit de l'énergie cinétique en énergie électrique. d. FAUX : Une pile convertit de l'énergie chimique en énergie électrique et thermique.

2 a. chimique – b. s'échauffe – c. alternateur – d. conversion.

3 a. La lampe reçoit de l'énergie électrique. – b. La lampe produit de l'énergie lumineuse. – c. L'énergie lumineuse produite par la lampe a une valeur inférieure à l'énergie électrique reçue car la lampe produit aussi de l'énergie thermique.

MINI-CONTRÔLE

a. L'énergie primaire de cette centrale est de l'énergie thermique, c'est une énergie renouvelable.

b. L'eau qui permet la rotation de la turbine est à l'état de vapeur.

c. C'est l'énergie cinétique qui permet la rotation de la turbine.

d. Il s'agit d'une centrale thermique.

12. Bilans des transferts énergétiques p. 213

1 a. Un système isolé n'échange rien avec son environnement.

b. Un système fermé échange de l'énergie avec son environnement.

c. Un bilan énergétique consiste à étudier la variation d'énergie d'un système.

Corrigés

d. Un bilan énergétique **ne permet pas** de connaitre les pertes d'énergie.

2 **a.** l'alternateur – **b.** la turbine – **c.** le vent.

3 **a.**

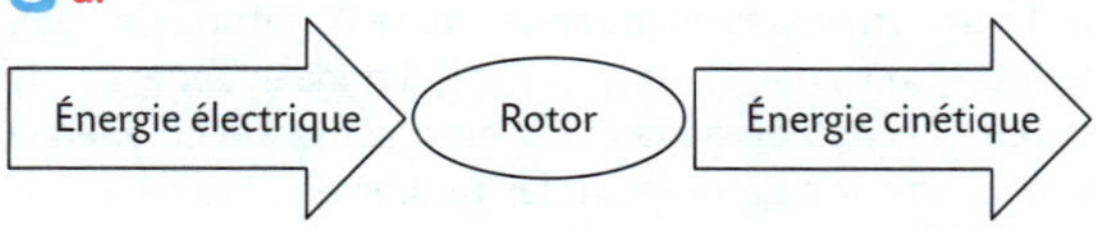

b.

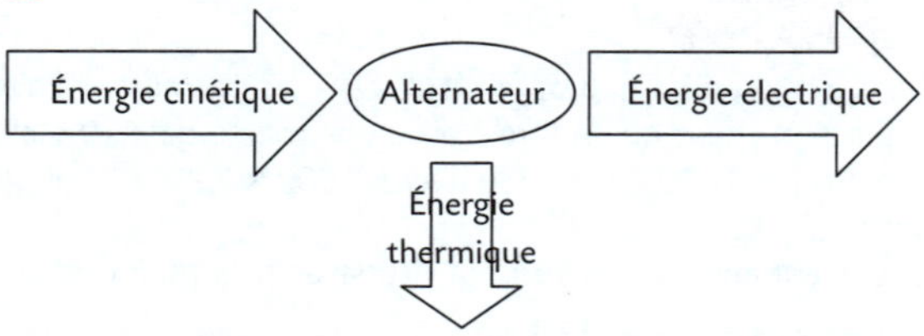

c.

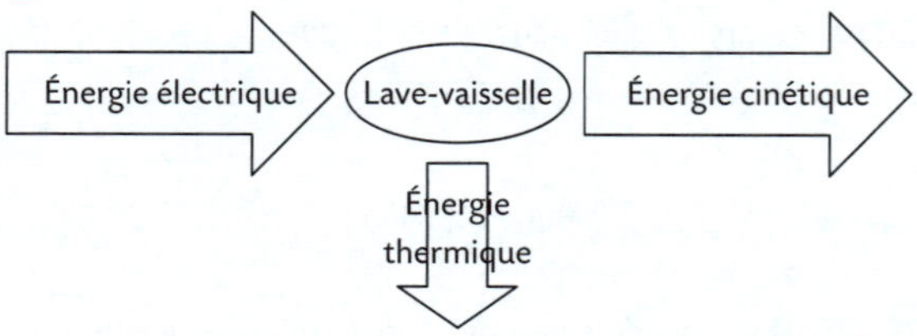

4

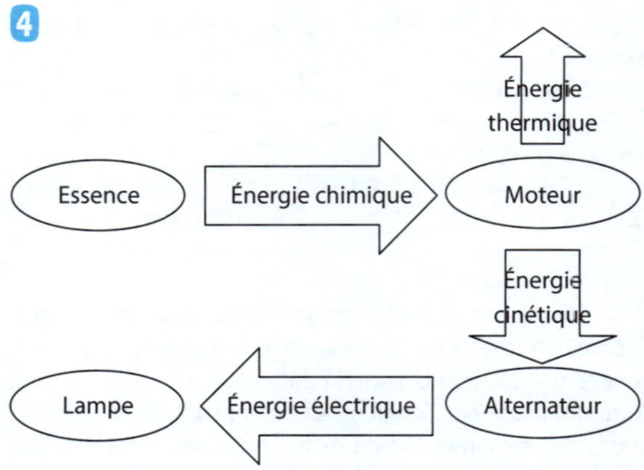

MINI-CONTRÔLE

a. $P_1 = U_1 \times I_1$. $P_1 = 24 \times 2{,}0 = 48$ V

b. $E = P \times t$, $E = 48{,}0 \times 15 \times 60 = 43{,}2$ kJ.

c.

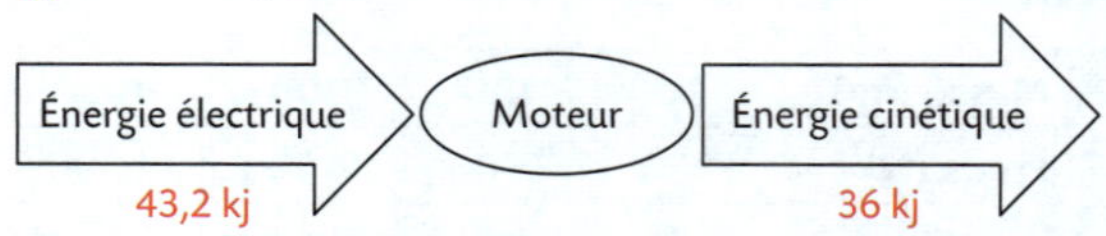

On peut en conclure que ce bilan n'est pas complet puisqu'il manque 7,2 kJ qui sont probablement perdus sous forme d'énergie thermique.

SVT

1. L'Histoire de la Vie et de la Terre p. 215

1 a. Faux, la vie est apparue il y a 3,6 milliards d'années. – b. Vrai. – c. Faux, la Terre s'est formée il y a 4,6 milliards d'années.

2 a. Il y a 4,6 milliards d'années, le milieu est dépourvu de dioxygène, la température est très élevée. Un milliard d'années plus tard, la température a baissé et de l'oxygène est produit. – b. La vie est devenue possible grâce à la présence du dioxygène.

MINI-CONTRÔLE

a. Les deux hypothèses sur la disparition des dinosaures sont : l'impact d'une énorme météorite provoquant des cataclysmes ou une activité volcanique extraordinaire provoquant l'obscurité et empêchant donc la photosynthèse. – b. L'histoire de la Vie et celle de la Terre sont liées, car les évènements ayant affecté la Terre ont modifié les conditions de vie des êtres vivants et donc leur existence.

c.

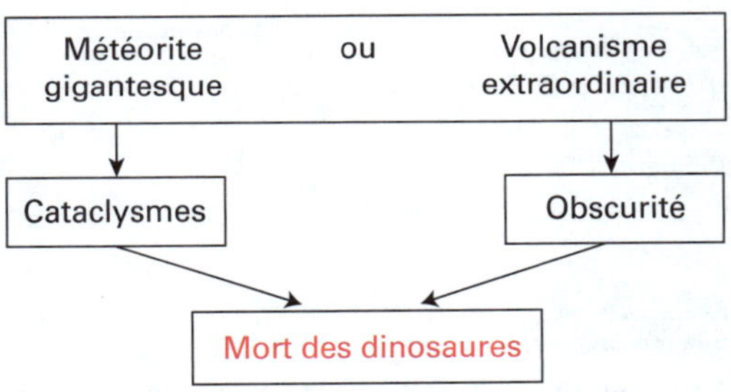

2. Les archives géologiques p. 217

1 a. Vrai. – b. Vrai. – c. Faux. Certaines espèces sont apparues, se sont développées, ont régressé et ont pu disparaitre.

2 a. Les deux épisodes se situent au Cambrien et au Crétacé.
b.

Milieu	Milieu marin – 525 Ma Cambrien	Milieu marin – 100 Ma Crétacé
Groupes	Algues Éponges Crustacés Échinodermes Mollusques Trilobites	Algues Éponges Crustacés Échinodermes Mollusques Ammonites Poissons Reptiles marins Reptiles volants

c. Ces deux milieux sont constitués d'espèces différentes : certaines sont apparues (reptiles, poissons…) puis d'autres ont disparu (trilobites), certaines sont toujours présentes (éponges, mollusques…).

MINI-CONTRÔLE

a. Un trilobite possède un corps divisé en plusieurs segments, comme un arthropode. C'est un animal marin, donc on doit le retrouver dans des roches sédimentaires marines. – b. Les trilobites ont régné sur le monde marin du début du Cambrien (– 540 millions d'années) à la fin de l'ère primaire (– 240 millions d'années), soit près de 300 millions d'années ! – c. Les trilobites sont apparus au début du Cambrien, l'apogée de leur présence se situe vers – 480 millions d'années où près de 325 genres de trilobites se côtoient. Puis la régression du groupe des trilobites se fait lentement sur 200 millions d'années, son extinction étant datée à – 240 millions d'années. Ce sont de bons fossiles pour dater l'ère primaire.

3. L'évolution des organismes p. 219

1 La cellule présente toujours une membrane cytoplasmique, un cytoplasme et un noyau, quelle que soit l'espèce vivante considérée. Elle est présente dans toutes les espèces qu'elles soient uni- ou pluri-cellulaires.

2 a. La comparaison de deux fossiles permet de noter des liens de parenté entre les espèces ayant vécu à des périodes différentes.
b. Une forme intermédiaire est une espèce qui présente simultanément des caractères de plusieurs groupes différents.

3 a. *Homo erectus* est apparu avant, est plus petit, plus léger, a un encéphale moins développé que *Homo sapiens sapiens*.
b. L'homme de Cro-Magnon est devenu plus robuste et son encéphale s'est développé. Ses activités se sont diversifiées, il a développé l'élevage et l'agriculture.
c. On parle de lignée humaine, car ces espèces se succèdent et présentent des caractères communs qui suggèrent une parenté entre elles.

MINI-CONTRÔLE

a. **Points communs avec les reptiles :** bec à dents, longue queue vertébrée, doigts des pattes de devant avec des griffes… **Points communs avec les oiseaux :** présence de plumes, bec, ailes…
b. On peut qualifier l'Archéoptéryx d'espèce intermédiaire car il possède des caractères reptiliens et des caractères des oiseaux.
c. Il existe un lien de parenté entre l'Archéoptéryx, les oiseaux et les reptiles. On peut donc le placer à la fourchette qui sépare les oiseaux des reptiles sur l'arbre de l'évolution.

4. Responsabilité humaine, pollution et énergies renouvelables p. 221

1 Pour ne pas faire disparaitre une espèce, l'Homme doit limiter ses prélèvements pour permettre à cette espèce de se reproduire et de peupler son milieu.

2 a. Le titre est : évolution de la température et de la teneur en CO_2 dans le temps.
b. L'évolution de la température suit parfaitement celle de la teneur en CO_2 dans l'atmosphère. La variation de température dépend donc de la teneur en CO_2.

Corrigés

c. La teneur en CO_2 augmente depuis 1700, mais on peut remarquer une accélération de cette augmentation nette depuis le début du XXe siècle (début de l'industrialisation).
d. Réchauffement climatique, changement climatique entrainant fontes des glaces, sècheresses, inondations, famines : autant de conséquences dramatiques sur le climat et la santé.

MINI-CONTRÔLE

1. Production par l'Homme de gaz à effet de serre… ; **2.** Modification du climat… ; **3.** Mesures pour limiter… ; **4.** Réduction de la biodiversité… ; **5.** Sensibilisation…

5. Caractères de l'individu et programme génétique p. 223

1 a. Il y a 24 paires de chromosomes (soit 48 chromosomes). – b. C'est le caryotype d'une femelle car il y a deux chromosomes X sur la 24e paire.

2 a. Le souriceau obtenu présente des caractères communs avec la souris 2. – b. On peut conclure que le programme génétique se situe dans le noyau de la cellule.

MINI-CONTRÔLE

a. Le gène code la formation d'une protéine, appelée dystrophine.
b.

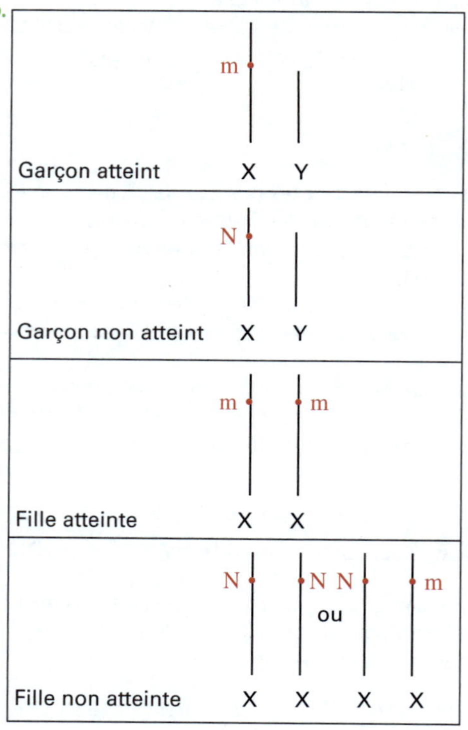

6. Transmission du programme génétique p. 225

1 a. Faux. Le caryotype d'un homme possède 46 chromosomes.
b. Faux. Lors de la fécondation, le spermatozoïde et l'ovule apportent 23 chromosomes chacun.
c. Vrai.

2 Un des schémas explicatifs :

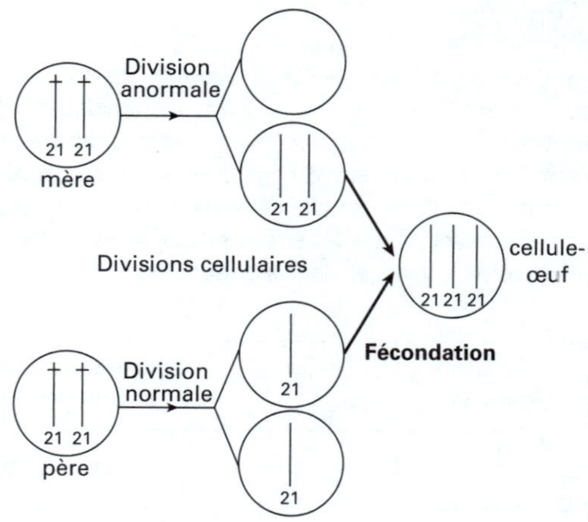

MINI-CONTRÔLE

a. Il faut entourer les allèles O du père et de la mère de Jérôme. – b. Les individus de groupe sanguin AB possèdent un allèle A et un allèle B. On parle d'allèles co-dominants : ils s'expriment tous les deux.

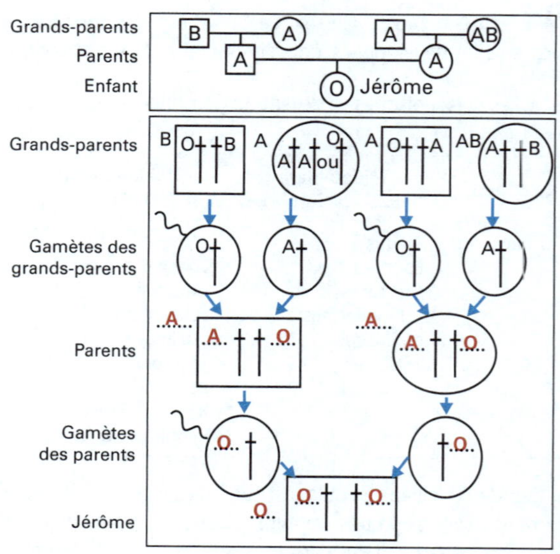

7. La menace microbienne p. 227

1 a. **Contamination** : pénétration de micro-organismes dans l'organisme. b. **Infection :** multiplication des microbes dans l'organisme. – c. Pour éviter la contamination, on peut utiliser l'asepsie. – d. Pour lutter contre l'infection, on peut utiliser des antibiotiques.

2 **Doc. A :** To Virus = 3,5 cm = 35 mm et G = 320 000. Tr = 35/320 000 = 0,00011 mm = 0,11 **µm**. **Doc. B :** To Bactérie = 1 cm = 10 mm et G = 40 000. Tr = 10/40 000 = 0,00025 mm = 0,25 **µm**.

3 a. Non, un médicament ne se prend pas sans avis médical. – b. Ce médicament est inapproprié à la maladie. En effet, ici il s'agit d'un virus, or les antibiotiques sont inefficaces contre cet agent infectieux.

MINI-CONTRÔLE

1. micro-organismes pathogènes ; **2.** peau ; **3.** antisepsie ; **4.** contamination ; **5.** infection.
Titre : L'Homme face aux microbes.

8. Le système immunitaire p. 229

1 a. **Système immunitaire :** ensemble d'organes séparés les uns des autres mais communiquant entre eux grâce à la lymphe et au sang. Système de veille face à d'éventuelles contaminations microbiennes. – b. **Antigène :** élément étranger à l'organisme qui, par sa présence dans le corps, déclenche la production de molécules appelées anticorps.

2 a. Les symptômes qui montrent que l'organisme réagit au niveau d'une blessure sont la rougeur, la chaleur, le gonflement et la douleur. Du pus peut sortir de la plaie. – b. Cette réaction est appelée la réaction inflammatoire. – c. **1.** microbes ; **2.** phagocyte ; **3.** plasma ; **4.** cellule phagocytaire ; **5.** hématie.

3 a. Avant la contamination, il n'y a pas d'anticorps antitétanique présent dans le sang. Après la contamination, la concentration d'anticorps augmente progressivement pour atteindre un maximum au 7e jour. Ensuite, la concentration d'anticorps diminue. – b. Cette réaction est appelée « réaction lente », car il faut une étape de reconnaissance de l'antigène, puis du temps pour produire les anticorps correspondants de l'antigène.

MINI-CONTRÔLE

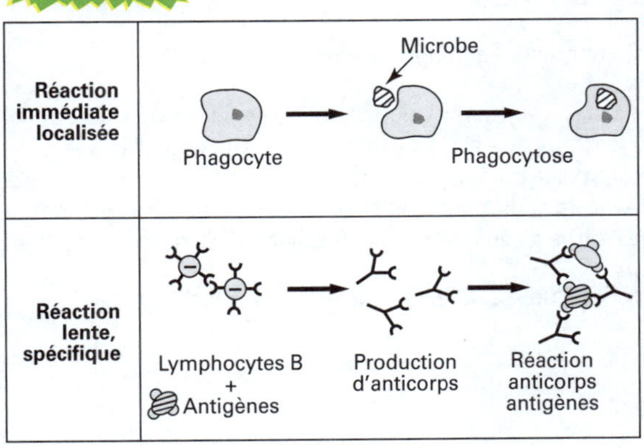

9. Déficiences immunitaires Applications médicales p. 231

1 a. **Antibiotique :** médicament actif contre certaines bactéries, il empêche la prolifération de ces microbes et combat l'infection. – b. **Immunodéficience :** incapacité d'un individu à produire une réponse immunitaire. – c. **Vaccin :** médicament provoquant une réaction de l'organisme sans déclencher la maladie et permettant l'apparition de la mémoire immunitaire spécifique de l'antigène injecté lors de la vaccination.

2 L'immunodéficience acquise correspond à un dysfonctionnement du système immunitaire dû à une infection par un microbe, tandis que l'immunodéficience innée est présente dès la naissance.

3 Le docteur Roux a inventé la sérothérapie, c'est-à-dire le transfert d'une immunité.

4 a. Sur la coupe de rein venant d'être greffé, on observe des tubules bien nets, bien organisés, tandis que quelques jours plus tard, sur la seconde coupe, le greffon présente une désorganisation, les tubules rénaux ne sont plus visibles et de nombreux lymphocytes ont envahi le rein. – b. Le rejet de greffe est dû à la « compatibilité non parfaite » entre le donneur et le receveur, le système immunitaire réagit alors et produit des lymphocytes qui viennent agir sur la greffe.

MINI-CONTRÔLE

La courbe sur la vaccination montre qu'à chaque injection du vaccin, le taux plasmatique d'anticorps antitétanique augmente, pour finir à un taux stable. La vaccination devient efficace après plusieurs injections, l'organisme produit alors de façon **durable** les anticorps correspondants.

10. IST : le sida, une immunodéficience acquise p. 233

1 Le virus se transmet par les rapports sexuels non protégés (contamination par le sperme et les sécrétions vaginales), par le sang.

2 a. Si l'on se trouve dans le doute, il faut aller voir son médecin, prévenir le ou les partenaires sexuels et faire un dépistage. Plus il est fait rapidement, plus le traitement sera efficace si le résultat du test est positif. – b. Être séropositif signifie que la personne est infectée par le virus du SIDA. – c. On ne peut pas guérir du SIDA, mais on sait actuellement augmenter l'espérance de vie et soulager le malade.

3 Une contamination par le virus du SIDA se traduit par l'apparition d'anticorps spécifiques de l'antigène. C'est en mesurant la quantité de cet anticorps dans le sang que l'on détermine la séropositivité.

MINI-CONTRÔLE

a. L'Australie est le continent le moins touché. – b. L'Afrique et l'Asie sont les continents les plus touchés. – c. Il faut informer les populations sur les risques de contamination et leur expliquer l'importance de l'utilisation du préservatif.

Corrigés

11. Responsabilité humaine et santé p. 235

1 a. L'agent infectieux de la grippe se propage par le biais d'aérosols de gouttelettes d'origine salivaire ou respiratoire (par exemple, lors d'un éternuement). b. Les symptômes de la grippe sont des maux de tête, de la fièvre et des sueurs, le nez qui coule, des courbatures… c. Pour éviter la propagation de l'épidémie, une vaccination chez les sujets à risques est fortement conseillée.

2 a. L'obstruction des trompes empêche la rencontre entre l'ovule libéré dans les trompes et les spermatozoïdes remontant les trompes après un rapport sexuel. La rencontre est physiquement impossible. – b. La PMA permet de pallier à plusieurs stérilités : l'obstruction des trompes, l'oligospermie, une ovulation anormale…

MINI-CONTRÔLE

a. Le diabète est une maladie pour laquelle les malades ont une hyperglycémie (glycémie trop élevée). – b. Après l'injection de l'insuline, la glycémie trop élevée du diabétique diminue. En effet, l'insuline est l'hormone qui favorise le stockage du glucose dans le foie.

ANGLAIS

1. Les articles p. 237

1 a. ∅ California. – b. the Pacific Ocean. – c. the Colorado River – d. ∅ Lake Tahoe – e. ∅ Mount Whitney. – f. the Grand Canyon.

2 a. Rod is a cameraman. He works at a film studio. – b. A stuntman earns ∅ good money. – c. You will need ∅ luck if you want to become a movie star. – d. We are preparing a car chase on a highway in Los Angeles at the moment.

3 a. *Star Wars* was a very successful science fiction movie. – b. The plot was a little hard to follow but it all became clear by the end. – c. Can you remember the name of the actor who was the leading man? – d. Did he win an Academy Award at the Oscar ceremony in Hollywood?

4 a. ∅ Movie makers loved to shoot ∅ westerns in Monument Valley. – b. Dad hates ∅ animated movies but he loved the movie with *The Simpsons*! – c. I can't stand the happy endings you always get in ∅ romantic comedies.

5 a. All my friends adore ∅ horror movies but I prefer ∅ action films. – b. My sister is studying ∅ drama. She dreams of becoming an actress. – c. Are you looking for a job in ∅ show business? – d. The film crew is working ten hours a day at the moment. What a schedule!

MINI-CONTRÔLE

a. I love/adore science-fiction films/movies. – b. "Did you like/enjoy the film?" "Yes, I loved/adored the special effects and the soundtrack." – c. They are filming/shooting on location in the Rocky Mountains.

2. L'expression du nombre et de la quantité p. 239

1 a. Do you sell <u>any</u> diet drinks? – b. Sorry! I can't take <u>any</u> omelette. I'm allergic to eggs. – c. If you're thirsty, there's <u>some</u> orange juice in the fridge. – d. Can I have <u>some</u> more potatoes, please? – e. My Dad never drinks <u>any</u> alcohol. It's against his religion.

2 a. much – b. many – c. many – d. many.

3 a. How many calories are there in a large portion of French fries? – b. Don't eat too much junk food! It isn't good for you. – c. How much regular exercise do you take? – d. A healthy diet shouldn't contain too many fatty foods. – e. You've given me too much spaghetti. I'll never eat all that!

4 a. little – b. a few – c. a little – d. a little – e. few.

MINI-CONTRÔLE

a. How many sausages for you? – b. Don't drink too much orange juice! – c. Would you like some tomato ketchup with your chips? – d. There aren't many yoghurts in the fridge.

3. Le comparatif et le superlatif p. 241

1 a. sunny / sunnier – b. slim / slimmer – c. tall / taller

2 a. A Great White shark is more ferocious than a dolphin. – b. Crocodiles are bigger than lizards. – c. The taipan snake is more venomous than the scorpion. – d. Koalas are lazier than kangaroos.

3 a. Adelaide is not as populated as Brisbane. – b. In Australia, January is not as cold as July. – c. Queensland is not as small as Victoria.

4 a. Perth is the most isolated city in the southern hemisphere. – b. The Opera House is the most famous building in Sydney. – c. The Aborigenes are the oldest ethnic group in Australia.

MINI-CONTRÔLE

a. A crocodile is more dangerous than a dingo. – b. Australia is the smallest continent in the world. – c. Sydney is the most populated city in Australia. – d. Alice Springs isn't as isolated as Perth.

4. Le présent et le prétérit p. 243

1 a. généralité/habitude – b. action en cours. – c. action en cours. – d. généralité/habitude.

2 a. Ronaldo often scores from free kicks. – b. Listen! The fans are chanting his name. – c. He doesn't mind giving autographs.

3 a. Ronaldo was three when he started to kick a football. – b. He was playing for Sporting Lisbon when he signed for United in 2003.

4 a. You were very young when you started playing football, weren't you? – b. Yes, I was. And I was only eight when I joined my first club. – c. How old were you when you signed for Sporting Lisbon?

MINI-CONTRÔLE

a. He was at the stadium. He was jogging. – b. He was at the canteen. He was having lunch. – c. He was at the gym. He was training. – d. He was at home. He was relaxing.

5. Le *present perfect* p. 245

1 a. Don't panic! We have phoned the fire brigade. – b. Look, mum! I have cleaned up the mess in my room. – c. My sister has lost her MP3 player. She's furious. – d. Some of my friends have created their own blog on the Internet.

2 a. Sarah has already been to Holland. – b. Sarah has never been to Ireland. – c. Sarah has never been to Norway. – d. Sarah has already been to Greece.

3 a. Have you ever wanted a body piercing? – b. Have you ever said "I love you" to someone? – c. Have you ever slept over at a friend's house? – d. Have you ever taken part in a competition?

4 a. I've already tasted sushi. It's delicious! – b. She hasn't passed her driving test yet. She is only sixteen. – c. He has never had a pet. His parents aren't keen on having animals in their house. – d. Has your teacher ever given you 20 out of 20 for a test?

5 a. I customized my skateboard last weekend. – b. Hey, guys! Look! I have customized my skateboard. – c. Your hair is lovely. When did you go to the hairdresser's? – d. Belinda isn't in. She has gone to the hairdresser's.

MINI-CONTRÔLE

a. He has just lost his match. – b. Have you ever spoken to a film / movie star? – c. I haven't been to Portugal yet but I have already been to Spain.

6. L'expression du futur p. 247

1 a. I am going to England for my holidays next summer. – b. The new Picasso exhibition opens at the Tate Modern tomorrow. – c. We are having a picnic in Hyde Park on Sunday. Can you come? – d. My parents are taking a cruise down the River Thames this afternoon.

2 a. On Friday, she is going to do some shopping at Covent Garden Market. – b. On Saturday, she is going to go sightseeing in the city centre. – c. On Sunday, she is going to take a ride on the London Eye.

3 a. Can I hold the camcorder, Dad? I promise that I will be careful. – b. What will the weather be like in the south of England tomorrow? – c. I'm sorry. We won't have time to stop for photos at Buckingham Palace. – d. Eurostar is a high-speed train, so the journey won't last long.

4 a. I will wait here until the rain goes off. – b. You will love an Indian curry when you try one. – c. We will buy some souvenirs when we go to Camden Market. – d. As soon as he gets back home, he will send me the photos. – e. Will you take a bus tour while you are in London?

MINI-CONTRÔLE

a. The museum opens at ten o'clock tomorrow morning. – b. My father will take his camera. – c. They are going to an exhibition next Saturday. – d. We are going to take a cruise on the Thames. – e. I will send you the photos as soon as I have (the) time.

Corrigés

7. Les modaux p. 249

1 a. Bob has failed his French test! He must be disappointed. – b. Steve might go to university after high school. He hasn't decided yet. – c. If you study more, you might get full marks next time. – d. Linda can't be very happy with her results. She only got a 'C' in French.

2 a. You shouldn't forget your homework. – b. You should give your maximum effort. – c. You shouldn't daydream in class. – d. You should have confidence in yourself.

3 a. We can't play video games in the computer room at school, can we? – b. Pupils could leave their stuff in lockers before they were vandalized. – c. We can park our bikes in the bike racks. – d. I couldn't sleep over at Dave's house because I had to revise for an exam.

4 a. You mustn't run. – b. You must take your cap off. – c. You mustn't eat chewing gum. – d. You must put your mobile in your bag.

MINI-CONTRÔLE

a. Dave may be ill / sick. – b. We should respect others / other people. – c. I should have revised for my exam. – d. He wasn't allowed to talk. – e. She had to be punctual.

8. L'expression de l'hypothèse et de la condition p. 251

1 a. If you need advice about your future, the careers officer will help you. – b. Maureen hates school. She would like to start working as soon as possible if she could. – c. If you could choose your job, what would you like to do? – d. He won't be able to finish his apprenticeship if he fails his exams.

2 a. If you enter the fire brigade, you'll be part of a team. – b. You will have to defend criminals if you become a lawyer. – c. If you are a mechanic's apprentice, you'll work on motor vehicles. – d. You will take care of babies if you work in a day nursery.

3 a. If Sam's dad accepted the post, they would have to move house. – b. My mother would take the job if the salary was better. – c. The boss would take me on if I had my driving licence. – d. If George applied for the position, he wouldn't get it.

4 a. If you join the police force, you will fight crime. – b. Would you forget your friends if you became a star? – c. If Sue is artistic and keen on fashion, she will make a great dress designer. – d. If I could speak English, I would look for a job in London. – e. I'd hire you as a video game tester if you were better at computer studies.

MINI-CONTRÔLE

a. If you become a lawyer, you will have a good salary. – b. I would like to work in a day nursery. – c. They would give me the job if I could/knew how to drive.

9. Le passif p. 253

1 a. Leonardo Da Vinci painted the *Mona Lisa*. – b. The film *The Great Dictator* was directed by Charlie Chaplin. – c. The novel *Of Mice and Men* was written by John Steinbeck. – d. Vivaldi composed *The Four Seasons*. – e. *Born in the U.S.A.* was recorded by Bruce Springsteen.

2 a. The electric light bulb was developed by Thomas Edison. – b. The first revolver was made by Samuel Colt in 1836. – c. The original formula for Coca-cola was created by John Pemberton. – d. The Model T car was built by the Ford Motor Company in 1908. – e. The first Barbie doll was introduced in 1959.

3 a. Independence Day is celebrated on July 4th. – b. Many American series are shown on French television. – c. The Statue of Liberty was presented to the U.S.A. by France in 1886. – d. Alcatraz Prison can be visited by tourists.

4 a. The first iPod was launched by Apple in 2001. – b. In the U.S.A, presidential elections are held every four years. – c. Their new album can be downloaded from the Internet. – d. A new laptop computer will be marketed next year.

MINI-CONTRÔLE

a. The television was invented by John Logie Baird. – b. Disneyland is visited by millions of tourists every year. – c. A new mobile phone will be launched next year. – d. The Olympic Games are organized every four years.

10. Les constructions à deux verbes p. 255

1 a. Dad won't let you use his computer. – b. My Mum makes us tidy our room once a week. – c. In exchange for my pocket money, my parents make me do some chores at home. – d. Does your Mum let you choose your own clothes? – e. I don't like sad films. They make me cry. – f. My parents are cool. They let me invite all my friends over to my house.

2 a. Dad enjoys mowing the lawn. – b. Stop talking! I'm concentrating. – c. Don't forget to feed the cat! – d. Has he finished hoovering? – e. Turn off the television! The children are trying to do their homework. – f. I promised to baby-sit for our neighbours on Saturday evening.

3 a. He doesn't mind doing the washing-up. – b. I wanted to ask you a favour. – c. He really should avoid swearing in public! – d. Please let me have a lie-in tomorrow!

4 **a.** My mother wanted me to make my bed. – **b.** My mother wanted me to clear up my desk. – **c.** My mother didn't want me to eat in my bedroom again.

MINI-CONTRÔLE

a. What would you like to do tomorrow? – **b.** I don't want to do the washing-up! – **c.** She wants me to put the bins out. – **d.** Stop talking! I am trying to do my homework.

11. La proposition subordonnée relative p. 257

1 **a.** The first plays that Shakespeare wrote were comedies and history plays. – **b.** Hamlet is the character who says "To be or not to be; that is the question". – **c.** Many of his plays were staged at the Globe Theatre, which opened in 1599. – **d.** Shakespeare probably met Christopher Marlowe whom he admired.

2 **a.** Hamlet is the son of King Hamlet, who was poisoned by Claudius. Antécédent : humain. Fonction : sujet. – **b.** A ghost which appears to Hamlet at night tells the prince to seek revenge. Antécédent : non humain. Fonction : sujet. – **c.** Hamlet's mother has married Claudius whom Hamlet suspects of murder. Antécédent : humain. Fonction : COD. – **d.** Hamlet finally kills Claudius and takes the revenge that the ghost desired. Antécédent : non humain. Fonction : COD.

3 **a.** which / ∅. – **b.** whom / ∅. – **c.** who. – **d.** which.

4 **a.** Dream and reality are important themes ∅ Shakespeare explores. – **b.** In *Othello*, the jealous Othello murders the innocent woman ∅ he loves. – **c.** The Globe Theatre was destroyed in a fire which was caused by a stage prop. – **d.** Female roles were played by boys who were dressed up as women.

MINI-CONTRÔLE

a. Hamlet, whose father was poisoned, suspects Claudius, who is his uncle. – **b.** Hamlet must kill the man (whom/that) his mother has married/married.

12. Les propositions subordonnées circonstancielles p. 259

1 **a.** Don't turn up the heating when you feel cold. Put on a pullover! – **b.** People shouldn't throw batteries away when they have finished with them. – **c.** While some people are wasting water, others have nothing to drink. – **d.** We must protect endangered species while there is still time.

2 **a.** We must act before it is too late. – **b.** Use public transport when you can. – **c.** I became interested in the environnement after I watched a documentary on TV. – **d.** Don't leave the tap running while you are brushing your teeth!

3 **a.** They arrived on time for their plane although the traffic was bad. – **b.** Many people still take their cars although they could walk or go by bus. – **c.** Although there is too much noise pollution, I like living in a big city like Los Angeles. – **d.** Although your computer is on stand-by, it still uses up electricity.

4 **a.** The water wasn't clean, so we didn't go swimming. – **b.** He closed the window because exhaust fumes were coming into the room. – **c.** We didn't play tennis because it was raining. – **d.** He was feeling hot, so he had a drink of lemonade.

5 **a.** Our school uses recycled paper in order to save trees. – **b.** Take your shopping bag with you so that you won't need plastic bags. – **c.** They donate old clothes to charities so that other people can use them. – **d.** We must turn lights off in order not to waste electricity.

MINI-CONTRÔLE

a. We must act in order to save the environment. – **b.** Stop polluting so that our children can swim in the sea in the future.

Corrigés

TECHNOLOGIE

1. L'imagination et la concrétisation d'une idée p. 261

1 a. Vrai. – b. Vrai. – c. Vrai. – d. Faux.

2 a. La planification permet d'anticiper l'organisation d'un projet : définition des rôles et listes des tâches à effectuer par exemple. – b. Le diagramme de Gantt est utilisé en gestion de projet, il est un outil d'aide à la planification.

3 a. Un projet est découpé en tâches ou en phases. – b. Certaines tâches peuvent se dérouler en parallèle, c'est-à-dire en même temps. – c. Il existe deux types de cahiers des charges : le cahier des charges fonctionnel et le cahier des charges technique. – d. Le responsable d'un projet se nomme le chef de projet.

MINI-CONTRÔLE

Date théorique de fin du projet : le mercredi 16 mars en fin de journée (4 semaines de 5 jours et 3 jours la dernière semaine).

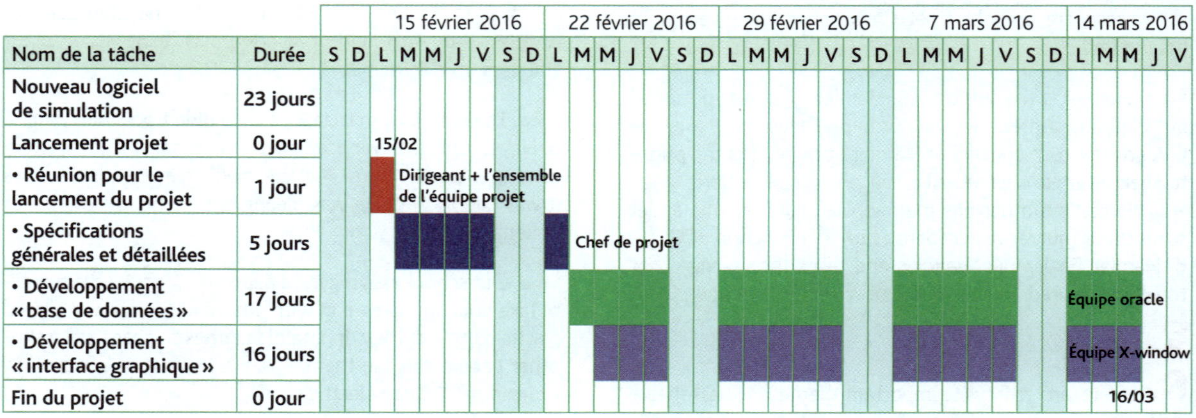

2. La réalisation, de manière collaborative, d'un objet communicant p. 263

1 a. Par exemple : designer, ingénieur, technicien. – b. La répartition des rôles est fondamentale pour mener à bien un projet. – c. Les réunions régulières sont appelées revues de projet. – d. Le prototype permet de valider des choix techniques, ou, à l'inverse, de mettre en évidence des défauts de conception.

2 a. Les quatre directions pilotées par le directeur général sont : la direction administrative et financière, la direction commerciale, la direction technique et la direction de la production. – b. Le service « Gestion du personnel » dépend de la direction des ressources humaines. – c. Le responsable « Logistique » est en charge des services achats et approvisionnement. – d. R&D signifie Recherche et Développement. Votre responsable rend compte au directeur technique.

MINI-CONTRÔLE

a. La référence exacte du microcontrôleur ATmega utilisé sur la carte Arduino Uno est ATMEGA328P-PU (lu sur le schéma structurel). – b. Sa dénomination est C6. – c. Le condensateur dénommé C4 a pour valeur 100 nF.

3. Les évolutions des objets techniques p. 265

1 a. Faux. – b. Vrai. – c. Faux.

2 a. C'est sans doute une connexion par câble électrique qui sera utilisée. – b. La connexion par ondes radio sera la plus simple à mettre en œuvre. – c. Le panneau solaire permet de s'affranchir d'un branchement au réseau électrique ERDF.

MINI-CONTRÔLE

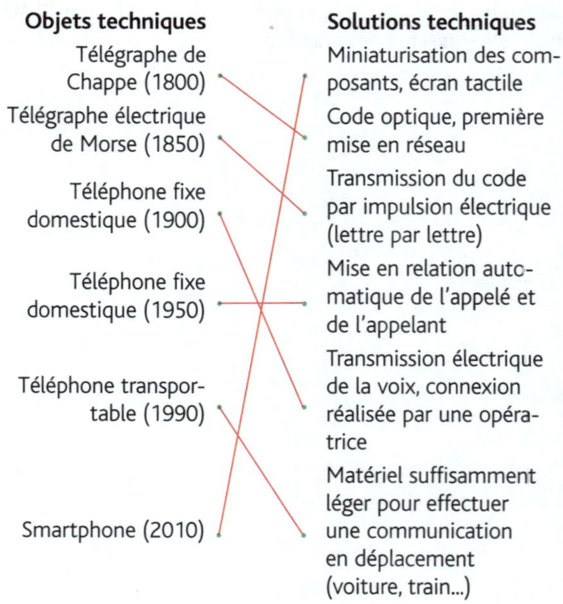

4. L'utilisation d'outils pour exprimer sa pensée p. 267

1 a. Faux. – b. Faux. – c. Vrai. – d. Faux. – e. Faux.

2 a. Un croquis. – b. La carte mentale, le dessin à main levée, un schéma fonctionnel. – c. Il est préférable de placer son cœur au centre de la feuille. – d. Les couleurs permettent d'homogénéiser certaines informations et d'en différencier d'autres.

3 Un logiciel de présentation tel que Microsoft PowerPoint ou Open Office Impress permet de réaliser une présentation numérique à l'aide d'un vidéoprojecteur et d'attirer l'attention de son auditoire en présentant des graphiques, des schémas ou des photographies.

MINI-CONTRÔLE

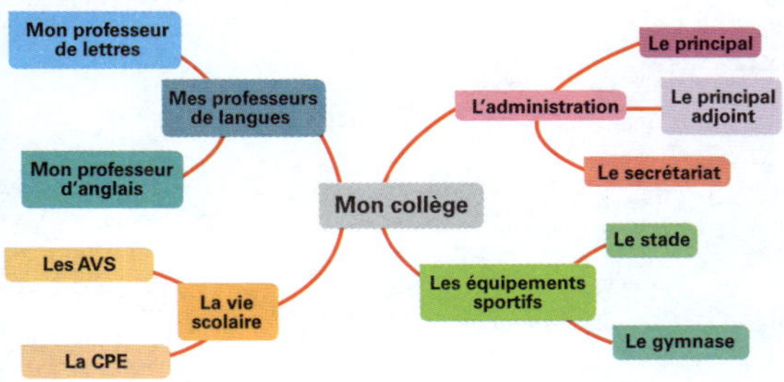

5. L'analyse du fonctionnement d'un système technique p. 269

1 a. Faux. – b. Faux. – c. Vrai. – d. Vrai.

2 L'équitable se situe à l'intersection du social et de l'économique. Un café « commerce équitable » sera vendu à un prix intéressant pour le consommateur mais suffisant pour que le producteur de café puisse vivre dans des conditions décentes. Le vivable est à l'intersection du social et de l'écologique.

MINI-CONTRÔLE

a. À 50 °C, OUTPUT = 2,98 V + 25 × 10 mV = 3,23 V.
À 0 °C, OUTPUT = 2,98 V – 25 × 10 mV = 2,73 V.
b. 50 °C = 122 °F et 323 K (pas de symbole ° pour les Kelvin).
0 °C = 32 °F et 273 K.
c.

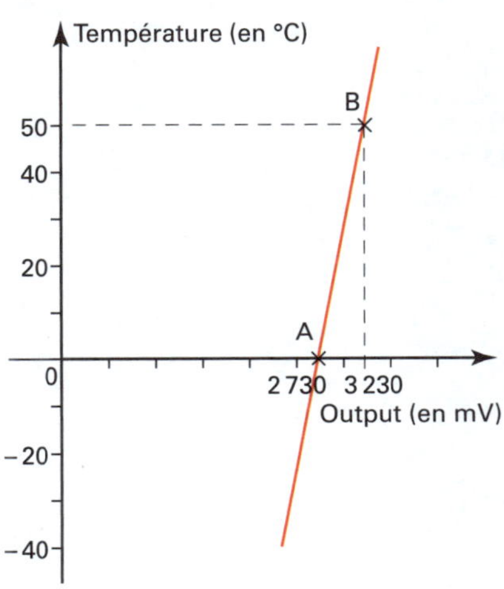

6. La modélisation et la simulation du comportement p. 271

1 a. Faux. – b. Vrai. – c. Vrai. – d. Vrai.

2 **Cas d'utilisation :** écouter de la musique, gérer les titres. – **Acteur :** utilisateur, ordinateur.

MINI-CONTRÔLE

a. L'exigence suivante peut faire partie d'un cahier des charges car elle liste des contraintes techniques que devra satisfaire l'objet technique. – b. Ces deux tests valident les exigences *[REQ-Amplificateur audio-143]* et *[REQ-Amplificateur audio-243]* car les résultats des tests sont donnés comme étant OK.

7. Le fonctionnement d'un réseau informatique p. 273

1 a. Faux. – b. Faux. – c. Vrai. – d. Vrai.

2 a. Switch, câble, ondes électromagnétiques. – b. Le routeur. – c. Partage d'imprimantes réseau, stockage de fichier, traitement de données. – d. TCP/IP (Transmission Control Protocol / Internet Protocol).

3 a. **1.** Ordinateur portable ; **2.** Ordinateurs de bureau ; **3.** Point d'accès wifi ; **4.** Switch ; **5.** Routeur. – b. L'imprimante est connectée au réseau téléphonique. Cela permet l'envoi de télécopie (fax).

MINI-CONTRÔLE

a. En théorie, on peut coder 2^{32} adresses IP différentes, soit 4 294 967 296.
En IPv6, on peut coder 2^{128} adresses IP différentes, soit environ $3,4 \times 10^{38}$ et exactement :
340 282 366 920 938 463 463 374 607 431 768 211 456.
b. Avec autant d'adresses IP à disposition, on peut penser que la norme IPv6 ne sera jamais « dépassée ».

8. Écriture, mise au point et exécution d'un programme p. 275

1 a. Faux. – b. Vrai. – c. Vrai.

2 a. Un lave-linge, un robot ménager, un poste de radio. – b. Un programme informatique permet de résoudre un problème. Cela peut être, par exemple, le pilotage du moteur électrique d'un mécanisme de lève-vitre dans une voiture. – c. Il s'agit du code binaire.

Corrigés

3

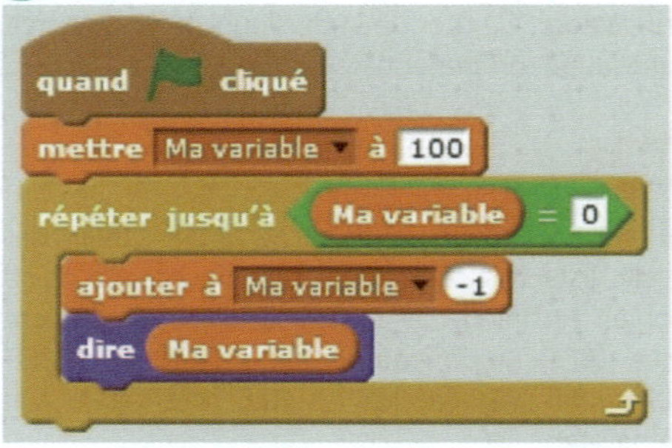

MINI-CONTRÔLE

a. Le programme demandera à l'utilisateur de saisir le nombre de notes à traiter, puis de saisir, une par une, l'ensemble de ces notes. Il effectuera ensuite la moyenne de ces notes et affichera : Moyenne = « la moyenne calculée ».

b. Si l'utilisateur saisit zéro comme nombre de notes à traiter, le programme affichera « Aucune note à traiter ».

Crédits photographiques

Livre : **133** Leemage ; **134** RMN / J. Quecq d'Heripret ; **136** L'ILLUSTRATION ; **137** CHRISTOPHE L COLLECTION / Héritage images / Fine art Images ; **138** BIS / Archives Larbor ; **141 h** Collection KHARBINE-TAPABOR ; **141 b** ROGER-VIOLLET ; **145 g** CIRIP / Alain Gesgon ; **145 d** BIS / Archives Nathan ; **147** BIS / Archives larbor / H. Josse ; **148** CARICADOC ; **149** ROGER-VIOLLET / TopFoto ; **151** ABACA PRESS / World History Archive ; **153** CIRIP / A. Gesgon ; **154** PLANTU ; **155** REUTERS / Jerry Lampen ; **156** L'ILLUSTRATION ; **157** ROGER-VIOLLET / A. Harlingue ; **159 h** CIRIP / Alain Gesgon ; **159 b** CARICADOC ; **161 h** ROGER-VIOLLET ; **161 b** BIS / Archives Larbor ; **163** www.leuropevueduciel.com ; **164** SHUTTERSTOCK ; **165** Basilic Communication ; **166** Conseil général de l'Aisne ; **167** VILLEROY François ; **168** Droits Réservés ; **170** Google Earth ; **171** SCHROLL Luc ; **173** Commission Européenne ; **174** Plaquette d'information sur la ZOAST Mons-Maubeuge ; **175** Erasmus ; **177 b** Airbus ; **177 h** Droits Réservés ; **179 h** Ministère de l'Intérieur ; **179 b** EMA / Ministère de la Défense ; **180** Mairie de Paris ; **183** AFP / Ludovic Marin ; **185** La Croix ; **194** Frédéric Hanoteau ; **206** Frédéric Hanoteau ; **222** ISM / Sovereign ; **223** B. Dubrillaux / Cytogénétique Moléculaire et Oncologie / UMR / CNRS ; **225** INSERM / U242 ; **226** COSMOS / CNRI ; **227 b** COSMOS / SPL / A. Sured ; **227 h** COSMOS / CNRI ; **228** CONGE Hervé ; **231 d** Hôpital Necker / Clinique Néphrologique ; **231 g** Hôpital Necker / Clinique Néphrologique ; **264** Honda ; **265 g** Shutterstock / czdast (borne 1) ; **265 d** Shutterstock / bofotolux (borne 2) ; Shutterstock / richochet64 (telegraphe de Chappe) ; Shutterstock / DutchScenery (morse) ; Shutterstock / dyoma (telephone 1900) ; Shutterstock / Lisa S (telephone 1950) ; Shutterstock / Roman Vukolov (telephone 1990) ; Shutterstock / PhlllStudio (smartphone) ; **272** Shutterstock / Ohmega1982 ; **273** Shutterstock / Oleksiy Mark (passerelle) ; Shutterstock / Pasko Maksim (Internet) ; Shutterstock / Julia Nikitina (ordinateur portable) ; Shutterstock / Konstantin Faraktinov (borne wifi) ; Shutterstock / Bohbeh (imprimante) ; Shutterstock / tishomir (switch) ; Shutterstock / designspace (ordinateur).
Carnet coach : Shutterstock / GoodStudio

Schémas : Laurent Blondel ; Renaud Scapin (pp. 133, 142, 149, 157, 172, 177, 182, 183, 184)
Cartographie : AFDEC (pp. 133, 135, 139, 151, 155, 162, 167, 171, 176)
Légendes Cartographie / Marie-Sophie Putfin (pp. 144, 147, 149, 153, 165, 169, 173, 175)
Illustrations : Mademoiselle Caroline (anglais)
Illustration de couverture : Clod
Maquette conception intérieure : Véronique Lefebvre
Conception de couverture : Allright
Mise en page : STDI / PCA

Achevé d'impression : 10264730 - Mai 2020

Les États du monde d'aujourd'hui

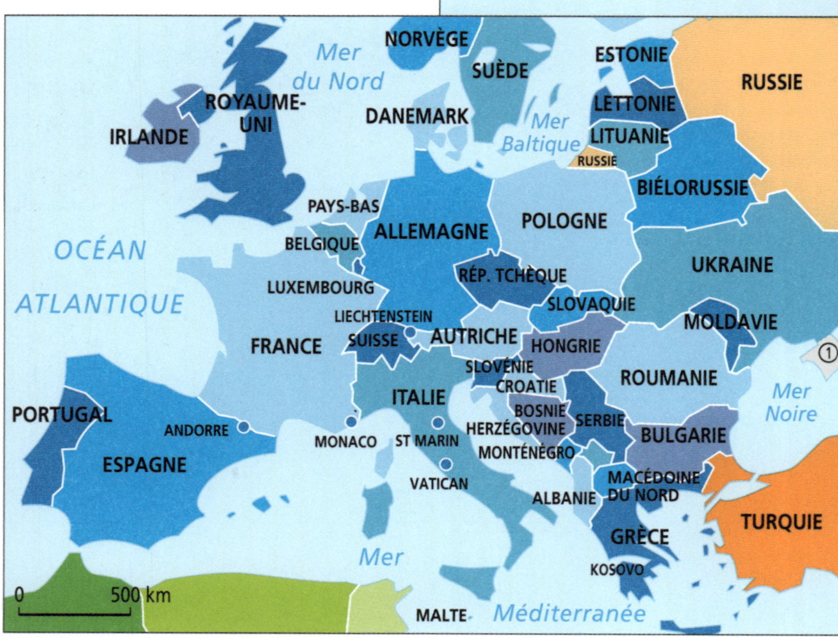

1. Crimée : région ukrainienne ayant proclamé son rattachement à la Russie par référendum au printemps 2014. Ce rattachement, validé par la Russie, n'est pas reconnu par les autorités ukrainiennes et la communauté internationale.

2. Territoire revendiqué par le Maroc, contrôlé par les autonomistes sahraouis.

MES OBJECTIFS POUR LA 3e

Vous entrez en 3e, la dernière année du collège et bien sûr, celle du brevet. Afin que cette nouvelle année se déroule au mieux, réfléchissez à celle de 4e, ce qui a bien fonctionné, ce que vous avez moins réussi, là où vous aimeriez progresser. **Dans cette liste, cochez trois points que vous souhaitez améliorer.** Ils seront vos trois objectifs pour l'année de 3e. Si d'autres idées vous viennent, n'hésitez pas à les noter en bas de la liste.

- ☐ Apprendre régulièrement mes cours.
- ☐ Anticiper davantage mes évaluations.
- ☐ Éteindre mon téléphone portable pendant que je travaille à la maison.
- ☐ Laisser mon téléphone portable à l'extérieur de ma chambre quand je me couche.
- ☐ Ne pas utiliser mon téléphone portable comme réveil.
- ☐ Prévoir plus de sport dans mon emploi du temps.
- ☐ Participer davantage lors des travaux en groupe.
- ☐ Gagner en confiance en moi.
- ☐ Accepter les idées des autres dans un travail en groupe.
- ☐ Profiter du weekend pour avancer le travail de la semaine.
- ☐ Être moins stressé(e) quand je présente un exposé.
- ☐ Être plus attentif(ve) en cours.
- ☐ Me mettre à mes devoirs sans tarder une fois ma pause terminée.
- ☐ Passer moins de temps sur les jeux vidéo.
- ☐ Passer moins de temps sur les réseaux sociaux.
- ☐ Ne pas me lever trop tard le samedi matin pour commencer mes devoirs.
- ☐ Écrire un planning de la semaine pour organiser mon travail.
- ☐ Faire régulièrement des fiches pour mémoriser les cours.
- ☐ ....
- ☐ ....
- ☐ ....

Surlignez ce que vous maitrisez déjà. Bravo, ce sont autant d'atouts pour la 3e !

INSTAURER UN RITUEL

Il faut du temps pour **METTRE EN PLACE UNE HABITUDE**. Au départ, cela demande un effort. Après cela devient un automatisme. Par exemple, mettre régulièrement vos cours sous forme de fiches est une tâche supplémentaire que vous ne réalisiez peut-être pas jusque-là. Mais vous allez vite sentir le bénéfice de cet effort. Constater que lors d'une évaluation, vous n'avez qu'à relire vos fiches plutôt que reprendre le cours depuis le début, vous fera gagner beaucoup de temps. Et quand vous préparerez les épreuves du brevet, vous aurez le matériel déjà prêt pour réviser.

ÊTES-VOUS AU POINT SUR LE BREVET ?

À la fin de l'année, vous passez l'examen du brevet, le fameux DNB (Diplôme national du brevet). Au fait, savez-vous précisément en quoi consiste ce diplôme ?

Test Pour tout connaître sur le brevet

1 Au total, combien de points pouvez-vous cumuler au brevet ?
a. 500
b. 800
c. 1 000

2 Qu'est-ce qui rapporte le plus de points ?
a. Le contrôle continu
b. Les épreuves finales
c. Le contrôle continu et les épreuves finales rapportent le même nombre de points.

3 Combien de points comptent les épreuves finales ?
a. 300
b. 400
c. 500

4 Si vous visez une mention bien, combien devez-vous comptabiliser de points ?
a. 480
b. 560
c. 640

5 Combien de temps dure l'épreuve de français ?
a. 2 heures
b. 3 heures
c. 4 heures

6 Combien de points rapporte l'épreuve finale d'histoire-géographie ?
a. 20
b. 50
c. 100

7 Quelle discipline ne fait pas partie de l'épreuve écrite « sciences » ?
a. La physique-chimie
b. Les SVT
c. L'informatique

8 Combien de temps dure l'entretien collectif ?
a. 10 minutes
b. 25 minutes
c. 1 heure

Réponses :
1. b. 800 points. 2. c. Le contrôle continu compte autant que les épreuves finales. 3. b. 400 points. 4. b. Pour avoir la mention assez bien, vous devez comptabiliser 480 points, et pour la mention très bien 640 points. Mais 400 points suffisent pour obtenir le brevet. 5. b. 6. b. 7. c. Les disciplines scientifiques sont : la physique-chimie, les SVT et la technologie. 8. b. L'entretien collectif dure 25 minutes. L'entretien individuel dure 15 minutes.

MA BOITE À OUTILS POUR APPRENDRE

La mémoire est indispensable pour travailler et pour apprendre. On a chacun une manière différente de mémoriser, un sens qu'on utilise naturellement plus qu'un autre. Savez-vous comment vous apprenez le plus facilement ? Et quelle est votre mémoire dominante ?

Avez-vous une mémoire visuelle ?

Certains apprennent avec les yeux, en visualisant, en voyant des images dans leur tête, on dit qu'ils ont une mémoire visuelle. Cochez les réponses qui semblent vous correspondre.

Test Vous avez une mémoire visuelle si…

- ☐ Vous vous souvenez plutôt de ce que le professeur a écrit au tableau.
- ☐ Vous avez besoin d'écrire les deux orthographes d'un mot lorsque vous avez un doute : *algorithme* ou *algorythme* ?
- ☐ Vous vous souvenez bien de l'endroit où est inscrite la définition de « démocratie » dans votre cahier d'histoire, oui en haut à droite.
- ☐ Vous avez besoin d'écrire pour mémoriser.
- ☐ Vous visualisez les chiffres d'un numéro de téléphone dans votre tête pour le retenir.
- ☐ Les schémas vous parlent.
- ☐ Vous vous souvenez de la couleur du pull du professeur d'anglais.

Les astuces à mettre en pratique :

- Rédiger des fiches qui sont une synthèse du cours à apprendre avec les notions importantes, les mots-clés, les définitions.
- Bien faire ressortir visuellement le plan du cours avec le titre et les sous-titres.
- Écrire en gros les mots pour qu'ils soient bien lisibles, les souligner trois fois, les accompagner de pictos, de petits dessins…
- Mettre de la couleur : souligner, encadrer les mots-clés, les définitions de votre cours, pour que les éléments essentiels soient bien visibles.
- Dessiner une carte mentale pour vous aider à mémoriser (voir page suivante).
- Opter pour le *sketchnoting* (voir page suivante).
- Mettre des Post-it au-dessus de votre bureau avec les formules de maths à retenir, les orthographes délicates…

LE SKETCHNOTING

Le *sketchnoting* est une manière visuelle et graphique de retranscrire des idées, des concepts, un cours. C'est un mélange de mots, les mots-clés qui sont les informations principales du cours à retenir, et de dessins. Attention, il n'est pas utile de savoir dessiner ! Vous pouvez proposer des cadres, des ronds, des colonnes, des numéros pour structurer les idées, des puces pour hiérarchiser ; des mots écrits en capitales ou en minuscules selon l'importance qu'on veut leur donner ; des flèches pour donner du mouvement au propos… Bien sûr, si vous êtes un(e) artiste, laissez libre cours à votre créativité.

Un exemple de *sketchnoting*

LA CARTE MENTALE

> **LA CARTE MENTALE** ou *mind map* est une représentation de la pensée en arborescence, un schéma qui permet de réviser d'un coup d'œil un sujet, un cours. Et aussi de poser les éléments déjà connus sur un sujet quand vous réactivez un cours. Une carte mentale se lit de droite à gauche dans le sens des aiguilles d'une montre.

> **POUR RÉALISER UNE CARTE MENTALE :**

– Écrire au centre d'une feuille (format paysage) le sujet ou la notion à étudier ;
– inscrire les idées qui se rattachent au sujet sur des branches de différentes couleurs ;
– créer des sous-branches qui se rattachent aux branches pour mettre des exemples ;
– utiliser des couleurs, des pictogrammes, des dessins.

Un exemple de carte mentale

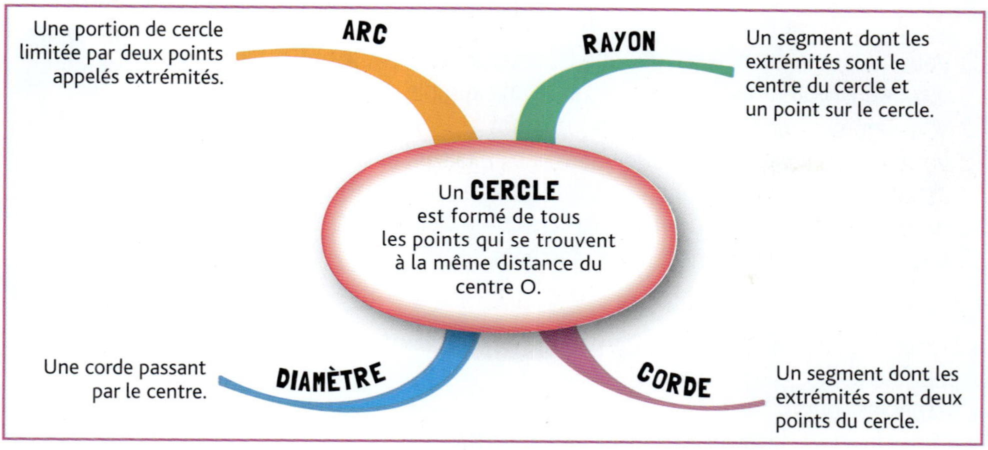

Avez-vous une mémoire auditive ?

Certains retiennent mieux ce qu'ils entendent, les sons. On dit qu'ils ont une mémoire auditive. Cochez les réponses qui semblent vous correspondre.

Test Vous avez une mémoire auditive si...

- ☐ Vous retenez plutôt ce que le professeur dit.
- ☐ Vous apprenez plus facilement en lisant un cours à voix haute.
- ☐ Vous êtes gêné(e) quand il y a beaucoup de bruit.
- ☐ Vous avez bien retenu ce qu'a dit la conférencière lors de la visite du musée.
- ☐ Vous vous souvenez plutôt des dialogues ou de la musique d'un film.
- ☐ Vous aimez bien qu'on vous explique la règle d'un nouveau jeu, comment fonctionne un objet plutôt que lire une notice.

Les astuces à mettre en pratique :

- Réciter le cours à voix haute.
- Résumer avec vos propres mots votre cours.
- Enregistrer votre cours sur un téléphone, une tablette ou un ordinateur et le réécouter régulièrement.
- Associer une musique à un cours.
- Vous aider de vidéos sur Internet qui vont vous expliquer une notion de physique, un phénomène géographique.
- Écouter en audio les livres que vous avez à lire pour le cours de français.

Avez-vous une mémoire kinesthésique ?

Certains apprennent mieux en expérimentant, en ressentant avec leur corps, dans le mouvement, en faisant davantage appel au toucher, au gout, à l'odorat... On dit qu'ils ont une mémoire kinesthésique. Cochez les réponses qui semblent vous correspondre.

Test Vous avez une mémoire kinesthésique si…

- ☐ Vous vous souvenez plutôt des anecdotes racontées par le professeur ou quand il vous a fait rire en cours avec un exemple drôle.
- ☐ Vous apprenez en faisant, en expérimentant.
- ☐ Vous mémorisez un numéro de téléphone en faisant des liens avec un département que vous connaissez, des dates en histoire (89 comme la Révolution française, le bus numéro 22 comme les Côtes-d'Armor).
- ☐ Vous apprenez mieux un cours en marchant.

Les astuces à mettre en pratique :

- Demander au professeur ou à vos parents de vous donner des exemples concrets pour vos cours.
- Mimer les cours.
- Réciter le cours devant un tableau comme un professeur.
- Utiliser des objets pour mieux mémoriser.
- Réaliser des expériences simples à la maison.
- Associer une image, une odeur, une sensation aux connaissances à maitriser.

➤ **Bon à savoir** : Avoir une mémoire plus visuelle ou plus auditive ne signifie pas que vous n'utilisez qu'un seul sens pour apprendre mais qu'il est dominant. La mémoire la plus courante est la mémoire visuelle. Vous pouvez bien sûr développer une autre mémoire secondaire, voire les deux autres. Chaque mémoire active une zone spécifique du cerveau. Plus vous activerez de zones, mieux vous mémoriserez. Si vous retenez à la fois un schéma et ce que dit le texte qui l'accompagne, vous maitrisez une information plus riche et plus complète.

LA PHRASE MARQUANTE

> **FAIRE DES LIENS** entre ce que vous voulez mémoriser et ce que vous connaissez aide à ancrer les savoirs. Et plus les liens sont drôles ou au moins surprenants, mieux vous vous en souviendrez. Surtout si vous pouvez en faire une histoire.

> **PAR EXEMPLE,** pour retenir les planètes du système solaire dans l'ordre, vous pouvez créer une phrase comme celle qui suit : MEs Vieilles Tortues MArchent JUstement Sur Un Ninja. Ainsi, vous allez retenir : Mercure, Vénus, Terre, Mars, Jupiter, Saturne, Uranus, Neptune.

Le palais de la mémoire ou la mémoire de Loci

Une autre façon de se souvenir d'une liste de mots ou de moments est une ancienne méthode nommée « palais de la mémoire » ou bien « mémoire de Loci ».

Dans cette méthode, commencez par vous rappeler 10 endroits de votre maison. Par exemple, en suivant l'ordre dans lequel vous voyez les pièces ou les objets quand vous rentrez chez vous.

Voici un exemple de scénario amusant pour vous aider à mémoriser les grandes périodes de l'histoire :

1. J'arrive devant ma **porte d'entrée** et le paillasson est **un pré** couvert de livres d'**histoire**. → La première période à connaitre est la **Préhistoire**.
2. Je rentre et je pose ma veste sur le **portemanteau** et il est plein **d'anti**poux et de **tiques**. → L'**Antiquité**.
3. Je vais dans la **cuisine** pour le gouter et j'aperçois dans l'évier quelque chose qui **nage**. Il ne doit pas être très grand pour tenir dans l'évier. Il est **moyen**. → C'est le **Moyen Âge**.
4. Je monte l'**escalier** pour aller dans ma **chambre**. → À vous d'imaginer la suite...

À vous de jouer !

1. ....
2. ....
3. ....
4. ....
5. ....
6. ....
7. ....
8. ....
9. ....
10. ....

LA MÉMOIRE, COMMENT ÇA FONCTIONNE ?

> **LA MÉMOIRE DE TRAVAIL** est celle qui vous permet de retenir des informations pendant quelques secondes quand vous travaillez. Par exemple, quand vous résolvez un problème de maths, votre mémoire retient les données inscrites dans l'énoncé. Vous les oubliez une fois l'exercice résolu. On dit qu'un être humain est capable de retenir entre 5 et 9 informations en même temps, soit 7 en moyenne. La capacité de cette mémoire est donc limitée.

> **LA MÉMOIRE À LONG TERME** est celle qui vous permet de stocker les informations et de les retenir sur la durée. C'est elle que vous utilisez pour apprendre vos cours. Pour fonctionner avec succès, elle a besoin de deux ingrédients : la répétition (répéter un cours plusieurs fois pour qu'il s'inscrive dans la mémoire) et la régularité dans le temps (revoir son cours plusieurs fois dans la semaine pour le stocker pour de bon). D'où l'importance de travailler en avance quand vous avez un cours à apprendre. Vous ne pourrez pas le maitriser le soir pour le lendemain.

Comment mémoriser une information ?

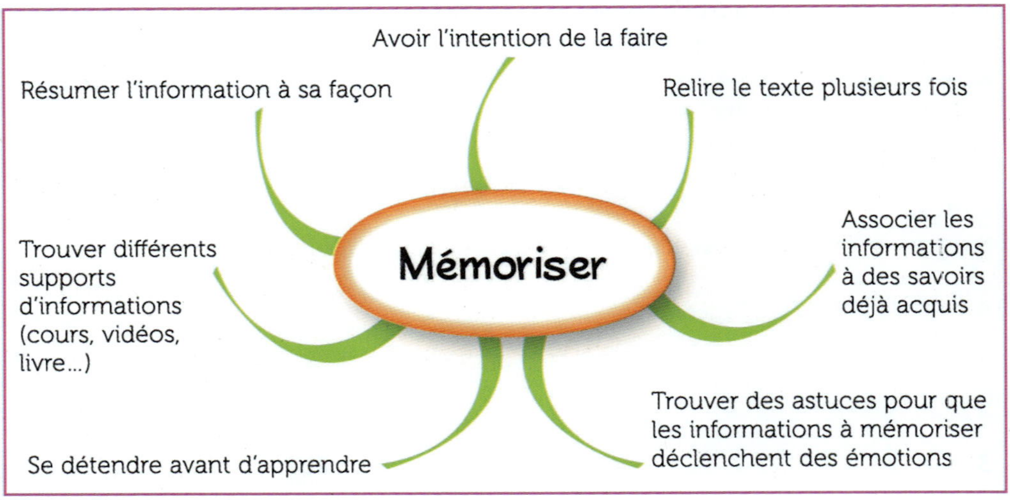

SE METTRE EN MODE TRAVAIL AU COLLÈGE

Mettez toutes les chances de votre côté pour profiter au mieux du temps passé au collège et adoptez une attitude active.

Être attentif(ve)

Quelle est votre qualité d'écoute pendant les cours ?

- ☐ Pendant les cours, je me laisse facilement distraire.
- ☐ Je ne peux pas m'empêcher de bavarder avec mes voisin(e)s.
- ☐ Je suis attentif(ve) à ce que dit le professeur.
- ☐ Cela dépend des cours.

➤ **Depuis votre entrée au collège**, vous l'avez souvent entendu : écouter attentivement pendant le cours, c'est déjà faire la moitié du travail ! Écouter, ce n'est pas juste ne pas bavarder. C'est mobiliser vos capacités, vos sens vers un but. On appelle ça l'attention. Cela signifie se concentrer sur ce que l'enseignant explique ou montre, ne pas se laisser perturber par des bruits dans la cour ou dans la classe. Mieux vous écoutez, mieux vous mémorisez. Si vous relisez votre cours le soir, vous consolidez ce que vous avez entendu dans la journée et les connaissances s'ancrent dans votre cerveau.

➤ Toutes les matières méritent une oreille attentive. Même le cours de sport ou d'arts plastiques que vous prenez peut-être en mode détente. Écouter les consignes du professeur qui demande d'arrêter de lancer les ballons, les poids ou les ultimate (frisbee) évite à chacun de se blesser !

INFO CERVEAU

➤ Votre cerveau est une formidable machine qui réalise plusieurs actions réflexes en même temps comme parler et marcher. En revanche, il lui est impossible de bien faire en même temps deux actions qui demandent de l'attention. Notre cerveau ne fait qu'une tâche complexe à la fois, même s'il peut très rapidement passer d'une tâche à l'autre.

➤ Si, pendant les cours, vous discutez en même temps avec un(e) ami(e) au lieu d'écouter, vous n'aurez qu'une partie de l'information. Imaginez un film qui serait interrompu toutes les 30 secondes. Vous n'arriveriez pas à comprendre l'histoire.

Quel est votre comportement pendant les cours ?

- ☐ J'aime bien faire rire les autres.
- ☐ Je m'endors.
- ☐ Je suis respectueux(euse) des autres et du professeur.
- ☐ Je ne peux pas m'empêcher de faire des blagues.
- ☐ Je suis concentré(e), je suis là pour travailler.

➤ Vous le savez bien, **les professeurs attachent beaucoup d'importance au comportement**. Si vous voulez apprendre, il faut écouter et être concentré(e) sur ce qui se passe dans la classe pour en profiter au mieux.

➤ **Il ne suffit pas d'être un crack ou un technicien hors pair dans une matière**, il faut aussi suivre les règles de l'établissement, respecter les horaires, les autres élèves, les enseignants... et s'investir ; avoir un comportement constructif. Sinon adieu les très bonnes notes, les félicitations et la mention au brevet. Les appréciations des professeurs, ça compte.

Être ordonné(e)

À quoi ressemblent vos cahiers, vos classeurs ?

- ☐ Les feuilles données par les professeurs sont bien collées.
- ☐ Les feuilles sont rangées dans l'ordre demandé.
- ☐ Vous pouvez vous relire facilement.
- ☐ Vous avez perdu les documents distribués.
- ☐ Vous pouvez repérer facilement les titres et sous-titres des chapitres.

➤ **C'est très important de bien noter le cours**. C'est à partir de votre prise de notes que vous allez réviser à la maison. En 3e, vous commencez peut-être à prendre des notes (voir page suivante). Si vous n'avez pas le temps de terminer d'écrire, demandez à un camarade de vous montrer son cahier le jour même, pas trois jours après, sinon vous risquez d'oublier.

➤ **Essayez aussi d'écrire le plus lisiblement et proprement possible**. Ce n'est pas pour faire joli. Mais uniquement, parce qu'en relisant un cahier bien écrit, les notions seront plus claires dans votre esprit et donc plus faciles à apprendre. Vous aurez aussi davantage de plaisir à relire votre cahier.

➤ Si votre professeur vous demande d'encadrer les définitions en rouge ou de souligner les titres en vert, cela signifie que ces éléments sont importants et qu'il faut les repérer dans le cours.

➤ **Respectez l'ordre demandé par votre professeur**. Tel document doit être rangé à tel endroit dans le cours. Certains professeurs notent les classeurs. Les professeurs de sciences sont souvent exigeants en la matière.

➤ **Rangez vos feuilles dans votre classeur ou collez les documents dans votre cahier TOUS LES SOIRS**. Si votre cahier ou classeur est complet, vous ne serez pas en panique avant une évaluation, vous aurez à disposition tous les documents pour réussir.

LA PRISE DE NOTES

En 3e, vous allez commencer à prendre en note les cours. Pour gagner du temps, pensez à des abréviations qui vous parlent.

➤ Utilisez des **traductions** dans une autre langue : le mot « maintenant » peut être remplacé par « now », sa version anglaise plus rapide à écrire.

➤ Employez des **abréviations** à partir de certaines lettres du mot de départ :
- « toujours » peut s'écrire « tjs »,
- « souvent » peut se réduire à « svt »,
- « quand » à « qd ».

➤ Utilisez des **symboles** tirés des notations mathématiques :
- « quel que soit » peut être remplacé par $\forall$,
- « il existe » peut être résumé par $\exists$,
- « appartient » se symbolise par $\in$.

➤ Toutes les **fins de mot** en « ion » ou « tion » peuvent être remplacées par θ.

Participer

Est-ce que vous participez en classe ?

- ☐ Vous répondez aux questions du professeur.
- ☐ Vous réalisez les travaux demandés : recherche sur Internet, expérience en chimie, etc.
- ☐ Vous êtes un élément moteur pour un travail en groupe.
- ☐ Vous n'aimez pas participer.
- ☐ Vous n'aimez pas travailler à plusieurs.
- ☐ Vous êtes plutôt timide.

➤ **En participant, vous êtes en mode actif**. Vos neurones sont en alerte. Et c'est essentiel pour enregistrer les informations. C'est aussi en faisant qu'on apprend. N'hésitez donc pas à participer aux expériences, à aller au tableau si le professeur le propose. S'investir rend le cours plus intéressant et plus vivant, vous mémorisez mieux et le temps passe plus vite !

➤ **C'est difficile de rester concentré(e) sur une longue période**. Au bout d'un moment, quand vous écoutez le cours, votre cerveau commence à fatiguer. Vous relâchez votre attention. C'est normal. Votre cerveau a besoin de pauses. En étant actif(ve), vous lui donnez un peu d'air et vous relancez la machine ! Profitez des moments où votre attention est moins requise (si vous avez fini un exercice avant les autres par exemple) pour respirer et faire une mini-pause.
➤ **Participer, c'est aussi montrer que vous êtes bien présent(e)**, et que vous vous intéressez à ce qui se passe. Et bien sûr, les professeurs apprécient... Parfois, la participation orale est notée. Par exemple, en langues, vous aurez certainement une mauvaise note si le professeur n'entend jamais le son de votre voix.
➤ **N'oubliez pas que le brevet comporte une épreuve orale** et que chaque élève doit parler. C'est important, si vous êtes timide, de faire un effort pour vous exprimer devant le professeur et les autres élèves dès le début de l'année. Vous gagnerez en confiance en vous exprimant et en étant plus actif(ve) en cours. Cela vous donnera plus d'assurance pour l'oral de fin d'année.

Poser des questions

Que faites-vous si vous ne comprenez pas le cours ?

- ☐ Vous posez une question dès que vous ne comprenez pas.
- ☐ Vous êtes trop timide pour poser une question.
- ☐ Vous préférez demander à un camarade ou à vos parents le soir.
- ☐ Vous avez peur que les autres se moquent de vous si vous posez une question.

➤ Si vous n'avez pas compris l'explication du professeur, **n'hésitez pas à vous manifester et à poser une question**. Parce qu'apprendre, c'est d'abord comprendre. Si vous ne comprenez pas de quoi parle une leçon, ou ce que dit le professeur, vous ne pourrez pas bien mémoriser.

➤ **Profitez aussi de la présence du professeur**, il est là pour ça. Vous n'aurez pas vraiment le temps d'aller lui demander des informations complémentaires en fin de cours. Vous comme lui devez rejoindre rapidement le cours suivant.
➤ **Le camarade auquel vous pensez pour un éclairage n'a peut-être pas compris lui non plus**. Vos parents ne seront pas forcément disponibles le soir pour vous venir en aide et ils ne sont pas les mieux placés pour connaitre les exigences du professeur.
➤ Si vous êtes timide ou que vous avez peur de montrer que des éléments vous échappent, **pensez que vous n'êtes certainement pas le(la) seul(e)** et que vous allez rendre service à d'autres élèves dans la classe.
➤ **Écoutez aussi les questions de vos camarades**. Les réponses pourront certainement vous éclairer.

S'ORGANISER ET S'AVANCER À LA MAISON

S'organiser

Prenez le temps qu'il faut pour vous organiser à la maison.

➤ **Votre lieu de travail** doit se situer dans un espace rangé, dégagé, agréable et près d'une source de lumière où vous pouvez vite retrouver vos affaires. Vous aurez plaisir à vous y installer et votre cerveau sera plus efficace.
➤ **Votre emploi du temps**, vous permet de vite répérer vos heures de sortie, la répartition des matières, le temps disponible pour vos devoirs. Créez votre propre emploi du temps en ajoutant vos activités. Et faites apparaitre les plages de travail.
➤ **Pensez à organiser votre weekend**. Le vendredi soir, prenez 10 minutes pour planifier votre travail. Cela évite d'être en panique le dimanche soir.
➤ **Gardez des moments de détente** dans votre semaine et le weekend où vous pouvez voir vos ami(e)s, pratiquer un sport…

Travailler régulièrement

C'est la clé pour réussir votre année. En apprenant régulièrement vos cours, en tenant à jour vos fiches, **vous ne serez jamais pris de court** lors d'un contrôle. N'oubliez pas que le contrôle continu compte pour la moitié pour l'obtention de votre brevet. Si vous devez tout apprendre en quelques jours car vous n'avez jamais ouvert un cahier à la maison, ce sera plus périlleux et beaucoup plus stressant !
Une fois le travail pour le lendemain terminé, **pensez à vous avancer** si vous avez le temps. Profitez du weekend pour faire le travail déjà donné pour les jours à venir. Vous aborderez la semaine avec plus de souffle.

Réviser

En 3e, vous allez avoir régulièrement des contrôles. C'est important d'**anticiper vos révisions** pour bien assimiler les savoirs. Remplissez un mini-emploi du temps qui prend en compte ces étapes jusqu'à l'évaluation :
– Réactiver les connaissances en relisant votre cours, vos fiches.
– Apprendre votre cours régulièrement.
– Vous tester en vous posant des questions sur le cours, en imaginant ce que le professeur peut vous demander.
– Réviser les points qui vous semblent un peu fragiles.

BRAIN GYM

> Avant le travail à la maison ou une séance de révision, vous pouvez pratiquer ces quelques exercices issus de la ***brain gym****. La *brain gym* est une méthode inventée par Paul Dennison qui permet de se concentrer, de mieux réfléchir et d'être moins stressé(e). Le principe est simple : **26 mouvements du corps** ont une influence sur le cerveau et vont permettre de mieux apprendre. À faire avant de partir au collège, dans la journée, avant les devoirs...

> Voici quelques exemples de mouvements simples qui pourront vous aider :
– **Pour favoriser la compréhension**, vous pouvez faire des mouvements croisés : il suffit simplement de lever un genou et de le toucher avec le coude opposé. Alternez plusieurs fois entre les deux jambes.
– **Pour favoriser la concentration et évacuer le stress**, vous pouvez pratiquer le « 8 couché » : avec votre pouce, tracez un grand huit horizontal dans l'air devant vous (départ à gauche en montant) en suivant attentivement votre pouce des yeux. Recommencez avec l'autre main.
– **Si vous avez besoin de vous concentrer pour écouter un cours**, vous pouvez faire le mouvement « ouvrir grand ses oreilles » : mettez votre pouce et votre index de chaque main en haut de chaque oreille et tirez-les doucement vers l'arrière, tout en descendant jusqu'au lobe.
Si vous souhaitez en savoir plus sur la *brain gym*, consultez le site braingym.fr.

* gymnastique du cerveau

MA MÉTHODE À SUCCÈS

De nombreux conseils pour réussir existent. Ils ont fonctionné pour la personne qui les a donnés mais sont peut-être moins adaptés pour vous. L'essentiel est de comprendre ce qui vous permet de réussir. Cette méthode devrait vous aider à y voir plus clair.
Bonne nouvelle, vous avez déjà connu plusieurs succès dans votre vie !

Faire la liste de ses succès

Commencez par lister tous vos succès. Il en faut au moins trois. Cela doit être un projet qui a réussi. Par exemple : maitriser une recette de cuisine, organiser un anniversaire surprise, réussir une évaluation qui vous semblait difficile, passer un niveau dans un sport, remporter un match, changer la décoration de votre chambre...

Mes succès :

1. ....

2. ....

3. ....

Comprendre ses succès

Sur une feuille à part, réalisez un tableau à partir du modèle ci-dessous. Commencez par donner un titre à chaque succès comme si c'était un film, puis répondez aux différentes questions pour chacun des trois succès.

Questions	Succès 1	Succès 2	Succès 3
A. Quel est le titre de votre succès ?			

B. Qu'est-ce qui vous a poussé(e) à réaliser ce projet ? Qu'est-ce qui vous a motivé(e) ?
C. Avez-vous pris la décision seul(e) ou parce que quelqu'un vous l'a demandé ?
D. Vous êtes-vous beaucoup renseigné(e) avant de commencer votre projet : dans les livres, sur Internet ou en demandant à des proches ?
E. Avez-vous agi seul(e) ou accompagné(e) ou en même temps que quelqu'un avec qui vous communiquiez ?
F. Avez-vous anticipé les problèmes éventuels ou avez-vous commencé sans un temps d'analyse ? Aviez-vous un « plan B » ?
G. Avez-vous organisé votre temps ? Avez-vous travaillé un peu tous les jours ou beaucoup par moment et plus du tout après ?
H. Aviez-vous en tête une idée, une image, un ressenti de ce qui se passerait une fois votre objectif atteint ?
I. Comment avez-vous géré les éventuels problèmes ou une baisse de motivation si vous en avez eu ?
J. Comment vous êtes-vous senti(e) une fois votre objectif atteint ?
K. Avez-vous prévenu quelqu'un après ce succès ?
L. Qu'avez-vous retiré de ces succès ? Quels ont été vos apprentissages ?

Tirer des conclusions de ses succès

Une fois le tableau complété, essayez de trouver, dans vos réponses et pour chaque étape, des similitudes entre les trois projets.

Voici quelques exemples de conclusions auxquelles vous pouvez arriver pour les différentes étapes.

Question B : Qu'est-ce qui vous a poussé(e) à réaliser ce projet ? Qu'est-ce qui vous a motivé(e) ?

Exemple 1 : Je me rends compte que dans tous les projets, j'ai été motivé(e) par l'idée de faire plaisir à quelqu'un.
Exemple 2 : À chaque fois, je voulais être le(la) meilleur(e).
Exemple 3 : J'ai compris que c'était le plaisir qui me motivait.

Question D : Vous êtes-vous beaucoup renseigné(e) avant de commencer votre projet : dans les livres, sur Internet ou en demandant à des proches ?

Exemple 1 : Oui, c'est important pour moi de savoir comment font les autres pour réussir. Je demande systématiquement l'avis de mes proches avant de commencer.
Exemple 2 : Non, si je réfléchis trop, je ne fais rien. Il faut que je me lance pour démarrer.

Question H : Aviez-vous en tête une idée, une image, un ressenti de ce qui se passerait une fois votre objectif atteint ?

Exemple 1 : Oui, dès le départ j'imagine le plaisir que je vais avoir au moment de mon succès. Je me vois sur la ligne d'arrivée, j'imagine le moment où le professeur me rendra ma copie, je rêve de ce qui va se passer quand je mangerai ce gâteau que je viens de cuisiner.
Exemple 2 : Non, je n'y pense pas du tout. Je fais ce que j'ai prévu et je suis content(e) d'avancer au jour le jour.

À retenir : il existe autant de façons de réussir que de personnes. Nous sommes tous différents. Donc il est important d'écouter les conseils des autres, de les tester et de voir s'ils vous conviennent. Et si ce n'est pas le cas, de trouver ce qui fonctionne pour vous.

10 CONSEILS POUR RÉUSSIR À L'ORAL

Vous avez un exposé à présenter devant toute la classe et vos mains deviennent moites rien que d'y penser ? La perspective de l'épreuve orale pour le brevet vous angoisse ? Voici quelques conseils pour être plus à l'aise.

1 Travaillez bien le contenu de votre exposé ou de votre soutenance. Vous êtes noté(e) sur la qualité de vos recherches et de votre travail. Si vous avez un propos intéressant à raconter, votre auditoire vous écoutera plus facilement. Et puis, être certain de votre contenu vous donne confiance en vous.

2 **Structurez votre exposé** en différentes parties pour que la présentation soit claire et organisée.

3 Si vous avez travaillé l'exposé ou l'épreuve orale du brevet à plusieurs, **répartissez-vous les rôles** : qui présente quoi ?

4 **Entrainez-vous** à la maison. Présentez votre exposé à votre famille, un(e) ami(e). Entrainez-vous seul(e) devant le miroir. Vous pouvez même demander à quelqu'un de vous filmer. Faites de même pour le brevet. La forme est notée, comme le fond, sur 50 points. L'objectif est de parler fort, distinctement, pas trop rapidement, sans regarder sa feuille. N'hésitez pas à vous mettre à l'autre bout de la pièce pour vous obliger à parler fort. Dès qu'on est devant un auditoire, on a tendance à baisser le son de sa voix.
Si vous avez préparé une présentation sur ordinateur, assurez-vous de bien la maitriser.

5 **Chronométrez-vous** : il ne faut être ni trop long ni être trop court. Vous devez maitriser votre temps. Pour le brevet, c'est 5 minutes de présentation si vous êtes seul(e) et 10 minutes à se partager si le travail est collectif.

6 Le jour J : commencez par une phrase simple de présentation sur ce que vous allez présenter. Travaillez-la chez vous, c'est important de **bien démarrer** pour capter tout de suite l'attention. N'oubliez pas de présenter le plan.

7 **Regardez votre auditoire**. Pour votre exposé, appuyez-vous sur quelques regards amis, sur le professeur. Une astuce de comédien : si vous avez très peur, vous pouvez regarder le haut de la tête des élèves, au-dessus de leur front. Vous leur donnez l'impression de les regarder, mais pas les yeux dans les yeux. Pour les membres du jury, regardez-les en passant de l'un à l'autre.

8 **Soignez votre attitude** : tenez-vous droit(e), les mains libres, ne vous cachez pas derrière le bureau du professeur.

9 **Soyez vivant(e)** dans votre présentation, dans votre intonation, donnez des exemples.

10 **Interagissez** avec votre auditoire (mais pas trop) pour l'exposé : par exemple, posez des questions : « savez-vous qui a inventé... ? ». À la fin, posez une question-test avec humour pour voir si tout le monde a bien écouté, ou bien faites un mini-quiz qui récapitule ce que vous avez dit.

Astuce confiance en soi :
Avant de parler en public, pratiquez la respiration abdominale :
- Posez vos mains sur votre ventre.
- Inspirez en gonflant votre ventre. Votre poitrine bouge peu.
- Expirez en sortant le maximum d'air de votre ventre.
  Faites-le 3 fois avant de prendre la parole.
  Prévoyez de le faire avant l'entrée en cours.

PENSEZ POSITIF !

Nos pensées ont une forte influence sur nous, un peu comme un pouvoir magique. À vous d'y prêter attention et de savoir vous en servir.

« Je suis nul(le) en... »

Avez-vous déjà eu en tête ce type de pensée ?
– « Je ne vais jamais y arriver. »
– « Les questions que je pose ne sont pas intéressantes. »
– « Je ne vais pas réussir cette évaluation. »
– « Je suis nouveau / nouvelle et je ne vais pas me faire d'ami(e)s. »
– « Je ne vais pas avoir le brevet. »
– « De toutes les façons, ce professeur ne m'aime pas. »

➤ Avez-vous d'autres pensées « négatives » qui vous traversent parfois l'esprit ? Si oui, inscrivez-les ci-dessous :

– ....

– ....

– ....

Et si vous pensiez plutôt...

– « Je vais mettre en place les moyens pour y arriver. »
– « Aucune question n'est bête. »
– « J'ai bien révisé, je vais réussir cette évaluation. »
– « Je suis nouveau/nouvelle, j'ai la chance de pouvoir rencontrer de nouveaux/nouvelles ami(e)s. »
– « Je vais réussir le brevet. »
– « Le professeur est là pour m'aider. »

➤ Vous l'avez compris. Nos pensées influencent nos comportements et nos actions. Parfois, elles viennent des croyances de notre entourage (« Dans la famille, on est nul en maths »). Parfois, on interprète mal ce qu'une personne nous dit, on peut être blessé(e) par une remarque d'un professeur, d'un parent. Nos émotions s'emballent, on pense de travers et on agit à l'inverse de ce qu'il faudrait faire.

Réfléchissez de votre côté

– Y a-t-il des matières pour lesquelles vous pensez être « naturellement » mauvais(e) ?
– Si oui, depuis quand avez-vous cette idée ?
– Savez-vous d'où vient cette idée ?

– Avez-vous des raisons réelles qui peuvent expliquer des difficultés, comme par exemple une dyslexie ou une dyspraxie ?
– Vous donnez-vous réellement les moyens de vous améliorer ?
– Pourriez-vous imaginer être doué(e) pour cette matière ?
– Qu'est-ce que cela changerait pour vous si vous imaginiez réussir votre contrôle ?
– Et pourquoi ne pas se mettre dans cet état d'esprit positif pour préparer le contrôle ?

➤ **Pour chacune de ces idées :**
– Trouvez des exemples qui démentent la phrase (par exemple, ce professeur qui, je l'imagine, ne m'aime pas, m'a complimenté(e) sur mes efforts hier).
– Réfléchissez : êtes-vous le(la) seul(e) à penser cela ou d'autres partagent-ils votre point de vue ?
– Essayez d'imaginer : « et si j'avais tort et que c'était l'inverse ? »

Que constatez-vous ? Les pensées persistent-elles ou sont-elles infondées ?

LE DROIT À L'ERREUR

> **LES ERREURS** font partie de l'apprentissage. Elles sont même indispensables pour apprendre. Quand vous avez commencé à faire du vélo, vous êtes tombé(e) à plusieurs reprises. Cela ne vous a pas empêché(e) de remonter dessus et c'est comme ça que vous avez appris.

> **SI VOUS VOUS TROMPEZ DANS UN EXERCICE,** prenez bien la correction. Posez des questions au professeur. Si vous avez fait des erreurs dans une évaluation, essayez de comprendre pourquoi. Est-ce parce que vous avez mal compris la consigne ? Est-ce parce que vous ne connaissiez pas assez bien le cours ? Comprendre ses erreurs, c'est progresser et apprendre un peu plus.

STOP AU STRESS !

La gazelle et le lion

Imaginez une gazelle qui se promène tranquillement dans la savane. Soudain, un lion arrive. Sous l'effet du stress qu'a provoqué la peur, elle fuit pour sa survie. Dès qu'elle parvient à échapper à la menace du lion, elle se sent en sécurité et redevient paisible. Le pic de stress passé, son corps se remet au repos.

De nos jours, il est très rare de croiser un lion dans notre quotidien. Mais, il n'est pas rare d'imaginer des dangers et d'en faire tout un film.

Par exemple, je dois absolument réussir à passer ma ceinture marron au judo. C'est important pour être avec mes amis l'an prochain, sinon ils vont se moquer de moi, ils ne voudront plus être mes amis, et mon année scolaire sera catastrophique.

Quand des pensées de ce type traversent votre esprit, c'est comme si vous créiez un « lion mental ». Votre cerveau l'analyse alors comme un risque potentiel.

Les solutions

Pour apaiser votre stress créé par vos idées et vos peurs, il existe plusieurs solutions. Dans la liste qui suit, cochez les situations que vous avez déjà testées et dites si elles ont fonctionné pour vous.
Complétez cette liste avec vos propres idées.

- ☐ Faire du sport pour se dépenser et se changer les idées.
- ☐ Faire la cuisine ou du bricolage.
- ☐ Respirer : en inspirant lentement le temps de compter jusqu'à 7 ou 10, puis en expirant en comptant aussi longtemps et en refaisant l'opération autant de fois que nécessaire.
- ☐ Vous tenir droit(e), sûr(e) de vous, pour que votre cerveau pense que vous avez confiance en vous et n'écoute plus vos peurs.
- ☐ Vous forcer à rire aux éclats pour créer un vrai fou rire libérateur.
- ☐ Écouter de la musique.
- ☐ Vous poser et imaginer que des nuages légers passent dans le ciel devant vous. Envoyer dans ces nuages toutes vos peurs. Imaginer que ces nuages s'éloignent doucement de vous et emportent vos tracas.
- ☐ Appeler des ami(e)s capables de vous rassurer.
- ☐ Analyser comme un détective vos idées inquiétantes : pourquoi mes camarades se moqueraient-ils de moi si je n'ai pas ma ceinture marron ? Serai-je le(la) seul(e) à ne pas l'avoir ? Est-ce que je veux garder des ami(e)s qui pourraient se moquer de moi ?
- ☐ Relativiser vos peurs : quand je serai adulte, est-ce que le résultat de cette évaluation sera si important ?
- ☐ Expliquer à un Martien votre problème : « Je suis inquiet(ète) parce que mes amis peuvent s'éloigner de moi, car je ne vais peut-être pas avoir le droit de mettre pendant quelques mois un bout de tissu marron autour de ma taille au judo. » Cela semble tout de suite moins grave, non ?
- ☐ Manger un fruit ou boire un verre d'eau : cela calme votre cerveau puisque, si vous avez le temps de boire un verre d'eau, c'est que le lion ne va pas attaquer immédiatement. On a rarement vu une gazelle prendre le temps de se désaltérer avant de fuir.
- ☐ ....
- ☐ ....
- ☐ ....

ET VOTRE SANTÉ ?

Pour être un(e) champion(ne) au collège, il faut aussi prendre soin de son corps, de son alimentation et de son hygiène de vie.

À quoi ressemble votre alimentation ?

Au petit-déjeuner…

- ☐ Je ne mange pas, je n'ai pas faim.
- ☐ Je mange un biscuit.
- ☐ Je termine mon petit-déjeuner dans la rue ou dans la voiture.
- ☐ Je prends le temps de manger un bol de céréales avec un verre de jus de fruits.

➤ Pour être en forme au collège, être attentif(ve) tout au long de la matinée, il faut prendre un petit-déjeuner consistant et équilibré avec :
– une boisson pour vous hydrater (chaude ou froide) ;
– des céréales ou du pain avec un peu de beurre et de la confiture. Les glucides permettent de tenir sur la durée. Évitez les viennoiseries trop grasses ;
– un produit laitier : du lait, un yaourt ou un morceau de fromage ;
– des vitamines : avec un fruit ou un jus d'orange (de préférence « sans sucre ajouté ») ou mieux, un fruit pressé.

➤ Si vous avez l'habitude de sauter ce moment, mettez votre réveil à sonner un quart d'heure plus tôt.

Dans la journée…

- ☐ Je mange un peu de tout.
- ☐ J'adore le sucre.
- ☐ J'aime surtout les pâtes et les pizzas.

➤ Un corps qui grandit et un cerveau qui apprend ont besoin d'une alimentation variée et équilibrée. Si vous avalez un sandwich à midi, pensez à manger plus de légumes le soir. Limitez aussi votre consommation de sucre.

Pratiquez-vous une activité sportive ?

Le sport vous permet de bouger votre corps, de vous muscler, de vous dynamiser, de défouler vos émotions et de vous amuser. Cela vous aide aussi à être moins stressé(e). Vous pouvez également rencontrer de nouveaux amis et renforcer votre esprit d'équipe ! Si vous vous êtes bien dépensé(e) dans la journée, vous trouverez aussi plus facilement le sommeil. Pensez à faire régulièrement du sport et ne ratez ce rendez-vous sous aucun prétexte.

MIEUX SE CONNAITRE ET COMPRENDRE SA PERSONNALITÉ

Test Quelle est votre personnalité dominante ?

Voici un test rapide pour commencer à mieux vous connaitre. Notez la ou les deux réponses qui vous correspondent le plus. Ce test s'inspire du fameux test de Holland, un psychologue américain qui a défini six types de personnalité : réaliste, investigateur, artistique, social, entrepreneur, conventionnel.

1 Quelle est votre activité préférée ?

a. ☐ Aller faire un tour à vélo.
b. ☐ Faire un escape game.
c. ☐ Jouer au piano.
d. ☐ Passer un bon moment avec mes ami(e)s.
e. ☐ Faire gagner mon équipe lors d'un match de foot.
f. ☐ Compléter une collection.

2 Qu'aimez-vous particulièrement au collège ?

a. ☐ Le sport.
b. ☐ Les sciences.
c. ☐ La musique et le dessin.
d. ☐ Être avec mes ami(e)s.
e. ☐ Être le(la) premier(ière).
f. ☐ Les calculs.

3 Quels sont les métiers que vous aimeriez faire plus tard ?

a. ☐ Mécanicien(ne).
b. ☐ Ingénieur(e).
c. ☐ Acteur(trice).
d. ☐ Médecin.
e. ☐ Chef(fe) d'entreprise.
f. ☐ Comptable.

4 Comment pourrait-on vous définir ?

a. ☐ J'ai besoin de toucher et expérimenter pour mieux retenir. Que ce soit concret.
b. ☐ J'aime comprendre, apprendre, décortiquer un problème.
c. ☐ J'adore créer, imaginer, inventer. Je suis dans mon monde.
d. ☐ J'aime quand tout le monde est heureux autour de moi, ressentir cette belle harmonie.
e. ☐ J'aime foncer, gagner, motiver et décider les autres.
f. ☐ J'aime être organisé(e) pour être encore plus efficace.

5 Quel trait de votre personnalité aimeriez-vous changer ?

a. ☐ Parfois je me trouve têtu(e). Je ne peux pas imaginer une autre solution que celle que j'ai en tête.
b. ☐ Il m'arrive de parler de sujets qui me passionnent mais je n'arrive pas à passionner les autres.
c. ☐ Je suis quelquefois submergé(e) par mes émotions, je pleure, je ris très facilement.
d. ☐ J'aimerais savoir mieux m'affirmer face aux autres, dire ce que je pense plus facilement.
e. ☐ Certaines personnes me trouvent trop franc(che) voire agressif(ve) quand j'exprime mes idées.
f. ☐ J'aimerais être moins réservé(e) et plus à l'aise en société.

Résultat :

➤ Si vous avez une majorité de **a.**, vous avez un **profil « réaliste »**, vous aimez les choses concrètes.

Vous êtes patient(e), endurant(e) physiquement, minutieux(se), débrouillard(e), franc(che) et pragmatique. Vous aimez les activités de plein air, la technologie, faire du sport, construire ou réparer des objets.
Quelques métiers qui pourraient vous correspondre : ingénieur(e) dans le génie civil, mécanicien(ne), travail dans l'hôtellerie, pompier(ière), militaire ou policier(ère).

➤ Si vous avez une majorité de **b.** : vous avez un **profil d'« investigateur »**, vous aimez les concepts et les connaissances théoriques.
Vous êtes curieux(euse), réfléchi(e), calme, persévérant(e), inventif(ve), méthodique. Vous aimez les énigmes, les sciences humaines, les nouvelles technologies, la médecine ou les sciences de l'ingénieur.
Vous pourriez être attiré(e) par les métiers suivants : sociologue, médecin, psychologue, ingénieur(e), architecte, chercheur(euse), enseignant(e), archéologue ou philosophe.

➤ Si vous avez une majorité de **c.**, vous avez un **profil « artistique »**, vous vous exprimez au travers de l'art.
Vous êtes créatif(ve), original(e), spontané(e), sensible, intuitif(ve), indépendant(e), imaginatif(ve). Vous aimez la littérature, l'aventure, les histoires, le théâtre, le design et la mode.
Vous pourriez vous épanouir dans un métier tel qu'architecte, designer industriel ou graphique, acteur(rice), musicien(ne) ou photographe.

➤ Si vous avez une majorité de **d.**, vous avez un **profil plus « social »**, vous désirez être en lien avec les autres.
Vous êtes bienveillant(e), attentif(ve), patient(e), sociable, généreux(euse). Vous comprenez particulièrement bien les autres, vous avez le sens du contact et de l'observation, vous vous exprimez aisément.
Vous pourriez aimer un métier en lien avec les autres comme enseignant(e), assistant(e) social(e), psychologue ou coach.

➤ Si vous avez une majorité de **e.**, vous avez un **profil « d'entrepreneur »**, vous aimez influencer et guider les autres.
Vous êtes ambitieux(euse), déterminé(e), dynamique, optimiste, sociable. Vous aimez débattre, diriger, convaincre et négocier.
Vous pourriez vous épanouir dans le métier de manager, de commercial(e), de politicien(ne) ou créer votre entreprise.

➤ Si vous avez une majorité de **f.**, vous avez un **profil plus « conventionnel »**, vous appréciez l'ordre et les règles précises.
Vous êtes organisé(e), ponctuel(le), discipliné(e), prudent(e), loyal(e) et efficace. Vous aimez classer, calculer, prévoir et organiser.
Vous pourriez apprécier des métiers comme expert-comptable, gestionnaire de paie, syndic.

➤ Ces réponses ne sont qu'une indication et une première étape. Vous pouvez poursuivre ces interrogations avec votre conseiller d'orientation ou une aide extérieure.

COMMENT CHOISIR MON STAGE ?

> **LE STAGE OBLIGATOIRE** d'une semaine pendant l'année de 3e est l'occasion de découvrir le milieu professionnel. Si vous avez déjà une idée précise d'un métier que vous aimeriez faire plus tard, essayez de trouver un stage dans le secteur concerné. Par exemple, aller dans un hôpital, si vous voulez être infirmier(ière) ou médecin, dans un garage si vous voulez être mécanicien(ne), etc. Ce stage pourra vous aider à confirmer ou infirmer cette première orientation.

> **SI VOUS N'AVEZ PAS D'IDÉE PRÉCISE,** ne vous fermez aucune porte. Pensez à quelques métiers qui pourraient vous intéresser et commencez par chercher dans votre entourage (famille, parents de vos ami(e)s...). Renseignez-vous aussi du côté des associations et des administrations.

Le 360

Nous avons tous une idée de qui nous sommes ou qui nous aimerions être. Cette vision de nous-même peut être complétée par celle que nos proches ont de nous. Souvent, ils ont une perception précise et juste de qui nous sommes et de ce qui est bon pour nous. Ce que nos proches pensent de nous est juste mais incomplet.

Test *Pour connaître ses qualités*

Répondez aux questions suivantes, de façon bienveillante.

Décrivez-vous en une ligne.

....

Listez 5 de vos qualités.

1. ....
2. ....
3. ....
4. ....
5. ....

Ajoutez 3 autres qualités.

1. ....
2. ....
3. ....

Test Pour se projeter dans l'avenir

Listez 5 activités que vous réussissez particulièrement bien.

1. ....
2. ....
3. ....
4. ....
5. ....

Comment vous voyez-vous plus tard ? (habitant en ville / à la campagne ; faisant des études / travaillant ; avec des enfants / sans enfants...) Évoquez ce dont vous avez envie.

– Dans 5 ans ? ....

– Dans 10 ans ? ....

– Dans 20 ans ? ....

– Dans 30 ans ? ....

Quel est votre principal talent ? Ce qui pourrait vous rendre célèbre ?

....

Conseils :

➤ Gardez cette liste complétée pour vous, puis reproduisez-la en 5 à 10 exemplaires vierges.

➤ Donnez une version à remplir à plusieurs personnes de votre entourage. Laissez par exemple un exemplaire à vos parents, à vos grands-parents, à un professeur, une tante ou un oncle, vos frères et sœurs, un(e) ami(e) de vos parents, un professeur d'activité extrascolaire (musique, sport, art...), un(e) voisin(e), un(e) ami(e).... L'objectif est d'avoir plusieurs réponses bienveillantes.

➤ Ces réponses vont vous donner une image de la façon dont les autres vous perçoivent. Certaines réponses sembleront évidentes à tous et seront identiques. D'autres vous surprendront peut-être.

➤ Dans tous les cas, prenez ces fiches comme des cadeaux. Et si une réponse ne vous convient pas, vous pouvez en discuter avec son auteur.

➤ Gardez précieusement ces fiches que vous serez heureux(euse) de relire plus tard et qui pourront même peut-être vous aider dans vos choix professionnels.